La mixité territoriale dans tous ses états

Contributions réunies par
Christèle Eyraud

LA MIXITE TERRITORIALE DANS TOUS SES ETATS

Mélanges en l'honneur du Professeur Claude Devès

L'Harmattan

5-7, rue de l'École-Polytechnique ; 75005 Paris
http://www.editions-harmattan.fr
ISBN : 978-2-343-24301-6
EAN : 9782343243016

SOMMAIRE

AVANT-PROPOS

Par Christèle Eyraud

Maître de Conférences à l'Université Clermont Auvergne
Avocat

Cet avant-propos pourrait se résumer en un mot : MERCI.

Vous m'avez compté, voici plus de 25 années, parmi vos étudiants en DESS depuis lors MASTER de droit, économie et gestion des collectivités territoriales et de leurs satellites.

Il était vôtre et vous m'avez transmis votre passion pour les collectivités territoriales. Une passion qui perdure sous votre plume aujourd'hui.

Vous n'avez de cesse de publier des articles dans des revues juridiques d'envergure nationale dans les domaines que vous affectionnez, à savoir le droit public économique et la « frontière » entre droit public et droit privé (sociétés d'économie mixte, sociétés publiques locales, aides publiques à l'économie).

Je me suis dès lors trouvée dans l'impossibilité d'insérer dans ces mélanges une liste complète de vos travaux ! On ne saurait vous en faire reproche, bien au contraire.

À côté de votre carrière universitaire, vous avez développé une activité de conseil juridique.

Suite à la fusion des professions juridiques, vous vous êtes inscrit comme avocat et avez fondé le premier cabinet spécialisé à Clermont-Ferrand en droit public et droit de l'urbanisme.

Je vous remercie grandement d'avoir accepté de diriger ma thèse, de m'avoir apporté votre concours pour ma nomination en qualité de maître de conférences à l'Université Clermont Auvergne comme de m'avoir accordé votre confiance en m'ouvrant la porte de votre cabinet me permettant ainsi de faire « mes armes » en tant qu'avocat.

Être à l'initiative de ce liber amicorum était une évidence.

Votre curiosité juridique permanente comme votre finesse d'analyse ont forgé votre conviction aux prémices de la décentralisation, de la nécessité d'ouvrir le droit public économique à certaines règles de droit privé.

Et 40 ans après, la doctrine s'accorde quant à l'intérêt de la combinaison droit public/droit privé dans le développement économique des territoires.

L'ensemble des contributeurs des présents mélanges ont accepté immédiatement mon invitation à saluer votre carrière exceptionnelle.

Ils ont eu carte blanche pour choisir leur sujet.
Il me paraissait important qu'il vous soit fait honneur de cette manière.

Chaque article est à l'image de son auteur et à celle qu'il se fait de vous.

En quelque sorte une mixité dédicataire/contributeur, réflexion intellectuelle/amitié, qui donne le ton.

« L'écriture est la peinture de la voix. » selon Voltaire.

J'espère, Monsieur le Professeur, Cher Claude, que le tableau qui suit satisfera votre appétence juridique.

Agréable lecture.

PRÉFACE POUR LES MÉLANGES OFFERTS AU PROFESSEUR CLAUDE DEVÈS

Par Jean-Pierre Machelon

Professeur émérite et doyen honoraire de la Faculté de droit de l'université Paris Descartes
Ancien membre du Conseil supérieur de la magistrature
Président d'honneur de l'Association française de droit constitutionnel

Le *Liber amicorum* offert au professeur Claude Devès n'a en lui-même nul besoin de présentation. Il s'inscrit, selon la logique des recueils de mélanges, mâtinée ici d'une liberté bienvenue, dans la continuité de l'œuvre scientifique du dédicataire, spécialiste réputé du droit territorial administratif et financier des collectivités décentralisées. Qu'il me soit permis cependant, au titre d'une amitié de quarante ans, de délaisser l'objet annoncé de l'ouvrage, « la mixité territoriale », pour risquer un éclairage liminaire sur son sujet, c'est-à-dire sur Claude Devès lui-même.

L'Auvergne fournit l'arrière-plan, avec quelques balises. La carrière universitaire du professeur Devès, né à Aurillac et ancien étudiant clermontois, s'est en effet, après le doctorat, presque entièrement déroulée à la Faculté de droit du boulevard Gergovia. C'est là que, jeune agrégé, j'ai eu le plaisir de faire sa connaissance à la fin des années 1970. Des décennies ont passé… Mais l'anamnèse ne sera pas pour moi trop périlleuse, nos souvenirs communs ayant été depuis lors maintes fois ravivés.

Après de brillantes études, Claude Devès s'est rapidement vu confier des responsabilités pédagogiques auprès du Centre d'études juridiques d'Aurillac, puis des enseignements dirigés à l'université de Clermont. Sans tarder, et sans craindre de s'aventurer dans ce que son directeur de recherche, Paul Gaucher, appelait en présentant son travail les « sables mouvants » du droit public économique, il a soutenu, en 1975, à l'Université Paris-Nord, une thèse remarquée (et presque aussitôt publiée) sur *Les sociétés d'aménagement régional (Entreprises publiques locales ou démembrements fonctionnels de l'État).* Le départ était donné à une activité doctrinale très soutenue - à ce jour encore poursuivie – sur les aides publiques à l'économie, et plus largement sur le droit des collectivités territoriales, de l'urbanisme, de l'environnement et de l'aménagement du territoire. Sous la signature de Claude Devès, plusieurs ouvrages et des dizaines d'articles, rapports, communications, commentaires et notes de jurisprudence ont ainsi clarifié et mis en perspective les éléments souvent fluctuants d'une matière toujours plus technique.

Parallèlement, comme le veut le statut de l'« enseignant-chercheur », le dédicataire du présent recueil s'est consacré à ses étudiants, mettant à son répertoire, en fonction des nécessités du service, à peu près toutes les matières du droit public. Néanmoins, en dépit de cette mobilité thématique, ou grâce à elle, il est demeuré fidèle à sa terre d'origine. Nommé en 1989 professeur des universités à Angers, il est revenu dès l'année suivante à Clermont, où il avait parcouru jusque-là toutes les étapes du cursus. Précisons-le, dans une constance aussi remarquable, il n'y avait rien qui ressemblât à de la frilosité. Européen convaincu, Claude avait jadis activement travaillé avec l'Office franco-allemand pour la jeunesse, et il ne répugnait pas à franchir les frontières, pas davantage qu'il n'hésitait à assister aux congrès et colloques réunissant les spécialistes de sa discipline. Le professeur Devès ne s'est pas retiré près des monts d'Auvergne, comme d'autres sur l'Aventin. Son engagement clermontois était « simplement » fondé sur une conception exigeante du service public, qui impliquait de la part de l'agent non seulement une réelle proximité géographique avec l'usager dans la vie quotidienne, mais une connaissance authentique de son environnement.

S'ensuivaient, pour la Faculté, d'heureuses conséquences. Jamais avare de son temps, Claude Devès participait de bonne grâce aux activités d'intérêt commun et aux tâches collectives, qui, au fil des réformes, allaient prendre de plus en plus d'importance dans les établissements d'enseignement supérieur. Et il a joué à cette occasion, que d'autres préféraient négliger, un rôle positif dont j'ai gardé mémoire. Pour n'évoquer que des « choses vues », il est advenu, au début des années 1980, que les salles de réunion et les couloirs gardent l'écho des querelles qu'avaient entraînées, peu auparavant, la partition de l'ancienne université ; ou, en ces temps d'évolution accélérée des structures traditionnelles, qu'ils bruissent, comme ailleurs, de rumeurs ou intrigues. En pareille circonstance, l'esprit pondéré de Claude Devès faisait merveille. Dans les discussions entre collègues, une boussole mystérieuse semblait d'ailleurs lui indiquer où se trouvait la solution raisonnable, que chacun, avec plus ou moins de bonheur ou de conviction, s'employait à rechercher. Il prônait toujours, quant à lui, un fonctionnement dynamique de l'institution universitaire, en réservant la priorité à l'insertion professionnelle des étudiants. À en juger par les résultats, là était sans doute le secret de la boussole. Attentif au gisement d'emplois qu'offrait, depuis les lois de décentralisation, un secteur promis à l'expansion, le dédicataire du recueil prit une part déterminante dans la création d'un DESS, puis d'un MASTER spécialisé, en droit, économie et gestion des collectivités territoriales et de leurs satellites. L'initiative rencontra un succès immédiat.

Pour le professeur Devès, cette orientation vers le monde professionnel était non seulement légitime, mais toute naturelle. Le droit étant un moyen d'aider les hommes à vivre en société, l'utilité sociale de la recherche conduite par les juristes ne devait jamais être perdue de vue, non plus que les incidences pratiques des règles en vigueur. Il ne pouvait être question, dans un champ disciplinaire tourné vers la cité, de s'enfermer dans une tour d'ivoire ni de cloîtrer les étudiants dans les amphithéâtres. Une abondante bibliographie atteste cette volonté d'ouverture. Elle illustre l'intérêt évident et continu de Claude Devès pour l'application du droit aux réalités du terrain ; significativement, l'un des ouvrages répertoriés - *Les sociétés d'économie mixte locales* (1991) – est cosigné par un fiscaliste d'un grand groupe parapublic. D'autres publications révèlent la connaissance intime des institutions et de la vie locales acquise par l'auteur. Certaines d'entre elles portent en outre la marque du praticien qu'il était devenu - tout en restant pleinement universitaire - en fondant à Clermont-Ferrand le premier cabinet d'avocat de la ville spécialisé en droit public et droit de l'urbanisme.

Les efforts de Claude Devès pour encourager la formation et la recherche en matière d'administration locale ont connu une sorte de couronnement avec la création de l'Institut d'Auvergne de développement des territoires (IADT). L'éminent spécialiste du droit public territorial en a été l'un des fondateurs, peu avant son départ à la retraite. Officiellement lancé en 2013, sous la forme d'un groupement d'intérêt public, l'IADT a entrepris de fédérer dans une structure régionale commune, propre à exploiter les synergies disciplinaires, les activités des universités et écoles d'ingénieurs consacrées aux divers métiers du développement territorial (en droit, économie, gestion, sociologie, géographie, architecture, urbanisme...). Son statut permet d'organiser un pôle de compétences inédit - dans le respect des formations existantes - et de mettre en place sur le site clermontois un véritable laboratoire d'idées associant l'ensemble des acteurs locaux. La région Auvergne-Rhône-Alpes, qui a la maîtrise d'ouvrage, et l'université Clermont-Auvergne figurent au premier rang des parties prenantes. Les vœux de Claude Devès sur les relations à instaurer entre les établissements d'enseignement supérieur et les collectivités territoriales semblent ainsi exaucés. Au cas particulier, l'action concrète de l'expert a valorisé l'enseignement du professeur. Cela n'est pas si fréquent.

Mon propos est déjà trop long. Mais sa conclusion tient en peu de mots. Tel qu'il vient d'être rappelé, le parcours professionnel de Claude Devès montre qu'un universitaire de talent peut concilier de manière féconde une notoriété nationale bien assise et l'attachement à sa région. Il est à cet égard exemplaire et justifie amplement l'hommage qu'on va lire.

PREMIÈRE PARTIE : LA MIXITÉ TERRITORIALE À TOUS LES ÉTAGES : ACTEURS, OUTILS, BÉNÉFICIAIRES.

CHAPITRE 1 : LES PRINCIPES DE LA DÉCENTRALISATION CONFRONTÉS À L'ÉVOLUTION DE LA MIXITÉ DES MODES DE GESTION

Quelques considérations sur la décentralisation

Par Raphaël Piastra

Maître de Conférences, Habilité à Diriger des Recherches en droit public à l'Université Clermont Auvergne.

S'il est un domaine sur lequel Claude Devès a beaucoup travaillé, tant comme universitaire que comme avocat, c'est bien celui de la décentralisation. C'est sur cette thématique, en pleine actualité, que nous allons dire quelques mots. Ils seront ceux d'un constitutionnaliste en hommage à un administrativiste ! Au sein de ses enseignements à l'Université d'Auvergne (devenue Clermont Auvergne), Claude a essentiellement professé le droit administratif et son contentieux. Durant nos études à la Faculté (euh, pardon, l'École ! étant de l' « Ancien Monde » nous ne nous y faisons pas !) de Droit de Clermont, nous l'avons eu dans ces matières. Ce fut aussi le cas pour un cours de droit public économique de Maîtrise. Cours sur lequel, quelques années plus tard pour nous avons même assuré des TD. Et ce fut parfois tendu tant Claude était exigeant !...

Droit administratif, contentieux administratif, on ne compte plus les articles et notes signés C. Devès. Il aura juste manqué un ouvrage. Dommage.

De même combien de consultations prodiguées et de dossiers plaidés. La décentralisation y avait (et y a, car il produit toujours !) une place substantielle. Loin de nous l'idée de livrer une analyse sur ces matières un tant soit peu « devesiennes » ! Nous avons pensé qu'une approche historique serait le moyen le plus opportun de contribuer à ces mélanges. Dès lors, et parce que la Vè est notre domaine de prédilection, nous axerons notre analyse au prisme de cette date si symbolique qu'est celle de 1958. Alors oui, Claude, c'est une démarche chronologique que nous allons adopter. Au rebours de ce que, comme d'autres de nos collègues, vous nous avait conseillé, nous aborderons d'abord la décentralisation avant 1958 (I) puis après 1958 (II).

I. Les grandes lignes de la décentralisation avant 1958 :

Nous allons donc voyager de l'Ancien Régime à 1958.

- Sous l'Ancien Régime

L'organisation de notre pays a été durant des siècles centralisée. On peut faire remonter cela à la monarchie. *« L'État c'est moi »* proclamait Louis XIV. Il résumait ainsi parfaitement ce que ses prédécesseurs avaient instauré et ce que lui amplifia de façon paroxystique. Mais aussi ce que ses successeurs pérennisèrent d'ailleurs. Rappelons que c'est dès la fin du XVII è, que le monarque envoie en mission dans les provinces des commissaires chargés d'inspecter les différentes autorités et de prendre les mesures nécessaires. Ce sont ensuite les intendants. Leur dénomination officielle est : « intendant de justice, police et finances ». Ils étaient les personnages centraux de l'administration royale dans les provinces. Leur rôle s'apparentait un peu à celui des actuels préfets.

La mission des intendants est d'abord ponctuelle et temporaire, afin d'éviter la tentation de recréer des féodalités. Quelle est-elle ? Inspecter (les « pouvoirs » locaux) et informer le monarque. Leur mission devient permanente à l'issue de la guerre de Trente Ans. En 1648, ils sont supprimés. Cinq ans après, ils sont rétablis. Si certains sont connus (Fouquet, Turgot), d'autres le sont moins. Ainsi Montyon (avocat de formation) officia en Auvergne. Écrivain à ses heures, on lui doit notamment une Éloge *de Michel de l'Hospital* (couronné par l'Académie française en 1777). C'est d'ailleurs dans cette Auvergne que naquit Michel de l'Hospital (professeur de droit lui aussi) en 1505 au château de la Roche à Chaptuzat, près d'Aigueperse. Un des amphithéâtres (le plus beau) de l'École de Droit de Clermont porte le nom de ce dernier. Claude y a longtemps professé !

En 1720, durant la Régence, John Law (surintendant général des Finances) estime que : *« Trente intendants gouvernent la France ».*

- À partir de la Révolution

Pendant la révolution de 1789, vont s'opposer les Jacobins (centralisateurs) et les Girondins (fédéralistes). Ce sont les premiers qui sont aux commandes du pays (incarnés par Robespierre ou l'auvergnat Couthon). Cependant un cadre territorial nouveau est mis en place en 1790 : le département. Ainsi une (relative) autonomie est donnée aux premières collectivités locales, basée sur l'élection et la collégialité.

À noter que c'est sous la pression de l'opinion publique, que Louis XVI retira la plupart de leurs pouvoirs aux intendants pour les donner aux assemblées provinciales instituées entre 1778 et 1787 dans la majorité des généralités. En 1789, les cahiers de doléances donnent une température brûlante du pays. Lesdits cahiers sont les ancêtres directes des cahiers éponymes du *Grand Débat* impulsé par E. Macron (découvrant ainsi l'existence des territoires et des corps intermédiaires !). La disparition des assemblées provinciales fut décidée par l'Assemblée nationale le 22 décembre 1789.

C'est sous le Consulat que la loi du 28 pluviôse an VIII (17 février 1800) crée les préfets, les conseils généraux et les conseils de préfecture. On a là le premier mouvement de déconcentration de l'État français, basé sur le département, qui est amorcé en France. Le préfet devient l'autorité centrale et unique de ladite déconcentration dans le ressort territorial du département. Il est assisté de sous-préfets dans les arrondissements. Selon la même loi, dans le département, « *le préfet sera chargé seul de l'administration* ». Dans le Mémorial de Sainte-Hélène, Napoléon qualifiera les préfets « *d'empereurs au petit pied* ». Si cette formule traduit l'étendue de leurs pouvoirs, elle en fixe aussi les limites. Ce que l'on appelle *« le modèle napoléonien de l'Administration »* a été très bien décrit par Chaptal : *« le préfet, essentiellement occupé de l'exécution, transmet les ordres au sous-préfet, celui-ci aux maires des villes, bourgs et villages ; de manière que la chaîne d'exécution descend sans interruption du ministre à l'administré, et transmet la loi et les ordres du gouvernement jusqu'aux dernières ramifications de l'ordre social avec la rapidité du fluide électrique ».* N'a-t-on pas là ce qu'on appelle aussi le *« modèle français d'administration »* ?

Le premier préfet du Puy-de-Dôme fut Marie-Jean-Baptiste-Antoine Ramey de Sugny. Le 8 juillet 1920, la ville de Clermont-Ferrand donna son nom à une place du centre-ville, proche de la préfecture : la place Sugny.

Par la suite la Restauration, sous l'impulsion de Louis XVIII, conserve les départements et leur administration. Outre qu'elle avait démontré son efficacité, l'institution préfectorale napoléonienne s'était très largement ouverte, sous l'Empire, à l'aristocratie. La déconcentration continue ainsi à s'installer. Sous la Monarchie de juillet, le rôle du préfet évolue et la déconcentration avec. Ainsi à l'instar du préfet Rambuteau pour le département de la Seine (qui transforma Paris par *de l'eau, de l'air, de l'ombre*), les préfets sont investis d'un rôle de chef de file en matière économique, sociale et urbanisation. Ainsi, ils sont à l'origine de nombreuses initiatives économiques, pour soutenir l'industrie naissante, mais aussi dans le domaine social, pour lutter contre la pauvreté, soutenir le développement de l'instruction primaire, développer les œuvres de bienfaisance, la salubrité publique, etc.

La Monarchie de juillet va amorcer une sage évolution décentralisatrice avec la loi du 22 juin 1833. Les conseillers généraux, nommés jusqu'à présent par le gouvernement, sont désormais élus au suffrage censitaire. Ils peuvent mener des actions publiques et même éclairer le préfet et le gouvernement sur les besoins et les ressources du département. Mais, centralisme oblige (!), leur pouvoir de décision est très encadré et le vrai décisionnaire reste tout de même le préfet.

Devenu ministre de l'Intérieur au sein du gouvernement provisoire de 1848, Alexandre Ledru-Rollin (encore un avocat, Claude !) remplace les préfets par des « commissaires de la République » (excepté les préfets de police), et les sous-préfets par des sous-commissaires républicains. On parle d'une *épuration anti-orléaniste.* Mais selon Pierre Henri il s'agit d'une « *réforme minuscule, sans profit pour personne, et très éphémère puisqu'elle dura trois mois, pas plus* »

La Second Empire va se révéler comme une période profitable à la déconcentration. Ainsi sont attribués de nouveaux pouvoirs aux préfets par le décret du 25 mars 1852. Il s'agit ici du premier texte français de déconcentration. Son préambule resté célèbre : *« on peut gouverner de loin, mais... on administre bien que de près ».* L'action du préfet Haussmann à Paris est incontestablement la plus révélatrice de la période. À la suite de Rambuteau, celui-ci va assurer la plus importante transformation de Paris (grands boulevards, immeubles) du XIXe.

Puisque de Paris il s'agit, il faut tout de même rappeler qu'elle reste le symbole de la centralisation. Avec Pierre Legendre rappelons que, pôle décisionnel historique de référence, Paris est certes capitale politique, mais aussi économique et sociale. C'est la « théorie de la métropolarchie ». De son côté, Jean-François Gravier publie en 1947 *« Paris et le désert français ».* Le constat de cet ouvrage n'est-il pas, à certains égards, encore d'actualité ? Le Grand Paris ne va qu'accentuer les choses. Sans compter le poids de la grande région Île-de-France.

- À partir de la IIIè République

Celle-ci va conforter l'institution préfectorale, en en faisant notamment un facteur de diffusion des idées républicaines. Mais une certaine émancipation des collectivités locales émerge. Des lois importantes sont votées. Ainsi la loi départementale du 10 août 1871, qui donne au département le statut de collectivité territoriale et le dote de pouvoirs de décision. Ensuite, celle du 28 mars 1882 établit l'élection des maires (sauf à Paris). Enfin, la loi municipale de 1884 attribue des pouvoirs décisionnels aux communes. Cependant, le préfet reste l'élément central dans le processus de modernisation du pays. Là encore centralisme oblige.

Durant la Première Guerre mondiale, les préfets, en particulier ceux des départements envahis, sont investis de lourdes tâches (approvisionnement de l'armée, ravitaillement et sécurité des populations, etc.). Ils pallient le plus souvent les carences de l'État en tentant même de l'incarner. Un décret-loi du 5 novembre 1926 sur la décentralisation et la déconcentration administrative va influencer grandement le rôle des préfets et des sous-préfets dans le but *« d'accroître leur rôle et leur autorité pour déconcentrer l'administration »*. Ainsi l'étau de la centralisation commence à se desserrer quelque peu. De 1830 à 1939, on se dirige vers une certaine démocratisation locale.

Quant à la Seconde Guerre mondiale, elle va être pour les préfets une période très particulière dans le contexte d'un État déliquescent. Il y a ceux, les plus nombreux, qui s'engagent dans la Résistance, et ceux qui choisissent l'infamie de la collaboration. Au titre des premiers, une quarantaine meurt pour la France. Le plus célèbre d'entre eux est Jean Moulin, représentant du général de Gaulle à Paris dès juillet 1940 et préfet d'Eure-et-Loir, tué par les nazis en juillet 1943. D'autres, comme Maurice Papon, choisiront la fidélité au régime dit « de Vichy ». Le vichyssois que nous sommes exècre la stigmatisation de sa ville natale. Rappelons à quelques mauvais ou incultes esprits que si Vichy a été choisie « capitale » c'est essentiellement en raison de sa capacité hôtelière. Dans la reine des villes d'eau, il n'y a pas eu plus de « collabos » qu'ailleurs. Notre défunt collègue G. Frelastre a écrit, dans les années 80, un ouvrage intitulé : *Les complexes de Vichy*. Déjà, il estimait que cette dernière devait en sortir. Nous estimons aujourd'hui qu'elle ne doit plus en avoir.

En matière d'organisation territoriale, la vérité, notamment juridique, impose de constater que c'est ledit régime qui va renouveler une partie de ladite organisation par déconcentration. D'abord en renforçant considérablement les pouvoirs du préfet. Ainsi, la loi du 13 octobre 1940 supprime les conseils généraux et confie leurs pouvoirs aux préfets. Celle du 16 novembre 1940 dissout les conseils municipaux (des communes de plus de

2 000 habitants) et les remplace par des commissions municipales dont les membres sont désignés essentiellement par le préfet. En matière de déconcentration, une loi du 23 avril 1941 crée la fonction de « préfet régional ». Dès janvier 1941 est mis en place le cadre national des préfectures.

À partir de 1945, des évolutions profondes vont encore marquer la déconcentration française. Étape clef, l' École Nationale d'Administration (ENA) créée par l'ordonnance n° 45-2283 du 9 octobre 1945 par le Gouvernement Provisoire de la République Française, alors présidé par le Général de Gaulle. Michel Debré en sera le premier directeur. Cette décision va profondément bouleverser la structure même de l'administration publique française. Il est question de la supprimer au profit d'une improbable "Ecole nationale des services publics". ENA, formant la majeure partie des magistrats du Conseil d'État qui délivrent quelques grands arrêts, cauchemars de générations d'étudiants en droit ! Lesdits arrêts faisant l'objet de si nombreuses notes auxquelles Claude s'est si souvent attelé !

L'ENA est aussi le principal vivier de recrutement des hauts fonctionnaires de la haute administration française (80 % des préfets et ambassadeurs). La majorité des présidents de la Vè République en sont aussi issus : VGE (auquel Claude s'est politiquement opposé sur Chamalières !), J. Chirac, F. Hollande, E. Macron. Notons que ce dernier veut, avec raison, remplacer l'ENA par une « Ecole Nationale des Services publics » (ah cette notion de service public si chère aux administrativistes !). Cette nouvelle école serait plus ouverte sur la société actuelle. Il y en a besoin selon nous. Lieu principal de formation des élites de la Nation, l'ENA est depuis quelques décennies objet de critiques. Ainsi dans leur livre *Les Héritiers*, publié en 1964, Pierre Bourdieu et Jean-Claude Passeron décrivent comment l'ENA, est monopolisée par les « héritiers de la culture dominante ». Trois ans plus tard, JP Chevènement (qui en est pourtant issu) parla lui de *l'énarchie ou les mandarins de la société bourgeoise.* Alors qu'elle faisait partie de nos objectifs d'étudiant, nous avons eu quelques conversations avec Claude là-dessus. Notamment parce qu'elle impliquait de faire un cursus de science politique quand Claude plaidait pour celui de droit public ! Une fois préfet (ou sous-préfet, directeur de cabinet ou secrétaire général), l'énarque devient le vecteur essentiel de la déconcentration. Mais aussi, depuis 1982, un acteur important de la décentralisation. Le problème, c'est que, paradoxalement, il est en général assez déconnecté des réalités locales ! Nous avons côtoyé des directeurs de cabinet préfectoraux qui partaient de Clermont (où ils avaient été « exilés ») sans s'être éloignés du périmètre de la préfecture (sise en plein centre) dans laquelle ils officiaient !

Entre 1945 et 1958, il y a eu un certain nombre de réformes vers plus de déconcentration et même vers la décentralisation. Les élections municipales des 29 avril et 13 mai 1945 consacrent la première participation élective des femmes, suite à l'ordonnance du 21 avril 1944 (prise par le général de Gaulle). Le projet de Constitution du 19 avril 1946 prévoit la constitutionnalisation des communes, départements et territoires d'outre-mer. Également, il proclame le principe de leur libre administration dans le cadre de la loi. Or ce projet ne sera pas repris par la Constitution de 1946. On peut dire qu'entre 1944 et 1982 on assiste à une lente consécration de la décentralisation.

II. La décentralisation à partir de 1958 :

L'article 1er de la Constitution du 4 octobre 1958 énonce que si *la France est une République indivisible,* il n'en demeure pas moins que *son organisation est décentralisée.*

Le général de Gaulle (auquel Claude connaît mon attachement !!) n'était pas vraiment un décentralisateur. Outre sa conception de l'État, cela s'explique aussi par le fait qu'il n'est pas un élu local (et qu'il n'a jamais souhaité l'être). En revanche, il est favorable à une déconcentration plus avancée. Mais, au gré de ses nombreux déplacements en province, il a conscience qu'il faut mieux prendre en compte ce qu'il appelait *les territoires* ou *la province.* Il les connaissait bien mieux que certains élus locaux d'ailleurs.

Le décret du 14 mars 1964 constitue ainsi une avancée à deux principaux égards : institutionnalisation du préfet de région ; création dans chaque région d'une CODER (commission de développement économique régional). Visionnaire, le général est persuadé que l'avenir des territoires passe par les régions. Il va l'apprendre un peu à ses dépens. Ainsi le référendum du 27 avril 1969 proposant en particulier la création des régions comme collectivités territoriales est, malheureusement, rejeté par les Français. De Gaulle prend acte et quitte, comme on le sait, le pouvoir.

G. Pompidou (un *cantalou* comme Claude !), le successeur, élu du Cantal, connaît les problèmes des territoires et notamment l'enclavement de son département. Sa vision est assez décentralisatrice. Pour autant, il n'y a pas de réforme fondamentale en ce domaine. Exception faite de la loi du 5 juillet 1972 qui a créé des établissements publics régionaux (EPR).

Durant sa présidence VGE n'a pas impulsé de réforme spéciale en matière de décentralisation. À la tête de la région Auvergne, en revanche, il va participer du désenclavement de l'Auvergne : mise en place de l'autoroute Clermont-Fd- Montpellier, agrandissement (un peu démesuré), rénovation et modernisation de l'aéroport de Clermont, inauguration du premier train corail Clermont-Paris.

Si VGE, comme d'autres « barons » régionaux à l'époque, ont pu œuvrer à développer leur territoire c'est en raison d'une réforme fondamentale sous la Vè : les lois de décentralisation de 1982 votées sous F. Mitterrand (voyez Claude, même si ce pas mon président préféré, je sais rendre à celui qui vous était cher, ce qui lui revient !). Les régions vont désormais être élues au suffrage universel direct et dotées de compétences importantes. On peut donc affirmer qu'il a fallu attendre les lois de 1982, pour consacrer la décentralisation en France. Durant sa campagne, le candidat Mitterrand l'avait prévu dans ses *110 propositions*. Une fois élu, il chargea l'inénarrable Gaston Defferre, devenu ministre de l'Intérieur, de piloter cette réforme. En effet, la loi du 2 mars 1982 relative aux droits et libertés des communes, des départements et des régions, constitue, avec la quarantaine de lois (et le double de décrets) d'accompagnement, ce que l'on appelle l'« acte I » de la décentralisation. Voilà une réforme à laquelle C. Devès a consacré un grand nombre d'analyses, laudatives pour la plupart.

Par la suite, la France se décentralise de plus en plus avec un certain nombre de lois. Ainsi celle du 6 février 1992 relative à l'administration territoriale de la République (« loi ATR ») va consacrer déconcentration et décentralisation et renforcer la coopération locale. La décentralisation va se poursuivre en s'adressant aussi aux collectivités situées en outre-mer. Ainsi, la loi organique du 12 avril 1996 sur la Polynésie et la loi constitutionnelle du 20 juillet 1998 sur la Nouvelle-Calédonie attribuent plus d'autonomie à ces territoires. Par la suite sont votées les lois du 4 février 1995 d'orientation pour l'aménagement et le développement du territoire (LOADT, dite « loi Pasqua »). Le 12 juillet 1999, c'est au tour de loi relative au renforcement et à la simplification de la coopération intercommunale (« Loi Chevènement »). Elle vise à renouveler notamment les règles concernant la coopération intercommunale. Elle ne sera pas vraiment une réussite. La Corse n'est pas en reste avec les lois du 13 mai 1991 et du 22 janvier 2002 concernant l'évolution de son statut (qui est toujours assez particulier au sein de la République !).

En 2003, une avancée significative est donnée à la décentralisation. Ainsi est votée la loi constitutionnelle du 28 mars 2003 (dite « acte II » de la décentralisation) et des lois d'application. Cette dernière acquiert une valeur constitutionnelle consacrée par le Titre XII de la Constitution. Pour faire simple, cette loi met en place quatre axes de changement : l'organisation décentralisée de la République (art. 1er de la Constitution), la démocratie locale directe, l'autonomie financière des collectivités territoriales et le statut des collectivités d'outre-mer.

Par la suite, le processus de décentralisation est, un temps, à l'arrêt. Cependant, on s'aperçoit qu'il faut le relancer, car la demande territoriale est forte. Il va être réactivé par le biais de plusieurs lois. Ainsi la **loi du 16 décembre 2010, votée sous N. Sarkozy, qui ambitionnait** la simplification des structures territoriales (communes, intercommunalités, départements, régions), la réduction du nombre d'échelons territoriaux, la clarification des compétences et des financements. Il était prévu notamment la suppression des conseillers généraux et régionaux par des conseillers territoriaux. Cette loi n'aura pas le temps d'être véritablement appliquée et elle sera « annulée » par F. Hollande.

Le quinquennat de ce dernier se singularisera par des réformes assez importantes en matière de décentralisation. On a parlé d' « acte III de la décentralisation ».

Ainsi le 27 janvier 2014 est votée la loi de modernisation de l'action publique territoriale et d'affirmation des métropoles **(MAPTAM).** Celle-ci vise à rétablir la clause générale de compétence pour les régions et départements (qui devaient disparaître en 2015). Le texte prévoit notamment de clarifier les conditions d'exercice de certaines compétences des collectivités territoriales en instaurant des chefs de file.

Par la suite, la loi du **16 janvier 2015 relative à la délimitation des régions**, aux élections régionales et départementales et modifiant le calendrier électoral. Mesure phare : la France est désormais découpée en treize grandes régions (au lieu de 22). Ainsi l'Auvergne est rattachée à Rhône-Alpes avec à sa tête un auvergnat en la personne de l'ambitieux Laurent Wauquiez (au demeurant ancien maire du Puy-en-Velay).

Enfin dernière réforme importante du mandat de F. Hollande, **la loi du 7 août 2015** portant nouvelle organisation territoriale de la République (**NOTRe**, pouvait-on trouver une dénomination plus curieuse ?!). Cette loi confie de nouvelles compétences aux régions. Elle est complétée par une loi qui modifie le découpage de ces dernières et présente le calendrier électoral des élections régionales et départementales. Le texte supprime la clause générale de compétence pour les départements et les régions. Mais surtout cette loi renforce le rôle de la région en matière de développement économique. Cette dernière devient d'ailleurs l'acteur territorial majeur en la matière.

Pour achever ce rapide panorama, on doit énoncer ce qu'il en est de la décentralisation sous E. Macron. Durant sa campagne présidentielle, il avait annoncé un projet de fusion des instances départementales et métropolitaines, en s'inspirant de l'exemple du Grand Lyon. Ce projet ne semble pas convenir vraiment aux élus locaux. Dans son projet de révision constitutionnelle, dévoilé le 9 mai 2018, le gouvernement Philippe prévoit de mettre fin à l'uniformité d'application de la loi en France métropolitaine, au nom d'un « droit à la différenciation » des collectivités territoriales de l'Hexagone. E. Macron a ainsi annoncé un *« Pacte girondin »* entre l'État et les collectivités territoriales. Selon le projet, un *« droit à différenciation »* passerait par la généralisation de *« l'expérimentation locale »*. Ne reviendrait-on pas là à une logique territoriale qui prévalait sous l'Ancien Régime (et ci-dessus évoquée !) ? Voltaire y déplorait alors que l'*«on changea aussi souvent de lois que de chevaux de poste »*.

Durant le « Grand débat », et au gré de son « tour de France », le président Macron s'est déclaré *« prêt à rouvrir le débat de la loi NOTRe »* (dont les modalités d'application ne semblent pas satisfaire les élus). Tout en précisant qu'*«il ne fallait pas tout détricoter, mais (...) pragmatiquement améliorer les choses »*. Plutôt qu'un acte 4, ne faudrait-il pas songer à une pause et à des états généraux de la décentralisation ?

Les projets territoriaux actuels semblent à tout le moins quelque peu abscons. Nul doute que Claude, toujours actif retraité universitaire, ne manquera pas de donner son analyse sur ce point !

Nous sommes un peu ombrageux, nos rapports furent donc parfois tumultueux,

Mais le temps est passé, ils sont devenus apaisés et nous avons bien sympathisé.

L'aménagement du territoire : une ambition pour tous les territoires

Par Jean-Yves Gouttebel

Docteur es-sciences économiques
Ancien Président du Conseil Départemental du Puy-de-Dôme
Ancien Vice-Président de l'Assemblée des Départements de France
Ancien Professeur associé à l'Université d'Auvergne

Au lendemain de la Seconde Guerre mondiale, la France a su innover en imaginant un modèle de planification compatible avec l'économie de marché et en jetant les bases d'une politique originale d'aménagement du territoire.

L'aménagement du territoire, comme politique publique définie et conduite par l'État, est parti du diagnostic dressé par Jean-François GRAVIER en 1947 dans son ouvrage célèbre au titre évocateur « Paris et le désert français ». Il est vrai qu'en analysant la répartition des activités et des hommes sur l'hexagone et en prolongeant les tendances lourdes, le risque apparaissait nettement d'une France dominée par Paris et son agglomération et d'une désertification progressive et irréversible d'une grande partie du territoire. Certes, il existait des bassins industriels encore puissants, notamment dans le nord et l'est , mais ceux-ci n'étaient pas à l'abri du déclin ; c'est du reste ce qui s'est produit dans les années 1960-1970, avec la crise du textile et celle de la sidérurgie. La France rurale était vouée à une hémorragie démographique du fait de la mécanisation de l'agriculture et du modèle intensif qui semblait s'imposer.

Quelques hommes politiques et de hauts fonctionnaires avaient pris la mesure de ce double danger. La liste des noms est longue, citons-en quelques-uns : Eugène CLAUDIUS-PETIT, Philippe LAMOUR, Pierre MENDES-FRANCE. C'est d'ailleurs sous le gouvernement de ce dernier que va être instaurée, en 1955, la procédure de l'agrément qui permettait de contrôler, voire de juguler, l'attractivité parisienne. Dans la foulée, le 30 juin 1955, une série de textes réglementaires, que l'on doit au Gouvernement d'Edgar FAURE, vont parfaire le dispositif qui constituera le fondement du modèle français d'aménagement du territoire. La Ve République ne va pas interrompre le mouvement, elle va l'amplifier avec notamment la création par le Général DE GAULLE de la DATAR en 1963 (administration interministérielle de mission), pilotée par Olivier GUICHARD : la DATAR outil de définition et de mise en œuvre de l'aménagement du territoire, mais aussi outil de réflexion et de prospective.

Dans le même temps l'Union européenne, dont l'appellation n'apparaîtra que plus tardivement, voyait ses bases se poser avec le Traité de Rome (1957) signé pour la France par Maurice FAURE. C'est ainsi que se profilait l'ouverture des économies nationales d'abord au niveau européen puis à l'échelle mondiale. À partir de là, comme cela avait été mis en lumière par le VIe Plan, notre économie comportait certes un secteur administré, un secteur abrité (protégé de la concurrence extérieure), mais aussi un secteur exposé à la concurrence étrangère notamment dans le domaine industriel et une partie des services.

Un double mouvement devrait alors se produire : l'ouverture de l'économie française et la montée en puissance des institutions européennes. Il faut y ajouter, à partir du début des années 1980, un vaste mouvement de décentralisation. Ces trois facteurs ont conduit à une forme d'éclatement de la compétence « aménagement du territoire ». Désormais, l'aménagement du territoire devenait une compétence partagée entre l'Europe, l'État et les collectivités locales, sans réel leadership d'autant que les moyens financiers de l'État commençaient à se raréfier. L'impératif de compétitivité de l'économie française dans une économie ouverte était affiché comme la priorité. De telle sorte que l'on a vu notre modèle d'aménagement du territoire passer d'une stratégie de solidarité des territoires à une stratégie de compétitivité des territoires. Ces deux types de stratégie ont même parfois cohabité dans un subtil équilibre[1].

La politique d'aménagement du territoire aura porté ses fruits : meilleure maîtrise du développement de la région parisienne, développement de pôles économiques répartis sur le territoire.

Sans doute a-t-on pensé en haut lieu que l'œuvre de l'aménagement du territoire était achevée. Pourtant la France du XXIème siècle qui se dessine

[1] cf Jean-Yves Gouttebel – Stratégies du développement territorial, 2e édition, Economica, Paris -2003

sous nos yeux est loin d'être un modèle achevé d'équilibre géographique. La marge de progrès est large.

La région parisienne s'est renforcée. Sans doute était-il nécessaire de disposer d'une grande métropole capable de rivaliser avec Londres, Berlin ou d'autres capitales. Mais tout cela au prix de coûts collectifs considérables, notamment en matière de qualité de l'environnement et de développement durable. La géographie française est marquée par un développement des périphéries : zones côtières et sur la partie continentale la France affleure l'axe européen de développement Nord-Ouest / Sud-Est qui va des Iles Britanniques et des Pays-Bas au nord de l'Italie.

De nouveaux déséquilibres se dessinent et des territoires sont exclus, et se sentent abandonnés.

Les pouvoirs publics ont cru remédier à cette situation d'une France à deux vitesses, par un arsenal législatif souvent mal réfléchi et mal affiné. Nous pensons à la loi MAPTAM et la loi NOTRe, imaginant que c'est en dupliquant les modèles territoriaux allemand ou italien que l'on allait tout régler. C'était faire fi d'une différence historique majeure. L'Allemagne comme l'Italie ont fait leur unité récemment, à la fin du XIXe siècle avec une intégration d'États qui disposaient de capitales structurées, profilant pour certaines des métropoles tandis que la France dont l'unité est plus ancienne, restait marquée par la prééminence singulière d'une grande métropole, Paris, sans un réel réseau de villes de poids à l'échelle de l'Europe. La France, ou plutôt une partie de la classe dirigeante (sur l'ensemble de l'échiquier politique) s'est subitement convertie au « big is beautiful » tout simplement par manque de réalisme et d'imagination. Dans le même temps, la France a créé le Commissariat à l'Égalité des Territoires qui se substitue à la DATAR comme si l'égalité des territoires était un objectif souhaitable ou tout simplement réaliste. Faudrait-il niveler la France ?

L'idéologie de la métropolisation, véhiculée par d'aucuns, repose sur une base fausse. En effet, contrairement à ce que proclame l'INSEE, le monde rural ne se réduit pas à 15 ou 20% de la population française. EUROSTAT qui est un organisme qui fait autorité et qui produit les statistiques officielles de l'Union européenne estime que le taux d'urbanisation réel en France est de près de 42%, donc près de la moitié des 80% de l'INSEE ! Comme l'écrit Christophe GUILLY (2) : « la réalité pèse peu face à l'idéologie (...) la métropolisation sera donc présentée comme un processus progressif et positif. Ses effets négatifs sont passés sous silence, notamment le fait que les métropoles coûtent cher : Dotations financières de l'État par habitant plus élevées, rapport plus fort entre le nombre de fonctionnaires territoriaux et le nombre d'habitants, dépenses considérables de rénovation urbaine, pollution, difficultés de circulation, problèmes de sécurité, saturation de l'espace public, dégradation des services publics et des solidarités ». [2]

Et Christophe GUILLY d'ajouter que la réforme territoriale (il fait allusion à la loi NOTRe) et la disparition annoncée et programmée de la dernière collectivité visible de ce qu'il appelle « la France périphérique », le département, sont devenues les dogmes d'une partie de la classe dominante qui, sûre de détenir la vérité, a trop souvent fermé ainsi le débat.

Eh bien non ! La France est une mosaïque de territoires qui, pour certains d'entre eux, ont illustré leur capacité à innover et faire mûrir des projets. Les exemples sont légion. Ils démontrent, s'il en était besoin, qu'il n'y a pas de déterminisme géographique absolu pas plus que de déterminisme économique fatal.

Comme le souligne Gérard-François Dumont[3] « l'aménagement du territoire a donc besoin d'une doctrine qui balaie l'idéologie de la concentration qui ne pense qu'à centraliser le pouvoir politique, économique, culturel et médiatique au sein d'un nombre limité d'espaces. Au contraire il est temps d'expliquer qu'il n'y a de fatalité pour aucun territoire, même pour les plus enclavés ».

La richesse de la France est notamment sa mosaïque de territoires. Une nouvelle politique d'aménagement du territoire doit d'abord contribuer à faire des territoires de la France des territoires de projet. Mais pour cela, il faut briser les dogmes, faire preuve de curiosité intellectuelle et d'innovation, ouvrir le droit à l'expérimentation et au bout du compte faire de l'aménagement du territoire une grande ambition qui saura concilier compétitivité et solidarité, qui générera le progrès pour tout l'espace français.

---

[2] Christophe GUILLY- Le crépuscule de la France d'en Haut – Flammarion – Paris 2016

[3] Gérard-François DUMONT- « Lettre ouverte au ministre de l'Aménagement des Territoires- Maires de France – mai 2016

Métropoles et espaces ruraux : réinventer la mixité territoriale ? L'exemple clermontois

Par Laurent Rieutort

Professeur de géographie à l'Université Clermont-Auvergne
Directeur de l'Institut d'Auvergne du Développement des Territoires
UMR Territoires
F-63000 Clermont–Ferrand, France.

« *Il n'est pas nécessaire de revenir sur l'affirmation du rôle des métropoles et sur la réforme des régions, ainsi que sur l'accroissement de leurs responsabilités. Toutefois [...] l'Acte III est loin d'être aussi monolithique que d'aucuns peuvent l'affirmer et comporte quelques ressources pour soutenir le développement local et les territoires ruraux. En quelque sorte, la face cachée de l'Acte III.* »

Claude Devès, 2017.

Toute métropole, définie comme « *une très grande ville, qui s'exprime par la taille de sa population et celle de l'agglomération qu'elle anime, par son poids économique, politique, social et culturel ainsi que par son pouvoir d'attraction et de diffusion* » (Marcel Roncayolo), s'insère dans l'espace avec des réseaux d'importance nationale ou mondiale. De même, si le processus de métropolisation s'inscrit dans des logiques d'échelle planétaire, la question des interrelations entre ces grandes agglomérations et leur arrière-pays rural proche mérite d'être abordée. En effet, les interactions entre développement des territoires à plus faible densité et fait métropolitain sont devenues peu à peu une préoccupation des politiques publiques. Observant un processus mondial, la France s'est engagée dans une « réforme territoriale » caractérisée par un double mouvement de renforcement du rôle de l'échelon régional – malgré ses faibles moyens financiers comparativement à d'autres voisins européens – et des grandes villes visant ainsi un couple « Région-Métropole ». Pour autant, les inquiétudes ne manquent pas sur les risques d'une accentuation des inégalités sociospatiales et d'un « décrochage » des ruralités. Même s'il est fréquent – et caricatural – d'opposer les grands centres urbains à leurs périphéries, « *il convient à présent d'aller plus loin en suggérant aux 'villes métropolitaines' de s'intéresser à 'leurs' périphéries, c'est-à-dire à leurs territoires adjacents* » (Ghorra-Gobin, 2019). Quelles sont les conséquences de la métropolisation institutionnelle en cours sur les territoires ruraux ? Quelles formes de partenariat émergent et comment les renforcer ? Nous tenterons d'aborder ces questions à partir de l'exemple de la « jeune » métropole de Clermont-Ferrand.

I. Métropolisation et nouvelle lecture des relations urbain-rural :

A. Une question ancienne

La question des rapports entre ville et campagne est une préoccupation constante pour les géographes dans les pays anciennement industrialisés comme dans les Suds. Ces relations sont pensées en termes d'opposition (de paysages, de fonctions, de catégories sociales, etc.) même si des complémentarités existent : la campagne approvisionne les cités, constitue un réservoir de main-d'œuvre et peut être dominée par une propriété foncière citadine (Dugrand, 1963). Parfois, la ville est le lieu de résidence des paysans, tandis que la campagne accueille en retour des citadins pour des pratiques de loisirs. Des régions urbaines se dessinent, englobant des campagnes marquées par la diffusion du bâti, les innovations techniques ou agronomiques. Dans sa thèse de 1949, Max Derruau montrait déjà comment toutes les périphéries urbaines de Clermont-Ferrand enregistraient d'intenses migrations de travail en lien avec la Manufacture Michelin (« *cars et camions déversent sur la ville, à chacune des trois relèves de l'usine – 5 heures, 13 heures, 21 heures – des centaines d'ouvriers* ») et un « genre de vie mixte », celui de « l'ouvrier-paysan ». À l'échelle des campagnes d'Europe occidentale, dans un article fondateur, Etienne Juillard (1961) distingue la ville « classique » rentière du sol, la ville « insulaire » industrialisée qui accentue le divorce avec son « arrière-pays » rural, et la ville « urbanisante » de la Suisse et du Bénélux qui réalise « *les conditions optimales d'un mieux-être général* ». Mais durant cette période pour Monique Poulot (2018) : « *Les campagnes sont devenues des réservoirs de main-d'œuvre à l'heure de l'exode rural, des sources d'approvisionnement des villes, voire des lieux de loisirs au service des citadins ; elles sont conçues comme des espaces au service des villes si bien que les solidarités avec la ville semblent peu à peu se dissoudre* ».

Ces mêmes années 1960 sont aussi celles où la question des métropoles est introduite dans les politiques publiques françaises, notamment pour équilibrer le poids de Paris, mais aussi pour impulser le développement régional. Les rapports Hautreux, Lecourt et Rochefort (1963) sur *le niveau supérieur de l'armature urbaine française*, puis Hautreux, Rochefort (1964) sur *la fonction régionale dans l'armature urbaine française* permettent à la DATAR d'identifier et de soutenir huit grandes agglomérations, désignées comme métropoles d'équilibre (Lille-Roubaix-Tourcoing, Nancy-Metz, Strasbourg, Lyon-Grenoble-Saint-Etienne, Marseille, Toulouse, Bordeaux, Nantes-Saint-Nazaire). Il s'agit bien de définir une hiérarchie avec des critères multiples (existence de services rares ou de haut niveau technique, importance de la population, degré de spécialisation des services), mais les dynamiques et les flux qui organisent les territoires sont moins abordés. Cette liste de métropoles suscite des réactions (Cohen, 2002) et quatre autres villes sont ensuite ajoutées[4] : Rennes, Clermont-Ferrand, Dijon, Nice. En tout cas, comme le souligne Daniel Béhar (2019), cette période qui installe le couple « Régions de programme » et « métropoles d'équilibre », introduit une rupture dans le paysage institutionnel et révèle bien la pensée modernisatrice animée par la DATAR.

À partir des années 1970, le thème des relations ville/campagne est renouvelé avec deux grands types de courants. D'un côté, certains chercheurs insistent sur l'idée d'un « continuum » fondé sur la diffusion de la ville dans des campagnes désormais dominées sur le plan technique, démographique, fonctionnel, voire idéologique. Nous sommes dans la grande phase de constitution des espaces périurbains autour des villes et le recensement de 1975 semble annoncer un renversement historique avec des soldes migratoires désormais positifs dans les campagnes proches des villes et gagnées par le bâti résidentiel. On parle d'annexion et « d'urbanisation des campagnes » ; le rural est au mieux « interstitiel », « résiduel », face à une modernisation « urbaine » qui « consomme » l'espace. Si d'aucuns soulignent des gradients socio-économiques ou démographiques entre la ville et des campagnes dites « profondes », les déterminants sont clairement urbains. On devine les présupposés idéologiques sous-jacents : le progrès et la modernisation sont en ville tandis que le rural est symbole d'archaïsme, de retard, de développement, de handicaps multiples... De l'autre côté, certains géographes réagissent vigoureusement pour souligner au contraire la spécificité des paysages « agrestes », la diversité des pratiques sociales, les variations de densités, de catégories socioprofessionnelles, d'activités ou d'usages. B. Kayser ou N. Mathieu décèlent surtout la montée en puissance d'imaginaires revalorisant les campagnes. D'autres chercheurs remettent également en cause la coupure ville-campagne, en montrant la pénétration des influences urbaines dans le monde rural (la ville est alors créatrice de campagnes) et parfois la persistance

---

[4] Comme cinquante ans plus tard, sept métropoles (dont toujours Clermont-Ferrand et Dijon) seront ajoutées à la liste initiale !

du rural dans la ville (dans les pratiques agricoles « urbaines » comme dans les constructions sociales). Face à la diversification des usages, aux nouvelles articulations entre lieux de résidences et de travail, aux appartenances multiples, les liaisons se renforcent, notamment dans les espaces « périurbains » des pays occidentaux, ces « tiers espaces » (Martin Vanier), lieux d'interface, de transition, marqués par d'importantes mutations socio-économiques et permettant de penser, voire de repenser la ville contemporaine (Poulot, 2018). Le débat est ouvert sur la délimitation du rural et l'émergence de « nouvelles campagnes », sur les mécanismes d'échanges plus équilibrés et les processus de mobilité qui les alimentent, sur les hybridations en cours, les compromis en voie de formalisation sur les enjeux alimentaires ou fonciers par exemple, mais aussi sur les convoitises et conflits.

C'est dans ce contexte que le renforcement de la métropolisation ou les nouveaux périmètres institutionnels ou de projets constituent des espaces de choix pour l'étude de ces récentes mises en relations.

B. Du processus de métropolisation à l'affirmation politique de la métropole

Dès l'Antiquité grecque, le terme *metropolis* désigne la ville mère[5] qui rayonne en direction de ses colonies et dépendances. Pour autant, la définition scientifique et institutionnelle du terme est tardive en France : vue comme une ville majeure, qui domine un territoire, régional ou national, par son poids et l'étendue de son rayonnement, la métropole concentre des structures de commandement économique, en particulier les sièges des grandes entreprises multinationales et les bureaux des sociétés financières et des firmes de services aux entreprises. Si au niveau local, elle est autonome pour les demandes usuelles de services de ses habitants et de sa région, elle s'insère par contre dans des réseaux d'importance nationale ou mondiale et elle bénéficie d'échanges multiples avec les autres métropoles. Différents éléments distinguent les métropoles des autres agglomérations. De fait, la *métropolisation* est un *processus* de concentration de valeur à l'intérieur et autour des villes les plus importantes, ce qui les rend toujours plus attractives[6].

---

[5] La métropole, *metropolis* en grec, est la contraction des mots grecs *mêtêr* (mère) et *polis* (ville).

[6] Pour appréhender ces phénomènes de concentration, l'INSEE a développé depuis le milieu des années 1990 la notion « d'emplois supérieurs » devenus « fonctions métropolitaines supérieures ». Sont considérés comme « emplois métropolitains supérieurs » les postes de cadres et professions intellectuelles supérieures du secteur privé dans les domaines de la culture, de la recherche, de la banque-assurance, de l'informatique, du commerce de gros, de commercial et de gestion dans l'industrie, de l'information et des médias, des services aux entreprises, des transports et des télécommunications.

Elle porte un double mouvement spatial :

- Une concentration des richesses, des hommes, des capitaux, des savoirs, des techniques...
- Une extension géographique avec un étalement du bâti, une diffusion des populations et emplois dans les zones « périurbaines », une multiplication des flux... et un risque de ségrégation sociospatiale, voire de satellisation du territoire périphérique.

Cependant, ce schéma centre-périphérie, est relativisé avec des marges urbaines qui s'autonomisent voire qui sécrètent de nouvelles polarités, tandis que les relations avec les arrière-pays, périurbains et ruraux, sont repensées, de sorte que la métropole apparaît comme un espace non pas vertical, mais de plus en plus multipolaire. Il s'agit donc non seulement d'un enjeu de collaboration entre échelles et niveaux territoriaux, mais aussi d'un défi pour engendrer des effets d'entraînement et initier des dynamiques collectives.

Sur le plan institutionnel, rappelons que la métropole est ainsi devenue un nouveau modèle d'établissement public de coopération intercommunale créé par la loi du 16 décembre 2010, mais surtout conforté par la loi du 27 janvier 2014 dite de « *modernisation de l'action publique territoriale et d'affirmation des métropoles* » (loi MAPTAM). L'idée du législateur est bien alors d'inscrire la France dans la compétition mondiale avec des villes plus fortes et plus visibles (Pihet, 2015), dotées de compétences nouvelles ou renforcées en matière de développement territorial. Cette loi a décidé, d'une part, la création des métropoles de Paris, d'Aix-Marseille et de Lyon[7], et, d'autre part, le développement des métropoles moins peuplées, complétant leur statut par davantage d'intégration intercommunale. Ainsi, douze métropoles ont été créées (Bordeaux, Grenoble, Lille, Nantes, Nice, Rennes, Rouen, Strasbourg, Montpellier, Brest, Nancy et Toulouse) avec des compétences en matière de développement économique, d'innovation, de transition énergétique ou de politique de la ville... avant qu'un amendement au Projet de loi « *relatif au statut de Paris et à l'aménagement métropolitain* » voté en décembre 2016 n'élargisse encore ce cercle à sept nouvelles agglomérations : Dijon, Orléans, Saint-Étienne, Toulon, Metz et Clermont-Ferrand.

Il est surtout important de souligner qu'entre ces deux lois, la définition de la métropole évolue pour faire explicitement apparaître son rôle dans le développement régional : aux contours de 2010 (« *La métropole est un établissement public de coopération intercommunale à fiscalité propre regroupant plusieurs communes d'un seul tenant et sans enclave au sein d'un*

---

[7] La métropole de Lyon est une collectivité territoriale à statut particulier en bénéficiant des compétences de l'ancienne communauté urbaine de Lyon et du département situé sur cette aire urbaine.

espace de solidarité pour élaborer et conduire ensemble un projet d'aménagement et de développement économique, écologique, éducatif, culturel et social de leur territoire afin d'en améliorer la cohésion et la compétitivité ») s'ajoute, en effet, l'objectif assigné en 2014 aux métropoles « *de concourir à un développement durable et solidaire du territoire régional. Elle valorise les fonctions économiques métropolitaines, ses réseaux de transport et ses ressources universitaires, de recherche et d'innovation, dans un esprit de coopération régionale et interrégionale et avec le souci d'un développement territorial équilibré »*. Au final, le législateur confie donc aux métropoles la responsabilité d'organiser la cohésion et la solidarité aussi bien à l'intérieur de leurs périmètres administratifs que dans un système territorial plus large, qu'il soit régional, national ou européen. Ajoutons que la loi MAPTAM reconnaît aux métropoles un nouveau rôle de co-construction des schémas régionaux de développement économique, d'innovation et d'internationalisation des entreprises (SRDEII) et d'aménagement, de développement durable et d'égalité des territoires (SRADDET).

Rappelons aussi que dès 2010, les communautés urbaines de France avaient soutenu la création des pôles métropolitains (loi du 16 décembre 2010, dite « de réforme des collectivités territoriales » - RCT). Ces syndicats mixtes permettent à des EPCI de coopérer *« en vue d'actions d'intérêt métropolitain, afin de promouvoir un modèle d'aménagement, de développement durable et de solidarité territoriale »*. À noter la possibilité de déléguer certaines « actions », terme plus restrictif que celui de « compétences », à un pôle métropolitain, en sus des transferts de compétences classiques. En outre, alors que seuls des « groupements à fiscalité propre » pouvaient adhérer à un pôle en vertu de la loi RCT, la loi MAPTAM permet qu'à la demande du comité syndical, une Région et/ou un Département sur lequel se situe le pôle puissent en devenir membre. Une trentaine de structures a ainsi vu le jour, très souvent organisé autour des métropoles.

Enfin, le Pacte État-métropole, conclu en 2016 entre les présidents de métropoles et le Premier ministre, a renforcé ce processus en proposant que chaque métropole élabore avec un ou plusieurs territoires environnants un contrat de coopération métropolitaine centré sur de grands enjeux partagés (mobilité, logement, environnement, production alimentaire...).

C. Des effets discutés

Le choix de conforter les métropoles a suscité de très riches débats (Torre, Bourdin, 2015). Si les effets de polarisation et de redistribution démographique ne sont guère contestés (Veltz, 2014 ; Davezies, Pech, 2014), les conséquences en termes économique, social ou géographique sont davantage discutées. Ainsi l'observation empirique montre que certains pays d'Europe ne concentrent pas nécessairement leurs innovations dans leurs métropoles et capitales (Baudelle, 2012) et qu'il n'y a pas toujours de corrélation directe entre la croissance métropolitaine et le dynamisme régional (Bourdeau-Lepage, 2015). Les scientifiques se heurtent aussi aux limites de l'outil statistique ou des cadres spatiaux retenus pour mesurer les conséquences du phénomène de métropolisation ou à l'occultation des dynamiques de développement dans les zones non métropolitaines (Bouba-Olga, Grossetti, 2018). Le fait d'englober les zones périurbaines diffuses, de plus en plus vastes et parcourues par les mobilités généralisées des actifs permet-il encore de mesurer les dynamiques des métropoles ? La question qui est posée est aussi de savoir jusqu'à quel point la concentration en populations et équipements est-elle soutenable ? Et quand devient-elle contre-productive (stress, pollution, congestion des transports, pénurie de logements, ségrégations sociospatiales, étalement urbain, incontrôlé...) ? Les métropoles n'exacerbent-elles pas les inégalités sociales et spatiales ? Par ailleurs, le modèle qui assure les succès des métropoles (concentration des populations et fonctions, multiplication des flux) suppose des coûts élevés de dépenses publiques, des infrastructures performantes favorisant leur accessibilité, une solide volonté politique de rééquilibrage et de partenariat interterritorial, d'importantes dépenses énergétiques sans parler des « externalités négatives » ou coûts de congestion liés au fonctionnement de ces concentrations urbaines. Ce modèle peut donc être remis en cause et surtout les effets bénéfiques des métropoles sur leur « hinterland » (redistribution de richesses et d'emplois) s'atténuent avec l'éloignement et reposent sur des financements publics dont l'avenir est incertain. Ne doit-on pas alors s'inquiéter pour les habitants des territoires les plus éloignés des grandes villes ?

Une des questions territoriales les plus souvent débattues est celle des conséquences de la métropolisation pour les espaces voisins à plus faibles densités qu'il s'agisse de zones périurbaines, de villes intermédiaires ou de campagnes plus éloignées. Ainsi, pour certains auteurs, le modèle métropolitain délaisserait-il toute une France périphérique (Guilluy, 2014), même si les territoires situés à l'écart des « écosystèmes métropolitains » sont loin d'être uniformément en déshérence et présentent des enjeux différenciés.

Or, justement, ce concept de métropolisation ne peut ignorer l'essor des mobilités, les nouvelles formes de territorialités en réseau (Vanier, 2015), les collaborations entre acteurs publics et privés, mais aussi les ferments d'innovation sociale y compris dans les zones peu denses.

En outre, ces « périphéries », villes intermédiaires et zones peu denses possèdent des atouts et ressources qui font défaut aux métropoles : le foncier et le logement y sont moins onéreux, la proximité à la nature et au patrimoine est recherchée, des circuits courts alimentaires peuvent s'organiser, etc. Il est donc important de saisir l'autre direction des interactions en étudiant quels rôles les territoires ruraux peuvent jouer sur les dynamiques métropolitaines, en fonction de leurs bases économiques, de leurs dynamiques sociodémographiques, de leurs modèles de développement des activités économiques. Rappelons que d'après la nouvelle grille communale de densité élaborée par l'INSEE, les zones peu ou très peu denses réunissent plus de 36 % des actifs occupés français et confirment leur attractivité (Rieutort, 2017). Elles décrochent même des taux de croissance démographiques élevés, souvent supérieurs aux espaces densément peuplés que ce soit sur la période 1999-2010 (+ 1,1 %/an pour les communes peu denses ; + 0,7 %/an pour les communes très peu denses contre + 0,42 %/an et + 0, 48 % respectivement pour les communes densément peuplées et de densité intermédiaires), ou sur celle, moins favorable, de 2010-2015 (+ 0,61 %/an pour les communes peu denses contre + 0,46 %/an pour les communes de plus forte densité, mais seulement + 0,13 %/an pour les communes très peu denses).

L'attractivité migratoire touche fortement les zones peu denses du périurbain voire du rural « éloigné » et ce, malgré le ralentissement observé depuis la crise de 2008 et alors que les communes densément peuplées sont souvent répulsives. Entre 1999 et 2008, le solde migratoire moyen est deux fois supérieur dans les zones peu ou très peu denses (+1,09%/an contre +0,45 % dans les zones denses) ; entre 2010 et 2015, il reste légèrement supérieur (+0,55%/an contre +0,46 %/an). Sur le plan économique, l'emploi rural s'accroît, en profitant notamment de la redistribution des activités de production d'une part, mais surtout de la montée en puissance des activités attachées à la demande résidentielle et peu ou pas exposées à la mondialisation, d'autre part. Certes, si on comptabilise ces emplois à la commune de résidence, les chiffres sont plus élevés, car une partie des actifs qui résident « à la campagne » sont en fait des « migrants pendulaires » dont le poste de travail se situe dans les pôles urbains. En observant les emplois au lieu de travail sur la période 1999-2010, les taux de croissance de l'emploi sont un peu plus élevés dans les communes denses (+1,27 %/an) que dans les communes peu denses (+ 1,05 %/an). Mais, à l'exception des zones très peu denses (-0,33%/an), le bilan reste favorable et une grande partie des ruralités contribue donc à la croissance globale des emplois. Évidemment, depuis 2008, la contraction de ces derniers frappe l'ensemble du pays. Mais paradoxalement, les communes peu denses résistent mieux, et sont en très modeste croissance, alors que les communes denses et de densité intermédiaire perdent des emplois.

Au final, si les « économies d'agglomération » jouent à plein dans les métropoles, il n'en reste pas moins que les investissements en capital humain, financier ou technologique en leur sein deviennent extrêmement coûteux. Par opposition, dans les espaces ruraux, des atouts souvent ignorés relèvent de la dimension relationnelle (les liens de confiance), de la diffusion (malgré ses lenteurs) des équipements numériques, des aménités recherchées par les citoyens (avec des « coûts du territoire » modérés)… mais aussi, évidemment, des effets d'entraînement des grandes agglomérations. Certains territoires ruraux voient ainsi se déployer des « systèmes productivo-résidentiels » (Davezies, Talandier, 2014) qui viennent conforter les aires métropolitaines et il est donc important d'étudier les logiques de réseaux et d'interdépendances entre les espaces densément urbanisés et zones périphériques. L'exemple clermontois permet d'approfondir l'analyse.

II. Une mise en relation embryonnaire ? Exemple de la métropole clermontoise :

Issue d'une Communauté d'agglomération instituée en 1999, puis d'une Communauté urbaine constituée un an plus tôt, Clermont-Ferrand est donc devenue une métropole de plein exercice au 1er janvier 2018 sous le nom de « Clermont-Auvergne Métropole ». Envisager les interactions de cette métropole de taille moyenne (288 000 habitants ; 21 communes) avec son arrière-pays rural, suppose à la fois de raisonner à différentes échelles (métropole elle-même ; aire urbaine plus large[8]) et de comparer avec d'autres agglomérations proches géographiquement ou de taille voisine[9]. Il est aussi tentant de mesurer les évolutions récentes liées à la perte de statut de capitale régionale avec la fusion des Régions Auvergne et Rhône-Alpes au 1er janvier 2016, même si la tâche demeure encore difficile faute de donner des statistiques suffisamment récentes.

A. Des dynamiques métropolitaines à conforter

Nous n'insisterons pas sur les différentes formes d'influence sociodémographique de la métropole clermontoise sur les campagnes proches. Les cartes montrent son impact sur tout un « arrière-pays » situé entre 45 min (sur les marges montagneuses de l'ouest ou du Livradois) et une heure de route. L'évolution annuelle de la population depuis 1999 confirme l'essor démographique et une croissance sensible des périphéries, qui s'exprime bien au-delà des 21 communes du périmètre de la métropole, pour concerner toute l'aire urbaine voire davantage vers le nord (en direction de Vichy), vers l'est

[8] On fait ici référence au « Zonage en aires urbaines » constitué d'une part des pôles urbains (définis en fonction du nombre d'emplois) et, d'autre part, d'une auréole de communes périurbaines composées de communes rurales ou d'unités urbaines dont au moins 40% de la population travaille dans ce pôle urbain ou dans les communes attirées par celui-ci.

[9] Nous comparerons ainsi certaines dynamiques démographiques de Clermont (aire urbaine : 482 000 hab. ce qui la classe au 19e rang national) avec celles de Grenoble (687 000 hab., 11e rang), mais aussi de Tours (494 000 hab., 18e rang) et Nancy (435 000 hab., 20e rang).

limagnais et vers le sud (où Issoire prend le relais) (Fig. 1). Le phénomène centre-périphérie se retrouve sur le solde migratoire et plus encore en matière de solde naturel : l'excédent de naissances s'observant nettement à l'échelle de la métropole – cœur et marges périurbaines rajeunies – par opposition aux communes rurales plus éloignées (Fig. 2). Le phénomène de diffusion de population à partir du cœur métropolitain est donc incontestable. On retrouve les mêmes dynamiques en matière d'emplois avec des gains assez nets sur ces communes périurbaines même si le bilan est contrasté selon les communes (Fig. 3).

Figure 1 : Évolution totale de la population dans le Puy-de-Dôme depuis 1988

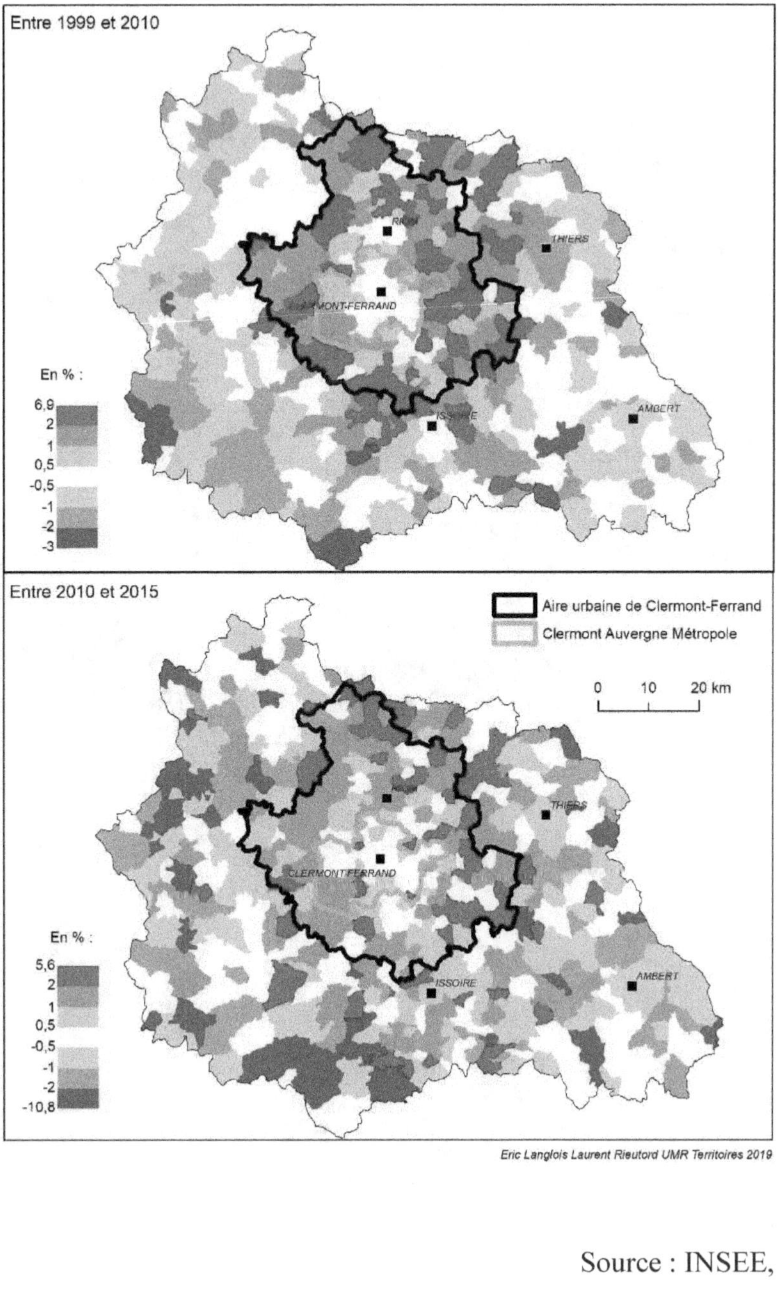

Source : INSEE, RP

Figure 2 : Évolution totale de la population dans le Puy-de-Dôme depuis 1988

(solde naturel et solde migratoire)

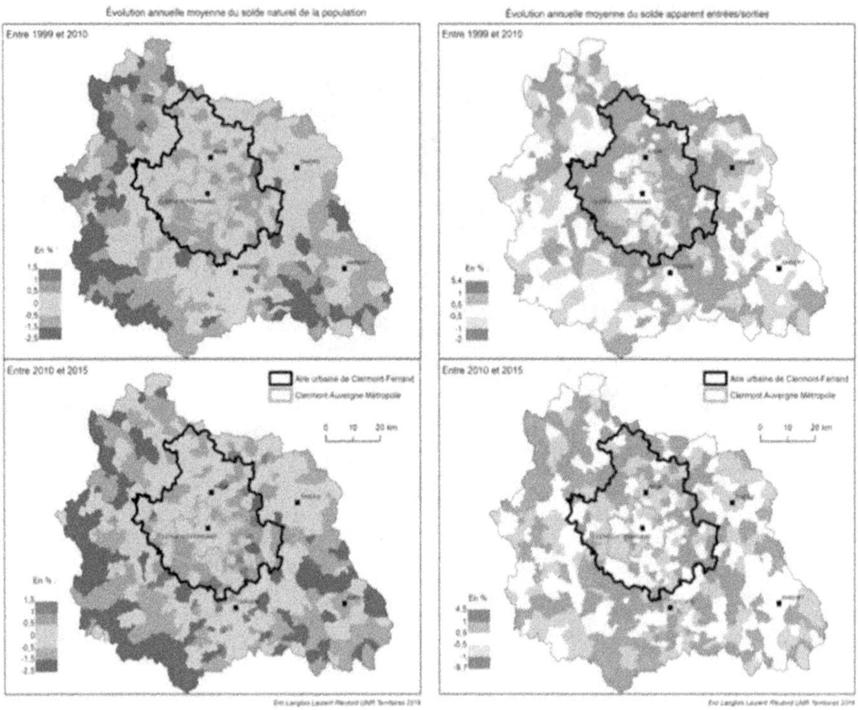

Source : INSEE, RP

Figure 3 : Évolution de l'emploi au lieu de travail dans le Puy-de-Dôme (2010-2015)

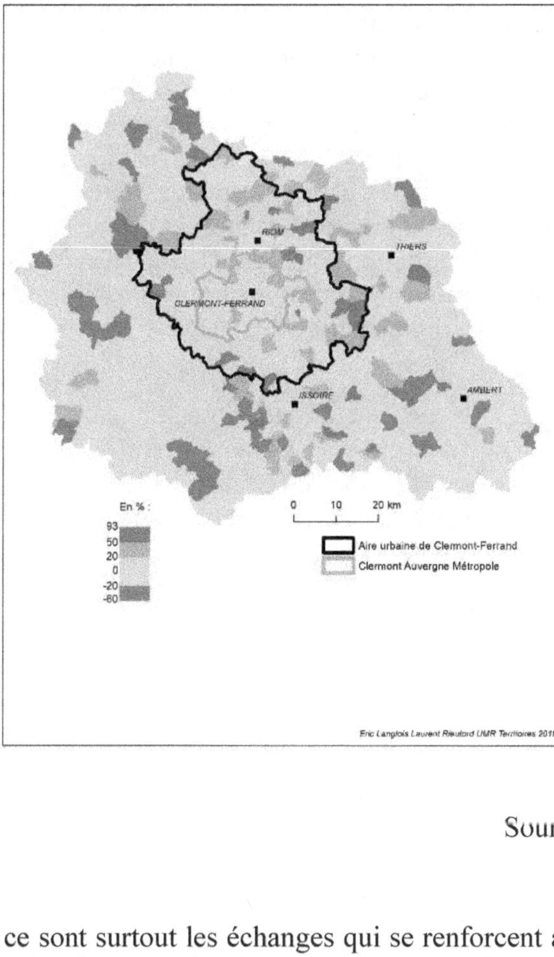

Source : INSEE, RP

En réalité, ce sont surtout les échanges qui se renforcent au sein de l'aire métropolitaine depuis une quinzaine d'années, et ce dans trois dimensions principales :

- les déplacements domicile-travail avec des flux importants puisqu'environ 25 % des emplois sont situés dans la couronne du pôle clermontois (contre 20 % à Lyon, et 15 % à Grenoble par exemple) tandis que d'autres échanges se font avec les aires urbaines voisines d'Issoire, Vichy, Thiers, territoires réunis au sein du Pôle Métropolitain Clermont Vichy Auvergne ;
- les migrations résidentielles pour les ménages qui déménagent ;

- quelques transferts d'établissements pour les entreprises.

Cependant, dans le détail et en comparaison avec d'autres métropoles, les statistiques (voir tableaux ci-dessous) montrent à la fois qu'une évolution démographique chaotique (les années 1980-1990 étaient peu défavorables ; le renouvellement s'est surtout opéré à partir des années 2000 et jusqu'à la fusion Auvergne-Rhône-Alpes), une faiblesse du solde naturel (vieillissement et modeste fécondité des territoires voisins) en comparaison avec Grenoble ou Tours même si le solde migratoire est supérieur sur l'aire urbaine et la métropole clermontoise. Sur le plan des emplois, la croissance est réelle à l'échelle de l'aire urbaine (voisine de Grenoble et même supérieure à Tours et Nancy), mais plus modeste si l'on considère le seul périmètre de la métropole. Au total, les effets d'entraînement semblent plus discrets que les métropoles de l'est (Grenoble, Lyon) dans un contexte, il est vrai, de territoires ruraux voisins plus fragiles.

L'aire clermontoise est plutôt bien positionnée pour les emplois stratégiques avec une forte croissance de ces derniers entre 1999 et 2015. Mais, là encore, ce taux d'emplois supérieurs demeure en deçà de celui des métropoles nationales et le bilan s'est très certainement détérioré avec la perte du statut de « métropole régionale ».

Tableau 1 : Comparaison des dynamiques démographiques de quelques aires urbaines

	Aire urbaine Clermont-Ferrand					Aire urbaine Grenoble				
	1975-1982	1982-1990	1990-1999	1999-2010	2010-2015	1975-1982	1982-1990	1990-1999	1999-2010	2010-2015
Variation de population	0,8	**0,4**	**0,3**	0,6	0,6	0,7	**0,8**	**0,7**	0,5	0,6
- due au solde naturel	0,5	**0,4**	**0,2**	0,3	0,3	0,7	**0,7**	**0,6**	0,6	0,6
- due au solde entrées/sorties	0,3	0,0	0,1	**0,3**	**0,3**	0,0	0,1	0,1	**0,1**	**0,0**

	Aire urbaine Tours					Aire urbaine Nancy				
	1975-1982	1982-1990	1990-1999	1999-2010	2010-2015	1975-1982	1982-1990	1990-1999	1999-2010	2010-2015
Variation de population	1,0	**0,7**	**0,7**	0,7	0,6	0,4	0,3	0,1	0,2	0,0
- due au solde naturel	0,5	**0,5**	**0,4**	0,4	0,4	0,6	**0,6**	**0,5**	0,4	0,3
- due au solde entrées/sorties	0,5	0,3	0,3	0,3	0,2	- 0,3	- 0,4	- 0,4	- 0,2	- 0,3

Source : INSEE, RP

Tableau 2 : Comparaison des dynamiques démographiques de quelques métropoles Source : INSEE, RP

	Clermont Auvergne Métropole					**Métropole Grenoble-Alpes-Métropole**				
	1975-1982	**1982-1990**	**1990-1999**	**1999-2010**	**2010-2015**	**1975-1982**	**1982-1990**	**1990-1999**	**1999-2010**	**2010-2015**
Variation de population	0,3	0,0	0,2	0,2	**0,4**	0,2	0,3	0,3	0,2	**0,6**
- due au solde naturel	0,8	0,5	0,3	0,3	**0,3**	0,9	0,8	0,7	0,7	**0,7**
- due au solde entrées/sorties	-0,5	-0,5	-0,1	-0,2	**0,1**	-0,7	-0,5	-0,4	-0,5	**-0,1**

	Tours métropole Val-de-Loire					**Métropole du Grand Nancy**				
	1975-1982	**1982-1990**	**1990-1999**	**1999-2010**	**2010-2015**	**1975-1982**	**1982-1990**	**1990-1999**	**1999-2010**	**2010-2015**
Variatio	0,7	**0,5**	**0,5**	0,3	0,4	-0,1	0,3	0,1	0,0	0,0

n de population										
- due au solde naturel	0,8	0,6	0,5	0,4	0,3	0,9	0,8	0,7	0,4	0,4
- due au solde entrées/sorties	-0,1	-0,2	0,1	-0,1	0,0	-1,0	-0,5	-0,6	-0,5	-0,4

Tableau 3 : Comparaison des dynamiques de l'emploi

Source : INSEE, RP

	Clermont-Ferrand	**Grenoble**	**Tours**	**Nancy**
Aire urbaine nombre d'emplois en 2015	*202 874*	300 282	201 723	179 754
Aire urbaine évolution emploi au lieu de travail (2010-2015)	**+1,1**	+0,4	-0,2	-1,8
Métropole nombre d'emplois en 2015	156 291	219 887	147 055	135 951
Métropole évolution emploi au lieu de travail (2010-2015)	+ 0,1	**+ 0,6**	- 0,8	-2,2
Commune nombre d'emplois en 2015	100 614	95 584	80625	66 286
Commune évolution emploi au lieu de travail (2010-2015)	+ 0,1	**+ 0,6**	-0,8	-2,2

Ce bref bilan statistique et cartographique confirme que l'opposition entre métropole et zones périurbaines ou rurales est stérile, car les dynamiques actuelles montrent surtout l'importance de la relation et des flux entre les espaces, la diffusion des populations et emplois en périphérie, les logiques de réseaux et d'interdépendance. On note également que les dynamiques positives observées à l'échelle de l'aire urbaine clermontoise, notamment dans ces communes périurbaines et rurales, ne bénéficient pas complètement à la métropole institutionnelle dont le périmètre est demeuré modeste puisque seulement 60 % de la population de l'aire urbaine est comprise au sein de Clermont-Auvergne Métropole. La situation n'est pas très originale à l'échelle française où un très petit nombre de métropoles « colle » à leur aire urbaine (tableau 4). Mais Clermont reste toutefois dans le « bas du tableau » faute d'avoir regroupé notamment des intercommunalités voisines (Riom Limagne et Volcans au nord ; Mond'Arverne Communauté au sud ; Billom Communauté à l'est).

Tableau 4 : Le poids démographique des métropoles françaises par rapport à leur aire urbaine Source : INSEE 2015

Nom de la métropole	**% de la population de la métropole par rapport à son aire urbaine**
Métropole d'Aix-Marseille-Provence	106
Métropole européenne de Lille	95
Saint-Étienne Métropole	78
Montpellier Méditerranée Métropole	75
Métropole Rouen-Normandie	74
Toulon-Provence-Méditerranée	71
Dijon Métropole	67
Nantes Métropole	66
Orléans Métropole	66
Brest métropole	65
Eurométropole de Strasbourg	65
Grenoble-Alpes Métropole	64
Bordeaux Métropole	63
Lyon	61
Métropole du Grand Nancy	61
Clermont Auvergne Métropole	**60**
Tours Métropole Val de Loire	60
Rennes Métropole	60

Metz	57
Métropole du Grand Paris	56
Toulouse Métropole	56
Métropole Nice Côte d'Azur	54

B. Des relations interterritoriales en cours d'élaboration

Pour autant, la métropole affiche une certaine volonté de « provoquer » des coopérations nouvelles avec les territoires environnants. Une enquête menée en 2018 par le CGET, en partenariat avec France urbaine et l'Assemblée des communautés de France[10], et à laquelle Clermont Auvergne Métropole a répondu, permet de dresser un premier bilan. Les services de la métropole ont ainsi repéré au moins 7 types d'actions ou d'études en cours :

- Partenariat avec le Parc Naturel Régional des Volcans d'Auvergne comme « agglomération-porte » dans le cadre d'une convention-cadre de 3 ans, sur certaines actions qui intéressent la Métropole (protection de l'environnement, mobilités, éducation avec des échanges scolaires, culture, liens avec l'agriculture via notamment le soutien à un « marché paysan ») ;
- Projets déployés au sein du PETR du Grand Clermont qui fédère quatre intercommunalités (Clermont Auvergne Métropole, Riom Limagne et Volcans, Billom Communauté et Mond'Arverne Communauté), avec notamment des actions en matière de gestion de l'attractivité et d'urbanisme (SCoT), de régulation des implantations commerciales, d'aménagement artisanal …
- Plan Alimentaire Territorial reconnu en 2017 et associant le PETR du Grand Clermont et le Parc Naturel Régional Livradois-Forez (268 communes) avec d'autres partenaires (Région, départements du Puy-de-Dôme, de la Loire et de la Haute-Loire) ; le plan d'action prévoit « *d'améliorer le taux d'autoapprovisionnement du territoire et d'offrir aux habitants les conditions d'une alimentation saine, de qualité, accessible à tous, issue de circuits de proximité et contribuant au développement d'une agriculture rémunératrice pour l'agriculteur et respectueuse de l'environnement* ». Six grands axes sont travaillés : foncier, production, transformation, distribution à destination des ménages, approvisionnement de la restauration collective, consommation. Ce

[10] Voir la synthèse : CGET, 2019.

projet met clairement, en avant, les liens entre la métropole et les zones rurales ;

- Le PETR du Grand Clermont et le département du Puy-de-Dôme sont également engagés sur le projet d'aménagement d'une « voie verte » le long de la rivière Allier, ce qui permet d'aborder les thèmes de l'environnement, du tourisme et de l'attractivité du territoire ; les EPCI Mond'Arverne Communauté / Billom Communauté / Clermont Auvergne Métropole sont concernés avec des conventions entre partenaires (dont la Région) et des co-financements de travaux pour un coût global estimé à 3,5 millions d'euros ;

- Des études et des actions sont également engagées par la métropole à l'échelle du « pôle métropolitain » Clermont Vichy Auvergne qui rassemble 11 EPCI du grand bassin de vie qui s'étend de Vichy/Lapalisse à Brioude. Les domaines privilégiés portent sur la valorisation de l'axe de la rivière Allier (projet de création d'un Observatoire de l'environnement) ou, encore timidement, sur l'organisation des mobilités ;

- Deux autres partenariats sont enfin lancés d'une part avec le département du Puy-de-Dôme, Mond'Arverne Communauté et l'État pour la valorisation du site de Gergovie (archéologie, valorisation touristique et environnementale) et d'autre part avec ce même département, le PNR des Volcans d'Auvergne, les communes et EPCI concernées et la Région pour contribuer au plan de gestion du bien « Chaîne des Puys – Faille de Limagne » inscrit en 2018 au patrimoine mondial de l'UNESCO via une convention quinquennale de financement multipartenarial avec avenant annuel précisant les actions financées.

Ce bref récapitulatif montre la variété des périmètres engagés (métropoles et deux PNR voisins ; PETR du Grand Clermont ; Pôle métropolitain Clermont Vichy Auvergne) et des partenariats préférentiels avec le département du Puy-de-Dôme ou les EPCI voisins, et ce jusqu'à Vichy Communauté, même si les échanges semblent encore modestes vers le nord avec « Riom Limagne et Volcans » ou « Plaine Limagne ». Si l'on compare les thématiques clermontoises avec celles décrites par l'enquête à l'échelle nationale, on retrouve les mêmes entrées en matière d'environnement (même si l'approvisionnement en eau est moins mis en avant par Clermont), de tourisme, d'urbanisme ou d'alimentation, voire d'un peu de partage d'ingénierie. Par contre, la question des mobilités (modifier les modes de déplacements, comme le covoiturage ou le renforcement des transports en commun) est encore peu travaillée (hors périmètre PNR Volcans d'Auvergne) tout comme celle de l'énergie ou du développement économique (filières industrielles, savoir-faire locaux, télétravail par exemple). Les modalités juridiques d'intervention privilégient des conventions, plus souples et souvent assorties d'un plan d'action annuel ou pluriannuel ; si les modalités de suivi de la coopération sont clairement précisées, cette forme n'est pas toujours associée à des budgets importants et, comme le rappelle le rapport du CGET, elle « *ne garantit pas l'effectivité de la coopération, ni que celle-ci portera des fruits* ». Sur d'autres projets, on retrouve des structures dédiées permettant de bénéficier de moyens humains, en ingénierie notamment des syndicats mixtes (PNR, PETR, pôle métropolitain), mais aussi l'agence d'urbanisme.

C. Les conditions d'un dialogue renouvelé

Cette analyse vient confirmer à la fois l'intérêt, mais aussi les limites des coopérations interterritoriales pour des métropoles comme Clermont-Ferrand dont les enjeux d'attractivité et de développement durable doivent se raisonner à une échelle territoriale plus vaste. Certes, de nombreux travaux (Mairie Conseils, 2009 et 2013) ont montré la multitude de difficultés auxquels ces partenariats rural/urbain se heurtent : oppositions de représentations – souvent héritées d'un passé proche ou plus lointain – et méconnaissance mutuelle des problématiques urbaines, périurbaines et rurales ; méfiance réciproque et non-dits face à l'évolution possible de la gouvernance, aux relations communes/intercommunalité ou aux risques de futurs clivages politiques ; partenariats souvent anciens, mais modestes, parfois contraints, et mal anticipés dans le cadre des fusions d'EPCI ou des documents de planification et d'urbanisme par exemple ; absence de stratégies interterritoriales et prospectives ; cloisonnement de l'action publique, complexité des procédures et manque de transversalité y compris dans le « partage » de l'ingénierie. Mais de multiples défis (localisation et agencement des services, des équipements structurants et des activités économiques ; organisation des déplacements entre la ville et les communes environnantes, mais aussi en zone rurale ; protection des terres agricoles et adaptation des activités agricoles ; gestion des ressources et des déchets ; maîtrise de l'urbanisme et du foncier) auxquels les métropoles sont confrontées, supposent d'accentuer cette « mise en relation » ; en définitive, les enjeux de la transition écologique qui renouvelle les modes de consommer, de produire, de se déplacer et de vivre ensemble pour répondre aux enjeux de durabilité sont au cœur de ce dialogue urbain/rural. Et les comparaisons avec d'autres métropoles confirment qu'il existe quelques leviers d'action à mobiliser :

- Un travail de diagnostic prospectif et partagé à une échelle interterritoriale permettant de dépasser les idées reçues et confirmant à la fois les apports des cœurs métropolitains pour les communes moins denses, mais aussi les bénéfices des ruralités pour la dynamique métropolitaine (déploiement des activités économiques, choix résidentiels, organisation des déplacements, circuits alimentaires de proximité, gestion des ressources environnementales, etc.) ; il s'agit bien d'identifier les complémentarités productives et territoriales, de s'interroger sur la manière de les entretenir et de les accompagner (Bouba-Olga, 2019) ;

- Une progressivité et un pragmatisme dans les partenariats et actions qui doivent s'inscrire dans la durée en passant par exemple du dialogue organisé sur quelques projets (on a vu notamment que des sujets à enjeux forts comme l'alimentation ou la mobilité facilitaient cette mise en relation), à un dialogue construit autour de stratégies globales et de schémas spatialisés et pluri-acteurs avec des objectifs opérationnels, puis à la mise en place d'un pilotage, d'un management de la complexité et d'une forme de gouvernance urbain-rural ;

- Cette question de l'émergence de gouvernances plus coopératives demeure essentielle, notamment avec les recompositions territoriales récentes (fusions, extensions de périmètres) qui exigent de prendre en compte les besoins de proximité (physique et numérique) des habitants et usagers ; la logique et le bon sens conduisent à s'appuyer sur les entités de proximité existantes, à savoir les mairies, et à déployer une planification locale ;

- Les solidarités financières, le partage et la mutualisation de services, d'équipements et d'ingénierie sont également fédérateurs, tout comme le soutien à des initiatives issues de la société civile, en particulier celles qui relèvent du champ de l'économie sociale et solidaire. Les besoins d'anticipation (notamment pour les investissements et les infrastructures) et d'animation sont également prioritaires pour faire émerger des projets interterritoriaux.

Conclusion

La métropolisation et les réformes territoriales récentes conduisent inévitablement à reconsidérer la relation entre métropoles et zones rurales dans le sens de l'interterritorialité que Martin Vanier (2010) définit comme « *la recherche de l'efficacité de l'action publique territoriale par la coordination, l'articulation, l'assemblage des territoires, tels qu'ils sont* ». Pour les métropoles, il s'agit finalement de s'inscrire dans une dialectique du *supra-territorial* – à travers des réseaux de diverses échelles – et de *l'interterritorial* en favorisant un dialogue et une gouvernance rural-urbain qui sont au cœur des défis de la transition écologique.

L'exemple de la métropole clermontoise montre à la fois une dimension historique dans la construction de ces liens (évolutions sociodémographiques ; morphologie spatiale du périurbain) et les prémices de collaborations interterritoriales ; ceux-ci sont issus d'une prise de conscience du pouvoir politique de la métropole même si les réseaux supra-territoriaux sont aussi largement promus (par exemple via le Réseau international des villes Michelin, le réseau mondial UNESCO des « villes apprenantes » ou le projet de reconnaissance en Capitale européenne de la culture). La construction de cette « nouvelle » dimension relationnelle suppose une meilleure connaissance du métabolisme et de « l'écologie territoriale » (Buclet, 2011) et une reconnaissance de la richesse des ruralités contiguës, car comme le rappelle C. Ghorra-Gobin (2019), « *le souci d'une complémentarité entre la métropole et ses périphéries ne peut se limiter à la seule lecture de données relatives à la mobilité ou aux versements de salaires à des actifs ne résidant pas dans la métropole. Elle devrait se retrouver sur le mode explicite dans les représentations, les débats publics ainsi que dans le partage des compétences d'urbanisme* ».

Références bibliographiques

BAUDELLE G., 2012, « Métropoles d'Europe et du Monde », *L'Espace Géographique*, n° 4, pp. 374-376.

BÉHAR D., 2018, « Régions et métropoles : les rivalités territoriales d'un couple moderne », in *Métropoles en chantiers 2, Ambitions métropolitaines, réalités territoriales*, Berger-Levrault.

BOUBA-OLGA O., 2019, *Pour un nouveau récit territorial*, Collection Les Conférences POPSU, 32 p.

BOUBA-OLGA O., GROSSETTI M., 2018, « La mythologie CAME : comment s'en désintoxiquer », mis en ligne sur Hal <hal- 01724699>, 29 p.

BOURDEAU-LEPAGE L., 2015, « Un millefeuille devenu indigeste ? », *in Big Bang Territorial : La réforme des régions en débat*, Paris, A. Colin.

BUCLET N., 2011, *Écologie industrielle et territoriale. Stratégies locales pour un développement durable*, Presses Universitaires du Septentrion, 308 p.

CGET, 2019, *Les coopérations interterritoriales – Zoom sur les coopérations entre métropoles et territoires environnants*, CGET-France urbaine, AdCF, 16 p.

COHEN J., 2002, « Métropoles d'équilibre », Strates [En ligne], Hors-série, URL : http://journals.openedition.org/strates/556

DAVEZIES L. et PECH T., 2014, *La nouvelle question territoriale*, Note pour la Fondation Terra Nova, 30 p.

DAVEZIES L., TALANDIER M., 2014, *L'émergence des systèmes territoriaux productivo-résidentiels en France*, La Documentation française, 136 p.

DERRUAU M., 1949, *La Grande Limagne auvergnate et bourbonnaise*, Clermont-Ferrand, Delaunay, 542 p.

DUGRAND R. 1963, *Villes et campagnes en Bas-Languedoc*, PUF, 638 p.

GHORRA-GOBIN C., 2019, « Le destin de la ville métropolitaine est indissociable de sa périphérie », *Métropolitiques*, URL : https://www.metropolitiques.eu/Le-destin-de-la-ville-metropolitaine-est-indissociable-de-sa-peripherie.html

GUILLUY C., 2014, *La France périphérique*, Flammarion, 192 p.

JUILLARD E., 1961, « L'urbanisation des campagnes », *Études rurales* n° 49-50.

KAYSER B., 1989, *La renaissance rurale*, A. Colin, 316 p.

Mairie-conseils, 2009, *Nouvelles gouvernances, nouveaux territoires – Dix-huit enquêtes sur le dialogue urbain-rural,* Mairie Conseils Caisse des dépôts, 113 p.

Mairie-conseils, 2013, *Coopérer et décider dans les nouveaux territoires – Dix enquêtes sur le dialogue urbain-rural,* Mairie Conseils Caisse des dépôts, 65 p.

MATHIEU N., 2017, *Les relations villes / campagnes, histoire d'une question politique et scientifique*, L'Harmattan, 240 p.

POULOT M., 2018, « Les relations villes-campagnes : quelles recompositions ? », *in Les espaces ruraux en France*, A. Colin.

RIEUTORT L., 2017, « La ruralité en France : des potentiels oubliés ? *Population et Avenir*, n° 731, p 4-7.

RONCAYOLO M., 1993, « Métropoles : hier et aujourd'hui » *in Métropoles en déséquilibre*, Economica, p. 9-17.

TORRE A., BOURDIN S., 2015, *Big Bang Territorial : La réforme des régions en débat*, A. Colin, 358 p.

VANIER M., 2010, *Le pouvoir des territoires. Essai sur l'interterritorialité*, 2ème éd., Economica, 186 p.

VANIER M., 2015, *Demain les territoires. Capitalisme réticulaire et espace politique*, Hermann, 2015, 213 p.

VELTZ P., 2014, *Mondialisation, villes et territoires, l'économie d'archipel*, PUF, 288 p.

Le processus de création de la métropole de Lyon et du Département du « Nouveau Rhône »

Par Thierry DEBARD

Professeur à l'université Jean Moulin Lyon 3

1. La Métropole de Lyon est le fruit de près de 60 ans de coopération intercommunale ; par son statut actuel, elle s'inscrit, certes, dans un cadre légal national, mais elle présente des spécificités qui peuvent dans une certaine mesure faire d'elle un modèle.

2. En matière d'organisation administrative et de relations entre l'État et les collectivités territoriales, la période contemporaine a été marquée par des mutations assez profondes, malgré la permanence de certaines structures anciennes (les communes et les départements), dont les différents « actes de la décentralisation » intervenus depuis 1982 sont incontestablement les manifestations principales.

L'évolution est parfois un peu brouillonne, comme on l'a constaté assez récemment. Ainsi a-t-on pu voir avec un peu d'étonnement la clause de compétence générale tour à tour attribuée et enlevée en quelques années à tel ou tel type de collectivité ; de même l'annonce simultanée de la suppression des départements et de l'extension territoriale des régions pouvait-elle apparaître contradictoire, de nature à créer chez les citoyens un sentiment de déracinement.

Mais cette évolution comporte également des lignes de force assez durables, le cas échéant antérieures à 1982, telles que l'augmentation des compétences des collectivités décentralisées ; ou, parmi celles-ci, la montée en puissance des régions, mais sans accepter, sauf outre-mer, le « régionalisme politique » ; ou encore le développement d'organismes supracommunaux destinés à améliorer l'efficacité de l'action publique, même s'il est difficile de prétendre simplifier en créant un 4ème niveau d'administration territoriale (hors État et Union européenne).

Les établissements supracommunaux ont été créés dans deux contextes différents. Soit il s'agissait de pallier l'atrophie, que d'ailleurs on aggravait de ce fait, de très nombreuses communes en zone rurale ; soit, en zone urbaine, le but était d'éviter le développement anarchique d'une agglomération s'étendant sur une pluralité de communes. Ainsi, dans ce second cas, ont été mis en place pour les agglomérations de moyenne importance les districts, qui sont en principe devenus aujourd'hui des communautés d'agglomération, et pour les agglomérations les plus peuplées les communautés urbaines, d'où son dérivé les métropoles.

3. La loi n°66-1069 du 31 décembre 1966 relative aux communautés urbaines, modifiée à plusieurs reprises, résulte de la volonté du législateur de parvenir à une intégration poussée des grandes agglomérations urbaines grâce à un établissement public de coopération intercommunale à fiscalité propre doté de nombreuses compétences.

Faisant suite notamment au Syndicat intercommunal à vocation multiple de l'agglomération lyonnaise (SIVMAL), créé en 1960 et regroupant à partir de 1967 41 communes pour la gestion de l'assainissement et divers autres équipements, la communauté urbaine de Lyon (« Courly » puis « Grand Lyon ») procède de la loi de 1966 comme les communautés de Bordeaux, Lille ou Strasbourg, mais n'est effectivement mise en place, après un redécoupage départemental rattachant au Rhône certaines communes de l'Ain et de l'Isère, que le 1er janvier 1969. Un hôtel de communauté sera alors construit dans le quartier rénové de la Part-Dieu à Lyon.

En 2014, le Grand Lyon réunissait 59 communes, dont depuis 2007 Givors et Grigny sans continuité territoriale (s'agissait-il de conforter la majorité de gauche du conseil de communauté, composé en dernier lieu de 165 membres ?). La population concernée était de plus de 1,3 million d'habitants, et le budget avoisinait les deux milliards d'euros.

4. Les métropoles ont été créées par la loi du 16 décembre 2010 et renforcées par celles du 27 janvier 2014 (loi « MAPTAM ») et du 7 août 2015 (loi « Notre »). La transformation en métropoles des établissements de coopération intercommunale regroupant 400 000 habitants au sein d'une agglomération de plus de 650 000 habitants devient obligatoire, alors qu'elle n'est que facultative pour les autres. Alors que les communautés urbaines notamment n'ont en principe vocation qu'à gérer des compétences issues des communes qu'elles rassemblent, les métropoles s'en distinguent nettement dans la mesure où elles ajoutent à cette dimension l'exercice de compétences appartenant aux collectivités de rang supérieur, principalement le

département, mais aussi la région, ou même à l'État, compétences déléguées en vertu de conventions établies entre les parties intéressées.

Certaines métropoles font l'objet de dispositions particulières. Ainsi, le Code général des collectivités territoriales établit, à la suite des règles générales applicables aux métropoles, des dispositions propres aux métropoles d'Aix Marseille Provence (art. L 5218-1 et s.) et du Grand Paris (art. L 5219-1 et s., modifiés notamment par la loi du 28 février 2017). En ce qui concerne la métropole de Lyon, les règles dérogatoires sont majeures, dans la mesure où le statut d'EPCI est abandonné au profit de celui de « collectivité à statut particulier » de l'article 72 de la Constitution ; le CGCT lui consacre de substantiels développements, le Livre VI de sa partie III relative aux départements, à la suite des dispositions concernant le département de Mayotte (!)[11]. Le cadre juridique applicable à la métropole de Lyon résulte principalement de la loi précitée du 27 janvier 2014[12] et des ordonnances n°2014-1335 du 6 novembre et n°2014-1543 du 19 décembre (ratifiées par les lois n°2015-381 et 382 du 3 avril)[13].

5. L'adoption de ces dispositions résulte en réalité de l'accord de volontés intervenu en amont entre MM. G. Collomb et M. Mercier, respectivement président du Grand Lyon et président du Conseil général du Rhône (jusqu'en 2013) dans la phase de gestation de la métropole. Si l'un est à l'époque un élu socialiste de Lyon (d'opposition dans les municipalités conduites par F. Collomb, M. Noir et R. Barre), l'autre est un centriste élu en 1990 à la présidence de l'assemblée départementale, de tradition réservée à un représentant des zones rurales. Ils s'affrontent lors de l'élection municipale à Lyon en 2001, M. Mercier justifiant alors sa candidature par le fait qu'une part majeure de son activité de président du Conseil général est consacrée à l'agglomération lyonnaise ; mais c'est G. Collomb qui est élu maire, fonction qu'il conserve jusqu'en 2017. Après 2001, ils se côtoient dans l'exercice de leurs fonctions locales comme au Sénat où le maire de Lyon siège de façon continue de 1999 à 2017 alors que la présence de M. Mercier, élu en 1995, y est entrecoupée principalement par ses fonctions ministérielles. En 2017, ils font tous deux partie de la majorité présidentielle, d'évidence pour M. Collomb devenu ministre de l'Intérieur, M. Mercier ayant quant à lui appelé à voter pour M. Macron dès avant le 1er tour de l'élection présidentielle[14].

---

[11] V. notamment le bel article de facture académique de L. Havard, « La métropole collectivité territoriale de Lyon : évolution ou révolution ? », AJDA 2017-9, p. 510.

[12] L'annonce du projet de métropole avait été faite le 3 décembre 2012 et le projet de loi déposé au Sénat le 28 janvier 2014.

[13] V. aussi l'ord. n°2014-1539 du 19 déc. 2014 sur l'élection des conseillers métropolitains (ratifiée par la loi n°2015-816 du 6 juill. 2015).

[14] M. Mercier a été nommé au Conseil constitutionnel début août 2017. La polémique, déclenchée à cette occasion, sur l'emploi de ses filles comme assistantes parlementaires mérite

6. L'article L. 3611-1 CGCT dispose que la métropole de Lyon est créée en lieu et place de la communauté urbaine de Lyon et, dans les limites territoriales de celle-ci, du département du Rhône. On présentera donc à la suite quelques données relatives à la mise en place de la métropole (I), puis à la création concomitante du « nouveau Rhône »[15] (II), avant de formuler quelques observations sur le paysage local ainsi recomposé (III).

I. La mise en place de la métropole :

À défaut de pouvoir en présenter toutes les facettes, on se focalisera sur les aspects saillants de ce processus, à savoir la transition institutionnelle à partir de l'ancienne communauté urbaine et la dévolution des compétences.

A. La transition institutionnelle

7. Elle n'a guère posé de problèmes dans la mesure où la métropole s'est glissée dans les habits du Grand Lyon. En vertu des articles 33 et 37 de la loi du 27 janvier 2014, l'ancien conseil du Grand Lyon est devenu le conseil de la métropole[16] et son président ainsi que les vice-présidents sont restés en fonctions[17]. Il a cependant fallu compléter la composition de la commission permanente, qui a fait suite au bureau, ce qui a été fait le 16 janvier 2015 (délib. n°2015-0001 et 0002). La commission permanente comprend ainsi le président, les 25 vice-présidents (nombre plafonné par la loi !) et 19 autres personnalités[18].

Il est à noter que l'article L 3631-1 a établi un régime d'incompatibilité entre les fonctions de président du conseil de la métropole et celles de président d'un conseil général ou régional ; c'était une manière de valider le cumul des fonctions à la tête de la ville de Lyon et de la métropole, et l'on sait par ailleurs l'opposition constante de M. Collomb à la suppression du cumul

---

d'être signalée puisqu'à propos de l'une d'elles, il déclarait : « à l'époque, en effet, j'étais responsable localement de dossiers très difficiles en matière culturelle » (…) « dans un certain nombre de domaines où son expertise était grande : préservation du patrimoine, coopération internationale, culture numérique, musées » *in* Compte rendu d'audition devant la Commission des lois du Sénat, 2 août 2017. S'il paraît un peu étonnant que la justification d'un emploi d'assistant parlementaire soit trouvée dans des tâches relevant semble-t-il du conseil général, il est par ailleurs possible que le musée des Confluences, évoqué *infra* au n°20, soit au nombre des dossiers sur lesquels M. Mercier a bénéficié du concours de sa fille. En définitive, il a renoncé à intégrer le Conseil dès le 8 août.

[15] Appellation politico-journalistique certes plus flatteuse que celle de « Rhône amputé ».

[16] Le conseil a adopté son règlement intérieur le 11 mai 2015 (délib. n°2015-377).

[17] À partir de 2020, le conseil de la métropole, limité à 150 membres, sera élu au suffrage universel direct dans le cadre de 14 circonscriptions électorales.

[18] Sans obligation de parité entre les hommes et les femmes avant 2020, contrairement à ce qui vaut, en vertu de l'art. L 3122-5 CGCT, pour les commissions permanentes des départements.

entre le mandat parlementaire et la direction des exécutifs locaux[19]. Le Conseil constitutionnel a cependant formulé une réserve d'interprétation à propos de ces dispositions en estimant que si le maintien de la compatibilité des fonctions de maire de Lyon et de président de la métropole pouvait se comprendre à titre transitoire, il devait être exclu, au regard du principe d'égalité, que cette compatibilité puisse perdurer au-delà de 2020[20]. Il se trouve que la nomination de M. Collomb au gouvernement l'a contraint à renoncer à son mandat de sénateur[21], et qu'il a été amené à démissionner des exécutifs locaux qu'il dirigeait[22]. C'est D. Kimelfeld qui l'a remplacé à la tête de la métropole le 10 juillet 2017[23].

8. Le statut organisationnel légal de la métropole crée la conférence métropolitaine[24], rassemblant autour du président de la métropole l'ensemble des maires des communes faisant partie de celle-ci. Elle est réunie au moins une fois par an, à l'initiative du président ou à la demande de la moitié des maires, sur un ordre du jour déterminé. Après chaque renouvellement général des conseils municipaux, elle élabore un projet de pacte de cohérence métropolitaine, adopté à la majorité simple des maires représentant la moitié au moins de la population de la métropole, le pacte étant ensuite arrêté par le conseil de la métropole. Ainsi, le projet, adopté le 12 octobre et validé après amendement par le conseil de la métropole le 10 décembre 2015, recense 21 domaines d'action visant dans la plupart des cas à une meilleure articulation de l'exercice des compétences respectives des communes et de la métropole[25].

Sont également créées des conférences territoriales des maires[26], dont le périmètre est établi par le conseil de la métropole, en tant qu'instances consultatives et de concertation entre communes voisines et avec la métropole. Neuf conférences territoriales ont ainsi été formées, par exemple celle réunissant Lyon et Villeurbanne, ou encore celle dénommée « Porte des Alpes », regroupant Bron, Chassieu, Mions et Saint-Priest.

9. On signalera enfin que, par une délibération du 11 mai 2015[27], le conseil de la métropole a institué un conseil de développement, sorte de conseil économique et social local, qui en réalité fait suite à une instance du même

---

[19] M. Mercier est quant à lui connu pour avoir cumulé plus d'une centaine d'années de différents mandats.
[20] C. const., décis. n°2013-687 DC du 23 janv. 2014.
[21] Selon les dispositions des art. 23 et 25 de la Constitution, jl est redevenu sénateur un court moment après avoir quitté le ministère.
[22] Il a retrouvé son fauteuil de maire le 5 nov. 2018.
[23] Par 92 voix sur 157 suffrages exprimés. Le nouveau maire de Lyon, Gérard Képénékian, avait quant à lui été élu une semaine plus tard.
[24] Art. 3633-2 CGCT.
[25] V. infra.
[26] Art. L 3633-1 CGCT.
[27] N°2015-0339.

nom mise en place en 2001 dans le cadre du Grand Lyon. La mouture actuelle comporte 200 membres, répartis en 6 collèges[28], ayant l'ambition d'être une force de proposition et de favoriser le croisement des engagements civiques. Par exemple, il est saisi au printemps 2017 du projet de schéma directeur des énergies, ou rend au printemps 2019 sa contribution à l'établissement d'une stratégie alimentaire métropolitaine.

B. L'attribution des compétences

10. L'article L 3611-1 CGCT qu'on a évoqué précédemment semble établir une procédure d'une grande simplicité, sous la forme d'une substitution à opérer de façon automatique et instantanée. En réalité, il n'en est rien, excepté pour la délimitation géographique de l'opération.

En effet, les articles L 3641-1 et suivants du CGCT[29] organisent d'abord le transfert à la métropole des compétences antérieurement détenues par le Grand Lyon et par le département, sous la forme d'attributions de plein droit. En premier lieu, apparaît une impressionnante liste de compétences que la métropole est appelée à exercer à la suite du Grand Lyon, en matière de développement et d'aménagement économique social et culturel, d'aménagement de l'espace métropolitain, de politique locale de l'habitat, de politique de la ville, de gestion des services d'intérêt collectif, de protection et de mise en valeur de l'environnement et de politique du cadre de vie. Mais, à la vérité, cette énumération ne se distingue pas, en faveur de la métropole de Lyon, de manière significative de celle des compétences attribuées aux métropoles de droit commun, ni même de manière substantielle de celle en vigueur au profit des communautés urbaines avant la loi précitée de 2010.

En second lieu, le caractère lapidaire de l'article L 3642-2 tranche avec ce qui précède, dans la mesure où la métropole de Lyon est appelée à exercer « de plein droit les compétences que les lois, dans leurs dispositions non contraires au présent titre, attribuent au département ». Il est cependant à noter que, le projet de loi « Notre » ayant d'abord prévu le transfert de compétences des départements vers les régions, notamment en matière de routes et de collèges, ces compétences devaient rester à la métropole[30].

---

[28] Les 6 collèges : acteurs économiques (30), organismes publics (30, parmi lesquels les représentants de universités), vie associative (30), représentation territoriale (45, en provenance par ex. des conseils de quartier), citoyens volontaires (45, tirés au sort parmi des candidats), personnalités qualifiées (20, parmi lesquelles les représentants des différentes confessions religieuses). Le conseil de développement est présidé par Mme A.-M. Comparini, ancienne présidente du conseil régional.

[29] Les dispositions initiales ont été légèrement modifiées par la loi du 7 nov. 2018 relative à l'accueil des gens du voyage.

[30] V. cependant en matière de transport d'enfants habitant la métropole mais scolarisés dans le département du Rhône, la délib. n°2017-1795 du conseil de la métropole.

11. Ce régime de plein droit est complété par un ensemble de compétences à établir par voie conventionnelle. D'abord, la métropole peut déléguer aux communes qu'elle regroupe certaines de ses compétences (art. L 3641-3 CGCT) et la création ou la gestion de certains équipements ou services relevant de ses compétences et, en sens inverse, les communes peuvent déléguer à la métropole la création ou la gestion d'équipements ou services relevant de leurs compétences (art. L 3633-4 CGCT).

Ensuite, la région, Rhône-Alpes en 2014, Auvergne Rhône Alpes aujourd'hui, peut déléguer à la métropole certaines de ses compétences, et même lui transférer celles prévues au 2° de l'article L 4221-1-1 CGCT en matière de développement économique, les services concernés pouvant être eux aussi transférés à la métropole ou seulement mis à disposition par la région.

Enfin, l'État peut également déléguer à la métropole, en vertu de l'article L 3641-5 CGCT, des compétences en matière de politique du logement (aides et droit au logement, réquisitions, hébergement des sans domicile notamment).

Le bilan de l'attribution de compétences à la métropole par voie conventionnelle est assez limité. Cette situation peut d'abord s'expliquer par le fait que les compétences de plein droit sont déjà vastes et que dans la phase de démarrage de la collectivité leur mise en œuvre apparaissait une tâche suffisamment lourde. Il est vrai aussi, en ce qui concerne la région, qu'une certaine rivalité animait déjà les relations entre MM. Collomb et Queyranne, président de la région Rhône-Alpes, et que l'alternance symbolisée par l'élection de M. Wauquiez à la tête de la région Auvergne-Rhône-Alpes, renforcée géographiquement et statutairement, n'est pas de nature à faire disparaître cette recherche de leadership[31]. Pour l'État, on donnera l'exemple de la convention sur les aides à la pierre, par laquelle des services de l'État sont mis à disposition de la métropole pour l'instruction des dossiers[32].

12. En ce qui concerne l'activité conventionnelle entre la métropole et les communes qui en font partie, elle est plus soutenue. Ainsi, dès le 15 décembre 2014, le Grand Lyon passe avec la ville de Lyon un accord en vue d'organiser l'exercice du pouvoir de la police spéciale des édifices menaçant ruine par la métropole[33]. De même, la métropole et la ville de Lyon choisissent de créer un service commun sur l'université[34]. Plus largement, c'est le Pacte précité de

[31] La coopération entre l'État, la région et la métropole prend cependant des formes imposées, par exemple dans l'élaboration du contrat de plan État-région, qui doit comporter un volet spécifique à la métropole (art. L 2641-6 CGCT).
[32] Délib. n°2015-0376 du conseil de la métropole en date du 11 mai 2015.
[33] Délib. n°2014-0528.
[34] Délib. n°2015-0656 du 21 sept. 2015.

cohérence métropolitaine qui a recensé 21 objectifs permettant à la métropole et aux communes intéressées d'établir en général une articulation de l'exercice de leurs compétences respectives et quelquefois une délégation de compétences, dans un sens ou dans l'autre[35].

II. La création du « nouveau Rhône » :

13. Dans la mesure où la métropole remplace le Grand Lyon, il est naturel qu'elle en reçoive les personnels, les biens et les dettes. Mais en ce qui concerne le département du Rhône, il ne se fond dans la métropole que pour une part de son territoire : un « nouveau Rhône » est ainsi créé, qui doit partager avec la métropole l'héritage de l'ancien département, selon des modalités qui font songer, sous certains aspects, aux règles de succession d'État en droit international public.

A. Le territoire du nouveau Rhône

14. De ce point de vue, le territoire du nouveau Rhône est aisément circonscrit, en ôtant de l'ancien département l'espace sur lequel le Grand Lyon exerçait ses compétences. Mais il n'est pas sûr que cette solution ait été optimale, ni d'ailleurs qu'elle soit définitive.

En effet, l'actuel découpage laisse subsister, au sud-est de la métropole, une bande de territoire dévolue au nouveau Rhône, d'environ 30 kilomètres de long, comprenant une quinzaine de communes peuplées d'à peu près 65 000 habitants, ce qui confère au département une forme bizarre, comme s'il avait été victime de « gerrymandering ». L'aéroport de Lyon, Saint-Exupéry, est installé dans cette quasi-enclave.

Interrogé en 2012 sur l'aire territoriale de la métropole, M. Mercier avait indiqué qu'il était souhaitable d'approfondir avant d'élargir, contrairement à ce qui s'était passé dans l'Union européenne où les deux objectifs avaient été visés en même temps, avec les résultats mitigés qu'on connaît. De son côté, le nouveau Rhône souhaitait probablement limiter autant que possible la perte de substance que la création de la métropole lui causait.

Une modification des limites géographiques de la métropole serait possible, vers le Sud-est ou dans d'autres directions, par la loi après consultation du conseil de la métropole, des communes et du conseil départemental intéressés, ou par décret en Conseil d'État après délibération en

[35] Exercice articulé par ex. en matière de prévention santé pour les 0-12 ans, de collecte des encombrants et déchets verts, de priorisation des itinéraires de déneigement ou encore de lecture publique ; délégation de compétences des communes à la métropole en matière d'instruction et d'accompagnement de la demande sociale ou de nettoiement des espaces verts complexes, de la métropole aux communes pour l'entretien des es espaces publics de proximité.

ce sens des instances précitées[36]. Mais il ne semble pas que cela doive être prochainement à l'ordre du jour.

15. Si Lyon est logiquement le siège de la métropole[37], la question du chef-lieu du département du nouveau Rhône est plus délicate. L'article L 3631-3 CGCT dispose que le chef-lieu est fixé par décret en Conseil d'État, après consultation du conseil départemental et du conseil municipal de la commune intéressée ; le transfert du chef-lieu suppose la consultation du conseil départemental et des conseils municipaux des deux communes concernées. Enfin, selon l'article L 3621-4, le conseil départemental peut, par dérogation à l'article L 3121-9, se réunir dans la commune où siège la métropole de Lyon. Ce qui permet de maintenir le *statu quo*, le département du Rhône ayant prudemment continué de siéger, après la loi du 2 mars 1982, à l'hôtel de la Préfecture.

Villefranche-sur-Saône, sous-préfecture de 36 000 habitants, est la seule ville susceptible de devenir le chef-lieu du nouveau Rhône[38].

B. Les problèmes financiers

16. La loi du 27 janvier 2014 a créé, en son article 38, une commission locale, composée à parts égales de représentants du Grand Lyon et du département et placée sous la présidence du président de la chambre régionale des comptes, en vue d'évaluer les ressources et les charges transférées du département à la métropole et d'établir, au plus tard au 31 décembre 2014, un protocole financier général. Ce document a été signé le 19 décembre 2014 par G. Collomb et Mme D. Chuzeville, présidente du département, en présence de M. Mercier, devenu 1er vice-président, et de Mme C. de Kersauson, présidente de la commission locale, après approbation par les assemblées concernées.

17. Le partage de la dette est l'un des objets principaux du protocole. Une clé de répartition, établie à partir des recettes et des dépenses d'investissement sur les deux territoires entre 2009 et 2013, a été fixée à 64,737 % pour la métropole et à 35,263 % pour le nouveau Rhône, pour une dette avoisinant 884 millions d'euros fin 2014. Le principe général de scission de plein droit de l'encours laissait cependant place à diverses exceptions, la dette « mutualisée », dont plusieurs étaient relatives à des emprunts structurés

[36] Art. L 3621-1 CGCT.

[37] Art. L. 3631-2 CGCT, qui précise que le conseil peut se réunir en tout autre lieu de la métropole.

[38] Le conseil départemental, sous la présidence de C. Guilloteau, et en accord avec B. Perrut, maire de Villefranche (jusqu'en 2017), a émis un vœu unanime en ce sens le 20 novembre 2015. Le conseil d'État a été saisi en juin 2016 par B. Cazeneuve, ministre de l''intérieur, en vue d'une solution rapide, qui a tardé à se manifester. On se demande d'où le blocage peut venir...

toxiques[39], et dont le département restait le titulaire de certains alors que d'autres étaient endossés par la métropole. Après diverses péripéties, notamment judiciaires, avec les prêteurs, il a été mis fin à cette dette mutualisée en 2016[40].

18. L'article L 3663-1 pose par ailleurs le principe selon lequel le transfert de compétences à la métropole doit s'accompagner d'un transfert de ressources de nature à compenser les charges ainsi générées. La commission locale devait dans cette perspective procéder à l'évaluation de la répartition entre le nouveau département et la métropole des produits et charges figurant dans les comptes administratifs du département du Rhône afin de déterminer, en tenant compte des dispositions de l'ordonnance du 6 novembre 2014, le montant d'une dotation de compensation métropolitaine, au profit de l'un ou de l'autre. Comme cela était prévisible, la commission a proposé l'attribution au département d'une compensation annuelle à la charge de la métropole, d'abord fixée à 75 millions d'euros, puis réévaluée à la baisse par la commission en juin 2016, à 72,3 millions d'euros[41].

C. La reprise des moyens, en personnels et équipements

19. En vertu de la loi « NOTRe »[42], les personnels du Grand Lyon ont été transférés de plein droit à la métropole. Pour les personnels de l'ancien département, il convenait d'organiser un transfert par voie conventionnelle[43] : les personnels départementaux travaillant dans l'aire de la métropole ou relevant de services en charge de compétences transférées ont logiquement été affectés à la métropole, à l'exception de ceux relevant des services centraux du département, qui ont eu à exercer une option. Ainsi, le passage du Grand Lyon à la métropole a entraîné quasiment le doublement de l'effectif, passé de 4 800 à 8 700 ; pour le département du Rhône, l'évolution est bien sûr inverse, avec des effectifs réduits de 5 400 en 2012 à 1 700 en 2015[44].

20. L'article L 3651-1 CGCT ayant prescrit le transfert de propriété à la métropole des biens du Grand Lyon, et de ceux des biens des communes et surtout du département correspondant aux compétences transférées, il

[39] Semble-t-il pour 239 millions d'euros.

[40] V. la délib. en ce sens du conseil de la métropole (n°2016-1268 du 27 juin).
[41] V. les arrêtés ministériels du 19 déc. 2014 (JO du 30 déc.) et du 16 nov. 2016 (JO du 25 nov.).

[42] Art. 3651-3 CGCT.

[43] V. la délib. n°2015-0122 du 26 janv. 2015, portant sur 4 698 agents (dont 3 135 agents permanents en activité).
[44] Il est à signaler que les mouvements de personnels entre les communes et la métropole ont été marginaux.

importait là encore qu'un accord soit trouvé en la matière. Hors routes départementales[45], le transfert des biens repose sur deux délibérations du 21 septembre 2015 pour la métropole et du 2 octobre suivant pour le département, ayant donné lieu à l'établissement d'un procès-verbal contradictoire ; il porte sur 492 bâtiments représentant 410 000 mètres carrés et 2 615 parcelles de terrain, soit 827 hectares.

Les bâtiments regroupent notamment 60 « maisons du Rhône », 77 collèges, 39 sites administratifs « centraux » et 31 sites culturels, tels que le parc de Parilly, le Domaine de Lacroix-Laval ou le fameux musée des Confluences.

21. Ce musée, inauguré le 19 décembre 2014, est la plus importante réalisation du conseil général du Rhône en matière culturelle, objet de polémiques pendant une quinzaine d'années[46]. Aujourd'hui, le musée apparaît comme un incontestable succès au regard de la qualité des collections permanentes et des expositions temporaires présentées, et de la fréquentation qui a atteint 880 000 visiteurs au terme de la première année d'exploitation, sans trop décliner par la suite. Sans avoir l'élégance de réalisations comparables[47], il est cependant remarquable par son architecture « déconstructiviste » et doit en réalité beaucoup, sur le plan esthétique, au site sur lequel il est établi[48]. Mais ce sont précisément le geste architectural et la difficulté technique à le mettre en œuvre dans un tel site qui expliquent la durée du chantier[49] et la dérive des coûts, stabilisées en définitive autour de 300 millions d'euros.

Le financement de cette opération a prêté le flanc à la critique, dans la mesure où il a en partie été effectué par la vente d'actifs qui la suite l'a montré, aurait été considérablement plus productive si elle était intervenue quelques années plus tard, le reste du financement résultant d'emprunts qu'on a déjà évoqués.

---

[45] Art. L 3651-2 CGCT.

[46] Les collections proviennent en partie du musée Guimet d'histoire naturelle de Lyon, dont la gestion avait été cédée par la ville au département en 1991. Le musée Guimet a été fermé en 2007, mais ce n'est qu'au début 2017 que la métropole, successeur du département, a remis les locaux à la ville de Lyon ; les collections, transférées aux Confluences mais appartenant toujours à la ville, doivent quant à elles être transférées à la métropole (séance du CM de Lyon du 27 mars 2017).

[47] On pense notamment, en dernier lieu, à la fondation L. Vuitton à Paris.

[48] La pointe extrême de la presqu'île séparant le Rhône et la Saône, qui justifie en partie sa dénomination.

[49] Le maître d'œuvre initial ayant déclaré forfait, c'est l'entreprise Vinci qui mènera à bien le projet remanié sur le plan technique.

Naturellement, la question des coûts de fonctionnement était également débattue, et c'est ainsi que, pour 2017, la métropole a prévu une dotation de fonctionnement de 13,4 millions d'euros en faveur du musée[50].

III. Un paysage institutionnel recomposé :

La création de la métropole de Lyon, en ce qu'elle fait disparaître sur son aire territoriale le département préexistant, et entraîne la reconfiguration de celui-ci qui ne fait plus que la jouxter, constitue une profonde innovation dans le paysage institutionnel. On signalera cependant que cette métropole de Lyon procède d'une mutation à certains égards incomplète, ce qui ne remet pas en cause son caractère exemplaire.

A. Une mutation incomplète

22. Selon l'article 1er de l'ordonnance n°2014-1543 du 19 décembre 2014, « L'évolution des limites des collectivités territoriales est sans incidence sur les circonscriptions administratives de l'État ». La création de la métropole de Lyon n'a donc entraîné aucune modification du point de vue des structures administratives de l'État, la métropole et le département ne formant pour l'État qu'une seule circonscription administrative déconcentrée. Ainsi par exemple, le préfet décide, par arrêté du 15 mai 2017, de placer la métropole et le département en situation de vigilance sécheresse.

Ce choix du *statu quo* effectué par l'État apparaît pourtant assez contestable. En matière d'organisation préfectorale, on remarque ainsi le maintien, au côté du préfet du Rhône, d'un sous-préfet de Villefranche-sur-Saône : n'aurait-il pas été plus logique que celui-ci reçoive compétence pour l'ensemble du territoire du département hors métropole, ou qu'un autre sous-préfet soit désigné pour la partie du département ne relevant ni de l'arrondissement de Villefranche, ni de la métropole ? Or, on remarque que si un redécoupage des arrondissements du Rhône a bien été effectué au 1er février 2017, c'était pour tenir compte de la configuration des communautés de communes ou d'agglomération : l'arrondissement de Lyon couvre désormais le territoire de la métropole et celui de 7 communautés de communes du sud du département…[51]

---

[50] Délib. n°2017-1710 du 30 janv. 2017. À noter qu'à l'automne 2016, le conseil départemental a annoncé son intention de ne plus accorder de subvention de fonctionnement (environ 1,2 million d'euros par an jusqu'alors) au musée à compter de 2017, ce qui a entraîné certaines tensions avec la métropole.

[51] Les services déconcentrés de l'État sont organisés sans tenir compte de la spécificité de la métropole : par ex., la Direction Départementale des Territoires comporte un zonage géographique ternaire, avec un service nord, un service sud, le siège de la DDT couvrant

L'organisation judiciaire illustre elle aussi les inconvénients du *statu quo*. En effet, le Tribunal de grande instance de Villefranche-sur-Saône ne détient une compétence territoriale que pour une dizaine de cantons du nord du département. Le tribunal de commerce et le conseil de prud'hommes sont dans une situation identique.

On notera enfin que le découpage des circonscriptions électorales législatives ne tient pas non plus compte de la création de la métropole, plusieurs circonscriptions se trouvant à cheval sur la métropole et le département[52][53].

23. Le législateur a également prévu que, sauf dispositions contraires, d'autres structures, publiques ou parapubliques, conserveraient leur périmètre antérieur à la réforme. Ainsi, selon l'article L 3611-7 CGCT, les établissements publics et les établissements d'utilité publique, les ordres professionnels et les associations dont l'existence est prévue par la loi ou le règlement à l'échelle du département sont compétents sur l'ensemble du territoire du département du Rhône et de la métropole.

24. On signalera qu'en matière de transport de personnes, la création de la métropole s'est paradoxalement accompagnée de l'extension de l'aire territoriale de compétence du Sytral (Syndicat mixte des transports pour le Rhône et l'agglomération lyonnaise) par fusion avec le Syndicat mixte des transports du Rhône piloté par le conseil général[54], ce qui a d'ailleurs conforté le Sytral dans le contexte du transfert de compétence, en vertu de la loi « Notre », du département à la région en matière de transport[55].

25. Le même esprit de mutualisation a conduit, cette fois en application de la loi « MAPTAM », au maintien de services communs à la métropole et au département, notamment en matière d'incendie et de secours avec la création du SDMIS[56]. Celui-ci est en réalité désormais contrôlé par la métropole, qui détient 14 sièges au sein de son conseil d'administration, contre 3 pour le département du Rhône et 5 pour les communes qui font partie de celui-ci[57]. Il

---

directement à la fois la métropole et les 2 communautés de communes de l'Est lyonnais et des Pays de l'Ozon.

[52] Voir l'observation à ce sujet de P. Verchère, député (réélu depuis) de la 8e circonscription, in Rapport AN n°2663 du 18 mars 2015, établi par P. Menucci, sur la ratification de l'ord. du 19 déc. 2014 précitée. V. également, sur la volonté de l'État de maintenir inchangée son organisation territoriale, le rapport du Sénat n°272 (2014-15), établi par P. Courtois (4 févr. 2015).

[53] Il en va d'ailleurs de même pour le découpage cantonal : dans le canton de Saint-Genis Laval, seule cette commune fait partie de la métropole.

[54] Modification des statuts du Sytral par arrêté préfectoral du 19 déc. 2014.

[55] V. les art. L 3111-1 et s. CT.

[56] Service départemental-métropolitain d'incendie et de secours (art. L 1424-69 et s. CGCT).

[57] Dans la phase antérieure (SDIS), le conseil général disposait de 16 sièges, le Grand Lyon de 4 et les communes hors Grand Lyon de 2 !

est vrai que la métropole finance 80 % des dépenses du SDMIS, contre 15 % pour le département et 5 % pour les communes de celui-ci[58].

C'est en revanche le service départemental des archives qui est chargé d'assurer la conservation et la mise en valeur des archives de la métropole[59], en tant que service unifié au sens de l'article 5111-1-1 CGCT, financé par les deux collectivités au prorata de leur population respective.

B. Un modèle à suivre ?

26. Il importe en premier lieu de savoir si la création de la métropole de Lyon a permis la mise en place de deux collectivités viables. À cet égard, il est clair que le département du « nouveau Rhône » apparaît à côté de la métropole comme une collectivité-croupion : il n'a pas d'identité historique, pas d'unité géographique, pas de véritable chef-lieu. S'il est comparable, en termes de population et d'activité économique, à bien d'autres départements français et s'il a su proportionner son budget[60] et ses moyens humains à sa nouvelle dimension, il n'en reste pas moins que la *capitis deminutio* qu'il a subie par rapport à l'ancien département du Rhône est aggravé par le déclin relatif du statut départemental issu des lois « MAPTAM » et « NOTRe ». À peu d'exceptions près, la collectivité territoriale départementale est devenue une sorte de caisse sociale, et encore le département du « nouveau Rhône » a-t-il perdu, comme on l'a vu, le contrôle du service d'incendie et de secours…

Quant à la métropole elle-même, il n'est pas douteux qu'elle ait amplifié, comme cela était attendu, le succès de la communauté urbaine antérieure. Les rouages institutionnels ont bien fonctionné, en partie à cause de l'« union personnelle » réalisée par M. Collomb entre la ville-phare et la métropole tout entière[61]. Le dynamisme institutionnel de la métropole a également résulté du caractère novateur et prototypique de la démarche. Il n'en demeure pas moins qu'elle semble receler une certaine ambiguïté : comme *ersatz* de collectivité départementale, elle est parfaite et pourrait même être élargie vers le Sud-est. En même temps, comme support d'une intégration urbaine probablement appelée à s'accentuer, elle apparaît déjà un peu trop vaste[62].

---

58 185 millions d'euros au budget primitif 2017 (Délib. du CA du 16 déc. 2016).

59 Art. 30 de la loi « Maptam » et art. 27 de l'ord. préc. du 19 déc. 2014.

60 757 millions d'euros au budget primitif 2017, contre 3,162 milliards pour la métropole.

61 Dès le départ de M. Collomb du ministère de l'Intérieur, une sourde opposition s'est en revanche installée entre celui-ci, redevenu maire de Lyon, et le président de la métropole.

62 On peut estimer que les responsables successifs de la Courly ont cherché à l'étendre de façon à en augmenter le poids démographique, y compris en vue de comparaisons internationales (notamment par rapport à Milan ou Barcelone). On songe aussi à la fascination de nos élus de tous bords pour l'université de 100 000 étudiants !

27. Si la métropole de Lyon est un succès, il n'y a aucune raison pour que l'œuvre normative sur laquelle elle repose continue à ne s'appliquer qu'à 2 % de la population française. Une extension aux autres métropoles ou du moins à plusieurs d'entre elles semble possible, comme le prévoyait expressément le programme présidentiel du candidat Macron, qui annonçait la suppression des départements là où existent des métropoles[63]. Le mille-feuille administratif, généralement décrié[64], mais qui n'est pour le moment que grignoté, serait ainsi davantage entamé, à défaut de voir entièrement disparaître une de ses strates.

---

[63] On suppose que M. Collomb n'était pas étranger à cette proposition.
Aix en Provence aurait ainsi pu devenir le chef-lieu de département face à la métropole de Marseille ; mais elle a été incluse, contre le vœu de ses élus, dans la vaste Métropole Aix Marseille Provence, créée le 1er janv. 2016, qui occupe tout l'est et le centre du département. Aujourd'hui, Arles serait donc tout indiquée comme chef-lieu des Nouvelles Bouches du Rhône, qui seraient cependant réduites à moins de 150 000 habitants…

[64] Comme le confirme la restitution du « Grand débat ».

Loi PACTE : quelles évolutions pour les entreprises publiques ?

Par Michaël Karpenschif

Professeur de droit public et Avocat associé Fiducial Legal By Lamy

Si elle vise, pêle-mêle, à simplifier la vie des entreprises privées, à accompagner leur développement ou à faciliter leur transmission, la loi n°2019-486 du 22 mai 2019, dite « PACTE », s'intéresse également au secteur public puisqu'elle prévoit, dans son chapitre II consacré aux « Entreprises plus innovantes », une section 3 intitulée : « *Faire évoluer le capital et la gouvernance des entreprises publiques et financer l'innovation de rupture* ».

Ce qui a retenu l'attention dans ces dispositions spécifiques, ce sont évidemment les articles sur les privatisations d'Aéroports de Paris (art. 130 à 136 de la loi) et de la Française des jeux (art. 137 à 139) avec l'affectation de ces sommes à un nouveau « *Fonds pour l'innovation de rupture* » (art. 147 à 150) ; les commentaires portant d'ailleurs moins sur le contenu des dispositions elles-mêmes, que sur la décision du Conseil Constitutionnel du 16 mai 2019, n°2019-781 DC et la constitutionnalité du RIP (référendum d'initiative parlementaire) constatée par le Conseil dans sa décision rendue une semaine plus tôt[65] ; le CC accordant au final, et sans surprise, un brevet de constitutionnalité[66] aux décisions de privatiser ces deux grandes entreprises publiques. Sans surprise, car non seulement le Conseil constitutionnel « *ne se reconnaît pas un pouvoir d'appréciation identique à celui du Parlement* »[67] (ce qui l'a toujours conduit à refuser de censurer les décisions de

[65] Cons. Const. 9 mai 2019, n°2019-RIP, AJDA 2019, p. 1020.

[66] Si 24 des 221 articles que comporte la loi ont été censurés, c'est en qualité de cavaliers législatifs et non pour une inconstitutionnalité de fond.

[67] Selon la formule classique inaugurée par le Conseil constitutionnel dans sa décision n°74-54 DC du 15 janvier 1975.

nationalisation comme de privatisation adoptées par le législateur[68]), mais aussi parce que son analyse s'inscrit dans le droit fil de ses décisions portant sur la privatisation des sociétés d'économie mixte concessionnaires d'autoroutes (SEMCA)[69] ou de GDF[70] puisque, comme dans le cas desdites sociétés, ni ADP, ni la FDJ ne détiennent « *un monopole de fait* » ou ne sont en charge « *d'un service public national* » au sens du 9ème alinéa du Préambule de la Constitution de 1946, obligeant l'État à conserver la propriété de ces entreprises publiques nationales.

Si ces dispositions ont donc focalisé l'attention du grand public, de la presse ou de l'opposition, celles, beaucoup plus techniques, dédiées à la protection des intérêts stratégiques des entreprises (art. 152 et 153) et aux modifications de l'ordonnance du 20 août 2014 portant sur « la gouvernance des sociétés à participations publiques » (art. 154), sont passées beaucoup plus inaperçues. Pour autant, ces évolutions du cadre juridique dans lequel vivent les entreprises publiques (c'est-à-dire celles sur qui, au sens du droit de l'Union, « *l'État exerce une influence dominante* ») répondent à une triple problématique. **Politique** tout d'abord, puisque l'État considère que les missions prises en charge par la FDJ ou ADP doivent être exercées, dans le cadre d'une économie libéralisée, par des opérateurs dont c'est le métier. On notera qu'il existe des arguments certains en faveur de telles privatisations dès lors que 70% des recettes d'ADP sont constituées par les loyers des magasins, des loueurs de voitures, ou une partie des recettes de duty free… installé dans les aérogares. Or, exploiter les jeux de hasard[71] ou développer des activités commerciales ne relèvent pas de missions de service public. **Économique** ensuite (à moins qu'il ne faille dire d'abord), parce que l'État est à la recherche de ressources nouvelles pour limiter les déficits publics et alimenter ce fonds spécifique (« *Fonds pour l'innovation de rupture* », art. 147 à 150 de la loi)… même si, là encore, la question de l'utilité de ce fonds est posée alors qu'il existe déjà la BPI qui porte des missions équivalentes. **Juridique** enfin, car cette loi PACTE est l'occasion de mettre en conformité nos dispositifs nationaux avec la réglementation nationale et européenne en vigueur ; notamment sur la question des actions spécifiques : golden share, action réservée ou constitution d'un groupe d'actionnaires stable.

Pour présenter les apports de la loi PACTE sur la sphère « publique », nous retiendrons quatre points : les nouvelles formes de privatisation des entreprises publiques nationales (I), l'avènement d'une politique de suivi des

---

[68] V. en ce sens les décisions du 16 janvier 1982 (n°81-132 DC) et du 26 juin 1986 (86-207 DC), même si ces décisions de compatibilité peuvent d'accompagner de préconisations et/ou de réserves d'interprétation faites au législateur.
[69] V. ici l'avis du Conseil d'État des 25 août et 29 août 2005, n°372.147.
[70] Décision n°2006-453 DC du 30 novembre 2006.
[71] Contrairement à la question du contrôle de cette activité qui est une mission de service public.

investissements étrangers dans les secteurs stratégiques (II), la mise en conformité européenne de la « golden share » à la française (III) et les éléments d'une évolution programmée du secteur public (IV).

I. Des privatisations « nouvelle formule » :

Contrairement aux opérations de privatisation de France Télécom ou de GDF qui se sont traduites par une vente du capital et des biens attachés sans aucune condition de retour à la personne publique, les privatisations d'ADP et de la FDJ obéissent à des logiques différentes de celles connues jusqu'alors (à l'exception notable des SEMCA qui se sont accompagnées de mécanismes similaires, sans être toutefois aussi précis, à ceux décrits ci-dessous).

Premier élément, le législateur de 2019 procède à des **« privatisations temporaires »**. Ainsi, pour ADP, l'article 130 de la loi (qui introduit un article L. 6323-2-1 dans le Code des transports) dispose : « *La mission dont est chargé ADP cesse (...) soixante-dix ans après l'entrée en vigueur du présent article* ». Concrètement, cela signifie que tous les biens vendus (meubles et immeubles) à l'occasion de cette privatisation, ainsi que ceux acquis par ADP pendant ces 70 années, feront retour à l'État ; à l'exception cependant des investissements réalisés par ADP en dehors des plateformes aéroportuaires exploitées à Paris. Contrairement toutefois à un simple contrat de concession, ce retour ne s'opérera pas à titre gratuit, mais contre le versement d'une indemnité. Une indemnité qui se compose de deux éléments : un montant forfaitaire non révisable qui sera fixé à la date de la vente de la majorité du capital au secteur privé par l'État, après avis conforme de la Commission des participations et des transferts (cet avis sera rendu public à la date de la vente), et un montant égal à la valeur nette comptable des investissements non amortis arrêté, là aussi par décret, à la date de cession du capital. Un dispositif équivalent, quoique beaucoup moins précis, est prévu pour la Française des jeux dont la durée de privatisation est, elle, fixée à 25 ans (art. 137 de la loi).

Deuxième élément, **ces privatisations s'apparentent davantage à des mécanismes contractuels qu'à de pures cessions de capital**. Force est en effet de constater que la privatisation d'ADP prend les traits d'un véritable contrat de concession. Il en va ainsi des conditions d'accès à cette privatisation (v. l'art. 153-VI de la loi Pacte) où l'on retrouve les exigences classiques relatives à la candidature (expérience, capacité financière) et à l'offre (prix, conditions d'exploitation...) des candidats, mais aussi des exigences propres à cette opération de privatisation : stabilité de l'actionnariat et « *obligation du/des cessionnaires relatives à la préservation des intérêts essentiels de la nation en matière de transport aérien, d'attractivité et de développement économique et touristique du pays et de la région IDF, ainsi que de développement des interconnexions en France avec le reste du monde* ».

De la même manière, l'État peut, à l'image encore de tous les contrats de la commande publique, mettre fin unilatéralement à la mission confiée à ADP. On retrouve ici les hypothèses habituelles de résiliation anticipée des contrats de concession (cas de force majeure, interruption du service, dépassement du plafond des pénalités, manquements d'une gravité particulière) et celle propre à la privatisation d'un opérateur gestionnaire d'une infrastructure essentielle sur lequel l'État entend conserver un contrôle fort : la stabilité de l'actionnariat. L'État peut à ce titre résilier cette opération de privatisation en cas de changement non autorisé du contrôle du capital d'ADP. Dans chacune de ces hypothèses, cette « résiliation sanction » se traduira par la reprise en main du capital d'ADP contre le seul versement aux acquéreurs évincés de la valeur nette comptable non amortie des investissements réalisés, à l'exclusion donc de l'indemnité forfaitaire non révisable déterminée préalablement à l'opération de privatisation par décret. Identiquement, et comme à la fin d'un contrat de concession (v. art. 130 *in fine*), le retour des biens acquis/construits par l'exploitant devra être prévu puisque la loi Pacte dispose que : « *ADP remet à l'État les biens en bon état d'entretien. (...) Les modalités de cette remise sont précisées par le cahier des charges d'Aéroports de Paris. Celui-ci précise également les modalités selon lesquelles l'État peut décider de ne pas les reprendre* »... à l'image des « biens de reprise » dans les contrats de type concessif. Enfin, on retrouve dans cette privatisation bien singulière un grand nombre d'obligations contractuelles qui sont, comme pour les concessionnaires, mises à la charge d'ADP : niveau et qualité du service public confié, objectifs de performance, mise à disposition de services, terrains et bâtiments à l'État et/ou à ses établissements publics, obligation de continuité, contrôle des engagements pris par un comité *ad hoc* (art. 135 *in fine*).

Troisième élément, **ces privatisations d'entreprises publiques ne riment pas avec la disparition de toutes les règles du droit public**. En effet, et à l'image des aéroports régionaux et des SEMCA[72] qui ont été privatisés, même si ADP ne répondra (une fois cédée) ni à la définition d'un pouvoir adjudicateur, ni à celle d'une entité adjudicatrice, le gestionnaire des aéroports

---

[72] Pour éviter que les entreprises du BTP devenues propriétaires des sociétés concessionnaires d'autoroutes échappent légalement à l'application des règles de la commande publique, l'ADLC avait, dans son avis du 2 décembre 2005 (Avis n°05-A-22 « *relatif à la demande d'avis de l'association pour le maintien de la concurrence sur le réseau routier (AMCRA) sur les problèmes de concurrence pouvant résulter de la privatisation annoncée des sociétés d'économie mixte concessionnaires d'autoroutes* ») recommandé que ces sociétés se soumettent, pour leurs marchés de travaux, à des règles *ad hoc* de publicité et de mise en concurrence. Préconisation qui a été suivie par le pouvoir réglementaire puisqu'il a modifié le cahier des charges des SEMCA en les obligeant à respecter les dispositions du décret n°2005-1742 du 30 décembre 2005.

de Paris devra continuer à respecter les règles de la commande publique (v. art. 131, II-11°) et ne pourra nullement bénéficier des exceptions de « l'entreprise liée » ou de la « coentreprise » pour s'y soustraire ; une telle obligation visant à limiter[73] les risques qu'un géant du BTP, devenu actionnaire majoritaire d'ADP, ne confie la totalité ou la quasi-totalité des marchés de travaux à effectuer sur les aéroports parisiens à ses filiales et/ou à des sociétés qu'il contrôle. Outre les règles de la commande publique, celles de la domanialité publique (ou d'une quasi-domanialité publique) continueront de s'appliquer. Déjà, la loi du 20 avril 2005 avait écarté du régime de la propriété privée, les infrastructures indispensables à l'exercice du service public aérien (tarmac, tour de contrôle, installations de sûreté, équipements/postes de sécurité…). La loi PACTE vise le même objectif de protection des biens publics en prévoyant dans son article 132 que : « *Lorsque les biens dont la propriété doit être transférée à l'État (...) sont des ouvrages ou des terrains appartenant à Aéroports de Paris et sont nécessaires à la bonne exécution par la société de ses missions de service public ou au développement de celles-ci, ils ne peuvent faire l'objet d'aucune saisie et le régime des baux commerciaux ne leur est pas applicable* ». Les biens sont ainsi protégés à l'image du service public dont ils sont le support.

Dernier élément, totalement novateur, la loi PACTE **ouvre la privatisation d'ADP à certaines collectivités locales**. En effet, contrairement à un principe fort interdisant aux collectivités territoriales d'être actionnaires d'un « organisme à but lucratif » (en dehors de sociétés dédiées : SEML, SPL, SPLA, SEMOP ou d'une autorisation spécifique par décret en CE), la loi PACTE dispose dans son art. 135 que : « *Par dérogation aux dispositions du CGCT, les collectivités territoriales d'Île-de-France, leurs groupements et le département de l'Oise peuvent, après autorisation de leur organe délibérant, détenir des actions de la société Aéroports de Paris* ». Ces collectivités locales, directement intéressées à la réussite du projet et fortement impactées par celui-ci, pourront donc se comporter comme des opérateurs privés et investir leurs éventuelles disponibilités dans l'acquisition d'une quote-part du capital d'ADP. Une quote-part qui, contrairement à la possibilité récente offerte aux régions de devenir actionnaire d'une société commerciale[74], ne fait l'objet d'aucune limite particulière (part du capital social, montant maximal d'investissement, ratio à respecter…). Le législateur prenant même la peine de préciser, pour éviter toute requalification juridique, que : « (…) *les accords conclus par les collectivités territoriales*

---

[73] Pour un bilan, globalement positif, de l'application des règles de la commande publique aux SEMCA privatisées, voir l'avis de l'ADLC du 17 septembre 2014 (Avis n°14-A-13 « *sur le secteur des autoroutes après les privatisations des sociétés concessionnaires* »).

[74] Avec l'introduction d'un article L. 4211-1 8° dans le CGCT et ses modalités de mise en œuvre avec le décret n°2016-807 du 16 juin 2016 « *relatif aux conditions de prises de participation au capital de sociétés commerciales par les régions* ».

(...) pour participer ensemble ou avec d'autres personnes publiques ou privées à toute procédure de cession du capital de cette société (ADP) ne constituent pas des marchés publics au sens du Code de la commande publique » (art.135-I, *in fine*).

II. Le renforcement de la politique de suivi des investissements étrangers dans les secteurs stratégiques :

Alors que l'article L. 151-3 du Code monétaire et financier (CMF ci-après) avait déjà introduit un mécanisme d'autorisation préalable (par le ministre de l'Économie et des Finances) des investissements étrangers dans des domaines qui « *participent à l'exercice de l'autorité publique* », qui relèvent de la sécurité publique ou de la défense nationale (spécialement le secteur de l'armement) et, que par des dispositions récentes, le champ des secteurs considérés comme stratégiques avait été singulièrement étendu (v. notamment en ce sens le 13° de l'article R. 153-2 du CMF, entrée en vigueur le 1er janvier 2019, consacré aux domaines de la Cybersécurité, de l'intelligence artificielle, de la robotique, de la fabrication additive et des semi-conducteurs), la loi PACTE achève le dispositif en renforçant les pouvoirs de contrôle et de sanction des autorités nationales à l'endroit de ces investissements non souhaités ou, à tout le moins, surveillés.

En effet, et dans le droit-fil des systèmes de contrôle *a priori/a posteriori* qui fleurissent partout dans les États membres (et qui peuvent enfin, depuis le 1er avril 2019, s'appuyer sur un cadre juridique européen harmonisé[75]), la France disposera avec la loi PACTE d'outils coercitifs visant à faire pleinement respecter cette législation sur les investissements étrangers en France. Désormais en effet, deux articles (L. 153-3-1 et L. 153-3-2) font leur apparition dans le CMF par lesquels le ministre de l'Économie dispose d'une batterie de prérogatives pour contrecarrer les investissements étrangers effectués sans autorisation puisqu'il peut enjoindre à l'investisseur : de déposer une demande d'autorisation, de rétablir à ses frais la situation antérieure, de modifier l'investissement en cause... le tout assorties d'astreintes financières (dont le régime juridique sera précisé par un décret en Conseil d'État). En outre, et si la protection des intérêts nationaux est menacée, le ministre de l'Économie dispose dorénavant de la possibilité de prendre différentes mesures conservatoires, allant de la suspension des droits de vote attachés à la fraction des actions ou des parts sociales dont la détention par l'investisseur aurait dû faire l'objet d'une autorisation préalable, à la

---

[75] Le Conseil de l'UE a en effet approuvé, le 5 mars 2019, un cadre visant à « *filtrer les investissements directs étrangers qui entrent dans l'Union européenne* ». Ce texte, qui était issu d'une proposition de la Commission, soutenue par le Parlement européen, est en vigueur depuis le 1e avril 2019. V. en ce sens, doc. IP/19/1532 du 5 mars 2019.

limitation/interdiction des dividendes ou des rémunérations attachés à ces actions acquises, voire au contrôle de la libre disposition de ces titres (suspension, restriction ou interdiction temporaire de vente) détenus sans autorisation. Identiquement, si les conditions d'autorisation (lorsque celle-ci a été demandée) ont été méconnues par l'investisseur, le ministre de l'Économie peut adopter des sanctions fortes qui, sous astreintes là encore, vont du respect des obligations initiales imposées par l'investisseur, au retrait de l'autorisation d'investissement qui avait été accordée. Enfin, en cas de violation de cette réglementation (investissement sans autorisation ou par fraudes, inexécution des décisions du ministre, violation des injonctions adoptées...), le ministre peut infliger une sanction pécuniaire aux investisseurs fautifs. Sanction qui n'est pas sans rappeler celle infligée par l'Autorité de la concurrence dans la mesure où elle peut atteindre 10% du chiffre d'affaires annuel HT de l'entreprise et doit être « *proportionnée à la gravité des manquements commis* » (nouvel art. L 151-3-2). Une différence notable existe toutefois avec les règles de concurrence : cette décision n'est pas prise par une autorité indépendante, mais, unilatéralement, par le ministre de l'Économie. Démontrant, à l'occasion, la dimension politique de cette stratégie de contrôle des investissements étrangers.

Ce système de contrôle renforcé s'accompagne également de mécanismes de renseignement et d'information plus poussés. Ainsi, un nouvel article L. 151-5 est introduit dans le CMF pour contraindre l'investisseur étranger intéressé à communiquer toutes informations qui lui sont demandées par l'autorité administrative chargée de la procédure d'autorisation « (...) *sans que les secrets légalement protégés ne puissent lui être opposés* » ! Parallèlement, les nouveaux articles L. 151-6 et L. 151-7 du CMF obligent le gouvernement à rendre plus transparente cette action de contrôle des investissements étrangers sur notre territoire dans la mesure où le Gouvernement devra rendre publiques les principales données statistiques relatives à ce contrôle capitalistique, mais aussi transmettre chaque année aux présidents des commissions des affaires économiques des deux assemblées, un rapport circonstancié (dont le champ est fixé par l'art. L. 151-7-I 1°) portant « *sur l'action du Gouvernement en matière de protection et de promotion des intérêts économiques, industriels et scientifiques de la nation, ainsi qu'en matière de contrôle des investissements étrangers* ».

Pouvoirs d'investigation renforcés, cadre du contrôle élargi, sanctions accrues et évaluation *ex post* de cette politique du contrôle des investissements étrangers dans des secteurs stratégiques (plus nombreux), telles sont les avancées significatives réalisées par la loi PACTE.

III. La mise en conformité européenne des actions spécifiques à la française :

La détention d'actions spécifiques, de golden share et autres actions réservées accordant des droits spéciaux plus ou moins étendus (droit de véto, pouvoir renforcé sur certaines décisions…) à l'autorité nationale dans des entreprises actives dans des secteurs considérés comme stratégiques, n'est pas une spécificité française et a déjà fait l'objet de censures anciennes et très récentes par les juridictions européennes. Pour les plus anciennes, on rappellera les arrêts concernant l'Italie, la France, la Belgique, le Portugal, l'Espagne, le Royaume-Uni[76] où l'instauration de « groupes d'actionnaires stables », comme d'actions réservées, a été étroitement contrôlée par la Commission et de la Cour sur l'autel de la violation des dispositions relatives à la libre circulation des capitaux. En synthèse, ces réglementations ne peuvent légalement instaurer de telles limites à la possibilité pour des investisseurs étrangers de contrôler ces entreprises à l'occasion d'opérations de privatisation que si quatre conditions sont cumulativement satisfaites : « *…ces mesures s'appliquent de manière non discriminatoire, elles se justifient par des raisons impérieuses d'intérêt général, elles sont propres à garantir la réalisation de l'objectif qu'elles poursuivent et elles ne vont pas au-delà de ce qui est nécessaire pour l'atteindre* »[77]. Partant, les actions spécifiques visant à garantir la « *sécurité des approvisionnements énergétiques* » d'un État, à assurer le contrôle « *d'une entreprise en charge de la défense nationale* » ont été autorisées par le droit de l'Union, tandis que celles poursuivant « *la sauvegarde des intérêts financiers* » d'un pays ou présentant un caractère insuffisamment précis ou disproportionné sont systématiquement condamnées par la Cour de justice.

De manière beaucoup plus récente[78], la Cour de justice a également eu à se prononcer sur la privatisation de la TAP (cession de 61% du capital par l'État) au regard, non de la libre circulation des capitaux, mais de la liberté d'établissement. Dans cette affaire, où la Cour devait se pencher sur le point de savoir s'il était possible d'imposer aux futurs actionnaires de maintenir le siège social de l'entreprise nationale au Portugal et d'y développer le hub

---

[76] V. successivement, CJCE 23 mai 2000, Commission c./Italie, aff. C-58/99 ; CJCE 4 juin 2002, « Commission c./France », aff. C-483/99 ; CJCE 4 juin 2002, Commission c./Belgique, aff. C-503/99 ; CJCE 4 juin 2002, Commission c./Portugal, aff. C-367/98 ; CJCE 4 juin 2002, Commission c./Belgique, aff. C-503/99, CJCE 13 mai 2003, Commission c./Espagne, aff. C-463/00 ; CJCE 13 mai 2003, Commission c./Royaume Uni, aff. C-98/01 et CJCE 8 février 2008, Commission c./Belgique, aff. C-274/06. V. M. Karpenschif « *La privatisation des entreprises publiques : une pratique encouragée sous surveillance communautaire* », RDFA 2002, p. 95.
[77] Aff. C-58/99 préc., pt 13.
[78] CJUE, 27 février 2019, Associaçao Peço a palavra e.a., aff. C-563/17, Europe, avril 2019, n°152.

dédié, les juges suivent le même raisonnement… en faisant toutefois preuve d'une assez grande bienveillance à l'égard des autorités portugaises. Ainsi, alors même que ces mesures constituent une restriction évidente à la liberté d'établissement, la Cour juge la première mesure (le maintien du principal établissement de la TAP sur le territoire national) justifiée par la nécessité de garantir des services réguliers de transport aérien avec les pays lusophones qui entretiennent des liens historiques, culturels et sociaux particuliers avec le Portugal, mais censure la seconde (le maintien du Hub sur le territoire national) en ce qu'elle ne répond à aucune raison impérieuse d'intérêt général et porte atteinte, de manière disproportionnée, à la liberté d'établissement.

Ce contrôle européen sur l'existence et l'utilisation de ces actions/droits spécifiques que peuvent détenir les États membres avait déjà été pris en compte par la réglementation française (spécifiquement par l'article 186 de la loi n°2015-990 du 6 août 2015 « pour la croissance, l'activité et l'égalité des chances économiques »), mais la loi PACTE est l'occasion pour le législateur de perfectionner le dispositif et d'achever sa mise en conformité avec les règles européennes. Ainsi, l'article 154 de la loi du 22 mai 2019 prévoit-il quatre évolutions majeures.

La première tient à la possibilité nouvelle offerte au gouvernement d'instaurer une action spécifique postérieurement à l'opération de cession de capital d'une entreprise publique. Jusqu'alors en effet, l'instauration d'une telle action accompagnait l'opération de privatisation, mais elle ne pouvait intervenir une fois la cession du capital réalisée. Cet oubli est désormais réparable, mais sous la réserve, qu'outre le fait que la société intervienne dans l'un des domaines visés à l'article L. 151-3 I du CMF, qu'elle soit dans l'une des deux hypothèses suivantes : l'entreprise concernée relève du périmètre de l'Agence des participations de l'État ou a au moins 5% de son capital qui est détenu, directement ou indirectement au 1er janvier 2018, par Bpifrance, ses filiales ou un fonds d'investissement géré et souscrit majoritairement par elles. Ce faisant, l'État n'a pas/plus à attendre la sortie du giron public d'une entreprise pour instaurer une action spécifique et peut même agir au sein d'entreprises dans lesquelles elle dispose d'une faible participation capitalistique.

La deuxième est le pouvoir de transformer une action ordinaire que détient ou acquiert l'État dans une entreprise en une action spécifique (avec l'ensemble des droits qui en découlent) « (…) si la protection des intérêts essentiels du pays en matière d'ordre public, de santé publique, de sécurité publique ou de défense nationale l'exige ». Cette transformation rendue possible rompt avec deux difficultés des actions spécifiques à la française : cette disposition permet désormais à l'État d'instaurer une action à moindres frais (aucun contrôle majoritaire n'est nécessaire et une seule action, à la manière de l'Italie ou du Royaume-Uni, suffit) en limitant les atteintes apportées au droit de propriété, et cela témoigne de la nécessité de faire évoluer dans le temps l'intérêt de détenir et/ou de conserver une action spécifique dans une entreprise. Cette volonté d'opérer un suivi sur les entreprises considérées comme stratégiques se traduit d'ailleurs par la mise en place d'un « monitoring » qui doit conduire l'État à faire vivre son portefeuille et à l'adapter aux réalités économiques et stratégiques changeantes d'une économie mondialisée. Un nouvel article 31-1III est à cet effet ajouté par la loi PACTE à l'ordonnance n°2014-948 qui dispose : « Aussi souvent que nécessaire et au moins tous les cinq ans, l'État apprécie si les droits attachés à l'action spécifique sont nécessaires, adéquats et proportionnés à l'objectif de protection des intérêts essentiels du pays mentionnés au quatrième alinéa du I. Au terme de cette appréciation, les droits attachés à l'action spécifique peuvent, après que la société a été informée, être modifiés par décret en Conseil d'État et, le cas échéant, excéder les droits qui préexistaient. Hormis les cas où l'indépendance nationale est en cause, l'action spécifique peut également être transformée en action ordinaire par décret en Conseil d'État ». Un retour en arrière est donc possible, tout comme un renforcement et un suivi des droits de l'État actionnaire. Sur ce dernier point, on notera le nouvel article 31-1 IV de l'ordonnance du 20 août 2014 qui prévoit que : « Lorsqu'une société dans laquelle a été instituée une action spécifique fait l'objet d'une fusion ou cède, apporte ou transmet sous quelque forme que ce soit tout ou partie d'un actif de la société ou de ses filiales (…) ; une action spécifique peut, après que la société a été informée, être instituée (…) dans toute société qui, à l'issue de l'opération, exerce l'activité ou détient les actifs au titre desquels la protection a été prévue ». L'action spécifique n'est donc plus figée, elle peut être instaurée, élargie ou disparaître au regard de l'intérêt stratégique de l'État sans considération du moment où la société, la puissance publique en devient actionnaire.

La troisième consiste à étendre le dispositif aux entreprises qui n'ont pas leur siège social en France, mais dont une/des filiale(s) installée(s) en France entre(nt) dans le champ du dispositif de l'action spécifique. Avec cet ajout, la France se dote d'un outil connu dans l'ensemble des États membres et évite que des entreprises stratégiques échappent, par des opérations de filialisation, au contrôle national.

En dernier lieu, le périmètre des droits attachés à cette action spécifique est (enfin) précisé par le législateur. Si ce dernier confie certes au pouvoir réglementaire le soin de déterminer les conditions dans lesquelles ces droits seront mis en œuvre, l'article 154 de la loi PACTE dispose que l'État pourra « (…) s'opposer aux décisions qui seraient de nature à porter atteinte aux intérêts essentiels du pays, ayant pour effet, directement ou indirectement, de : - céder, apporter ou transmettre, sous quelque forme que ce soit, y compris par dissolution ou fusion, des actifs ou types d'actifs de la société ou de ses filiales ;- modifier les conditions d'exploitation des actifs ou types d'actifs de la société ou de ses filiales ou d'en changer la destination ; - affecter ces actifs ou types d'actifs à titre de sûreté ou garantie ». Le champ d'action est donc vaste pour permettre un contrôle renforcé sur ces entreprises/secteurs stratégiques. Le tout, comme le souhaitait le gouvernement, sans mobiliser des deniers publics supplémentaires (puisque la détention d'une seule action suffit) et en confiant à l'APE (souvent critiquée) un rôle stratégique qu'elle n'a pas su, ou qu'elle n'a pas pu, remplir jusqu'alors.

IV. Les éléments d'une évolution programmée du secteur public :

Bien que l'ordonnance n°2014-948 du 20 août 2014 « *relative à la gouvernance et aux opérations sur le capital des sociétés à participation publique* » constitue le seul embryon d'un régime juridique pour ces entreprises très diverses (contrôle, participation, commission des transferts, gouvernance, pilotage, rémunération des dirigeants…), force est de relever que cette loi commune n'a été que très peu amendée par la loi PACTE, en dehors de l'article 31-1 sur les actions spécifiques. Pour le reste en effet, la loi du 22 mai 2019 ne fait qu'apporter des précisions sur certains points techniques (à l'image par exemple de l'article 151 de la loi PACTE qui modifie la composition et le nombre de membres au conseil d'administration de La Poste), sans pour autant donner naissance à un régime juridique commun à l'ensemble des entreprises « sous l'influence dominante » de l'État.

Deux éléments doivent cependant être relevés.

Le premier tient à la réécriture de l'article L. 111-68 du Code de l'énergie qui imposait à l'État de conserver plus du tiers du capital de la société Engie (anciennement EDF-Suez). En substituant à la rédaction ancienne[79], celle obligeant l'État à détenir « *au moins une action au capital de l'entreprise dénommée Engie* », le législateur ouvre en fait la voie à une cession de la totalité des parts sociales (valorisées près de 8 milliards d'euros) qu'il détient dans cette entreprise qui n'est plus en charge, comme on le sait depuis la décision du Conseil constitutionnel n°2006-543 DC du 30 novembre 2006, d'un service public national. L'État pourra donc légalement céder les 28,1% du capital qu'il détient encore (représentant 34.8% des droits de vote), sans pour autant perdre tout contrôle sur cette ancienne entreprise nationale. En effet, grâce à l'action spécifique qu'il détient déjà sur l'entreprise (et aux possibilités d'évolution qu'offre la nouvelle rédaction de l'article 31-1 de

[79] Art. L. 111-68 du Code de l'énergie : « *L'entreprise dénommée " GDF-Suez " est une société anonyme, dont le capital est détenu à plus du tiers par l'État* ».

l'ordonnance du 20 août 2014), l'État conservera les moyens de s'opposer à toutes les décisions qui menacent la sécurité et la continuité de nos approvisionnements en gaz naturel. Les intérêts stratégiques de l'État étant assurés autrement que par une participation capitalistique, il n'est pas douteux que l'État procèdera, sous peu, à une vente partielle ou totale des titres qu'il détient encore dans Engie.

Le second, plus profond (en ce qu'il a vocation à innerver le fonctionnement de toutes les entreprises publiques), vise à développer l'actionnariat des salariés dans ces entreprises. Ainsi, sans s'appuyer expressément sur le principe de participation tel qu'il découle du 8ème alinéa du préambule de 1946 (mais plus sûrement sur celui posé dans l'intitulé même de la section 1 « *Mieux partager la valeur* »), le législateur de 2019 modifie la loi relative à l'organisation du service public de La Poste en prévoyant que par exception au principe selon lequel « *Le capital de la société est intégralement public* » : « (...) *une partie du capital peut être détenue au titre de l'actionnariat des personnels* » (art. 151). Mais, au-delà du cas particulier de La Poste, c'est l'accès des salariés (indépendamment de leur statut) au capital de l'entreprise publique au moment d'une cession de titres détenus par l'État qui est consacré. En effet, l'article 168 de la loi PACTE (qui réécrit l'article 31-2 de l'ordonnance du 20 août 2014 qui avait lui-même intégré, avec la loi du 6 août 2015, la possibilité pour les salariés de devenir actionnaires d'une entreprise publique) renforce ce régime d'actionnariat privé. Ainsi, l'obligation de réserver 10% des titres cédés par l'État aux salariés s'applique désormais à toutes les entreprises dans lesquelles l'État détient seulement 10% du capital. Cette obligation n'est donc plus limitée, comme sous l'état du droit antérieur, aux seules cessions de titres d'entreprises publiques, mais s'étend à l'ensemble des participations que l'État détient dans les entreprises qu'il contrôle ou dont il est simplement actionnaire minoritaire à plus de 10%. Pour faciliter le développement de cet actionnariat salarié, la loi PACTE rappelle (et encadre) également la possibilité pour l'État de consentir des rabais sur le prix de cession desdites actions, tout en faisant supporter cet avantage accordé sur l'entreprise concernée. Ainsi, le nouvel article 31-2 IV de l'ordonnance du 20 août 2014 énonce-t-il : « *Tout rabais sur le prix de cession ou tout autre avantage consenti aux salariés <u>est supporté</u> par l'entreprise* », là où l'ancienne rédaction évoquait une simple possibilité laissée à l'entreprise, limitée au demeurant à la seule prise en charge « *d'une part du prix de cession* » et non à tout autre avantage que l'entreprise pourrait accorder à ses salariés.

S'il est trop tôt pour dire si toutes les réformes introduites par loi PACTE conduiront à une réduction du périmètre du secteur public, à une protection renforcée des intérêts stratégiques nationaux, à une gestion plus dynamique du portefeuille de l'État et à une meilleure répartition de la valeur entre l'actionnaire et les salariés, il est en revanche frappant que ces réformes prennent place dans une loi consacrée à la croissance des entreprises et au pouvoir d'achat des salariés, rappelant, à l'occasion, la place toujours très importante du secteur public dans l'économie française.

Les entreprises publiques locales mal aimées des pouvoirs publics

Par Jean-François Bizet

Avocat honoraire
Ancien professeur associé à l'Université d'Auvergne

Il existe aujourd'hui environ 1300 entreprises publiques locales[80] (EPL) en activité, dont plus de 900 sociétés d'économie mixte locales (SEML) et 359 sociétés publiques locales (SPL) en ce comprises les sociétés publiques locales d'aménagement (SPLA). S'y ajoutent quelques sociétés à opération unique (SEMOP) issues de la loi du 7 août 2015[81] et, plus récemment, des SPLA d'intérêt national[82] (SPLA IN) où l'État prend directement une part. Des SEM hydrauliques sont également prévues par la loi n° 2015-992 du 17 août 2015 relative à la transition énergétique pour la croissance verte pour gérer des concessions de production d'hydro-électricité[83]. Ce bilan prouve à n'en pas douter le rôle prépondérant que jouent les EPL dans le développement local, essentiellement dans le secteur de l'aménagement et des services publics locaux. Louées pour leur souplesse, leurs modalités de gouvernance et somme toute leur efficacité, les EPL demeurent l'outil privilégié des élus pour la mise en œuvre de leurs projets d'investissement et pour leurs actions locales.

Pour autant, les EPL, plus spécialement les SEML et les SPL, font l'objet d'incessantes et rapprochées critiques de l'Administration comme des corps de contrôle, notamment de la Cour des comptes, et d'une particulière rigueur du Juge administratif. La récente décision du Conseil d'État du 14 novembre

---

[80] Voir EPISCOPE 2018, le baromètre des entreprises publiques locales *(www lesepl.fr/pdf/Epscope)*

[81] Loi n°2015-1991 du 7 août 2015, article 62

[82] Création de la loi n°2017-2567 du 28 février 2017 relative au statut de Paris et à l'aménagement métropolitain

[83] Voir articles L. 521-18 et suivants du Code de l'énergie

2018[84], en imposant, pour être actionnaire d'une SPL, qu'une collectivité territoriale ou un de leurs groupements exerce l'ensemble des compétences sur lesquelles porte l'objet social de la société, est susceptible de produire des effets dévastateurs pour l'économie mixte locale[85]. Cet arrêt a plongé les EPL (et pas seulement les SPL, les SEM elles-mêmes sont largement affectées) dans une très grande insécurité juridique et les opérations dont elles ont la charge pour le compte de collectivités locales peuvent elles-mêmes en subir les effets. Avec à l'évidence des risques d'actionnaires pour les collectivités associées[86] au capital de ces entreprises publiques.

Face à cette situation, l'intervention du Législateur a paru, à tout le moins à court terme, inéluctable. Elle est d'ailleurs réclamée par le Rapporteur public dans ses conclusions sous l'affaire SMADC [87]. C'est ainsi que, dès le 7 février 2019, le Sénateur Marseille et plusieurs de ses collègues déposaient une proposition de loi tendant à sécuriser l'actionnariat des sociétés publiques locales et des sociétés d'économie mixte. Cette proposition a été adoptée par le Parlement et est devenue la loi n° 2019-463 du 17 mai 2019.

Force est de reconnaître que nulle institution ne fait l'objet d'autant de contrôles établis par la loi que les EPL. Pour autant, ces contrôles paraissent aux yeux des pouvoirs publics le plus souvent insuffisants, inefficaces et sans effets. Il nous paraît en résulter une forme d'ostracisation des EPL de la part tant de l'Administration que des corps de contrôle ou encore du juge. Le Législateur est le plus souvent celui qui doit intervenir pour légaliser des situations ou pratiques juridiquement condamnées par le juge. Il devient ainsi l'ultime défenseur des EPL sous la pression des lobbies, notamment ceux du BTP, dont la Fédération des EPL est certainement la plus concernée.

Aussi les EPL, outils privilégiés par les élus locaux, nous paraissent être les mal-aimées des corps de contrôle comme de l'administration qui y voient un outil dont ils se méfient par nature, le tout sous l'arbitrage du juge et l'intervention a posteriori du Législateur.

---

[84] CE, 14 novembre 2018, Syndicat mixte pour l'aménagement et le développement des Combrailles (SMADC), n° 405628

[85] Voir : Rapport Sénat n° 408 de Loïc Hervé sur la proposition de loi tendant à sécuriser l'actionnariat des entreprises publiques locales présentée par Hervé Marseille

[86] Mais aussi pour les associés privés s'agissant des SEML

[87] Voir conclusions de Mme Emmanuelle Cortot-Boucher, rapporteur public

I. Les EPL mal-aimées du juge administratif :

Depuis longtemps, les SEM ont été sous le coup de décisions venues brider leur souplesse d'intervention.

a) Le juge s'est appuyé, dans un premier temps, sur la structure de droit privé de la société, sa nature d'entreprise privée pour soumettre aux textes sur l'interventionnisme économique les SEM puis les SPL et SPLA par renvoi aux textes de base concernant les SEML inscrits dans le CGCT. Le juge administratif, non sans justification au demeurant, les a soumises au droit des aides aux entreprises. Il en fut ainsi, à titre d'exemple, s'agissant des opérations de recapitalisation de la société[88] ou encore des apports en compte courant des associés qui ont été condamnés, en dehors d'un cadre conventionnel conforma à la loi de 1983, par une requalification des avances d'associés en aides directes à des entreprises[89].

b) Elles ont été soumises de la même manière plus directement aux textes d'origine communautaire, notamment en matière de concurrence. L'exemple le plus topique est le fameux arrêt de la Cour d'appel administrative de Bordeaux, « Sodegis »[90]. La juridiction d'appel a soumis aux textes concurrentiels issus du Traité européen lui-même la signature d'un contrat de concession d'aménagement avec la commune de Cilaos concédante. Ceci alors même que la France bataillait avec les services de la Commission pour soutenir une exception française en faveur des contrats d'aménagement. Le Législateur a dû intervenir pour adapter nos textes à la supériorité reconnue du droit communautaire[91] et pour mettre fin à des pratiques de désignation directes des concessionnaires des collectivités locales.

c) Enfin, pour achever ce très bref panorama des positions du juge, la dernière et rigoureuse jurisprudence SMAD c/ SEMERAP, du 18 novembre 2018[92] a condamné non seulement les SPL, mais au-delà les SEM et plus largement l'économie mixte à la française en mettant fin aux divergences de position entre les cours d'appel[93] et en jugeant de l'adéquation nécessaire entre l'objet social d'une SPL et les compétences exercées par ses actionnaires

---

[88] CE, 10 novembre 2010, n° 315590, Communauté de communes du nord du bassin de Thau

[89] CE, 6 novembre 1995, n°145955, Commune de Villenave d'Ornon

[90] CAA Bordeaux, 9 novembre 2004, n° 01BX00381, Sodegis c/ Commune de Cilaos

[91] Voir la loi n°2005-809 du 20 juillet 2005 relative aux concessions d'aménagement qui a eu pour principal objet de répondre aux objections de la Commission et d'organiser une procédure de mise en concurrence e ce type de concession.

[92] CE, 14 novembre 2018, n° 405628, Syndicat mixte pour l'aménagement des Combrailles (SMAD),

[93] Voir entre autres : CAA Nantes, 19 septembre 2014, n° NT01683, Syndicat intercommunal de la Baie et CAA Lyon, 4 octobre 2016, n°14LY02753, SMADC

publics. Il y a là une lecture très restrictive des textes comme des pratiques des EPL. Certes cette clarification était souhaitable devant les divergences jurisprudentielles sur le sujet, mais le juge remet en cause sans ciller trente-cinq ans d'économie mixte à la française. Il est bien rare pour ne pas dire inexistant que les actionnaires publics et en particulier les EPCI détiennent toutes les compétences de la société. En outre, en privilégiant somme toute la règle de spécialité des EPCI et en confortant ainsi la place des établissements publics dans la restructuration du tissu intercommunal, place renforcée par la fin de la clause de compétence générale des collectivités territoriales, le juge ne facilite pas la pertinence de structures de droit privé dans l'action administrative. Ceci alors même que leur place et leur rôle ne sont pas critiquables en soi ainsi que le démontrent tant le droit communautaire que les pratiques de nos voisins, en particulier l'Allemagne.

II. Les EPL mal-aimées de l'Administration :

a) Tout se passe comme si l'Administration se méfiait des EPL au point de ne voir à travers elles que des sources de pratiques illégales, de potentiels de corruption et d'instruments de soustraction à l'ordre administratif. Certes les EPL, les SEML notamment, ont été montrées du doigt à juste titre dans les années 80 puis 90 et le fameux rapport Bouchery[94], à l'origine de la loi n°93-22 du 29 janvier 1993 relative à la prévention de la corruption les a stigmatisées à juste titre. Pour autant, doivent-elles être l'objet de toutes les attentions des préfectures qui, dans la lignée des critiques de la Cour des comptes, voient dans les EPL des sources de risques pour les finances des collectivités susceptibles de voir leur équilibre budgétaire et financier compromis. Le rappel de la multitude des contrôles auxquels elles sont soumises est incessant[95]. L'application rigoureuse et quelquefois fantaisiste des textes ou de jurisprudences, souvent incomprises par manque de connaissance par les fonctionnaires du droit privé et du monde des affaires, est quasi systématique.

b) L'Administration est prompte à rappeler aux EPL les conséquences d'une jurisprudence négative au risque d'interprétations audacieuses sur lesquelles la doctrine est-elle même dubitative si ce n'est partagée. Ainsi après le fameux arrêt « SMAD » du Conseil d'État du 14 novembre 2018, qui a fait l'objet d'innombrables commentaires, le préfet des Hauts de Seine a dès le 29

---

[94] Commission de prévention de la corruption, dite commission Bouchery, voir Rapport relatif à la prévention de la corruption et à la transparence de la vie économique et des procédures publiques (1992)

[95] Voir en ce sens la lettre du 4 mars 2019 de Mme la Préfète du Puy-de-Dôme qui ne se contente pas, loin de là, de commenter et porter à la connaissance des EPL du département et des élus locaux la position du Conseil d'État quant aux conditions de la présence des collectivités au capital des SEML et EPL juste citées en fin de lettre.

novembre suivant expédié à toutes les communes du Département un courrier tranchant sans discussion ni nuances le délicat problème de la conservation par les collectivités d'actions d'une EPL dont l'objet social dépasserait les compétences d'un actionnaire[96].

c) Les EPL sont aussi victimes d'une surtransposition de la part des instances françaises, pratique habituelle en notre pays[97]. Il en est ainsi, entre autres des directives « concessions » ou « marchés » et tout particulièrement des dispositions sur les prestations intégrées. La nécessité d'intervenir sur le territoire des collectivités actionnaires, l'impossibilité pour les SPL de réaliser des prestations au bénéfice de tiers sont interdites en droit français alors que le droit de l'Union l'autorise dans la limite de 20% de l'activité de l'entité. Certes les transpositions sont l'œuvre, juridiquement, de la loi. Mais qui peut sérieusement contester qu'en la matière l'Administration, et notamment les services de Bercy, maîtrise le dispositif de transcription ?

d) La prégnance de la présence de l'Administration nous semble en outre accrue dès lors qu'elle manifeste une méfiance à l'égard des élus auxquels elle ne fait manifestement pas confiance. Il en résulte plus généralement une forme de tutelle qui s'instaure subrepticement sur les actes et les décisions des collectivités locales. Symptomatique d'une « revanche » de l'administration sur la décentralisation du début des années 80. Ce constat est renforcé s'agissant des EPL suspectes à tout le moins d'une forme de perversité dans l'application de la réglementation. On doit en outre noter que les contrôles ou observations faites par les préfectures sont quelquefois dénués de fondement ou pour le moins curieux. Ce qui démontre une difficulté pour les administrations à manier les concepts de droit privé ainsi que les notions de comptabilité privée et de gestion financière auxquels par leur nature de société anonyme les EPL sont soumises. La logique des affaires ne peut être étrangère à une SA, mais échappe à l'administration. Pourtant face à une évolution des paradigmes de notre société et l'application, à tort ou à raison, des principes du libéralisme économique et plus particulièrement de l'ordo-libéralisme allemand, la « privatisation » de l'action administrative, prônée par la technostructure étatique et les principes du droit des affaires ne devraient pas échapper aux préfectures. Des actions de formation envers les fonctionnaires chargés des contrôles doivent impérativement être mises en œuvre si l'on veut que les contrôles soient efficients.

---

[96] Voir : Laetitia Santoni, *Les SEM, les SPL et l'aménagement urbain*, JCP Construction et urbanisme, n°2, fév. 2019.

[97] Voir sur ce point : Michel Karpenschif, *Les nouveaux maux du in house à la française*, JCP A, janvier 2019, n° 2021.

III. Les EPL mal-aimées des corps de contrôle :

Les EPL sont soumises à une telle multiplicité de contrôles qu'on se demande comment elles peuvent être hors la loi et comment elles pourraient échapper aux critiques !

a) S'agissant des contrôles internes :

i. Les EPL sont soumises au droit des sociétés et donc les actionnaires, quels qu'ils soient, ont un contrôle de la société sous forme d'un droit d'information et de communication relatif à la vie de la société en général. Les délégués des collectivités aux organes dirigeants (administrateurs ou membres du conseil de surveillance selon le cas) agissent en qualité de mandataires de la collectivité qu'ils représentent. Aussi n'est-ce pas étonnant que l'article L. 1524-5 alinéa 14 du CGCT impose aux élus concernés de rendre compte de l'exercice de leur mandat. Ceci en produisant un rapport annuel écrit destiné à être présenté à l'organe délibérant de la collectivité qui doit se prononcer par un vote (article L 1524-5 alinéa 9). Il faut bien avouer que cette obligation légale est peu respectée et que les institutions de contrôle examinées plus loin sont fondées à émettre des critiques sur ce point. C'est aussi une pratique de droit commun (rendre compte est l'essence même du mandat) qu'il convient de renforcer et de surveiller. Rappelons aussi que la collectivité qui a garanti l'emprunt d'une EPL et qui n'est pas nécessairement actionnaire de la société bénéficie d'un délégué spécial qui doit adresser à la collectivité un rapport annuel qui doit permettre à cette dernière de mesurer et d'apprécier les risques liés à la garantie accordée.

ii. Rappelons encore que comme toute société anonyme, la SEML ou toute forme d'EPL est tenue de désigner un ou plusieurs commissaires aux comptes qui ont une double mission de contrôle d'une part et de certification des comptes par ailleurs. Les commissaires, membres d'une profession réglementée, ont des obligations déclaratives concernant tant l'exploitation sociale de la société, notamment si sa continuité est compromise, ou s'agissant de délits pénaux ou fiscaux. Renforcer leurs missions par des obligations de droit public comme réclamé par la Cour des comptes apparaît mésestimer le rôle et la place des commissaires dans les EPL.

iii. On ne saurait omettre le contrôle analogue qui doit être organisé par la société, SPL ou SPLA, en interne afin de lui permettre de bénéficier de la dérogation aux règles de la commande publique dans ses relations contractuelles avec ses actionnaires[98]. Fleurissent dès lors toutes formes de comité de contrôle, d'instances diverses et variées dont l'objet est davantage

[98] Hypothèse de la quasi -régie appelée plus communément théorie du *« in house »*

de justifier de l'existence d'un contrôle analogue que de l'exercice du dit contrôle.

iv. Dans le même ordre d'idées, l'article L.1411-4 impose à l'assemblée délibérante 'une collectivité de se prononcer *« sur le principe de toute délégation de service public »* au vu d'un rapport exposant les caractéristiques des prestations que doit assurer le délégataire. L'article L.1411-9 du CGCT renforce cette obligation pour les SPL. La collectivité concédante doit se prononcer sur le principe de la délégation au vu d'un rapport qui présente le document contenant les caractéristiques des prestations que doit assurer la SPL délégataire.

b) Les contrôles externes sont eux aussi divers et variés.

i. Le préfet exerce un contrôle de légalité qui porte, en premier lieu sur les délibérations de création ou l'évolution (augmentation de capital, modification des statuts, etc.) des collectivités créant ou faisant évoluer une EPL. C'est dans ce cadre qu'est advenu le déféré du préfet du Puy-de-Dôme concernant la transformation de SEMERAP, SEML d'eau potable, en SPL à l'origine d'une jurisprudence sévère sur les compétences des EPL. En second lieu existe un véritable contrôle de légalité sur les actes des EPL qui sont mis en œuvre en exécution de prérogatives de puissance publique qui leur ont été déléguées par une collectivité territoriale (droit de préemption, expropriation dans le cadre d'une concession d'aménagement par exemple).

ii. Par ailleurs, l'article L. 1524-1 du CGCT impose la transmission au préfet du siège social de l'EPL en cause, dans les quinze jours de leur adoption, les délibérations du conseil d'administration et des assemblées générales, des comptes annuels et des rapports des commissaires aux comptes ainsi que de certains types de contrats. Ce type de contrôle n'est pas un vrai contrôle de légalité, mais un droit d'information du représentant de l'État. Il ne peut cependant déboucher que sur la saisine de la Chambre régionale des comptes dans le seul cas où le préfet estime qu'une délibération de l'organe dirigeant de l'EPL est de nature à augmenter gravement la charge financière d'une ou plusieurs collectivités actionnaires. Seule une hypothèse d'atteinte aux finances de l'EPL susceptible d'affecter indirectement et gravement les finances des collectivités justifie de l'intervention du préfet.

iii. Les EPL n'échappent pas bien entendu au contrôle de la Chambre régionale des comptes (Article L. 211-4 du Code des juridictions financières). Il s'agit d'un contrôle de gestion avec les conséquences afférentes éventuelles, effectué dans le cadre des stratégies de contrôle arrêtées par la juridiction.

iv. On peut ajouter le contrôle de l'Inspection générale de l'administration (IGA), celui du Service interministériel de lutte contre la corruption, de la Cour de discipline budgétaire notamment pour juger des élus locaux présidents d'EPL ou mandataires sociaux dans les organes dirigeants de ces entités, de la commission pour la transparence de la vie politique.

Ce n'est pas tout puisqu'on peut encore citer les contrôles spécifiques des SEM immobilières comme celui de l'Agence nationale de contrôle du logement social. (ANCOLS) ou de la Caisse de garantie du logement locatif social (CGLLS).

v. Suspectes des pires turpitudes qui attestent qu'elles sont mal aimées des pouvoirs publics, les SEML et SPL ont fait l'objet, pour se limiter à la période actuelle, en 2017, d'un rapport de la Cour des comptes sur les insuffisances du cadre juridique et comptable applicable aux entreprises publiques locales. Six recommandations ont été formulées par la Cour. Cette même année, la Revue générale de dépenses de l'Inspection générale de l'Administration et du Contrôle général économique et financier a été consacrée, à la demande du ministre de l'Économie et des Finances, à la maîtrise des risques par les entreprises publiques locales. Dix-huit recommandations en ressortent. Plus récemment encore, le Président de la commission des finances, de l'économie générale et du contrôle budgétaire de l'Assemblée nationale a demandé, le 19 juillet 2018, au Premier président de la Cour des Comptes, la réalisation d'une enquête sur les sociétés d'économie mixte locales. Il en est ressorti un Rapport en date de mai 2019 intitulé « Un outil des collectivités à sécuriser » et neuf nouvelles recommandations.

Les EPL sont-elles à ce point défaillantes et au surplus, dangereuses qu'elles ne réclament pas moins de trente-trois recommandations développant chacune plusieurs points, certes quelquefois redondants ? Même si l'outil doit être adapté aux évolutions sociétales, politiques et juridiques reconnues aujourd'hui, notamment du fait de la forte prégnance du droit européen d'inspiration économique avérée, nous ne pensons pas qu'il faille à nouveau entourer les EPL de règles contraignantes et rigoureuses et d'un encadrement administratif aussi fort. C'est condamné l'outil, sa forme juridique privée pour la rapprocher des règles d'un établissement public dont l'Administration se délecte au niveau local comme au niveau national et qui la rassure par un corps de règles de droit public mieux maîtrisé par elle. Le Parlement essaie et réussit le plus souvent à faire évoluer les textes dans le sens d'une meilleure sécurité des EPL.

IV. Les EPL sous la bienveillance du Parlement :

a) Il en est ainsi de la loi venue récemment sécuriser les relations entre les collectivités associées et leur EPL suite à l'arrêt du Conseil d'État de novembre 2018. Face à une situation hautement périlleuse, l'intervention du législateur a été rapidement sollicitée par la Fédération des EPL. Elle est d'ailleurs réclamée par le Rapporteur public dans cette affaire, Mme Emmanuelle Cortot-Boucher, qui, conscient que la solution proposée au Conseil aura pour effet de resserrer l'actionnariat des SPL et d'empêcher certaines associations, précise qu'il lui semble « qu'il appartient dès lors au Parlement, le cas échéant, de modifier la loi pour prévoir de telles modalités », s'agissant des modalités particulières de coopération entre collectivités actionnaires. C'est en ce sens que, dès le 7 février 2019, le Sénateur Marseille et plusieurs de ses collègues déposaient une proposition de loi tendant à sécuriser l'actionnariat des sociétés publiques locales et des sociétés d'économie mixte. Cette proposition a été adoptée par le Parlement et est devenue la loi n° 2019-463 du 17 mai 2019 tendant à sécuriser l'actionnariat des entreprises publiques locales.

b) On doit d'ailleurs observer que l'initiative parlementaire est à l'origine de la plupart des modifications de la loi fondatrice du 7 juillet 1983. Ce fut le cas pour le texte refondateur de la loi n° 2002-1 du 2 janvier 2002 tendant à moderniser le statut des SEM locales[99], pour la création des SPL par la loi de mai 2010[100] ou encore pour les SEMOP en 2014[101]. On peut en outre observer que les lois propres aux EPL, tout comme la loi 1983, ont été souvent votées à l'unanimité. C'est dire l'intérêt que représente pour les élus locaux, l'outil d'investissement et de développement local qu'est une EPL.

c) Il paraît dès lors clair que les parlementaires, plus proches des réalités du terrain et des territoires dont ils sont issus, comprennent mieux que la technostructure étatique, parisienne et jacobine, l'intérêt des EPL dans le développement territorial. Le Législateur, sans être démenti par le Conseil constitutionnel, a, nous semble-t-il, bien compris l'intérêt de la création d'outils techniques disposant d'un savoir-faire reconnu, notamment dans le cadre d'opérations complexes qui permettent aux élus de conserver un pouvoir de décision et de contrôle. Elles représentent des instruments stratégiques de politiques locales et de projets à long terme qui pourraient être davantage développés. La mutualisation qu'elles nécessitent, sous les conditions de la loi

---

[99] Loi n° 2002-1 du 2 janvier 2002 tendant à moderniser le statut des SEM locales (JORF 3 janvier 2002, p. 121)

[100] Loi n°2010-559 du 28 mai 2010 pour le développement des sociétés publiques locales (JORF du 29 mai 2010 page 9697)

[101] LOI n° 2014-744 du 1er juillet 2014 permettant la création de sociétés d'économie mixte à opération unique (JORF du 2 juillet 201, page 10897)

de mai 2019 qui doivent cependant être améliorées et sécurisées, doit permettre des économies de gestion et partant, des marges de manœuvre financières supplémentaires.

V. La nécessaire sécurisation du régime juridique des EPL :

La question centrale, quant à leur avenir, reste de savoir si les EPL demeureront comme les SEML l'étaient à l'origine, un simple moyen d'action des collectivités par les voies de la gestion privée, ou si elles peuvent être, comme certains le souhaitent déjà, des entreprises du développement local dont la fonction principale serait de mettre en place, voire de créer différentes formes de partenariat entre public et privé.

Il est bien évident qu'une réflexion d'ensemble doit être faite. Au moins deux directions principales pourraient être privilégiées :

- En premier lieu, celle du *renforcement des liens entre la collectivité et la société dont elle est actionnaire*. Entre autres il convient de rendre plus contraignants les obligations de reddition de comptes des administrateurs ou membres du conseil de surveillance représentant les collectivités, quitte à sanctionner les manquements des élus. Les relations financières doivent être-elles aussi renforcées et les risques continûment examinés. À cet égard, il faut savoir distinguer entre les risques contractuels appartenant à la collectivité en raison des engagements pris[102] et le risque sociétal partagé conformément au droit commun des sociétés entre les actionnaires à proportion de leur part de capital sauf pacte d'actionnaires qui est un outil sous-utilisé dans les EPL. Le régime de responsabilité des élus doit être revu et étendu, sous des conditions à examiner. On doit examiner et traiter la question de la présence d'élus représentant non leur collectivité, mais l'EPL dans les filiales de ces dernières, lesquelles sont tout de même en principe des structures de partage de risques, ce que l'Administration paraît oublier.

- En second lieu, il convient de procéder à une *clarification des compétences des collectivités*. La méthode du développement de l'intercommunalité et de la rationalisation des structures de coopération décentralisées, imposée par l'État pour des raisons constitutionnelles tenant à la liste restreinte des collectivités territoriales, entraîne la prégnance de la règle de spécialité des

[102] Par exemple, la reprise en compte du déficit constaté au terme d'une concession d'aménagement qui n'a pas à être partagé entre les actionnaires sauf à en avoir décidé ainsi en amont du contrat pour le cas où la société accepterait une part du risque opérationnel.

établissements publics territoriaux ou de coopération intercommunale. Cette règle, interprétée strictement par le Conseil d'État dans l'affaire du SMAD, participe des freins au développement de structures de droit privé apportant dans le milieu des affaires publiques, des règles de souplesse et d'efficacité peu connue des établissements publics hormis quelques établissements industriels et commerciaux. Une clarification des compétences, y compris en prenant en compte l'intérêt et l'utilité des clauses de compétence générale, notamment des communes, est indispensable à la lisibilité de l'action locale, mais aussi à l'efficacité des structures intercommunales.

Bien sûr d'autres améliorations sont nécessaires, mais de grâce ne renfermons pas les EPL dans les affres de la gestion administrative, d'une tutelle étroite et rigoureuse et faisons un tant soit peu confiance aux élus. Ils n'ont pas fait que des bêtises ni que la chasse aux jetons de présence ! Partant, il nous semble qu'il serait profitable au développement local que les EPL cessent d'être les mal-aimées des pouvoirs publics pour enfin devenir, dans le cadre d'un statut rénové et donc sécurisé, l'outil correspondant aux intentions du Législateur de 1983. Même l'État le laisse entendre dans l'Instruction du 14 octobre 2019 en rappelant que le rapport de la commission des lois de l'assemblée observe qu'il « y aurait quelque logique à ce que les libertés réaffirmées par la proposition de loi aient, pour atténuer les risques pesant sur les collectivités, des contreparties en termes de transparence et de responsabilité ». Encore faut-il espérer qu'on n'étouffe pas l'outil par un corpus de règles annihilant la souplesse de la forme sociétale de la structure.

Sécurisation de l'actionnariat des sociétés d'économie mixte locales et des sociétés publiques locales

Par Madame Christine Pires-Beaune

Députée de la 2ème circonscription du Puy-de-Dôme

Cher Claude, cher Ami,

Ce fut un véritable plaisir de travailler avec toi sur des sujets qui nous tiennent tous deux à cœur. Je te remercie pour tes nombreux conseils, ton dévouement et ton professionnalisme qui te caractérisent si bien. Félicitations pour cette retraite bien méritée, mais quelque chose me dit que nous allons encore travailler ensemble durant ce mandat.

Christine PIRES-BEAUNE

Question écrite de Madame la Députée

Les sociétés d'économie mixte locales (SEML), ainsi que les sociétés publiques locales (SPL) sont des sociétés anonymes régies par le livre II du Code de commerce, sous réserve de l'application des règles spécifiques prévues dans le Code général des collectivités territoriales (CGCT). Ainsi, en l'absence de disposition particulière dans le CGCT, il convient d'appliquer le droit commercial. La composition du conseil d'administration et du conseil de surveillance des SEML et des SPL est encadrée par l'article L. 1524-5 du CGCT : toute collectivité territoriale ou groupement actionnaire a droit au moins à un représentant au conseil d'administration ou au conseil de surveillance, désigné en son sein par l'assemblée délibérante concernée. En revanche, cet article ne fait aucune mention de la représentation des salariés, rendant ainsi applicables les dispositions générales du Code de commerce. En droit commercial, la participation d'administrateurs représentant les salariés aux conseils d'administration est obligatoire pour les sociétés qui emploient au moins 1000 salariés dans la société et ses filiales directes ou indirectes dont le siège social est fixé sur le territoire français ou au moins 5000 salariés dans la société et ses filiales directes ou indirectes dont le siège social est fixé sur le territoire français et à l'étranger, conformément aux dispositions de l'article L. 225-27-1 du Code de commerce. Le nombre de ces administrateurs est d'au moins un si le nombre total d'administrateurs est égal ou inférieur à douze, et d'au moins deux s'il y a plus de douze administrateurs. Il est à noter que le projet de loi relatif à la croissance et à la transformation des entreprises, actuellement en discussion au Parlement, prévoit d'abaisser ce seuil de douze administrateurs. En dessous de 1000 ou 5000 salariés, les statuts des sociétés peuvent prévoir que des administrateurs élus par le personnel de la société ou par le personnel de la société et celui de ses filiales directes ou indirectes dont le siège social est fixé sur le territoire français siégeront avec voix délibérative au sein du conseil d'administration (article L. 225-27 du Code de commerce). Il s'agit là d'une simple faculté et non d'une obligation. Des dispositions similaires existent pour la participation de représentants des salariés aux conseils de surveillance. La présence de salariés au sein des conseils d'administration et de surveillance s'ajoute à celle, prévue par l'article L. 2312-72 du Code du travail, des représentants du comité d'entreprise ou du comité social et économique qui, eux, n'ont qu'une voix consultative. La loi n° 83-675 du 26 juillet 1983 relative à la démocratisation du secteur public a doté d'une composition tripartite les conseils d'administration des entreprises dont plus de la moitié du capital est détenue par l'État, un tiers des administrateurs étant ainsi des représentants des salariés. Les dispositions de cette loi ont par la suite été reprises et aménagées par l'ordonnance n° 2014-948 du 20 août 2014 relative à la gouvernance et aux opérations sur le capital des sociétés à participation publique. La loi du 26 juillet 1983 a été adoptée dans le contexte particulier des nationalisations et des lois Auroux. Elle ne vise pas les SEML et SPL, qui sont majoritairement détenues par des collectivités territoriales ou groupements de collectivités. Pour mémoire, l'exposé des motifs du projet de la loi n° 83-597 du 7 juillet 1983 relative aux SEML indiquait qu'était recherchée « une assimilation aussi poussée que possible des sociétés d'économie mixte locales avec le droit commun des sociétés commerciales ». Cet objectif explique le caractère restreint des dispositions dérogatoires.

Réponse écrite de Madame la Ministre

Les sociétés d'économie mixte locales (SEML), ainsi que les sociétés publiques locales (SPL) sont des sociétés anonymes régies par le livre II du Code de commerce, sous réserve de l'application des règles spécifiques prévues dans le Code général des collectivités territoriales (CGCT). Ainsi, en l'absence de disposition particulière dans le CGCT, il convient d'appliquer le droit commercial. La composition du conseil d'administration et du conseil de surveillance des SEML et des SPL est encadrée par l'article L. 1524-5 du CGCT : toute collectivité territoriale ou groupement actionnaire a droit au moins à un représentant au conseil d'administration ou au conseil de surveillance, désigné en son sein par l'assemblée délibérante concernée. En revanche, cet article ne fait aucune mention de la représentation des salariés, rendant ainsi applicables les dispositions générales du Code de commerce. En droit commercial, la participation d'administrateurs représentant les salariés aux conseils d'administration est obligatoire pour les sociétés qui emploient au moins 1000 salariés dans la société et ses filiales directes ou indirectes dont le siège social est fixé sur le territoire français ou au moins 5000 salariés dans la société et ses filiales directes ou indirectes dont le siège social est fixé sur le territoire français et à l'étranger, conformément aux dispositions de l'article L. 225-27-1 du Code de commerce. Le nombre de ces administrateurs est d'au moins un si le nombre total d'administrateurs est égal ou inférieur à douze, et d'au moins deux s'il y a plus de douze administrateurs. Il est à noter que le projet de loi relatif à la croissance et à la transformation des entreprises, actuellement en discussion au Parlement, prévoit d'abaisser ce seuil de douze administrateurs. En dessous de 1000 ou 5000 salariés, les statuts des sociétés peuvent prévoir que des administrateurs élus par le personnel de la société ou par le personnel de la société et celui de ses filiales directes ou indirectes dont le siège social est fixé sur le territoire français siégeront avec voix délibérative au sein du conseil d'administration (article L. 225-27 du Code de commerce). Il s'agit là d'une simple faculté et non d'une obligation. Des dispositions similaires existent pour la participation de représentants des salariés aux conseils de surveillance. La présence de salariés au sein des conseils d'administration et de surveillance s'ajoute à celle, prévue par l'article L. 2312-72 du Code du travail, des représentants du comité d'entreprise ou du comité social et économique qui, eux, n'ont qu'une voix consultative. La loi n° 83-675 du 26 juillet 1983 relative à la démocratisation du secteur public a doté d'une composition tripartie les conseils d'administration des entreprises dont plus de la moitié du capital est détenue par l'État, un tiers des administrateurs étant ainsi des représentants des salariés. Les dispositions de cette loi ont par la suite été reprises et aménagées par l'ordonnance n° 2014-948 du 20 août 2014 relative à la gouvernance et aux opérations sur le capital des sociétés à participation publique. La loi du 26 juillet 1983 a été adoptée dans le contexte particulier des nationalisations et des lois Auroux. Elle ne vise pas les SEML et SPL, qui sont majoritairement détenues par des collectivités territoriales ou groupements de collectivités. Pour mémoire, l'exposé des motifs du projet de la loi n° 83-597 du 7 juillet 1983 relative aux SEML indiquait qu'était recherchée « une assimilation aussi poussée que possible des sociétés d'économie mixte locales avec le droit commun des sociétés commerciales ». Cet objectif explique le caractère restreint des dispositions dérogatoires.

CHAPITRE 2 : SPÉCIFICITÉS ET MIXITÉ DU DROIT DES AGENTS AU SERVICE DU TERRITOIRE ET DES ADMINISTRÉS QUI EN BÉNÉFICIENT.

Le français est-il encore la « langue de la république » ?

Par Dominique Turpin

Président honoraire de l'Université d'Auvergne
Doyen honoraire de la Faculté de droit de Clermont-Ferrand
Membre associé du Centre de recherche Michel de l'Hospital, EA 4232
Université Clermont Auvergne

En 1994, dans son rapport sur le projet de loi Toubon "relatif à l'emploi de la langue française"[103], J. Legendre a cité le cas d'un colloque sur les algues marines, organisé à Brest avec le concours du Conseil général de l'Ille-et-Vilaine et de plusieurs ministères, imposant l'anglais comme langue de travail, mais à l'ouverture duquel le discours inaugural fut prononcé en breton. Cet exemple illustre bien les deux dangers qui menacent le français, "langue de la République", plus de quatre cents ans après l'Édit de Villers-Cotterêts qui l'imposa, contre le latin et les dialectes locaux, comme la langue du roi[104].

---

[103] *Doc. Sénat*, n° 309, 2e session ordinaire 1993-1994, p. 19, cité par J.Y. Faberon, "La protection juridique de la langue française", *RDP* 1997, p. 323.

[104] V., notamment, Y. Claisse, "Le droit de la langue française", <*les Petites Affiches*, 22 avr. 1994, n° 48, p. 19 ; F. X. Testu, "Le statut juridique de la langue française", *Mélanges G. Cornu*,

Récemment encore, Barbara Cassin, philologue et philosophe nouvellement élue à l'Académie française[105], a invité à ne céder "ni au « global english », ou « globish », qui envahit la planète, ni au nationalisme linguistique…, essentialisation d'une langue supérieure enracinée dans un peuple"[106].

Après avoir retracé les étapes de l'affirmation du français comme langue de la République (I), nous relaterons comment l'usage de cette langue a été durablement contesté, sur le plan interne par le développement des langues régionales, auxquelles Claude Devès s'intéressa naguère[107], et sur le plan extérieur par la suprématie de l'anglais dans le cadre de la mondialisation (II).

I. L'affirmation du français comme langue de la République :

La langue française a d'abord été imposée comme la langue du roi, contre les patois et dialectes[108] qui morcelaient le royaume, mais aussi contre l'usage du latin. Puis, les révolutionnaires jacobins virent dans sa promotion le symbole de l'unité de la nation contre la survivance des divers parlers locaux ou régionaux hérités de "l'Ancien Monde". De nos jours, c'est l'article 2 de la Constitution, qui la consacre comme la "langue de la République" depuis la révision du 25 juin 1992, après de nombreux textes législatifs en la matière.

PUF, 1994 ; J.M. Pontier, *Droit de la langue française*, Dalloz, 1997 ; N. Molfrssis, *La langue et le droit*, Rapport français, in *Langue et droit*, Bruylant, 2000, p. 177 ; J. Caillosse, "L'ordre de la langue", *Pouvoirs locaux* n° 46, II, 2000, p. 100 et la *RFDA* 2008, "Dossier : Aspects du statut des langues", p. 1097 et s.

[105] V. son *Vocabulaire européen des philosophes. Dictionnaire des intraduisibles*, Seuil/Le Robert, 2004 ; et son *Éloge de la traduction, compliquer l'Universel*, Fayard, 2016 ; et la direction (avec N. Ducimetière) de l'ouvrage collectif *Les routes de la traduction. Babel à Genève*, Gallimard/Fondation Martin Bodmer, déc. 2017.

[106] V. ses propos recueillis par N. Truong, *Le Monde*, 14 mai 2018 , ainsi que N. Truong, "Barbara Cassin délie les « langues humaines »", *Le Monde*, 19 oct. 2019.

[107] V. C. Devès, "La renaissance régionaliste en France : le mouvement « nationalitaire » (1962-1975)", *Annales de la Faculté de droit et de science politique de l'Université de Clermont I*, 1975, fasc. 12, p. 233.

[108] Selon Hélène Walter, *Aventures et mésaventures des langues de France*, Ed. du temps, 2009, "Un patois est une langue à part entière, qui se parle dans une aire géographique limitée et qui a connu une évolution légèrement différente de celle des patois voisins. Des patois partageant un ensemble de traits communs constituent un dialecte".

A. L'émergence du français comme langue du roi

1) Le combat contre l'emploi du latin

Dès 813, le concile de Tours, par son canon 17, prescrivit aux clercs d'évangéliser en "rustica romana lingua", ancêtre du français, à la place du latin que la population ne comprenait plus. Puis, le 14 février 842, le "Serment de Strasbourg", premier traité conclu, non plus en latin, mais en français (roman) et en allemand (tudesque) par Louis le Germanique et son frère Charles le chauve, petit-fils de Charlemagne, recommanda d'utiliser le "français" de l'Île-de-France. En 882 fut rédigé le premier poème en français, la *Cantilène de Sainte Eulalie*. En juin 1510, une ordonnance de Louis XII "sur la réformation de la justice", article 47, imposa l'utilisation de la langue française "dans les enquêtes, informations et procédures criminelles". Mais, surtout, l'ordonnance de Villers-Cotterêts, édictée par François 1er en août 1539, imposa par ses articles 110 et 111, que "tous arrêts..., registres, enquêtes, contrats, commissions, sentences, testaments et autres quelconques actes et exploits de justice, ou qui en dépendent, soient prononcés, enregistrés et délivrés aux parties en langage maternel français et non autrement afin qu'il n'y ait cause de douter sur l'intelligence des arrêts de justice", et en conclut que "nous voulons et nous ordonnons qu'ils soient faits et écrits si clairement qu'il n'y ait ni puisse y avoir aucune ambiguïté ou incertitude, ni lieu à demander interprétation"[109]. Cependant, ce texte ne prévoyait aucune sanction, contrairement à une précédente ordonnance de 1510. Ainsi, a relevé la Secrétaire perpétuelle de l'Académie française, Hélène Carrère d'Encausse[110], "la langue de Paris, de l'Île-de-France, s'impose pour unifier le territoire contrôlé par le roi".

Cette ordonnance, toujours en vigueur[111], a exclu tant le latin que les patois du langage juridique[112] et on a pu écrire avec raison que "huissiers et sergents

---

[109] V. *Les petites affiches*, 22 avr. 1994, n° 48, p. 19 et s., ainsi que A. Blanc, *La langue du roi est le français. Essai sur la construction juridique des principes d'unicité de la langue de l'État royal (942-1789)*, L'Harmattan, coll. "Logiques juridiques", 2010, 640 p.

[110] "Le français, identitaire et universel", *Le Monde*, 24 oct. 2007.

[111] V., dans le *Rapport de la Cour de cassation pour 1989*, P. Louise, "L'actualité de l'ordonnance rendue en août 1539 à Villers-Cotterêts", Doc. Fr., p. 201, et Th. Célerier, "Survivance de l'ancien régime dans le contentieux administratif", *Les Petites Affiches*, 30 juill. 1993, p. 52, ainsi que Cass. Civ. 2°, 11 janv. 1989, "Sté composants et produits électroniques c/ Sté TRW Inc.", *Rev. trim. de droit civil* 1989, p. 619, obs. Perrot, *Les Petites Affiches* 22 mai 1991, p. 11, note C. Candenbussche, à propos d'une clause attributive de compétence insérée dans un contrat rédigé en anglais et appliquée telle quelle par un tribunal de commerce" (et, déjà, dans le même sens, Cass., 16 fév. 1833, "Stroboni", *Sirey* 1883.1.318, pour un jugement corse rendu en italien).

[112] V. JP. Laurent, "L'ordonnance de Villers-Cotterêts et la conversion des notaires à l'usage exclusif du français en Pays d'Oc", *Rev. Int. d'Hist.du notariat* (Le Gnomon), 1982, n° 26, p.

ont appris aux paysans plus de français que ne l'eussent fait les meilleurs maîtres d'écoles"[113]. En 1635, Richelieu créa ensuite l'Académie française et la chargea de "rendre la langue française plus claire, d'en fixer l'usage, de la rendre apte à exprimer les sciences et les techniques", ce à quoi elle s'emploie encore aujourd'hui. En 1549, du Bellay a publié *La défense et illustration de la langue* française. Dès 1637, fut publié, à Leyde, le fameux *Discours de la Méthode* de Descartes, premier texte philosophique en langue française.

Par ailleurs, dès les traités de Westphalie (1648), le français, devenu "langue des cours", a supplanté le latin dans les relations internationales[114] et, en 1784, en réponse à une question mise au concours par l'Académie de Berlin, Rivarol pouvait encore prononcer un vibrant discours intitulé : "De l'universalité de la langue française" dans lequel il évoquait "la probité attachée à son génie"[115]. En 1905, le traité de paix russo-japonais fut rédigé en français, mais, après la Première Guerre mondiale, G. Clémenceau, en hommage à nos alliés britanniques et américains, tint à ce que le traité de Versailles soit rédigé en français et en anglais.

On peut relever que, de nos jours, il n'est plus fait du latin qu'un usage résiduel, tant en ce qui concerne son enseignement[116] que le rôle qu'il peut encore jouer, notamment, en droit, français et européen, des marques[117], de

---

41, ainsi que D. Latournerie, "Le droit de la langue française", *Études et documents du Conseil d'État* n° 36, 1984/85, pp. 89-120.

[113] F. Brunot, *L'histoire de la langue française*, A. Colin, T VII, p. 184.

[114] V. L. Bely, *Les relations internationales en Europe, XVII-XVIII° siècles*, PUF, 1992, pp. 339 et s.

[115] Eds de Œuvres, Paris, Didier, 1852, pp. 79-124.

[116] 493 176 élèves ont étudié le latin pendant l'année scolaire 2017-2018 (et 34 266 le grec) au collège ou au lycée, selon le rapport de P. Charvet et B. Baudréon. *Les humanités au cœur de l'école*, janv. 2018, avec un fort décrochage lors du passage de l'un à l'autre, la part des élèves latinistes régressant alors de 18 % à 4 % et celle des hellénistes de2 % à 1 %. En 2016, N. Vallaud-Belkacem avait suscité la grogne des latinistes lors de sa réforme du collège mais, en 2017, JM. Blanquer a réintroduit des heures de latin (et de grec), rétabli le CAPES de lettres classiques et créé une certification "langues et cultures de l'Antiquité" pour les enseignants non latinistes (ou hellénistes) parmi les douze enseignements de spécialité que les lycées auront à choisir en 2022.

[117] Ainsi, la Cour d'appel de Paris, 12 déc. 2017, "SAS Compagnie générale de diététique c/ Sté Clavis SARL", n° 16/03473, *Les Petites Affiches* 25 mai 2018, n° 105, p. 16, note Ph. Mouron, a jugé que le terme "garum", utilisé dans l'antiquité pour désigner une préparation résultant de la macération de morceaux de poisson, constituait une sauce appréciée et que, "s'il ne s'agit pas d'un terme courant" car "le grand public ne comprend pas le latin", il pouvait néanmoins "être utilisé pour désigner la caractéristique même de divers produits qui, "s'adressant à un public composé de pharmaciens qui, malgré une connaissance non assurée du latin" ont "une certaine connaissance des termes latins utilisés dans leur domaine d'intervention". Dès lors, "quand bien même le terme garum n'est pas connu d'une partie importante de la population, il correspond néanmoins à une qualité essentielle des produits... pour lesquels il apparaît descriptif tant au sens de l'article 711-2 du Code de la propriété intellectuelle pour la marque française que de

même d'ailleurs que l'anglais, mieux connu des Français (quoique !), dont l'utilisation en la matière ne constitue pas une "marque distinctive", sauf exception[118], ou encore une langue régionale[119].

2) La lutte contre l'utilisation des dialectes locaux

De très nombreux textes ont imposé l'emploi exclusif du français (édit du Roussillon du 3 janvier 1565, article 35, portant ordonnance sur la justice et la police du Royaume ; édit d'octobre 1630 créant le Parlement de Pau, etc.)[120] et ont ainsi contribué à ce que Michelet a qualifié de "long nivellement de la France pour l'action monarchique"[121], évoquant "cette fusion intime des races qui constitue l'identité de notre nation, sa personnalité", car, selon lui, "la France française a su attirer, absorber, identifier les Frances anglaises, allemandes, espagnoles, dont elle était environnée. Elle les a neutralisées l'une par l'autre et converties toutes à sa substance. Elle a amorti la Bretagne par la Normandie, la Franche-Comté par la Bourgogne ; par le Languedoc la Guyenne et la Gascogne ; par le Dauphiné la Provence. Elle a méridionalisé le Nord et septentrionalisé le Midi", notamment par une constante uniformisation linguistique que les révolutionnaires de 1789 puis les diverses républiques ont poursuivie.

B. La consécration du français comme langue de la République

Sous la Convention, Condorcet, inspirateur de la très sévère loi du 2 thermidor An II (suspendue puis reprise par un arrêté des Consuls du 24 prairial An XI) obligeant sous peine de sanctions à utiliser la langue française

---

l'article 7 du règlement CE n° 40/84 du 20 déc. 1993 pour la marque communautaire". En foi de quoi elle écarte "la distinctivité de la marque garum pour les produits alimentaires et diététiques et rejette les prétentions de la société requérante reprochant à une société concurrente d'avoir utilisé cette marque sue son site web et l'assignant en contrefaçon.

[118] V. Ph. Mouron, "Le néologisme anglais cybershop ne constitue pas une marque verbale distinctive en France", note sous CA Aix-en-Provence, 7 fév. 2014, n° 12/00473, "SARL Nemesis c/ SARL Synolia", *Les Petites Affiches*, 23 mai 2014, R 7, et "Absence de distinctivité de la marque « Show Time » pour les services liés à l'événementiel", note sous CA Douai, 1ère ch., 2° sect., 6 avr. 2017, n° 16/03671, *Les Petites Affiches*, 6 juill. 2017, p. 10.

[119] En l'occurrence le provençal, selon la CA Chambéry, 1ère ch., 26 janv. 2004, *Prop. Industr.* 2004, p. 27.

[120] V. J. de Bellay, *Défense et illustration de la langue française*, A. Angelier, 1549, livre I, chap. VIII, ainsi que, contra, Fénelon, *Réflexions sur la grammaire, la rhétorique, la poétique et l'histoire*, 1716, chap. III (cité par C. Hagège, *Le français et les siècles*, O. Jacob, 1987, p. 84) pour lequel il faudrait "prendre de tous côtés ce qu'il nous faut pour rendre notre langue plus claire, plus courte et plus harmonieuse". Quant à W. de Humbolt (1767-1835), il a étudié les mécanismes universels du langage et scruté les rouages particuliers de dizaines de langues (basque, chinois, etc. V. D. Thouard, *Est toute langue étrangère. Le projet Humbolt*, Encre marine, 2016.

[121] *Introduction à l'Histoire universelle*, A. Colin, 1962, pp. 62-63.

dans les actes publics[122] (mais non dans les testaments ou dans les contrats de droit privé), portait sur l'emploi du latin dans les sciences une appréciation que nombre de chercheurs pourraient appliquer de nos jours à l'impérialisme de l'anglais, puisqu'il dénonçait "l'existence d'une sorte de langue scientifique, la même chez toutes les nations, tandis que le peuple de chacune d'elles en parlerait une différente, y eût séparé les hommes en deux classes..., eût mis un éternel obstacle à la véritable égalité, à un usage égal de la même raison, à une égale connaissance des vérités nécessaires ; et , en arrêtant ainsi les progrès de l'espèce humaine, eût fini par mettre un terme à ceux des sciences elles-mêmes". Dès lors, Barrère, dans son rapport du 8 pluviôse An II, stigmatisa les parlers locaux, car, selon lui, "le fédéralisme et la superstition parlent bas-breton, l'émigration et la haine de la République parlent allemand, la contre-révolution parle italien (corse) et le fanatisme parle basque", et en conclut que "le français doit devenir la langue universelle". Enfin, le sinistre abbé Grégoire, dans son "Rapport sur la nécessité et les moyens d'anéantir les patois et d'universaliser l'image de la langue française" du 18 prairial An II, recommanda de fondre par ce moyen Bretons, Vendéens et autres ennemis de la nation en citoyens égaux. De même, un arrêté du 24 prairial An XI devait obliger à rédiger les actes publics en français en Corse, mais Napoléon sursit à son exécution par le décret impérial du 19 ventôse An XIII. Ainsi, pour B. Cerquilini[123], "ce monolinguisme institutionnel (NB : sous la Monarchie comme sous la Révolution) semble bien avoir pris rang et fonction de religion d'État... monothéiste".

Plus près de nous, V. Duruy en 1854, puis J. Ferry en 1879, préparèrent, par leurs travaux, la loi n° 11696 du 26 mars 1882 exigeant que le français soit enseigné (par les instituteurs, "hussards noirs de la République") dans tous les établissements scolaires publics et privés[124]. Plus tard, un arrêté du président du Conseil du 2 février 1919 déclara le français langue judiciaire en Alsace-

---

[122] "Tout fonctionnaire ou officier public, tout agent du gouvernement qui... dressera, écrira ou souscrira, dans l'exercice de ses fonctions, des procès-verbaux, jugements, contrats ou autres actes... conçus en idiomes et langues autres que le français sera traduit devant le tribunal, ... condamné à six mois d'emprisonnement et destitué". V., sur cet historique, D. Turpin, *Compétences régionales*, Juris Classeur Collectivités territoriales, fasc. 281-20, févr. 2018, n°s 103 et s. ., ainsi que R. Blanc, *La langue de la République est le français. Essai sur l'instrumentalisation juridique de la langue par l'État (1789-2013)*, l'Harmattan, 2013.

[123] "Le français, religion d'État ?", résumé de son rapport au colloque sur "Le culte de la langue, une passion française", en nov. 2003, *Le Monde*, 26 nov. 2003.

[124] Dans une lettre adressée à F. Mistral, Ch. Maurras observait : "Si l'on ne met pas un terme à l'abominable routine des gouvernants modernes, qui consiste à détruire par l'école primaire tout ce que l'enfant tient du sol, de la langue, de la nature et des ancêtres, on va nous faire une humanité dont je connais ce prototype : c'est le bohème des grandes routes, sans foi ni loi, sans feu ni lieu, sans tradition ni religion et sans attache d'aucun genre... Il représente exactement le petit monstre fabriqué par les instituteurs de l'internationalisme".

Lorraine, mais dut être "expliqué" et nuancé par un décret du président de la République du 15 mai 1922, ratifié par une loi du 29 mars 1928, en vigueur jusqu'à l'intervention récente du Conseil Constitutionnel (cf. infra), une circulaire rectorale fixant alors les modalités spécifiques de l'usage du dialecte local et de l'enseignement de l'allemand dans les établissements publics d'enseignement alsaciens et mosellans, auxquels la loi Deixonne du 11 janvier 1951 ne s'appliquait pas.

Sous la V° République, un décret n° 66-203 du 31 mars 1966 a créé le "Haut comité pour la défense et l'expansion de la langue française" devenu "Haut comité de la langue française" avec le décret n° 83-243 du 25 mars 1983. De même, ont été institués un "Commissariat général de la langue française", rattaché au Premier ministre et chargé de coordonner les différentes actions en la matière ainsi qu'un "Comité consultatif de la langue française" (décret n° 84-17 du 18 mars 1984) et, enfin, une "Délégation générale à la langue française", qui a élaboré un *Dictionnaire des termes officiels de la langue française* à partir de la quarantaine d'arrêtés pris sur propositions des "commissions ministérielles de terminologie" (décrets n°s 72-19 du 7 janv. 1972, 83-143 du 25 mars 1983 et 86-439 du 11 mars 1986)[125].

En mars 1996, il a été décidé de transférer cette police de la langue au Ministère de la Culture, d'instaurer un "Observatoire national de la langue française" et de remplacer le décret du 11 mars 1986 sur la terminologie par un nouveau permettant de placer plus rapidement les néologismes au service du public, notamment sur Internet. Enfin, les régions ont été dotées d'un "conseiller pour le français", un comité interministériel coordonnant toutes ces initiatives.

Au niveau législatif, la loi n° 75-1349 du 31 décembre 1975, dite Bas-Lauriol, relative à l'emploi de la langue française[126] est venue imposer l'usage du français dans certaines hypothèses spécifiant notamment que "le recours à tout terme étranger ou à toute expression étrangère est prohibé lorsqu'il existe une expression ou un terme approuvé dans les conditions prévues par le décret n° 72-19 du 7 janvier 1972 relatif à l'enrichissement de la langue française, ou

---

[125] V. "Les brèves de la délégation générale à la langue française", 2° trim. 1993, ainsi que R. Rouquette, *Le régime juridique des langues de France*, Thèse, Nanterre, 1987, et "Le droit et la qualité de la langue", in *La qualité de la langue : le cas du français*, éd. JM. Eloy, 1994. À noter enfin que, selon le CE, 5 févr. 1975, "Sté La Jardinerie", *Leb.*, p. 85, les termes nouveaux fixés par ces arrêtés ne portent pas atteinte aux droits et à la protection des marques des entreprises privées.

[126] V. Delaporte, *RCDIP* 1976, p. 447, ainsi que la circulaire d'application du 14 mars 1977 et le rejet du recours dirigé contre celle-ci par le CE, 26 juill. 1978, "Féd. Nat. des importateurs de la métallurgie, de la mécanique et de l'électronique" et "Assoc. Défense et promotion des langues de France", cité infra.

reconnu équivalent par les commissions de terminologie interministérielles ultérieurement créées". Mais, outre les ambiguïtés de cette loi, les sanctions pour "délit de langue" (J. Cellard,) étaient soit inexistantes (contrats passés par des personnes publiques, contrats de travail : pas de nullité en cas d'infraction[127]), soit trop rigoureuses pour être réellement appliquées (sanctions pénales concernant les contrats portant sur des transactions de biens ou services : amendes, par assimilation à la loi du 1er avril 1905 sur la répression des fraudes), sauf peut-être en matière de publicité et d'affichage[128]. De plus, la distinction entre "messages publicitaires, contraints d'utiliser la langue française", et "marques déposées", non concernées (V. supra), permettait de tourner la loi, par le dépôt de marques incluant un slogan publicitaire rédigé en langue étrangère[129].

Malgré l'intervention de quelques textes spécifiques imposant l'usage du français dans l'enseignement[130], la médecine[131], les documents comptables[132], l'étiquetage des produits alimentaires[133] ou les relations administrations-usagers[134], le droit de la langue demeurait épars et incomplet. Aussi, de nombreuses propositions de loi ou suggestions diverses[135] réclamèrent-elles une position de principe plus claire et plus synthétique, dans la loi voir dans la Constitution.

Ainsi, la révision constitutionnelle du 25 juin 1992, rendue nécessaire pour surmonter les obstacles juridiques à la ratification du traité de Maastricht (relevés par la décision du Conseil constitutionnel n° 92-308 DC du 9 avril 1992) fournit l'occasion de rassurer les eurosceptiques souverainistes par l'affirmation à l'article 2 de notre Loi fondamentale, que : "la langue de la République est le français", dirigée d'abord contre la toute-puissance de

---

[127] V. Cass. soc., 19 mars 1986, *Dalloz* 1987, note G. Légier, *RCDIP* 1987, p. 554, note Y. Lequette.
[128] V. Cass. crim., 12 mars 1974, *Gaz. Pal.* 1974-2-492 ; CA Paris, 14 déc. 1984, *JCP* 1985, n° 14306, et 27 mars 1989. Mais, contra, Cass. crim., 20 oct. 1986, *Gaz. Pal.* 1987-1-184. En 1993, 356 infractions avaient été constatées et seulement six condamnations prononcées.
[129] Par exemple : "NIKE, just do it". V. P. Schmitt, "Les marques à l'épreuve de la langue française", *Gaz. Pal.*, 21 déc. 1995, p. 2 ; et F. Le Cohennec, "Le choix d'une marque d'un terme étranger selon la « loi Toubon »", *Les petites affiches*, 1er mars 1996, n° 27, p. 16.
[130] Circulaire du 30 déc. 1976.
[131] Décret du 26 juin 1979, art. 7.
[132] Loi du 30 avr. 1983, Code du commerce, art. 16.
[133] Décret du 7 déc. 1984, art. 4.
[134] Décret du 28 nov. 1983, art. 6 : saisi d'une demande, le service doit indiquer celles des pièces rédigées en non français qui requièrent une traduction.
[135] V. le rapport Renouvin sur *L'utilité économique et commerciale de la langue française*, Conseil économique et social, *JORF* n° 4120, 1989 ; le rapport Clément au nom de la commission d'enquête sur la langue française, 2 vol., 2° session extra., 1980/1981, doc. AN n° 2311, etc.

l'anglais (cf. infra), mais qui allait également contrarier le développement des langues régionales[136].

La "loi Toubon", n° 94-665 du 4 août 1994 relative à l'emploi de la langue française est alors venue préciser que : "la langue française est un élément fondamental de la personnalité et du patrimoine de la France ; elle est la langue de l'enseignement, du travail, des échanges et de services publics" ainsi que "le lien privilégié des États constituant la communauté de la francophonie[137]" (art. 1er). Elle a posé une série de règles contraignantes pour éviter l'emploi abusif de termes étrangers, rendant notamment obligatoire l'usage du français dans la désignation et l'offre d'un bien, d'un produit ou d'un service ainsi que dans les factures et quittances, dans la publicité (écrite, parlée et audio-visuelle), dans les inscriptions et annonces sur la voie publique, dans un lieu ouvert au public ou dans un moyen de transport en commun[138], dans les contrats passés par les personnes morales de droit public ou les personnes privées exécutant une mission de service public[139] (sauf pour les activités industrielles et commerciales ou à exécuter hors du territoire national), dans les actes écrits de relations de travail (contrats de travail, conventions collectives, règlements intérieurs), dans l'enseignement public ou privé ainsi que pour les examens, thèses et concours, dans les marques de fabrique, de

---

[136] V. R. Debbasch, "La reconnaissance constitutionnelle de la langue française", *RFDC* 1992, p. 457, T. Daups, "Le compromis constitutionnel entre la langue de la République et les langues régionales ou les limites et les potentialités de l'unicité", *Les Petites Affiches*, 23 juill. 2002, n° 146, p. 18.

[137] Alors que, fin 1995, l'hostilité du Garde des Sceaux, J. Toubon, fît échouer à l'Assemblée nationale une proposition de loi constitutionnelle, adoptée par le Sénat, visant à intégrer dans notre Loi fondamentale que : "La République participe au développement de la solidarité et de la coopération entre les États et les peuples ayant le français en partage", l'Organisation Internationale de la Francophonie (OIF), créée en 1970, regroupe 24 États (plus 4 associés et 26 observateurs), dont beaucoup ayant le français comme langue officielle. De nos jours, notre langue, avec 275 millions de locuteurs (dont 85 % en Afrique), est la 6° langue parlée dans le monde (après le mandarin, l'anglais, l'espagnol, l'arabe et l'hindi), la 2° la plus apprise et la 4° la plus utilisée sur Internet. 834 Alliances françaises, associations privées autonomes et autofinancées (cours payants) et une centaine d'Instituts français, services culturels rattachés à nos ambassades, promeuvent notre langue, de même que TV5 et France Medias Monde (France 4, RFI, RMC, etc., en cours de révision). Le 12 octobre 2018, lors du 17° sommet de l'OIF, à Erevan (Arménie), Louise Mushikiwaro, ministre des Affaires étrangères du Rwanda (pays qui a remplacé l'étude du français dans ses écoles par celle de l'anglais), a succédé à la canadienne Michaëlle Jean comme secrétaire générale. V. le rapport d'informatiopn AN n° 1683 du 13 févr. 2019 : "Activité de la section française de l'Assemblée parlementaire de la Francophonie au cours de la session 2017-2018".

[138] C'est-à-dire seulement "des lieux physiquement localisés sur le territoire français", selon la CAA Lyon, 4 juin 2020, "Assoc. de défense de la langue française du pays de Savoie", n° 18LY01058 ; *AJDA* 2020, p. 1531.

[139] Antérieurement, à la loi Toubon, la Cour de discipline budgétaire et financière, 22 nov. 1989, "Sté anonyme La Signalisation", n° 83-238, a sanctionné le caractère "abusif ou lacunaire" de certaines dispositions d'un contrat passé par la Cie gale téléphonique, entièrement rédigée en langue arabe.

commerce ou de services utilisés par des personnes morales de droit public ou des personnes privées exécutant une mission de service public[140]. Pour les colloques et congrès organisés en France par des Français, tout participant a le droit (et non l'obligation) de s'exprimer en français. Les revues publiées par une personne publique, par une personne privée exerçant une mission de service public ou à l'aide d'une subvention publique doivent, au moins, comporter un résumé en français. Diverses sanctions punissent les infractions à ces prescriptions[141]. Des exceptions sont prévues afin de sauvegarder le droit de la propriété industrielle, l'enseignement des langues étrangères, les droits des travailleurs étrangers, les impératifs du commerce extérieur et de l'intégration européenne[142] ainsi que l'ouverture aux œuvres et aux cultures étrangères.

Le Conseil Constitutionnel, par sa décision n° 94-345 DC du 29 juillet 1994, s'est efforcé de concilier ces dispositions avec, notamment, l'article 11 de la Déclaration de 1789 (de valeur constitutionnelle) selon lequel : "La libre communication des pensées et opinions est un des droits les plus précieux de l'homme ; tout citoyen peut donc parler, écrire, imprimer librement, sauf à répondre à l'abus de cette liberté dans les cas déterminés par la loi". Il en a déduit "le droit pour chacun de choisir des termes jugés par lui les mieux appropriés à l'expression de sa pensée" et que "la langue française évolue,

---

[140] Mais non pour les marques privées. V. B. Dutour, "La loi « Toubon » relative à l'emploi de la langue française s'applique-t-elle aux dénominations sociales ?", *Les Petites Affiches* 14 juill. 1995, n° 24, p. 13 ; et F. le Gohennec, "Le choix comme marque d'un terme étranger selon « la loi Toubon », ibid, 1er mars 1996, n° 27, p. 16.

[141] Selon l'art. 15 de la loi, "l'octroi par les collectivités et établissements publics des subventions de toute nature est subordonné au respect par les bénéficiaires des dispositions de la présente loi" et "tout manquement à ce respect peut... entraîner la restitution totale ou partielle de la subvention" (cf. TA Amiens, 16 janv. 2003, n° 991861, et CAA Lyon, 4 juin 2020, cité supra note 36).

[142] La CJCE, 3 juin 1999, "Colim" (aff. C-33/97), a précisé que, s'agissant des biens, produits et services commercialisés dans la Communauté européenne pour lesquels les exigences linguistiques applicables à l'information des consommateurs n'ont pas encore été harmonisées, les États membres peuvent fixer de telles exigences, à condition qu'elles soient indistinctement applicables aux produits nationaux et aux produits importés, qu'elles limitent leurs effets aux mentions rendues obligatoires par la réglementation nationale et qu'elles soient proportionnées au but de protection des consommateurs que les mentions en cause poursuivent. Ainsi, pour le CE, 27 juill. 2006, "Assoc. Avenir de la langue française", n° 281629, *Juris-Data* n° 2006-07060, l'instruction du directeur général de la concurrence aux services d'apprécier au cas par cas, sous le contrôle du juge, si des mentions libellées autrement qu'en langue française, en violation de l'art. 2 de la loi du 4 août 1994, sont conformes ou non au principe de proportionnalité tel qu'appliqué par la CJCE en matière d'exigences linguistiques nationales, n'a pas excédé sa compétence car il n'a pas édicté des règles générales modifiant les dispositions de l'art. 2 de cette loi ou s'y substituant. De même, l'article 2 de la Constitution exposant que "la langue de la République est le français" n'impose pas l'obligation d'utiliser le français dans les rapports privés.

comme toute langue vivante, en intégrant dans le vocabulaire usuel les termes de diverses sources, qu'il s'agisse d'expressions issues de langues régionales, de vocabulaires dits populaires ou de mots étrangers". En conséquence, il a censuré toutes les dispositions prescrivant l'usage obligatoire d'une terminologie officielle aux organismes et services de radiodiffusion sonore et audiovisuelle, publics et privés, ainsi qu'aux personnes privées non investies d'une mission de service public. De même, il a invalidé la subordination de l'octroi d'une aide publique à l'engagement préalable des enseignants et chercheurs d'assurer une publication ou une diffusion en français de leurs travaux, ou d'assurer une traduction en français des publications en langue étrangère auxquelles ils donnent lieu[143].

La "loi Toubon" a été mise en œuvre par le décret n°95-240 du 3 mars 1995, ainsi que par diverses circulaires ministérielles[144]. De plus, le gouvernement présente chaque année au Parlement les grandes lignes de la "politique de la langue" menée et "des évolutions constatées dans les pratiques linguistiques" des Français[145]. Le 19 octobre 2005, dans son rapport sur la proposition de loi de son collègue R. Marini complétant la loi du 4 août 1994, le sénateur J. Legendre relevait que, "malgré sa cohérence juridique d'ensemble", cette dernière restait "en pratique encore inégalement appliquée". Il suggérait "d'adopter une disposition autorisant les associations agréées de consommateurs à pouvoir se porter partie civile dans les affaires intéressant l'emploi de la langue française" et adressait "un appel pressant à certaines administrations, qui ne sont pas suffisamment impliquées dans la défense de l'emploi du français, à exercer un contrôle plus vigilant dans leurs secteurs de compétences".

Plus près de nous, on notera que la loi n° 2017-86 du 27 janvier 2017 relative à l'égalité et à la citoyenneté, qui vise à "encourager l'engagement républicain de tous les citoyens", a tenu à "établir une égalité réelle... concernant (notamment) l'utilisation de la langue française". Par ailleurs, de nombreuses propositions de loi visent, par exemple, "à interdire les publicités

---

[143] Cf. également, en ce sens, CE, 14 juin 2008, n° 408261, à propos d'un divorce par consentement mutuel par acte sous signature privée.

[144] V. la circulaire du 12 avril 1994, relative à l'emploi de la langue française par les agents publics, *JORF* du 20 avr. 1994, p. 5773, recensant tous les arrêtés et circulaires de terminologie alors en vigueur ; ou celle du 14 févr. 2003 relative à l'emploi de la langue française.

[145] Ainsi, par exemple, en 2005, D. de Villepin, Premier ministre, détaillait dans son rapport, "La politique linguistique conduite au niveau national" (garantir un "droit au français" à tous les consommateurs", "veiller à la maîtrise de la langue française dans les politiques d'insertion et d'intégration, promouvoir le plurilinguisme", "enrichir et moderniser la langue", en particulier dans les sciences et les techniques, "valoriser les langues de France", régionales ou minoritaires surtout, et "le français dans les organisations internationales" (Europe, francophonie, Jeux olympiques).

en langue étrangère sur le territoire national en vertu de la nécessaire compréhension du peuple français"[146].

Enfin, à l'instar d'autres pays tels que l'Allemagne[147], les Pays-Bas[148], la Grande-Bretagne[149], la Suisse[150], l'Espagne[151], ou le Canada[152], ou encore

---

[146] Proposition de loi n° 4655, *JO* du 6 juin 2017, JJ. Cordelier (PCF). V. également la proposition de résolution d'A. Genevar et a. (LR) n° 729, visant à créer une commission d'enquête sur les difficultés liées à la protection des grands principes de la langue française, *JORF* du 6 mars 2018.

[147] "Zuwanderungsgesetz" : loi du 30 juill. 2004 (cours obligatoires de langue et de culture, avec examen final dont le résultat conditionne la délivrance et de renouvellement du titre de séjour, les absences à ces cours entraînant la perte d'une partie des droits aux prestations sociales). En 2006, la présence à ces cours et le succès à l'examen de langue sont devenus obligatoires pour obtenir la nationalité allemande.

[148] Parcours d'intégration pour les nouveaux arrivants depuis 1998. En 2006, une loi a remplacé l'obligation de suivre les cours par une obligation de réussite à un examen, les cours étant financièrement à la charge des immigrés, ce que la CJUE, G[rde] ch., 6 déc. 2011, "Achunghrbabian", aff. C-329/11, et 9 juill. 2015, "Minister van Britenlandse Zaken c/ KA", aff. C-153/14, a jugé contraire à la directive n°° 2003/86/CE relative au regroupement familial.

[149] Depuis oct. 2013, les candidats à un titre de séjour de longue durée doivent prouver qu'ils ont atteint un certain niveau ("B1") du cadre européen commun de référence pour les langues.

[150] Où cohabitent paisiblement plusieurs communautés linguistiquement différenciées (le rhéto-romanche, l'alémanique et le français). Selon l'adage, "Les Suisses s'entendent parce qu'ils ne se comprennent pas" (V. J.C. Bahrer, "La Suisse à l'épreuve des langues", *Le Monde*, 7 déc. 1996.

[151] Selon l'art. 3 de la Constitution de 1978, "Le castillan est la langue officielle de l'État. Tous les Espagnols ont le devoir de la connaître et le droit de l'utiliser. Les autres langues espagnoles seront également officielles dans les Communautés autonomes respectives, en accord avec leur statut. La richesse des diverses modalités linguistiques de l'Espagne constitue un patrimoine culturel qui fait l'objet d'un respect spécial et d'une protection". Le 23 déc. 1994, le Tribunal constitutionnel a validé la loi dite "de normalisation linguistique" de Catalogne, imposant le catalan comme première langue dans l'enseignement primaire, "à condition que ce nouveau modèle de bilinguisme n'exclue par le castillan comme langue d'enseignement, de sorte que soient garantis sa connaissance et son usage dans le territoire de la Communauté autonome". V. également V. Bertile, *Langues régionales et Constitution (France, Espagne, Italie)*, Th., Bordeaux IV, juin 2005.

[152] Où le bilinguisme a été instauré dans les institutions fédérales dès 1969. Cependant, la notion de "société distincte" québécoise, fondée notamment, sur la langue, n'a pu être incorporée dans la Constitution rapatriée en 1982 du fait de l'échec de l'accord du lac Meech en 1987-1990 et de l'Entente de Charlottetown en 1992. Au Québec, la "loi 101" du 26 août 1977 impose l'usage du français dans l'administration, la justice, l'enseignement et le monde du travail. V. J. Woehrling, "A la recherche d'un concept juridique de la langue : présence et qualité du français dans la législation linguistique du Québec et de la France", *Rev. Juridique Thémis* n° 16, Montréal, 1981-1982, p. 457 et Législation linguistique au Canada : divergences et convergences entre le Québec, les provinces anglophones et les autorités fédérales", in *Langue(s) et Constitution* (1), A.M. le Pourhiet, dir., Economica-PUAM, 2004, p. 113, ainsi que Warren J. Newman, "La progression vers l'égalité des droits linguistiques par voie législative et judiciaire", texte présenté à la Conférence sur la Charte : droit et pratique en 2002, Assoc. du Barreau de l'Ontario, 21 p.. V. Cour suprême du Canada, "Ford c/ Québec (Proc. G[al])", 1958, et Cours d'appel de Québec, 20 déc. 2017, 2017 QCCA 2055, "Canada inc. c/ Attorney general of Quebec". En juin 2021, une "loi 96" soumise au vote de l'Assemblée de la "Belle province" devrait réformer la "loi 101" et modifier la Constitution fédérale de 1867 afin

l'Union européenne[153], la France exige une connaissance suffisante de sa langue, comme critère d'une bonne intégration ou assimilation des étrangers, tant pour ce qui concerne l'obtention d'un titre de séjour que l'accession à la nationalité.

S'agissant de l'obtention d'un titre de séjour, les lois des 18 janvier 2005 de programmation pour la cohésion sociale et 24 juillet 2006 relative à l'immigration et à l'intégration[154], suite à un rapport du Haut Conseil à l'intégration s'inspirant de l'expérience québécoise et tirant les leçons des émeutes des banlieues de décembre 2005, analysés comme l'échec de notre politique d'intégration, créèrent le "contrat d'accueil et d'intégration" (art. L 311-9 du CESEDA) que les candidats au séjour en France devaient signer, y compris, dans le cadre du regroupement familial, imposé à l'ensemble de la famille[155], avec une formation relative à la pratique de la langue française dans le pays d'origine confiée à l'Office français de l'immigration et de l'intégration (OFII) et assurée par des organismes privés. Puis la loi n° 2016-714 du 7 mars 2016[156] a remplacé le "contrat d'accueil et d'intégration" par le "contrat d'intégration républicaine", plus personnalisé, renforcé l'exigence de connaissance du français, son article 1er réécrivant l'article L 311-9 du CESEDA[157] en ce sens et son article 2 modifiant l'article L 314-2 pour lier plus étroitement la délivrance d'une carte de séjour à l'atteinte d'un niveau suffisant de connaissance du français[158]. Par ailleurs, le CE, 5 juin 2015, "OFPRA", n° 376783, a précisé qu'en cas de production devant elle de pièces

de reconnaître l'existence d'une "nation québécoise" dont le français deviendrait la seule langue officielle, avec l'approbation de J. Trudeau mais la colère de tous ceux qui redoutent une discrimination à l'encontre de la minorité anglophone.

153 Depuis le Conseil européen de Tampere (1999) et *via* la Communication de la Commission de 2005. V. le rapport n° 3502 de Th. Mariani, *Regards croisés sur l'intégration. Pour une immigration réussie*, au nom de la délégation pour l'UE de l'Assemblée nationale.

154 V. D. Turpin, *RCDIP* 2007/1, pp. 9-52, ainsi que le décret n° 2006-1791 du 23 déc. 2006 relatif à ces contrats.

155 Art. L 311-9-1. V. la loi n° 2007-1631 u 20 nov. 2007 relative à "la maîtrise de l'immigration, à l'intégration et à l'asile", *Rec.Dalloz*, avril 2008, p. 930-940, comm. D. Turpin, et le décret n° 2008-1115 du 30 oct. 2008 intégrant dans le CESEDA les dispositions relatives au contrat d'accueil et d'intégration, ainsi que CAA Bordeaux, 11 juill. 2013, "Mme T.", n° BX03218, *AJDA* 2013, p. 2169, concl. W. Normand.

156 V. D. Turpin, *RCDIP* 2016/2, p. 235.

157 Code de l'entrée et du séjour des étrangers et du droit d'asile.

158 V. l'arrêté du 25 juill. 2017 modifiant l'arrêté du 1er juill. 2016 relatif aux formations civiques et linguistiques prescrites aux étrangers signataires du contrat d'intégration républicaine créé par la loi du 7 mars 2016. Selon R. Karoutchi, dans son rapport d'information : *Migrants : les échecs de l'apprentissage du français et des valeurs civiques*, au nom de la Commission des finances du Sénat, n° 660, du 19 juin 2017, 47 millions d'euros étaient consacrés à cet apprentissage en 2017. Un arrêté du 21 février 2018 a modifié la liste des diplômes et certifications attestant le niveau de maîtrise du français requis pour les étrangers jusqu'à l'âge de 65 ans pour l'obtention d'une carte de résident ou de résident longue durée UE (niveau A2 du cadre européen commun de référence pour les langues du Conseil de l'Europe").

en langue étrangère, la Cour nationale du droit de l'asile pouvait, dans le cadre de ses pouvoirs d'instruction, en demander la traduction (pour des documents rédigés en anglais présentés par un Sri Lankais). À ce sujet, la loi n° 2018-778 du 10 septembre 2018 pour une immigration maîtrisée, un droit d'asile effectif et une intégration réussie, afin de "simplifier" le travail de l'administration pendant la procédure de demande d'asile, a précisé que, dès l'enregistrement de leur demande, les intéressés sont informés des langues dans lesquelles ils peuvent être entendus lors de l'entretien personnalisé mandé par l'OFPRA (article 733-5 et, depuis le décret n° 2018-1159 du 14 déc. 2018, R 732-5 du CESEDA). Ils doivent indiquer celles-ci et ce choix leur est opposable pendant toute la durée de l'examen de leur demande, y compris en cas de recours devant la cour nationale de droit d'asile. Selon le CE, avis du 15 février 2019, n° 394206, cette loi a voulu remédier aux changements de langue imprévus en cours de procédure, "souvent effectués à titre dilatoire par des demandeurs de mauvaise foi". Toutefois, ils peuvent à tout moment demander à être entendus en français.

S'agissant de l'obtention de la nationalité française, celle par déclaration en raison du mariage de l'étranger avec un(e) Français(e) exige une maîtrise suffisante de la langue française (art. 21-1 et 2 C. Civ.[159]), attestée dans un premier temps par un organisme labellisé "français langue d'intégration"[160], supprimée en raison de la prise en compte de ses critères dans les cahiers des charges de formations linguistiques délivrées aux étrangers signataires du "contrat d'intégration républicaine" cité supra[161]. Les titulaires de certains diplômes[162] en sont dispensés, notamment ceux obtenus dans un pays francophone à l'issue d'études suivies en français. De même, si le gouvernement peut s'opposer à l'acquisition de la nationalité pour défaut d'assimilation (art. 21-27 C. Civ.), cela ne joue pas en cas de maîtrise insuffisante de la langue française, cette condition concernant la recevabilité de la déclaration[163]. De même, pour les naturalisations, l'assimilation des

[159] V. CE, 7 nov. 2001, "Mateo Valerio", *LPA* 20 déc. 2001, n° 235, p. 27, concl. I. de Silva.
[160] Décret n° 2011-1266 du 11 oct. 2011 ainsi que la circulaire du 24 août 2011 (NOR/IOCN11143062).
[161] V. le décret n° 2015-108 du 2 févr. 2015 relatif aux tests linguistiques mentionnés aux articles 14 et 37 du décret n° 93-1362 du 30 déc. 1993 relatif aux déclarations de nationalité, avec décisions de naturalisation, de réintégration, de perte, de déchéance et de retrait de la nationalité française modifié, en dernier lieu par le décret n° 2013-794 du 30 août 2013 pris par le décret n° 2018-593 du 9 juil. 2018.
[162] V. la circulaire NOR/IOCN11321142 du 20 nov. 2011 relative au niveau de langue requis des postulants à la nationalité française, précisant les modalités d'application de l'art. 2 de la loi du 16 juin 2011 relative à l'immigration et son décret d'application du 11 oct. 2011, cité supra, ainsi que CE, 26 oct. 2011, "Assoc. d'accueil aux médecins et personnels de santé réfugiés en France", n° 339816.
[163] Depuis la loi du 26 nov. 2003. V. CE, 12 oct. 2005, "Mme. P., ép. S.", n° 269358 et, a contrario, avant cette loi, CE, 26 juin 1993, "Mme C.", n° 159558.

impétrants est appréciée au regard de différents critères, dont une connaissance suffisante de la langue, attestée par un diplôme ou par une association, après quoi ils signent la "charte des droits et devoirs du citoyen français"[164].

Enfin, très récemment, la Cour de discipline budgétaire et financière, 4 juillet 2019, "CCI de la Rochelle"[165], a vu dans la rédaction d'un contrat financier en langue française la "garantie d'une bonne exécution des dépenses publiques". On sait en effet que, selon l'article 5 de la loi Toubon, "quels qu'en soient l'objet et les formes, les contrats conclus par des personnes publiques avec des sociétés privées doivent être rédigés en français" et que, dès lors, "une partie à un contrat conclu en violation (de cette prescription) ne pourra se prévaloir d'une disposition en langue étrangère qui porterait préjudice à la partie à laquelle elle est opposée". La loi exclut toutefois de cette obligation les contrats conclus par des personnes morales de droit public gérant des activités à caractère industriel et commercial exécutées "intégralement" hors du territoire national. Tel est le cas, notamment, des chambres de commerce et d'industrie, établissements publics à caractère administratif placés sous la tutelle de l'État, tenant de lui leurs missions et dotés à cette fin de prérogatives de puissance publique[166] exerçant également des activités à caractère industriel et commercial. La loi Toubon s'applique aussi, comme on sait, aux personnes privées exécutant une mission de service public, ce qui est le cas des sociétés exploitant des aéroports, tandis que les autres personnes de droit privé peuvent rédiger des contrats dans une autre langue[167], ainsi que l'a rappelé la Commission d'examen des pratiques commerciales dans son avis n° 16-16 du 12 mai 2016[168].

La Cour a sanctionné pour la première fois, ce 4 juillet 2019, l'obligation de rédiger en français un contrat conclu entre une personne morale de droit public (la CCI) et des sociétés privées. Il s'agissait en l'occurrence d'un contrat d'assistance marketing (en français dans le texte !) - qu'elle distingue d'un contrat de service aéroportuaire également conclu par la CCI - ayant pour objet la promotion de l'aéroport de la Rochelle dans les pays étrangers par le truchement des sites internet des compagnies étrangères, certes hébergés hors du territoire national (et à ce titre dispensés d'utiliser le français par l'article 5

---

164 Circulaire du 16 nov. 2012 (NOR/INTU1234497).

165 N° 235-779, *AJDA* 2019, p. 1935, N. Hauptmann et N. Péhaut, "Chron. de jurisprudence de la Cour des comptes et de la Cour de discipline budgétaire et financière".

166 CE, 27 févr. 2006, "Cie Ryanair Limited et CCI de Strasbourg et du Bas-Rhin", n° 264406.

167 Cf. H. Barbier, "Un contrat passé entre deux sociétés françaises peut être rédigé en anglais", *RTD civ.* 2016, p. 622.

168 Citée par N. Hautmann et N. Pehaut, chron. citée supra.

de la loi[169]), mais qui, eu égard à la nature des prestations qu'ils prévoyaient, "consistant notamment en la création d'un lien depuis des sites internet susmentionnés vers des pages promotionnelles édictées par la CCI, avaient vocation à être exécutés, au moins partiellement, sur le territoire national", sont soumis au Code des marchés publics et, par conséquent, à l'emploi de la langue française (quitte à y joindre une traduction en anglais ou dans toute autre langue), afin de "garantir une bonne exécution des dépenses publiques".

II. La contestation du français comme langue de la République :

Elle est double. Si, d'une part, les jacobins ont partiellement réussi à préserver l'unicité de la langue française face aux effets de la régionalisation ; d'autre part, les souverainistes hexagonaux ont largement échoué à protéger la spécificité de la langue nationale, même constitutionnalisée, face à la mondialisation et à la prééminence corrélative de l'anglais.

A. La préservation jacobine de l'unité de la langue française face à la régionalisation

La montée en puissance des langues régionales a été contrariée tant par les juridictions qui en ont limité l'usage que par la difficulté rencontrée à adhérer aux conventions internationales qui en assurent la protection et la promotion.

1) La montée en puissance des langues régionales, "langues de France"

On a pu l'observer en métropole et outre-mer.

- En métropole : le 18 octobre 1980, une proposition de loi Le Pensec, Mauroy, Mitterrand, Defferre et autres évoquait "la place des langues régionales" et le bilinguisme sur les panneaux routiers. Le 14 mars 1981, le candidat à l'élection présidentielle F. Mitterrand proclamait que : "le temps est venu de dire qu'il appartient aux régions de décider de l'importance qu'elles donneront à leurs valeurs culturelles spécifiques ; le temps est venu d'un statut des langues et cultures de France". Dans cette perspective, le décret n° 85-1006 du 23 septembre 1985 a institué auprès du Premier ministre un "Conseil national des langues et cultures régionales"[170] dont le décret n° 2001-950 du

---

[169] Selon lequel "sont réputés exécutés intégralement hors de France les emprunts émis sous le bénéfice de l'article 131 quater du Code général des impôts ainsi que les contrats portant sur la fourniture de services d'investissement au sens de l'article 4 de la loi n° 96-597 du 2 juillet 1996 de modernisation des activités financières et qui relèvent pour leur exécution d'une juridiction étrangère".

[170] V. également le décret n° 2006-583 du 23 mars 2006. Sur cette montée en puissance, V. D. Turpin, "Compétences régionales. Énumération", *Jurisclasseur Collectivités territoriales*, fasc. 281-20, 27 févr. 2018, spéc. les n°s 103 à 116 consacrés à la "Préservation de l'identité régionale".

16 octobre 2001 a élargi la mission à "la préservation et à la valorisation des langues autres que le français qui sont parlées sur le territoire national et font partie du patrimoine culturel national" (on parle désormais de la "Délégation générale à la langue française et aux langues de France")[171].

Puis la loi n° 86-1067 du 30 septembre 1986 relative à la liberté de communication audiovisuelle (art. 43) a confirmé que les sociétés de programmes devaient certes promouvoir la langue française, mais aussi "mettre en valeur le patrimoine culturel et linguistique dans sa diversité régionale et locale"[172].

S'agissant de l'enseignement, depuis la loi Deixonne n° 51-46 du 17 janvier 1954 relative à l'enseignement des langues et dialectes, une heure hebdomadaire de cours, facultative, a été autorisée dans les "zones d'influence" du basque, du breton, du catalan, de l'occitan et du provençal, un décret du 16 janvier 1960, ayant ajouté du corse, puis un décret du 10 juillet 1970 ayant inscrit au baccalauréat une épreuve facultative de langue régionale. La loi n° 75-620 du 11 juillet 1975 relative à l'éducation a ensuite renforcé la possibilité d'enseigner les langues régionales, des "chartes culturelles" permettant même d'aider les régions à subventionner certaines initiatives en la matière[173]. Dans le cadre de la décentralisation, les circulaires n° 82-261 du 21 juin 1982 et n° 83-457 du 30 décembre 1983 ont défini les objectifs et la méthodologie de ces enseignements, financés par les contrats de plan (enseignement public) ou par des subventions (enseignement privé, par exemple les écoles Diwan en Bretagne)[174].

De nos jours, le Code de l'éducation précise que les écoles, collèges, lycées et autres établissements assurent une formation qui "peut comprendre un enseignement, à tous les niveaux, de langues et de cultures régionales" (art. L 121-1). "La maitrise de la langue française et la connaissance de deux autres

---

[171] Cf. le décret n° 2017-174 du 14 févr. 2017 portant création d'une Délégation interministérielle à la langue française pour la cohésion sociale, abrogée par le décret n° 2019-1395 du 18 déc. 2019.

[172] V. M. Verpeaux, *La langue française et la liberté de communication. Langue(s) et Constitution(s)*, Economica, PUAM, 2004. Le CE, 30 déc. 2015, "Assoc. Euskal Konfederazioa", n° 390829, a précisé que "la détermination de la part de chaque langue régionale dans le temps d'antenne réservé à de tels programmes relève de l'organisation du service public" et que, dès lors, "une décision qui a un tel objet est susceptible, à la différence des décisions par lesquelles France Télévisions choisit ses émissions en langue régionale, diffuse et arrête les conditions de leur programmation, d'être contestée par voie de recours pour excès de pouvoir devant le juge administratif".
[173] V. l'institution d'un "Conseil culturel breton".
[174] Sur demande des régions, ont également été créés des CAPES de breton, de corse, d'occitan et de catalan.

langues font partie des dispositifs fondamentaux de l'enseignement" (art. L 121-3, I) et, si "la langue de l'enseignement, des examens et concours… est le français", des exceptions peuvent être justifiées "par la nécessité de l'enseignement des langues et cultures régionales ou étrangères" (art. L 121-3, II[175]). De même, "le service public de l'enseignement supérieur… veille à la promotion et à l'enrichissement de la langue française et des langues et cultures régionales" et "participe à la mise en valeur des éléments du patrimoine national et régional" (art. L 123-6). Selon l'article L 312-10, "un enseignement de langues et de cultures régionales peut être dispensé tout au long de la scolarité. Le Conseil supérieur de l'éducation est consulté… sur les moyens de favoriser l'étude des langues et cultures régionales dans les régions où ces langues sont en usage" et, dans cette optique, "les maîtres sont autorisés à recourir aux langues régionales dans les écoles primaires et maternelles chaque fois qu'ils peuvent en tirer profit pour leur enseignement, notamment pour l'étude de la langue française" (art. L 312-11[176]). Le Conseil académique des langues régionales[177] "veille au statut et à la promotion des langues et cultures régionales" et est consulté sur "la réflexion de la définition des orientations de la politique académique des langues régionales". On peut même, dans des conditions très encadrées (V. infra), enseigner non seulement les langues régionales, mais dans une langue régionale, par exemple dans les écoles Diwan (55 écoles, 4 337 élèves à la rentrée 2019 qui pratiquent le breton selon la méthode par immersion, reléguant le français au rang de langue étrangère). De même, 70 "Calendreta" enseignent l'occitan à 3 930 élèves, jusqu'au collège ; 36 "Ikastola" du réseau "Seaska" (le berceau) accueillent 3 855 élèves au Pays basque, 11 écoles du réseau alsacien mosellan 'ABCM Zweisprachigkeit" comptent 1 230 élèves et 8 établissements "La Bressola" (catalan) en reçoivent 1 011, jusqu'au collège[178].

Enfin, la loi n° 2021-641 du 21 mai 2021 relative à la protection patrimoniale des langues régionales et à leur promotion (*JO* du 23 mai, texte n° 1), dite "loi MOLAC", député du Morbihan (cf. infra), contient des dispositions relatives à l'enseignement de ces langues. Elle modifie notamment l'article L 442-5-1 du Code de l'Éducation afin d'obliger les communes à participer financièrement à la scolarisation d'un enfant résidant sur son territoire dans un établissement privé sous contrat du premier degré

[175] Issu de la loi n° 2013-660 du 22 juill. 2013 relative à l'enseignement supérieur et à la recherche.

[176] Le CE, 15 avr. 1996, n° 165114, "Assoc. Des parents d'élèves pour l'enseignement du breton", a précisé que "le service public de l'éducation ne comporte d'enseignement en langue locale que dans la mesure où les instituteurs sont volontaires pour l'assurer" et que "l'administration n'a pas obligation de l'organiser dans les écoles primaires".

[177] Créé par le décret n° 2001-733 du 31 juill. 2001.

[178] Cf. M. Battaglia et M. Garicoïx, "Forte demande pour les écoles en langue régionale", *Le Monde*, 28 août 2019.

sur le territoire d'une autre commune et dispensant un enseignement de langue régionale ("forfait scolarité" instauré par la loi du 26 juillet 2019 pour une école de la confiance, mais basé sur le volontariat et qui avait suscité un contentieux abondant). Le Conseil constitutionnel (décision n° 2021-818DC du 21 mai 2021, *JO* du 23 mai, texte n° 2 ; *AJDA* 2021, p. 1062, obs. M.C. de Montecler) a validé cette disposition, contestée par certains députés (y compris de la majorité, très divisée sur cette question, soutenus par le ministre de l'Éducation nationale, J.M. Blanquer) au motif qu'elle n'a "pas pour effet d'imposer l'usage d'une langue autre que le français à une personne morale de droit public ou à une personne de droit privé dans l'exercice d'une mission de service public"; ni "de permettre à des particuliers de se prévaloir, dans leurs relations avec les administrations et les services publics, d'un droit à l'usage d'une langue autre que le français, ni de les contraindre à un tel usage", l'article 2 de la Constitution n'ayant donc pas été méconnu. Par ailleurs, cette loi généralise l'enseignement des langues régionales comme matière facultative dans le cadre de l'horaire normal d'enseignement (de la maternelle au lycée), sur le modèle de ce qui ne pratique en Corse depuis vingt ans (cf. infra).

En revanche, le Conseil a censuré l'article 4 de la loi pour violation de l'article 2 de la Constitution, parce qu'il permettait aux écoles publiques de pratiquer un enseignement "immersif" en langue régionale, c'est-à-dire d'utiliser cette dernière comme langue principale d'enseignement et comme langue de communication au sein de l'établissement. Cette invalidation d'un type d'enseignement déjà utilisé, au bénéfice de 15 000 élèves environ, par diverses écoles associatives (cf. supra), a suscité dans les "territoires" d'imposantes manifestations hostiles à cette "défiance jacobine, technocratique et parisienne", bien dans la ligne de la jurisprudence du Conseil constitutionnel (cf. infra) ainsi que le courroux de l'association des "Régions de France". Dès le 26 mai, sur son compte Facebook, le président Macron – en pré-campagne présidentielle – tint à proclamer que "les langues de France sont un trésor national" et que "rien ne saurait entraver leur enseignement immersif", car, à ses yeux, "la même couleur, les mêmes accents, les mêmes mots : ce n'est pas cela notre nation". Se disant à la fois (N.B. : ou "en même temps") "protecteur de la langue française et gardien de la richesse que constituent nos langues régionales", il a demandé au Gouvernement et au Parlement (au sein duquel P. Molac a affirmé sa volonté de faire modifier l'article 2 de la Constitution pour y intégrer la reconnaissance des langues minoritaires) "de trouver les moyens de garantir la transmission de cette diversité linguistique dans le respect des cadres pédagogiques largement reconnus depuis un demi-siècle".

Par ailleurs, la loi du 22 janvier 2002 relative à la collectivité territoriale de Corse permet à cette dernière de définir et de mettre en œuvre une politique culturelle comprenant l'enseignement de la langue insulaire (art. 7), avec l'aval du Conseil constitutionnel (déc. n° 2001-454 du 17 janv. 2002) au motif que, si cet enseignement devait être dispensé dans le cadre de l'horaire normal des écoles maternelles et élémentaires", il n'était cependant pas obligatoire ni pour les élèves ni pour les enseignants et n'avait pas pour effet de soustraire les premiers aux droits et obligations applicables à l'ensemble des usagers du service public de l'enseignement, dès lors qu'il revêtait un caractère facultatif"[179]. En 2013 et 2014, l'Assemblée de Corse, puis des leaders autonomistes et indépendantistes élus en décembre 2015, ont réclamé une "co-officialisation" des langues corse et française, mais cette revendication a été rejetée, notamment par le président de la République le 7 février 2018 à Ajaccio.

Enfin, la loi n° 2019-816 du 2 août 2019 créant la Communauté européenne d'Alsace a inscrit à l'article L 3431-4 du Code général des collectivités territoriales que cette dernière "peut proposer, sur son territoire, tout au long de la scolarité, un enseignement facultatif de langue et culture régionales, selon des modalités définies par la convention mentionnée à l'article L 312-10 du Code de l'éducation, en complément des heures d'enseignement dispensées par le ministère de l'Éducation nationale. (Elle) peut recruter par contrat des intervenants bilingues pour assurer l'enseignement".

- <u>Outre-mer</u> : les collectivités (ex-territoires) régies par l'article 74 de la Constitution sont également concernées. Par exemple, la loi du 6 septembre 1984 portant statut de la Polynésie française (art. 90) a proclamé que : "La langue tahitienne est une matière enseignée dans le cadre de l'horaire normal des écoles maternelles et primaires" et "comme matière facultative et à option dans le second degré"[180]. Le Conseil constitutionnel, saisi de la reprise de ces dispositions dans la loi d'orientation portant statut d'autonomie de la Polynésie française du 10 avril 1996 (déc. n° 96-373 DC du 9 avr. 1996), releva que, "eu égard" à l'article 2 de la Constitution, "la référence faite en français en qualité de « langue officielle » (art. 115-1) doit s'entendre comme imposant… l'usage du français aux personnes morales de droit public et aux personnes de droit privé dans l'exercice d'une mission de service public ainsi qu'aux usagers dans leur relation avec les administrations et les services publics" et que "toute autre interprétation serait contraire à la Constitution"[181]. La CA Paris, 14 octobre

---

[179] V. le décret n° 2017-1883 du 29 déc. relatif à la prise en compte de la création de la collectivité de Corse concernant la composition de la Commission sur l'enseignement des langues vivantes étrangères, du Conseil académique des langues régionales et du Conseil académique de la vie lycéenne.

[180] "Sur décision de l'assemblée territoriale, la langue tahitienne peut être remplacée dans certaines écoles maternelles et primaires par l'une des autres langues polynésiennes - L'étude de la pédagogie de la langue et de la culture tahitiennes seront à cet effet enseignées à l'école normale mixte de la Polynésie française".

[181] Les 2e et 3e alinéas de l'art. 115 prévoyant l'enseignement de la langue tahitienne dans le cadre de l'horaire normal des écoles maternelles et primaires ainsi que dans les établissements du second degré…, ont également été invalidés, de même que son éventuel remplacement ne

1999, "Rousseau"[182], s'est fondée sur cette interprétation pour approuver l'utilisation d'un terme issu de la langue polynésienne pour désigner un ordre de décoration local. Plus tard, l'article 57 résultant de la loi organique n° 2004-192 du 27 février 2004 a confirmé que "la langue tahitienne est un des éléments fondamentaux de l'identité culturelle " et que "ciment de cohésion sociale (et) moyen de communication quotidien, elle est reconnue et doit être préservée, de même que les autres langues polynésiennes, aux côtés de la langue de la République, afin de garantir la diversité culturelle qui fait la richesse de la Polynésie française".

Le Conseil d'État, 13 juin 2013[183] et 16 oct. 2013, "Féd. Générale du commerce"[184], a jugé qu'une loi du pays avait pu être adoptée alors que l'assemblée territoriale de la Polynésie avait utilisé ponctuellement une langue autre que le français. Cette jurisprudence a été validée par la Cour européenne des droits de l'homme, le 21 septembre 2010, "Birk-Lévy c/ France".

Sans prétendre à l'exhaustivité, on notera également que, pour la Nouvelle-Calédonie, l'accord de Nouméa du 5 mai 1998 a énoncé que les langues kanak constituent, avec le français, les langues de l'enseignement et de la culture". L'article 215 de la loi organique n° 99-209 du 19 mars 1999 a confirmé que : "Les langues kanak sont reconnues comme langues d'enseignement et de

---

saurait, sans méconnaître le principe d'égalité, revêtir un caractère obligatoire pour les élèves et "qu'il ne saurait non plus avoir pour objet de soustraire les élèves scolarisés dans les établissements du territoire aux droits et obligations applicables à l'ensemble des usagers des établissements" en question (V. J.Y. Faberon, "Indivisibilité de la République et diversité linguistique du peuple français : la place des langues polynésiennes dans le nouveau statut de la Polynésie française"), *RFDC* 1997, p. 807.

[182] *RFDC*, 2000, p. 183.

[183] N° 361767, *JurisData* n° 2013-011952, *Leb.*

[184] N° 39426/06. En réponse à une question écrite n° 35616 (*JOAN* 6 août 2013), le ministre chargé de l'Outre-mer a rappelé (*JOAN* 11 févr. 2014) qu'il a été associé aux travaux du "Comité consultatif pour la promotion des langues régionales et de la pluralité linguistique interne" installé le 6 mars 2013. Il a également apporté son soutien aux actions "qui participent pleinement à la défense et à la valorisation de la richesse patrimoniale que constitue la diversité linguistique en outre-mer" et, par l'intermédiaire du "Fonds d'échanges artistiques et culturels", subventionné chaque année, "des projets culturels et patrimoniaux présentés par des associations, destinés à promouvoir… la diversité des langues extra-marines". Enfin, il a veillé à ce que, lors de la rédaction de l'avenant au contrat d'objectifs et de moyens de France Télévisions, signé par l'État en déc. 2013, "la production locale exprime et porte l'identité régionale dans ses dimensions culturelle, politique, économique et sociale" (Cahier des charges, art. 40, dont le respect est contrôlé par le CSA, France Télévision devant veiller à ce que, parmi les services qu'elle édicte, ceux qui proposent des programmes régionaux et locaux contribuent à l'expression des principales langues régionales parlées sur le territoire métropolitain et outre-mer).

culture en Nouvelle-Calédonie. Leur place dans l'enseignement et les médias doit donc être accrue et faire l'objet d'une réflexion approfondie"[185].

Au total, selon un rapport du linguiste B. Cerquilini publié en 1999[186], la France compterait encore 75 langues régionales ou minoritaires dont les locuteurs vont d'un million (pour les créoles) à quelques dizaines seulement (par exemple pour le bourguignon-morvandeau), en passant par le breton (200 000 plus 600 000 praticiens occasionnels, enseigné de l'école primaire à l'université, avec 15 338 enfants dans les écoles bilingues à la rentrée 2013), l'alsacien (650 000 locuteurs et 230 000 praticiens occasionnels), le basque (37 % de locuteurs français en 1991, 30,5 % seulement en 2014), le catalan (110 000 locuteurs français), le flamand (20 000 locuteurs réguliers en France et 50 000 occasionnels) ou le corse (90 000 locuteurs et 100 000 occasionnels).

2) La résistance de la langue française

On peut l'observer, d'une part dans la jurisprudence judiciaire, administrative et constitutionnelle, d'autre part à travers la difficulté rencontrée pour ratifier les conventions internationales protégeant et promouvant les langues régionales ou minoritaires.

- Dans la jurisprudence judiciaire administrative et constitutionnelle : dès le 4 août 1859, la chambre des requêtes de la Cour de cassation, par son arrêt "Giorgi c/ Masaspino"[187], frappa de nullité un exploit d'huissier corse rédigé en italien et donc "contraire à un principe essentiel et de droit public qui importe, à un haut degré, à la bonne administration de la justice et garantit l'unité de la langue nationale". À l'inverse, le 22 janvier 1879, par son arrêt "Orfei", la Cour de cassation précisa que les textes relatifs à l'usage obligatoire du français n'ayant "point attaché la peine de nullité aux infractions à cette règle … en validant un contrat de mariage bien qu'il soit écrit en italien, l'arrêt

---

[185] V. E. Agostini, "Assesseurs Koutumiers en Kanaky", note sous Cass., avis, *Bull. civ.* n° 9, *Dalloz* 2006, p. 1977 et L.S. Drile, "Langues Kanak", *101 mots pour comprendre. Les institutions de la Nouvelle-Calédonie*, J.Y. Faberon et F. Garde, Eds. Îles de Lumière, 2002, n° 57.

[186] *Les langues de France*, rapport au min. de l'Ed. nat., 1999, et PUF, 2003. Il existe également des langues non territoriales, telles que le berbère (1,5 million de locuteurs dans l'Hexagone), l'arabe dialectal (270 000), l'arménien (180 000), le roman (langue des Roms : 200 000) ou le yiddish (100 000), selon un rapport remis à la ministre de la Culture en juill. 2013 par le "Comité consultatif pour la promotion des langues régionales et de la pluralité linguistique interne", cité supra. Cf. également A. Vidal-Naquet, "Langues régionales et minoritaires et cohésion sociale", *De la cohésion sociale : théories et pratiques*, F. Faberon (dir.), préf. de M. Borghetto, "Recherche sur la cohésion sociale n° 1", 2020, p. 203.

[187] *Sirey* 1859, p. 453. V. également Cass. Crim., 15 janv. 1875, "Renucci", pour un P.V. de contravention rédigé en italien, et TGI Paris, 23 mars 1983, *Gaz. Pal.* 1983.2, somm., p. 345, déclarant nulle une assignation pour le même motif.

attaqué n'a violé aucun principe de droit"[188]. Donc, les actes privés[189] et les actes sous seing privé[190] ne sont pas nuls s'ils sont rédigés en une langue non française, mais ils doivent être accompagnés d'une traduction dès lors qu'ils sont produits devant une juridiction.

Le Conseil d'État a observé la même attitude à propos d'une requête en breton que son auteur avait refusé de régulariser par une traduction française[191] ou au sujet de la Commission de recours des réfugiés, sans pour autant méconnaître l'article 6 de la Conv. EDH[192], sachant que le juge n'est jamais obligé d'inviter un plaideur à régulariser une requête non traduite en français[193]. Contrairement à une proposition de loi socialiste[194], cette obligation vaut également pour les recours gracieux ou hiérarchiques adressés à l'administration par voie postale, les agents du service public n'étant pas supposés connaître toutes les langues, étrangères ou régionales, et sans que cela porte atteinte ni à la liberté constitutionnelle d'expression, ni à l'égalité des usagers de la Poste[195]. Toutefois, ces contraintes ne sont pas exclusives de certaines garanties accordées aux justiciables, en particulier du droit à bénéficier d'un interprète, expressément énoncé dans le Code de procédure pénale et dans le Nouveau Code de procédure civile, sous peine de nullité de la procédure pour violation des droits fondamentaux de la défense[196], sauf si cela ne paraît pas indispensable. De même, il a été jugé qu'un voyageur poursuivi pour avoir pris le train sans billet, la SNCF ayant refusé son chèque rédigé en breton, devrait être relaxé au motif que l'usage de cette langue

---

[188] *Sirey* 1879, p. 170, rapport Almerras.

[189] Cass., ch. des requêtes, 1er mars 1830, "Rivarez c/ son frère", *Dalloz* 1830.1.144, pour un jugement arbitral rédigé en espagnol.

[190] Contrats de mariage, testaments. V. Cass., ch. des requêtes, 12 août 1868, "Paccioni c/ Grimaldi", *Sirey* 1868, p. 405 ; 3 août 1881, "Santelli c/ Potentini", *DP* 1893.1.3.1, et CA Bastia, 14 déc. 1874, "Tiberi", *Sirey* 1875, p. 100.

[191] Sect., 22 nov. 1985, "Quillevère", *Leb.*, p. 333, D. Latournerie ; *AJDA* 1985, p. 716, chron. S. Husac et M. Azibert ; *Dalloz* 1986, J., p. 71, note JJ. Taourouse.

[192] CE, 27 févr. 1987, "Callejo Madrigal", *Leb.*, p. 885.

[193] CE, 24 oct. 1984, "Santhrakumar", *Leb.*, p. 335 ; 27 sept. 1985, "Avakian", *Leb.*, p. 259 ; 22 mars 1989, "Melle Wijenayaka Mudalige", *Leb.*, p.99.

[194] 18 déc. 1980, *Doc. A.N.* n° 2269 : "Les envois postaux comportant l'adresse des destinataires dans une langue de France seront admis au départ et à destination de la région dotée de cette langue".

[195] CAA Nantes, 14 nov. 1990, *Leb.*, p. 480 ; puis, CE, 15 avr. 1992, "Le Duigou", *Dalloz* 1992, p. 517, note R. Debbasche ; *Juris PTT* n° 29, p. 41, concl. R. Dutreil et note B. Tornem (une lettre adressée au fisc en breton ne peut être qualifiée de "réclamation" au sens du Livre des procédures fiscales) ; CE, 10 juin 1991, "Kerrain", *Leb.*, T., p. 1107 ("aucune décision implicite n'a pu naître du silence gardé par l'administration sur les demandes rédigées en breton, dont l'objet n'a pu, de ce fait, être identifié").

[196] Cass. Crim., 24 mai 1951, *Bull. crim.* n° 145 ; 22 juill. 1954, *Bull. crim.* n° 345.

régionale ne constituait pas une gêne pour le traitement des chèques par les banques[197].

Dans le domaine de l'éducation, le Conseil d'État, 1er avril 1996, "Le Borgne" (n° 157146) a précisé qu'aucune disposition législative ou réglementaire n'obligeait un recteur à autoriser que soient subies en langue locale des épreuves d'examen, même dans une matière pour laquelle l'enseignement a été dispensé dans cette langue. Le 30 octobre 2001, le CE, ord., "SNES"[198], avait suspendu le décret du 31 juillet 2001 créant le Conseil académique des langues régionales, relatif à la mise en place d'un enseignement bilingue en langues régionales soit dans les écoles, collèges et lycées "langues régionales", soit dans des sections correspondantes de ces établissements, la circulaire du même jour et le protocole d'accord du 28 mai 2001 signé par le ministre de l'Éducation nationale pour permettre le passage sous statut public des écoles Diwan. Le 15 juillet 2002, "UNSA éducation et autres" (n° 248203 et 248205), il a à nouveau suspendu un arrêté interministériel et une circulaire visant à mettre en place, dès la rentrée 2002, un enseignement bilingue par immersion dans des établissements publics d'enseignement, car il éprouvait un "doute sérieux" sur la conformité avec la loi Toubon et confirma cette solution en statuant au fond le 22 novembre 2002[199]. On a vu que le Conseil constitutionnel, par sa décision n° 2021-818 DC du 21 mai 2021, a censuré l'article 4 de la loi n° 2021-641 du 21 mai 2021 relative à la protection patrimoniale des langues régionales et à leur promotion, qui autorisait un tel enseignement immersif, suscitant la colère des territoires concernés et la réaction du président de la République. Entre temps, la CAA Bordeaux, ord., 4 mai 2018, "Préfet des Pyrénées atlantiques c/ Cne de Bayonne" (n° 18BX01306), a suspendu la délibération de cette dernière l'autorisant à régler ses dépenses sur la monnaie locale, l'Eusko, suite à une convention passée avec l'association "Euskal Moneta".

De même, s'agissant de l'outre-mer, le CE, 29 mars 2006, "Haut-commissaire de la République en Polynésie française c/ Fritch"[200], a considéré que l'article 15 du règlement intérieur de l'assemblée territoriale du 13 mai 2005 autorisant les membres de cette dernière à s'exprimer en séance publique

---

[197] Trib. de police de Rennes, 17 oct. 1983, "Ministère public c/ Bernard", confirmé par la CA Rennes, 16 mai 1984, *Bull. des transports* 1986, p. 613, note C. Gavalda.

[198] *Dalloz* 2002, p. 602, note G. Koubi et G. Guglielmi.

[199] N° 238653 et 248192, *AJDA* 2002, p. 1514, note R. Viola ; *Dr. adm.* 2003, comm. 37, R.S. ; *Les Petites Affiches*, 4 juin 2003, n° 111, p. 9, concl. R. Schwartz. V. également B. Floch, "Le développement des cours en anglais à l'université déchire le monde académique", *Le Monde*, 10 mai 2013, les uns faisant valoir que "les scientifiques du monde entier utilisant l'anglais pour communiquer" (F. Barré-Senoussi et autres prix Nobel, *Le Monde*, 18 mai 2013), tandis que les autres alertent, avec M. Serrel : "Enseigner en anglais nous ramènerait à un pays colonisé".

[200] N° 282335 et 283916 ; *Leb.*, p. 179 ; *JCPA* 2007, act. 248, note M.C. Rouault ; *AJDA* 2006, p. 733 ; *BJCL* 2006, p. 441.

dans des langues autres que le français était contraire à l'article 57 du statut résultant de la loi organique n° 2004-192 du 27 février 2004 énonçant que le français est la langue officielle de la Polynésie française et que son usage s'impose, notamment, aux personnes morales de droit public. Par ses arrêts du 22 février 2007, "Fritch"[201] et "SCI Caroline"[202], il a annulé deux lois du pays au motif que le vice-président de cette collectivité les avait présentées exclusivement en tahitien. Puis, le 13 juin 2013, "Clark"[203], nonobstant l'affirmation, à l'article 75-1 inséré dans la Constitution lors de la révision du 23 juillet 2008, il a également annulé une loi du pays adoptée au terme de débats en tahitien, "entravant l'exercice du contrôle de légalité de ce texte, empêchant les tiers de prendre connaissance des raisons de son adoption et privant toute personne, y compris les membres de l'assemblée, des garanties d'accès et de compréhension indispensables au débat démocratique".

Pour sa part, le Conseil constitutionnel, par sa décision n° 85-201 DC du 28 décembre 1985, a invalidé la disposition de la loi de finances pour 1986 qui prévoyait l'intégration des membres d'associations de défense de langues régionales dans le corps des instituteurs. Il a ensuite admis le principe de l'enseignement du corse (déc. n° 91-290 DC du 9 mai 1991, citée supra) "dès lors qu'il ne revêt pas un caractère obligatoire et n'a pas pour objet de soustraire les élèves aux droits et obligations applicables à l'ensemble des usagers des établissements assurant le service public de l'éducation ou associés à celui-ci". Le 29 juin 1994 (déc. n° 94-345 DC), il s'est efforcé de concilier le principe de la liberté de communication et d'expression proclamé par l'article 11 de la Déclaration de 1789 avec celui énoncé à l'article 2 de la Constitution depuis 1992 (cf. supra)[204]. Le 27 décembre 2001 (déc. n° 2001-456 DC), il a confirmé que "l'usage d'une langue autre que le français ne peut être imposé aux élèves des établissements de l'enseignement public ni dans la vie de l'établissement ni dans l'enseignement des disciplines autres que celles de la langue concernée". Le 19 novembre 2004 (déc. n° 2004-505 DC), il a redit[205] que "les articles 1 à 3 de la Constitution s'opposent à ce que soient reconnus des droits collectifs à quelque groupe que ce soit, défini par une communauté d'origine, de culture, de langue et de croyance", prescription respectée selon lui par la Charte des droits fondamentaux de l'Union européenne, alors deuxième partie

---

201 N° 699249 ; *RJDA* 2007, p. 453 ; *AJDA* 2008, p. 1047, note S. Kissangoula.

202 N° 300312. V. également J.Y. Faberon, "Indivisibilité de la République et diversité linguistique du peuple français : la place des langues polynésiennes dans le nouveau statut de la Polynésie française", *RFDC* 1997, p. 607.

203 N° 361767 ; *AJDA* 2013, p. 2019, note J.P. Pasturel.

204 Cf. S. Pierré-Caps, "Le statut constitutionnel de la langue nationale et/ou officielle. Etude de droit comparé", *Langue(s) et Constitution(s)*, A.M. Le Pourhiet, dir., PUAM, Economica, coll. "Droit public positif", série "Travaux de l'Association française des constitutionnalités", 2004, p. 93.

205 Voir déjà la décision n° 99-412 DC du 18 juin 1999, "Loi sur l'immigration et la recherche", *Les Petites Affiches*, 22 févr. 2000, n° 37, p. 12.

du traité constitutionnel soumis à référendum pour autoriser ou refuser sa ratification.

Enfin, par sa décision n° 2021-818DC du 21 mai 2021, citée supra, il a invalidé l'article 9 de la loi n° 2021-641 du 21 mai 2021 relative à la protection patrimoniale des langues régionales et à leur promotion prévoyant que les mentions des actes d'état civil pourraient être rédigées avec des "signes diacritiques en langue régionale" (par exemple l'accent aigu sur le i, le o ou le u, utilisé en catalan, ou encore le "tilde", présent dans le breton ou dans le basque). L'emploi de ces signes est régi par une circulaire de 2014 fournissant une liste limitative de ceux autorisés, qui a été source de contentieux, notamment lorsque des parents choisissaient pour leur enfant des prénoms traditionnels régionaux. Pour les "sages" du Palais-Royal, cette autorisation revenait à reconnaître un droit à l'usage par les particuliers d'une autre langue que le français dans leurs relations avec l'administration contraire à l'article 2 de la Constitution.

- Dans les difficultés à être partie aux conventions internationales protégeant et promouvant les langues régionales ou minoritaires : le Pacte des Nations-Unies relatif aux droits civils et politiques du 16 décembre 1966[206] énonce que "Dans les États où il existe des minorités ethniques, religieuses ou linguistiques, les personnes appartenant à ces minorités ne peuvent être privées du droit d'avoir en commun, avec les autres membres de leur groupe, leur propre vie culturelle, de professer et de pratiquer leur propre religion ou d'employer leur propre langue", mais la France a déclaré[207], lors de sa ratification[208], que, "compte tenu de l'article 2 de la Constitution (qui assure l'égalité de tous les citoyens), son article 27 n'a pas lieu de s'appliquer en ce qui concerne la République" (sauf dans les TOM). De son côté, l'article 2 § 2° du Pacte du même jour relatif aux droits économiques, sociaux et culturels proclame le droit de chacun à ne pas subir de discrimination en fonction, notamment, de la langue. La France a également émis une réserve analogue en ratifiant la Convention des Nations-Unies relative aux droits de l'enfant du 20 novembre 1989 sur son article 30[209]. Elle a fortement contesté, lors de sa discussion, la Déclaration des droits des peuples autochtones adoptée le 30 juin 2006 par le Conseil des droits de l'homme de l'ONU, dont plusieurs articles ont trait aux droits linguistiques, ainsi que le contenu de la Convention pour la sauvegarde du patrimoine culturel immatériel lors de sa ratification.

---

206 Qui, comme tous les traités ratifiés, a, selon l'art. 55 de la Constitution, "une autorité supérieure à celle des lois", même postérieures, que les juges ordinaires (judiciaire et administratif) acceptent de sanctionner.
207 Emettant en réalité une "réserve" selon le Comité des droits de l'homme des Nations-Unies, chargé de l'application du Pacte, le 20 févr. 1987 (CC PR/C/37//222/1987).
208 *JORF* du 1er févr. 1981.
209 *JORF* du 12 avr. 1990.

Par ailleurs, la Convention européenne des droits de l'homme stipule, à son article 6-3, que : "tout accusé a droit... à : « a) être informé.... dans une langue qu'il comprend... de la nature et de la cause de l'accusation portée contre lui » et « c) se faire assister gratuitement d'un interprète, s'il ne comprend pas ou ne parle pas la langue employée à l'audience ». Le CE, Ass., 15 février 1980, "Gabor Winter"[210], a appliqué ces prescriptions en vérifiant, par exemple, qu'un étranger ayant fait l'objet d'une demande d'extradition avait bien bénéficié de ce droit devant la chambre d'accusation et que "le rapport le concernant avait été énoncé phrase par phrase afin de permettre sa traduction immédiate". D'autre part, l'article 14 de la Convention ajoute que : "la jouissance des droits et libertés (qu'elle proclame) doit être assurée sans distinction aucune fondée, notamment ... sur la langue"[211]. Cependant, on ne peut tirer de cet article 14 une obligation faite aux États membres de développer l'étude des langues régionales. Ainsi, à deux reprises, le 1er juin 1979[212] et le 27 juin 1990, le CE, sur requête de l'Association pour la défense et la promotion des langues de France, a jugé que certaines restrictions à l'enseignement des langues régionales ne méconnaissaient ni cet article, ni les stipulations de la Convention des Nations Unies du 7 mars 1966 sur l'élimination de toutes les formes de discrimination raciale, ni l'article 5 de la Convention relative à la lutte contre la discrimination dans le domaine de

[210] *Leb.*, p. 87. En revanche, il a estimé que cet art. 6 n'oblige pas la Commission des recours des réfugiés à prendre en considération des pièces non rédigées en français et non accompagnées d'une traduction certifiée conforme (27 févr. 1987, "Callejo Magrigal").

[211] En 1961, ce texte avait suscité à l'Assemblée parlementaire du Conseil de l'Europe une "Recommandation" (n° 285) en faveur de l'adoption d'une disposition complémentaire stipulant que : "Les personnes appartenant à une minorité.... ne peuvent être privées du droit... d'avoir leur propre vie culturelle, d'employer leur propre langue, d'ouvrir des écoles qui leur soient propres et de recevoir l'enseignement dans la langue de leur choix". Plus tard, la recommandation 928 du 7 octobre 1981 a promu l'enseignement et la pratique des langues et dialectes.

[212] *Leb.*, p. 87. De même, le TA Lille, 1ère ch., 30 mars 1995, "Voies navigables de France c/ Verley", *AJDA* 1995, p. 569, obs. M. Lascombe, a annulé une contravention de grande voirie infligée à un marinier belge néerlandophone au motif que le P.V. et la notification n'étaient pas rédigés dans sa langue, méconnaissant donc l'art. 6-3° de la Convention. Mais cette jurisprudence ne vaut qu'en matière pénale et elle ne s'applique pas aux procédures administratives concernant les étrangers, telles que l'acquisition du statut de réfugié (CE, 10 sept. 1994, "Owusu", n° 125668 ; 6 sept. 1993, "Zhu Shaoyun", n° 103832) ou la reconduite à la frontière (CE, 19 juin 1992, "Hrouda", n° 129074 ; 2 déc. 1992, "Twumasi", n° 135810) et il en va de même s'agissant d'internements psychiatriques (CE, sect., 25 mars 1994, "Massol", n° 122718) ou de procédures relatives aux taxations fiscales (CAA Nancy, 5 mars 1992, "Thiébaut", n° 90NC00457). Cependant, la Cour EDH, 24 févr. 1994, "Bendemoun c/ France", ayant précisé que certaines sanctions fiscales avaient un caractère pénal au sens de l'art. 6 de la Convention, le CE, dans un avis n° 164008 du 31 mars 1995 (*JORF* du 2 mai, p. 6901), a également distingué selon que l'amende fiscale a un caractère de punition ou bien de réparation pécuniaire d'un préjudice.

l'enseignement (notamment le droit des minorités d'exercer des activités éducatives propres), ni enfin l'article 7 de l'Acte final de la Conférence d'Helsinki sur la Sécurité et la Coopération en Europe du 1er août 1975[213]. Enfin, le 19 octobre 2017, à la 33° session du Congrès des pouvoirs locaux et régionaux, la Recommandation 409 relative au "fonctionnement des organes de démocratie locale dans un contexte de diversité linguistique dans les communes", a invité la Belgique au respect de ces prescriptions[214].

La Cour européenne des droits de l'Homme fait respecter les droits des minorités linguistiques dans les États membres du Conseil de l'Europe, tout en leur laissant une marge d'appréciation faute de consensus entre les 47 sur cette question. Ainsi, dès la fameuse "affaire linguistique belge", elle a précisé, le 23 juillet 1968[215], que ni les articles 8 et 14 de la Convention (interdisant les discriminations fondées sur la langue), ni l'article 2 du Protocole additionnel n° I (droit à l'éducation) ne confèrent aux individus un droit à être instruits dans leur propre langue et, a fortiori, à voir un tel enseignement pris en charge ou subventionné par les pouvoirs publics, l'utilisation des langues régionales ou minoritaires n'étant garantie que dans la sphère des relations privées[216]. La question s'est ultérieurement posée à propos des minorités russophones dans les pays baltes devenus indépendants après la

[213] Point VII : "Les États participants respectent les droits de l'homme et les libertés fondamentales, … sans distinction de race, de sexe, de langue ou de religion". Mais, outre que ce texte n'a pas le caractère contraignant d'un traité et ne fonde aucun statut linguistique particulier, le CE a considéré, dans ces affaires, que les actes attaqués ne portaient pas atteinte aux modalités existantes d'enseignement des langues régionales et ne s'est pas prononcé, en fait, sur le point de savoir si les engagements internationaux visés reconnaissent ou non un droit à l'enseignement des langues régionales, et donc une obligation de dispenser un tel enseignement.
[214] V. également à ce sujet S. Hertmans, "Les Belges doivent apprendre à parler la langue de l'Autre. Fac à la guerre communautaire, l'arme de la démocratie linguistique", *Le Monde*, 18 mai 2009.
[215] Série A., n° 6.
[216] V. également Comm. EDH, 16 déc. 1968, "Un groupe d'habitants de Leeuw-St Pierre en Belgique" ; 12 déc. 1985, "Fryske nationale parti c/ Pays-Bas", 29 févr. 1994, "Samo Pahor c/ Italie".

fin de l'URSS[217], au sujet des Kurdes de Turquie[218], des Moldaves de Transnistrie[219], mais aussi bien sûr de la France[220].

Au niveau de l'Union européenne, le protectionnisme linguistique français semble peu compatible avec le droit communautaire[221] selon lequel "les règlements et autres textes de portée générale sont rédigés dans les langues officielles" (règlement 1/58 du 15 avr. 1958, art. 4). S'agissant de la liberté de circulation des marchandises, on peut se demander si nos lois des 31 décembre 1975 et 4 août 1994 (V. supra) sont compatibles avec l'article 30 du traité de Rome proscrivant toute restriction quantitative à l'exportation et toute mesure d'effet équivalent, dans la mesure où la CJCE, 18 novembre 1991, "Piagème et autres c/ BVBA Pecters"[222], saisie d'une question préjudicielle sur la compatibilité d'une réglementation belge, imposant le recours exclusif à la langue de la région linguistique pour informer l'acheteur de denrées alimentaires, la Cour a répondu négativement, faute pour cette réglementation de "retenir la possibilité que soit utilisée une autre langue seulement comprise par les acheteurs ou que l'information de ces derniers soit assurée par d'autres mesures".

---

217 Cour EDH, 10 janv. 2002, "Kozlovs c/ Lettonie", n° 50835/99 ; 13 favr. 2003, "Grisankovo et Grisantiovo c/ Lettonie", n° 71074/01.

218 Cour EDH, 2 oct. 2008, "Güzel Erdagoz c/ Turquie", n° 37483/02 ; 2 févr. 2010, "Kemal Taskin et a. c/ Turquie", n° 30206/04, 9 nov. 2010, "Demirbas et a. c/ Turquie" ; 11 janv. 2011, "Mehmet Nuril Ozin et a. c/ Turquie", n° 15676/02 (sur le droit des prisonniers kurdes à correspondre dans leur langue).

219 Obligés d'enseigner en utilisant un alphabet étranger, la Cour, 17 sept. 2019, "Iocav et a. c/ Rép. Moldave et Russie", n° 40942/14, érigeant le droit à la reconnaissance de la langue en tant qu'élément de l'identité ethnique et culturelle en composante du droit au respect de la vie privée, largement conçue, garanti par l'art. 8 de la Convention.

220 Cour EDH, 25 sept. 2008, "Baylac, Ferrer et Suarez c/ France" ; 21 sept. 2010, "Birk-Levy c/ France", n° 39426/06, déclarant irrecevable la requête d'anciens membres de l'assemblée de la Polynésie française contre l'obligation de s'y exprimer en français, la Convention ne protégeant aucune "liberté linguistique en tant que telle à ce niveau".

221 V. N. Labrie, *La construction linguistique de la Communauté*, Paris, 1993, ainsi que le colloque sur "les langues minoritaires dans l'Union européenne", Bruxelles, févr. 1995, "Bureau européen pour les langues moins répandues" : sur 344 millions de citoyens européens, 50 millions, soit 1 sur 7, parlaient alors une des 40 langues minoritaires recensées, seul le Portugal semblant être linguistiquement homogène. L'Union utilisait 4 langues et 25 traducteurs en 1958, pour 17 000 pages traduites, et est passée à 23 langues et 2 500 traducteurs en 2008, pour 1 700 000 pages à traduire, pour un coût d'1,1 million d'euros (2,5 par citoyen). Les documents soumis au service de traduction de la Commission étaient, en 1996, pour 38 % en français et 45,7 % en anglais et, en 2007, pour 12,3 % en français et 73,5 % en anglais (T. Ferenczi, "Union européenne. Alerte sur les langues", *Le Monde*, 10 juin 2008) et la situation s'est encore aggravée depuis. V. également A. Fenet, "Diversité linguistique et construction européenne", *RTD eur.* 2001, p. 235 ; et G. Lautissier, "La législation de l'Union européenne : une règle unique en vingt-trois langues", in *Traduction du droit et droit de la traduction*, Dalloz, coll. "Thèmes et commentaires", 2011, p. 89.

222 Aff. C-369/89.

En la matière, directives et règlements communautaires ne se réfèrent pas aux langues nationales, mais aux langues "facilement compréhensibles par les ressortissants communautaires"[223]. Par exemple, la directive du Conseil n° 75/112/CEE du 18 décembre 1978 "sur le rapprochement des législations relatives à l'étiquetage"[224] énonçait, par son article 14, que "Les États membres veillent à interdire sur leur territoire le commerce des denrées alimentaires si les mentions prévues à l'article 3 et à l'article 4-2 ne figurent pas dans une langue facilement compréhensible par les acheteurs, sauf si l'information de ces dernières est assurée par d'autres mesures. Cette disposition ne fait pas obstacle à ce que lesdites mentions figurent en plusieurs langues", ce que prescrivait déjà la loi française du 31 décembre 1975[225]. Récemment, la directive 2019/1, votée le 11 décembre 2018 et publiée le 14 janvier 2019, dite "ECN +"[226], s'est efforcée d'accroître les pouvoirs des autorités nationales de la concurrence en ce qui concerne l'exactitude des traductions officielles des textes des institutions de l'Union.

L'article 3-3, § 3 du traité sur l'Union européenne (TUE) a assuré que l'Union "respecte la richesse de sa diversité culturelle et linguistique" et son article 55-1 a ajouté que : "Le présent traité est rédigé en (23 langues, toutes énumérées[227]), les textes établis dans chacune de ces langues faisant également foi… ; 2) Le présent traité peut aussi être traduit dans toute autre langue déterminée par les États membres parmi celles qui, en vertu de l'ordre constitutionnel de ces États, jouissent du statut de langue officielle sur tout ou partie de leur territoire…". La Cour de Luxembourg considère que la défense et la promotion d'une ou plusieurs langues officielles est compatible avec le droit communautaire[228]. Elle sanctionne les obstacles ou les restrictions à

---

[223] Cf. également les résolutions du Parlement européen des 16 octobre 1981 et 11 février 1983 encourageant les mesures prises par les États membres en faveur des langues régionales.

[224] V. L. Van Eunnen, "L'emploi des langues dans l'étiquetage et le droit communautaire", *Journal des tribunaux*, Bruxelles, n° 5448 du 16 janv. 1988.

[225] De même, la proposition de directive n° 85-611 (E62) portant coordination des dispositions législatives, réglementaires et administratives concernant certains organismes de placement collectif en valeurs mobilières, obligeant les États membres à traduire certaines informations "dans une langue facilement compréhensible par les investisseurs concernés", c'est-à-dire en anglais, et risquait de ce fait de porter atteinte au nouvel article 2 de la Constitution, a suscité – à défaut de toute procédure permettant de contrôler la constitutionnalité du droit communautaire dérivé, a priori ou a posteriori – le vote d'une résolution par le Sénat, le 29 juin 1993, en application de l'article 84-4 de notre Constitution (*JO*, débats, Sénat, 30 juin 1993, pp. 1833-1837 : introduit par la loi constitutionnelle du 25 juin 1992, cet article permet aux assemblées parlementaires françaises de se prononcer sur certaines "propositions d'actes communautaires comportant des dispositions de nature législative", afin d'informer et d'aider le Gouvernement dans ses négociations bruxelloises).

[226] V. A.S. Choné-Grimaldi, "Union européenne. Les maux de la traduction : nouvelles illustrations avec la directive ECN +", *D.* 2019, "Point de vue", p. 544.

[227] 24 aujourd'hui.

[228] CJCE, 28 nov. 1989, "Groener", aff. C-379/87.

l'importation (TFUE, art. 34) ou à l'exportation (art. 35), composantes de la libre circulation des marchandises fondées sur la langue[229], de même que les restrictions à l'immigration fondées sur ce motif[230]. Elle a précisé, le 12 mai 2011[231], qu'aux termes de l'article 3, par. 3, 4° alinéa, du TUE, ainsi que de l'article 22 de la Charte des droits fondamentaux..., l'Union respecte "la richesse de sa diversité culturelle et linguistique". Par deux arrêts de sa grande chambre du 26 mars 2019, "Espagne c/ Parlement", aff. C-377/16, et "Italie c/ Commission", aff. C-621/16, elle a précisé que si dans les procédures de sélection du personnel des institutions de l'Union, les différences de traitement fondées sur la langue sont en principe interdites, une telle différence est néanmoins admissible si elle répond à des besoins réels du service, si elle est proportionnée à ces besoins et motivée par des critères clairs, objectifs et prévisibles. Conformément à l'article 4, par. 2, du TUE, l'Union respecte également "l'identité nationale de ses États membres, dont fait aussi partie la protection de la langue officielle nationale de l'État".

Le Parlement européen, pour sa part, a adopté, le 16 juin 2010, une directive visant à garantir à tout citoyen de l'Union poursuivi au pénal dans un autre État membre un accès à la traduction et à l'interprétation dans sa langue de tous les documents essentiels de la procédure[232]. Dans son rapport du 26 juin 2013, *les langues européennes menacées de disparaître et la diversité linguistique au sein de l'Union européenne*, il a énoncé que "la diversité linguistique et culturelle est l'un des principes fondamentaux de l'Union.... et un droit des citoyens, ce qui implique que toute tentative visant à instaurer

---

[229] CJCE, 18 juin 1991, "Piagème", cité supra, 24 nov. 1998, aff. C-274/96 ; 3 juin 1999, "Colim", aff. C-33/97 ; G[rde] ch., 19 sept. 2006, "Commission c/ Luxembourg", aff. C-193/15 ; G[rde] ch. , 19 sept. 2006, "Wilson c/ Ordre de avocats du barreau de Luxembourg", aff. C-506/04, sanctionnant le fait de subordonner l'exercice de la profession d'avocat au contrôle de la maîtrise de la langue ; CJUE, G[rde] ch., 16 avr. 2013, "Anton Las c/ PSA Antwery NV", aff. C-202/11 ; G[rde] ch., 21 juin 2016, "New Valmor", aff. C-15/15.

[230] V. par exemple son arrêt du 9 juill. 2015, aff. C-153/14, "Minister Van Buitenlandse Zaken c/ KA", *AJDA* 2015, p. 1585, chron. E. Broussy, H. Casatgnabère et C. Gänser ; *Dalloz* 2016, p. 336, obs. O. Boskovic, J. Corneloup, F. Jault-Seseke, N. Joubert et K. Parrot, validant pour l'essentiel la législation des Pays-Bas imposant la réussite à un examen de langue et d'interprétation préalablement au regroupement familial des étrangers, non contraire à la directive 2003/86/CE du 22 sept. 2003. V. également CJUE, 16 avr. 2013, "Anton Las", aff. C-202/11 ; *RTD eur.* 2015, p. 177, obs. F. Benoît-Rohmer, et CJUE, 21 juin 2016, "New Walmor", aff. C-15/15, *Dalloz* 2017, "Panorama. Droit du commerce international", par L. d'Avout et S. Bollée, p. 2055 ; *AJDA* 2016, p. 1682, chron. E. Broussy, H. Cassagnabère et C. Gänser, réaffirmant sa politique jurisprudentielle relative à l'emploi des langues dans les contrats internationaux (constitue une mesure d'effet équivalent aux restrictions quantitatives à l'exportation des marchandises – art. 35 TFUE – la réglementation belge imposant, à peine de nullité des actes, l'établissement en langue néerlandaise des factures des entreprises belges établies dans la région néerlandophone).

[231] "Malgorsata Runein-Vardyn et a.", aff. C-391/09, p. 86.

[232] V. déjà, en ce sens, CJCE, 11 juill. 1985, "Mutsch", aff. C-137/84.

l'exclusivité d'une langue équivaut à affaiblir et à bafouer les valeurs fondamentales de l'Union".

Toutefois, les juges français ont rechigné à appliquer ce droit[233]. Mises en demeure de se conformer au droit communautaire, les autorités françaises, par une circulaire du 20 septembre 2001[234], avaient réservé la possibilité d'informer les consommateurs par des dessins ou des pictogrammes "éventuellement accompagnés de mentions en langue étrangère non traduites en français". Après l'annulation de cette circulaire pour incompétence de son auteur[235], une instruction du 20 avril 2005 recommanda aux services de contrôle de suspendre l'application de la loi du 21 juin 2004 dans le cas où elle contredirait la directive. Le CE, 27 juillet 2016, "Assoc. Avenir de la langue française", refusa de faire prévaloir l'article 2 de la Constitution sur les exigences européennes, mais observa que notre Loi fondamentale n'impose aucune dérogation d'usage du français dans les relations de droit privé[236].

En ce qui concerne la liberté de circulation et d'établissement des personnes, l'emploi de la langue française peut être imposé à des ressortissants communautaires. Certes, ces derniers ont le droit de s'installer comme médecins (art. L 413 du Code de la santé publique), mais l'article 47 du Code de déontologie médicale prescrit que "tout certificat, attestation ou document délivré par un médecin doit être rédigé en langue française" (avec éventuellement une traduction dans sa langue, remise au malade). Certes, ils peuvent entrer dans la fonction publique, mais les épreuves de recrutement ne doivent utiliser, sauf texte express contraire, que le français[237] et il est évident qu'"aux termes de la législation, soit ancienne, soit moderne, les actes des fonctionnaires français doivent être rédigés en français[238].

Enfin, la Charte des droits fondamentaux de l'Union européenne interdit "toute discrimination fondée... sur la langue" ainsi que sur "l'appartenance à une minorité nationale" (art. 21-1) et proclame que "l'Union respecte les minorités culturelles, religieuses et linguistiques" (art. 22).

---

[233] Par exemple, Cass. crim., 26 avr. 2000, n° 99-81.216 et 90-86.217, *JCPG* 2001.10525, note E. Dreyre, considéra que la mesure d'effet, équivalent à des restrictions quantitatives à l'importation susceptibles de résulter de l'emploi exclusif du français dans les consignes d'altération de ces produits étaient justifié par la protection des consommateurs.

[234] MCC 401-00-589 C.

[235] V., CE, 30 juill. 2003, "Assoc. Avenir de la langue française", n° 245075.

[236] Dans un autre domaine, la CAA Douai, 27 nov. 2013, "Préfet de la Seine Maritime", n° 13DA0092, a jugé que la non-traduction du Règlement (CE) n° 343/2003 du 18 juin 2003 (dit "Dublin") relatif au droit d'asile dans la langue pratiquée en Andorre ne privait pas les personnes concernées d'une garantie.

[237] CE, 2 mai 1990, "Barbier", *Leb.* T., p. 825.

[238] Cass. crim., 15 janv. 1975, *Bull. crim.* N° 19.

- L'exemple emblématique de la Charte européenne des langues régionales ou minoritaires : dans un avis rendu le 24 septembre 1996[239], le CE avait estimé que cette charte, élaborée au sein du Conseil de l'Europe (Résolution du 16 mars 1988) contrevenait au "principe constitutionnel selon lequel le français est la langue de la République, qui s'oppose à l'usage des langues minoritaires dans les domaines de la justice et de l'administration", évoquée aux articles 9 et 10 de ce texte, dont le préambule proclame le "droit imprescriptible" à la pratique de ces langues "dans la vie publique et privée". Cependant, le 12 octobre 1998, un rapport au Premier ministre du professeur G. Carcassonne[240] expliqua comment la ratification pouvait intervenir sans qu'il soit besoin de réviser l'article 2 de la Constitution, les États n'étant tenus de s'engager que sur 35 de ses 90 articles[241], et suggérait d'accompagner cette ratification de la Charte d'une "déclaration interprétative" précisant que, pour notre pays, "groupe de locuteurs" renvoie aux individus qui le composent et ne peut en aucun cas former une entité distincte, titulaire de droits qui lui seraient propres, ce qu'a reconnu le Conseil constitutionnel dans sa décision du 15 juin 1999, citée supra[242], après la signature de ce texte, le 9 mai à Budapest. Il a considéré comme contraires à la Constitution ses dispositions qui, combinées, "confèrent des droits spécifiques à des groupes de locuteurs de langues régionales ou minoritaires, à l'intérieur de territoires dans lesquels ces langues sont pratiquées[243] et qui tendent à reconnaître un droit de pratiquer une langue autre que le français non seulement dans la vie privée, mais également dans "la vie publique" à laquelle la Charte rattache la justice, les autorités administratives et le service public" atteinte au premier alinéa de l'article 2 C)., nonobstant la "déclaration interprétative" faite par la France, précisant "le sens et la portée qu'elle entend donner à la charte ou à certaines de ses dispositions au regard de la Constitution", car, "unilatérale, elle n'a d'autre force normative que de constituer un instrument en rapport avec le traité et concourant, en cas de litige, à son interprétation".

Suite à cette décision, qualifiée par certains de "national-républicaine", "archéo-jacobine", "centraliste", "uniformatrice" et même "césaro-papiste"[244], et faute d'avoir choisi de modifier la Constitution, la Charte n'est donc toujours

---

239 *RDCEi n° 48, 1996, p. 303.*

240 *Étude sur la compatibilité entre la Charte européenne des langues régionales ou minoritaires et la Constitution*, Doc. fr., 1998.

241 Ce qu'a fait la France lors de sa signature (8 États ont signé mais non ratifié la Charte, 27 l'ont ratifiée, quelques-uns - Irlande, Grèce, Turquie - ne l'ont même pas signée). V. B. Bonnet, "La Charte européenne des langues régionales ou minoritaires", *AJDA* 2015, p. 2246.

242 N° 99-412 DC.

243 Atteinte aux principes constitutionnels d'indivisibilité de la République, d'égalité devant la loi et d'unité du peuple français.

244 O. Duhamel et B. Etienne, "L'intégrisme césaro-papiste", *Le Monde*, 24 juin 1999, pour lesquels cette décision révèle une "inspiration révolutionnaire... au nom de valeurs républicaines mythiques, ... à la pointe du combat souverainiste".

pas ratifiée par la France. Toutefois, la loi constitutionnelle du 23 juillet 2008 a inséré dans la Constitution un article 75-1 affirmant que : "Les langues régionales appartiennent au patrimoine de la France"[245]. Le 12 juin, l'Académie française avait dénoncé "une atteinte à l'identité nationale", mais la France rejoignait ainsi certains pays européens, tels que l'Espagne[246]. Pourtant, cette proclamation, qui n'a pas été inscrite dans les articles 1 ou 2 de la Constitution, ne confère aucun "droit" à utiliser de telles langues[247] et représente tout au plus un "objectif de valeur constitutionnelle". Du reste, le Conseil constitutionnel, saisi par le Conseil d'État[248] suite au recours de diverses associations contre les décisions rectorales relatives à l'enseignement bilingue en Alsace-Moselle d'une QPC portant sur l'article L 312-10 du Code de l'éducation tel que modifié par l'article 20 de la loi n° 2005-380 du 23 avril 2005 d'orientation et de programmation pour l'avenir de l'école[249], a refusé,

---

[245] V. J.M. Pontier, "Langues régionales : la porte ouverte", *AJDA* 2008, p. 2193.

[246] L'art. 3-1 de la Constitution du 27 déc. 1978 proclame que : "Le castillan est la langue espagnole officielle de l'État", lart. 3-2 ajoutant cependant que : "Les autres langues de l'Espagne seront aussi officielles dans les Communautés autonomes, conformément à leurs statuts". V. J. Arlettaz, "La constitutionnalisation des langues régionales, éléments nouveaux de légitimation de la souveraineté étatique, à propos de la France, l'Espagne et l'Italie", *Politeïa* 2005, n° 7, p. 407 ; V. Bertile, *Langues régionales ou minoritaires et Constitution : France, Espagne et Italie*, Bruylant, Coll. de droit public comparé et européen n° 2, 2008, 516 p.

[247] V. C. Lavialle, "Du nominalisme juridique. Le nouvel article 75-1 de la Constitution du 4 octobre 1958", *RFDA* 2008, "Dossier- Aspects du statut des langues", p. 1110 ; B. Gransily et D. Polverelli, "Les déceptions de l'article 75-1 de la Constitution : vers une issue législative", *RGCT* 2011, p. 59.

[248] CE, 21 mars 2011, "C. Lang et a.", n° 345193 ; *Les Petites Affiches* 15 juin 2011, n° 118, p. 19, note J.E. Gicquel.

[249] Auquel la décision n° 2005-512 DC du 21 avril 2005, centrée sur d'autres questions, n'avait pas décerné un brevet de constitutionnalité. V. également M. Staub, "Le bilinguisme électoral d'Alsace-Moselle", *RFDA* 2008, "Dossier", cité supra note 2, p. 1116. ; CAA Nancy, 17 mars 2011, "Assoc. Comité fédéral des associations pour la langue et la culture régionale d'Alsace « Fer UNSRI Zukungt »" n° 10NC00200, *AJDA* 2011, p. 11196, note H. Witernase, ayant également donné lieu à une QPC sur l'art. L 312-10 C. éduc. par rapport à l'art. 75-1 de la Constitution, rejetée faute de "caractère sérieux" ; TA Strasbourg, 24 févr. 2009, n° 0703670, non contesté, estimant "possible" l'organisation d'un enseignement bilingue franco-allemand dès le primaire, mais alors avec poursuite obligatoire au collège et au lycée, en vertu du principe de continuité éducative posé, de manière générale, par le Code de l'Éducation (contra, sur ce point, CE, 15 avr. 1996, "Assoc. des parents d'élèves par le breton", n° 165114, et CAA Bordeaux, 23 févr. 2010, n° 07BX01674, *Cahiers du Conseil constitutionnel* 2010, p. 249, chron. A. Vidal-Naquet, redisant que les élèves n'ont aucun droit à l'organisation d'un enseignement bilingue. Au lendemain du centenaire du retour de l'Alsace-Moselle à la France (2018), la loi n° 2019-816 du 2 août 2019 a énuméré qu'à compter du 1er janvier 2021, le Bas et le Haut-Rhin seront regroupés dans une "Collectivité européenne d'Alsace", dont la Moselle ne fera pas partie, ce qui interroge sur le devenir du "droit local" institué "provisoirement" en 1918, notamment sur le plan linguistique ('V. A. Tani, "L'avenir du droit local alsacien-mosellan :renaître ou disparaître", *JCPG* 2019-879, ainsi que le tout nouveau *Jurisclasseur Alsace-Moselle*, par J.M. Woehrling et E. Sander, à paraître au 15 nov. 2019).

par sa décision n° 2011-130 QPC du 20 mai 2011, "Mme Cécile L. et a."[250], de l'examiner au motif que cet article "ne constitue pas un droit ou une liberté que la Constitution garantit", le constituant ayant seulement "entendu marquer l'attachement de la France aux langues régionales"[251]. Cependant, le 30 novembre 2012, par sa décision n° 2012-285 QPC, il a proclamé l'inverse et invalidé les dispositions du Code des professions applicable en Alsace-Moselle, rédigées uniquement en allemand, pour violation de la liberté d'entreprendre, l'article 2 étant considéré désormais comme étant "au nombre des droits et libertés que la Constitution garantit".

Deux ans plus tard, en réponse à plusieurs questions écrites[252], la ministre chargée de la culture et de la communication rappela que la ratification de cette Charte avait paru inconstitutionnelle au gouvernement, malgré la promesse n° 56 du candidat Hollande, mais que les engagements souscrits lors de sa signature devaient constituer "le socle d'une politique en faveur des langues régionales". Dans cette optique, a été créé le "Comité consultatif pour la promotion des langues régionales et la pluralité linguistique interne", chargé de formuler des recommandations et de "contribuer à la désignation d'une politique publique dans ce domaine", qui a remis son rapport le 15 juillet 2013. Au vu de celui-ci, la ministre a proposé "un plan d'action visant à mieux établir et à conforter la place des langues en France dans l'espace commun", en sorte qu'elles soient "intégrées de manière concertée à tous les programmes de développement où leur présence peut être l'occasion d'une avancée"[253].

Dans son avis du 5 mars 2013 (n° 387425), rendu à la demande du gouvernement, sur la proposition de loi constitutionnelle n° 16183, le Conseil d'État a confirmé celui de 1996 relatif au caractère inconciliable de cette Charte avec la Constitution. Néanmoins, le 28 janvier 2014, les députés adoptèrent une proposition de loi constitutionnelle visant à introduire dans le titre VI, relatif aux traités et accords internationaux, un nouvel article 53-3 se référant à la Charte, mais aussi à la "déclaration" jointe à sa signature pour préciser que : "Le Gouvernement de la République interprète la Charte dans un sens compatible avec la Constitution qui assure l'égalité de "l'usage du français s'impose aux personnes morales de droit privé dans l'exercice d'une

---

[250] *JCPA* 2011, 2246, note A. Legrand ; *AJDA* 2011, p. 1963, note M. Verpeaux ; *LPA* 17 oct. 2011, p. 15, note J.E. Gicquel.

[251] V. également, en ce sens, CAA Marseille, 13 oct. 2011, "C[ne] de Galeria", n° 10MA02330 (le conseil municipal ne peut se tenir exclusivement en langue régionale") ; CE, 28 juin 2012, "C[ne] de Villeneuve-lès-Maguelone", n° 10MA04419 (la transcription sur les panneaux routiers du nom d'un village dans une telle langue est possible, sous contrôle du juge administratif), et CE, 28 déc. 2016, "Assoc. citoyenne « Pour l'Occitanie Pays catalan »,", n° 403928, refusant de transmettre au CC une nouvelle QPC relative à cet article.

[252] F. Dombre-Coste, n° 16953, *JOAN* 29 janv. 2013, J.C. Bouchet, n° 26259, *JOAN* 7 mai 2013 ; J.L. Moudenc, n° 33160, *JOAN* 23 juill. 2013.

[253] *JORF* 15 oct. 2013 et 14 juin 2014.

mission de service public ainsi qu'aux usagers dans leurs relations avec les administrations et services publics", afin de surmonter la décision n° 99-471 DC du 15 juin 1999[254]. Le 27 octobre 2015, le Sénat, par le vote d'une question préalable, rejeta un projet de loi constitutionnelle en ce sens, présenté au Conseil des ministres le 31 juillet et objet d'un nouvel avis négatif du Conseil d'État[255], proclamant l'incompatibilité de la Charte avec les principes d'unité de l'État, d'égalité des citoyens, d'indivisibilité de la République et même contraire "au fondement du pacte social de notre pays", référence proche de celle à "l'identité constitutionnelle de la France".

En fin de compte, le sénateur Ph. Bas (UMP), déposa, le 26 octobre 2015, une proposition de loi "relative à la promotion des langues régionales" destinée à "donner une assise juridique plus claire à des pratiques ou usages existants et à promouvoir l'utilisation des langues régionales", en particulier pour les inscriptions sur la voie publique, dans des lieux ouverts au public ou dans les transports en commun, sans oublier la mise en place d'un enseignement bilingue (langue française et langue régionale), de droit en cas de demande suffisante. De même, le 31 janvier 2017, l'Assemblée nationale a adopté, en première lecture, une proposition de loi socialiste visant à doter la France "d'un cadre juridique stable et renforcé pour permettre aux collectivités territoriales en métropole et outre-mer, de disposer d'instruments de promotion de leur patrimoine linguistique". À l'école, ce texte prétendait généraliser le dispositif expérimenté en Corse depuis 2002 en prévoyant que les langues régionales seront proposées comme matières facultatives, dans le cadre des horaires normaux d'enseignement, tout au long de la scolarité, les régions et l'État identifiant, par convention, les territoires sur lesquels un tel enseignement est souhaitable. Par ailleurs, cette proposition prévoyait que les régions puissent demander aux services publics d'assurer la traduction en langue régionale des inscriptions et signalétiques apposées sur les bâtiments de communication institutionnelle. Enfin, la promotion des langues régionales par des publications devrait être financièrement aidée par l'État et les compétences du Conseil supérieur de l'audiovisuel être étendues "à la promotion et au développement des langues et cultures régionales"[256].

---

[254] CE, 31 juill. 2015, n° 390268.

[255] V. CE, "Zarka", *JCPA* 2014.118 ; *AJDA* 2015, p. 2004 et Actu., p. 1705, obs. D. Poupeau ; *Dalloz* 2015, p. 2064, entretien D. Chagnollaud de Sabouret.

[256] V. D. Poupeau, "La dernière tentative de la majorité pour promouvoir les langues régionales", *AJDA* 2017, p. 263. V. également P. Mbongo, *La langue française et le droit*, Emik-éds., 2017, ainsi que D. Turpin, "Compétences régionales. Énumération", art. cit., note ..., n°s 110 et 116. ; et "Identité française et langues régionales", *État-nation et prospective des territoires*, l'Harmattan (A. Sedjari, dir.), 1996, p. 157-182.

La "langue de la République" a donc réussi, sur le plan interne, à contenir la montée en puissance des langues régionales au nom d'un jacobinisme culturel assumé. En revanche, sur le plan international, le souverainisme et le multilatéralisme revendiqués en la matière cèdent de plus en plus le pas à l'impérialisme de l'anglais dans le contexte de la mondialisation.

B. La défaite souverainiste de la spécificité de la langue française face à la mondialisation

Notre planète a pu longtemps être comparée à une véritable "Tour de Babel"[257]. Mais si, selon Claude Hagège, il existe encore quelque 6.000 langues parlées sur terre[258], il en disparaît 20 à 30 chaque année et, même si ce phénomène n'est pas entièrement nouveau[259], à ce rythme, la moitié auront disparu en 2100[260] ou devenues des langues mortes, étudiées par quelques spécialistes, mais plus pratiquées par personne, 96 % de la population mondiale parlant, selon le célèbre linguiste, 4 % des langues existantes, pour la plupart, non l'esperanto, mais bien l'anglais. Il faut donc souhaiter que, non seulement nos langues régionales, mais la langue française elle-même ne connaissent pas le sort de certaines langues indiennes d'Amérique dont Chateaubriand disait que seuls les vieux perroquets de l'Orénoque en avaient gardé le souvenir.

---

[257] Selon la *Bible* (*Genèse* XI, 1-9), les hommes, qui avaient construit cette tour, ont été punis par Dieu de leur orgueil et condamnés à abandonner leur langue comme pour la dispersion et la différence des langues, ce en quoi Umberto Eco (*La recherche de la langue parfaite dans la culture européenne*, Seuil, 1994) voit plutôt une chance (V. également F. Ost, *Traduire – Défense et illustration du multilinguisme*, Fayard, 2009).

[258] *Halte à la mort des langues*, O. Jacob, 2000, 402 p. et *Combat pour le Français – Au nom de la diversité des cultures*, O. Jacob, 2006 ; ainsi que l'*Atlas des langues en danger dans le monde*, E[ds] UNESCO, 2011, 230 p. (certaines langues ne sont plus parlées que par une seule personne, dont 24 en Australie sur un total de 51) ; et A. Supiot et S. Sitharam (dir.), *La loi de la langue. Dialogue indo-européen*, Genève, LGDJ-Editions romandes, "Fondement du droit européen", en particulier S. Kroll, "Le droit international et les translation studies, mettre en lumière la domination internationale et l'indépendance locale", p. 24, mettant l'accent "sur le fait que le global et le local ne se supplantent pas l'un l'autre, mais entrent en relation" (cité par J. Onno, *Les Petites Affiches*, 29 nov. 2018, n° 239, p. 11).

[259] Par exemple, le sumérien et l'élamite, parlés en 4000 avant Jésus-Christ en Irak avaient disparu dès la Haute-Antiquité.

[260] V. C. Hagège, "Identité nationale et langue française. La promotion de la diversité linguistique du monde est solidaire de celle du français", *Le Monde*, 9 mars 2010, ainsi que J. Sellier, *Une histoire des langues et des peuples qui les parlent*, La Découverte, 2019, 712 p., estimant que de 4 500 à 7 000 langues sont parlées dans le monde (selon que l'on inclut ou non des "pilgins" – formes simplifiées de langues plus importantes, utilisées pour les échanges sans transmission familiale – et mes "créoles" – évolution des pilgins lorsque ceux-ci commencent à être transmis par les parents) mais que seulement 200 sont parlées par 95 % de la population mondiale.

Comme l'observait, en effet, le 13 février 2007, les auteurs du *Rapport d'information* en conclusion des travaux d'une mission constituée au sein de la Commission des Affaires étrangères de l'Assemblée nationale sur "la situation de la langue française dans le monde", bien que celle-ci soit, avec 175 millions de locuteurs, la 9° langue la plus parlée, avec même le statut de langue officielle dans une trentaine d'États, souvent d'anciennes colonies[261], "l'influence de l'anglais ne cesse de croître... du fait de la mondialisation", en particulier dans l'économie, l'informatique[262], les télécommunications et l'aviation civile. "La place prise par l'anglais concurrence la langue française sur notre propre territoire, insistait ce rapport, à travers les médias ou le fait des pratiques commerciales de sociétés nationales, la plupart du temps en violation de la loi Toubon de 1994"[263].

Quant aux politiques, si de Gaulle utilisait un français parfait, symbole de notre résistance linguistique[264], ressuscitant même des mots oubliés ("chienlit", etc.), c'est en anglais que V. Giscard d'Estaing a tenu à faire sa première déclaration présidentielle. Dans l'enseignement supérieur, les cours en anglais se multiplient et nombre d'écoles de commerce jugent utile de s'intituler "business schools"[265]. Le domaine du sport, enfin, est lourdement

---

[261] Mais "langue officielle" ne signifie pas langue parlée par tous. Par exemple, au Sénégal, 10 % seulement de la population parle français.

[262] V. N. Dreyfus-Weill, "Internet et la défense de la langue française", note sur Trib. pol., 19 juin 1997, "SARL G.W. Management France c/ Assoc. « Avenir de la langue française » et Assoc. « Défense de la langue française »", *Les Petites Affiches*, 6 oct. 1997, n° 120011, première application de la "loi Toubon" à un site Web.

[263] Par exemple, à Air France, "Fréquence Plus" est devenu "Flying blue" et, à la SNCF, le programme de fidélité s'est appelé "S miles". Dans les stations Total, firme française, on entre par la voie "Acces" et, sur les ondes, les publicités pour les marques de voiture, françaises inclues, passent presque toujours par des slogans en anglais ("Drive together", etc.). V. notamment, A. Fenet, "L'Union européenne, cheval de Troie de la langue anglaise", *Mélanges J.Cl. Hélin – Perspectives du droit public*, LITEC, 2004 et, déjà, S. Bertolaso, "L'utilisation de la langue française : protection réelle ou illusoire du consommateur ?", *Les Petites Affiches*, 19 févr. 1997, n° 22, p. 7, déplorant le fait que "l'anglomanie divertissante du début du siècle (se soit) amplifiée au point de se transformer en... invasion généralisée prête à mettre en péril le patrimoine linguistique national". V. également F. Marquardt, L. Leghmara et H. Cordier, "Dieu parle-t-il (toujours) français ? La maîtrise de l'anglais est vitale", *Le Monde*, 25 janv. 2010, ainsi que C. Averty, "Notre langue, un jeu d'embûches et parsemé de trésors", "Cahier", *Le Monde*, 9 mars 2017.

[264] "Ma patrie, c'est ma langue" disait le Premier ministre portugais Mario Soares. A. Decaux, de l'Académie française, a défendu, dans *Le Monde* du 17 oct. 2001, "La survie du français, cause nationale". Pour J. Chirac, en 1995, "si, dans les nouveaux médias, notre langue, nos programmes, nos créations, ne sont pas très présents, nos futures générations seront économiquement et culturellement marginalisés... c'est une question de survie".

[265] Par exemple, l'ESC de Rennes est devenue "Rennes School of Business" et celle de Dijon-Bourgogne la "Burgundy School of Business". V. S. Lenevé, "Les universités face à la menace protectionniste", *Le Monde*, 28 mars 2018.

atteint par cette "McDonalisation du monde" (football, rugby, penalty, coach, up and under, corner)[266].

Le retour récent des nationalismes ("America first", Brexit, Italie, Pologne, Hongrie, etc.) ne semble pas s'accompagner d'un recul de cet unilinguisme anglophone, vecteur d'unilatéralisme, qui écrase les langues nationales comme régionales. La France, quant à elle, n'a donc pu obtenir, pour l'utilisation de sa langue, l'autonomie qu'elle refuse à ses langues régionales sur le plan interne. Cela se vérifie, notamment, par l'utilisation de l'anglais de mieux en mieux admise dans certains prétoires et amphithéâtres, par les conditions de ratification du protocole de Londres sur la traduction des brevets européens, mais aussi par l'échec de l'imposition des clauses "Molière" dans plusieurs types de contrats.

1) L'admission de l'anglais dans les prétoires et les amphis

La chose est peu connue, mais, de l'invasion normande de 1066 au milieu du XVII° siècle, "tous les recueils d'arrêts de la common law furent rédigés en français"[267], particulièrement sous le règne d'Edouard 1er (1272-1307), "époque où le français était langue courante chez les nobles"[268]. À plusieurs reprises (en 1302 et en 1650 notamment), le Parlement britannique adopta des lois visant à restreindre l'usage de la "law french", mais en vain[269], jusqu'en 1731[270], car, selon le grand historien de la common law Maitland, "le français fournit aux juristes anglais un vocabulaire technique qui leur permet d'esquisser des concepts très complexes avec justesse"[271].

Mais, de nos jours, l'anglais a pris sa revanche en pénétrant dans nos prétoires, même si les juges tentèrent de réagir dans un premier temps. Par exemple, le TGI Seine, 8° ch., 3 décembre 1964, "Dame X", et Cass. civ. 3°, 15 juin 1977, se sont déclarés non "en mesure d'exercer (leur) contrôle" sur la qualification d'un contrat d'assurance rédigé en anglais, les actes privés et sous seing privé n'étant pas nuls si rédigés en une langue non française, mais devant être accompagnés d'une traduction. En revanche, Cass. crim., 4 janvier 1980 et 30 juin 1981 de même que le TGI Paris, 1ère ch., 23 mars 1983, "Guy c/ Graham Greene", ont constaté la nullité d'une assignation rédigée en anglais,

---

266 V. J-Cl. Lewandowski, "La langue française à la traîne", *Le Monde*, 9 nov. 2017.

267 R. Munday, "La langue française et la common law", *La vie judiciaire*, n° 2366, 12/18 août 1991, p. 1 ; et M. Gilbert, "Le français, langue officielle de l'Angleterre", *Le Monde*, 16 juill. 2019.

268 Ibid.

269 V. M. Delamothe, *The french alphabet*, 1592 ; A. Baker, *Manual of law French*, 1979, Aveburry ; et E. Coke, *Commentary on Littleton*, 1628.

270 Année où fut édité le dernier livre juridique français.

271 *Year books of Edward II*, 1903, 17 Salden Society.

s'agissant d'un écrivain célèbre pour sa parfaite connaissance du français, Cass. crim., 4 mars 1986, "Tukson"[272], sur le fondement (douteux) de l'ordonnance de Villers-Cotterêts, étendit son obligation d'utiliser la langue française aux plaideurs, déclarant irrecevables des mémoires rédigés en anglais et Cass. soc., 22 juillet 1986[273], fit de même pour une déclaration de pourvoi en cassation, tandis que Cass. civ. 2°, 11 janvier 1989[274], affirma qu'"à peine de nullité, les jugements doivent être motivés en français". Le CE, pour sa part, a considéré que la notification d'un arrêté préfectoral de reconduite à la frontière en français ne faisait pas obstacle au déclenchement du délai de 24 heures pour le contester[275]. Par ailleurs, revenant sur son arrêt du 13 octobre 2003, "SNPREES-FO, Assoc. pour l'abrogation de l'arrêté du 8 novembre 1998", n° 238355, le CE, 13 janvier 2010, "Assoc. Défense de la langue française, Assoc. Avenir de la langue française", n° 313744, a admis que le gouvernement pouvait "légalement prévoir (sur le fondement de l'art. L 121-3 C. Éduc.), s'agissant de l'accès à des professions où l'usage de langues étrangères est devenu indispensable", le déroulement partiellement en anglais de l'épreuve orale d'économie pour le diplôme supérieur de comptabilité et de gestion, "ces épreuves permettant de vérifier la capacité des candidats à maîtriser (cette langue) dans le champ scientifique, professionnel ou pratique concerné". De même, le 27 janvier 2016, "Observatoire européen du plurilinguisme et autres", n° 386771, il a validé l'institution d'une épreuve orale obligatoire en anglais pour l'admission au concours de l'ENA", compte tenu de la place accordée à l'anglais dans la société actuelle"[276]. Pour sa part, la CAA Paris, 21 mars 2017, "Assoc. Avenir de la langue française"[277], a confirmé que, pour attirer les meilleurs étudiants internationaux en sciences physiques, l'École Normale Supérieure avait pu mettre en place un master dédié à la physique fondamentale en langue anglaise, "sans méconnaître l'obligation d'utiliser la langue française dans l'enseignement supérieur".

La première application de la loi Toubon est l'arrêt du CE, 20 décembre 2000, "Géniteau"[278], censurant un arrêté du ministre des Finances qui avait

---

[272] *Bull. crim.* n° 35 ; *Dalloz* 1986, somm., p. 78, obs. Pradel.

[273] *Bull. soc.* n° 262 (ibid, pour l'allemand, Crim., 21 oct. 1987, *Bull. crim.* n° 371).

[274] *Gaz. Pal.* 7/8 juin 1989, p. 14 ; *RTDC* 1989, p. 619, obs. Perrot ; *Dalloz* 1989, somm., p. 181, obs. Julien ; *Les Petites Affiches*, 22 mai 1991, n° 61, p. 11, note Vandendriessche.

[275] CE, 15 mai 1991, "Mbala", *Leb.*, p. 192. V. également CE, ord., 27 janv. 1992, "Ersahin", *Leb.*, T., p. 1179.

[276] V. déjà, dans le même sens, CE, 25 juin 2007, "Synd. CFDT du ministère des Affaires étrangères", n° 304888, *Leb.* ; *AJDA* 2007, p. 1386 et 1823, concl. I. da Silva : "Il ressort des pièces du dossier que, eu égard à la place de la langue anglaise dans la société actuelle, d'institution... de l'anglais comme langue obligatoire... n'est pas entachée d'erreur manifeste".

[277] N° 16PA02801, *AJDA* 2017, p. 1408, concl. C. Oriol.

[278] N° 213415, Cf. également le décret n° 2019-887 du 23 août 2019 portant organisation et fonctionnement des établissements publics locaux d'enseignement international (*JO* du 25 août,

homologué différents règlements de la Commission des opérations boursières (COB) qui autorisaient des émetteurs de titres négociés en France à rédiger leurs documents de présentation dans "une langue usuelle en matière financière" (l'anglais) avec un risque de détourner les émetteurs anglo-saxons de la place de Paris.

C'est justement dans le but de renforcer cette attractivité de la France, en particulier après le Brexit[279], que le gouvernement a présenté, le 7 février 2018, un protocole d'accord permettant la création, au sein du tribunal de commerce et de la cour d'appel de Paris, d'une chambre spécialisée dans le contentieux international devant laquelle les pièces, plaidoiries et témoignages des experts peuvent utiliser l'anglais (avec recrutement d'interprètes bilingues assermentés à l'aise avec la common law), seuls l'assignation, les jugements et les arrêts devant être rédigés en français avec traduction éventuelle en anglais[280]. Cette réforme, issue des réflexions du Haut Comité juridique de la place financière de Paris, présidé par Guy Canivet, pourrait ainsi permettre de récupérer au moins une partie de quelques 10.000 dossiers de contentieux économique international actuellement jugés à Londres chaque année, qui devront passer par l'exemption, comme toutes décisions de justice émanant de pays extra-communautaires, pour être exécutables, ce qui nécessite des délais importants[281].

2) La ratification du protocole de Londres sur la traduction des brevets européens

Ce protocole modifie la Convention de Munich du 5 octobre 1973 relative à la délivrance des brevets européens au sein de l'Office européen des brevets (OEB). Il réduit, au stade de la validation des brevets, les exigences de traduction prévues par l'article 65 de la Convention afin de réduire les coûts

texte n° 7), constitués de classes des premier et second degrés et dispensant, tout au long de la scolarité, des enseignements en langue française et en langue vivante étrangère.

279 Et alors même que les Britanniques se détournent de plus en plus de l'apprentissage des langues étrangères, spécialement du français (V. E. Albert, "Le Royaume-Uni de plus en plus mauvais élève en langues étrangères", *Le Monde*, 8 sept. 2018), tandis que, selon les préconisations du rapport de Ch. Bonisseau et R. Taylor remis au ministre J.M. Blanquer, le 12 sept. 2018, l'étude de l'anglais pourrait devenir obligatoire dès le collège (V. V. Morin, *Le Monde*, 14 sept. 2018).

280 V. I. Chaperon, "Brexit : Paris se bat aussi sur l'attractivité du droit", *Le Monde*, 13 janv. 2018 ; O. Dufour, "Paris part à la conquête du contentieux commercial international", *Gaz. Pal.*, 3 févr. 2018, n° 6, p. 5, et F. Ancel, "Entretien : La chambre commerciale internationale de Paris", *Dalloz* 2018, n° 74, p. 1904, qui évoque "une formidable opportunité de renforcer l'attractivité de la France en matière de résolution des litiges internationaux".

281 Cf. également la publication d'un Code civil français trilingue (anglais-français-arabe) par LexisNexis, en collaboration avec Sadr Publishing, M. Sejean dir., coll. *Codes bleus*, juill. 2020, 1 800 p. (et M. Sejean, "Entretien", *JCPP G* 2020, 1195).

des brevets, les usagers du service public de la propriété industrielle se voyant aussi imposer l'usage d'une autre langue que le français puisqu'ils n'auraient plus à traduire en trois langues (français, anglais, allemand) la partie "descriptive" des brevets, mais en une seule, nouvelle étape vers le "tout anglais". Pour C. Hagège[282], il s'agissait d'"un assassinat imminent, celui du français comme langue scientifique et commerciale" et d'une "atteinte énorme à la souveraineté de la France s'exprimant dans sa langue... et à son influence dans le monde".

Pourtant, le Conseil Constitutionnel, par sa décision n° 2016-541DC du 28 septembre 2006 (la 6° rendue sur la langue), au motif que l'OEB, seule autorité "publique" susceptible d'intervenir, "ne relève pas de l'ordre juridique interne" et n'est donc pas tenu par les exigences de l'article 2 de notre Constitution, et que, dans les rapports INPI (Institut National de la Propriété Industrielle)/particuliers, la langue "officielle" reste le français, a validé la loi du 16 octobre 2006 autorisant la ratification de ce protocole qui illustre bien un nouveau recul de la langue française face à l'anglais[283].

3) L'échec de la clause "Molière" et l'admission de la "clause d'interprétation" dans les contrats

Souvent, les grandes firmes internationales s'adressent à leurs collaborateurs en anglais et, ainsi, "parfois, le statut linguistique déconnecté des territoires sur lesquels opère l'entreprise devient de droit : l'anglais est alors imposé, totalement ou partiellement, au sein de l'entreprise"[284], en violation des lois de 1975 et 1994 ainsi que du Code du travail et, donc, "inopposabilité du contrat, de la convention, du règlement et de la mesure"[285] et amende contraventionnelle[286].
La CAA Douai, 16 mai 2012[287], avait validé une clause imposant, pour des raisons (officielles) de sécurité, que les chantiers des régions ayant recours à des "travailleurs détachés" de l'Europe de l'Est obligent ces derniers à parler et comprendre le français (clause dite "Molière"). Mais cette clause, inventée,

---

[282] "Pourquoi il faut défendre mordicus l'usage du français", *Le Monde*, 1er mars 2006.
[283] V. M. Verpeaux, *Dalloz* 2007, p. 120.
[284] F. Kessler, "Question de droit. Quel « Company language » ?", *Le Monde*, 4 sept. 2007.
[285] E. Collier, "Molière et Cocteau", Enquête, *Le Monde*, 19 mars 2018.
[286] Cf. CA Caen, 20 mars 2017, infligeant une amende inférieure à 30.000 € à un grand groupe français qui avait fait appel, sur le chantier de l'EPR de Flamanville, à 200 ouvriers polonais détachés dans des conditions irrégulières (pour A. Mangiovillano, "La clause Molière, une tartufferie ?", *D.* 2017, "Entretien", p. 568, cette clause vise plus à faire échec au travail détaché au sein de l'UE qu'à préserver l'emploi de la langue française).
[287] N° 11DA00727, *JurisData* n° 2012-015275, confirmant qu'un hôpital avait eu raison d'éliminer d'un marché public ayant prescrit que, les offres doivent "être rédigées en français", une offre comportant des mots non traduits en flamand et en anglais.

semble-t-il, par un adjoint au maire d'Angoulême[288], semblait contraire aux prescriptions de la directive 2014/24/UE du 26 février 2014 exigeant que les conditions d'exécution des marchés publics garantissent le respect des libertés fondamentales (de non-discrimination et d'égal accès à la commande publique) des entreprises soumissionnaires. Aussi, avant même que le Conseil d'État ait été saisi de cette question, une instruction ministérielle du 27 avril 2017 est-elle venue préciser que toute clause imposant le français pour la réalisation des marchés publics était contraire à cette directive[289] ainsi qu'à l'ordonnance n° 2015-899 du 23 juillet 2015 prescrivant que "les conditions d'exécution de ces contrats soient liées et proportionnées à l'objet du contrat en cause", ce qui n'était évidemment pas le cas de la "clause Molière" et vaudrait également pour toute classe comportant l'usage d'une langue régionale.

Aussi, le référé précontractuel de la préfète contre une telle clause insérée dans le cahier des charges administratives particulières d'un marché public de travaux concernant un lycée de Laval ayant été rejeté, le 7 juillet 2017, par le TA Nantes[290], le Conseil d'État, saisi par le ministre de l'Intérieur, consacra, le 4 décembre 2017, la légalité d'une clause imposée par la région Pays-de-la-Loire obligeant les titulaires de ces marchés à respecter une "clause d'interprétariat", car présentant un lien suffisant avec l'objet du contrat et une finalité d'intérêt général consistant à garantir l'information des ouvriers non francophones sur leurs conditions de travail[291], solution propre à concilier le français "langue de la République" avec les exigences du droit de la concurrence.

Le 2 février 2019, par son arrêt "Sté Veolia Eau-Cie g^ale^ des eaux"[292], le Conseil d'État a également validé les clauses d'un règlement prévoyant que "la langue de travail pour les opérations préalables à l'attribution du marché et pour son exécution est le français exclusivement". Enfin, la résistance s'organise[293] !

---

288 " V. You, le père de la « clause Molière »", *Gaz. Pal.*, 11 déc. 2017, p. 14.

289 V. déjà, pour une telle clause prévue par un autre État membre de l'Union, *CJUE*, 16 avr. 2013, aff. C-202/11 ; *AJDA* 2013, p. 1154, chron. M. Aubert, E. Broussy et H. Cassagnabère ; *RTD eur.* 2015, p. 177, obs. F. Benoît-Rohmer.

290 N° 1704447 ; *AJDA* 2017, p. 1423, obs. M.C. de Montecler ; *AJ Contrat* 2017, p. 353, obs. XD ; *JCPA* 2017.2218, note L. Robert.

291 N° 413366 ; *AJDA* 2017, p. 2383, note E. Maupin, et 2018, p. 162, note R. Reneau ; *JCPA* 2017, 2218, note L. Robert, et, contra, TA Lyon, 13 déc. 2017, "Préfet de la région Auvergne-Rhône-Alpes", n° 1704697, annulant une telle clause pour détournement de pouvoir et violation de la liberté fondamentale de circulation.

292 N° 420296, *AJDA* 2019, p. 310, obs. E. Maupin ; et p. 1941, note F. Cafarelli.

293 V. également l'article publié dans *Le Monde* du 28 janv. 2019 par un collectif d'écrivains, d'artistes et de personnalités : "Non, l'anglais ne doit pas remplacer le français".

Pour preuve encore, on sait que, en application de l'article 15 de la "loi Toubon", l'emploi de la langue française constitue une condition de l'octroi de subventions par les collectivités et les établissements publics, tout manquement à cette obligation pouvant entrainer la restitution de ladite subvention par ses bénéficiaires, comme il a été jugé par la CAA Lyon, 4 juin 2020[294], pour une subvention du Conseil général de la Haute-Savoie accordée à l'office du tourisme de La Clusaz, pour l'organisation d'une épreuve de ski "free ride" fâcheusement intitulée "Radical Mountain Junior" dans le cadre des "Corporates games", rencontres sportives interentreprises.

[294] Cité supra, notes 36 et 39. Cf. déjà, dans le même sens, TA Amiens, 16 janv. 2003, n° 9911861.

Questions d'identité

Par Dr. Christian LACHAL

Psychiatre, pédopsychiatre et psychanalyste à Clermont-Ferrand
ex-consultant International pour MSF
Chargé de cours à l'Université de Paris XIII, attaché à l'Hôpital Avicenne, Bobigny
Membre du comité de rédaction de la revue L'autre.

Ce texte est dédié à mon ami Claude Devès, homme d'intelligence, de probité et de générosité. Nos chemins se sont croisés il y a plusieurs décennies et l'amitié, avec ses hauts et ses bas, ses rapprochements à l'intime et ses éloignements temporaires, s'est maintenue. Je sais la pertinence de l'homme dans son travail, ses capacités de conseil, la qualité de son enseignement, sa volonté de transmettre. Ce que fait un être humain de sa vie, ses actes et ses paroles, ses rapports aux autres, ses attitudes auprès des siens, la façon dont il traverse les épreuves qui le définissent, lui donne son identité. Et Claude Devès, le Professeur et l'homme, l'époux, le père, le grand-père et l'ami ont une belle identité. Il est de ces hommes dont la France peut être fière, parce qu'il fait partie de la cohorte de ceux qui œuvrent à produire sa richesse et son éclat. Il l'a parcourue, pour son travail, du Cantal à Chamalières, de Noirmoutier au Lioran, de la Corse à Clermont-Ferrand, il a creusé son chemin de vie, un chemin libre.

C'est donc justice d'honorer son travail et d'honorer son identité.

« Je suis un homme de culture parce qu'en moi les mélanges se sont faits. » (Pasolini)

Introduction

Le terme d'identité est devenu le *schibboleth*, le mot d'ordre le plus revendiqué par certains hommes politiques, aujourd'hui. Cette tendance, que l'on constate dans la plupart des pays développés, pose souvent la question de l'identité dans un sens univoque, celui *d'identité nationale*. Pour l'historien Hervé Le Bras (Le Bras 2017), il y a une existence *objective* de l'*État*, son territoire, ses institutions, ses législations et une existence *subjective* de la *Nation*, le sentiment par lequel le citoyen exprime son adhésion à l'État. L'identité serait un moyen terme entre les deux. Mais si l'État perd en force et la nation en amour, l'identité prend la place laissée vide et « ne profite pas seulement de la perte d'influence de l'État et de la nation, mais les mine tous les deux comme l'eau corrode les fondations. » (Le Bras 2017 :18)

Sous la Présidence de Nicolas Sarkozy (2007-2012), l'identité va jouer ce rôle corrosif et, en 2007, l'hôtel de Rothelin-Charolais devient le siège du Ministère de l'Immigration, de l'Intégration, de l'Identité nationale et du Développement solidaire. Deux ministres en assureront successivement la charge, Brice Hortefeux, puis Eric Besson, et ce jusqu'en 2010. L'apparition puis la disparition de ce ministère ne cessent pas de poser la question de la signification d'une telle entité, et donc de son Identité !

La question de l'immigration, que le gouvernement associe alors étroitement (voire plus bas) à la question de l'identité nationale a commencé à se poser au milieu des années 1970. Les historiens rappellent, depuis, que la France est un pays d'immigration depuis plus d'un siècle et même, si l'on suit les auteurs de l'Histoire mondiale de la France, depuis les hommes de la préhistoire. Mais, en quarante ans, se sont construites des notions qui fonctionnent souvent comme des slogans et, par moments comme des réalités qui contraignent les personnes. Ainsi, l'identité est désormais posée au cœur d'une distinction, requalifiée par les politiques, entre les Français de « naissance » et les immigrés ayant acquis la nationalité par naturalisation, ou leurs enfants, ou leurs petits-enfants. Les uns seraient plus en phase avec l'identité nationale que les autres. S'agit-il alors de définir l'identité de la France ou l'identité des Français ? Français, vos papiers !

L'identité : est-ce une réalité ? Est-ce un fantasme ? Une ou plusieurs représentations ? Un ensemble de symboles ?

Il faut rappeler en préambule que le concept d'identité est polysémique, il reconnaît des significations différentes selon les langues, les cultures. Ce terme trouve son plein sens quand nous réfléchissons sur l'individu, ses relations avec lui-même et avec les autres. L'usage sociologique l'applique à un groupe, une communauté, une nation, ce qui pose des questions de méthode et de limites. Le terme a été requalifié politiquement par Jean-Marie Le Pen lors des élections européennes de 1984, avec une signification essentialiste : il y aurait une « essence » que possèdent les Français et pas les « autres », cette « essence » permet de différencier les *vrais Français* des *Français de papiers*, cette différenciation ayant fait flores à d'autres époques, sous d'autres régimes et revenant en force à l'heure actuelle. Le thème, aux implicites racialistes, sera donc repris lors de la campagne présidentielle de 2007, désignant comme un problème l'immigration et ses enfants. (Collectif Manouchian 2012 : 198)

De l'identité personnelle à l'identité sociale.

Les philosophes se sont saisis de la question de l'identité depuis longtemps. D'après Plutarque, lorsque Thésée revient de Crète où il a combattu le Minotaure, son bateau est préservé par les Athéniens : c'est le bateau d'un héros et, sans doute, un symbole de l'identité athénienne. Les Grecs remplacent les planches qui constituent le bateau à mesure de leur pourrissement si bien qu'au bout de quelques années, il ne reste plus aucune planche d'origine. La question se pose alors : est-ce toujours le bateau de Thésée ? Cette question a été reprise par Leibniz qui a rejeté la notion de masse matérielle pour définir l'identité et proposé le terme de *monade*, entité indivisible.

Posons la question de façon frontale : est-ce qu'une France, composée en partie d'immigrants, primo-arrivants ou de première, deuxième, troisième génération, cette France est-elle toujours la France ?

On voit que ce type de question débouche immédiatement sur deux notions distinctes de l'identité : l'identité comme *identique* et l'identité comme *identitaire*. Si l'on note que l'individualisme est aujourd'hui revendiqué au même titre que l'identité sociale, communautaire au sens de l'appartenance à une communauté, on retrouve bien, dans le débat social, les deux acceptions du terme d'identité.

Dans son sens d'identité identitaire, cette notion d'identité a été reformulée, dans les années 1970 par un historien américain, Philip Gleason. Selon Vincent Descombes (Descombes 2013 : 25 -27), Gleason avait été chargé de rédiger un article sur l'Identité américaine pour une Encyclopédie sur les groupes ethniques aux États-Unis. Il réalisa que ce terme devenait d'un emploi de plus en plus fréquent, mais qu'il n'avait pas reçu de définition. Il a tenté de faire l'histoire de la notion d'identité qui, selon cet auteur, serait née aux États-Unis dans les années 1950, dans le domaine des Sciences Sociales. Avant la Seconde Guerre mondiale, les Américains se définissaient par leurs origines nationales, du Pays d'où ils venaient : Italiens, Irlandais, etc., après la guerre, ils trouvent leur « identité » dans leur affiliation religieuse. Au moment où l'individualisme vient au premier plan, les gens se raccrochent à leur affiliation religieuse pour se trouver une appartenance. À cette même époque, un psychanalyste et anthropologue américain, Erik Erikson, va lancer l'usage du terme d'identité à travers la notion de *crise d'identité*.

Comme le rappelle Descombes (Descombes 2013), le clinicien américain a quelques difficultés à définir son concept d'identité. C'est un concept à la frontière de la psychologie individuelle et de la sociologie. Erikson est alors très lié aux tenants de l'anthropologie culturelle : Gregory Bateson, Margaret Mead, Ruth Benedict. Son propre parcours de vie est marqué par la question d'identité : né de père inconnu et d'une mère d'origine danoise, juive, il est adopté par son beau-père, le pédiatre Theodor Homberger et grandit en Allemagne. Jeune homme, il suit une psychanalyse avec Anna Freud. En 1933, sa famille émigre d'abord à Copenhague, puis à Boston. Quand il acquiert la nationalité américaine, il change son nom et s'appelle dès lors Erikson.

Sa description de la *crise d'identité* vient de la clinique des états traumatiques chez les soldats rentrant des combats dans le Pacifique. Il décrit « Une perturbation centrale de ce que j'ai commencé à appeler l'identité de soi (*ego identity*). Ici, il suffira de dire que ce sens de l'identité permet à quelqu'un d'éprouver son propre *soi* (*one's self*) comme quelque chose qui possède continuité et identité (*sameness*), et à agir en conséquence » (Descombes 2013 : 29-30). Les soldats ont perdu cette continuité, ils sont désorientés, se sentent différents de ce qu'ils étaient avant et ne parviennent plus à se projeter dans l'avenir, tous symptômes caractéristiques de ce que l'on appelle aujourd'hui un État de Stress Post-traumatique. Dans un deuxième temps, Erikson va décrire cette crise d'identité chez les adolescents dans son livre *Identity : Youth and Crisis* (Erikson, 1968). Pour Erikson, le conflit freudien était intérieur au sujet, mais ses patients des années 1960-70 souffrent de conflits entre leur propre Self et les attentes du milieu social. Avoir une identité, c'est « avoir en soi les environnements de son histoire passée, donc être déjà orienté dans le présent et le futur » (Descombes 2013 : 33).

Au fond, il suit, en partie, la thèse de Locke dans son *Essai sur l'entendement humain* selon qui (Descombes 2013 : 112) « Je peux être identifié de plusieurs façons (…) à tout instant de ma vie mentale de sujet pensant, je suis un homme, mais pas forcément le même homme ». Ce qui ouvre la possibilité d'un conflit entre mon identité pour les autres et mon identité pour moi. Cette double définition de l'*identité en soi* et de l'*identité relationnelle*, sociale, est nécessaire pour sortir des impasses de la philosophie classique.

Bien sûr, les philosophes trouvent quelques inconvénients à utiliser des notions telles que le *Moi*, le *Soi*, le *Sujet*, la *Personne* ou *l'Individu*. L'identité subjective ne peut être donnée que par le « Je » pour les *philosophies du Sujet*. Dans tous les changements qui caractérisent en particularités mon expérience vécue, je me reconnais, je m'identifie comme moi-même, c'est-à-dire que je suis *identique* dans mon unité « *morale* ». C'est l'ancienne question de la responsabilité morale de l'individu qui insiste : à quel point l'individu est-il responsable de ses actes ? Des actes qu'il a commis trente ans auparavant ? Il a fallu attendre l'après-guerre pour que des Lois, des Conventions définissent l'*imprescriptibilité* sur le plan pénal, pour les *crimes contre l'humanité*. Ceci suppose une forme d'identité, dans le temps, des personnes poursuivies. On peut se rapporter, pour ce débat, aux textes sur le procès d'Eichmann à Jérusalem, en particulier les écrits de la philosophe Hanna Arendt (Arendt 1991).

Le *cogito* cartésien a défini un « je » abstrait, atemporel, désincarné, de même que le « Je » qui se déduit de certaines des philosophies actuelles basées sur les études neurocognitives de la conscience qui nous proposent un « Je » émergeant de l'activité cérébrale. En opposition à ce sujet désincarné, le philosophe Paul Ricœur nous invite à passer par plusieurs étapes pour définir l'identité : le processus d'identification par le *concept*, et donc le langage, par exemple le nom propre ; le *corps* qui permet une identification dans un *cadre spatio-temporel* ; le *concept primitif de personne* qui apparaît au moment où l'on croise l'identification par le corps et l'identification par la pensée d'un seul et, donc, *même* individu. C'est surtout le primat de la médiation réflexive sur la position immédiate du sujet qui caractérise sa pensée sur l'identité. Dans la grammaire de certaines langues, apparaît une distinction entre « soi » et « je ». L'anglais fait usage du « self », l'allemand du « selbst ». En français, soi est un pronom réfléchi de la troisième personne, mais un certain nombre de verbes à l'infinitif, comporte le « se » : se présenter, se nommer, etc. (Ricœur 1990 : 11). *Se désigner soi-même* nécessite, du fait de la forme réflexive, un passage par l' « extérieur ». Un autre aspect de la pensée de Ricœur tient à la distinction de deux formes du *même* : c'est d'un côté l'identique, l'*idem*, qui s'oppose au changeant, au variable, et indique la permanence dans le temps : des exemples de cette invariance peuvent être les empreintes digitales, le Code génétique, ou les traits de caractère ; d'un autre côté, c'est l'*ipse*. L'*ipséité* est une autre forme de Soi qui se détermine dans le langage et nécessite l'introduction de l'*altérité*, d'un autre. Depuis les travaux d'Austin (Austin 1970) et de Searle (Searle 1972) sur les « actes de langage », les philosophes proposent d'identifier le Sujet d'abord dans certains énoncés, dits *performatifs*, énoncés qui accomplissent, en les disant, cela même qui est énoncé : c'est ce qu'on appelle du langage-acte. Par exemple, le Président d'un congrès va dire « j'ouvre le colloque » et cette formule vaut ouverture du colloque. Le « Je » qui prononce cette phrase performative est un sujet que l'on peut considérer « de l'extérieur » contrairement au *cogito* qui se situe dans un sujet impliqué dans lui seul lorsqu'il prononce « Je pense, donc je suis ». Cette forme d'identité qu'est l'ipséité, pour Searle et pour Ricœur, peut se repérer dans toute énonciation, c'est l'énonciateur, mais seulement dans la mesure où il s'adresse à un autre, que cet autre soit présent : « je te fais la promesse que… », ou supposé « je jure sur la Constitution que… ». C'est cela qui fait dire à Ricœur que « l'*ipséité* du soi-même ne se laisse pas penser sans l'autre, que l'une passe plutôt dans l'autre (…) ». Dans sa formule « *Soi-même comme un autre* », il ne s'agit pas d'une comparaison « mais bien d'une implication : soi-même en tant que…autre ». Il n'existe pas, pour Ricœur, d'identité, de « Je » transcendantal, mais une permanence du sujet à travers la multiplicité de ses expériences, une identité définie dans le rapport à l'autre, un « Je » incarné, avec un corps, une histoire, qui se construit avec l'autre. Insistant sur le rapport étroit du Sujet avec sa parole, il en viendra à définir ce qu'il nomme l'*identité narrative* qui transforme le hasard des expériences de la vie d'un individu en un destin qui fait sens.

Les études sur le développement des interactions précoces des bébés avec leur entourage ont montré à quel point l'émergence du premier noyau d'individuation se crée au sein de ces interactions, qu'un bébé seul ne pourrait pas se développer. On identifie aujourd'hui une fonction innée d' « attachement ». Si cette fonction est entravée dans son déploiement, l'enfant présentera de graves difficultés d'individuation et des troubles de l'identité.

L'adolescence, dans les sociétés modernes, est un temps particulier où s'éprouve l'identité. Dans les sociétés dites traditionnelles, ce temps est marqué par des rituels initiatiques qui font passer de l'âge d'enfant à l'âge d'adulte. Ces rituels sont parfois cruels et traumatisants, mais ils permettent aux jeunes de s'intégrer dans la société adulte. Dans nos sociétés, le jeune doit trouver en lui-même, dans ce que l'on appelle, les *années d'apprentissage*, comment maintenir une certaine idée de soi, son identité. Il reprend à son compte la vieille question du Bateau de Thésée : comment peut-il rester le même alors que son corps se transforme, son rapport au monde se modifie, sa pensée évolue ? Comment associer ces métamorphoses à une recherche de l'identique ? On trouve ici toute une série de situations psychologiques, parfois psychopathologiques, spécifiques de cet âge.

Les adolescents de parents ou de grands-parents immigrés, dits de « deuxième » ou de « troisième génération » vont se trouver confrontés à une double quête : quête de l'identité personnelle, comme tout adolescent, et quête de l'identité *culturelle* : à quelle culture, quelle tradition peut-il se rattacher, s'affilier ? Quel groupe est le sien ? D'autant que le jeune se trouve au carrefour de deux conceptions de l'individu :

- Dans la première acception de la réponse à la question « qui es-tu ? », l'individu se définit lui-même d'abord par ses *appartenances* : son lieu de naissance, ses parents, son groupe ethnique, comment *on l'appelle*.

- Dans la deuxième acception de l'identité, l'homme moderne se présente d'abord comme lui, individu, ses caractéristiques propres, ses opinions, ses goûts, etc.

Pour Descombes (Descombes 2013), il y a un renversement de perspective sur l'identité qui donne la primeur, à la définition de soi par les liens avec les autres, dans les sociétés traditionnelles et, à l'individu autocentré, auto-défini dans les sociétés modernes. Cette construction de l'identité moderne est récente et un certain nombre de jeunes ont en eux les deux perspectives que nous venons de décrire. Ils se situent dans un entre-deux culturel, qu'ils aient grandi à Kinshasa ou à Argenteuil, car les cultures ne répondent pas à une clôture, mais sont ouvertes aux transformations et à l'influence des autres cultures. L'approche sociologique qui s'intéresse à ces jeunes doit être transculturelle (Moro 2009, 2012, 2013).

Cette recherche de l'individualité peut prendre des allures inquiétantes, avec une rupture des liens sociaux la plus complète possible, comme c'est le cas pour ces jeunes Japonais qui pratiquent l'«Hikikomori» : affligés par le poids qu'ils ressentent de la société, ils s'isolent dans leur chambre et ne sortent plus de plusieurs mois, voire plusieurs années. Ils seraient plus de 200.000 dans cette situation et cette modalité de vie tend à gagner d'autres Pays, dont la France. L'usage qui est fait des réseaux sociaux sur internet nous montre bien la recherche compulsive de chacun à se distinguer par tel ou tel trait, aussi futile soit-il, et de s'assurer, ainsi, de son identité.

Il faut ajouter que ces questions sur l'identité se posent à toutes les sociétés, sous une forme ou une autre. Ainsi, la question moderne de l'identité génétique, qui se pose dès lors qu'il est facile d'établir la carte génétique d'une personne, évaluant par-là l'ensemble des gènes qui le constituent et donc le déterminent en partie, trouve son pendant chez les membres de sociétés traditionnelles. Reprenons les propos de Claude Lévi-Strauss, qui introduisait son séminaire interdisciplinaire au Collège de France sur l'*identité,* lors de l'année universitaire 1974-75 en faisant remarquer que « l'on connaît, notamment en Indonésie, des sociétés qui croient en des 'âmes' innombrables logées dans chaque membre, chaque organe, chaque jointure du corps individuel ; le problème est alors d'éviter qu'elles ne s'échappent, de vaincre leur tendance constante à la dispersion. Car seulement à la condition qu'elles restent ensemble, l'individu conservera son intégrité. Envisagée d'un point de vue philosophique, dirait-on volontiers, statistique, cette conception d'une identité n'offre-t-elle pas une lointaine ressemblance avec celle, inspirée par la biologie moderne, pour qui l'identité résulte, en fin de compte, du comportement de milliards de neurones, sans qu'on ne puisse jamais prévoir si tel ou tel d'entre eux réagira ou non à une stimulation donnée ? » (Lévi-Strauss 1983).

Ainsi, l'identité dont nous venons de parler à résonance philosophique, psychologique et sociologique est une représentation parmi d'autres, qui nous viennent par exemple de la biologie, de la génétique, des croyances, des mythologies.

Identité / altérité : Moi et l'étranger

Cependant, il nous faut en venir à présent à la seconde attribution d'identité, que nous avons nommée au passage sous les termes d'*identité sociale*, puis d'*identité identitaire*.

Cette nécessité correspond au fait que toute identité, aussi isolée, solipsiste, individualiste soit-elle, se confronte immédiatement à l'autre qui n'est pas soi, qui n'est pas identique, qui est, pour Ricœur, une forme d'interlocuteur essentiel à la définition de l'identité. Même la génétique ne peut nous assurer complètement d'une identité qui ne serait pas construite dans un rapport à l'autre, comme en témoigne par exemple l'évolution toujours différenciée des jumeaux monozygotes (Pons et coll. 2006, Zazzo 2009).

Dominique Schnapper (Schnapper 1998) considère deux formes élémentaires de relation à l'autre. Dans la première forme, ce qui est mis en avant, c'est la différence. L'Autre est autre que moi. Cette différence débouche le plus souvent vers une hiérarchisation de la relation, Moi en haut et l'Autre en bas. C'est en même temps une reconnaissance de la diversité. L'auteur cite l'exemple de la *Home Rule* appliquée par les Britanniques pour gérer leur Empire colonial, qui admet les spécificités locales, nomme souvent des « gouverneurs » issus des chefferies traditionnelles, mais à la condition que le pouvoir du colonisateur ne soit pas remis en cause. Ce *différentialisme* peut déboucher, à l'extrême, sur la xénophobie, le racisme, ce que Lévi-Strauss, dans *Tristes Tropiques* (Lévi-Strauss, 1949) avait qualifié d' « *anthropoémie* », c'est-à-dire l'expulsion hors du corps social des *autres*.

La deuxième forme de relation à l'autre repose sur l'universalisme, l'unité du genre humain. Robert Antelme parlait de l'Espèce humaine. Ce sont les formules généreuses telles que « tous les hommes sont égaux », « tous les hommes sont semblables », qui rejoignent les idéaux républicains inscrits aux frontispices de nos édifices. L'Autre est un autre soi-même. Cette position peut, en même temps, aboutir à une négation des différences, des inégalités, de la diversité. Cette forme passe alors par un effort d'assimilation de l'autre à soi-même, on peut parler d'*assimilationisme*. Une politique assimilationniste se fera au détriment des spécificités linguistiques, culturelles, traditionnelles de l'autre dans l'idée de l'absorber dans mes propres représentations du monde.

La rencontre de l'autre est la rencontre de l'étrange et de l'étranger. Le terme, tiré du latin *extraneus* (extérieur, du dehors). La conscience, la réflexion de soi est toujours porteuse d'un sentiment d'étrangeté, qui nous rend, plus ou moins, *étrangers à nous-mêmes* (Kristeva J. 1988).

Ennemi à abattre, l'étranger a fait l'objet d'une construction et d'une acceptation progressive, du fait des doctrines philosophiques, religieuses, politiques. Mais la figure de l'étranger est projetée, aujourd'hui, sur le devant de la scène sociale, venant percuter, faire violence à l'individualisme. Le fantasme d'une société sans étrangers est manipulé pour devenir projet politique.

L'étranger en nous-mêmes correspond à des parties, des territoires intimes auxquels on se refuse : une petite difformité, une douleur, un malaise, un comportement à désavouer…Une partie de nous-mêmes est livrée au processus qui concerne toujours l'étranger : la *déshumanisation* : ceci n'est pas humain, ne correspond pas exactement à la représentation que j'ai de ce que c'est qu'un être humain. Je le considère comme extérieur à moi, même si c'est une partie de moi : mon nez, mon poids, ma taille, ma tendance à m'énerver…Cela relève de l'empire de l'autre, de l'extérieur, de l'étrange et de l'étranger. C'est particulièrement le cas lors de maladies dites « auto-immunitaires » au cours desquelles les défenses immunitaires ne reconnaissent plus comme appartenant au *Soi* le « Moi biologique ».

Un auteur comme le psychanalyste et anthropologue Georges Devereux (Devereux 2009), reconsidère la définition de l'identité : c'est, pour lui, le cœur de l'intime, que chacun essaie de protéger, qui relève d'une sorte de secret. Pourquoi ce secret ? Le risque est que les autres, s'ils découvrent l'identité d'un individu, seront tentés de le restreindre, le soumettre, le dévorer, le voler. Il s'appuie sur les fantasmes de ses analysants pour montrer cela, mais aussi par de multiples exemples tirés de la sociologie (le comportement des personnes sous un régime autoritaire) ou de l'anthropologie (La peur de l'anéantissement, d'être dévoré, de se faire voler son âme, qui sont des thèmes forts dans certaines cultures). La peur de l'anéantissement se trouve parfaitement justifiée par le fait qu'avoir, dans son identité, la qualité d'être juif a entraîné, pour des millions de personnes lors de la Seconde Guerre mondiale, l'anéantissement. Devereux savait bien cela (Devereux 2009 :1) puisque, né en Roumanie dans une famille juive, il émigra en France à l'âge de 18 ans, en 1926 et prit la religion catholique (camouflage ?) et 2) parce qu'en 1938, sans doute en raison de l'attitude du gouvernement et de l'administration française durant cette période, il émigre à nouveau, cette fois aux États-Unis et ne reviendra en France qu'en 1963.

Pour Devereux, la majorité des humains utilise beaucoup de leur énergie, consciente et inconsciente, à *camoufler* leur *identité*. Certains, plus en difficulté, *renoncent* à leur identité. Le camouflage de l'identité est connu depuis l'antiquité. Le mythe de Protée nous en apporte le témoignage, dans l'*Odyssée*. Protée est une divinité marine, le gardien des phoques, il sait tout du présent de l'avenir et du passé. L'histoire se situe après la Guerre de Troie racontée dans l'*Iliade*, par Homère. Ménélas, le père d'Hélène et le frère d'Agamemnon, lors de son retour à Sparte, veut savoir de Protée ce qui s'est passé lors de la navigation de la flotte des Achéens depuis Troie ; pour se faire, il l'attrape et le tient, serré, malgré toutes les transformations du dieu protéiforme : en lion, en serpent, en léopard, en eau, en arbre ; à la fin, le dieu révèle sa vraie identité et lui raconte la mort d'Agamemnon, et celle d'Ajax le Petit. Un autre exemple est bien sûr l'Enéide, texte qui raconte le retour de Troie du jeune héros Enée et comment il a fondé le Lavinium où sera construite la ville de Rome. À de nombreuses reprises, les personnages usent de magie pour se métamorphoser et, ainsi, s'échapper ou tromper leurs adversaires.

Devereux fait de l'identité une construction progressive initiée par le bébé et poursuivie tout au long de la vie, qui reconnaît une dimension spatiale dont le premier élément est le schéma corporel et une dimension chronologique, qui assure le sentiment de continuité dans le temps. La crainte pour l'individu est que cette identité ne soit « fixée ». Un fait divers porté à l'écran par Xavier Giannoli *A l' Origine,* montre bien cette problématique du camouflage de l'identité chez le personnage central et de la fixation possible, par les autres, de ce même homme à une identité préformée : il s'agit d'un homme qui emprunte des identités pour gagner sa vie, ce qui l'oblige à fuir en permanence, et qui va devoir endosser l'identité d'un représentant d'un groupe de construction, d'une autoroute, parce qu'il est touché par l'attente des gens embauchés puis débauchés par ce groupe, au chômage depuis, et qui le reçoivent comme l'homme providentiel. De même, les livres et films tirés de la thématique des personnalités multiples reprennent le mythe de ¨Protée¨ sous une forme contemporaine. Pour Devereux, avoir une identité et le reconnaître en soi est la condition pour se comprendre et, en même temps, comprendre l'autre. Les deux sont les côtés de la même pièce, conditionnant ce que l'on nomme à présent l'*empathie*.

Pourtant, Rimbaud nous a bien prévenus : « *Je est un autre* ». Le poète l'a vécu en s'exilant une partie de sa vie à l'étranger. L'expérience première du bébé est d'établir un contact, une interaction, un dialogue avec cet autre qui est sa mère, son père, tous ceux qui forment son entourage. Il est dépendant de ces autres et construit sa petite personne dans un va-et-vient permanent entre eux et lui. Si cette interaction, ce *passage* ne peut s'effectuer, la négligence ou la maltraitance plongent le bébé dans le marasme. Cette *obligation de l'autre* est intriquée, tressée avec le chemin qui mène à l'identité.

Sinon, c'est Meursault qui tue 'l'étranger', dans un moment de perte pure de toute attache à l'autre comme construction, l'autre déconstruit, l' « Arabe ».

La construction sociale actuelle de l'étranger est administrative et juridique : l'étranger est celui qui n'a pas la citoyenneté du pays qu'il habite. Nous verrons que citoyenneté et identité française ne se superposent pas forcément. Cela offre à l'étranger une *forme statutaire*, même s'il est « sans-papiers ».

Les Grecs, à l'époque archaïque, considéraient comme un délit religieux le fait de maltraiter un étranger devenu leur hôte. Un homme, le *proxène*, avait pour rôle de faire l'intercesseur entre l'étranger et la population des Argolides. Ceux qui ne font que passer suscitent la méfiance, ceux qui s'installent, les résidents ou *métèques*, sont protégés : ils passent sous la protection d'un patron, le *prostate*. (Kristeva 1988 : 72-73). Ils n'acquièrent cependant pas la citoyenneté grecque, ils restent des non-Grecs. La loi de Périclès, 451 av. J.C., précise l'exigence, pour tout citoyen, de justifier d'une double ascendance athénienne, paternelle et maternelle (Kristeva 1988 : 74). Les non-Grecs sont alors désignés comme *Barbares*, c'est à-dire ceux qui ne parlent pas la langue ou la parlent mal. Ceux qui s'installent, paient la taxe, restent inférieurs aux citoyens, mais ne sont pas des esclaves. Ils peuvent devenir des personnes importantes de la Cité, tel Aristote né à Stagire, en Macédoine. On peut considérer que cette institution des Métèques était une mesure politique et démographique moyenne, permettant d'éviter à la fois le cosmopolitisme et la xénophobie (Kristeva 1988 : 80).

Les Stoïciens seront les précurseurs de l'individualisme et de l'humanisme. Ils considèrent que tout être vivant repose sur le principe de l'*oikeiôsis*, c'est-à-dire la saisie permanente de soi-même, une connivence du sujet avec lui-même. Ce principe est, pour les Stoïciens, universel. Ainsi, Chrémès déclare : « Je suis homme : j'estime que rien de ce qui est humain ne m'est étranger. » (Kristeva 1988 : 84-85). L'époque est marquée par un cosmopolitisme tolérant. Les notions de Barbare et même d'esclave sont remises en question par les penseurs. Mais cela reste une utopie. Le sens d'étranger se modifie : est étranger, celui qui ne respecte pas les lois de la cité. La Grèce hellénistique continuera de distinguer les *étrangers à la cité* et *les étrangers au monde grec,* des Grecs. De grandes cités cosmopolites sont établies, comme Alexandrie, mais même là, les étrangers n'appartiennent pas à la cité. Ainsi, l'exemple grec nous montre un accueil des étrangers qui ne se double pas d'une assimilation, d'une « intégration », l'absence de la naturalisation, mais une politique qui, du fait de l'extension de la culture grecque, tend vers le cosmopolitisme tout en posant à part la citoyenneté.

Identités « plurielles » ?

Un seul individu peut-il avoir plusieurs identités ? La question se pose de deux façons :

- Un individu peut appartenir à tel groupe ethnique, avoir telle religion, faire tel travail, être affilié à tel groupe politique, être homosexuel et porter un grand intérêt à sa famille et à ses amis. On peut ajouter qu'il joue de la musique dans un groupe qui se réunit tous les week-ends et qu'il s'entretient dans un club de fitness. Il est facile de concevoir qu'à chaque fois, lorsqu'il est confronté à l'autre, telle ou telle part de lui va se mettre en avant. Certaines de ces *affiliations* peuvent d'ailleurs être contradictoires et le mettre dans des situations inconfortables.

- La deuxième situation n'est pas liée aux affiliations, mais à la filiation. C'est la figure du *Métis*. Ce terme, qui est le nom de la déesse de la sagesse et de la ruse, une Océanide, fille d'Océan et de la déesse marine Thétys, première épouse de Zeus, signifie au départ « le conseil, la ruse ». Comme il a appris que les enfants qu'il aurait d'elle se retourneraient contre lui, Zeus l'avale. Du fond de ses entrailles, elle continuera de lui prodiguer des conseils, afin qu'il puisse discerner le bien du mal. Mais le mot puise son étymologie dans le latin *mixtus*, qui signifie mélange. La définition oblige alors à une gymnastique sulfureuse puisque les éléments mélangés sont : deux *races* ? Deux *ethnies* ? Quelle est alors l'identité du métis ?

La première situation tendrait à la conclusion qu'il existerait plusieurs identités dans une personne : *l'identité* religieuse, l'identité sexuelle, l'identité professionnelle, etc. Certes, le même individu peut montrer des facettes différentes de sa personne, dans les circonstances diverses de sa vie. Mais s'il le fait de façon trop marquée, il sera traité de « *fake* », de poseur, on mettra en question sa sincérité. La psychiatrie reconnaît comme rares les cas de dédoublement de personnalité ou de personnalités multiples, qui font le bonheur des écrivains de thrillers. Comme le précise Amin Maalouf, dans *Les Identités meurtrières* (Maalouf 1998) : « L'identité ne se compartimente pas, elle ne se répartit ni par moitiés, ni par tiers, ni par plages cloisonnées. Je n'ai pas plusieurs identités, j'en ai une seule, faite de tous les éléments qui l'ont façonnée, selon un 'dosage' particulier qui n'est jamais le même d'une personne à l'autre…En tout homme se rencontrent des appartenances multiples qui s'opposent parfois et le contraignent à des choix déchirants ». L'identité n'est pas fixée une fois pour toutes, elle se construit, évolue, mais reste une. Le fleuve Congo est toujours le fleuve Congo alors qu'à chaque minute ses eaux changent et s'écoulent. La diversité, qui est la règle dans nos sociétés modernes, nous reviendrons sur ce point plus tard, elle se retrouve aussi au cœur de l'identité individuelle, elle fait partie de sa « composition ». Le Whisky peut être pur malt, mais la plupart du temps, il est *blend*. On sait la folie et la violence que déclenche la course à la race pure, ce qui n'empêche pas le racisme de poursuivre sa trop longue carrière parmi nous.

Voilà qui nous introduit à la seconde occurrence, celle du Métis. Même si le terme est ancien, avéré dès le XIII° siècle, il va connaître son essor dès qu'il est lié à la colonisation. Comme le précise Jonathan Ahovi (Ahovi 2007 : 213) : « Le projet à l'origine des enfants métis est une transgression. Cette transgression est délibérée parce que l'homme ou la femme qui choisit un partenaire sexuel dans un autre groupe que celui de ses parents désobéit et le sait. » Plus loin dans son texte, l'auteur évoque les viols de guerre pour nuancer cette notion de choix délibéré, mais souligner d'autant plus le *caractère transgressif* du métissage. Aujourd'hui, c'est-à-dire dans le temps d'après la décolonisation, les métis sont les fruits des mouvements migratoires et gardent leur caractère singulier. Reprenant les termes d'Edgard Morin sur la « Beurrerie », Ahovi évoque le pays des métis, le « *Métisland* » qui n'est pas « ...une province française, mais une province qui n'est pas territorialisée. » (Ahovi 2007 :215). Le plus célèbre métis est maintenant Barack Obama, élu deux fois Président des États-Unis.

Comme le souligne Dominique Rolland (Rolland 2007 : 199) « Les années 90 ont vu fleurir le mot métis à toutes les enseignes : musiques métisses, cuisines métisses, littératures métisses.... (La) France *black blanc beur* annonçait, avec l'usage répété de ce mot, des lendemains d'harmonie, d'équilibre entre mélange et diversité, garants d'humaine fraternité. Métis, métissage, l'adjectif et le nom semblaient porteurs de valeurs nouvelles signant la définitive mise à mal de l'hydre raciste. ». Hypothèse populaire appelée à faire long feu, Elle rappelle à quel point les métis, au cours de l'histoire, ont été ostracisés, rabaissés, et mentionne le sens de métis/métisse comme tissu, toile dont la chaîne est en coton et la trame en lin pour citer (Rolland 2007 :199-200) Michel Pastoureau, dans son livre *L'étoffe du diable, une histoire des rayures et des tissus rayés* (Pastoureau 1991) qui lui-même fait mention de cette phrase de la Bible : « Tu ne porteras pas de tissu qui soit fait de deux matières ».

Comment définir le métis ? Aujourd'hui où l'usage du mot *race* est d'un emploi suspect, on le remplace (Larousse) par « origine ethnique ». Ce terme d'ethnie n'apparaît que dans la deuxième moitié du XIX° siècle. Il est, pour Max Weber un *sentiment*, celui de partage d'une ascendance commune, que ce soit du fait de la langue, des coutumes, des ressemblances physiques ou de l'histoire. Mais citons à nouveau Amin Maalouf, arabe chrétien du Liban, il parle bien sûr l'arabe, sa langue maternelle (Maalouf 2007 : 23-24). Voici ce qu'il écrit : « Lorsqu'on se trouve en Asie centrale, et qu'on rencontre un vieil érudit au seuil d'une *medersa* timuride, il suffit de s'adresser à lui en arabe pour qu'il se sente en terre amie, et pour qu'il parle avec le cœur comme il ne se hasarderait jamais à le faire en russe ou en anglais. ». Ainsi, la langue ne suffit pas à faire ethnie.

Qu'est-ce qu'une ethnie, pour les anthropologues ?

L'anthropologue Marc-Eric Gruénais (Gruénais 1986) s'essaie à traiter cette question, citant entre autres le remarquable essai de Jean-Loup Anselme et Elikia M'Bokolo : *Au cœur de l'ethnie. Ethnies, tribalisme et État en Afrique* qui déconstruisent cette notion au profit de la notion d'espaces sociaux. En effet, comme le rappelle Jean Copans (Copans 2010 : 71), si « Le *groupe ethnique* a d'abord été un équivalent de la société tribale ou de la tribu, c'est-à-dire le terme générique qui désigne une société de petite taille aux traditions orales, le « terrain » par excellence de l'anthropologue,…l'usage d'*ethnie* est plus récent et passe par le détour de l'ethnicité, la conscience de l'identité « ethnique »…Ce sont les administrations coloniales qui ont inventé les ethnies en catégorisant et différentiant officiellement des groupes aux frontières mouvantes et aux *identités plus relationnelles que traditionnelles.* ». On pourrait ajouter, avec Gruénais, que le post-colonialisme a été marqué, via le nouvel ordre économique et politique, par la réification de certaines « ethnies » de façon artificielle, parfois pour leur plus grand malheur : que l'on pense aux Tutsis et aux Hutus du Rwanda, des ethnies qui partagent pourtant la même culture, la même histoire, le même espace géographique et la même langue ! (Gruénais 1986 : 358).

Au fond, l'ethnie, comme la race sont des termes qui ne relèvent pas de définitions assurées et définitives et qui sont pourtant instrumentés par les pouvoirs, les politiques : diviser pour mieux régner. Les métis sont, souvent à leur corps défendant, les témoins de la subversion de cette division. Ils l'ont payé durement dans les endroits et aux moments historiques où leur nombre posait problème. Dominique Rolland (Rolland 2007 : 201) cite le cas des enfants nés de l'union d'un Européen et d'une Annamite, souvent un militaire et une femme du peuple. L'enfant de la femme, restée seule, devient un *bâtard*, c'est-à-dire un être sans statut. S'il est reconnu par son père, selon que celui-ci soit marié avec sa mère ou en union libre, il sera citoyen français ou *indigène*. Dès 1886, des sociétés d'aide aux métis abandonnés apparaissent. Ce terme d'*Indigène* a désigné une catégorie d'êtres humains fixés par un droit spécifique, pendant le temps des colonisations françaises. Rappelons ici les mots de Franz Fanon, qui exerça comme psychiatre à l'Hôpital de Blida (Joinville) : « Si la psychiatrie est la technique médicale qui se propose de permettre à l'homme de ne plus être étranger à son environnement, je me dois d'affirmer que l'Arabe, *aliéné permanent dans son pays*, vit dans un état de *dépersonnalisation absolue* (…). La *structure sociale* existant en Algérie a été hostile à toute tentative de rendre l'individu à son lieu d'origine. » (Fanon 2001 : 60, cité In Bhabha 2007 :86).

Identités collectives

Il s'agit à présent de passer du « Qui es-tu ? » et du « Qui suis-je ? » au « Qui sommes-nous ? ». Hegel parlait d'un mouvement par lequel un « moi » en vient à coïncider avec un « nous » (Descombes 2013 : 219-220). Encore faut-il que ce « nous » s'identifie, soit individué c'est-à-dire qu'il réponde à un *critère d'identité*.

Reprenons le texte de Bhabha sur Fanon (Bhabha 2007 : 100) : « (...) L'identification, l'identité n'est jamais un *a priori* ni un produit fini ; ce n'est jamais que le processus problématique d'accès à une image de totalité. ». L'identité est donc un processus et non un état, une construction permanente, et c'est particulièrement le cas de l'identité collective. C'est, en même temps, comme une mayonnaise qui prend et l'image de totalité implique une représentation à laquelle chacun du groupe s'identifie. On passe alors de l'identité processus à l'identité idéale. Le nous s'individue, selon la formule d'Edmond Ortigues, comme *Personne morale complexe*. Le « moi » n'a pas de pluriel et le « nous » n'est pas une addition de « je », c'est, nous dit Descombes (Descombes 2013 : 221), un « je » dilaté, accru et de contours vagues. Mais il faut tirer plus loin les remarques des linguistes, qui ne sont pas dénuées d'importance. En effet, ils distinguent entre deux acceptions du terme « nous », deux usages :

- Le premier a un sens *inclusif* (moi, toi et donc *moi et vous* face à *eux*)
- Le second a un sens *exclusif* (*moi et eux* face à *vous*)

En disant « nous », le locuteur prend position face à son interlocuteur. Descombes (Descombes 2013 : 222) précise : « Il ne s'agit nullement de distinguer une forme qui serait ouverte à autrui d'une autre qui serait fermée, car l'une et l'autre formes doivent faire passer quelqu'un d'autre que le locuteur du côté du 'moi' pour composer à cette occasion le 'nous'. Si le sujet parlant s'adresse à son locuteur sur le mode *inclusif*, cela veut dire que tous les individus réunis dans le 'nous' sont présents à l'acte de parole : les personnes concernées sont donc alors 'moi' qui parle et 'vous' à qui je m'adresse. En revanche, si le sujet parlant s'adresse à son interlocuteur sur le mode *exclusif*, il indique par-là que les autres membres du 'nous' sont absents de l'acte de parole, qu'ils se taisent, ou qu'ils ne sont pas présents physiquement : dans l'un et l'autre cas, ils sont *représentés* par le locuteur. ». Notons que l'emploi du 'nous' inclusif peut être contesté sur le champ. Pour réunir les individus qui composent le 'nous' collectif, il faut...Un contrat social ? Sûrement pas sur le mode d'une réunion de sociétaires. Rousseau va préciser sa pensée concernant la société organisée en nation : certes, il y a un contrat entre des individus indépendants, chacun d'eux étant pleinement conscient de son appartenance à ce groupe dans lequel il *se* reconnaît et dont il reconnaît les *habitudes collectives* ; le collectif est une personnalité morale, mais, pour le philosophe des Lumières, le législateur doit prévoir l'éducation civique des citoyens, la reconnaissance des *mœurs*, des *coutumes*, de l'*opinion*, mais aussi l'*éducation des enfants* (Descombes 2013 : 230). Et il ajoute une dimension anthropologique : celle du temps et de la succession des générations, qui englobe au 'nous' collectif les enfants, adultes en devenir. Le «'nous' implique donc une dimension synchronique (le lien entre les individus) et une dimension temporelle, diachronique. C'est cela qui peut faire « cité », « nation ».

La relativité structurale de telle ou telle identité collective implique (Descombes 2013 :241) « qu'il faut deux repères pour identifier un groupe social : un groupe d'appartenance (A) et une segmentation de ce groupe en deux sous-groupes au moyen d'une opposition distinctive : sous-groupes (B) et (non-B). Il appartient alors à l'individu (AB) de discerner quelles sont les situations dans lesquelles son 'nous' s'adresse à des (A) et forme donc l'identité collective comme celle des (A) autour d'un locuteur qui s'inclut dans le groupe (A), et quelles sont les situations dans lesquelles il parle à ses interlocuteurs comme un (B) s'adressant à des gens qui sont pour lui des (non-B). »

On peut donc parler d'une *relation hiérarchique* ou d'une relation *équistatutaire* entre les deux groupes, (A) et (B). Prenons l'exemple d'un Français (A) handicapé (B) : individu AB. Lorsqu'il se rend au bureau de vote, l'individu handicapé est Français (A). Lorsqu'il organise une motion pour défendre l'accessibilité aux handicapés, il est handicapé parlant à des non-handicapés (B et non-B). L'appartenance au groupe (A) est placée au-dessus de l'appartenance au groupe (B). Mais l'appartenance au groupe (B) nécessite, structuralement, de se placer dans le cadre plus large du groupe englobant (A). Si (B) se met au même niveau que (A), il doit faire sécession et deux groupes englobants se constituent. C'est la position d'un communautarisme qui ne reconnaîtrait pas le caractère englobant de la République. C'est-à-dire que le groupe (B), minoritaire, prend une valeur qui le place au-dessus du groupe englobant (A). La reconnaissance par le groupe (A) du groupe (B) est une chose, si elle se fait de façon *équistatutaire :* les handicapés doivent avoir les mêmes droits, les mêmes accès que les autres, ainsi, le groupe des handicapés est reconnu par ses différences, mais cela débouche sur le projet de faire disparaître ces différences par des aménagements législatifs, administratifs, matériels, etc. Si les handicapés attendaient du groupe (A) qu'il attache une *valeur* à leur différence, ils réclameraient alors un rang, une reconnaissance *hiérarchique*. Or, Dumont le souligne : « (…) Je soutiens ceci : si les avocats de la différence réclament pour elle à la fois l'égalité et la reconnaissance, ils réclament l'impossible. » Ce qui signifie (Descombes 2013 : 233) qu'il faut choisir entre reconnaître l'autre en tant qu'il est un être humain comme moi, d'une reconnaissance *équistatutaire*, égalitaire, ou bien reconnaître l'autre *en tant qu'autre* que moi, d'une reconnaissance *hiérarchique* qui lui assigne une autre valeur qu'à moi. On voit facilement quels types d'interprétations erronées peuvent être faits de cette distinction, dans tous les sens possibles.

La forme de l'identité nationale sur un territoire donné est, semble-t-il à Mauss, la plus adéquate des formes de regroupement des êtres humains (groupe (A)). La tension de l'adhésion de l'individu au collectif irait, idéalement, vers une collectivité *universelle*, mais (Dumont 1966) cela reste une utopie et, pour se réaliser, s'individuer, s'identifier, le collectif a besoin de lois et d'un territoire, une forme, un contenant.

Nous reviendrons sur ce qui répond à la définition de l'*identité nationale*. Toute société humaine se donne une représentation d'elle-même. Mais elle le fait dans son rapport à son être propre, et en en même temps se rapporte au monde extérieur « par l'opposition distinctive même dont elle se sert pour se définir et pour s'adresser à d'autres sociétés. » (Descombes 2013 : 243). Mais « où la règle qui fixe les conditions de l'appartenance au même corps politique est-elle énoncée ? Pour les démocraties, c'est dans la constitution ». Mais qui a fixé cette règle ? On peut parler, bien sûr, d'une assemblée constituante, en France, des acquis de la Révolution, des fondements de la République. Mais « s'il est possible de réunir une assemblée des citoyens et d'organiser une délibération commune sur la politique – la règle – à suivre, c'est parce qu'il y a déjà une vie sociale, celle d'une société *instituée*. » Ici, suivant Descombes (Descombes 2013 : 246-247), nous pouvons citer Cornelius Castoriadis : « (…) Le pouvoir premier dont tous les autres dépendent, (…) c'est le pouvoir *instituant*. Celui-ci n'est ni localisable ni formalisable, car il relève de l'imaginaire instituant. La langue, la « famille », les mœurs, les « idées », une foule innombrable d'autres choses et leur évolution échappent, pour l'essentiel à la législation (…) ». Par exemple, la constitution ne crée pas la langue dans laquelle elle est écrite ou formulée. Et cette « coutume », « langue » « tradition » n'est pas fixée une fois pour toutes, elle évolue et se réinvente à chaque génération, elle ne peut être transmise que dans l'altération créative. Cela a été largement documenté par les ethnologues pour les sociétés dites « primitives » qui transmettent la loi par les mythes des « origines ». Ces mythes sont racontés par les « chamanes », mais à chaque interlocuteur le mythe est un peu différent. Par exemple, il incorpore des réalités nouvelles, ce qui donne lieu, si un bateau accoste pour la première fois le rivage où vit la tribu, au *culte du cargo*, qui aurait transporté le héros fondateur alors qu'auparavant il était arrivé, par exemple, dans le bec d'un dieu-aigle (Lawrence 1974). C'est ce qui fait qu'une culture est toujours *ouverte*.

L'identité française

La France est, de nos jours, traversée, secouée par des tensions concernant l'identité du Pays, l'*identité nationale*. Les amalgames, les réactions émotives, les manipulations par certains partis gênent les discussions saines sur cette notion d'identité nationale. Face aux dangers du *communautarisme*, les uns se raccrochent aux lois fondamentales qui fondent la République et le citoyen, les autres ne rêvent que de chasser les « étrangers » et de fermer les frontières. À la veille des élections présidentielles, au lendemain des attentats qui ont marqué la France, les candidats sont sommés de donner leurs programmes en matière de sécurité et d'immigration. La question de l'identité nationale est pesée aujourd'hui à l'aune de la xénophobie, d'un racisme renaissant et de la peur de l'islam, qui a donné naissance à un nouveau terme : l'*islamophobie*. Cela nous indique des confusions entre appartenances religieuses, appartenances communautaires, appartenances nationales...

En Avril 2007, Nicolas Sarkozy avait annoncé, pendant la campagne électorale, en tant que candidat à la Présidence, qu'il créerait un Ministère de l'Identité nationale. Jérôme Valluy (Valluy 2008) fait remarquer que cette annonce avait été prise comme un argument de campagne, mais la composition du Gouvernement, le 18 mai 2007, venait confirmer l'intitulé du nouveau Ministère : de l'*Immigration*, de l'*Intégration*, de l'*Identité nationale* et du *Codéveloppement*. Les attributions de ce Ministère allaient être vite précisées lors de sa parution au Journal Officiel par Décret du 31 mai 2007 dont l'article 1 énonce que :

« Le ministre (...) prépare et met en œuvre la politique du gouvernement en matière d'immigration, d'asile, d'intégration des populations immigrées, de *promotion de l'identité nationale* et du codéveloppement. De la politique d'attribution des visas. »

La création de ce ministère, très controversée, va soulever de nombreuses protestations, de la part des Associations, des Universitaires, des Chercheurs. Huit historiens démissionnent de la Cité nationale de l'histoire de l'immigration. Les anthropologues participent à cette bronca, ainsi que les sociologues. La lettre de cadrage du 9 juillet 2007 enfonce le clou (Valluy 2008 : 10) en précisant ses missions au ministre (Brice Hortefeux) :

« Il ne saurait par ailleurs y avoir d'*immigration maîtrisée* si notre pays n'est pas capable de lutter contre l'immigration illégale. Vous renforcerez donc les moyens techniques mis en place depuis 2002 pour lutter contre l'immigration illégale, en particulier la *biométrie*. Vous poursuivrez la politique de lutte contre les filières d'immigration illégale et de travail clandestin et vous prendrez les dispositions nécessaires pour simplifier considérablement les *procédures d'éloignement*. Vous vous fixerez des *objectifs exigeants* en termes de *reconduite à la frontière*. Les régularisations seront mises en œuvre *au cas par cas*, à titre exceptionnel, uniquement si des raisons humanitaires le justifient. »

La chasse aux « sans-papiers » est ouverte, les quotas sont chiffrés, les charters sont prêts à décoller ! « Cette année -2009- le tribut demandé par le Minotaure a été lourd : 29 796 étrangers en situation irrégulière (reconduits) » (Lachal 2009) Le but premier de ce Ministère est donc le contrôle serré des flux migratoires. Mais *quid* de l'*identité nationale* ? On voit bien que cette notion, dans l'esprit de ce ministère, s'articule entre les 'nous' et les 'autres', dans la recherche d'une identité collective, d'une cohérence qui ne pourrait se définir que par la différence. Mais comme le chiffre de personnes étrangères – ou d'origine étrangère- qui se trouvent sur le sol français ne peut être égal à zéro, à moins de pratiquer la politique de *remigration* préconisée par les théoriciens d'une frange ultra droitière, il reste nécessaire de définir comment on est Français et comment on le devient. Il est donc important de trouver des *critères positifs* pour définir cette identité. Mais comme il s'agit d'une identité nationale, il nous faut également définir le terme de *nation*.

Au soir de son élection, le nouveau Président déclarait : « *Je veux remettre à l'honneur la nation et l'identité nationale. Je veux rendre aux Français la fierté d'être Français. » Mais la première définition qu'il donne est en négatif, en rapport au sujet de l'immigration : «la France exaspérée par la contestation de l'identité nationale, par une immigration non maîtrisée, par la fraude, par les gaspillages ». Sa définition positive du terme reste vague, émotionnelle : « La France, ce n'est pas une race, pas une ethnie. La France, c'est tous les hommes qui l'aiment, qui sont prêts à défendre ses idées, ses valeurs. »*

À mi-mandat, il charge son second ministre de l'Immigration, Eric Besson d'une grande enquête-débat pour obtenir une définition, fixer le cadre : "J'ai *envie* de lancer un grand débat sur les valeurs de l'identité nationale, sur ce qu'est être Français aujourd'hui", déclare le ministre au Monde, le 26 Octobre 2009. Ce n'est pas vraiment une *envie*, c'est un ordre de la présidence auquel il obéit. Ce débat sera organisé par les Préfets et se conclura sur un colloque de synthèse. Les débats organisés par les Préfets, entre deux et trois cents, ne feront guère recette : moyenne de 100 personnes. Le débat est également ouvert sur internet, ce qui occasionne des protestations et des dérapages nombreux. Dans son éditorial du 16 décembre 2009, le journal *Le Monde* déclare que « la discussion a été engagée sur une base dangereuse et condamnable en associant […] identité nationale et immigration » (Jeannot 2011 :63). Il y aura environ 50.000 participations sur le site internet. Jeannot et coll. proposent l'utilisation de ce matériel, dans le cadre qui les intéresse : la *langue*. La langue française apparaît à une place privilégiée dans les occurrences des mots utilisés par les internautes pour définir l'identité. Rappelons l'histoire : par l'*Ordonnance de Villers-Cotterêts* édictée par François 1er le 15 août 1539, le français devient la langue de l'administration et du droit, au détriment du latin et des langues régionales. C'est en 1634 qu'est fondée, par Richelieu, sous le règne de Louis XIII, l'Académie Française. C'est le Français parlé par le Roi et sa Cour qui sert de modèle. Au temps de la Révolution, l'Abbé Grégoire, en 1794, publie son « *Rapport sur la nécessité et les moyens d'anéantir les patois et d'universaliser l'usage de la langue française* ». Mais la philosophie des Lumières insiste plutôt sur la volonté du « vivre ensemble » (Jeannot 2011 : 66). Sur cette question de la langue nationale et des langues régionales, on peut reprendre ici la chanson de Morvan Lebesque, interprétée par le groupe Tri Yann, citée par Jeannot et coll. (Jeannot 2010 : 75) et intitulée « *La découverte ou l'ignorance* ».

J'ai longtemps ignoré que j'étais Breton...
Français sans problème,
Il me faut donc vivre la Bretagne en surplus
Et pour mieux dire en conscience...
Si je perds cette conscience,
La Bretagne cesse d'être en moi.
Si tous les Bretons la perdent,
Elle cesse absolument d'être...

Retenons donc que le butin ramassé par ce « débat » sur l'identité française fut plutôt maigre et que le rapport de synthèse ne sera jamais publié, remplacé par un « séminaire gouvernemental ». Mais plusieurs sondages montraient l'importance de la langue pour les Français.

Essais de Définitions de l'Identité Française.

On peut différentier deux types de critères, que nous appellerons positifs, *constituants,* car inscrits dans la Loi et des critères *instituant*, qui définissent de façon plus empirique, les racines de l'identité.

Les critères de droit ont varié au cours de l'histoire. Ils répondent en principe à la question : comment peut-on prouver sa nationalité française ? C'est-à-dire comment l'obtient-on ? Par la filiation (*jus sanguinis*), la naissance sur le sol (*jus soli*), le mariage ou la résidence, ou encore par la naturalisation ?

La nationalité par filiation (*jus sanguinis*) a été instituée par le Code civil en 1803. C'était alors la seule façon de devenir français. Les femmes qui épousaient des étrangers perdaient leur nationalité française et prenaient celle de leur mari. Cela ne concernait que quelques centaines de femmes chaque année. Mais après la Première Guerre mondiale, beaucoup d'étrangers sont appelés pour des raisons économiques et démographiques et, lors du recensement de 1926, 150 000 Françaises sont comptabilisées comme étrangères.

En 1889, l'enfant né en France d'un parent déjà né en France de parents étrangers (grands-parents) est français (*jus soli*). Si les parents sont nés à l'étranger, l'enfant sera français à sa majorité (Weil 2008 : 94-95). C'est le cas également des colons d'Algérie, mais pas le cas des Musulmans, ce qui relève donc d'une politique ethnico-religieuse, avec une différenciation de deux catégories, deux groupes vivant sur le sol français.

En 1927 (Weil 2008 : 97), la législation ouvre considérablement le droit à la naturalisation, qui avait jusque-là était entravée par de nombreux obstacles administratifs. Ainsi, il ne faut plus que trois ans de séjour en France au lieu de dix ans auparavant. Le régime de Vichy reviendra sur ces acquis par sa politique racialiste et ethnique qui brise l'égalité des droits et ostracise les Juifs. Le gouvernement s'emploie alors à dénaturaliser, une commission de dénaturalisation est mise en place qui se donne pour but de réexaminer toutes les naturalisations effectuées depuis 1927.

Après les Accords d'Evian, les Algériens résidant en France, « faits Français » depuis longtemps deviennent « des immigrés comme les autres ». Par la suite, leurs enfants nés en France deviendront Français par l'effet du double droit du sol qui attribue la nationalité à l'enfant né en France d'un parent né en France (Weil 2008 : 119-120). Cependant, en 1993, *un nouveau Code de la nationalité* est promulgué qui oblige les enfants nés en France de parents étrangers à *demander*, manifester leur volonté à leur majorité, de devenir Français, la nationalité n'est plus automatique. Cela renvoyait les enfants de parents algériens au statut des musulmans, leurs parents, pendant la colonisation de l'Algérie : Ils ne pouvaient être français qu'en en faisant la demande. Cette loi, pour l'historien Patrick Weil (Weil 2008 : 122), a eu des effets délétères sur cette génération marquée par un processus de « désidentification », de perte de lien avec l'identité française. En 1998, cette clause de la manifestation de la volonté est supprimée.

En 2003, la loi du 26 novembre renforce les conditions d'acquisition de la nationalité, en introduisant la notion d'*assimilation* à la communauté française, notamment par une connaissance suffisante de la langue. En 2011, c'est le retour à la conception *élective* et *volontariste* du droit à la nationalité. Conception élective par l'exigence de connaissances sur l'histoire, la culture, les mœurs de la Société française, la signature d'une charte des Droits et des Devoirs, le caractère solennel, en Préfecture de la naturalisation. Des restrictions visent l'acquisition de la nationalité par le mariage. Le 30 juillet 2010, le président Nicolas Sarkozy fait un discours à Grenoble, dans lequel il différencie deux catégories de Français : les Français 'français' et les Français 'd'origine étrangère' qui seraient susceptibles, s'ils commettent des crimes contre les policiers, de perdre la nationalité. Cette proposition n'aboutira pas, est-ce là une vérification de l'attachement des Français à l'égalité des droits ? Pendant cette fin de quinquennat, la preuve de la nationalité, chez les personnes d'ascendants étrangers qui font refaire leur carte d'identité, devient de plus en plus compliquée à fournir, ce qui va soulever une vague de protestations, portées par les cas particuliers de quelques personnalités. Le gouvernement est encore amené à reculer sur ce front.

Ces conséquences indicibles et invisibles des fluctuations du droit en matière de nationalité sont à considérer comme des bombes à retardement ! On comprend le tollé qu'a soulevé, 5 ans plus tard le projet de loi du gouvernement de François Hollande sur la *déchéance de nationalité*, applicable uniquement aux Français ayant deux nationalités et donc, stigmatisant, en premier lieu, l'étranger et dérogeant au principe de l'égalité des droits.

Ce qui touche à la nationalité a une portée qui dépasse largement le spectre juridique et irradie en profondeur la société française. L'historien Fernand Braudel déclarait, peu de temps avant sa mort, dans une interview accordée au quotidien *Le Monde* (24-25 mars 1985) : « Je ne veux pas qu'on s'amuse avec l'identité. Pour moi, l'identité de la France est incompréhensible si on ne la replace pas dans la suite des événements de son passé, car le passé intervient dans le présent, le "brûle". (...) Le premier point important, décisif, c'est l'unité de la France.

L'historien Patrick Weil (Weil 2004, 2015), spécialiste de l'histoire des migrations, a proposé quatre termes, quatre piliers sur lesquels reposerait l'identité française. Il s'agit :

- Du principe d'*égalité des droits*.
- De la mémoire positive de la *Révolution*.
- De la *langue*.
- De la *laïcité*, cadrée par la loi de 1901.

Pour ce chercheur, l'*égalité des droits* est antérieure à la Révolution en ce sens que, sous l'Ancien Régime, il existe un respect de la diversité culturelle des Provinces rattachées au Royaume (Weil 2011 : 13) C'est ce qui permet aux habitants de ces provinces de s'identifier à la France puisque, comme le souligne David Hume, l'une des forces des gouvernements absolutistes réside dans l'absence de différence entre les anciens et les nouveaux sujets (Weil

2015 :69). La Déclaration des droits de l'homme et du citoyen en 1789 va graver dans le marbre ce principe.

L'histoire et la géographie définissent l'État-nation. Mais la France est le seul Pays européen qui ait connu, dans son histoire l'événement majeur que fut la *Révolution*. Chacun pourra avoir en tête les aspects positifs et négatifs, généreux et violents de cette période de l'histoire, mais les principes alors débattus, appliqués souvent dans le sang, ont ouvert la nation à une seconde naissance, une origine mythique à laquelle se réfèrent aussi bien les droites que les gauches. On voit bien que toute modification de la Constitution est difficile.

Revenons à l'importance de la *langue*, que Mona Ozouf a si bien illustrée dans son livre : *Composition française. Retour sur une enfance bretonne.* C'est un instrument d'émancipation. Les étrangers montrent, dans la plupart des cas, une avidité à apprendre la langue quand ils résident en France. Françoise Dolto avait déjà noté cela, en recevant en consultation des enfants cambodgiens réfugiés, les fameux 'boat people' : ils étaient dénutris, mais refusaient de venir manger pour continuer à apprendre à lire le Français ! La langue et son apprentissage, à l'école pour les enfants, aux cours dédiés pour les adultes, est le premier facteur d'affiliation, d'acculturation et d'intégration. Sieyès, l'auteur du *Tiers État*, l'inventaire du terme « sociologie », écrivait : « La première base de l'assimilation est dans un *langage* commun (...) on n'est pas une société, un peuple, une nation sans cette similitude (...) Toutes les autres assimilations tiennent de celle-là, et si dans la nation, il se forme des coteries *distinctes* par les mœurs et les manières, par la quantité et la qualité des pensées, il y a aussi distinction dans la langue que parlent ces coteries. Mais la langue *primaire* doit être la langue *nationale.* » (cité in Hajjat 2012 : 45). Mais, comme tout élément de l'identité nationale, celui-ci ne doit pas être requalifié par les politiciens pour en faire un argument d'exclusion, puisqu'il s'agit d'un élément unificateur. Nous pensons ici à la « clause Molière » par laquelle certains présidents de Région (Le Monde 14 mars 2017) obligent, aujourd'hui, les ouvriers à parler français sur les chantiers : premier pas vers une préférence « nationale » et une inégalité de droit, instrumentalisation de la langue à des fins politiques. Et puis, la langue excède le Pays, c'est une évidence : l'espagnol est parlé dans toute l'Amérique latine et aux Philippines, le Français en Belgique, au Canada, à Haïti et dans un certain nombre de pays d'Afrique. Cet *excédent* doit être pris, bien sûr, dans le sens d'un rayonnement de la langue, c'est encore la littérature de la France et de la Francophonie. Mais la langue emporte aussi dans ses vagues les colonisateurs, les négriers : nous devons l'avoir à l'esprit.

La *laïcité*, enfin, cette aporie, ce problème inévitable et insoluble...si on l'aborde dans l'esprit de le manipuler et d'en tirer profit ! Pour Patrick Weil (Weil 2015 : 74) : *« la laïcité, c'est d'abord du droit »*. Le chercheur a participé à la Commission Stasi, mise en place par le président Chirac en 2003. Cette commission devait réfléchir sur l'applicabilité des principes de la laïcité dans la France du début du XXI° siècle. Il nous rappelle qu'à compter du 9 décembre 1905, le catholicisme a cessé d'être la religion « de la majorité des citoyens » qu'elle était depuis 1802, du fait du Concordat. Cette loi fixe la neutralité de l'État. Le Président de la République prête serment sur la constitution, pas sur la bible comme aux États-Unis. Les fonctionnaires n'ont pas le droit d'arborer des signes religieux distinctifs, comme le foulard, la croix ou la kippa. Le 14 mars 2017, la Cour Européenne a créé une jurisprudence qui étend cette interdiction aux entreprises privées, mais cela n'est pas inscrit dans la loi de 1905.

Il faut bien se rappeler que cette loi est fondée sur la liberté de conscience de chaque citoyen. En s'interdisant d'intervenir dans le champ religieux, l'État protège chaque citoyen quant à sa liberté de conscience, religieuse ou athée. Par contre, et cela répond à l'histoire mouvementée des rapports entre l'Église Catholique et l'État, ce dernier ne peut admettre qu'un groupe religieux fasse pression sur les institutions de la République ou sur les individus. C'est dans ce sens que la Commission Stasi a proposé l'interdiction du voile à l'école, et de tout signe religieux ostensible, afin de protéger les jeunes filles musulmanes de se voir obligées de le porter, quand elles ne le souhaitaient pas, sous la pression de groupes fondamentalistes qui instrumentalisaient le terrain des écoles, Collèges et Lycées. Cette loi s'inscrivait pleinement dans le cadre et l'esprit de la loi de 1905.

La laïcité vécue au jour le jour pose toute une série de problèmes dont la plupart trouvent résolution dans des compromis. Le problème actuel est la requalification de ces situations sociales pour en faire des enjeux politiques. Les groupes fondamentalistes le font à l'échelle des « quartiers », les personnalités politiques le font à l'échelle nationale, ce qui pervertit la représentation que les citoyens ont de leur pays et ostracise certains groupes sociaux qui ont alors tendance à s'auto-exclure davantage dans le sens du communautarisme. C'est l'inverse de l'esprit de la loi de 1905 qui a pour but de permettre la diversité des croyances dans un État et un espace public neutres.

Les limites de l'identité

À considérer les différentes facettes de l'identité : individuelle, collective, nationale, nous avons pu souligner, chaque fois, que l'identité n'est jamais fixée une fois pour toutes, qu'elle se construit tout au long du temps individuel, d'une vie, ou au long de l'histoire. Comme tout processus de vie, le processus qui mène à l'identité et la fait évoluer est donc à la fois robuste et fragile. Robuste parce qu'il tisse des liens invisibles, mais qui assurent une cohésion à l'individu, au groupe ou à l'État. Fragile parce qu'il y a, aussi bien dans l'intime de l'individu que dans les groupes et les États, des tendances, des forces qui veulent détruire cette identité. Nous avons vu que, pour certains penseurs (Dumont 1966), l'idéal à atteindre serait celui d'une identité universelle, les hommes étant les mêmes partout. En suivant Robert Antelme (Antelme 1947), nous postulons une *identité* d'*espèce* qui peut être attaquée lorsqu'il y a *crimes contre l'humanité*. La Shoah est d'abord un crime contre l'espèce humaine, comme l'a noté Antelme, une partie des êtres humains n'étant plus considérée comme des êtres humains, leur identité humaine, d'espèce, leur est contestée, arrachée.

Dans certaines situations, nous l'avons vu, la personne cherche à camoufler son identité ou, tout simplement, y renonce. Dans d'autres cas, il peut se produire une solution de la continuité de l'identification, par exemple lorsque la personne vit une expérience qui la traumatise, et ressort de cette expérience avec la conviction qu'elle ne sera plus jamais « la même ».

Abdellali Hajjat a étudié les « Frontières de l'Identité nationale » à travers la sociohistoire du concept d'*assimilation*. Nous sommes là aux limites de l'identité et les termes ne sont pas innocents. Il en est deux d'usage commun pour définir la relation des groupes sociaux minoritaires au contact du groupe majoritaire. : *Assimilation*, et *intégration*.

Reprenons les définitions données par le collectif Manouchian dans le *Dictionnaire des dominations :*

1 - L'*assimilation* est un terme qui vient de la biologie : c'est la façon dont un être vivant transforme la matière en sa propre substance. En philosophie, c'est considérer une chose semblable à une autre, ramenant le *différent* au *semblable*. Notons ici que le semblable n'est pas le même. Lorsqu'il passe dans le champ social, il peut désigner le *melting pot*, cher aux Américains, mais aussi la réduction du différent au semblable. Cela correspond « au processus de transformation culturelle que subissent les groupes sociaux minoritaires au contact du groupe majoritaire (...) jusqu'à la disparition de tout trait culturel initial. » (Collectif Manouchian 2012 : 50).

Abdellali Hajjat (Hajjat 2012) nous rappelle comment ce terme est d'abord marqué par son usage dans les colonies de l'Empire. Au moment où, dans le cadre du Code noir, les « esclaves, les « mulâtres » sont de plus en plus nombreux et tendent à adopter les manières des blancs, ce « mimétisme » devient dangereux et met en cause la hiérarchie des « races ». Ainsi, en 1779 (Hajjat 2012 : 32), le Gouverneur de Martinique écrit que « c'est l'*assimilation* des gens de couleur avec les personnes blanches, dans la matière de se vêtir, le rapprochement des *distances d'une espèce à l'autre*, dans la forme des habillements, les parures éclatantes et dispendieuses, l'arrogance qui en est quelques fois la suite, le scandale qui l'accompagne toujours, contre lesquels il est important d'exciter la vigilance de la police. » Aujourd'hui, l'assimilation a pris une signification inverse, d'*injonction* faite aux individus ou aux groupes minoritaires, de faire des efforts d'assimilation, vers l'espace social du pays. Cette signification, qui apparaît au moment de la Révolution (nous avons cité Sieyès plus haut), mutera vers l'impératif administratif dans les années 1920, puis, à nouveau, dans les années 1980.

2- L'*Intégration* : cette notion est proposée par Emile Durkheim, dans le champ de la sociologie. Pour Durkheim, l'intégration désigne le degré de cohésion de la société, c'est le contraire de l'anomie. Cette intégration est une réalité collective, et, selon Abdelmalek Sayad, citée par le collectif Manouchian (collectif Manouchian 2012 : 50-51) : « sans doute, l'intégration ainsi comprise, l'intégration comme réalité sociale et par conséquent collective, est-elle la condition même de l'intégration au second sens du terme, l'intégration individuelle des parties au tout. Plus grande et plus forte est l'intégration du tout, plus fort et plus grand est le pouvoir intégrateur de ce groupe, plus nécessaire et plus facile à réaliser est l'intégration à ce groupe de chacune de ses parties constitutives, anciennes et nouvelles. » (Sayad 1999 : 313). Le terme d'intégration est opposé à celui de *communautarisme*, mais c'est surtout dans son acception individualisante, que la logique de l'époque coloniale fait retour. « La promotion d'une 'élite indigène' peut ainsi voisiner avec le développement d'un discours de surveillance et de répression pour une majorité. » (Collectif Manouchian 2012 : 51). Cependant, le terme d'intégration a moins le relent d'un colonialisme dépassé et peut rester un vocable ouvert, sachant que, comme le rappelle Patrick Weil : « Parler d'intégration, c'est en effet constater l'interaction entre les Français et les migrants étrangers qui, minoritaires, doivent faire le plus gros effort d'adaptation sans que leur apport soit cependant nié. » (Weil 2015 : 29)

C'est également aux limites de l'identité nationale que se développent deux types de tendances issues de l'identité comme l'*identitaire.* Ce sont deux formes de vécus, requalifiés aujourd'hui en slogans politiques, mais qui prennent leurs racines dans la société française confrontée à des cultures, des appartenances dont la tendance peut être de « faire groupe », ce que l'on appelle de façon impropre *communautarisme*.

Le *communautarisme* est un terme sociologique qui décrit les aspirations de minorités (culturelles, religieuses, ethniques...) à se différencier de la globalité sociale, du groupe- nation pour s'entraider, voire pour se dissocier de la société. Mais ces aspirations ne passent pas forcément par une rupture ou un conflit avec la société. Le plus difficile, pour un groupe, est de se définir comme communauté. Par exemple, les Musulmans viennent de Pays et d'ethnies diverses. Parler de la « communauté musulmane » c'est parler d'une diversité d'appartenances. Se reconnaître comme appartenant à un groupe de Français et d'étrangers qui pratiquent le culte musulman, c'est devoir régler un certain nombre de points de tension avec les autres Français ou étrangers pratiquant des cultes différents, et dans le respect de la laïcité : la place des femmes, les modalités vestimentaires, l'accomplissement des rites et des pratiques alimentaires. Mais toutes les religions exigent ces accommodements puisque nous sommes dans un pays laïc. C'est du moins le pari du candidat à la Primaire droite, Alain Juppé, qui oppose l'*identité heureuse* aux positions radicales de l'ancien président, Nicolas Sarkozy, à nouveau candidat. Ce dernier, reprenant à son compte les thèmes de l'extrême droite la plus radicale, écrit à propos des immigrés (Sarkozy 2016) : « Je crois utile de leur imposer l'*assimilation* et non pas seulement l'*intégration* pour qu'il soit bien compris qu'ils devront désormais adopter strictement les valeurs et le mode de vie français. » Il prévoit dans son programme une panoplie en vue de ce que les Identitaires (voir plus bas) nomment la *remigration* : suppression de l'Aide médicale d'État (AME), conditions drastiques à l'attribution de logements et d'allocations, interdiction du regroupement familial, quotas de plus en plus réduits d'immigration annuelle, chasse aux « sans-papiers » : en fait l'application sans complexe de tout ce qui était en germe ou déjà appliqué lors du quinquennat Sarkozy…avec une radicalité évidente. On sait que le candidat n'a pas remporté la primaire sur ces arguments et qu'il a annoncé son retrait de la vie politique. Les solutions proposées sont brutales et laissent transpirer une idéologie de plus en plus racialiste ou communautariste : on se souviendra de sa fameuse déclaration : « Dès que vous devenez Français, vos ancêtres sont Gaulois », slogan qui n'entre même pas dans le cadre de pensée des *identitaires* qui opposent Clovis à Vercingétorix et ne se déduit pas des faits établis par les historiens, qu'on se réfère à l'ouvrage déjà cité : *L'histoire mondiale de la France.* Lors du débat sur le burkini, à l'été 2016, il va plus loin dans la surenchère : « ces gens-là n'ont rien à faire chez nous ! » (Dupin 2017 : 137). Cependant, les problèmes soulevés sur les conditions d'immigration et d'insertion des immigrés en France restent posés, au-delà des politiciens, dans la vie quotidienne des Français.

Les conflits apparaissent lorsque l'identification religieuse supplante l'identification à la nation française et devient une bannière, une *identité identitaire*, c'est-à-dire fixée. C'est le *communautarisme*, au sens d'un défaut de hiérarchie des groupes, comme nous l'avons évoqué plus haut. La forme la plus extrême de cette identité identitaire est bien sûr le radicalisme, mais on emploie aujourd'hui davantage le terme de *radicalisation,* avec justesse tant il s'agit d'un processus psychosocial complexe, qui prend des voies multiples, mais finit par envahir toute la personne. Nous pouvons assister, chez ces individus radicalisés ou en voie de radicalisation, au fait que, lorsque l'identité perd de sa souplesse, qu'il n'y a plus ces aller-retour indispensables entre l'extérieur, l'altérité et soi-même, ou le groupe même, c'est comme une *coagulation*, une thrombose qui produit un accident, un épisode critique : la « cellule » identité ne peut vivre que dans l'échange à travers sa « membrane », sinon, elle devient étrangère à l'organisme, se retourne contre lui ou est rejetée.

La deuxième forme d'identité identitaire se construit en miroir des communautarismes et des radicalités, c'est la mouvance auto - nommée *identitaire*. L'essayiste et journaliste Eric Dupin (Dupin 2017) a décrit dans le détail, jusqu'au nauséeux, ce monde qui se développe beaucoup à travers Internet (Albertini & Doucet 2016), mais aussi par la percolation des idées de supposés penseurs (André Bercoff, Fabrice Robert, Alain Finkielkraut, Eric Zemmour, etc.), empruntant à peu près les mêmes voies que la radicalisation : la voie verticale par l'idéologie et la voie horizontale par les réseaux sociaux. Ainsi, un jeune homme engagé dans le groupe Génération Identitaire (GI), explique (Dupin 2017 : 36) qu'il a été frappé par le fait que les musulmans étaient très conscients de leur propre identité. De ce point de vue, s'est-il dit, il faudrait peut-être *les imiter*. Un autre membre du même groupe « se rendent tous les ans en Syrie, engagé qu'il est auprès des chrétiens d'Orient persécutés. » (Dupin 2017 : 38) Il s'agit bien d'une recherche ou d'une réaction en miroir, de *radicalité*. Aux États-Unis, on parle du *suprématisme blanc*, ce qui avait conduit Barak Obama, lors de sa première campagne pour la Présidence, à prononcer un discours intitulé « De la race en Amérique », le 18 mars 2008. En France, ces idées sont relayées par le parti du Front National, qui prend soin de s'écarter des aspects trop sulfureux, mais ne revendique pas moins son lien avec cette mouvance. Ainsi, Marine Le Pen déclare-t-elle, aux auteurs de *La Fachosphère* : « Fdesouche est une superbe machine politique, je le dis d'autant plus facilement qu'ils sont organisés en lobby, faisant pression sur des élus FN » (Dupin 2017 : 25)

Les idées viennent de « penseurs » comme l'écrivain Renaud Camus, Alain de Benoist, le créateur, en mai 1968, du GRECE (Groupement de Recherche et d'Etudes pour la Civilisation Européenne), le frontiste Jean-Yves Le Gallou, le philosophe Alain Finkielkraut et viennent à la rencontre des « petits blancs pauvres ». Ces idées transfusent à travers des sites internet, des blogs, des livres, des revues, des petits partis : *Fdesouche* (Pierre Sautarel), *Génération Identitaire* (Arnaud Delrieux), le *Club de l'Horloge*, *Identité,* etc. La tendance nationaliste, qui domine à l'heure actuelle au Front National n'est pas forcément retenue comme thématique centrale chez les Identitaires qui préfèrent se ranger derrière Marion Maréchal-Le Pen et revenir à l'ethno - différentialisme, à la racialisation des rapports intercommunautaires. C'est là que prennent racine la théorie du *grand remplacement* et sa réponse, la *remigration*. Pour ces radicalisés, les immigrés sont ou seront en nombre suffisant pour submerger les « Blancs », c'est-à-dire les remplacer, sur le sol français et/ou le sol *européen* selon les tendances. Ils parlent alors de guerre civile à venir et du nécessaire retour, sans doute par la force, des immigrés primo-arrivants, mais aussi de deuxième, troisième…génération. On voit bien comment certains candidats à l'élection présidentielle de 2017 reprennent ces thèses dans leurs propos. Les radicalisés rejettent tout *métissage*, tout apport des cultures entre elles, chacun doit rester sur son sol, dans son « ethnie », les confusions se faisant entre race, ethnie, religion, biologie (réalisme biologique), pays d'où l'on vient… Dans les propos de certains des candidats à l'élection présidentielle de 2017 reviennent, comme une litanie, ce même refus du métissage, par l'interdiction des regroupements familiaux (la moitié sont des mariages mixtes), les entraves aux mariages mixtes (le ou la conjoint(e) doit avoir au moins 5 ans de séjour en France, disposer de conditions de ressources, de logement). On voit bien, derrière cette ostracisation des immigrés, la volonté de différencier deux « races », les Français de souche et les autres, même s'ils sont aussi Français, ces derniers venant envahir les premiers.

Un certain nombre d'entre eux se préparent à cette guerre civile qu'ils jugent inévitable, à tel point que Patrick Calvar, directeur général de la Sécurité intérieure, déclarait devant la commission de la Défense nationale et des Forces armées de l'Assemblée nationale, le 10 mai 2016 (Dupin 2017 : 45) : « L'Europe est en grand danger ; les extrémismes montent partout et nous sommes, nous, services intérieurs, en train de déplacer des ressources pour nous intéresser à l'ultradroite qui n'attend que la confrontation (…) Cette confrontation, je pense qu'elle va avoir lieu. » Pour Hervé Le Bras, le remplacement est celui, inévitable et enrichissant de la généralisation du métissage, productrice d'une plus grande diversité biologique et donc, de meilleures chances de survie de l'humanité. Il ajoute : « Si l'identité de la France devait être décrite en termes biologiques, ce serait par le métissage. » (Le Bras 2017 : 39)

L'*identitaire* répond en miroir à la *radicalisation* et au *communautarisme agressif*. Ce sont deux distorsions de la notion d'identité, chacune revendiquant cette notion dans un sens erroné, celui de l'*entre-soi*. Nous n'irons pas plus avant sur ce constat si ce n'est pour rappeler, avec Hervé Le Bras (Le Bras 2017 : 9) que le sol français, depuis le paléolithique, a connu l'apport de peuples divers, que les grandes migrations du monde se sont heurtées, pendant des millénaires au front de l'Atlantique, bien avant l'homo sapiens, et ensuite avec les Romains, les Alamans, les Wisigoths et les Burgondes, les druides des dieux celtes et les vestales des dieux romains, les chrétiens, les juifs et les musulmans, les Italiens du Piémont, les Corses, les Catalans, les Bretons, les Flamands, les Polonais, les Basques…Fruit de métissages incessants, elle s'est définie une identité qui ne cesse et ne cessera d'évoluer, parce que c'est le destin- même de toute identité.

Conclusion

Nous avons parcouru quelques-unes des facettes de l'identité, individuelle, collective, nationale. Tout être humain construit son identité dans l'altérité, on peut donc dire que l'identité est une mise en tension qui a pour but d'obtenir une cohésion.

Toute identité participe d'une construction, au cours des expériences vécues par le sujet dans son écosystème : le groupe social. L'extension de ce concept au groupe lui-même ne va pas de soi, nous l'avons vu. Quand cette terminologie est appliquée à la nation, nous pouvons être certains qu'il y a une tendance des politiques à requalifier les penchants, les idéaux du groupe social, cette requalification en problèmes politico-juridiques à régler au plus vite, en applications administratives, porte sur les limites et les marges de l'identité, aux points de tensions avec l'autre, l'étranger. Il est alors difficile d'échapper à une scission entre deux groupes, les « nous » et les « autres », et encore plus compliqué à concevoir cette scission en des termes autres que hiérarchisant, racialisant, discriminant. Pourtant, pour Braudel, l'identité est « (…) un résidu, un amalgame, des additions, des mélanges, un processus, un combat contre soi-même, destiné à se perpétuer (…) Il est sans doute vain de ramener la France à un discours, à une équation, à une formule, à une image, à un mythe. » (Braudel cité in Le Bras 2017 : 21-22)

Dans le groupe, la nation, l'idée d'identité est protéiforme, chaque membre du groupe se représente cette idée à sa façon. Prenons pour l'illustrer la chanson du poète Jean Ferrat : « Ma France ». Les premiers couplets chantent les paysages, les repères spatiaux du Pays :

De plaines en forêts de vallons en collines
Du printemps qui va naître à tes mortes saisons
De ce que j'ai vécu à ce que j'imagine
Je n'en finirai pas d'écrire ta chanson, Ma France.

Mais ensuite, le poète fait le choix d'une France des valeurs républicaines, de retenir l'histoire des luttes, de la Révolution : c'est la France de Robespierre, de la Commune, d'Hugo et de la Résistance, contre la France de « Monsieur Thiers »

Cet air de liberté au-delà des frontières
Aux peuples étrangers qui donnaient le vertige
Et dont vous usurpez aujourd'hui le prestige
Elle répond toujours du nom de Robespierre, Ma France

Celle du vieil Hugo tonnant de son exil
Des enfants de cinq ans travaillant dans les mines
Celle qui construisit de ses mains vos usines
Celle dont monsieur Thiers a dit qu'on la fusille, Ma France.

Cette vision très forte de l'identité de la France, qui fait gonfler un idéal, celui d'une nation phare du progrès social à travers les luttes, ne serait pas partagée par tous les Français. On ne peut pourtant pas nier l'offre d'identification de la chanson, qui, par les représentations, les métaphores qu'elle propose, *identifie* la France.

Cependant, dans ce poème sur l'identité nationale de la France n'affleure aucun relent d'*identitaire*. Au fond, l'identité, ce qui fait un pays, une nation, c'est une volonté partagée par l'ensemble des citoyens, Renan disait *un plébiscite de tous les jours* (Renan cité in Le Bras 2017 : 25-26).

Cela nous ramène, pour conclure, à ces mots de Barak Obama, alors sénateur de l'Illinois. Il s'agit, pour celui qui sera le premier Président américain noir, d'affronter la question de la diversité du peuple de façon frontale. Il déclare : « Il y a 221 ans, (…) des hommes se sont rassemblés et, par ces simples mots, ont inauguré l'improbable expérience démocratique américaine. Fermiers et savants, hommes d'État et patriotes *ayant traversé un océan afin d'échapper à la tyrannie et aux persécutions*, ces hommes venaient enfin de concrétiser leur déclaration d'indépendance, (…) en 1787. Le document qu'ils rédigèrent (…) portait la tâche du péché originel de ce pays : l'esclavage (…) J'ai décidé de me présenter à la présidence à ce moment de l'histoire, car je suis profondément convaincu que nous ne pourrons résoudre les défis de notre époque si nous ne les résolvons pas *ensemble*, si nous ne perfectionnons pas *notre union* en comprenant que nous pouvons avoir des *histoires différentes*, mais que nous entretenons les mêmes espoirs ; que nous pouvons avoir un *aspect différent* et *ne pas tous venir du même endroit*, mais que nous voulons tous aller dans la *même direction* (…) » (Obama 2008)

Aujourd'hui, du fait des migrations, de la mondialisation, de l'évolution de l'ensemble de la planète, chaque Pays doit reconsidérer ce qui fait son identité, processus évolutif dont on ne peut saisir les événements successifs que dans le sens d'un destin, d'une histoire.

Bibliographie :

Ahovi J. : *La spécificité des métis*. In L'autre : cliniques, cultures et sociétés. 2007. Vol. 8, n°2 :213-220.

Albertini D. & Doucet D. : *La Fachosphère. Comment l'extrême droite remporte la bataille du Net*. Flammarion, Paris, 2016.

Anselme JL., M'Bokolo E. : *Au cœur de l'ethnie. Ethnies, tribalisme et État en Afrique*. Paris, Ed. De la Découverte, « Textes à l'Appui », sér. « Anthropologie » 1985.

Antelme R. : *L'Espèce humaine,* La cité universelle, 1947; réédition Gallimard, Collection blanche en 1957, puis Tel, 1999.

Arendt H. : *Eichmann à Jérusalem : rapport sur la banalité du mal* vol. 32, Paris, Gallimard, coll. « Folio Histoire », 1991.

Arendt H., Fest J.C. *«Eichmann était d'une bêtise révoltante»: Entretiens et lettres*. Paris, Fayard ; 2013.

Austin JL. : *Quand dire, c'est faire*, Paris, Le Seuil 1970.

Bhabha HK. : *Les lieux de culture : une théorie postcoloniale*. Paris, Payot & Rivages 2007.

Boucheron P. (sous la direction de): *Histoire mondiale de la France*. Seuil, Paris 2017.

Braudel F. : *L'identité de la France.* Arthaud – Flammarion, Paris, 1986, 3 vol.

Camus A. : *L'étranger*, Gallimard le Livre de Poche, Paris 1971.

Collectif Manouchian (Saïd Bouamana, Jessy Cormont & Yvon Fotia) : *Dictionnaire des dominations de sexe, de race, de classe* ; Editions Syllepse, Paris 2012.

Daoud K. : *Meursault, contre-enquête*, éditions Barzakh, 2013.

Descombes V. : *Les embarras de l'identité*. Essais Gallimard, Paris 2013

Devereux G. : *La renonciation à l'identité : défense contre l'anéantissement*. Paris, Payot & Rivages. 2009.

Dumont L.: *Homo hierarchicus*. 1966 Paris, Gallimard; « Tel » 1979.

Dupin E.: *La France identitaire : enquête sur la réaction qui vient*. Editions La Découverte, Paris 2017.

Erickson E.: *Identity: Youth and crisis*, New York, Norton, 1968.

Erickson E.: *Identity: Youth and crisis*, New York, Norton, 1968.

Fanon F. : *Pour la révolution africaine*, Paris, La Découverte, 2001.

Gleason P.: *Identifying Identity: a semantic history*. Journal of American History, vol. 69, n° 4, mars 1983: 910-931.

Gruénais MA. *: Quelles ethnies pour quelle anthropologie ?* In: L'Homme, 1986, tome 26 n° 97-98. L'anthropologie: état des lieux pp. 355-364.

Hajjat A. : *Les frontières de l' « identité nationale » : l'injonction à l'assimilation en France métropolitaine et coloniale*. La Découverte, Paris 2012.

Jeannot C., Tomc S., Totozani M. : *Langues, minor (is) ations et marginalisations : Retour sur le débat autour de l'identité nationale en France : quelles places pour quelle(s) langue(s) ?* Lidil, Revue de linguistique et de didactique des langues, n° 44, 2011 : 63-77.

Kristeva J. : *Etrangers à nous-mêmes*, Arthème Fayard 1988.

L Moro MR. : *Les enfants de l'immigration. Une chance pour l'école*. Entretien avec D. et J. Peiron. Bayard; 2012.

Lachal C. : *Le Minotaure*. In L'autre, revue transculturelle : 2009, Vol. 10 n° 2. Grenoble, La Pensée Sauvage Editions.

Lawrence P. *Les Cultes du cargo*. Paris, Fayard 1974.

Le Bras H. : *Malaise dans l'identité*, Paris Actes Sud 2017.

Lévi-Strauss C. (Séminaire dirigé par) *: L'Identité*. Puf, Paris 1983.

Locke J. (1689) : *Essai sur l'entendement humain.* Le Livre de Poche, Paris 2009.

Maalouf A.: *Les Identités meurtrières* .Editions Grasset & Fasquelle, Paris 1998.

Maalouf A.: *Les identités meurtrières*. Le Livre de Poche, Paris 2001.

Moro MR. : *Enfants d'ici venus d'ailleurs. Naître et grandir en France*. Paris : La Découverte ; 2002. 2nd édition en 2004 en poche chez Hachette Littératures dans la coll. « Pluriel »

Moro MR. : *Troubles à l'adolescence dans un monde en changement. Comprendre et soigner.* Paris : Armand Colin ; 2013.

Moro MR. : *Grandir en situation transculturelle*, coll. "Temps d'arrêt", Bruxelles, 2013.

Obama B: *Nous, le peuple, en vue de former une union plus parfaite*. Discours prononcé en Pennsylvanie : 18 Mars 2008.

Ortigues M. : *Le discours et le symbole*. Editions Beauchesne, Collection : Prétentaine : 2007

Ozouf M. : *Composition française. Retour sur une enfance bretonne*. Gallimard 2009.

Pastoureau M. : *L'étoffe du diable, une histoire des rayures et des tissus rayés*. Paris : Le Seuil 1991.

Pons JC., Charlemaine C., Papiernik E.: *Le guide des jumeaux : la conception, la grossesse, l'enfance*, Odile Jacob, 2006.

Ricœur P. : Soi-même comme un autre, Paris, Le Seuil, 1990. Coll. Essais.

Rolland D. : *Métis d'Indochine, l'inconfort de l'entre-deux*. In L'autre : cliniques, cultures et sociétés. 2007. Vol. 8, n°2 :199-212.

Sayad A. : « *Le poids des mots* », In *La double absence*, Paris, Le Seuil, 1999.

Schnapper D. : *La relation à l'autre*. Paris, Gallimard 1998.

Searle JR. : *Les Actes de langage*. Paris, Hermann 1972.

Sen A.: *Identité et violence*, Paris, Odile Jacob 2010.

Valluy J. : *Quelles sont les origines du Ministère de l'Identité nationale et de l'Immigration ?* In *Xénophobie de gouvernement, nationalisme d'état*. Jérôme Valluy et coll. Paris L'Harmattan 2008 : Revue Cultures&Conflits n° 69: 7-18.

Weil P : *Qu'est-ce qu'un Français ?* Gallimard, Paris 2009. Folio Histoire.

Weil P. (avec Nicolas Truong) : *Le sens de la République*. Paris Grasset et Fasquelle 2015. Folio Actuel.

Weil P. : *Être français : les quatre piliers de la nationalité*. Editions de l'Aube, Paris 2011. Collection Monde en cours.

Weil P. : *Liberté, égalité, discriminations*. Editions Grasset&Fasquelle 2008. Folio Histoire n° 168.

Weil P. : *Qu'est-ce qu'un Français ?* Folio Histoire n° 134, Paris Gallimard 2005.

Weil P. : *Qu'est-ce qu'un Français ?* Folio Histoire, Editions Grasset, Paris 2004.

_Zazzo R : *Les jumeaux : le couple et la personne*, Paris, Presses universitaires de France, 2009.

La conventionnalisation du droit de la fonction publique

Par Michel Morand

Avocat, Conseil en droit social,
Cabinet HDV Avocats, ancien Professeur associé à l'École de droit de Clermont-Ferrand, Université d'Auvergne

Les bouleversements anarchiques du monde du travail nés de la colonisation des techniques de l'information et de la communication imposent de faire le constat que les cloisonnements juridiques entre les acteurs du travail deviennent archaïques.

L'activité professionnelle ne sera plus uniforme, exercée dans le cadre d'un seul statut quasiment hermétique, de travailleurs indépendants, de salariés, de fonctionnaires, de professions libérales, d'autoentrepreneurs….

La vie professionnelle comportera nécessairement des temps d'activité successifs ou simultanés exercés dans des statuts juridiques différents. Cette évolution nous paraît postuler, comme l'a déjà suggéré depuis longtemps Jacques BARTHELEMY (« Du droit du travail au droit de l'activité professionnelle » - Institut de l'entreprise – 2ème trimestre 2011), la création d'un véritable droit de l'activité professionnelle qui notamment engloberait ces différents statuts avec un socle de dispositions communes qui pourraient être inspirées d'un certain nombre de principes fondamentaux issus du rapport Badinter (Rapport au 1er ministre – Principes essentiels du droit du travail – janvier 2016). Ces dispositions communes auraient vocation à s'appliquer quelle que soit la situation de celui qui exerce une activité professionnelle, ce droit de l'activité professionnelle applicable à tous faciliterait nécessairement le passage d'un temps d'activité, d'un type d'activité, à un autre.

Dans cette construction, la place de la négociation collective devrait être essentielle pour que, au-delà des principes fondamentaux transversaux sans considération du statut juridique dans lequel s'exerce l'activité professionnelle, celle-ci fabrique les garanties sociales applicables dans ces différentes situations d'activité.

Il serait d'ores et déjà relativement aisé de faire évoluer les différents statuts des fonctions publiques vers de véritables normes négociées par les partenaires sociaux, transformer ces statuts en convention collective du secteur public.

Ainsi, seraient encadrés par la négociation collective le travail subordonné de l'emploi public et le travail subordonné de l'emploi privé, facilitant les mouvements entre les personnels de ces deux grands secteurs d'emploi vecteur de mobilité, de carrière professionnelle.

Cette évolution pourrait s'inspirer de secteurs d'activités dans lesquels les « entreprises » bénéficient de fonds d'origine public, et pour lesquels existe un contrôle financier des conventions collectives négociées dans ces secteurs d'activité. Ainsi, pourrait être transposée la procédure d'agrément ministériel issue de l'article L 123-1 du Code de la sécurité sociale pour les organismes de sécurité sociale et celle de la loi n° 75-535 du 30/06/1975 relative aux institutions sociales et médico-sociales désormais contenues dans l'article L 314-6 du Code de l'action sociale et des familles. Dans ces deux procédures distinctes, notamment quant à l'autorité administrative détentrice du pouvoir d'agrément, le contrôle ministériel qui s'exerce sur les textes négociés consiste essentiellement en un contrôle budgétaire justifié par la nécessité d'apprécier et de maîtriser les coûts que représente le fonctionnement des organismes concernés. Cette tutelle financière s'étend aux accords d'entreprise et selon la jurisprudence aux usages ou décisions unilatérales (Cass.soc. 9/11/2011, n° 10-21.496). L'agrément ministériel a comme contrepartie l'obligation de financement des dépenses résultant des accords agréés. Cette procédure a d'ailleurs eu tendance à faire des conventions collectives négociées dans ces secteurs d'activité non pas un socle de garanties sociales minimales susceptibles d'être améliorées par la négociation d'entreprise, mais au contraire plutôt des plafonds en matière d'avantages sociaux sans possibilité d'amélioration locale compte tenu de la rigueur du contrôle budgétaire exercé sur ces types d'entreprises. Dès lors, les clauses de ces conventions collectives sont assez ressemblantes à celles des dispositions statutaires des différentes fonctions publiques. Le même contrôle budgétaire pourrait être transposé sur les conventions collectives négociées dans le secteur public avec une procédure similaire d'agrément ministériel et de financement des dispositions nationales ou locales agréées.

Le formidable mouvement de la conventionnalisation du droit du travail consacré par la loi travail du 8 août 2016 et les ordonnances MACRON du 22 septembre 2017 aboutissent à donner à l'entreprise la capacité de générer elle-même ses propres règles sociales indépendamment parfois de la loi et des conventions collectives.

Ce même mouvement pourrait irriguer la fonction publique, puisque ses règles se construisent depuis plusieurs années par transposition d'un certain nombre de textes applicables au secteur privé.

Resterait à apprécier la relation entre ces normes négociées dans le secteur public et la situation individuelle des agents publics ou fonctionnaires par définition non titulaires d'un contrat de travail. Toutefois, en comparant avec la situation des personnels des organismes concernés par la procédure d'agrément ministériel, on s'aperçoit également que le contenu contractuel du contrat de travail est pratiquement inexistant puisque ledit contrat s'exécute pour l'essentiel aux conditions des normes collectives agréées. La différence avec la situation « contractuelle » des personnels publics est plutôt étroite.

Ces réflexions, sans doute hérétiques relatives au rapprochement « public-privé » dans la conception de la norme définissant le statut social des travailleurs subordonnés, ne sont pas sans faire échos à certaines propositions du rapport au Comité Action Publique 2022 (Service public, se réinventer pour mieux servir - juin 2018) qui évoque notamment dans le changement de modèle préconisé pour transformer radicalement le service public, la possibilité donnée au management (quel terme !) de « négocier des accords dérogatoires au cadre de la fonction publique sur l'ensemble des points du statut (rémunération, temps de travail, mobilité.....) et de mettre en place des accords sociaux locaux, y compris d'intéressement collectif ».

C'est tout l'enjeu de l'article 5 du projet de loi de transformation de la fonction publique.

Il est fait le constat des insuffisances des textes antérieurs relatifs à la négociation (loi 2010-751 du 5/07/2010 et la loi 2016-483 du 20/04/2016) notamment en l'absence de valeur juridique et de force contraignante des accords négociés dans la fonction publique (C.E. 27/10/1989 Syndicat national des ingénieurs des études et de l'exploitation dans l'aviation civile n°102990) et s'agissant des domaines de négociation définis limitativement par l'article 8 bis de la loi n°83-634 du 13/07/1983.

L'objectif poursuivi par le gouvernement est double. D'une part, favoriser au niveau national et local la conclusion d'accords négociés dans la fonction publique et, d'autre part, déterminer la partie juridique des accords conclus et leur intégration dans la hiérarchie des normes. L'étude d'impact du projet détaille un peu plus la volonté du gouvernement.

Pour favoriser la négociation, plusieurs pistes sont évoquées passant par l'identification des autorités compétentes pour négocier, et les domaines de négociation dans lesquels il pourrait s'agir d'une adaptation locale des accords conclus à un niveau supérieur, ou d'accords locaux conclus en l'absence d'accord national. Pour renforcer l'application de la négociation, des accords nationaux pourraient comporter un volet méthode précisant notamment les conditions dans lesquelles un accord est transposé au niveau local (l'article L.2232-20 du Code du travail suggère la conclusion d'un accord de méthode préalablement à toute négociation).

Ensuite et pour rendre plus « efficace » le produit de la négociation, il est prévu d'une part de modifier les règles d'approbation des accords, comme par l'article 8 bis précité (50% des suffrages exprimés en faveur des organismes habilités à négocier lors des dernières élections professionnelles au niveau auquel l'accord est négocié). L'accord serait « validé » s'il recueille à 30% des suffrages exprimés lors des dernières élections sauf droit d'opposition majoritaire (modalité d'application similaire avec les accords d'entreprise de droit commun).

Une ordonnance qui concrétise le projet de loi prend soin de :

- Définir les autorités compétentes pour négocier parmi celles mentionnées au II de l'article 8 bis de la loi du 13 juillet 1983 précitée et les domaines de négociation ;
- Fixer les modalités d'articulation entre les différents niveaux de négociation, ainsi que les conditions dans lesquelles des accords locaux peuvent être conclus en l'absence d'accords nationaux ;
- Définir les cas et conditions dans lesquels les accords majoritaires disposent d'une portée ou d'effets juridiques et, dans ce cas, en précisant les modalités d'appréciation du caractère majoritaire des accords, leurs conditions de conclusion et de résiliation et en déterminant les modalités d'approbation qui permettent de leur conférer un effet juridique.

Finalement, l'appréciation de ce mouvement de conventionnalisation du droit de la fonction publique dépendra du contenu de l'ordonnance à venir s'agissant essentiellement de la capacité normative donnée à l'accord et à la nature de la relation entre les différents niveaux de négociation.

Sa place privilégiée donnée à la négociation d'entreprise au plus proche des salariés est probablement transposable sur certaines thématiques tout en gardant un socle commun de dispositions auxquelles la négociation locale serait sans influence. C'est tout l'enjeu du contenu de cette construction du droit de la négociation collective dans le secteur public.

En outre, et surtout dans certains cas, les accords conclus auraient une valeur juridique à la suite d'une procédure d'approbation par le pouvoir réglementaire.

Retraites : confrontation des approches publicistes et privatistes

Par Jacques Barthélémy

Avocat honoraire – Conseil en droit social
Ancien professeur associé à la faculté de droit de Montpellier
Fondateur en 1965 du Cabinet éponyme

La retraite est un sujet extrêmement sensible dans tous les États démocratiques, essentiellement du fait que la montée en charge progressive des régimes a pour effet qu'aujourd'hui, leur pérennité à partir duquel l'équilibre rationnel (au sens de niveau raisonnable des engagements) entre masse des cotisations et des prestations n'est pas assurée. Ce constat vaut quel que soit le mode technique d'organisation des régimes et quelle que soit la santé de l'État au plan économique, donc sur le terrain de l'emploi. Cela tient notamment à la durée des engagements qui s'accroît sans cesse du fait de l'augmentation de l'espérance de vie, dont on ne peut que se réjouir (à condition que l'état de santé soit bon) et pour l'amélioration de laquelle les États font, par une politique dynamique en matière de santé publique, de grands efforts.

On ne peut dès lors passer sous silence que le droit à (et de) la santé est un droit fondamental que l'on peut qualifier de naturel, concrétisé par des textes constitutionnels et supranationaux. Il en est ainsi de la Charte des droits fondamentaux de l'Union européenne, dont il n'est pas inutile de souligner, eu égard à l'objet de cette communication, qu'elle a, depuis le Sommet de Lisbonne, valeur de traité. On pourrait donc en conclure que le droit à la retraite, en ce qu'il s'inscrit dans celui à la santé, mais aussi à la dignité, doit être une préoccupation majeure des États membres, dès lors que la qualification de traité accordée à cette charte est susceptible de leur faire devoir, en application de l'article 4§3 du TUE, non seulement de ne rien faire à l'encontre de ces textes de l'Union, mais encore d'accompagner la stratégie de celle-ci par des actes positifs. Le droit de la retraite s'invite alors dans le droit constitutionnel.

Le thème de la retraite est encore plus prégnant dans un État dont la situation en matière d'emploi est critique. Le volume des cotisations nécessaires à l'alimentation des pensions en est affecté évidemment, d'autant qu'on n'a pas su inventer, malgré l'objectif de solidarité qui irrigue les régimes, au moins ceux d'essence légale, d'autre assiette que celle des revenus professionnels. Or, la situation économique dégradée réduit le nombre d'actifs et l'évolution de la masse de leurs rémunérations. L'objectif – honorable – d'assainissement des comptes de la Nation ne peut dès lors qu'inviter à favoriser le retour à l'équilibre de ces régimes au nom de l'intérêt général. La solution à y apporter est de nature à affecter le niveau de prestations, donc d'organiser une régression sociale au mépris d'une exigence de la Convention européenne des droits de l'homme (CEDH), mais justifiée par la mise en œuvre du principe de proportionnalité. Au demeurant, la réduction des droits dans les régimes légaux et assimilés est une incitation à la création de systèmes complémentaires d'épargne collective qui affectent tout autant l'efficacité économique, donc l'emploi. Ce transfert permet, de manière hypocrite, que les charges ne soient plus comptabilisées dans les prélèvements obligatoires ! Certes, des arguments sérieux, tirés des principes de la comptabilité publique, justifient la différence entre cotisations sociales et primes d'assurance, mais l'impact sur les comptes de la Nation fait que ces transferts sont perçus comme relevant d'un jeu de basse politique. Là encore apparaît nettement que des instruments différents soient simultanément sollicités pour la retraite...avec des effets pouvant être opposés.

En raison de l'importance - aux plans économique, mais surtout culturel, philosophique, de la démocratie tout simplement - de la retraite, les communications qui s'y rapportent abondent. Mais la recherche scientifique ne peut que manquer d'ambition et même de crédibilité dès lors que la créativité des chercheurs est affectée par le contexte sociologique. En outre et sans que cela remette en cause la compétence des experts, les communications manquent de pertinence en l'absence d'approche globale du sujet, c'est-à-dire d'approche multidisciplinaire. Cela conduit, au demeurant, à faire une place privilégiée aux économistes qui ont la certitude que leur domaine d'intervention est seul une science, le droit n'étant appelé que pour mettre en forme ce que les authentiques scientifiques ont fait émerger. En atteste la confusion qu'ils font entre droit et législation, méconnaissant qu'il existe des sources de droit dépassant l'expression des élus de la Nation. En particulier, les droits fondamentaux qui touchent aux droits de l'Homme.

Le rôle des juristes est, dans le traitement de la délicate question des retraites, rendu plus délicat par le cloisonnement des préoccupations des experts de disciplines différentes, spécialement entre ceux explorant les droits public ou privé, mais aussi, à l'intérieur de l'une et l'autre de ces deux grandes catégories, entre disciplines techniques. Ainsi, les fiscalistes ignorent superbement le droit social. Cette remarque vaut particulièrement en matière de retraite. Ainsi, un éminent fiscaliste a pu écrire un ouvrage sur la retraite en ne l'abordant que sous l'angle du droit fiscal, malgré l'ambition affichée d'universalité !

Évidemment, l'organisation de l'appareil judiciaire joue, en France, un rôle négatif à ce sujet par la concurrence, sur le thème de la retraite, entre le Conseil d'État et la Cour de cassation. Et on n'a pas toujours le réflexe de la question préjudicielle au juge civil devant les juridictions administratives ; en outre, peuvent apparaître floues les compétences, à la Cour de cassation, entre la 2ème civile et la Chambre sociale ; même si ce qui se rapporte à la sécurité sociale relève de principe de la 2ème civile, la Chambre sociale intervient logiquement dans la protection sociale. Mais plus fondamentalement, la barrière entre droits de la sécurité sociale et du travail a-t-elle un sens alors que les deux disciplines ont comme fonction commune la protection du travailleur, peu important les modalités de sa mise en œuvre différentes : le droit du travail par des avantages et droits dont la concrétisation incombe directement à l'employeur ; le droit de la sécurité sociale par un droit de tirage social (expression d'Alain Supiot) sur un pot commun (expression de Jean-Jacques Dupeyroux), ce qui limite la responsabilité de l'employeur à alimenter le fonds collectif. Cette distinction des moyens est importante dans la mesure où cela permet d'abandonner les sanctions négatives des comportements déviants au profit de sanctions positives de comportements vertueux (cf. Norberto Bobbio, « De la structure à la fonction » traduit en Français par David Solidini : Dalloz 2012). Toutefois la finalité commune des deux disciplines ne peut qu'inviter à leur réunification (Alain Supiot, « L'avenir d'un vieux couple » : Droit social 1995, Jacques Barthélémy « Faut-il réunifier les droits du travail et de la sécurité sociale ? » : Droit social 2007). Plus fondamentalement, le droit social gagnerait en efficacité s'il était considéré comme une seule discipline (F. Petit et J. Barthélémy, « Plaidoyer pour un droit social réunifié » : Droit social septembre 2016).

Au vu de ces considérations, les Mélanges offerts à Claude DEVÈS, éminent publiciste, sont une occasion rêvée, pour le spécialiste de droit social, de mettre en évidence que le droit de la retraite ne peut que s'optimiser de la confrontation des aspects publiciste et privatiste. À cet effet, il convient d'abord d'identifier le concept (I) de retraite, d'autant qu'il irrigue de nombreuses disciplines, puis de mettre en évidence l'identité de ce principe dans les régimes constituant le 1er pilier (II) de la protection sociale, dans les garanties collectives matérialisant le 2ème pilier (III), dans l'assurance individuelle caractérisant le 3ème pilier (IV).

I. Le concept :

On ne peut réduire le concept de retraite à un revenu lié à la cessation d'activité en raison de l'âge. Même positionné ainsi, il concerne le droit du travail et celui de la sécurité sociale ainsi que le droit fiscal, sollicité à partir du sort de ces revenus de substitution. Ceci étant, même dans cette définition réductrice, la notion de retraite interpelle des concepts importants, tel celui de garantie sociale, susceptible de mobiliser d'autres disciplines, en particulier le droit civil, celui commercial, mais aussi les politiques publiques.

Appréhender pleinement, sous toutes ses facettes, le concept de retraite exige qu'on le positionne sur le terrain des droits fondamentaux, tels qu'ils résultent aussi bien de la Constitution que de textes supranationaux, spécialement de la Charte des droits fondamentaux de l'Union européenne (2016/C202/02) : son article 34, relatif à la sécurité sociale et à l'aide sociale, prévoit le droit d'accès aux prestations en vue de la protection de la vieillesse (notamment bien sûr) et son article 51 prévoit le droit à la prévention en matière de santé. Un niveau élevé de protection de la santé doit être assuré ; cela ne peut qu'inviter à l'organisation de la cessation, totale ou partielle et programmée, du travail en raison de l'âge.

De même, le principe d'égalité induit des droits spécifiques au profit des personnes âgées, spécialement celui de mener une vie digne et indépendante, ce qui ne peut qu'inviter à la création de revenus de substitution à ceux d'activité, moyen, mais pas fin en soi de ce fait. C'est sous cet aspect qu'est sollicité le concept de sécurité sociale, indissociable du principe de solidarité, lequel prend, en matière de retraite, une portée très importante parce que fondé sur l'intergénérationnel. On voit bien à partir d'un tel éclairage que la question des retraites dépasse largement celle du recours à la technique assurantielle pour garantir (ou pas) les pensions – ou rentes -, donc en provisionnant (ou pas) des engagements sous la forme de capitaux de couverture. Au demeurant, dans la mesure où n'existe aucun principe constitutionnel d'intangibilité des droits - selon tant le Conseil d'État que le Conseil constitutionnel - la protection du citoyen (qu'est en premier un retraité) impose des dispositifs supplétifs à caractère réglementaire pour pallier à une éventuelle défaillance, quelle qu'en soit la raison, de l'organisme allouant les prestations vieillesse. C'est ainsi par exemple que si les régimes complémentaires de retraite obligatoire résultent d'accords collectifs interprofessionnels, une solution supplétive par voie réglementaire est légalement prévue pour que soit effectif ce droit, peu important qu'il ne ressorte pas de la qualification de principe au sens de l'article 34 de la Constitution. Le droit public est donc sollicité, même si la source de droit créatrice du régime est un contrat (collectif), d'autant que, pour que le champ de ces actes conventionnels coïncide le plus possible avec celui de la loi (exigence liée au fait que le droit à une retraite complémentaire est prévu légalement), ont été imposés non seulement l'extension de ces accords par arrêté ministériel, mais aussi son élargissement qui permet de viser d'autres secteurs que ceux impactés par l'autorité des organisations patronales signataires (L.911-3 et 4 du Code de la sécurité sociale). Le droit administratif affecte aussi l'autonomie du contrat.

Le droit à retraite peut d'autant plus être considéré, en lui-même, comme un droit fondamental que les régimes mis en place à partir de la fin du XIXème siècle et dont l'importance s'est accentuée avec l'organisation en 1945 de la sécurité sociale en remplacement des assurances sociales des années 30 ont eu vocation à substituer, par la mutualisation, ces régimes aux solidarités familiales, classiques, corporatistes, malmenées par l'avènement de la civilisation de l'usine.

Bref, le concept de retraite touche au droit constitutionnel, même si c'est de manière indirecte. D'où du reste la question de la patrimonialité des droits à retraite - reconnue par la Cour EDH -qui aurait pu conduire à abandonner la technique de répartition ; celle-ci a exigé le recours au paritarisme pour que la protection des droits soit assurée à défaut de capitaux de couverture des rentes à servir, par l'autorité des représentants des entreprises et des salariés. Au moment où des voix de plus en plus fortes s'élèvent pour critiquer le paritarisme irriguant la sécurité sociale, il est important de dépasser la question « comment ? » (qui fait qu'on puisse se satisfaire d'une analyse critique du fonctionnement des institutions) par la question « pourquoi ? » (qui invite à positionner le paritarisme de gestion sur le terrain de la nécessaire protection du travailleur, autrement que par le recours à la stricte technique assurantielle).

Le calage sur les droits fondamentaux inspirés des libertés qui touchent à l'identité de l'Homme invite aussi à positionner le concept de retraite sur le terrain du droit à la dignité qui suppose des revenus décents. La dignité est l'objet du titre I de la Charte des droits fondamentaux de l'Union européenne. Elle se manifeste notamment par le droit à l'intégrité de la personne, tant physique que mentale. Or, avec l'âge, celle-ci est davantage menacée par l'activité professionnelle. Par voie de conséquence, même si est légitime un débat sur l'âge normal de la retraite, c'est-à-dire celui auquel on peut faire liquider ses pensions à taux plein, le principe même du droit à cesser toute activité à partir d'un certain âge ne peut être contesté.

La solidarité joue ici un rôle majeur, comme du reste la prévention qui contribue avec celle-ci à distinguer assurance et sécurité sociale. Au demeurant, le titre IV, dédié à la solidarité, de la Charte des droits fondamentaux de l'Union européenne identifie bien la prévention (en matière de protection de la santé) comme une des manifestations de la solidarité ; on peut le comprendre aisément dès lors que la prévention (qui permet de dépasser, en matière de protection de la santé, la seule réparation d'un préjudice lié à un aléa de la vie humaine) permet aussi la baisse des coûts sociaux grâce à l'amélioration des taux de fréquence et de gravité des sinistres. L'impact sur l'intérêt général est patent !

Au vu de ce qui précède, on ne pourra ignorer très longtemps, en se positionnant sur le terrain des droits de l'Homme, l'exigence de la couverture de la dépendance, qu'on la positionne dans la cadre d'un 5ème risque ou d'une 5ème branche de la sécurité sociale. Qu'on l'intègre dans le concept de retraite ou dans celui de prévoyance, il faudra bien que la société prenne en considération la situation de ceux qui ne peuvent plus assumer les tâches ordinaires de la vie, sous-entendu sans recours à l'aide d'une tierce personne. Ce qu'on a reconnu très tôt pour les invalides, il faudra bien l'organiser pour les personnes âgées dépendantes. C'est sur ce même terrain qu'il faut positionner aussi les droits de réversion, fraction de la pension du conjoint en cas de disparition du titulaire.

II. Le premier pilier ou la sécurité sociale :

Le premier pilier de la protection sociale est fondé sur une solidarité nationale, générale, interprofessionnelle dans laquelle, malgré l'existence éventuelle d'institutions différentes consacrant ou non celle de régimes différents, une compensation générale s'impose. À défaut, les droits du travailleur retraité seraient malmenés. Au demeurant, la compensation permet de faciliter le respect d'autres principes, tel celui à la mobilité, donc à l'emploi. Elle favorise en effet la libre circulation, y compris à l'intérieur de l'Union européenne. Voilà pourquoi le règlement 1408-71 de l'Union européenne vise, au nom de la libre circulation des travailleurs et peu important que ce soit d'abord au profit de l'achèvement du marché intérieur, à additionner les périodes d'activité dans les différents États membres de l'Union pour identifier, par le nombre d'annuités, les conditions d'accès au taux plein dans chacun des régimes nationaux. Il s'agit donc d'un droit privé fondé sur un objectif de droit public.

Le premier pilier de la protection sociale, c'est celui de la sécurité sociale fondée sur une ambition maximalisée en matière de solidarité. De ce fait, il serait réducteur de cerner le concept de sécurité sociale par référence aux seuls régimes légaux, notamment parce que solidarité et sécurité sociale sont consubstantielles. Ce n'est pas la nature juridique de la source de droit créatrice du régime (la loi ou un contrat) qui est déterminante. Au demeurant et dans les différents États membres de l'Union, le régime de base (appelons-le ainsi par souci de clarté) n'est pas organisé de la même manière. Il se peut qu'il soit conçu et géré par l'État, mais aussi que la gestion en soit confiée aux partenaires sociaux comme c'est le cas en France. Les organismes de sécurité sociale sont chez nous de droit privé, ce qui n'exclut pas qu'ils mettent en œuvre une mission d'intérêt général (du fait de l'objectif de solidarité) et même qu'ils soient délégataires d'une mission de service public, essentiellement en raison de leur capacité à prélever les cotisations et de sanctionner directement les manquements. On voit bien ici que droit public et droit privé cohabitent en matière de sécurité sociale légale. Ainsi se posent d'intéressantes questions relatives à la qualification (ou non) d'entreprise (de droit privé) des caisses françaises de sécurité sociale, d'autant que les institutions nationales dont elles dépendent sont des personnes morales de droit public. De même et alors que s'applique, dans les rapports entre caisses et agents, le droit des conventions collectives, il a fallu, par souci de sécurité, que la loi précise que l'UCANSS qui rassemble les caisses est un syndicat patronal (ceci étant d'autant plus sujet à débat que son conseil est composé pour moitié de syndicalistes salariés).

La référence, pour identifier le premier pilier, à la solidarité générale, nationale, interprofessionnelle ne peut qu'induire l'inclusion dans celui-ci de régimes conçus par voie conventionnelle et mettant en œuvre des droits légalement organisés. Ce sont les régimes d'assurance chômage (ASSEDIC) ou d'assurance formation du risque d'inemployabilité, mais en premier lieu les régimes complémentaires de retraite rendus obligatoires par la loi de généralisation du 29 décembre 1972. Au demeurant, telle est la position prise par le droit communautaire au travers du règlement 1408-71 (relatif à la libre circulation des travailleurs) qui fait entrer dans son champ non seulement les régimes légaux, mais aussi les régimes conventionnels **qui s'y substituent**, sous-entendu lorsque, malgré l'obligation de couverture du risque, n'a pas été mis en place par l'État un organisme à statut public pour le gérer. C'est indiscutablement le cas s'agissant de l'assurance chômage née d'un ANI du 31 décembre 1958. La retraite **complémentaire** est littéralement en dehors puisqu'elle vise seulement à compléter un régime légal. Pourtant, l'AGIRC et l'ARRCO (aujourd'hui fusionnés) ont été intégrés dans ce règlement à la demande de l'État français, lui-même s'appuyant sur une position commune des partenaires sociaux. Ceux-ci voulaient éviter qu'on traite ces régimes comme de simples garanties collectives, ce qui, au nom de l'exigence aussi bien de libre concurrence que de solvabilité, les aurait (peut-être) conduits à l'obligation de constituer des capitaux de couverture des rentes alors qu'ils fonctionnent en répartition. D'où du reste la loi du 8 août 1994, selon laquelle l'identité de ces régimes est fondée (comme celle des régimes légaux) sur une solidarité nationale, interprofessionnelle, générale dont découle une mission d'intérêt général pour les fédérations gestionnaires et leurs institutions adhérentes.

Une autre raison pourrait être trouvée pour justifier le dépassement de la définition littérale du champ du règlement 1408.71. Par le régime AGIRC (régime de retraite des cadres) ont été adoptées, s'agissant des salaires dépassant le plafond de la sécurité sociale, les mêmes règles que celles du régime de base sur le plafond (ceci dès l'origine, par la convention collective nationale du 14 mars 1947). Quant à l'ARRCO, si les pensions s'ajoutent à celles du régime général, il apparaît que le total des deux représente sensiblement ce à quoi un travailleur allemand peut prétendre du seul fait du régime légal. On peut donc soutenir, de ce fait, que ces régimes se substituent à un régime légal, au moins dans l'esprit.

Quoi qu'il en soit et du fait de ce positionnement, l'AGIRC-ARRCO est soumis à des exigences qui ne sont pas celles d'un organisme relevant du marché de l'assurance. C'est ainsi d'abord que, pour satisfaire à l'exigence d'un champ similaire à celui de la loi malgré la nature contractuelle de la source créatrice du régime, a été inventé un régime spécial d'extension (acte administratif permettant de faire entrer dans le champ de l'accord les employeurs non syndiqués malgré sa nature contractuelle prééminente) et d'élargissement (acte administratif permettant l'exportation de l'accord dans des secteurs non visés du fait du champ de compétence des organisations patronales signataires). Le rôle de ces actes administratifs est important dans la mise en œuvre de la solidarité et, de ce fait, la jurisprudence du Conseil d'État est, en matière de retraite complémentaire, aussi importante que celle de la Cour de Cassation. D'autant que, les cotisations correspondant à ces régimes ayant aujourd'hui la qualification de prélèvements obligatoires comme celles du régime de base, le régime spécial d'extension et d'élargissement (L.911-3 et 4 du CSS) met en scène le ministre du budget et celui de la sécurité sociale, alors que s'agissant des conventions collectives classiques de travail, c'est le ministre du travail qui est logiquement seul compétent (L.2261-15 et 19 du Code du travail). On notera qu'en matière d'assurance chômage, on est allé plus loin dans les spécificités en créant un régime d'agrément, visant à rendre applicable l'accord en même temps aux employeurs syndiqués et non syndiqués ; ceci du fait non seulement de l'objectif de solidarité qui induit une alimentation du « pot commun » par toutes les entreprises, mais encore de ce que ce régime se substitue au régime légal. En d'autres termes, alors que s'agissant des actes fondateurs des régimes de retraite complémentaire obligatoire, on s'appuie sur les conséquences naturelles de la nature duale de la convention collective (contrat, mais aussi loi professionnelle) héritée de la loi du 11 février 1950, en matière d'assurance chômage on a tendance à faire revivre la conception réglementaire de la convention collective inspirée de la loi du 31 mai 1946 selon laquelle l'accord ne devient effectif que par l'acte administratif.

On fera de ce fait une incursion dans le régime des non-salariés des professions libérales. Si, suite à la création du RSI, les régimes complémentaires des artisans (ex CANCAVA) et des commerçants (ex ORGANIC) sont gérés par la même institution que celle gérant le régime de base, les professions libérales disposent d'une institution destinée au régime de base (la CNAVPL) et des institutions (sections professionnelles) propres à chaque profession pour la complémentaire. Bien que le droit de cette retraite complémentaire soit organisé par le Code de la sécurité sociale (articles L.644-1 et suivants), il ne peut naître que d'un référendum entre les professionnels membres de la section et ils ont juridiquement et techniquement une existence autonome par rapport au régime de base. Cela induit des conséquences importantes, par exemple la non-soumission (vraisemblable) à l'exigence du droit communautaire selon laquelle, au nom du principe de libre circulation, le professionnel exerçant son activité simultanément dans deux États membres de l'Union ne doit relever que de celui où il exerce son activité principale.

III. Le deuxième pilier ou les garanties collectives :

On est ici dans un domaine où l'intervention de l'État est moindre, justifiée essentiellement par la sécurisation des droits des usagers et du respect des droits fondamentaux, en particulier la liberté contractuelle et le droit de la négociation collective d'un côté, le droit à la santé de l'autre. On est, puisque l'objectif est de créer des systèmes destinés à s'appliquer à l'ensemble des salariés, au moins ceux appartenant à une catégorie objectivement définie (spécialement au regard du principe d'égalité de traitement entre hommes et femmes…), dans le champ naturel de la norme collective. Celle-ci peut naître d'un accord collectif (d'autant plus que les garanties sociales sont objet de négociation collective – L.2221-1 du Code du travail), d'un référendum à la majorité des inscrits et des votants (ceci résultant d'une jurisprudence de la Cour de Cassation), d'une décision unilatérale de l'employeur (précédée de la consultation du CSE agissant ici dans le cadre de ses attributions dans l'ordre professionnel selon lequel il n'a qu'une voix consultative). Ceci résulte de l'article L.911-1 du CSS, une hiérarchie entre les trois étant cependant organisée par l'article L.911-5 ; le décret devant en définir les modalités d'application n'a toutefois jamais vu le jour plus de 20 ans après la loi du 8 août 1994 !

Deux situations sont à distinguer :

- Les partenaires sociaux peuvent, au niveau de la branche, se contenter de fixer la nature et le niveau des prestations. En pareil cas, est simplement créé un système de rémunération différée. Un accord d'entreprise peut y déroger, y compris en moins favorable et toute clause obligeant les entreprises à relever du même organisme assureur porte atteinte, sur le terrain de la libre concurrence, à la prohibition des ententes entre entreprises et à celle de position dominante abusive (respectivement 101 TFUE et L.420-1 du Code de commerce ; 102 TFUE et L.420-2). On entre dans le champ de l'article L.911-2 du CSS relatif aux garanties collectives de prévoyance, concernant notamment la retraite supplémentaire et dont la liste des objets n'est qu'indicative, ce dont atteste l'adverbe « notamment ». En matière de prestations dues en fin de carrière sont donc concernées, outre les retraites proprement dites, les indemnités et capitaux de fin de carrière, lesquels peuvent faire l'objet de mutualisation, surtout si allant plus loin que ce que prévoit le Code du travail, le montant de l'indemnité est fixé à partir de l'ancienneté dans la profession et pas seulement chez le dernier employeur. Une telle disposition conventionnelle contribue au demeurant aussi bien à la mobilité qu'à l'emploi des seniors et à ce titre elle présente de nombreux avantages sur le terrain du droit à l'emploi, donc du droit public.

Entrent aussi dans cette catégorie les « régimes chapeaux » identifiés non par le fait que la prestation soit prédéfinie en fonction du dernier salaire et de l'ancienneté (comme c'est le cas dans la fonction publique), mais par l'aléa de la présence dans les effectifs le jour du départ en retraite, aléa qui conditionne le sort fiscal et social des contributions versées par l'entreprise constituées sous forme de provisions en interne aussi bien qu'à partir de cotisations versées à un organisme assureur (cf. L.311-11 du CSS). Elles sont l'objet de nombreux contentieux au plan tant fiscal que de la sécurité sociale dès lors que si les conditions restrictives permettant de cerner leur identité ne sont pas réunies, d'une part le taux (de 7 % ou de 14 %) dû par les intéressés sur le montant des rentes engagées au titre de la solidarité n'est pas dû, le droit commun (L.242-1, 6e à 8e alinéas du CSS – article 83 du CGI) s'imposant alors sur le fondement de la qualification de salaire de la cotisation patronale.

Ici c'est essentiellement par le biais du droit fiscal que le droit administratif est susceptible d'être mobilisé. En effet, les instruments destinés à la constitution des droits sont en théorie un élément de rémunération dès lors que le système de retraite et de prévoyance est un avantage de type salarial (la cotisation évaluant le risque par la technique actuarielle). Toutefois, déclinant le principe constitutionnel d'égalité devant les charges publiques (par comparaison avec le statut des fonctionnaires), l'administration fiscale (BOCD du 27 avril 1967 puis instruction du 1er juin 1975) puis le législateur (loi du 11 juillet 1985 ayant modifié l'article 83 du CGI) a admis une règle de neutralité fiscale sous plafond des cotisations affectant le montant de l'impôt sur le revenu.

L'importance de cette règle a été accrue du fait qu'elle a été imposée également (logiquement du reste) en matière de sécurité sociale (L.242-1 6e à 8e alinéas du CSS – R.242-1-1 à 6). Se posent alors de délicates questions intéressant aussi bien le juge civil que le juge administratif, d'autant qu'une interaction des droits est organisée par la référence au Code de la sécurité sociale dans celui des impôts et inversement. Cette question a pris une importance d'autant plus grande que la loi Madelin du 11 avril 1994 a exporté, au bénéfice des TNS, cette même règle de neutralité (seulement fiscale ici) inspirée, par comparaison avec la situation des fonctionnaires à l'origine, du principe constitutionnel d'égalité devant les charges publiques.

Le choix de privilégier telle ou telle solution – en matière de recours à des produits d'épargne collective, comme s'agissant du choix de la structure d'exportation – au motif de l'impact sur l'impôt et sur les charges sociales – est susceptible de mobiliser l'abus de droit qui vaut aujourd'hui aussi bien en matière de sécurité sociale qu'en matière fiscale. L'abus de droit se caractérise en effet par la mise en œuvre d'une construction licite dans son principe, mais avec comme objectif exclusif d'échapper aux effets de la loi. Et sur ce terrain également, en particulier à partir de la procédure de rescrit, droits fiscal et social s'entrechoquent ce qui peut conduire à des interventions à la fois du juge administratif et du juge civil.

- Les partenaires sociaux peuvent avoir, en plus, l'ambition de poursuivre un objectif de solidarité englobant une politique de prévention. On crée alors une sécurité sociale de nature conventionnelle justifiant que les garanties ainsi mises en place fassent partie de ce qu'on appelle « ordre public professionnel » ou conventionnel, auquel on ne peut déroger par accord d'entreprise (L.2253-3 du Code du travail né de la loi du 4 mai 2004 – article L.2235-2 né de la loi du 8 août 2016 puis les ordonnances du 17 novembre 2017).

Ici la solidarité permet d'écarter toute critique de position dominante abusive (au sens de 102 TFUE) et favorise l'accès à une mission d'intérêt économique général (cf. CJUE Albany et autres 21 septembre 1999, Van der Woude 21 septembre 2000, AG2R/Beaudout 3 mars 2011). Toutefois, pour le Conseil Constitutionnel (décision du 13 juin 2013) de telles constructions matérialisent une atteinte disproportionnée à la liberté contractuelle de l'employeur au sens de l'article 4 de la Déclaration des droits de l'Homme, sans tenir compte, comme l'a fait la Cour de Cassation (arrêt 12 avril 2012 Banques populaires) que la solidarité confère un but légitime à cette atteinte, de ce fait proportionnée (la proportionnalité est un principe constitutionnel). La CJUE, comme plus récemment le CEDS (26 novembre 2018), sont au contraire d'avis que le droit à la négociation collective et celui d'organiser la solidarité (droits fondamentaux) confèrent un but légitime à une atteinte, de ce fait proportionnée, à la libre concurrence ainsi qu'à la liberté contractuelle.

On ne rouvrira pas ici un dossier brûlant (cf. Jacques Barthélémy « Solidarité et protection sociale complémentaire » RJS octobre 2015) autrement que pour souligner que la solidarité, ici seulement professionnelle et ciblée à un ou plusieurs domaines, permet de soutenir la thèse d'une convention collective de sécurité sociale (cf. Jacques Barthélémy « Le concept de convention collective de sécurité sociale » Droit Social mars 2016) inspirée de la doctrine (Paul Durand, Droit Social 1960 « De la convention collective de travail à la convention collective de sécurité sociale » – Jean-Jacques Dupeyroux « Les exigences de la solidarité » Droit Social novembre 1990 - Alain Supiot « Ni assurance, ni charité : la solidarité » Le Monde diplomatique novembre 2014 p3 inspiré d'une leçon au collège de France), mais aussi par l'ordonnance de 1945 sur la sécurité sociale (article 18 codifié ensuite en L4).

On notera que si la solidarité permet d'écarter des contraintes liées à d'autres droits fondamentaux, se pose toutefois la question délicate de l'exigence de transparence dans le choix, pour une période déterminée, d'un organisme ayant la charge de gérer le « pot commun » sur lequel vont être prélevés les droits non contributifs liés à la solidarité à la prévention (titre IV de la charte des droits fondamentaux de l'UE) ; la mutualisation dans un pot commun est le moyen de concrétiser l'objectif de solidarité et ceci exige dans l'accord une clause de désignation obligeant toutes les entreprises à rallier un même organisme, sauf à affecter gravement l'économie de l'accord fondé sur la solidarité (cf. Conseil d'État avis du 26 septembre 2013 à propos de la décision du Conseil Constitutionnel du 13 juin 2013). Sur la transparence en matière de choix de l'organisme retenu pour gérer un régime fondé sur la solidarité, confère Véronique Lemeur-Baudry et Jacques Barthélémy, Droit Social mai 2016, commentant un arrêt de la CJUE du 17 décembre 2015 sur question préjudicielle du conseil d'État français.

Le concept de convention collective de sécurité sociale lié à la poursuite d'un objectif de solidarité et concrétisé par l'autogestion paritaire gagne à être affiné par le recours simultané au droit public et au droit privé dès lors que la nature juridique de l'acte fondateur des garanties, c'est-à-dire une convention collective, est différente de celle d'un accord se contentant de fixer des avantages quantitatifs. Ici, la qualification de loi professionnelle prend plus d'importance, même si les aspects contractuels demeurent prééminents. Ceci justifie que les règles d'extension de tels accords soient spécifiques du fait des articles L.911-1 et 4 du Code de sécurité sociale et, malgré une nature juridique différente, similaires à celles des accords fondateurs des régimes de retraite complémentaire. Cela justifie aussi l'intervention d'une commission « ad hoc » (COMAREP) se substituant (si l'accord est autonome) à l'avis de la Commission nationale de la Négociation Collective (CNNC), mais aussi que les autorités administratives intervenant dans la confection de l'arrêté n'en soient plus le ministre du Travail, mais conjointement ceux du budget et de la sécurité sociale. D'où des contentieux certes intéressants, mais mettant en exergue des approches différentes du problème, non seulement par le juge administratif ou civil, mais aussi suivant les ministres intervenants.

IV. Le troisième pilier ou l'assurance des personnes :

Ici, l'objectif ne relève pas de la politique sociale. Par voie de conséquence, les solutions visant à compléter les revenus de substitution à ceux d'activité peuvent être diverses et inspirées non seulement de créer des rentes complémentaires aux pensions venant des institutions relevant du premier pilier voire du deuxième, mais encore d'optimisation du patrimoine.

On est alors sur le terrain privilégié de l'épargne qui peut notamment prendre la forme d'assurance, en raison notamment de privilèges qui y prévalent en matière fiscale. L'entreprise peut intervenir pour créer de tels avantages, mais les contributions qu'elle verse ont par nature la qualification de rémunération, au plan tant fiscal que social puisque versées au moins à l'occasion du travail (L.242-1 1er al. du CSS). En outre et si le système mis en place est facultatif, la qualification d'activité sociale est concevable, ce qui entraînera un possible transfert du pouvoir de décision de l'employeur sur le CSE, dans le cadre de ses attributions d'ordre social pour lequel il dispose d'un pouvoir autonome qui l'a fait qualifier par la doctrine de « pouvoir ouvrier intégré » (Cf. Professeur Chalaron).

Si l'entreprise se mobilise, on est plus facilement sur le terrain de l'épargne collective ; cela peut conduire à opérer une différence entre épargne retraite et épargne en vue de la retraite, la seconde bénéficiant d'une plus grande souplesse dans la gestion par l'intéressé de ses droits. Au contraire, l'épargne retraite liée à une finalité sociale est plus rigide et réduit les choix de l'intéressé, car l'objectif premier est d'optimiser le niveau des revenus de substitution au salaire.

On ne procédera pas ici, eu égard à l'objet de l'article, à un inventaire des solutions possibles. Il sera toutefois souligné que les rapprochements opérés récemment entre la retraite à finalité sociale et l'épargne créatrice de revenus de substitution au salaire, spécialement s'agissant de la sortie exclusivement en rente ou éventuellement et partiellement en capital d'un côté, de possibles prélèvements, pour partie, sur l'épargne accumulée avant la liquidation des droits, met en exergue que la différence de régime fiscal des contributions et (ou) des prestations entre épargne collective et retraite supplémentaire n'a plus de sens, car cette différence n'était justifiée que par la finalité sociale de la retraite. Dès lors :

- D'un côté, les politiques conduites par les employeurs manquent souvent de rigueur et (ou) de clarté. Ainsi, les effets sont différents de solutions visant à mettre en place un régime de retraite supplémentaire - de surcroît par décision unilatérale de l'employeur, seul moyen permettant, eu égard à l'article 11 de la loi Evin, à un salarié en place au moment de la mise en place du système, de refuser son adhésion… sans que cela remette en cause le caractère collectif et obligatoire autorisant la neutralité des cotisations au plan fiscal (article 83 du CGI) et social (L.242-1 du CSS alinéas 6 à 8) - ou à créer un droit potentiel à rente complémentaire par la conjonction d'un accord d'intéressement et un plan d'épargne d'entreprise ; or le sort fiscal des cotisations et des prestations n'est pas le même dans les deux cas.

- D'un autre côté, la différence de nature, inspirée de finalités différentes, de garanties collectives relevant du 2e pilier (surtout si est poursuivi un objectif de solidarité) et des produits d'assurance ou d'épargne matérialisant le 3e pilier, rend surréalistes les comparaisons entre ces deux types, sur le terrain du rendement et de l'efficacité financière. Ainsi, comparer, au bénéfice d'un dirigeant d'entreprise, les contrats Madelin (qui relèvent du 2e pilier puisque le dispositif est inspiré des garanties collectives de salariés) et des contrats d'assurance vie ou d'épargne n'a strictement aucun sens, dès lors que les groupements Madelin relèvent de la protection sociale complémentaire et que c'est sur cette qualification qu'est organisée la neutralité fiscale sous plafond des cotisations par référence à celles en vigueur pour les salariés en vertu du principe d'égalité devant les charges publiques.

À un moment où, pour de multiples raisons, le niveau de remplacement des revenus professionnels par le montant des pensions de retraite baisse, une réforme globale et en profondeur s'impose au nom des droits fondamentaux.

Le passage de la civilisation de l'usine à celle du savoir du fait des progrès des TIC et du numérique ne peut que reposer très vite la question de l'universalité de la sécurité sociale, spécialement en matière de retraite, car on est là sur le terrain de droits qui ne sont plus (seulement) d'assurance. Parce qu'il est dans les gènes de l'Humanité de promouvoir les libertés, comment, dans une société post-industrielle, concrétiser la conciliation entre intérêt individuel et intérêt de la collectivité ? On voit progressivement naître des moyens de concrétiser la dissociation des droits du travailleur de l'exécution de son contrat de travail. L'histoire récente du compte formation, du compte pénibilité et plus généralement du compte professionnel d'activité atteste qu'on a emprunté cette voie, mais sans bien savoir où on va ni comment on y va et par quels instruments concrétiser l'objectif. Quoi qu'il en soit et parce qu'à un certain âge est inévitable au nom des droits de l'Homme, la cessation d'activité professionnelle donc l'accès à des revenus de substitution conforte l'idée d'un droit à la retraite avec des moyens de financement qui ne peuvent plus être seulement ceux nés des revenus du travail.

Un retour à la laïcité-combat est-il nécessaire ?[295]

Par Jacques Viguier

Professeur Université Toulouse 1 – Capitole, IDETCOM

Pour rendre hommage au professeur Claude Devès, qui a beaucoup écrit sur les collectivités territoriales et leurs services publics, il semble judicieux de se pencher sur un principe qui touche directement l'enseignement public en France. Il s'agit du principe de laïcité, en particulier, sur sa dimension de laïcité-combat.

La laïcité-combat n'apparaît pas seulement avec la volonté des pouvoirs publics en 1905 de lutter contre les institutions religieuses. Elle apparaît antérieurement et illustre déjà de manière ferme cet assaut.

Dès la Révolution, certains ont été particulièrement offensifs contre la religion. On connaît les discussions autour de l'article 10 de la Déclaration des droits de l'homme et du citoyen. De nombreux opposants voulaient maintenir le catholicisme comme religion d'État, en continuation de l'Ancien Régime. Les discussions ont été extrêmement vives pour parvenir à la rédaction finale : « Nul ne doit être inquiété pour ses opinions, même religieuses, pourvu que leur manifestation ne trouble pas l'ordre public établi par la loi ». Paradoxalement, un « Être suprême » est visé par le texte, qui tente, semble-t-il, de réconcilier les croyants et les francs-maçons.

Mais cette apparence de réconciliation ne va pas durer. Très vite des textes très agressifs seront adoptés contre les membres du clergé. Il n'y a aucun doute quant à l'adversaire visé par les révolutionnaires. C'est le catholicisme, qui

[295] Il existe sur cette question de la laïcité une littérature extrêmement riche. Il est impossible, dans le cadre d'une courte contribution, de simplement citer les principaux auteurs. L'intégralité de ces lignes n'y suffirait pas. Quelques ouvrages seront cités, mais il s'agit d'ouvrages choisis de manière arbitraire, non significatifs de l'ensemble des réflexions menées.

est chargé de tous les maux, parce qu'il a toujours soutenu la monarchie. La Révolution met donc en place une laïcité-combat, ouvertement tournée contre cette religion dominante, quasi unique, qui ponctionnerait des fonds et imposerait, de manière monopolistique, ses croyances.

Ainsi, l'assaut est incontestablement tourné contre la religion catholique. Au cours du XIXème siècle, puis au début du XXème siècle, la laïcité-combat réapparaîtra face à une religion, dont la place va progressivement reculer dans la société.

Mais voici que surgit depuis une trentaine d'années une nouvelle religion particulièrement revendicatrice. C'est l'Islam. Comment accepter que nos idéaux révolutionnaires et républicains soient remis en cause par une religion qui rejette, par exemple, ce qui est particulièrement choquant, l'apostasie, alors que la liberté de conscience est un des acquis fondamentaux de la Révolution ?

Il semble nécessaire, à travers une approche plus politique que juridique, de rappeler en quoi a consisté l'âge d'or de la laïcité-combat (I), avant de s'interroger sur la nécessité d'une renaissance de celle-ci (II).

I. L'existence d'un âge d'or de la laïcité-combat :

La Révolution a marqué la naissance de la laïcité-combat, conçue au sein de l'État comme une remise en cause de la domination d'une religion. Il y aurait une nécessité d'éradiquer cette religion, qui ponctionnerait de l'argent sur les citoyens et qui imposerait ses idéaux à des esprits trop facilement manipulables. Par la suite, suivant les régimes politiques, cette laïcité-combat réapparaîtra. C'est bien sûr la IIIème République, qui marquera un retour particulièrement fort à la laïcité-combat. Il paraît donc nécessaire d'évoquer la situation antérieure à la IIIème République (A) et l'apport central de celle-ci (B).

A. La situation antérieure à la IIIème République

Après l'article 10 de la Déclaration des droits de l'homme et du citoyen, qui permettait de supprimer une religion d'État, certains révolutionnaires vont vouloir aller beaucoup plus loin en inaugurant, en consacrant la laïcité-combat.

Une lutte contre les institutions religieuses va très rapidement se manifester. La nuit du 4 août a permis l'abolition des privilèges de la noblesse, ainsi que ceux du clergé. Très rapidement, les révolutionnaires vont au-delà en instituant, avec la loi des 12 juillet – 24 août 1790, la Constitution civile du clergé. Les exigences sont fortes, complétées par un décret de novembre 1790 qui impose aux prêtres un serment, dont le texte est le suivant : « Je jure de veiller avec soin sur les fidèles de la paroisse qui m'est confiée, d'être fidèle à la Nation, à la Loi et au Roi, et de maintenir de tout mon pouvoir la Constitution décrétée par l'Assemblée nationale et acceptée par le roi ». La suite est connue. Il y a une division entre les prêtres jureurs et les prêtres réfractaires ou insermentés.

Sans développer ces points d'histoire assez connus, on peut cependant relever le texte du décret du 21 février 1795, qui annonce des textes postérieurs. Selon l'article 2 de ce décret, « la République n'en salarie aucun (culte) ». Selon l'article 3, « elle ne fournit aucun local, ni pour l'exercice du culte, ni pour le logement des ministres ». Ces articles anticipent de manière incontestable sur l'article 2 de la loi du 9 décembre 1905 : « La République ne reconnaît, ne salarie, ni ne subventionne aucun culte ». On peut relever aussi la volonté de bouleversement de la société que constitue la mise en place du calendrier révolutionnaire.

La laïcité-combat va se manifester, avec une violence extrême, pendant la courte période de la Commune (18 mars au 28 mai 1871). Le texte du décret du 2 avril 1871 est particulièrement offensif. Son Préambule affirme notamment que « le budget des cultes ... impose les citoyens contre leur propre foi » et, surtout, « que le clergé a été le complice des crimes de la monarchie contre la liberté ». Quant à son contenu, il souligne, en particulier, que « l'Église est séparée de l'État » (article 1er) et que « le budget des cultes est supprimé » (article 2). Là encore on est proche à la fois du décret du 21 février 1795 et de la future loi du 9 décembre 1905. La loi du 28 mars 1882 supprime l'enseignement de la morale religieuse et la remplace par une instruction morale et civique.

Mais c'est bien sûr la IIIème République, qui va faire un apport central en matière de laïcité.

B. L'apport central de la IIIème République

La loi du 9 décembre 1905 est le texte central de la IIIème République en matière de religion. Paradoxalement, elle ne va pas en elle-même être catégorique sur l'application de la laïcité-combat. Ses deux premiers articles toujours cités : « la République assure la liberté de conscience » (article 1er), « la République ne reconnaît, ne salarie, ni ne subventionne aucun culte » (article 2), ne sont pas si agressifs que cela. Mais c'est la manière dont le catholicisme va, en pratique, faire l'objet d'un rejet qui frappe. Les Républicains au pouvoir rejetaient le catholicisme, parce qu'ils ne voulaient pas que de jeunes esprits soient soumis aux idéaux d'une religion, qui les empêcherait de réfléchir de manière autonome.

La laïcité-combat va donc se manifester principalement à travers l'éducation. Le rouage central de cette lutte contre le catholicisme, c'est l'école. On veut donner aux instituteurs le rôle de fer de lance dans la lutte contre le catholicisme. Le système est fondé sur l'exercice de l'autorité et la prépondérance du maître sur l'élève, ainsi que sur le savoir qu'il apporte. La qualification de « hussard noir de la République » est devenue l'appellation symbolique de l'action de ces instituteurs, dont la tenue, identique pour tous, évoque déjà l'idée d'égalité venue en droite ligne de la Révolution.

Ces maîtres doivent assurer une instruction laïque, obligatoire et gratuite. Ils sont donc investis d'une sorte de mission d'évangélisation, qui vise à lutter contre l'influence des curés. Cette époque, qui suit la loi de 1905, est une époque bénie pour le manichéisme. On est pour l'instituteur et contre la calotte ou on est pour la défense des curés contre les sans-dieux.

On peut retenir ici comme caractéristique de la laïcité-combat dans toute son étendue, l'approche de Marcel Pagnol. Ce dernier a observé le conflit entre l'instituteur et le curé et il le peint dans plusieurs de ses œuvres. Mais c'est dans ses « Souvenirs d'enfance »[296] qu'il est allé le plus loin dans sa description de la laïcité-combat. Il trace un portrait de son père comme apôtre de la laïcité. Ces « Souvenirs d'enfance » sont devenus des classiques de la littérature française. Les deux premiers tomes sont les plus célèbres, « La Gloire de mon père » et « Le Château de ma mère ».

Ce sont deux fois qui s'affrontent dans les débuts de la IIIème république, qui sont toutes les deux des fois de charbonnier. Le curé et l'instituteur ont chacun leur évangile de référence. Voici ce que constate Marcel : « Le plus remarquable, c'est que ces anticléricaux avaient des âmes de missionnaires. Pour faire échec à 'Monsieur le curé' (dont la vertu était supposée feinte), ils vivaient eux-mêmes comme des saints, et leur morale était aussi inflexible que celle des premiers puritains. M. l'inspecteur d'Académie était leur évêque, M. le recteur l'archevêque, et leur pape, c'était M. le ministre : on ne lui écrit que sur grand papier, avec des formules rituelles. 'Comme les prêtres', disait mon père, 'nous travaillons pour la vie future : mais nous, c'est pour celle des autres' »[297].

À l'époque, cette idée de progrès marque les esprits. Elle est au sommet des références de la IIIème République. On pense, chez les instituteurs, que la société future sera une société de progrès permanent en matière d'éducation, de savoir, de développement harmonieux des jeunes, élevés à coups d'histoire et de philosophie. On en est bien revenu depuis, mais l'idée de progrès passe à ce moment-là, certes, par le développement de la science, mais aussi par le

[296] L'édition de référence ici, c'est Marcel Pagnol, *Œuvres complètes*, tome 3, Souvenirs et romans, Editions de Fallois, Souvenirs d'enfance, p. 9 à p. 657.
[297] Marcel Pagnol, *op. cit., La gloire de mon père*, p. 21.

recul des impostures, c'est-à-dire très directement celui de la religion catholique. « Les écoles normales primaires étaient à cette époque de véritables séminaires, mais l'étude de la théologie y était remplacée par des cours d'anticléricalisme. On laissait entendre à ces jeunes gens que l'Église n'avait jamais été rien d'autre qu'un instrument d'oppression, et que le but et la tâche des prêtres, c'était de nouer sur les yeux du peuple le noir bandeau de l'ignorance, tout en lui chantant des fables, infernales ou paradisiaques. La mauvaise foi des 'curés' était d'ailleurs prouvée par l'usage du latin, langue mystérieuse, et qui avait, pour les fidèles ignorants, la vertu perfide des formules magiques »[298]. On voit bien qu'on est loin de la laïcité-neutralité, qui apparaîtra par la suite. C'est vraiment un choc direct entre l'École et l'Église.

Pour le maître, la laïcité passe par l'égalité, comme à l'époque de la Révolution. Cette égalité est fondamentale pour l'éducation des enfants. Le maître se consacre à tous les enfants, qui ne se distinguent pas socialement. Un élément, qui permet d'encourager à la laïcité, c'est la recherche de cette égalité nécessaire dans les établissements d'enseignement. Cela passe à cette époque par le costume, ce qui nous paraîtrait aujourd'hui excessif, parce que vu comme portant atteinte à l'identité de l'élève, mais qui symbolise l'enseignement républicain. Pour Marcel, lors de l'entrée en sixième, c'est sa mère qui fabrique la blouse caractéristique de l'élève : « ma mère termina, grâce à la machine à coudre, une blouse noire d'écolier, taillée dans une craquante lustrine, qui brillait de tout son apprêt »[299].

On peut aussi rappeler comme illustration de la laïcité-combat, le dialogue permanent, au début plutôt violent, puis plus apaisé, entre Joseph et son beau-frère, l'oncle Jules, catholique pratiquant, qui illustre là encore le combat permanent de l'instituteur contre les catholiques. Au départ ils ont des positions catégoriques. Chacun défend un point de vue radicalement inverse. « L'oncle attaquait des gens qui s'appelaient 'les radicots'. Il y avait un M. Comble, qui était un radicot … mon père disait que ce radicot était un grand honnête homme, tandis que l'oncle le nommait 'la fine fleur de la canaille' ... et ajoutait que ce Comble était le chef d'une bande de malfaiteurs qui s'appelaient 'les Framassons'. Mon père parlait aussitôt d'une autre bande, qui s'appelaient 'les jézuites', c'étaient d'horribles 'tartruffes', qui creusaient des 'galeries' sous les pieds de tout le monde.»[300]. Les beaux-frères se respectent, parce qu'ils ont tous les deux une qualité qui dépasse les frontières de la religion, ils sont généreux, ce qui manque à tous les intolérants, qui prêchent la haine de l'autre.

---

298 Marcel Pagnol, *op. cit.*, *La gloire de mon père*, p. 20.
299 Marcel Pagnol, *op. cit.*, *Le temps des secrets*, p. 425.
300 Marcel Pagnol, *op. cit.*, *La gloire de mon père*, p. 84.

D'ailleurs, au fil du temps, cette laïcité du passé s'est adoucie. La laïcité-combat, visant les catholiques, s'est transformée au fil du XXème siècle, en une laïcité-neutralité, parce que le catholicisme avait été vaincu et qu'il n'était plus nécessaire de l'attaquer de front. La religion catholique a progressivement subi un recul dans de nombreux domaines, par exemple, beaucoup moins de fidèles à la messe, un nombre d'élèves très réduit au séminaire. Avec l'influence des idéaux de mai 68 sur la liberté individuelle face à toute structure de pouvoir ou d'atteinte à la liberté de pensée, les églises ont été incontestablement désertées.

Cependant, une religion qui semblait modérée en France, l'Islam, est devenue, depuis un peu plus de vingt-cinq ans, une religion extrêmement revendicatrice. On peut alors s'interroger sur la nécessité d'une renaissance d'une laïcité-combat.

II. La nécessité d'une renaissance de la laïcité-combat :

La République française n'a jamais renoncé à son identité forte dont fait partie la laïcité. Cette avancée de la République par rapport à des idéaux qui, selon elle, entraînent un maintien de l'ignorance, sera reprise de manière très solennelle dans les deux dernières constitutions françaises. Pour la IVème République, c'est l'alinéa treize du Préambule de la Constitution de 1946 : « La Nation garantit l'égal accès de l'enfant et de l'adulte à l'instruction, à la formation professionnelle et à la culture. L'organisation de l'enseignement public gratuit et laïque à tous les degrés est un devoir de l'État ». La Constitution de 1958 n'est pas en reste, en soulignant dès l'article 1er : « La France est une République indivisible, laïque, démocratique et sociale. Elle assure l'égalité devant la loi de tous les citoyens sans distinction d'origine, de race ou de religion ». L'adjectif « laïque » figure en tout début de liste. Il semble donc nécessaire de maintenir son application aujourd'hui.

L'Islam est aujourd'hui, depuis quelques années, une religion forte, comme l'était le catholicisme au début du XXème siècle. Ne faudrait-il pas réveiller les consciences et tenter de faire échapper, en particulier les enfants et les adolescents, à une éducation impliquant, par exemple, un rejet de l'égalité homme-femme ?

Face à cela, les responsables politiques ont des réactions pour le moins surprenantes et étranges. Ils ont du mal à réagir. Soit ils en semblent totalement incapables, soit ils n'ont tout simplement pas la volonté de reprendre l'application des idéaux de leurs prédécesseurs politiques. On assiste à une sorte de renversement politique en matière de laïcité. Ceux qui la revendiquent haut et fort aujourd'hui sont les ennemis directs des Républicains de naguère et ceux qu'on peut aujourd'hui regarder comme les descendants de ces Républicains sont totalement silencieux, à quelques exceptions près. C'est donc dans ce cadre-là que se pose la question de la renaissance de la laïcité-combat.

Il faut donc évoquer les techniques de revendication de la religion islamique et les moyens de lutte (A), ainsi que l'attitude inappropriée des responsables politiques et les réactions positives de certains intellectuels (B).

A. Les techniques de revendication de la religion islamique et les moyens de lutte

Les revendications sont particulièrement nombreuses et il y existerait peut-être des moyens d'en bloquer certaines. L'application de la laïcité est difficile dans les écoles, mais il y a aussi parfois d'autres domaines, dans lesquels on peut l'évoquer.

En premier lieu, à l'intérieur de l'école, lieu central d'éducation et de liberté, le contenu des programmes scolaires est contesté. Il y a, notamment, un rejet des théories sur l'origine scientifique de l'Homme et des espèces. Certes, d'autres religions le font, par exemple, certains groupes extrémistes aux États-Unis, adeptes d'un négationnisme général, totalement contradictoire avec l'idée de progrès intellectuel. Mais cela n'excuse rien. On ne devrait pas remettre en cause la vérité scientifique sur l'autel d'une prétendue vérité religieuse. La Charte de la laïcité, présentée par le ministre le 9 septembre 2013, comporte un article 12 on ne peut plus clair : « Aucun élève ne peut invoquer une conviction religieuse ou politique pour contester à un enseignant le droit de traiter une question au programme ».

En deuxième lieu se pose la question particulièrement brûlante des repas servis dans les cantines. Certains revendiquent et obtiennent des repas particuliers, par exemple, sans porc. Pourtant, une circulaire n°2001-118 du 25 juin 2001[301] affirmait que « l'État ne fait aucune obligation aux établissements scolaires de prendre en compte les pratiques religieuses des élèves, notamment en matière alimentaire, en proposant des plats de substitution dans les cantines scolaires ». La restauration scolaire est un service public facultatif, rattaché au service public de l'enseignement, marqué par le principe de laïcité.

En troisième lieu, certaines municipalités semblent accepter le fait que des mères d'élèves portent un voile au cours des sorties scolaires. Pourtant, elles semblent relever de la catégorie juridique des collaborateurs occasionnels du service public. Certes les textes et la jurisprudence ne sont pas toujours

---

[301] ... reprise dans une « Réponse du Ministère de l'Éducation nationale, de l'enseignement supérieur et de la Recherche » (JO Sénat, 31 août 2006, p. 2280).

parfaitement clairs. On peut cependant citer la circulaire ministérielle du 27 mars 2012, comme respectueuse du principe de laïcité et du principe de neutralité du service public : « Ces principes permettent notamment d'empêcher que les parents d'élèves ou tout autre intervenant manifestent, par leur tenue ou leurs propos, leurs convictions religieuses, politiques ou philosophiques lorsqu'ils accompagnent les élèves lors des sorties et voyages scolaires ».

En quatrième lieu, certaines communes ont décidé d'ouvrir une fois par semaine leur piscine seulement aux femmes. C'est une manière surprenante de porter atteinte au principe d'égalité devant le service public ! On établit une discrimination injustifiée entre homme et femme. À ce compte là, ces usagères spéciales d'un service public pourraient réclamer la présence uniquement de maîtres-nageuses et pas de maîtres-nageurs.

En cinquième lieu, et justement dans le même sens, il y a un refus de certaines patientes ou de leur mari, des médecins hommes. Cette question, particulièrement dramatique dans les services d'urgence, conduit à des situations tragiques.

La question la plus délicate, c'est celle du port du voile islamique. C'est un sujet extrêmement sensible depuis 1989. La laïcité française, dans sa dimension combattante, aurait dû s'appliquer à ce moment-là, afin de stopper un mouvement qui s'est amplifié depuis. En 1989, Lionel Jospin est ministre de l'Éducation nationale. Trois jeunes filles, soutenues, sinon portées, par leurs parents, manifestent le désir de porter le voile dans un établissement d'enseignement public. Lionel Jospin déclare devant l'Assemblée nationale que « l'école ne doit pas exclure de jeunes filles … elle doit accueillir tous ses enfants ». Il abdique ainsi face à la provocation. Le plus grave, c'est qu'il va laisser la responsabilité d'un choix aux établissements eux-mêmes. C'est une atteinte inacceptable à la laïcité et à l'égalité de la part d'un ministre. Il aurait dû immédiatement être à l'origine d'un projet de loi, pour enrayer le processus. La plupart des socialistes au pouvoir l'auraient soutenu. Cette faute incroyable, certainement due à une volonté démagogique, va ouvrir la porte à de nouvelles revendications, de plus en plus importantes.

Quelques textes vont, par la suite, essayer de lutter contre cet abandon des principes juridiques français. Certes, aujourd'hui, le voile est de plus en plus souvent porté par de jeunes filles en-dehors des établissements d'enseignement. Mais, pour ce qui est de l'intérieur, la situation est devenue plus claire. C'est grâce au Rapport de 2003 de la commission Stasi de réflexion sur l'application du principe de laïcité, qu'une évolution a pu apparaître. Les membres de la commission ont, à l'unanimité moins une voix, considéré comme nécessaire l'adoption d'une législation sur le port des signes religieux ostentatoires. La loi du 15 mars 2004 encadre le port de signes ou de tenues manifestant une appartenance religieuse dans les établissements d'enseignement publics. La circulaire du 18 mai 2004 prévoit les modalités d'application de cette loi du 15 mars. La loi impose une interdiction « dans les écoles, les collèges et les lycées du port de signes ou tenues par lesquels les élèves manifestent ostensiblement une appartenance religieuse ». Comment définir les signes religieux ostentatoires ? Tout ce qui est discret peut être accepté, en particulier les petits bijoux autour du cou, une croix, un médaillon de la Vierge, un croissant, une main de Fatma, une étoile de David. La discrétion est d'autant plus grande que la chaîne avec le signe religieux est dissimulée sous les vêtements. Si la dimension est petite, rien n'empêche de le porter par-dessus le vêtement. À l'opposé, une croix d'une vingtaine de centimètres, une étoile de David ou une main de Fatma de la même taille, une kippa ou un voile islamique devrait être retiré. La loi du 11 octobre 2010 interdit la dissimulation du visage dans l'espace public, précédée d'une décision du Conseil constitutionnel[302]. Il s'agit ici de lutter contre la burqa. L'atteinte à l'égalité homme-femme est ici extrême. En application des principes français, ni le voile, ni la burqa, ne peuvent être portés sur des documents administratifs. Pour une simple carte d'identité, chacun doit figurer tête nue.

On peut aussi s'interroger sur la lutte contre l'intoxication des jeunes esprits et des esprits en général. C'est la tragédie de « Charlie », qui en fournit deux exemples particulièrement prégnants.

Pour ce qui est relatif aux jeunes esprits, on avait demandé dans les établissements scolaires, comme dans tous les établissements d'enseignement, d'observer une minute de silence, en hommage aux journalistes et dessinateurs assassinés. Or, des enfants de l'école primaire, donc d'environ sept ou huit ans, n'ont pas voulu la respecter. Comment auraient-ils pu décider eux-mêmes de boycotter ce qui apparaissait comme un hommage à des victimes de la barbarie ? Comment ne pas imaginer que c'est au sein de leur famille qu'on leur a inculqué l'idée que ce qui était pour nous une barbarie était pour leurs parents un châtiment mérité à cause d'un prétendu blasphème … d'où, pour certains, l'expression « Je ne suis pas Charlie ».

Pour ce qui est relatif à tous les esprits, apparaissent extrêmement choquants les commentaires de trop nombreuses personnes disant : « Il faut une liberté d'expression … mais … ces journalistes assassinés sont allés trop loin. Il faut respecter la religion … ». Dès que l'on dit « mais », tout est remis en cause. La liberté d'expression, c'est la liberté d'expression sans « mais … », autrement ce n'est plus la liberté d'expression. Le délit de blasphème a été supprimé en France, mais de nombreux représentants de l'Islam voudraient

[302] CC, 2010-613 DC, 7octobre 2010, Loi interdisant la dissimulation du visage dans l'espace public.

le voir rétabli. Avec la neutralité-combat, la religion catholique avait subi des attaques innombrables et elle s'y est habituée. Il paraît totalement inadéquat, voire inadmissible, d'admettre le rétablissement d'un délit de blasphème.

Face à ces revendications, la laïcité-combat pourrait donc réapparaître aujourd'hui. On se trouve face à une religion dont la position idéologique correspond à celle du catholicisme sous la IIIème République. La séparation des églises et de l'État n'est pas une appellation d'origine … réservée au seul combat contre la religion catholique. La laïcité-combat est susceptible de réapparaître quand la liberté de réflexion et d'éducation de chacun est remise en cause. Ce qui motivait la laïcité-combat, c'était la lutte contre l'obscurantisme et la nécessité de construire la personnalité des enfants et adolescents à travers l'apprentissage de l'histoire, de la philosophie, de la science et de la culture.

Par ailleurs, la France repousse catégoriquement tout communautarisme territorial, sexuel ou religieux. Pour le communautarisme religieux, on se trouve bien sûr face à des opinions catégoriques[303]. Ce rejet a comme justification la nécessité de ne pas nuire à la cohésion de la Nation. Cette Nation, est notre patrimoine, à tous et à chacun. Elle interdit d'identifier et d'isoler des personnes, qui formeraient alors une communauté par rapport à certains critères, notamment territorial ou religieux.

On peut relever de manière anecdotique l'affrontement entre deux communautarismes, le communautarisme corse et le communautarisme musulman, à propos du burkini. Les Corses défendent très fortement leur identité et hésitent moins que les autres Français à l'affirmer contre ceux qui pourraient y porter atteinte. Ainsi, le communautarisme régionaliste corse s'est opposé catégoriquement au communautarisme religieux musulman et l'a fait reculer. Dans un communiqué du 28 juillet 2016, le Front de Libération Nationale Corse du 22 octobre a « mis en garde les islamistes radicaux ». Ils affirment notamment : « Votre philosophie moyenâgeuse ne nous effraie pas … toute attaque contre notre peuple connaîtrait de notre part une réponse déterminée sans état d'âme ». Pas de discussion possible !

---

[303] On peut citer deux points de vue catégoriques sur le communautarisme, allant dans des sens opposés :
« Les tenants des communautarismes exploitent à fond les possibilités de la démocratie pour conquérir tout ce qui peut l'être en matière d'affirmation identitaire et les suppriment là où ils prennent le pouvoir, comme on l'a vu en Afghanistan », Henri Pena-Ruiz, La laïcité, Flammarion, 2003, Vade mecum, article « communautarisme », p. 226.
« Avec vos lois démocratiques, nous vous coloniserons. Avec nos lois coraniques, nous vous dominerons »,
Youssef al-Quaradâwî, théologien islamologue, 2002.

L'affirmation d'un communautarisme religieux est récente, environ une trentaine d'années. Elle serait apparue surréaliste en 1968. Parmi les centaines de slogans de mai 68, certains sont célèbres, par exemple « Attention les cons nous cernent » et le si connu « Il est interdit d'interdire ». Pour la religion, les militants de 68 sont radicaux. Ils ne se revendiquent d'aucunes. Ils écrivent « Comment penser librement à l'ombre d'une chapelle ? » et le catégorique « A bas le crapaud de Nazareth ! ». Voilà une liberté de ton qui caractérise la France et qui pourrait être reprise aujourd'hui, en appliquant simplement une logique de liberté d'expression. Mais on peut imaginer le tollé si on remplace la chapelle par une mosquée... et Jésus par Mahomet. Si on ose dire « Le crapaud de Médine ! », on peut s'attendre à d'évidentes réactions. Pourtant, c'est cela la liberté de parole.

Par rapport à ces possibilités de comparaison entre religions, il faut poser deux questions importantes et dont la réponse prête automatiquement à discussion, voire plus. Peut-on dire que l'Inquisition et la Saint Barthélémy n'ont rien à voir avec la religion catholique ? Cela paraît extrêmement difficile, c'est même un grave contresens historique. Peut-on dire que les dictatures théocratiques dans certains pays d'Afrique, ainsi que le terrorisme islamiste n'ont rien à voir avec l'Islam ? Attention ! Être politiquement correct devrait conduire à dire « Bien évidemment non ! ». Pourtant, dans toutes les religions, les extrémistes ont à voir avec la religion elle-même, bien évidemment détournée, mais ces extrémistes se revendiquent d'elle. Si l'Inquisition a à voir avec le catholicisme, l'islamisme radical a forcément à voir avec l'Islam.

Bien évidemment, aucune religion n'est supérieure aux autres. On peut même préciser que, pour les athées, toutes les religions se valent. La critique la plus célèbre adressée aux religions est due à Karl Marx : « la religion est l'opium du peuple »[304].

Pourtant les intégristes de tout bord ordonnent parfois, encore aujourd'hui, la mort de l'« Infidèle », l'« Infidèle » étant celui qui ne croit pas dans la même religion. À l'époque des Croisades, il est sûr que chacun combattait au nom de son Dieu. Aujourd'hui heureusement, on a largement dépassé ce stade, sauf, toujours, dans des théocraties ou bien chez ceux qui sont prêts à tuer et à mourir au nom de leur religion. Ces terroristes sont parfois des individus fragiles psychologiquement ou, même, affectés par certains troubles psychiatriques. L'utilisation par des extrémistes de ceux-ci ne date pas d'hier. Déjà Ravaillac, assassin d'Henri IV, correspondait à ce profil de faiblesse psychologique et de trouble psychiatrique. La France a fait de gros efforts pour mettre en place des institutions, qui seraient représentatives des différentes religions. Pour les Catholiques, un changement sur certains principes centraux

---

[304] Karl Marx, Contribution à la critique de la philosophie du droit de Hegel, 1843.

est apparu après toute une réflexion des autorités supérieures de l'Église avec le Concile Vatican II entre 1962 et 1965 ; c'est lui qui a permis de faire évoluer l'Église. Avec l'Islam, la situation est beaucoup plus délicate. Il n'existe pas d'unité de structure et de doctrine. La guerre permanente entre factions rivales empêche de faire évoluer l'Islam vers une interprétation moderne des textes sacrés. Un « Vatican II » musulman serait nécessaire, mais l'absence d'unité le rend impossible. Même au sein du Conseil français du culte musulman, créé en 2003, chaque groupe veut dominer les autres, les luttes internes sont fortes entre fractions rivales.

Dans notre pays, aujourd'hui, le danger vient des attitudes ou des signes religieux ostentatoires, qui minent notre communauté nationale. Les pays anglo-saxons viennent nous donner des leçons. En Angleterre, on admet qu'un policier sikh porte, au lieu d'un képi, son turban. C'est totalement inacceptable en France, où il s'agit de respecter les règles du service public. Aux États-Unis, lorsqu'il s'agit de qualifier le peuple américain, on parle de « melting pot » ; tous les migrants se seraient mêlés en donnant le peuple américain. C'est un contresens total. Que voit-on dans les grandes villes américaines ? Le quartier chinois, le quartier noir, le quartier latino, le quartier italien, le quartier irlandais, etc. Les Américains se sont tellement peu fondus entre eux qu'ils pratiquent l'identification ethnique, par exemple, caucasien, afro-américain, latino… Cela choque en France où, à cause de la référence à la Nation, on n'accepte pas et, même, on interdit la moindre prise en compte d'une identification ethnique. Ce qui est important dans notre pays, c'est l'égalité entre tous les individus au sein de la Nation et non pas leur identification par rapport au sexe ou à la religion par exemple. On ne va pas identifier qui que ce soit en fonction de ses chaussures, de sa coiffure, de ce qu'il lit ou de ce qu'il boit. Chacun fait ce qu'il veut, y compris parfois des excès, mais … c'est la liberté. La formule est classique : « Je ne me saoulerai jamais le samedi soir, mais je défendrai haut et fort le désir de celui qui a envie de le faire. Je ne me passerai jamais toutes mes nuits dans une boîte gay, mais je ferai tout pour que ceux qui le désirent puissent le faire ».

Le danger, aujourd'hui, en France, c'est l'identification par la religion ou l'origine, avec une lecture partiale des textes sacrés. Pour les Catholiques, la Bible est commentée à travers une mise en situation par rapport à l'époque contemporaine ; les Écritures ne sont jamais prises au premier degré. À l'opposé, que ce soit dans les théocraties ou les démocraties, les écoles coraniques impliquent une initiation aux textes sacrés, qui reposent sur un examen au pied de la lettre. Le Coran est appris par cœur, sans aucune tentative de mise en situation par rapport à l'époque contemporaine[305]. Dans

[305] « L'école coranique ou l'on égrène à longueur de journée des sourates et des versets, sans les comprendre et sans les relier à un contexte historique, est, de ce point de vue, la caricature

une école coranique, les élèves agissent en quelque sorte comme le faisaient, au XVIIIème et au XIXème siècle, les Protestants arrivant aux États-Unis avec l'Ancien Testament. Ils assimilaient le Nouveau Monde à Jérusalem ou à Israël et appliquaient à leur situation des verstes de la Bible apprises par cœur. Comme eux, les élèves de l'école coranique n'ont aucune dimension critique.

B. L'attitude inappropriée des responsables politiques et les réactions positives de certains intellectuels

Presque tous les hommes politiques se sont discrédités par leur attitude sur cette question de la laïcité. On a l'impression que ce qui leur importe, c'est de recueillir le plus grand nombre de voix aux élections, en adoptant une attitude au mieux neutre ou, pire, remettant en cause les principes fondamentaux issus de la IIIème République.

Une dimension juridique est apparue avec l'annulation par le Conseil d'État le 26 août 2016[306] d'un arrêté d'un maire interdisant le port du burkini, parce qu'il aurait porté atteinte « aux libertés fondamentales que sont la liberté d'aller et de venir, la liberté de conscience la liberté personnelle ». C'est la Ligue des droits de l'Homme, qui a contesté l'arrêté. C'est extraordinaire ! La Ligue des droits de l'Homme devrait peut-être mieux défendre la liberté de la … Femme, à qui l'on impose voile et burqa sous prétexte de religion.

Ce qui a été cocasse, c'est l'opposition entre le Président François Hollande et le Premier ministre Manuel Valls. Ce dernier a osé des paroles extrêmement fortes. Il a écrit sur Facebook, le 26 août 2016 : « … dénoncer le burkini, ce n'est en aucun cas mettre en cause une liberté individuelle. Il n'y a pas de liberté qui enferme les femmes ! C'est dénoncer un islamisme mortifère, rétrograde. Une vision que je n'accepte pas au nom même de la place que l'Islam doit trouver dans notre société ». Il a aussi affirmé devant ses amis socialistes, dans un meeting de rentrée, le 29 août 2016 : « Vous parlez de Marianne, le symbole de la République. Elle a le sein nu parce qu'elle nourrit le peuple, elle n'est pas voilée, parce qu'elle est libre ». À l'opposé, le président a affirmé : « la femme voilée d'aujourd'hui sera la Marianne de demain »[307]. Certes il ne faut pas détacher la phrase du contexte, où l'évolution positive de la femme musulmane est espérée. Mais c'est quand même faire preuve d'angélisme que de sembler croire que tout cela se passera naturellement. Sans la laïcité combat, cela n'existera tout simplement pas.

---

de l'apprentissage mécanique » (Malek Chebel, Manifeste pour un islam des Lumières, 2e édition, 2011).

[306] CE, Ordonnance du 26 août 2016, Ligue des droits de l'Homme, Association de défense des droits de l'Homme, n° 402742, 402777.

[307] Gérard Davet et Fabrice Lhomme, Un président ne devrait pas dire çà … », Stock, 2016.

Là où tout devient surréaliste, c'est lorsqu'on assiste à une totale inversion des discours et des valeurs. Qui a mis en place la laïcité-combat ? Les Républicains de la IIIème République ! Ils ont affirmé cette conception de la laïcité, ainsi que les valeurs qui ont toujours servi de référence à la gauche. On ne peut qu'être sidéré de voir l'attitude aujourd'hui de leurs descendants. L'attitude de l'extrême gauche est encore plus incroyable. Les fils des Communards, dont on a vu qu'ils étaient les promoteurs de la laïcité particulièrement agressive, défendent le contraire de ce que prônaient leurs ancêtres. N'oublions pas les paroles de l'Internationale » : « Ni Dieu, ni César, ni tribun ». Ces groupes osent faire référence à la colonisation, en considérant que l'interdiction du voile serait représentative d'un maintien des principes du colonialisme. Pour ne prendre qu'une seule affirmation, Danièle Obono, porte-parole de « La France insoumise » a affirmé qu'elle rejetait la loi de 2004[308]. Alors on voit apparaître de la part de nombreuses personnalités politiques venant de divers camps, l'accusation d'islamo-gauchisme[309].

Comment défendre une laïcité-combat, si les promoteurs naturels de celle-ci démissionnent ou, pire, rejettent les principes républicains ?

Toujours surréaliste l'attitude de l'extrême-droite, qui récupère la laïcité. Peut-on le croire ? Ce serait risible si ce n'était pas profondément sérieux et dangereux. La laïcité classique était une laïcité d'intégration, qui cherchait à imposer le respect des valeurs républicaines. La laïcité de certains groupes d'extrême droite est une laïcité d'exclusion. Et c'est totalement paradoxal ! Voici la réponse d'un véritable républicain, de gauche et franc-maçon : « Dans la confusion idéologique la plus totale, ce beau mot, négligé, renié, doucement ostracisé par la plupart des républicains de gauche comme de droite, se retrouva dans la bouche ... de l'extrême droite. Un comble. On avait envie, devant ce spectacle amnésique et révulsant, de dire aux enfants du père Combes, de Clémenceau, à tous ces hussards noirs de la République 'Réveillez-vous'. On avait envie de hurler au voleur ... Cette laïcité n'est qu'une duperie. C'est un ersatz. Un mot-valise qui, dans sa novlangue, veut dire anti-Arabe/super chrétien »[310].

Justement si l'on essaie d'évoquer la position des intellectuels, l'attitude de certains rejoint les principes républicains et ils sont prêts à faire renaître une laïcité-combat.

Ces intellectuels veulent que les enseignants conservent une conception de la laïcité, qui permette d'offrir aux élèves autre chose que ce qu'ils peuvent

---

308 Emission le dimanche 1er octobre 2017, sur BFM TV.

309 Refusant cette qualification, utilisée par Manuel Valls, Jean-Luc Mélenchon démissionne avec fracas, début octobre 2017, d'une commission, dont l'ancien Premier ministre était le président.

310 Patrick Kessel, *Ils ont volé la laïcité*, Jean-Claude Gawsewitch Editeur, 2102, pp. 12-13.

entendre à la maison et qui ne correspond pas à une éducation à la philosophie, à l'histoire, à la tolérance. C'est un article de 1989, qui affirme cette nécessité de favoriser le développement intellectuel des élèves : « Il faut que les élèves aient le plaisir d'oublier leur communauté d'origine et de penser à autre chose que ce qu'ils sont pour pouvoir penser par eux-mêmes. Si l'on veut que les professeurs puissent les y aider, et l'école rester ce qu'elle est — un lieu d'émancipation —, les appartenances ne doivent pas faire la loi à l'école ... Neutralité n'est pas passivité, ni liberté simple tolérance. La laïcité a toujours été un rapport de forces. Est-ce au moment où les religions sont de nouveau en appétit de combat qu'il faut abandonner ce que vous appelez la « laïcité de combat » au profit des bons sentiments ? La laïcité est et demeure par principe une bataille, comme le sont l'école publique, la République et la liberté elle-même. Leur survie nous impose à tous une discipline, des sacrifices et un peu de courage. Personne, nulle part, ne défend la citoyenneté en baissant les bras avec bienveillance »[311].

Donc, ne pas baisser les bras et relancer une laïcité forte, pour favoriser un bon développement intellectuel des enfants et adolescents, n'est-ce pas, si on en croit la position de ces intellectuels, une issue possible ? La solution existait déjà avec cette laïcité « active » de Joseph Pagnol. Pour ceux qui font référence régulièrement à la Révolution et à ses idéaux, la laïcité-combat doit être réaffirmée face à une religion fortement revendicatrice. De la même manière que Saint-Just affirmait « Pas de liberté pour les ennemis de la liberté ! », n'est-il pas possible de dire : « Pas de tolérance pour les ennemis de la tolérance ! ».

On peut aussi évoquer la position engagée de certaines féministes, qui critiquent la position de l'Islam, qui n'accepte pas l'égalité homme-femme, voire qui souhaite un asservissement, des femmes. Ce qui est extraordinaire sur ce point, c'est que sont apparues des associations de féministes musulmanes ou de féminisme islamique, dont certaines défendent le port du voile. Or, dans notre logique d'un monde de droits et libertés, les féministes des années soixante-dix ont combattu pour la liberté et non pour le port du voile. Que les féministes défendent les libertés des femmes ! Réveillez-vous Simone de Beauvoir, Simone Weil et Benoite Groult ! Elles sont devenues folles. Caroline Fourest défend des positions que l'on pourrait qualifier de laïcité-combat. Elle a publié plusieurs ouvrages[312], critiquant les principes rétrogrades des idéologues islamiques. Comme elle est féministe et homosexuelle, il est évident qu'elle s'est attiré les foudres des défenseurs

[311] Elisabeth Badinter, Régis Debray, Alain Finkielkraut, Elisabeth de Fontenay, Catherine Kintzler, « Foulard islamique ' Profs ne capitulons pas !' », *Le Nouvel Observateur*, 2 novembre 1989.

[312] Pour citer simplement les deux plus récents sur le sujet : Eloge du blasphème, Grasset, 2015 ; Le génie de la laïcité : La laïcité n'est pas un glaive, mais un bouclier, Grasset, 2016.

catégoriques de l'Islam. On peut relever aussi le cas particulièrement remarquable de Zineb El Rhazoui. Menacée, attaquée anonymement, elle est une véritable féministe. Elle est athée, elle collabore avec « Charlie Hebdo » depuis 2013. Le titre de son dernier livre a le mérite de la clarté : « Détruire le fascisme islamique »[313].

Justement, du côté des intellectuels musulmans, les positions sont tranchées. Bien sûr la majorité défend le communautarisme, le voile, etc.. Celui qui est devenu symbolique d'un discours à géométrie variable sur l'Islam, et, notamment, sur la laïcité, c'est Tariq Ramadan. Plusieurs intellectuels français[314] ont critiqué sa fausseté ; il jongle avec le double sens et l'hypocrisie, ce qui lui fait affirmer à certains moments tout et son contraire, suivant l'auditoire auquel il s'adresse. Dans un entretien en juin 2017 aux États-Unis, il a affirmé : « Nous ne pouvons nier que l'excision fait partie de nos traditions ». Heureusement, certains insistent sur la nécessité d'échapper à une soumission trop forte aux principes de l'Islam, contraires aux principes français. Le plus actif était Malek Chebel. Il a écrit de nombreux ouvrages, où il défend ce qu'il appelle un Islam des Lumières et il souhaite, contrairement à l'hypocrisie de Tariq Ramadan, une évolution positive de l'Islam vers la modernité[315]. On peut relever aussi les remarques, depuis plusieurs années, de Dalil Boubakeur, qui critique l'ambiguïté de certains Musulmans, refusant de condamner clairement les actes terroristes.

Le symbole du combat pour la liberté et contre l'obscurantisme, à travers la laïcité-combat, c'est celui de l'apostasie. Cette question n'est pas très souvent évoquée, parce que les tenants de la doctrine musulmane se gardent bien d'y faire référence et la refusent le plus discrètement possible. Elle constitue une illustration forte d'une volonté d'un refus d'acceptation de la modernité et des principes juridiques français.

Il devrait être possible en France d'être athée ou croyant, en adhérant alors à n'importe quelle religion et en pouvant changer de religion. Or, cette apostasie se heurte à un rejet catégorique des Musulmans. Avant qu'apparaisse le Conseil français du culte musulman, le ministre de l'Intérieur et chargé des Cultes, Jean-Pierre Chevènement, avait engagé, à la fin des années 90, un dialogue avec les fédérations musulmanes pour discuter de leur

---

313 Détruire le fascisme islamique, The New York Times, Ring, 2016. Dans le même sens on peut citer : Hamed Abdel-Samad, Le fascisme islamique : Une analyse, Grasset, 2017.

314 ... et bien évidemment Caroline Fourest.

315 Parmi ces ouvrages, on peut en retenir de manière arbitraire cinq : Manifeste pour un islam des lumières, 27 propositions pour réformer l'islam, Hachette Littératures, première édition, 2001 ; L'islam et la raison, le combat des idées, Perrin, Tempus, 2006 ; Le Kama sutra arabe, 2000 ans de littérature érotique en Orient, Pauvert, 2006 ; Changer l'islam : Dictionnaire des réformateurs musulmans des origines à nos jours, Albin Michel, 2013 ; L'inconscient de l'islam : Réflexions sur l'interdit, la faute et la transgression, CNRS, 2015.

place en France. Il avait voulu introduire de manière tout à fait logique la liberté de changer de religion, mais cela avait été finalement écarté par ces fédérations, ce qui semble en opposition avec l'article 10 de la Déclaration des droits de l'homme et du citoyen de 1789.

Cette possibilité d'apostasie est aussi affirmée très clairement pas des textes internationaux. Il est donc d'autant plus choquant de refuser ce changement. Retenons les deux principaux textes. La Déclaration universelle des droits de l'Homme du 10 décembre 1948 comprend un article 18, avec une formule très claire, selon laquelle toute personne a droit à « la liberté de changer de religion ou de conviction ». Un autre texte, directement applicable en France, la Convention européenne de sauvegarde des droits de l'homme et des libertés fondamentales du 4 novembre 1950, comprend un article 9 identique à l'article 18 de la Déclaration universelle. Il affirme, lui aussi, l'existence de « la liberté de changer de religion ou de conviction ».

L'examen de ces différentes questions montre qu'il y a encore énormément de progrès à faire en matière de raffermissement de la laïcité en France. Il semble nécessaire de ne pas remettre en cause ce principe, qui fait partie de notre culture juridique et sociale, sous prétexte que certaines religions ne voudraient pas l'admettre. Posons abruptement une question qui paraît essentielle, en particulier dans les démocraties libérales, comme la France : nos États ne pourraient-ils pas apparaître comme caractéristiques d'un totalitarisme des droits de l'Homme ? Sommes-nous, Français, Européens, des hypocrites ? C'est ce que disent, plus ou moins, certains États africains et asiatiques. Des propos particulièrement clairs ont été utilisés par le représentant de l'Iran devant l'Assemblée générale de l'Organisation des Nations Unies le 7 décembre 1984 : « La Déclaration universelle des droits de l'Homme, qui illustre une conception laïque de la tradition judéo-chrétienne, ne peut être appliquée par les Musulmans et ne correspond nullement au système de valeurs reconnues par la République islamique d'Iran ; cette dernière ne peut hésiter à en violer les dispositions, puisqu'il faut choisir entre violer la loi divine ou les conceptions laïques ».

Doit-on admettre la supériorité de n'importe quelle culture, même lorsqu'elle prône encore aujourd'hui la lapidation et l'excision, agressions physiques suprêmes ? Le principe nouveau – il est apparu depuis une vingtaine d'années – de la dignité humaine devrait pouvoir servir de fondement à la lutte contre des situations intolérables, caractérisées par une barbarie physique, certes, mais aussi par une cruauté psychologique parfois aussi terrible.

Il faudrait avoir le courage d'appliquer aujourd'hui en France la laïcité-combat. Face au communautarisme ! Face à une religion qui prétend apporter la vérité, qui ne veut pas accepter l'existence d'autres croyances et se livre à certains excès, particulièrement en endoctrinant des enfants ou des adolescents ! Notre pays est un État antinomique des principes obscurantistes. Il n'a rien à voir avec la méthode de l'apartheid. Il s'agit, avec cette technique, d'une ségrégation imposée. Mais est-ce qu'une ségrégation demandée est mieux acceptable ? La question en France de l'intégration, de l'assimilation, est primordiale. Le modèle d'intégration des migrants à la Nation française a fonctionné depuis des décennies. Certes il est différent de l'approche anglo-saxonne. Mais pour quelle raison faudrait-il obéir à un modèle contraire à la conception de notre pays ? Il a fonctionné depuis la Révolution en appliquant le principe de l'égalité et non pas celui du communautarisme. C'est seulement depuis une trentaine d'années que les principes français sont remis en cause, parce que certains opposent le modèle du communautarisme à celui de l'intégration. Pourquoi accepter cette exigence de la part de ceux qui ne respectent pas la liberté religieuse ? De nombreux États dans le monde, en particulier les théocraties, pratiquent une assimilation forcée. Un proverbe sénégalais est extraordinaire sur cette question de l'intégration : « Quand on arrive dans un village où tout le monde marche sur une seule jambe, le mieux est de se mettre à marcher aussi sur une seule jambe ». Qui dit mieux ? Alors, pourquoi ne pas appliquer ce principe ici et faire renaître la laïcité-combat pour le réaliser ?

La loi de 1838 sur les aliénés dans le Puy-de-Dôme : une mission de service public assurée par un établissement privé

Par Olivier BONNET

Historien
Professeur agrégé en classes préparatoires aux grandes écoles

Les établissements recevant les aliénés avant 1838

En 1827, le conseil général du Puy-de-Dôme convertit en hospice départemental des aliénés l'ancien dépôt de mendicité de Riom. C'est en 1771 que ce dépôt est établi en cette ville de Riom, en exécution de l'arrêt du Conseil d'État du 27 octobre 1767 qui institue au chef-lieu de chaque généralité un dépôt de mendicité placé directement sous l'autorité de l'intendant, arrêt qui a pour but la disparition de la mendicité en France[316].

Jusqu'en 1798, ce dépôt de mendicité de Riom n'a renfermé que des mendiants, des vagabonds et quelques « fous et insensés », pour lesquels on a construit dès 1772 huit loges. Le dépôt de Riom complète donc, sous l'Ancien Régime, l'hôpital général de Clermont pour l'enfermement des fous. En 1798 (an VI de la République), ce dépôt de mendicité est converti en maison de correction et de détention pour femmes. Mais, outre les femmes condamnées par les tribunaux, des fous, quelques vagabonds et les filles publiques qui « causaient du scandale dans la société » sont aussi enfermés. Remarquons l'évolution des appellations données à un même bâtiment : dépôt de mendicité sous l'Ancien Régime, maison de correction sous le Consulat et l'Empire, et enfin hospice départemental des aliénés en 1827.

---

[316] Christine PENY, « Les dépôts de mendicité sous l'Ancien Régime et les débuts de l'assistance publique aux malades mentaux (1764-1790) », *Revue d'histoire de la protection sociale*, 2011/1, n°4, p. 9-23

À cette date, la maison ne renferme plus que des insensés ou des filles publiques atteintes de syphilis. C'est aussi à cette époque qu'une nouvelle attitude face à la folie apparaît dans les débats du conseil général du Puy-de-Dôme. Il ne suffit plus de protéger la société des maux susceptibles d'être causés par les aliénés, mais il faut aussi essayer de les soigner, de soulager le mieux possible les misères de ces « infortunés ». En créant cet hospice pour aliénés, le conseil général décide d'en retirer les filles publiques, mais le transport de ces dernières à l'Hôtel-Dieu de Clermont-Ferrand n'a lieu que six ans plus tard, en 1833. L'aménagement intérieur du bâtiment de Riom est revu en raison de l'accueil exclusif des aliénés, le nombre des loges est porté à 18, tandis que deux dortoirs contiennent 36 et 46 lits. En juillet 1830, 111 aliénés y sont reçus : 46 hommes et 65 femmes[317].

Ce lieu d'enfermement des aliénés n'est pas unique dans le département avant le vote de la loi de 1838. L'hôpital général de Clermont-Ferrand, fondé en 1657[318], reçoit également des aliénés depuis le début du XVIIIème siècle. En effet, en 1707, une ordonnance royale reconnaît qu'il n'y a point dans les hôpitaux de logement pour enfermer les insensés et fonde, moyennant la somme de 1 200 livres par an, 10 loges à l'hôpital général de Clermont, pour d'insensés « natifs des diocèses de Saint-Flour et Clermont »[319].

En 1818, un rapport ministériel signale la présence de 50 aliénés dans les loges de cet hôpital[320].

Un autre hôpital clermontois, l'Hôtel-Dieu, sert depuis 1824 de dépôt provisoire pour les aliénés. Une circulaire du préfet aux maires du Puy-de-Dôme éclaire sur le cheminement administratif mis en place pour « prévenir les événements fâcheux de la part des furieux »[321]. Ils sont conduits, si nécessaire par la gendarmerie, à l'Hôtel-Dieu de Clermont pour y être traités en attendant d'être envoyés à la maison de correction de Riom. L'application de cette circulaire entraîne des abus. Les aliénés habitant Clermont sont reçus à titre gratuit, la ville prenant sur son budget leur entretien, tandis que le conseil général paie un franc par jour d'hospitalisation pour les aliénés du département non clermontois. Devant leur nombre sans cesse croissant, et essayant de freiner l'augmentation des dépenses, l'autorité départementale prend une décision qui permet de voir apparaître de nouveaux lieux officiels d'enfermement. En 1828, le préfet décrète que « les furieux arrêtés par mesure d'ordre public resteraient dans la prison ou l'hospice de la localité » jusqu'à ce qu'il soit statué sur la décision de les admettre à l'hospice départemental

[317] Archives départementales du Puy-de-Dôme, X 0464
[318] A. G. MANRY, *Histoire de Clermont-Ferrand*, Clermont-Ferrand, Editions Volcans, 1975, p. 185
[319] Archives départementales du Puy-de-Dôme, *Extrait des registres du Conseil d'État*, C 1087
[320] Joseph LAINÉ, *Rapport au roi sur la situation des hospices*, Paris, Imp. Royale, 1818, 76p
[321] Archives départementales du Puy-de-Dôme, 3 BIB 457, année 1824

de Riom[322]. Dix ans avant la loi de 1838, les lieux d'enfermement des aliénés sont donc multiples dans le département : hospice départemental des aliénés à Riom, hôpital général et Hôtel-Dieu de Clermont, hospices des petites villes et les diverses prisons. Au cours de la décennie 1830, cette liste s'allonge des établissements de santé fondés par Joseph Xavier Tissot, appelé également frère Hilarion[323].

Problème des aliénés dans les débats du conseil général

I. La folie comme maladie :

De l'Empire aux années 1820, les aliénés sont à peine mentionnés dans les comptes rendus des sessions du conseil général. Si le budget de la maison de Riom est indiqué, tout juste apprend-on qu'il y a un médecin dont la mise en œuvre d'un traitement spécial pour les aliénés n'est pas la tâche première ou exclusive. Le service de ce médecin est de soulager en priorité les détenus de la maison centrale de Riom, puis ceux de la maison d'arrêt et enfin ceux du dépôt de mendicité. Ce médecin a de plus une clientèle particulière, en ville.

En 1824, pour la première fois, la prise en compte de l'aspect maladie de la folie apparaît. Les insensés indigents ne sont plus extraits de prison pour être précipités à Riom, mais ils doivent aller à l'Hôtel-Dieu de Clermont où ils sont soumis à un traitement curatif. Ce n'est qu'après avoir constaté l'inutilité des soins de la médecine que le placement à Riom est prononcé. Le conseil général résume ainsi sa position : « l'Administration ne s'occupera plus de mesures uniquement dans l'intérêt de la sûreté publique, elle s'en occupera encore dans l'intérêt personnel des insensés »[324].

II. L'occasion manquée de 1829 :

Dès 1819, le préfet propose le transfert à Clermont du dépôt de Riom, pour compléter l'hôpital général. Mais l'assemblée départementale ne voit dans ce projet qu'une dépense de plus et « la privation qui résulterait pour la ville de Riom d'un des établissements dont elle est en possession »[325]. En 1829, à la suite d'une initiative préfectorale, Antoine Blatin, maire de Clermont et conseiller général, propose de mettre à la disposition du département un terrain contigu à l'Hôtel-Dieu de la ville, et de participer à la construction d'un asile

---

[322] Archives départementales du Puy-de-Dôme, X 0463

[323] Olivier BONNET, « Frère Hilarion Tissot : un fondateur d'asiles d'aliénés en Auvergne », *Bulletin historique et scientifique de l'Auvergne*, n° 697, avril-juin 1988, pp. 75-98 et Olivier BONNET, « Faire la biographie d'un charlatan ? Frère Hilarion, fondateur d'asiles d'aliénés au XIXe siècle », *Cahiers d'histoire*, 47-1, 2002, pp. 27-43

[324] Archives départementales du Puy-de-Dôme, N 01, année 1824

[325] Archives départementales du Puy-de-Dôme, N 01, année 1824

départemental à concurrence de la moitié du coût total, estimé à 120 000 francs. Mais ce projet est voué à l'échec à cause d'une rivalité séculaire entre les deux villes de Clermont et de Riom[326]. Et en 1829 il semble que les Riomois n'ont pas encore accepté que leur cité soit reléguée au second rang. Aussi les conseillers généraux de l'arrondissement de Riom, qui tiennent la majorité au conseil général, refusent le projet de construction d'un asile départemental à Clermont, prétextant que le département ne peut engager des fonds dans une construction dont il n'est pas le seul propriétaire.

III. Les aliénés posent problème :

Perçus depuis les années 1820 comme des malades qui nécessitent un traitement particulier, les aliénés posent un problème de conscience au conseil général au cours des années qui précèdent la loi de 1838.

En 1830, le préfet fait admettre à l'assemblée que le local qui les reçoit ne permet de les soumettre à aucun traitement. Il déplore l'absence de tout moyen curatif (en référence au traitement moral de Philippe Pinel). En 1832, le procureur du roi dénonce les incarcérations irrégulières et prolongées que constituent les enfermements d'aliénés en prison, en attendant un jugement d'interdiction. Frère Hilarion, qui a fondé trois maisons de santé pour aliénés dans la région, ne cesse de 1831 à 1836 de harceler les conseillers généraux de rapports, de lettres, afin de les informer des bons soins réservés aux aliénés dans ses établissements campagnards et de décrire en comparaison l'hospice de Riom. Le conseil général en est alors conscient : « Vous avez dans vos précédentes sessions regardé comme une des améliorations les plus utiles, celle qui est encore à introduire dans le service des aliénés. L'établissement, tel qu'il existe aujourd'hui, très rétréci, et dans lequel encore une partie est réservée pour les filles publiques atteintes du mal vénérien, ne permet de soumettre les infortunés qu'il renferme à aucun traitement, ni même leur procurer ces bienfaits naturels qui résulteraient d'un local bien étendu, bien aéré, et qui offrirait des moyens de promenade et de distraction. Entassés comme ils le sont, je puis dire qu'ils m'ont paru aussi bien traités et aussi bien soignés que la chose est actuellement possible… Mais on ne remédie point de cette manière à l'absence que je viens de signaler de tout moyen curatif et de ce régime intérieur que la science médicale voudrait prescrire. Sous ce rapport, tout est à créer »[327].

---

[326] Au Moyen Âge, Riom était une ville royale alors que Clermont avait pour seigneur l'évêque. Sous l'Ancien Régime, le siège de la généralité était à Riom, mais les intendants de la province avaient pris pour usage au XVIIIe siècle de résider à Clermont. Enfin, lors de la création des départements en 1790, la polémique avait été vive entre les élus du Puy-de-Dôme pour choisir entre ces deux villes celle qui serait chef-lieu du département.

[327] Archives départementales du Puy-de-Dôme, N 01, session de 1830, *Rapport du préfet*

Chaque année, le rapporteur de la commission chargée des aliénés rappelle les améliorations, les modifications, les constructions qui permettraient une amélioration du sort des aliénés. Mais, chaque année, il déplore l'impossibilité d'entreprendre toute initiative, le budget ne le permettant pas. La position est telle qu'en 1832 le conseil général accepte de placer, à titre d'expérience, dans la maison de santé de frère Hilarion à la Cellette, en Corrèze, une dizaine d'hommes. Pouvant alors comparer les établissements de la Cellette et de Riom, les conseillers acceptent en 1837 de confier tous les aliénés hommes aux « bons soins » de Joseph Tissot, dit frère Hilarion.

L'année 1838 et les conséquences de la loi

I. 1838 :

Alors que l'amendement Dufaure est voté le 4 avril 1837[328], le département du Puy-de-Dôme fait un choix qui peut paraître paradoxal : abandonner un établissement public départemental qui existait avant la loi et confier les aliénés à un hospice municipal (celui de Riom) et à un établissement privé (celui de frère Hilarion). La réflexion du conseil général est avancée dès 1834 : « Cet hospice des aliénés est un établissement dont la charge n'est pas obligatoire pour le département »[329]. Or, en même temps, les notables de cette assemblée s'intéressent à la situation matérielle réservée aux aliénés, à Riom. C'est dans cet esprit qu'en 1837 les aliénés hommes ont quitté Riom et ont été placés dans une des maisons de frère Hilarion, à la Cellette, ce qui a permis de doubler l'espace réservé aux femmes à Riom. Mais les conditions de salubrité et d'hygiène ne sont pas devenues meilleures pour autant. Le conseil général envisage alors des travaux importants pour en faire un établissement convenable, mais le coût estimé des améliorations, 45 000 francs, arrête le projet. Insatisfait de l'état matériel de l'hospice départemental, incapable de le transformer et voulant néanmoins améliorer la situation faîte aux aliénés, l'assemblée propose alors aux hospices de la ville de Riom de se charger des aliénées femmes, moyennant une pension annuelle de 250 francs.

Mais ne peut-on pas faire une autre lecture de cet empressement à abandonner l'hospice départemental des aliénés ? Le conseil général ne s'empresse-t-il pas de traiter avec des établissements privés dans la crainte que la loi en discussion au Parlement ne l'oblige à entreprendre des travaux et à en assurer la charge financière ? Certains conseillers généraux étant aussi

---

328 « Chaque département sera tenu d'avoir un établissement public destiné à recevoir les aliénés, ou de traiter avec un établissement public ou privé qui s'engagera à les recevoir », *Loi de 1838. Discussions des députés et des maires*, repris dans *Analectes*, 1972, t. 1, p. 112

329 Archives départementales du Puy-de-Dôme, N 01, session de 1834

députés[330], ils connaissaient la finalité de la réflexion autour de ce projet de loi. Cet abandon au privé d'une charge que le département a supportée avant même que la loi ne la lui impose se fait officiellement pour des raisons humanitaires et charitables.

II. L'accueil fait à la loi :

A. Au niveau financier

Si dans certains départements il y a une opposition réelle à la loi[331], ce n'est pas le cas dans le Puy-de-Dôme. En 1842, le préfet remarque qu'elle a été généralement bien accueillie. En 1844, il trouve qu'elle a reçu et continue de recevoir une facile et bienfaisante exécution[332]. Une difficulté a pu apparaître en ce qui concerne la participation des communes à l'entretien des aliénés indigents. Certains départements n'ont-ils pas compris la loi de la manière qui leur est la plus avantageuse, et ce au détriment des petites communes[333] ? Dans le Puy-de-Dôme, où il existe de nombreuses petites communes rurales vivant des seuls revenus apportés par les migrants saisonniers, le conseil général va même plus loin que ne le demande le gouvernement dans sa circulaire de 1839 : il exonère de toute participation les communes ayant des revenus inférieurs à 2 000 francs.

B. Dans le respect des conditions matérielles et médicales

Si l'abandon du dépôt de Riom a été motivé par son insalubrité, les nouveaux établissements sont loin d'être satisfaisants. Ainsi, au dépôt provisoire de l'Hôtel-Dieu, les aliénés sont toujours enfermés dans des loges qui sont « tellement insalubres que leur existence (celle des aliénés) est souvent compromise dans les temps rigoureux. Elles sont froides et humides. Les croisées ne sont pas garnies de carreaux, de vitres. Elles sont très dangereuses en hiver… même pour les fous que l'on sait être généralement moins sensibles à l'impression de froid »[334].

Les rapports des visites effectuées par l'inspecteur général des établissements d'aliénés, le docteur Ferrus, sont très sévères pour les établissements du Puy-de-Dôme. Au quartier des aliénées de l'hospice de Riom, il est reproché l'absence de médecin spécial, l'encombrement (82

---

330 Comme par exemple Antoine Jouvet, conseil général et député de 1837 à 1842

331 CONSTANS, LUNIER, DUMESNIL, *Rapport général à Monsieur le Ministre de l'Intérieur sur le service des aliénés en 1874*, cf. n.16, Paris, Imprimerie nationale, 1878

332 Archives départementales du Puy-de-Dôme, N 01, session de 1842 et de 1844, *Rapport du préfet*

333 CONSTANS, LUNIER, DUMESNIL, op. cit., cf. n.16

334 CONSTANS, LUNIER, DUMESNIL, ibid., cf. n.17

femmes en 1842), l'absence de séparations entre les aliénées suivant leur maladie ou les degrés d'évolution de celle-ci. Enfin, 20 femmes couchent dans une espèce de cave disposée en dortoir et les gâteuses couchent à même la paille. Pour l'inspecteur général, le service médical y est « entièrement nul ».

Quant à la maison de santé de la Cellette, la situation est vue comme inacceptable même par les élus du conseil général : « c'est jusqu'ici un établissement coercitif (...) les lieux, la disposition des bâtiments, leur insuffisance, le manque absolu de bien des moyens indispensables pour l'appréciation du véritable état des malades, comme pour le traitement des maladies mentales ...[335] En 1846, l'inspecteur général Ferrus demande « la résidence permanente d'un médecin dans l'établissement ». Comme le conseil général ne fait que constater cet état des choses, tout en expliquant son inaction par le manque de moyens, le ministre menace « de faire transférer d'office les aliénés dans un autre asile » extérieur à la région[336].

C. L'ordonnance de 1839 :

Les rivalités entre localités ont empêché la création d'un nouvel établissement en 1829. Cet esprit de clocher se manifeste aussi par l'opposition de la province aux décisions venant de Paris. Comme l'obligent la loi, et le règlement même de l'établissement, la nomination d'un médecin au quartier des aliénées de l'hospice de Riom est soumise à l'approbation du préfet, donc de l'État. Par deux fois la lutte est vive entre le ministère de l'Intérieur et la commission des hospices, composée de notables riomois.

En 1842, le ministre veut qu'un médecin soit spécialement affecté aux aliénées puisque jusqu'ici elles n'ont connu aucun soin, aucun traitement spécial. Il désire appeler un médecin étranger à Riom, le docteur Crespiat, car « le traitement de l'aliénation mentale constitue une branche spéciale de l'art de guérir, qui n'est guère étudiée et connue que des médecins qui veulent s'y consacrer d'une manière toute particulière »[337]. La commission des hospices s'y oppose, expliquant qu'elle ne peut pas le loger, que le médecin de l'hôpital fait correctement son travail, qu'enfin les religieuses menacent de quitter le service si un médecin spécial y est affecté. Le ministre s'incline.

En 1857, l'hôpital choisit un médecin autre que celui proposé par le ministre, obéissant d'après le préfet à une influence locale et suivant un intérêt particulier[338].

---

[335] Archives départementales du Puy-de-Dôme, 2 BIB 2527, année 1845
[336] Archives départementales du Puy-de-Dôme, 2 BIB 2527, année 1847
[337] Archives départementales du Puy-de-Dôme, X 0465
[338] Archives départementales du Puy-de-Dôme, X 0465

À travers ces oppositions se manifeste un des revers de l'amendement Dufaure qui permet de traiter avec des établissements privés ou publics, comme le constate le ministre : « les difficultés qu'a soulevées cette affaire ne démontrent que trop combien il est fâcheux que votre département ne possède pas un asile départemental ». Les rapports entre le ministre et l'administration des hospices de Riom ne s'améliorant pas, celle-ci décide en 1859 de ne plus recevoir à partir de 1860 les aliénées du Puy-de-Dôme.

D. La présence des religieuses dans les asiles d'aliénés : une présence contestée lors du vote de la loi de 1838

Cette présence religieuse auprès des aliénés, comme soignantes ou comme propriétaires de maisons spécialisées, provoque un débat animé tant dans le milieu médical que dans le monde politique[339].

Les médecins se réfèrent le plus souvent au célèbre aliéniste Philippe Pinel qui, dans son *Traité*[340], a écrit que la religion est le « moyen le plus sûr de perpétuer l'aliénation ou même de la rendre incurable[341] ». Trois questions font particulièrement l'objet de leurs débats. Tout d'abord, la religion est décriée comme pouvant être la cause de certaines maladies mentales, les « folies religieuses » que sont les manies ou les mélancolies à thèmes religieux. Puis c'est le rôle de la religion dans le traitement de la maladie mentale qui est mis en cause. Bien que les pratiques de consolation, d'encouragement, de raisonnement des aliénés par les religieuses se rapprochent du traitement moral des aliénistes, il est reproché aux sacrements religieux d'abaisser le moral des malades et ainsi d'aggraver leur état. Le premier inspecteur général du service des aliénés, le docteur Ferrus, demande l'interdiction à l'asile des services et images religieuses craignant que cela n'augmente le délire des maniaques religieux[342]. Enfin, la présence de religieuses en tant que personnel médical est également critiquée. Le même docteur Ferrus est pour le bannissement des religieuses, jugeant que leur présence occasionne « plus d'inconvénients que d'avantages »[343]. Un de ces inconvénients est la contestation du pouvoir médical à l'intérieur même de

[339] Olivier BONNET, « Servir Dieu, servir les fous. Les religieuses dans les asiles d'aliénés au XIXe siècle », in Bernard DELPAL, Olivier FAURE (dir.), *Religion et enfermements XVIIe - XXe siècle*, Presses Universitaires de Rennes, Rennes, 2005, 240 p., p. 131-151

[340] Philippe PINEL, *Traité médico-philosophique sur l'aliénation mentale ou la manie*, Paris, Ed. Richard, Caille et Ravier, 1801, 319p

[341] Cité par Jan GOLDSTEIN, *Consoler et classifier. L'essor de la psychiatrie française*, Le Plessis-Robinson, Institut Synthélabo, 1997, p. 284

[342] Cité par Jan GOLDSTEIN, ibid., p. 287

[343] Cité par Marcel JAEGER dans *Garder, surveiller, soigner. Essai d'histoire de la profession d'infirmier psychiatrique*, CEMEA, Cahier VST n°3, 1990, p. 23

l'asile. Comme le signale Olivier Faure, les religieuses imposent très vite leur marque sur les hôpitaux qu'elles desservent[344] tandis que Jacques Léonard a pu parler d'un véritable « despotisme » des religieuses au sein des hôpitaux, au détriment de l'autorité morale des médecins[345]. Cependant, tous les aliénistes ne partagent pas cette opinion. Par exemple, le docteur Esquirol, médecin-chef à la Salpêtrière puis à Charenton, dénonce fortement le personnel laïc en charge des aliénés : « Ils sont livrés à des geôliers, à des guichetiers durs, barbares et ignorants. (...) Quel sentiment de bienveillance peut-on espérer d'hommes grossiers, qui ne voient dans un aliéné qu'un être malfaisant, dangereux et nuisible ? Ils ne connaissent, pour les conduire, pour les contenir, pour les ramener au calme, que les injures, les menaces, la terreur, les coups et les chaînes »[346]. Il fait par contre l'éloge du personnel religieux : « Ces malheureux malades trouvent dans ces respectables sœurs désintéressement, bienveillance et charité ; qui, mieux qu'elles, peut offrir des garanties de zèle et de dévouement, de patience et de douceur »[347].

La question devient politique lors de l'élaboration de la loi de 1838. La discussion du texte s'étale sur 18 mois, du 6 janvier 1837 au 14 juin 1838. Les parlementaires débattent longuement sur la forme qu'ils souhaitent donner au système d'asiles d'aliénés dont ils veulent doter le pays. Certains, partisans de la centralisation, veulent que ce soit l'État qui crée et dirige ces asiles. D'autres désirent la création d'asiles départementaux partout. Mais un tel projet pose inévitablement la question de son financement. Afin de laisser un temps suffisamment long aux départements pour réaliser les constructions nécessaires, une solution provisoire est envisagée : laisser la possibilité aux départements de traiter avec des asiles religieux pour une période maximale de 10 ans. Mais cela condamne automatiquement, immédiatement ou à terme, ces asiles religieux. Aussi, de longues séances voient s'opposer les partisans et les adversaires des établissements privés[348]. Les arguments avancés par les différents camps reprennent les propos des aliénistes. On retrouve chez les partisans de l'idéal laïc des idées proches de celles de Ferrus : « Dans les établissements appartenant aux congrégations, on pourrait craindre qu'une

---

[344] Olivier FAURE, « Les religieuses hospitalières entre médecine et religion en France au XIXe siècle » dans Isabelle von BUELTZINGSLOEWEN et Denis PELLETIER (dir.), *La charité en pratique ; chrétiens français et allemands sur le terrain social (XIXe - XXème siècles)*, Strasbourg, Presses universitaires de Strasbourg, 1999, p.53-64

[345] Jacques LÉONARD, « Femmes, religion et médecine : les religieuses qui soignent », dans Jacques LÉONARD, *Médecins, malades et société dans la France du XIXe siècle*, Paris, Sciences en situation, 1992, p. 33-61

[346] Jean-Etienne-Dominique ESQUIROL, « Des établissements consacrés aux aliénés en France et des moyens de les améliorer. Mémoire présenté au ministre de l'Intérieur en septembre 1818 », *Des maladies mentales*, tome 2, Paris, Baillière, 1838, p. 197

[347] Jean-Etienne-Dominique ESQUIROL, ibid., p. 40

[348] Claude QUÉTEL, *La loi de 1838 sur les aliénés*, tome 1, Paris, Frénésie Éditions, 1988, p. 13

direction exclusivement religieuse ne fût donnée à l'esprit des malades et ne nuisit à leur guérison »[349]. D'autres sont plus proches des idées d'Esquirol ou de Falret : « Dans une maladie pour la guérison de laquelle les moyens moraux sont reconnus si efficaces, les secours de l'art ne peuvent que trouver de puissants auxiliaires dans les soins qu'inspire la charité chrétienne. Le dévouement religieux commande tour à tour la fermeté et la douceur nécessaires à la direction d'une maison de fous »[350].

La loi de 1838, dans son article 1er, met fin à la confusion des lieux d'internement des aliénés puisque « chaque département est tenu d'avoir un établissement public spécialement destiné à recevoir et soigner les aliénés »[351]. Cette loi ne sonne pas pour autant le glas des maisons privées religieuses puisque le même article 1er précise que chaque département, faute d'avoir son asile public, est tenu de « traiter avec un établissement public ou privé, soit de ce département, soit d'un autre département ». La majorité des parlementaires a jugé qu'il était inutile de créer un système d'asiles d'aliénés exclusivement publics et, considérant que l'existence des asiles religieux était un fait accompli, a adopté une solution encourageant le secteur public et ménageant le secteur privé, congréganiste le plus souvent.

Les asiles de la Congrégation Sainte-Marie de l'Assomption

La congrégation Sainte-Marie de l'Assomption, fondée par le père Chiron en 1824, a pour originalité de se consacrer exclusivement au soin des aliénés[352]. Elle a ouvert son premier asile à Privas en 1827. Elle étend progressivement son œuvre et possède en 1862 cinq maisons faisant fonction d'asiles publics à Privas, Clermont[353], la Cellette, Le Puy et Nice. Comment expliquer ce développement qui a lieu essentiellement après le vote de la loi de 1838 ?

Les raisons de l'extension de l'œuvre :

Tout d'abord, en créant des asiles, la congrégation Sainte-Marie de l'Assomption accompagne la modification du regard porté par la société sur

---

349 Jan GOLDSTEIN, op. cit., p. 388

350 Jan GOLDSTEIN, ibid., p. 388

351 Claude QUÉTEL, *La loi de 1838 sur les aliénés*, tome 2, Paris, Frénésie Éditions, 1988, p. 15

352 Olivier BONNET, « L'œuvre du Père Chiron : la fondation de la congrégation Sainte-Marie de l'Assomption et son évolution », *Revue du Vivarais*, tome CI, n°4, octobre-décembre 1997, pp. 237-260

353 Olivier BONNET, « L'œuvre hospitalière de la congrégation Sainte-Marie de l'Assomption à Clermont-Ferrand des origines à 1945 », *Bulletin historique et scientifique de l'Auvergne*, n°739, octobre-décembre 1998, pp. 285-321

les aliénés. Elle apporte donc une réponse, ou plutôt propose une solution, aux départements qui ne sont pas satisfaits de la situation faite à leur population aliénée, le plus souvent parce qu'ils ne possèdent pas d'asile spécialisé. C'est le cas en Ardèche lorsque la congrégation ouvre sa première maison pour femmes aliénées en 1827. Ces dernières sont dans un premier temps enfermées dans la prison de Privas, durant la procédure d'interdiction, puis sont conduites à l'hospice de la ville. Cette situation afflige le maire qui demande au préfet leur transfert chez les sœurs de Sainte-Marie : « L'humanité réclame cette mesure parce que l'on ne peut suivre dans la maison d'arrêt aucun traitement et que la surveillance n'est et ne peut pas être assez active ni assez continuelle. Les cachots dans lesquels on est obligé de les enfermer ne font que les irriter davantage et rendent leur guérison plus douteuse et plus lente »[354]. Le préfet appuie cette demande auprès du ministre de l'Intérieur qui l'approuve en 1829[355]. C'est encore le préfet qui souhaite « réunir dans un même établissement à Privas les insensés des deux sexes »[356] et qui pour cela presse la congrégation de réaliser des travaux d'agrandissement.

La création à Clermont-Ferrand d'un asile n'est pas seulement une affaire de circonstance : la congrégation reprend en janvier 1836 une maison de santé pour aliénés fondée par Joseph Xavier Tissot, connu sous le nom de frère Hilarion, maison alors en faillite. Mais le département du Puy-de-Dôme ne possède pas de maison spéciale pour les aliénés : la congrégation n'espère-t-elle pas que son asile remplisse cette fonction ? Cet objectif est atteint un quart de siècle plus tard puisqu'en 1860 les maisons de santé de Sainte-Marie sont reconnues comme faisant fonction d'asile public.

La situation initiale, en 1836, est assez complexe dans le département du Puy-de-Dôme puisque les aliénés sont placés provisoirement en observation à l'Hôtel-Dieu de Clermont, puis les femmes aliénées sont transférées dans le quartier réservé de l'hospice de Riom, les hommes aliénés sont envoyés à la Cellette, en Corrèze, maison fondée par frère Hilarion. En 1845, le préfet veut remédier à la mauvaise installation du dépôt provisoire de l'Hôtel-Dieu, dépôt que le docteur Péghoux qualifie de mortifère[357]. Le préfet confie ce dépôt provisoire à l'asile Sainte-Marie de Clermont. En 1848, après que l'inspecteur général Ferrus ait dénoncé lors de sa visite l'encombrement du quartier réservé de l'hospice de Riom, le préfet limite à 60 le nombre d'aliénées que l'on peut y renfermer, les autres sont placées à l'asile Sainte-Marie. Enfin, en 1860,

---

[354] Archives communales de Privas, Correspondance du maire, registre 38, n°284, lettre du 6 mai 1827

[355] Lettre du 20 janvier 1829, citée par E. G. POILLON, *Joseph Marie Chiron. Sa vie, son œuvre*, Largentière, Imp. Humbert, 1973, p. 140

[356] Archives de la congrégation Sainte-Marie, *Rapport du préfet au Conseil général*, année 1837

[357] Docteur Auguste PÉGHOUX, *Histoire des hôpitaux de Clermont*, Clermont, Imp. Thibaud-Landriot frères, 1845, 291p

l'hospice de Riom supprime, pour des raisons financières, son quartier d'aliénées et l'asile Sainte-Marie reçoit la totalité des femmes aliénées[358]. À cette époque, la congrégation a le monopole de l'accueil des aliénés du Puy-de-Dôme puisque depuis 1842 elle possède également l'asile de la Cellette.

La deuxième explication qui permet de comprendre ce développement de l'œuvre de Sainte-Marie est d'ordre financier.

Au milieu du XIXème siècle, on estime que le coût d'une place d'aliéné lors de la construction d'un asile oscille entre 1550 et 1800 francs[359]. En conséquence, un asile de 500 places coûte entre 775 000 et 900 000 francs. Les départements qui ne possèdent pas d'asile, comme celui du Puy-de-Dôme, ont souvent reculé devant la construction d'une maison spéciale en raison de son coût. Ainsi, le conseil général du Puy-de-Dôme, en 1846, constate que « la dépense de création d'un établissement dans les proportions et dans les conditions nécessaires serait beaucoup trop considérable pour l'état financier d'un département, spécialement celui du Puy-de-Dôme »[360]. C'est aussi le cas en Corrèze où, à la fin du siècle, on envisage la création d'un asile départemental. Un conseiller général, le docteur Longy, évalue le coût de la construction entre 1 400 000 et 1 600 000 francs[361]. Cet asile restera à l'état de projet.

De nombreux départements cherchent à traiter au meilleur prix l'entretien de leurs aliénés indigents et les asiles privés sont souvent ceux qui proposent les prix de journée les plus bas. Ainsi, le déplacement du dépôt provisoire des aliénés du Puy-de-Dôme de l'Hôtel-Dieu à l'asile Sainte-Marie répond certainement à un souci humanitaire, mais il permet également au département de faire des économies. Le prix de journée versé à l'Hôtel-Dieu était de 1,25 franc ; Sainte-Marie ne demande que 1,10 franc. C'est un argument que le préfet avance au conseil général pour qu'il accepte ce transfert : « Vous ne manquerez pas d'apprécier tout ce que ces dispositions comportent de précieux (...) d'économie dans les dépenses »[362]. Toujours dans le Puy-de-Dôme, le prix de journée des aliénés placés définitivement à l'asile Sainte-Marie est de 0,70 franc depuis 1848. L'inspecteur général, lors de sa visite de 1866, trouve ce prix trop minime et pense qu'il « faudrait bien 1 franc »[363].

---

[358] Olivier BONNET, « L'œuvre hospitalière de la congrégation Sainte-Marie de l'Assomption à Clermont-Ferrand », op. cit., p. 302

[359] Docteur MOTTET, « Analyse du rapport sur le service des aliénés de 1876 », *Annales médico-psychologiques*, 6° série, tome 2, juillet 1879, p. 79-80

[360] Archives départementales du Puy-de-Dôme, 2 BIB 2527, année 1846, *Rapport de la commission*, p. 83

[361] Docteur LONGY, *Les aliénés de la Corrèze*, 1895

[362] Archives départementales du Puy-de-Dôme, 2 BIB 2527, année 1845, *Rapport du préfet*, p. 19

[363] Archives de la congrégation Sainte-Marie, *Observation faites par Monsieur Lunier, inspecteur général des aliénés en sa visite de juillet 1866*

Fort de cet appui, la congrégation demande que ce prix soit porté à 0,80 franc. Le préfet propose au conseil général de le fixer à 0,80 franc, en ayant conscience que ce chiffre « est bien inférieur à ceux payés aujourd'hui par les départements, le prix moyen en France serait de 1 franc »[364]. En Haute-Loire, en 1851, la pension annuelle des aliénés placés à Aurillac, Saint-Alban ou Riom s'élève, en moyenne, à 350 francs. La congrégation, pour obtenir le placement dans son nouvel asile du Puy de l'ensemble des aliénés du département, propose un prix de 275 francs[365]. À l'asile Sainte-Marie de la Cellette, la situation est comparable d'après le médecin adjoint, le docteur François Longy : « Les prix de pension de la Cellette sont de beaucoup inférieurs à ceux des asiles appartenant à des sociétés civiles ; cependant les malades y sont aussi bien soignés. Pour la quatrième classe, par exemple, la pension est seulement de 82 centimes par jour, tandis que dans la plupart des maisons d'aliénés, elle varie de 1,15 à 1,50 franc. Cette différence tient à ce que dans beaucoup d'asiles, il faut donner chaque année un dividende aux actionnaires, et payer tous les employés, depuis le directeur jusqu'aux infirmiers ; de là des frais généraux considérables »[366].

Mais l'œuvre de Sainte-Marie, exclusivement consacrée aux aliénés, ne trouve son financement que dans les pensions versées pour les malades. Certains départements en profitent pour négocier ou imposer des prix encore plus bas. Le préfet de l'Indre, département qui ne possède pas d'asile départemental, écrit en juillet 1839 au directeur de la congrégation Sainte-Marie que « le taux élevé de la pension (...) de 300 francs par an m'obligeait à renoncer au projet que j'avais conçu de faire traiter dans cet établissement les aliénées indigentes de l'Indre (...) s'il ne vous était pas possible de m'offrir des conditions moins onéreuses »[367]. L'asile de Clermont, récemment installé en 1836 et ne recevant à ce moment-là que des malades pensionnaires, entretenus par leur famille, trouve avantage à recevoir des malades au compte d'un département et accepte d'abaisser son prix à 275 francs[368]. C'est aussi le cas du département de la Loire qui, ne possédant pas d'asile départemental, traite avec les asiles Sainte-Marie de Clermont et du Puy pour recevoir ses malades femmes, au tarif annuel de 300 francs. En 1852, le préfet de la Loire négocie une baisse de ce tarif en menaçant de retirer les malades et de les mettre à l'asile d'Yzeure, dans le département de l'Allier. La congrégation, dépendante, est obligée de céder : « Nous eussions souhaité que votre

---

364 Archives départementales du Puy-de-Dôme, 2 BIB 2527, année 1866, *Rapport du préfet*, p. 91

365 Archives de la congrégation Sainte-Marie, *Lettre du frère Chevalier au préfet de Haute-Loire*, 10 juillet 1851

366 Docteur François LONGY, *Notice sur l'asile d'aliénés de la* Cellette, Tulle, Imp. Eugène Crauffon, 1873, 138p, p. 108

367 Archives de la congrégation Sainte-Marie, *Lettre du préfet de l'Indre au père Chiron*, 9 juillet 1839

368 Archives de la congrégation Sainte-Marie, *Lettre au préfet du Puy-de-Dôme*, sans date

département eut pu continuer à nous donner 300 francs annuels pour l'entretien de ses malades en nos maisons, mais puisqu'il en est autrement nous consentirons à les recevoir à 275 francs »[369]. Les prix de Sainte-Marie sont effectivement dans la fourchette basse des prix pratiqués par la plupart des asiles. En 1874, Sainte-Marie demande 0,90 franc par jour alors que les prix s'échelonnent de 0,92 franc dans la Meurthe, 0,98 en Ille-et-Vilaine, 1,12 franc en Seine Inférieure ou 1,15 franc dans le Nord[370]. Cette situation est vivement critiquée par l'Inspection générale du service des aliénés, en 1874 : « La séduction du bon marché pour l'entretien des malades (...) a fait livrer le service à des établissements privés offrant bien rarement les conditions essentielles au traitement »[371]. Les inspecteurs généraux fustigent ces départements qui se préoccupent, d'après eux, plus du prix de journée que du bien-être des malades : « Des asiles privés devant faire fonction d'asiles publics se sont construits ou installés dans les pires conditions (...) sans que les autorités locales, avant de traiter avec ces établissements, se soient occupées d'autre chose que du prix de journée. (...) Si l'on a à choisir entre deux asiles, ce n'est pas toujours celui dans lequel les aliénés seraient le mieux qu'on donne la préférence, mais à celui qui demande le prix de journée le moins élevé »[372].

Le maintien des asiles religieux préexistants à la loi de 1838 ou la création de nouveaux après le vote de cette loi semble répondre à un double intérêt : intérêt pour les départements dans le domaine financier, intérêt pour les congrégations qui, grâce aux pensions versées pour l'entretien des malades indigents, peuvent faire vivre leurs œuvres. C'est ce dont témoigne la situation dans le département du Puy-de-Dôme.

De nombreux projets tenteront de modifier la loi de 1838 et ces projets s'inscrivent, pour la plupart, dans le combat laïc de la fin du XIXème siècle et du début du XXème siècle : projets en 1870, 1882, 1886, 1890, 1893, 1907[373]. L'article 1er de la loi de 1838 qui permet que des asiles privés fassent fonction d'asiles publics est l'un des points que ces projets veulent réformer. Par exemple, l'exposé des motifs du projet de 1882 est des plus explicites : « Assurer le traitement des aliénés de tous les départements dans des établissements publics, uniformément placés sous l'autorité du Gouvernement et où tous les malades seraient traités par des médecins d'une compétence spéciale ; supprimer en conséquence la faculté laissée par la loi de 1838 aux conseils généraux d'envoyer leurs aliénés dans des asiles privés »[374]. Mais

---

[369] Archives de la congrégation Sainte-Marie, *Lettre du père Bal à mère Claire*, 3 octobre 1852
[370] CONSTANS, LUNIER, DUMESNIL, op. cit., p. 35
[371] CONSTANS, LUNIER, DUMESNIL, ibid., p. 53
[372] CONSTANS, LUNIER, DUMESNIL, ibid., p. 491
[373] Claude QUÉTEL, *La loi de 1838 sur les aliénés*, tome 2, op. cit., p. 12
[374] « Projet de loi portant révision de la loi de 1838 sur les aliénés », *Annales médico-psychologiques*, 6° série, tome 9, mars 1883, p. 225

tous ces projets ont échoué et la loi de 1838 n'a été réellement modifiée que 152 ans plus tard par la loi du 27 juin 1990.

Que de nombreux départements, dont celui du Puy-de-Dôme, choisissent des asiles privés pour remplir une mission de service public montre que les conseils généraux, qui financent, et l'Inspection générale du service des aliénés, qui assure le contrôle du respect de la loi, n'ont pas la même vision de ce que l'on peut attendre d'un asile. Pour l'Inspection générale, l'asile est avant tout un lieu de soin dans lequel le maximum de moyens doit être mobilisé pour guérir les aliénés[375]. Elle dénonce le fait que les asiles de Sainte-Marie soient d'abord religieux avant d'être lieu de soin : « On m'a rapporté (écrit le père Bal, directeur des établissements Sainte-Marie) que nos maisons étaient assez mal notées dans le bureau des aliénés du ministre, qu'il y était dit que nous ne faisions guère d'autres remèdes à nos malades que leur faire faire des prières ». Il le reconnaît en partie, rejetant seulement l'exclusivité des soins religieux : « Sans doute nous employons les moyens religieux, mais sans négliger les moyens spéciaux, physiques, moraux, hygiéniques que fournit la science, qu'enseigne l'expérience »[376]. Alors que les inspecteurs généraux ne ménagent pas leurs critiques sur les établissements Sainte-Marie de Clermont ou de la Cellette, le conseil général du Puy-de-Dôme trouve, lui, que les conditions qu'il a définies[377] « on peut les constater dans les deux maisons ouvertes à ce genre d'infortune ».

La communauté d'intérêts entre le conseil général, institution finançant cette prise en charge des aliénés, et la congrégation Sainte-Marie, institution assurant cette prise en charge dans ses asiles, se révélera plus forte que toutes les remontrances ministérielles.

[375] Le 5e chapitre du *Rapport de 1874* est entièrement consacré à ce thème.

[376] Archives de la congrégation Sainte-Marie, *Lettre du père Bal,* sans date

[377] « N'oublions pas qu'il s'agit surtout ici d'asiles destinés à des malades indigents et par suite peu habitués aux recherches du bien-être. L'appropriation des locaux, leur salubrité, l'ordre, la bonne tenue, l'alimentation et des soins convenables donnés aux malades, tel est le but à atteindre », Archives départementales du Puy-de-Dôme, 2 BIB 2527, année 1868, p. 341

La compétence des départements pour accueillir les mineurs étrangers isolés

Par Michel Degoffe

Professeur de droit public à l'Université Paris Descartes (Centre Maurice Hauriou, EA 1515)

L'étranger mineur ne peut pas faire l'objet d'une obligation de quitter le territoire[378]. La collectivité doit donc le prendre en charge. Le département est compétent pour prendre en charge les mineurs au titre de l'aide sociale à l'enfance. C'est ce qui ressort de l'article L. 221-1 du Code de l'action sociale et des familles en vertu duquel le service de l'aide sociale à l'enfance doit « pourvoir à l'ensemble des besoins des mineurs confiés au service et veiller à leur orientation. ». Le département devra prendre en charge le mineur après une décision du juge des enfants, mais avant même cette décision, de façon provisoire si le mineur est dans une situation de danger. Depuis quelques années, ce service est désorganisé par l'obligation d'accueillir des mineurs étrangers au point de mettre en péril les finances de certains départements. Le coût d'un enfant pris en charge par l'aide sociale à l'enfance est de 50 000 euros par an. L'État prend en charge une partie de ce coût, mais dans la limite de cinq jours[379]. Le nombre de mineurs étrangers recueillis par les départements est en croissance exponentielle. Les départements auraient enregistré 40 000 jeunes migrants en 2018 contre 25 000 en 2017 et 13 000 en 2016[380]. Cette obligation de prise en charge marque les limites de la décentralisation, l'autonomie se retournant contre la collectivité territoriale tenue d'exercer une compétence qu'elle ne maîtrise pas. Lorsque les compétences sociales ont été confiées au département, c'était dans un cadre

[378] Art. L. 511-4 du Code de l'entrée et du séjour des étrangers et du droit d'asile.

[379] Art. R. 221-12 du Code de l'action sociale et des familles.

[380] Le Figaro 9 novembre 2018. Voir également le rapport d'information fait au nom de la commission des affaires sociales sur la prise en charge des mineurs non accompagnés, rapport Sénat, n° 598 par Élisabeth Doineau et Jean-Pierre Godefroy enregistré à la présidence le 28 juin 2017.

fermé : il s'agissait pour l'essentiel d'assurer des conditions dignes d'existence à des mineurs français ou étrangers régulièrement installés en France et qui se trouvaient dans une situation de grande détresse. Désormais, sous l'effet des principes constitutionnels, accessoirement de la convention internationale sur les droits de l'enfant[381], le mineur n'a plus de nationalité. Aucun titre de séjour n'est d'ailleurs exigé d'un mineur. Le département acquiert une compétence universelle. Il nous semble, en effet, que le département, collectivité territoriale déjà souvent exsangue, n'a pas les moyens d'assurer cette obligation. Fréquemment, le mineur est sous la protection d'une filière organisée comme ont pu le constater madame Doineau et monsieur Godefroy dans leur rapport précité (p. 26) : le mineur, écrivent-ils, se présente accompagné d'un adulte aux services de l'aide sociale à l'enfance, « y compris dans des départements ruraux éloignés ». Il connaît souvent même le nom du travailleur social, raconte une histoire, la même qui sera racontée quelque temps plus tard par un mineur ou prétendu tel, venant de la même contrée.

Dans ces matières, il faut ajouter que le département est sous le contrôle d'un juge vigilant puisque le mineur pourra saisir le juge des référés libertés[382]. En effet, si le mineur est livré à lui-même, sans protection du département, cela constitue une atteinte grave et manifestement illégale à une liberté fondamentale. Le mineur pourra donc obtenir rapidement du juge de référés libertés (art. L. 521-2 du Code de justice administrative) qu'il contraigne le département à prendre des mesures de protection[383].

La tâche du département est compliquée par le fait qu'il est difficile d'établir l'âge de l'étranger qui se prétend mineur (I). Le département ne pourra pas échapper à son obligation (II) alors que la responsabilité de l'État est clairement subsidiaire (III).

I. Difficulté d'établir l'âge du mineur :

Une première difficulté est de connaître avec certitude l'âge de l'individu qui se prétend mineur. En effet, s'il s'agit d'un majeur, la protection ne s'applique pas, il doit être éloigné du territoire. Le plus souvent, le prétendu mineur se déplace sans papier d'identité. Il faut donc évaluer son âge.

[381] Art. 20 de la Convention : « tout enfant qui est temporairement ou définitivement privé de son milieu familial, ou qui dans son propre intérêt ne peut être laissé dans ce milieu, a droit à une protection et une aide spéciales de l'État ».

[382] Alors même que le mineur non émancipé ne dispose pas de la capacité pour agir en justice. Le Conseil d'État a jugé que cela ne valait pas pour le mineur isolé qui saisit le juge des référés (CE 12 mars 2014, n°375956, mentionné dans les tables du recueil Lebon).

[383] CE 27 juillet 2016 Département du Nord, n° 400055 (sera publié au Lebon), AJDA 2016, p. 2115, concl. Lessi.

L'administration pratique des tests osseux, contestés par certains pour leur manque de fiabilité[384]. L'article 388 du Code civil qui prévoit le recours à ces tests le fait pourtant en des termes extrêmement nuancés : « Les examens radiologiques osseux aux fins de détermination de l'âge, en l'absence de documents d'identité valables et lorsque l'âge allégué n'est pas vraisemblable, ne peuvent être réalisés que sur décision de l'autorité judiciaire et après recueil de l'accord de l'intéressé ».

« Les conclusions de ces examens, qui doivent préciser la marge d'erreur, ne peuvent à elles seules permettre de déterminer si l'intéressé est mineur. Le doute profite à l'intéressé. »

« En cas de doute sur la minorité de l'intéressé, il ne peut être procédé à une évaluation de son âge à partir d'un examen du développement pubertaire des caractères sexuels primaires et secondaires ».

Le Conseil constitutionnel a été saisi d'une question prioritaire de constitutionnalité à ce sujet[385]. Le Conseil constitutionnel affirme, tout d'abord, que dès qu'il s'agit d'un mineur, la notion de nationalité s'estompe. Le Conseil constitutionnel s'appuie sur les dixième et onzième alinéas du Préambule de la Constitution de 1946[386] pour en déduire qu'« il en résulte une exigence de protection de l'intérêt supérieur de l'enfant. Cette exigence impose que les mineurs présents sur le territoire national bénéficient de la protection légale attachée à leur âge. Il s'ensuit que les règles relatives à la détermination de l'âge d'un individu doivent être entourées des garanties nécessaires afin que des personnes mineures ne soient pas indûment considérées comme majeures ». Le Conseil constitutionnel reconnaît que ce test osseux recèle une marge d'erreur. Mais, la loi l'entoure de garanties : tout d'abord, c'est l'autorité judiciaire qui doit l'autoriser, ensuite, elle ne peut l'ordonner que lorsque la personne qui se prétend mineure n'a pas de papier d'identité ou lorsque l'âge qu'elle prétend avoir n'est pas vraisemblable. Surtout, l'individu doit avoir donné son consentement éclairé qui lui a été demandé dans une langue qu'il comprend. Son refus de donner son consentement ne suffit pas à lui seul à présumer qu'il est majeur. Le Conseil constitutionnel n'indique pas comment il sera possible de trancher le problème en cas de refus pour l'étranger de se prêter au test. N'aurait-il pas été cohérent de considérer que son refus établissait sa mauvaise foi ? Disposant du test et compte tenu de cette marge d'erreur, l'autorité judiciaire doit apprécier l'âge de l'intéressé, le doute

---

[384] Dans un avis du 23 janvier 2014, le haut conseil de la santé publique (HCSP) a émis huit recommandations pour encadrer ces tests.

[385] Décision n° 2018-768 QPC du 21 mars 2019 M. Adama S.

[386] « La Nation assure à l'individu et à la famille les conditions nécessaires à leur développement. - Elle garantit à tous, notamment à l'enfant, à la mère et aux vieux travailleurs, la protection de la santé, la sécurité matérielle, le repos et les loisirs ».

profitant à l'intéressé[387]. Le juge administratif appréciera la valeur de ce test quand il est saisi d'un recours contre l'arrêté du préfet ordonnant à la personne reconnue majeure de quitter le territoire[388].

II. Obligation pour le département de le prendre en charge :

Dès lors que l'étranger est un mineur isolé, le département ne peut plus se défiler. Même le risque sanitaire ne permet pas au département de se délier de son obligation. Ainsi, le président du conseil départemental de Mayenne avait pris un arrêté indiquant que le service de l'aide sociale à l'enfance n'accueillerait pas de mineurs en provenance des États touchés par le virus Ébola qui présente un caractère contagieux et dangereux tant que le mineur n'aurait pas fait l'objet d'un examen médical. Dans l'attente, il serait pris en charge par les autorités sanitaires. Saisi d'un recours contre cet arrêté, le Conseil d'État juge qu'en tant que chef de service, le président du conseil départemental pouvait prendre un tel arrêté. « En revanche, il ne saurait subordonner l'accueil de certains mineurs par le service de l'aide sociale à l'enfance du département à une prise en charge préalable par d'autres autorités »[389].

Une fois le mineur pris en charge, il sera difficile au département de se délier de son obligation. Ainsi, le juge des enfants avait ordonné au département de Seine-et-Marne de prendre en charge un mineur de nationalité ivoirienne, sans famille et sans ressources connues en France. Le département le confie à une association qui lui trouve un hébergement à l'hôtel (ce qui doit être assez coûteux). « À la suite d'incidents graves à l'encontre d'une chef de service de cette association » nous indique l'arrêt du Conseil d'État sans plus de précision, ce qui peut nous permettre d'imaginer, l'intéressé est placé en

---

[387] Le test osseux effectué selon la méthode de Greulich et Pyle étant affecté d'une marge d'erreur de deux ans, on peut donc en déduire que l'âge de la majorité sera plus élevé pour l'étranger isolé, évolution allant à l'encontre de tous les combats visant à abaisser l'âge de la majorité. Sur l'incertitude liée à ce test : CAA Nantes 31 mai 2016, n° 15NT03165. Le test ne peut en tout cas pas faire échec au certificat de naissance produit par l'intéressé sauf à démontrer qu'il est falsifié (CAA Lyon 31 mai 2016, n° 15LY03188.

[388] CAA Nancy 26 février 2019, n°18NC01715 : le test osseux est certes affecté d'une marge d'erreur mais en tenant compte du récit incohérent de l'étranger, il faut en déduire que l'intéressé est bien majeur. CAA Lyon 15 novembre 2018, n°17LY03248 : dans cette affaire, pour remettre en cause l'âge de la personne se prétendant mineure, le préfet s'était fondé sur le traitement automatisé « Visabio » (logiciel européen) qui établissait qu'une personne ayant les mêmes empreintes avait obtenu un visa touristique de l'ambassade de Grèce à Kinshasa et qui, de Grèce s'était rendu en France. Selon la cour administrative d'appel, ce document n'est pas probant car les services consulaires de la République démocratique du Congo ont établi un certificat à la demande de l'intéressé attestant que l'acte de naissance qu'il produit est le vrai. L'État du ressortissant vient donc à sa rescousse.

[389] CE 3 décembre 2018, n° 409667. Publié au Lebon.

garde à vue et, à cette occasion, un constat médical établit que l'intéressé est majeur. Fort logiquement, le département cesse de prendre en charge le mineur. Ce dernier saisit alors le juge des référés-libertés afin qu'il ordonne au département de lui trouver une solution d'hébergement. Le Conseil d'État fait droit à cette demande, car tant que le juge des enfants n'a pas ordonné la mainlevée du placement, le département doit continuer à prendre en charge le « mineur »[390].

Le mineur pris en charge, entré irrégulièrement sur le territoire, rappelons-le, entre, ensuite, dans le droit commun des étrangers. Ainsi, il doit bénéficier de l'autorisation de travail nécessaire pour conclure un contrat de travail ou de professionnalisation[391]. On peut donc sans crainte d'exagération, affirmer qu'un enfant mineur entré irrégulièrement en France est appelé à y rester définitivement au moins tant qu'il le souhaite.

III. Compétence subsidiaire de l'État :

Il sera difficile au département d'échapper à sa responsabilité en la matière et de compter sur l'action de l'État. Certes, ce dernier est compétent en matière d'hébergement d'urgence, ce qui ne vise pas exclusivement les mineurs. « Toute personne sans abri en situation de détresse médicale, psychique ou sociale a accès, à tout moment, à un dispositif d'hébergement d'urgence »[392]. C'est à l'aune de cet article que le Conseil d'État, saisi en tant que juge du référé-liberté, a vérifié que l'État offrait aux étrangers réfugiés dans la « jungle » de Calais, des conditions de vie qui ne heurtaient pas le principe constitutionnel de sauvegarde de la dignité humaine[393].

Les finances exsangues, la bonne volonté ne pourront pas délier le département de son obligation. Ainsi, le juge des référés-libertés a pu ordonner au département du Nord, de prendre en charge un mineur malien qui vivait dans la rue. Le département faisait valoir qu'il avait créé environ quatre-vingts places dédiées à la mise à l'abri et à l'accueil de mineurs isolés étrangers, qu'il accueille environ 300 de ces mineurs et près de 200 jeunes majeurs non accompagnés en maisons d'enfants à caractère social et qu'il finance à titre provisoire 65 places supplémentaires. Il explique que le dispositif est saturé, 775 mineurs non accompagnés lui ayant été confiés par décision judiciaire. Ces éléments ne suffisent pas, selon le Conseil d'État, pour ne pas déceler une « carence caractérisée, qui est de nature à exposer ce mineur à des traitements inhumains ou dégradants et porte ainsi une atteinte grave et manifestement

---

390 CE 27 décembre 2017, Département de Seine-et-Marne, n° 415436, mentionné dans les tables du recueil Lebon.

391 CE 15 février 2017, n°407355, Publié au recueil Lebon.

392 Art. L. 345-2-2 du Code de l'action sociale et des familles.

393 CE 23 novembre 2015, n° 394540, Publié au recueil Lebon.

illégale à une liberté fondamentale »[394]. Le Conseil d'État ne méconnaît pas les efforts consentis pas le département du Nord. Mais ces efforts ne démontrent pas « qu'aucune solution ne pourrait être trouvée pour mettre à l'abri M. B...et assurer ses besoins quotidiens dans l'attente d'une prise en charge plus durable ». Sans doute, le Conseil d'État estime-t-il, qu'en tout état de cause, il est toujours possible de loger le mineur dans un hôtel.

Dans cette affaire, le mineur se retournait également à titre subsidiaire contre l'État. Le Conseil d'État écarte cette action puisque le département n'a pas établi qu'il ne pouvait pas exercer sa compétence légale. Le Conseil d'État fait, toutefois, référence aux « autorités titulaires » du pouvoir de police administrative générale qui seraient tenues d'agir en vertu du constitutionnel de sauvegarde de la dignité humaine en cas de carence du département. L'utilisation du pluriel semble indiquer que cela vise toutes les autorités de police administrative générale, celles de l'État (Premier ministre, préfet), mais également le maire.

La suite l'a d'ailleurs confirmée. Autorité de police administrative générale, le gouvernement peut agir s'il apparaît que les collectivités territoriales sont défaillantes. Le département du Nord s'est avéré incapable de prendre en charge les 2000 mineurs hébergés dans la « jungle de Calais ». Le ministre de la Justice a, alors, pris une circulaire prévoyant la création de centres d'accueil dans les autres départements français pour répartir la charge. Le GISTI et d'autres associations ont contesté cette circulaire notamment parce qu'elle ne prévoyait pas que les centres assureraient les mêmes missions que les départements habituellement compétents. Avant de trancher la question, le Conseil d'État a dû se demander si le ministre était compétent pour prendre une telle circulaire puisque le Code de l'action sociale confiait la compétence en la matière aux départements. Le Conseil d'État a admis cette compétence du ministre en se fondant sur les pouvoirs de police administrative générale de l'État (pas seulement donc du Premier ministre) : il « appartient cependant en outre, en tout état de cause, aux autorités titulaires du pouvoir de police générale, garantes du respect du principe constitutionnel de sauvegarde de la dignité humaine, de veiller, notamment, à ce que le droit de toute personne à ne pas être soumise à des traitements inhumains ou dégradants soit garanti et de prendre toute mesure en ce sens ; que la compétence de principe du département en matière d'aide sociale à l'enfance ne fait pas obstacle à l'intervention de l'État, au titre de ses pouvoirs de police, pour la prise en charge, à titre exceptionnel, des mineurs, dès lors qu'une telle intervention est nécessaire, lorsqu'il apparaît que, du fait notamment de l'ampleur et de l'urgence des mesures à prendre, le département est

---

[394] CE 27 juillet 2016 Département du Nord, n° 400055 (sera publié au Lebon), AJDA 2016, p. 2115, concl. Lessi.

manifestement dans l'impossibilité d'exercer sa mission de protection des mineurs »[395]. Le Conseil d'État se fonde donc sur la protection de la dignité de la personne humaine. Mais, à la différence de l'affaire commune de Morsang-sur-Orge, la dignité n'est pas utilisée pour interdire une activité, mais pour imposer une obligation positive à l'État. Le Conseil d'État rappelle, bien que l'intervention de l'État est subsidiaire. Il faut, en effet, que le département soit « manifestement dans l'impossibilité d'exercer sa mission de protection des mineurs ». Mais, c'était bien le cas dans cette affaire. Le rapporteur public relevait que le département du Nord accueille en général, chaque année, 1500 mineurs isolés. L'évacuation de la jungle de Calais l'obligeait à en accueillir 2000 en une fois.

La situation explosive a cependant conduit l'État à prendre des mesures de répartition des mineurs isolés pour décharger les départements qui en accueillent le plus[396].

Dans leur rapport précité, madame Doineau et monsieur Godefroy dressent une typologie des mineurs non accompagnés[397]. Ils pensent que la plupart de ces mineurs sont des « mandatés », c'est-à-dire que la famille a incité, voire financé le voyage qu'ils rembourseront ensuite. On peut, sans doute ajouter que dès lors que le mineur s'installe en France, il a vocation à y travailler (on a vu que la délivrance du titre permettant d'obtenir un contrat d'apprentissage est un droit), il a vocation ensuite à faire jouer le regroupement familial (au profit de son conjoint et de ses enfants mineurs). S'il a moins de seize ans, il peut se prévaloir du droit à l'éducation « garanti à chacun »[398]. À notre connaissance, il n'existe pas d'étude sur le devenir du mineur étranger entré irrégulièrement sur le territoire français. Mais, tout porte à croire qu'il s'installe définitivement en France, s'il le souhaite bien entendu.

---

[395] CE 8 novembre 2017 GISTI, n° 406256, AJDA 2017, p. 2408, chron. S. Roussel et C. Nicolas . JCP A 8 janvier 2018, 2006, concl. X. Domino.

[396] Loi n° 2016-29714 mars 2016 relative à la protection de l'enfant. Article 375-5 du Code civil et article L. 221-2-2 du Code de l'action sociale et des familles.

[397] Ils s'appuient sur une étude d'Angelina Étiemble et Omar Zanna, Des typologies pour faire connaissance avec les mineurs isolés étrangers et mieux les accompagner, juin 2013. Cette étude actualise une étude précédente de A. Etiemble pour la direction de la population et des migrations réalisée en 2002 (Les mineurs isolés étrangers en France, évaluation quantitative de la population accueillie à l'aide sociale à l'enfance, 2002).

[398] Art. L. 111-1 du Code de l'éducation.

DEUXIÈME PARTIE : LA MIXITÉ TERRITORIALE TANTÔT SOUS CONTRÔLE, TANTÔT SANS FRONTIÈRES

CHAPITRE 1 : LA MIXITÉ DE LA RÉGULATION ADMINISTRATIVE : D'UN CONTRÔLE STRICT À LA SOUPLESSE DE LA MÉDIATION ET TOUTES SES CONSÉQUENCES DE DROIT

De l'administrateur juge au juge administrateur : Quelques réflexions sur le principe « juger l'administration c'est encore administrer »

Par Henri Dubreuil

Président honoraire de tribunal administratif

1 - Cet article en hommage à Claude Devès aurait pu s'intituler aussi « d'une salle de TD de la fac de droit de Clermont-Ferrand au marché de Chamalières » !

J'ai en effet eu le privilège, alors qu'il n'avait qu'un ou deux ans de plus que ses étudiants, d'avoir, en quatrième année de droit, Claude comme assistant en « Droit des services publics » et « Droit Public Économique ». Mais s'il était facile et évident de penser qu'il deviendrait professeur d'Université, l'un comme l'autre, nous n'imaginions pas que nous nous retrouverions à nouveau face à face, lui en robe d'avocat et moi sur l'estrade d'un tribunal.

Quand notre amie commune Christèle Eyraud m'a sollicité pour participer à l'écriture de ces Mélanges je me suis demandé quel pourrait être le thème de ma contribution étant maintenant sur la touche depuis 5 ans. Finalement, je me suis dit, même si la chose est assez banale, qu'à partir de mon « vécu » je pouvais tenter de retracer l'évolution du juge administratif depuis 40 ans, d'où le titre officiel de cet article.

2- Lorsque Claude était jeune assistant les conseils de préfecture ne faisaient plus partie des institutions françaises, mais seulement depuis un peu plus de 15 ans... Le professeur Dufau, avant qu'il ne soit happé par les universités parisiennes créées après mai 1968, dans son remarquable cours de droit administratif général, ne devait pas beaucoup les évoquer tant était encore présente dans les esprits l'image de conseillers de préfecture départementaux, donnant dans les chefs-lieux de département, le spectacle fâcheux de fonctionnaires qui meurent d'ennui aux frais de l'État (cf. R. Chapus Droit du contentieux administratif 13è édition p 82).

La réforme de 1926 a quelque peu modifié cette image en les rendant interdépartementaux. Mais c'est surtout en 1945 que le blason des conseils de préfecture s'est redoré lorsque leurs membres, jadis anciens sous-préfets - parfois volontairement écartés de leur corps par le ministère de l'intérieur- ou directeurs de préfectures promus, ont été officiellement recrutés par la voie de l'ENA (la première promotion est sortie en 1948).

En 1953, ces conseils étaient certes remplacés par les tribunaux administratifs aux compétences élargies. Mais le principe fondamental restait le même, car la justice administrative française était encore largement nourrie par le vieux principe : "juger l'administration c'est encore administrer", principe fondé sur celui de la séparation des autorités administratives et judiciaires.

3- Mais si l'on avait ainsi voulu porter remède aux abus des Parlements dans leurs rapports avec l'administration, les écueils restaient les mêmes.

C'est grâce à la qualité de ses hommes et ses femmes (lesquelles ne sont apparues initialement dans les prétoires que souvent du fait de leur qualité d'anciennes élèves de l'ENA) que les risques ont été de tout temps écartés.

Dès 1827, le président Henrion de Pansey évoquait les missions de l'administration et écrivait que l'on administre de deux manières. À ses yeux, en effet, l'administration se composait de deux parties distinctes : « l'une réglementaire : l'administration proprement dite ; l'autre contentieuse : c'est ce que l'on appellerait le contentieux administratif. »

Mais ce que l'on a voulu avant tout pour ce concept purement français qui fut à l'étranger un modèle, c'est que le juge administratif soit « un juge ayant l'esprit de l'administrateur ».

4- Et c'est bien à partir de cette volonté que naissait le risque constant, mais largement exagéré au fil des décennies par ses détracteurs, d'entendre que l'administration étant à la fois juge et partie se jugeait elle-même ou, à tout le moins, de voir le juge administratif accusé d'être un juge complaisant envers l'administration. Cela a pu être le cas, mais il ne faut pas exagérer le phénomène.

Bien au contraire, force est de constater que, depuis l'origine, et de fait, puis par qualification législative, les membres des juridictions administratives, quel que soit leur niveau, ont de façon constante et croissante fait preuve d'indépendance, d'objectivité et d'impartialité au point de faire état, puis de revendiquer et d'obtenir officiellement la qualité de magistrats (article 21 de la loi du 6 janvier 1986 pour les membres des tribunaux administratifs et des cours administratives d'appel), bien qu'au regard de la constitution ils ne soient pas des magistrats, mais des fonctionnaires soumis au statut général de la fonction publique.

5- Mais au-delà de ces aspects constitutionnels, législatifs ou réglementaires, c'est bien au quotidien que le juge administratif a progressivement glissé de sa qualité d'administrateur-juge vers celle de juge-administrateur, installant dans nos institutions une justice administrative en permanence en phase avec une société sans cesse évolutive.

Il l'a fait tout d'abord à travers sa mission de juge illustrée principalement par sa jurisprudence, mais ensuite à l'aide des nouveaux outils mis à sa disposition par le législateur, dont il avait d'ailleurs été très largement le concepteur ou l'initiateur. Et c'est ainsi que progressivement est apparue l'expression « office du juge » fruit d'une approche concrète et pragmatique des juges administratifs.

6- L'étendue du contrôle juridictionnel est un des domaines où le juge administratif a pu constamment faire la preuve de sa capacité naturelle à équilibrer, avec l'indépendance et l'impartialité qui lui est reconnue, la nécessité du bon fonctionnement et de la continuité du service public dans un cadre d'intérêt général, avec la défense de la légalité et des libertés individuelles.

La jurisprudence administrative est ainsi jalonnée de bornes aux noms de contrôle normal, de contrôle restreint, de contrôle de l'erreur manifeste d'appréciation, de contrôle dissymétrique, de contrôle de proportionnalité, etc.

Le caractère régulateur de la jurisprudence administrative apparaît ainsi, spécialement, lors de la transformation du contrôle restreint en contrôle normal lors d'évolutions jurisprudentielles importantes. À l'heure actuelle, la tendance est évidemment à l'amoindrissement du contrôle restreint pour mieux protéger l'administré dans des domaines considérés jadis comme régaliens, et inciter l'administration à la vigilance, face à d'éventuels contentieux.

7- Comme le note Benjamin Huglo, que j'ai eu le plaisir d'accueil en qualité de stagiaire au TA de Caen, le contrôle que le juge administratif exerce sur le pouvoir réglementaire depuis le début du XXe siècle a permis, d'une part, d'en borner les excès et, d'autre part, dans certaines circonstances de l'obliger à agir. De plus en plus en effet, le juge indique, dans ses décisions, à l'administration, le sens dans lequel elle doit agir. (B Huglo AJDA 19 janvier 2009 p 20).

Pendant des décennies cependant, il a été appris aux étudiants en droit qu'il était fait défense aux juridictions administratives d'adresser des ordres aux administrations. Qu'en était-il véritablement ?

Pour Florent Blanco, professeur à l'Université d'Orléans, ce raccourci relèverait d'une vision caricaturale et sans doute inexacte de l'évolution historique (RFDA mai-juin 2015 l'injonction avant l'injonction : l'histoire des techniques juridictionnelles apparentées à l'injonction p 444).

8- C'est donc par des « techniques de contournement », ou « d'injonction déguisée » qu'aurait été mis en place selon Florent Blanco un pouvoir d'injonction officieux, occulte, souterrain, inavoué ou clandestin, reconnu par toute la doctrine.

On doit y voir là une objection à l'affirmation selon laquelle les juridictions administratives, et le Conseil d'État au premier chef, seraient désintéressées par l'exécution de leurs décisions de justice.

À l'image de M. Jourdain, le Conseil d'État aurait pratiqué l'injonction en l'ignorant ou tout au moins en faisant semblant de l'ignorer !

9- C'est donc évidemment sur le fondement essentiel qu'une décision de justice doit d'une part, mettre fin à un litige, et d'autre part, recevoir exécution, chose que le juge administratif n'a jamais perdu de vue en dépit de ce que l'on a pu dire, que le Conseil d'État, tant en sa qualité de Conseil de l'État que de juge administratif suprême a été à l'origine des lois n° 80–539 16 juillet 1980 relative aux astreintes en matière administrative et à l'exécution des jugements des personnes morales de droit public et n° 95–125 du 8 février 1995 relative à l'organisation juridictionnelle et à la procédure civile, pénale et administrative.

Le président Daniel Labetoulle, président honoraire de la section du contentieux du Conseil d'État, explique (RFDA mai-juin 2015 « de l'astreinte à l'injonction : retour sur une évolution » p 456) que le Garde des Sceaux ayant fait part de son intention de rassembler différentes mesures dans un texte législatif, le vice-président du Conseil d'État provoqua la constitution d'un groupe de travail présidé par le président Rivière. Le bureau du Conseil d'État s'est alors saisi des préconisations du groupe et a transmis au Garde des Sceaux ce qui allait devenir le titre IV du projet de loi déposé à l'Assemblée nationale le 1er juin 1994 suivant.

Beaucoup des dispositions du projet ont été essentielles au bon fonctionnement des tribunaux administratifs et ont permis une meilleure gestion des stocks de dossiers, comme par exemple la possibilité pour un magistrat de statuer seul sur certains litiges, l'élargissement du recours aux ordonnances, le mécanisme particulier de sursis en matière d'urbanisme, la possibilité pour les cours administratives de connaître des recours pour excès de pouvoir contre des actes réglementaires, et les dispositions relatives au recrutement des magistrats enfin.

10- Mais à côté de cela les dispositions relatives aux injonctions et astreintes avaient une dimension bien supérieure.

Outre que l'on exportait sur les TA et CAA les dispositions dévolues au seul Conseil d'État en 1980, la véritable et importante innovation portait sur le fait que lorsqu'un litige est réglé au fond par une décision qui implique de la part de l'administration une mesure d'exécution, le juge « saisi de conclusions en ce sens » « prescrit » l'intervention de la mesure. De l'injonction « déguisée » ou « occulte » on était bien désormais dans le périmètre de ce qui était, en théorie, interdit jadis.

Et l'on peut dire, sans crainte de se tromper là encore, que la mesure d'injonction, qui concerne maintenant toutes les juridictions administratives, chacune à son niveau, et non plus le seul Conseil d'État comme initialement l'astreinte de 1980, était attendue de tous, magistrats, professionnels du droit et requérants.

Désormais, plus que jamais, la question de l'exécution fait officiellement partie du raisonnement du juge administratif et il assume désormais, dans un cadre non officieux, la responsabilité de l'après jugement.

De simple guide bénévole montrant au justiciable la direction à prendre, le juge devient l'acteur de l'exécution de la décision juridictionnelle. Il a jugé et devient, dans le seul prolongement nécessaire à l'exécution de sa décision, certes, administrateur.

Au travers de cette évolution de l'administrateur-juge au juge-administrateur on aperçoit combien le juge administratif a su, au fil des décennies, non seulement être un élément régulateur des institutions, mais aussi, et plus globalement, d'une société en constante évolution. Et si de juge-administrateur il devenait maintenant médiateur ?

Mais c'est une autre histoire qui vous a été, ou vous sera racontée, par un de mes poulains…

La médiation administrative

Par Philippe Gazagnes

Référent national médiation pour les juridictions administratives
Président du tribunal administratif de Clermont-Ferrand

« Il vaut mieux parfois mauvais accord que bon procès »

Jean de la fontaine

La médiation, au sens de l'article L 213-1 du CJA, chapitre III du livre II du titre 1er, s'entend de **« tout processus structuré, quelle qu'en soit la dénomination par lequel deux ou plusieurs parties tentent de parvenir à un accord en vue de la résolution amiable de leurs différends, avec l'aide d'un tiers, le médiateur, choisi par elles ou désigné, avec leur accord, par la juridiction ».**

Plusieurs centaines de médiations sont en cours dans l'ensemble des juridictions administratives en 2018.

Il paraît nécessaire de décrire le dispositif aujourd'hui en plein développement.

I. Comment est-on organisé dans les juridictions administratives ?

II. Quelles sont les règles d'or de la médiation administrative ?

III. Comment choisir les dossiers propices à la médiation administrative ?

Le cadre :

Un chapitre du CJA : il fallait un nouveau cadre plus souple et surtout plus incitatif, c'est fait. Le CJA n'incitait pas à la médiation, sans l'ignorer totalement. Désormais, à l'initiative des parties ou à l'initiative du juge, une médiation peut être proposée pour éviter un contentieux présent ou à venir (cf. loi n°2016-1547 du 18 novembre 2016).

Un référent national a été désigné par le Conseil d'État. Il dispose d'un comité national de réflexion, le comité « JAM », composé de « sachants » (des médiateurs), de magistrats et d'agents du greffe dont la mission est de proposer, de sensibiliser, d'informer, d'inciter...

Un réseau de correspondants médiation est en place (un magistrat et/ou un greffier) par tribunal et cour. Un forum interne Q/R destiné à échanger sur les bonnes pratiques, à répondre aux questions, a été créé en 2018.

Une liste par grandes régions de médiateurs est mise à disposition des juridictions. Nous ne sommes pas engagés dans une pratique d'agrément, une procédure souple et décentralisée de détection est en place avec une double obligation : connaître le droit administratif et avoir suivi une formation à la médiation...

Enfin, des conventions : une convention-cadre CE / CNB singée le 7 décembre 2017 et des déclinaisons locales par barreau. Par exemple, les 6 barreaux d'Auvergne, 6 conventions de développement de la médiation administrative au printemps 2018. Il existe en général une commission ou une association « médiation » dans chaque barreau ainsi qu'une commission du droit public, cela facilite la mise en place.

I. Quelles sont les 7 règles d'or à respecter pour augmenter les chances de réussite de la médiation administrative ?

1°règle : La médiation doit être véritablement acceptée par les parties.

C'est un processus nouveau : il doit être expliqué.

On gagne ou on échoue souvent une médiation **dans la période d'acceptation de la médiation, avant qu'elle ne démarre**. C'est le moment, je parle d'expérience, le plus important. Si on réussit cette phase préalable, 80 % des médiations aboutissent. Une médiation acceptée du bout des lèvres, cela arrive, ce n'est pas bon signe. Il doit donc y avoir un travail préparatoire et de **« service avant-vente »**, si je puis dire, de la médiation.

Il faut faire preuve vraiment d'une grande pédagogie préalablement, cela peut être un peu chronophage, mais c'est indispensable. Les parties et les avocats doivent comprendre les tenants et les aboutissants. Cela est nécessaire pour mettre de la confiance dans le processus. : sans confiance, pas de bonne foi et de progrès possible pour aboutir à un accord.

Le cadre général de la médiation doit également être fixé préalablement et accepté par les parties.

Chaque partie doit savoir (et prendre véritablement conscience) qu'elle est actrice principale de la médiation, qu'elle peut librement accepter ou refuser, et ce, sans aucune conséquence négative, et se retirer à tout moment de la médiation. Une fois cela bien compris, on avance plus vite.

Le choix du médiateur relève des parties soit parce qu'elles s'entendent sur son nom soit parce qu'elles acceptent la proposition de la juridiction. Il doit accomplir sa mission avec impartialité, compétence et diligence (article L 213-2 CJA). La neutralité devrait bientôt être ajoutée à cet article.

La première séance permet de présenter la médiation, d'en fixer le cadre et de s'assurer une nouvelle fois de l'accord à son déroulé : désignation du médiateur, fixation de sa rémunération, partage de ce coût entre les parties, suspension provisoire de l'exécution de la décision en litige par l'administration, clause de confidentialité (très importante et prévue par cet article L 213-2 du CJA), évocation également de la fin de la médiation par une transaction ou par l'absence d'accord (le contentieux s'arrêtant en cas de réussite par un désistement ou reprenant alors son cours en cas d'échec).

La loyauté et la volonté d'aboutir à une solution négociée sont également deux éléments déterminants qui doivent apparaître au cours de cette séance.

2°règle d'or/ la médiation doit être menée en « conduite assistée » :

À chaque étape, le médiateur doit s'assurer que les parties suivent le processus et adhèrent. Sinon, le dispositif peut échouer au moment crucial, le moment final souvent, par un grain de sable, peu visible voire invisible et dès lors mal ou non traité.

Le médiateur doit amener à la solution les parties plutôt que proposer sa solution. Il faut encore moins chercher à imposer sa solution, cela ne marche pas, le médiateur n'est pas un arbitre. Mais le médiateur est un acteur essentiel, tiers de confiance, qui peut proposer une voie, des solutions raisonnables, acceptables, au moment opportun, par les deux parties : il faut un peu de « *feeling, du doigté* ».

Le médiateur ne doit pas s'interdire de voir ou d'échanger avec une partie sans la présence de l'autre, notamment pour pouvoir tester des solutions ou découvrir les limites de chacune d'entre elles. Il ne faut pas toujours se réunir avec toutes les parties. (C'est souvent précisé dans le cadre de la médiation proposée lors de la première réunion).

3°règle d'or : Il faut savoir avec qui conduire, au sein de l'organisation, du service administratif, de la collectivité locale ou de l'entreprise, la médiation et surtout avec qui conclure l'accord.

Il faut mener à bien ce travail d'identification. J'ai conduit la médiation du musée des Confluences à Lyon (un litige de marché public de plusieurs dizaines de millions d'euros) avec un des DGA de la métropole de Lyon, mais à la fin il avait difficilement accès au président de la métropole dans un délai raisonnable pour lui présenter le résultat de celle-ci. Il m'a demandé d'intervenir. Mon rôle reconnu de médiateur m'a permis, pour la dernière séance, de travailler en présence du président lui-même, au moment où il faut décider et engager la collectivité (j'avais aussi, par prudence, rencontré le président de cette métropole, à ma demande, au départ de la médiation, pour pouvoir apprécier son « état d'esprit favorable à la médiation »). J'avais également demandé, pour le groupe de BTP partie au litige, un interlocuteur (directeur de niveau national) qui pouvait engager ce groupe dans la médiation.

4°règle d'or : Le contrôleur financier, pour les ministères, le payeur ou le comptable public, pour les collectivités territoriales, doivent être informés, le plus en amont possible, du lancement de la médiation et des raisons qui poussent l'acteur public à entrer en médiation, notamment dans le cas de l'existence d'un volet financier (fixation d'une indemnité par exemple).

Il faut ainsi connaître les règles du droit public et celles de l'organisation des personnes publiques : la médiation administrative est en ce sens particulière. Le médiateur doit en connaître les règles de base.

Ainsi, une médiation de 18 mois, ayant abouti à une transaction dans un grand marché public de travaux, a échoué parce que le contrôleur financier du ministère concerné a refusé d'honorer cette transaction : il ne l'a découvert qu'à la fin du processus et ce « mauvais tempo » a dû avoir une influence négative sur son comportement (« le fait accompli »).

De plus, le comptable public prévenu et informé du déroulé de la médiation, ne demande pas en général l'homologation de la transaction. Ce processus d'homologation rallonge en effet excessivement les délais et n'évite pas un dossier pour le tribunal (alors que la médiation a précisément pour but d'alléger la tâche du tribunal). L'homologation n'est pas obligatoire puisqu'on peut s'en passer, la transaction devenant la « « loi des parties ».

5°règle d'or : De même que le payeur, l'opposition, au sein des collectivités territoriales, doit être informée aussi le plus en amont possible.

En cas de médiation réussie, une transaction est rédigée.

Cette transaction doit être signée par le président de l'exécutif après autorisation de son conseil délibérant (voir réponse du garde sceaux JO du sénat p. 1518 ou CE 11 septembre 2006 commune de Théoule-sur-Mer n°255273). Il vaut mieux dès lors que l'opposition ne découvre pas en séance l'objet de la transaction (il n'est pas obligatoire en revanche de diffuser le texte même de la transaction) au risque de la voir déposer un recours contentieux visant à faire annuler la délibération d'autorisation. Or, la médiation est précisément destinée à supprimer un contentieux et non pas à en générer....

Il faut être transparent dans la démarche d'autant plus que la clause de confidentialité, clause indispensable pour faire aboutir la médiation, peut être interprétée, de façon maladroite ou malveillante, à une pratique de secret. Cela peut être une difficulté qui peut être surmontée par la transparence sur la démarche.

6°règle d'or/ La médiation doit être la plus courte possible.

Il faut avancer sans cesse, faire valider des points d'accord, ne jamais revenir en arrière. 3 mois pour une médiation normale, 6 mois au plus pour un litige complexe. On peut avoir recours à une expertise courte sur des points particuliers ou techniques, mais ce n'est pas à recommander.

Au-delà, la médiation risque de s'enliser, de permettre aux aléas et aux réticences voire aux résistances de revenir à la surface et de l'emporter, j'insiste beaucoup...

Un calendrier de travail peut être fixé lors de la première réunion.

7°et dernière règle : La médiation réussie aboutit à une transaction qui doit être rédigée par les parties (par les avocats la plupart du temps).

Ce n'est pas au médiateur de rédiger celle-ci, il peut aider sans plus.

La transaction doit préciser les termes de l'accord et bien entendu, comporter nécessairement une clause d'abandon de tout processus contentieux pour l'avenir. En cas de médiation au moment ou après dépôt d'une requête, la médiation réussie entraîne un désistement.

Il peut être demandé au juge d'homologuer la transaction (article L213-4 du CJA), mais cela implique un temps nécessairement plus long et une mobilisation de magistrats alors même que le recours à la médiation est précisément recommandé pour alléger aussi le contentieux administratif, je l'ai déjà souligné.

La médiation peut aussi réussir sans transaction : si la personne comprend simplement la décision de l'administration et l'accepte après réflexion. Beaucoup de médiations consistent à montrer (et à démontrer) à la personne que l'administration a agi correctement en respectant la légalité. C'est aussi un aspect du rôle du médiateur en matière administrative.

Voilà les 7 règles d'or à respecter.

Mais le juge administratif doit aussi sélectionner les dossiers ou répondre aux sollicitations d'une ou des parties pour organiser une médiation. Il convient de prendre le temps de la sélection : plus on étudie le dossier, le litige et le jeu des acteurs, plus on a de chances ensuite d'aboutir : quels sont les indices de cette sélection ?

II. Les indices pour sélectionner des dossiers en vue d'organiser une médiation administrative

On suggère la méthode du faisceau d'indices. Il suffit de décider si le contenu du faisceau est suffisamment convaincant pour envisager une médiation. Notons que certains indices ont plus de poids que d'autres. De plus, si des indices négatifs font partie du faisceau, une balance s'impose.

Si on se livre à une analyse fine en amont, un vrai travail d'investigation basé sur l'expérience empirique, on augmente les chances de réussite de la médiation. Quel est l'objet ? Qui demande ? Qui accompagnera ? Que se cache-t-il sous l'objet apparent du litige ? Quelles seront les suites ? Quel médiateur ?

On peut toujours refuser une demande de médiation. Les indices ci-dessous sont classés en deux catégories : indices de succès et indices d'échecs. Ils ne sont pas présentés par ordre d'importance à l'intérieur de chaque catégorie.

A) Indices d'éventuels succès

À l'initiative des parties, à la demande du requérant ou de la personne publique ?

C'est peut-être l'indice le plus important de cette liste. Si une des parties suggère le recours à la médiation, il faut considérer cette demande sérieusement (tout en tenant compte des autres indices). En effet, la partie qui demande est donc acquise en principe au principe de la négociation.

Lorsqu'il s'agit de la personne publique, consciente de son rôle, et en général à l'origine du litige, l'indice est fort, la volonté d'aboutir plus grande a priori.

Lorsque la demande provient de l'ensemble des parties, l'indice est très favorable, mais il faut toutefois regarder attentivement le dossier. Ce n'est pas parce que les parties la demandent qu'il faut nécessairement accorder la médiation ou s'en mêler.

Ne perdons jamais de vue non plus que les parties, même en l'absence du juge, peuvent organiser une médiation et conclure une transaction.

1) La nature du litige :

Jusqu'à présent, on cible avec succès principalement soit l'exécution des marchés publics, soit la fonction publique, soit les contentieux sociaux.

Mais on peut aussi cibler l'urbanisme. Et même le domaine régalien (police administrative).

Par exemple : l'accès à une route départementale pour un riverain. Le fait de se mettre autour d'une table a permis au riverain de comprendre les problèmes de sécurité que cet accès posait, et l'analyse globale des parcelles a permis en revanche au département de trouver un autre accès pour ce riverain à un rond-point, le riverain ayant droit au désenclavement.

Peu de champs sont à exclure a priori, c'est du cas par cas. La nature du litige n'est donc pas dirimante. Je ne vois que la fiscalité (parce que l'administration fiscale pratique elle-même la médiation, ne l'oublions pas) ou l'existence d'une question de droit à trancher pour résoudre le litige (droit de propriété par exemple).

2) Derrière le litige se cache un autre conflit : « un litige peut en cacher un autre »

Bien souvent se cache un conflit d'une toute autre nature derrière le recours introduit devant les juridictions administratives. Le recours peut servir d'alerte sociale, d'appel à la communication ou à la négociation, à destination du décideur public. La médiation permet de dépasser le conflit immédiat ou apparent et d'atteindre ce conflit caché. En privilégiant une résolution globale du conflit, l'accord trouvé en médiation sera durable.

Un permis de construire est attaqué par une association de riverains, mais ce qui importe à l'association de riverains c'est davantage et surtout l'amélioration du projet et sa meilleure insertion environnementale et non pas, en réalité, la légalité du permis de construire. Une réunion au service de l'urbanisme de la commune avec des améliorations proposées par le promoteur ont permis de trouver un accord. En revanche, le fait d'expliquer le modèle économique a fait comprendre à l'association qu'il n'était pas possible de construire sur seulement 3 étages : 4 étages – permis par le PLU - s'expliquaient surtout par le prix du foncier et la nécessaire rentabilité de l'opération immobilière.

Enfin, nous pouvons signaler que le champ de la médiation est utile dans les conflits entre personnes publiques pour éviter un contentieux.

3) La complexité des faits ou des recours

Le recours à la médiation peut être utile quand on rencontre dans un dossier des circonstances de fait particulièrement complexes. La médiation permet que l'on mette toutes ces circonstances à plat et que l'on aille au fond de la complexité.

Exemple :

Un contrat de travaux publics a été négocié entre un département et des entreprises de travaux publics pour construire un pont sur une rivière. Au cours de l'exécution de ce contrat, des problèmes importants sont survenus. D'abord, la digue fluviale qui jouxtait le chantier s'est affaissée sur plusieurs dizaines de mètres. Les travaux furent donc arrêtés pour permettre la réparation de la digue. Puis quelques semaines après la réception de l'ouvrage, une crue exceptionnelle a causé d'importants dégâts, nécessitant la fermeture temporaire du pont au trafic et des travaux de reprise coûteux. Compte tenu de la complexité des circonstances de fait, la médiation a permis aux parties d'analyser l'ensemble des événements, d'arriver à un accord sur les responsabilités de chacun et de répartir la prise en charge des coûts additionnels de cet ouvrage. (TA de Grenoble).

Les recours en rafale

À partir du moment où des recours multiples, liés au même litige initial, sont introduits (ou des litiges où les parties sont toujours les mêmes), il y a souvent avantage à proposer une médiation. La multiplicité de ces recours tend à indiquer un conflit aux enjeux importants (financiers, politiques ou émotionnels) ou multidimensionnels (avec des intérêts variés).

4) Les cas où une partie au conflit n'est pas partie au litige

Si une personne représente un intérêt important ou joue un rôle décisif dans le conflit, mais qu'elle n'est pas partie au litige, là encore, la médiation est fortement conseillée. De fait, il sera possible de donner une place à cet intérêt ou de faire rentrer cette personne dans la médiation.

5) La forte charge émotionnelle du litige

Si un litige s'accompagne d'une charge émotionnelle importante, la médiation permettra de la gérer et même de la transformer de manière à ce qu'elle ne fasse pas obstruction à un accord.

Le juge administratif n'est pas familier (comme le juge aux affaires familiales par exemple) pour apprécier cette charge psychologique, mais, avec un peu d'expérience, nous sentons bien qu'elle existe. Être formé à la médiation, c'est permettre d'identifier ces charges « psycho affectives » dans les litiges pour les dépasser et aboutir à un accord.

Par exemple, une commune refusa de vendre un terrain au propriétaire d'une usine qui cherchait à agrandir son entreprise bien que cette dernière ait respecté à la lettre toutes les conditions préétablies à la vente. En fait, ce refus reflétait un conflit entre les habitants du village et le propriétaire de l'usine (lui-même un « enfant du pays »), tout ceci étant alimenté par une mauvaise communication, de fausses informations, des rumeurs (« fake news » aujourd'hui) et des relations personnelles tendues. La médiation a permis de rétablir la vérité du projet et de restaurer la communication entre les parties pour leur permettre de trouver une solution acceptable à tous.

6) La présence des avocats

Plus rompus que leurs clients à la négociation et à la médiation, à la clause de confidentialité, à la recherche d'un accord, les avocats sont fort utiles, indispensables, pour inciter à la médiation, conduire celle-ci, conseiller leurs clients et rédiger l'éventuelle transaction. D'expérience, ils sont toujours très utiles pour amener leurs clients à la perspective d'essayer le processus et ensuite d'approuver un accord raisonnable.

7) Le temps de la justice et le temps tout court : l'urgence et le temps long

La médiation c'est plus court ou plus exactement c'est court : 3 à 6 mois jamais plus, on l'a vu. Deux remarques sur la temporalité :

a) L'urgence, le temps court :

Un dossier d'où il ressort une certaine urgence pourrait bien bénéficier d'un indice positif.

Cela explique le déclenchement fréquent de médiations lors d'une audience de référé, au cours de celle-ci ou ensuite de celle-ci si le temps de l'audience ne suffit pas. Ce moment est en effet propice à la médiation et peut générer un abandon de la requête au fond par accord immédiat. Le TA de Strasbourg pratique le référé médiation (suspension de la décision le temps de la médiation qu'il propose et qui est acceptée par les parties).

L'euthanasie de chiens dangereux. (TA Grenoble). Une médiation suite à un référé a permis de trouver, d'une part, une solution pérenne de placement (la personne ne pouvait plus, étant donné son âge, s'occuper de tous ses chiens et en a pris conscience au cours de la médiation) et, d'autre part, l'amélioration de la sécurité du local pour les deux chiens restants.

b) La continuité des relations entre les parties, le temps long :

Après l'intervention d'un jugement, il est souvent difficile pour les parties de reprendre des relations « normales » et/ou harmonieuses. La médiation pourra éviter ce type de rupture et permettra même de rapprocher des parties dont les relations sont rompues ou malaisées.

Exemple type : le conflit entre le fonctionnaire et sa collectivité employeur. Après la résolution du litige, sur le temps long, les relations continueront entre eux. La médiation peut empêcher que les rapports s'enveniment, peut maintenir ou renouer le lien, à la différence d'un jugement parfois interprété par des « j'ai gagné » ou des « vous avez perdu » aussi inutiles que perturbants.

8) Le besoin d'une solution sur mesure

S'il apparaît qu'il faille une solution sur mesure pour résoudre un litige de façon durable, la médiation fournit un cadre flexible et approprié pour ce faire.

La société détentrice d'une convention de délégation de service public pour l'exploitation d'un port a contesté, dès la première année de l'application de la convention, les montants de la redevance d'occupation du domaine public et ceux du remboursement de la contribution au service public au vu des conditions réelles d'exploitation : les modalités de calcul de la redevance se sont révélées en réalité aberrantes.

La médiation qui a abouti à un accord, a permis une solution sur mesure : non seulement, la médiation a réglé la situation pour le passé, mais le plus intéressant, est que la médiation a aussi permis la prévention de litiges futurs en modifiant une disposition de la convention de délégation de service public et en incluant un mécanisme nouveau de calcul de la redevance annuelle d'occupation du domaine public (ce calcul fut appliqué pour trois des années en cause et continuera de l'être pour les années futures).

Dualité de juridiction

La médiation peut aussi permettre de régler un conflit d'une façon efficace quand le litige risque de nécessiter l'intervention des deux ordres de juridiction.

Dans un marché de travaux publics pour la réalisation d'un complexe sportif, la médiation a permis à toutes les parties (collectivité territoriale, maître d'ouvrage, maître d'œuvre, cabinet d'architecte, entreprises et aussi sous-traitants) de résoudre tous les aspects du conflit, de s'accorder sur le décompte du marché et ainsi d'éviter que l'on fasse appel aux tribunaux judiciaires pour déterminer la part de responsabilité éventuelle des sous-traitants.

B) Indices de freins

Toute médiation n'est pas bonne à mettre en place. Tous nos indices ont leur revers. Un litige ne relève pas forcément d'une médiation.

1) La vulnérabilité mentale ou psychologique du requérant

La médiation est fortement déconseillée en cas d'instabilité psychologique ou de vulnérabilité mentale du requérant. Cela risque de nuire à la conduite de la médiation, de rendre difficile (si ce n'est impossible) tout accord ou de nuire à la légitimité et durabilité de cet accord (si une solution était trouvée).

Ainsi, l'existence de multiples litiges, de recours à répétition peut devenir un signe négatif. L'exemple est bien entendu à prendre chez les voisins où tout peut être prétexte pour alimenter un conflit permanent de voisinage.

Ainsi, un refus d'une médiation pourtant proposée par un avocat pour une parcelle (prise de possession d'un chemin rural ?) séparant deux maisons du fait de multiples litiges accumulés entre les voisins depuis une vingtaine d'années (TA de Clermont-Ferrand).

2) La liquidation judiciaire

La pratique devant les tribunaux judiciaires est de ne pas proposer de médiation quand une des parties est en liquidation judiciaire. C'est un indice négatif dont il faut aussi tenir compte devant les juridictions administratives (marchés publics).

3) Les assureurs

Bien qu'il faille relativiser l'impact de cet indice, il faut tenir compte de l'expérience des médiateurs et des avocats à ce sujet ; beaucoup ont souligné la difficulté de conduire une médiation rapide et efficace quand une compagnie d'assurance est impliquée (elles préfèrent souvent attendre la fin des procédures contentieuses).

4) L'instrumentalisation de la médiation à des buts néfastes

La médiation peut être instrumentalisée par une partie à des buts plus ou moins néfastes. Une partie peut être tentée de recourir à la médiation pour retarder la décision ou l'action administrative ou même se servir de la médiation comme un moyen détourné de nuire ou de prendre une revanche sur l'autre partie.

5) Le besoin de dire le droit

Il peut paraître indispensable à une partie de faire dire le droit par un juge. La médiation ne peut pas tout. Ainsi, pour un litige dont la solution dépend de la question de propriété d'une parcelle : un refus de la médiation demandée au motif que le juge doit trancher cette question (parfois deux juges par question préjudicielle).

CONCLUSION

Pour conclure, un mot sur les personnes publiques, peu rompues et souvent peu enclines à cette pratique. Il y a des freins à faire sauter. « L'intérêt général ne peut se prêter à la médiation ». « L'application de la loi ne se négocie pas ». Pourtant, la première administration qui négocie le plus, depuis longtemps, c'est bien le fisc, et même avec des fraudeurs.

Les collectivités locales comprennent leur intérêt (requérant électeur ou employé), mais l'État sait et sent que cette voie est à explorer. D'où l'expérimentation en cours sur la médiation préalable obligatoire, préalable avant d'aller voir le juge.

Au XXIe siècle, les personnes publiques auront de plus en plus recours aux modes alternatifs de règlement des litiges. Il s'agit d'un nouveau service à offrir aux citoyens.

Le contentieux administratif saisi par la dématérialisation : Télérecours dans la jurisprudence du Conseil d'État

Par Bernard Poujade

Professeur agrégé des facultés de droit à l'université Paris Descartes
Avocat au barreau de Paris
Directeur du Bulletin juridique des collectivités locales

Le Conseil d'État, les cours administratives d'appel et les tribunaux administratifs ont expérimenté deux types de processus de dématérialisation qui, pour présenter des synergies entre eux, n'en sont pas moins distincts dans leur nature et leurs effets comme le soulignait le garde des Sceaux en réponse à une question écrite de monsieur Jacques Mézard[399].

D'une part, l'introduction et la communication des requêtes et mémoires ainsi que la notification des décisions par voie électronique, après avoir été l'objet d'une expérimentation au sens de l'article 37-1 de la Constitution, ont été étendues à l'ensemble des juridictions de France métropolitaine et d'outre-mer (à l'exception du tribunal administratif de Nouvelle-Calédonie).

Dénommée « téléprocédure » ou « télérecours », cette application qui permet de gérer la communication dématérialisée des requêtes, des mémoires et des actes de procédure entre les juridictions administratives et les parties a été rendue obligatoire par le décret n° 2016-1481 du 2 novembre 2016 relatif à l'usage des téléprocédures devant les juridictions administratives à compter du 1er janvier 2017 pour tous les acteurs éligibles à savoir toutes les parties représentées par un avocat, les administrations (personnes morales de droit public autres que les communes de moins de 3 500 habitants) et les organismes de droit privé chargés de la gestion permanente d'un service public.

---

[399] N°01265 JO Sénat 6 décembre 2012 p 2840

Cette généralisation de la communication dématérialisée des requêtes, des mémoires et des actes de procédure doit induire pour les juridictions comme pour les parties des gains d'argent, de temps et de sécurité et, en particulier, une réduction des frais d'affranchissement postal, un allègement des charges afférentes à la manipulation physique des dossiers et des courriers ainsi que la garantie de la sécurité des échanges et l'authentification de leur date par horodatage.

Mais comme le rappelait à juste titre le garde des Sceaux, il y a aussi un autre processus, cette fois propre aux seules juridictions à savoir le « travail juridictionnel collaboratif dématérialisé » ; au sein des juridictions administratives sont expérimentées diverses modalités de dématérialisation de leur travail interne, la forme la plus aboutie allant jusqu'à supprimer tout échange sous forme papier entre le rapporteur, le rapporteur public et le président de la formation de jugement ainsi qu'entre la formation de jugement et son greffe, le dossier contentieux étant lui-même numérisé.

Ce second aspect ne sera pas retenu dans l'étude.

Il s'agit tout simplement de tenter de voir au travers de la jurisprudence récente les questions qui ont pu surgir, les difficultés qui ont dû être surmontées.

I. Télérecours et le déroulement de l'instruction dans le procès administratif :

Bien évidemment tous les acteurs qui ont recours à la procédure Télérecours doivent respecter les dispositions des articles R 414-1 et suivants du Code de justice administrative et notamment les modalités techniques imposées[400].

La requête est dispensée des obligations qui pèsent dans la procédure non dématérialisée ainsi de la production de copies par exemple.

Le Conseil d'État est venu préciser dans un arrêt du 16 février 2015 ministre chargé du budget (Rec T p635), qu'en vertu de l'article R. 432-4 du Code de justice administrative, les mémoires présentés au nom de l'État devant

[400] Sur Télérecours cf L Helminger Fasc. 44-10 Télérecours Juris Classeur Justice administrative 10 janvier 2017 ou encore A. Caprioli et I. Choukri De la dématérialisation des contentieux au contentieux de la dématérialisation – État des lieux des procédures sur Télérecours : JCP A 2016, 2044 ; J.-M. Pastor et D. Poupeau Télérecours, l'application qui bouscule les habitudes : AJDA 2015, p. 1612

le Conseil d'État, lorsqu'ils ne sont pas présentés par le ministère d'un avocat au Conseil d'État, doivent être signés par le ministre intéressé ou par le fonctionnaire ayant reçu délégation à cet effet

Mais en vertu des dispositions combinées des articles R. 414-1 et R. 611-8-4 du même Code, lorsqu'une partie, notamment l'État, adresse au Conseil d'État un mémoire ou des pièces par l'intermédiaire de l'application informatique Télérecours, son identification selon les modalités prévues pour le fonctionnement de cette application vaut signature pour l'application des dispositions du Code de justice administrative ; dans cette affaire le pourvoi du ministre délégué chargé du budget avait été présenté au moyen de l'application Télérecours et la fin de non-recevoir soulevée par la communauté d'agglomération Saint-Étienne Métropole tirée de l'absence de la signature manuscrite du fonctionnaire qui introduit le pourvoi au nom du ministre a été écartée.

Les modalités de présentation des pièces sont strictement encadrées.

Deux modes de dépôt sont possibles :

- **soit un fichier par pièce** sans obligation d'indexation, mais l'intitulé de chacun des fichiers doit être conforme à l'inventaire (bordereau de pièces) et le nom du fichier ne peut comporter plus de 80 caractères (Télérecours conserve le nom du fichier joint par l'usager).

- **soit un seul fichier contenant toutes les pièces** et chacune des pièces jointes figurant dans un fichier unique devra être répertoriée par un signet ; chaque signet devra être nommé conformément à l'inventaire des pièces.

Les greffes veillent scrupuleusement au respect de ces modes de dépôt des pièces et formulent immédiatement des demandes de régularisation même lorsqu'un nombre réduit de pièces est produit.

La Cour administrative d'appel de Marseille vient de juger qu'en « dépit de la demande de régularisation mise à disposition du conseil de M. A..., dans la présente instance, au moyen de l'application prévue par l'article R. 414-1 du Code de justice administrative précité, dite " télérecours ", mis à disposition de ce conseil le 22 août 2017 à 10 h 36 et dont ce conseil doit être réputé en avoir reçu notification à l'issue d'un délai de huit jours courant à compter de cette mise à disposition, les pièces jointes à cette requête n'ont pas été répertoriées par un signet les désignant conformément à l'inventaire requis et que, par suite, la requête de M. A..., qui n'a pas été régularisée dans le délai imparti de quinze jours, est manifestement irrecevable et ne peut qu'être rejetée en application des dispositions précitées du 4° de l'article R. 222-1 du

Code de justice administrative « (CAA Marseille 2 octobre 2017 n° **17MA03666 ; pour d'autres applications par cette même cour tout aussi rigoureuses : CAA Marseille 12 septembre 2017**, n°17MA03393 ; CAA Marseille 24 août 2017 **n° 17MA02864 ; CAA Marseille 13 juillet 2017, n° 17MA00922 ; CAA Marseille 11 juillet 2017, n° 17MA02021 ; CAA Marseille, 27 avril 2017**, n°**17MA00920).**

Les requérants utilisant l'application Télérecours sont dispensés de produire des copies de leur requête et des pièces qui sont jointes à celle-ci et à leurs mémoires (art. R. 414-3 du CJA).

Une requête introduite par Télérecours obéit bien évidemment aux règles générales de recevabilité comme toute requête contentieuse présentée devant un juge administratif ainsi de la nécessité de la motivation, de la production de la décision attaquée ou encore de l'élection de domicile.

L'article R. 431-8 du Code de justice administrative prévoyait avant le 1er janvier 2017 qu'une partie non représentée devant un tribunal administratif qui a sa résidence hors du territoire de la République doit faire élection de domicile dans le ressort de ce tribunal; désormais le texte est plus souple puisque des parties non représentées devant un tribunal administratif par un avocat ou un avocat au Conseil d'État et à la Cour de cassation qui ont leur résidence en dehors du territoire de la République et en dehors de l'Union européenne, de l'Espace économique européen ou de la Suisse doivent faire élection de domicile sur l'un de ces territoires.

Ces dispositions qui imposent aux parties résidant à l'étranger de faire élection de domicile sont prescrites à peine d'irrecevabilité de la requête (CAA Nancy, 22 avr. 1993, Époux Lorz:Rec T. p 948).

Néanmoins, l'irrecevabilité ne peut être opposée qu'après qu'une demande de régularisation a été adressée et est demeurée infructueuse (CE 12 février 1997 Sid Layachi, n° 153556 ; CE 16 mars 1998 Ferhaoui, n° 156763).

Le Conseil d'État vient de rappeler que si aux termes de l'article R. 222-1 du Code de justice administrative, un président de tribunal administratif peut, par ordonnance, rejeter les requêtes manifestement irrecevables, lorsque la juridiction n'est pas tenue d'inviter leur auteur à les régulariser ou qu'elles n'ont pas été régularisées à l'expiration du délai imparti par une demande en ce sens, tel n'est pas le cas pour l'application de l'article R. 431-8 du CJA précité.

Une requête ne peut être rejetée comme manifestement irrecevable sur le fondement de l'article R. 222-1 du Code de justice administrative au motif que le requérant a méconnu l'article R. 431-8 du même Code en n'élisant pas domicile dans le ressort de la juridiction qu'il a saisie sans qu'il ait été au préalable invité à régulariser sa requête, conformément à l'article R. 612-1 ; s'il procède à cette régularisation par courrier électronique sans utiliser l'application Télérecours ou sans apposer sa signature électronique, au sens de l'article 1316-4 du Code civil, le greffe de la juridiction est tenu de lui demander, sur le fondement de ce même article R. 612-1, de lui adresser un courrier postal portant sa signature et reprenant les éléments de son courrier électronique (CE 16 mars 2016 Mme Graham Rec T p 897).

Le respect du principe du contradictoire est une des règles fondamentales du procès administratif.

Comme nous le soulignons[401] « Le principe du contradictoire ou principe de la contradiction s'applique à la procédure suivie devant toutes les juridictions et pour reprendre l'expression de B. Pacteau « c'est la garantie de participer pleinement au débat judiciaire » (Contentieux administratif, 7e éd., PUF, 2005, p. 253). Comme l'a dit avec humour René Chapus, « il n'y a pas de choix possible entre une procédure contradictoire et une procédure qui ne le serait pas » (Droit du contentieux administratif, 13e éd., Montchrestien, 2008, p. 838). »

Ce contradictoire doit être protégé évidemment aussi dans le cadre de la procédure Télérecours.

Le principe du contradictoire implique d'abord l'obligation d'informer ; c'est le droit au savoir des défendeurs sur l'existence du procès (CE, sect., 13 déc. 2002, Maire de Saint-Jean-d'Eyraud, Rec p 459 ; AJDA 2003. 334, note B. Malignier ; RFDA 2003. 524, concl. R. Schwartz) et des parties dans leur ensemble sur l'état du dossier.

Le caractère contradictoire de la procédure exige la communication à chacune des parties de toutes les pièces produites et de tous les documents. Le Conseil d'État a sanctionné un juge des référés qui a omis de viser et d'analyser le mémoire produit par le ministre de la Justice le 1er août 2014 par l'application Télérecours, soit avant la clôture de l'instruction fixée au 18 août 2014 ; en omettant de viser et d'analyser, en méconnaissance des prescriptions de l'article R. 741-2 du Code de justice administrative, ce mémoire en défense produit le 1er août 2014 avant la clôture de l'instruction et comprenant des éléments nouveaux auxquels il n'a pas répondu, le juge a entaché d'irrégularité son ordonnance (CE 23 décembre 2014 garde des Sceaux n° 385112).

[401] B Poujade Obs sur CE 23 déc. 1988, Banque de France c. Huberschwiller in Les Grands arrêts du contentieux administratif Dalloz 5e édition 2016 p 1057

Le deuxième aspect du contradictoire est le droit « à faire savoir » c'est-à-dire de répondre aux observations adverses en disposant du temps nécessaire pour préparer ladite réponse.

La communication d'un mémoire le jour de sa réception, via l'application Télérecours, au conseil d'une société, huit jours avant la clôture de l'instruction permet à ce dernier de disposer du temps nécessaire pour y répondre, nonobstant la circonstance que le 8 mai était un jour férié, et il ne peut donc invoquer une méconnaissance du principe du caractère contradictoire de la procédure (CE 14 octobre 2015 Société SNT Petroni req n°387749).

La communication des mémoires et documents se fait désormais pour les personnes qui doivent l'utiliser par l'application informatique dédiée accessible par le réseau internet mentionnée à l'article R. 414-1 du CJA (Télérecours) qui permet à toute partie ou tout mandataire inscrit de consulter les communications et notifications relatives aux requêtes qu'il a introduites, quelle que soit la forme sous laquelle il les a introduites et quelle que soit la date à laquelle il s'est inscrit dans l'application.

Ainsi, la circonstance qu'une requête ait été introduite sous une forme non dématérialisée ne fait pas obstacle à ce que, à tout moment de la procédure, soient adressées sous forme dématérialisée, dans le cadre de cette application, des communications et notifications relatives à cette procédure à toute partie ou tout mandataire inscrit. L'envoi d'un message électronique aux parties et à leurs mandataires, en l'absence de demande contraire de leur part, n'est prévu par les dispositions de l'article R. 611-8-2 du CJA qu'à titre d'information et est sans incidence sur les conditions dans lesquelles les communications et notifications sont réputées reçues, conformément aux dispositions du même article, et, lorsque le litige est porté devant le juge des référés statuant en urgence, à celles de l'article R. 522-10-1 du même Code.

La circonstance qu'un tel message n'aurait pas été reçu est ainsi sans incidence sur la régularité de la procédure (CE 11 mai 2015 *Commune de Damouzy Lebon* 168).

Les limites apportées au contradictoire restent les mêmes en cas d'utilisation de la procédure Télérecours.

Il résulte des dispositions combinées de l'article R. 773-1 du Code de justice administrative et des articles R. 119 et R. 120 du Code électoral que, par dérogation aux dispositions de l'article R. 611-1 du Code de justice administrative, les tribunaux administratifs ne sont pas tenus d'ordonner la communication aux auteurs des protestations des mémoires en défense des conseillers municipaux dont l'élection est contestée, ni des autres mémoires ultérieurement enregistrés et qu'il appartient seulement aux parties, si elles le jugent utile, de prendre connaissance de ces défenses et mémoires ultérieurs au greffe du tribunal administratif (CE 3 déc. 2014, Élections municipales de Hadol (Vosges), Lebon 357 ; CE 27 juill. 2015, Élections municipales de la commune associée de Nunue (Bora-Bora Polynésie française) n° 383404) et ce en dépit de l'utilisation de la procédure Télérecours (CE 30 mai 2016 M Pericat n°394440)

L'utilisation de Télérecours requiert une vigilance de tous les instants de la part des parties en ce qui concerne la communication des recours qui leur est faite par le greffe ; on peut en voir les conséquences en matière de référé précontractuel.

Dans un arrêt du °17 octobre 2016 Société Tribord (n°400791 Rec T p 833), le Conseil d'État a rappelé que selon l'article R. 551-5 du CJA, applicable aux référés précontractuels : " Le président du tribunal administratif ou le magistrat qu'il délègue statue dans un délai de vingt jours sur les demandes qui lui sont présentées en vertu des articles L. 551-1 et L. 551-5 ".

Or, le greffe du tribunal administratif de Rennes a mis à la disposition du ministre de la Défense le 26 avril 2016 à 12h17 le référé précontractuel déposé par la société Tribord, en utilisant l'application informatique " Télérecours " à laquelle est inscrite son administration ; le ministre a signé le contrat correspondant au lot n° 2 du marché en litige le 26 avril 2016 à 17h07 et en jugeant qu'il résulte des dispositions du dernier alinéa de l'article R. 611-8-2 du Code de justice administrative, applicables à la procédure de référé précontractuel dès lors que le juge est tenu de statuer dans un délai inférieur à un mois,

que la communication de ce référé doit être réputée avoir été reçue par le ministre dès sa mise à disposition dans l'application " Télérecours " et en en déduisant que le pouvoir adjudicateur a méconnu les dispositions de l'article L. 551-4 du Code de justice administrative en signant le contrat postérieurement à la réception du référé précontractuel et que, de ce fait, la voie du référé contractuel était ouverte à la société Tribord, le juge des référés n'a pas entaché son ordonnance d'erreur de droit.

Les délais courent dès la mise à disposition dans l'application.

Il faut souligner qu'en vertu de l'article R. 611-8-2 du CJA les juridictions administratives peuvent adresser, par le moyen de l'application Télérecours, à un mandataire toutes les communications et notifications prévues par le livre VI du CJA notamment les clôtures d'instruction (CE 16 mars 2016 Société en nom collectif (SNC) de Labourdette req n°373818) ou encore les mesures d'instruction.

Dans un important arrêt du 6 octobre 2014, Commune d'Auboué (Rec T p 799) le Conseil d'État a rappelé qu'aux termes de l'article R. 611-8-2 du Code de justice administrative : « Toute juridiction peut adresser par le moyen de cette application, à une partie ou à un mandataire ainsi inscrit, toutes les communications et notifications prévues par le présent livre pour tout dossier et l'inviter à produire ses mémoires et ses pièces par le même moyen.

Les parties ou leur mandataire sont réputés avoir reçu la communication ou la notification à la date de première consultation du document qui leur a été ainsi adressé, certifiée par l'accusé de réception délivré par l'application informatique, ou à défaut de consultation dans un délai de huit jours à compter de la date de mise à disposition du document dans l'application, à l'issue de ce délai.

Sauf demande contraire de leur part, les parties ou leur mandataire sont alertés de toute nouvelle communication ou notification par un message électronique envoyé à l'adresse choisie par eux.

Lorsque le juge est tenu, en application d'une disposition législative ou réglementaire, de statuer dans un délai inférieur ou égal à un mois, la communication ou la notification est réputée reçue dès sa mise à disposition dans l'application ".

Il résulte de ces dispositions que l'application Télérecours permet à toute partie ou tout mandataire inscrit de consulter les communications et notifications relatives aux requêtes qu'il a introduites, quelle que soit la forme sous laquelle il les a introduites et quelle que soit la date à laquelle il s'est inscrit à l'application ; or dans cette affaire l'avocat de la commune était inscrit à Télérecours permettant ainsi à la cour de lui adresser les communications et notifications sous une forme dématérialisée par le réseau internet.

La cour lui a ainsi adressé le 8 avril 2014 un message électronique l'informant que la mesure d'instruction était consultable sous une forme dématérialisée et il n'est pas établi par les pièces du dossier que des dysfonctionnements auraient empêché l'avocat de la commune d'accéder à cette information ; par suite, le juge des référés de la CAA de Nancy n'a pas commis d'erreur de droit en considérant implicitement, mais nécessairement que la commune devait être réputée avoir reçu communication de la mesure d'instruction dans un délai de huit jours à compter de sa mise à disposition le 8 avril 2014 dans l'application Télérecours.

La Haute Assemblée a souligné que ni les dispositions du CJA ni le principe du caractère contradictoire de la procédure n'imposaient à la cour, compte tenu de l'inscription de l'avocat de la commune à l'application informatique dédiée, de lui communiquer également sous forme non dématérialisée la mesure d'instruction au motif que la requête avait été introduite sous cette forme.

II. Télérecours et la venue à l'audience et ses suites :

Avec l'utilisation de la procédure Télérecours une majorité de litiges ont trait à la convocation à l'audience.

Il est soutenu que la convocation n'a pas été adressée ou n'est pas parvenue, mais le moyen n'est pas toujours accueilli.

L'article R. 522-10-1 du Code de justice administrative prévoit que : "Lorsqu'elles sont faites par le moyen de l'application informatique mentionnée à l'article R. 414-1, les notifications et communications des mémoires, des mesures d'instruction, des convocations et des avis sont réputées reçues dès leur mise à disposition dans l'application ".

Dans l'important arrêt du 11 mai 2015 commune de Damouzy (Rec p 168) le Conseil d'État a précisé que Télérecours permet à toute partie ou tout mandataire inscrit de consulter les communications et notifications relatives aux requêtes qu'il a introduites, quelle que soit la forme sous laquelle il les a introduites et quelle que soit la date à laquelle il s'est inscrit dans l'application ; la circonstance qu'une requête ait été introduite sous une forme non dématérialisée ne fait pas obstacle à ce que, à tout moment de la procédure, soient adressées sous forme dématérialisée, dans le cadre de cette application, des communications et notifications relatives à cette procédure à toute partie ou tout mandataire inscrit.

Par ailleurs, l'envoi d'un message électronique aux parties et à leurs mandataires, en l'absence de demande contraire de leur part, n'est prévu par les dispositions précitées de l'article R. 611-8-2 du Code de justice administrative qu'à titre d'information et est sans incidence sur les conditions dans lesquelles les communications et notifications sont réputées reçues, conformément aux dispositions du même article, et, lorsque le litige est porté devant le juge des référés statuant en urgence, à celles de l'article R. 522-10-1 du même Code ; la circonstance qu'un tel message n'aurait pas été reçu est ainsi sans incidence sur la régularité de la procédure.

Dans cette procédure devant le juge des référés l'avocat de la commune était inscrit dans l'application informatique dédiée et le tribunal administratif pouvait ainsi, en vertu des dispositions des articles R. 611-8-2 et R. 522-10-1 du CJA, lui adresser les communications et notifications sous une forme dématérialisée par le réseau internet ; dans la mesure où il ne ressort pas des pièces du dossier que des dysfonctionnements l'auraient empêché d'accéder à cette information, l'avocat de la commune doit être réputé avoir reçu l'avis d'audience déposé dans cette application dès sa mise à disposition, sans qu'y fasse obstacle la circonstance qu'il n'aurait pas reçu de courrier électronique d'alerte. Enfin est de même sans incidence la circonstance qu'une mention manuscrite portée sur le courrier de communication de la requête à la commune de Damouzy indiquait que les pièces annexées à ce courrier lui parviendraient par voie postale.

Le Conseil d'État a la plupart du temps écarté le grief au motif par exemple que « la requête de M.C, enregistrée le 3 juillet 2013 au greffe de la cour, a été présentée sous la signature de Me Sabrina Atlan, avocat au barreau de Paris.

Par courrier enregistré le 13 mai 2014, Me Philippe Pierre, avocat au barreau de Reims au sein du cabinet Nomodos, a informé la cour qu'il remplaçait Me Apour représenter M. C dans cette affaire et lui a adressé un nouveau mémoire enregistré le 28 mai 2014 au greffe de la cour.

En premier lieu, il ressort de l'application " Sagace " que l'avis d'audience du 6 juin 2014 a été adressé aux deux avocats et non pas seulement à Me A et que le dossier est " passé en mode Télérecours " à compter de cette même date.

En second lieu, il ressort de l'application " Télérecours " que le cabinet Nomodos a, le 12 juin 2014, accusé réception de ce document à dix heures vingt-trois. Il suit de là que le moyen tiré de ce que la cour aurait méconnu les dispositions des articles R. 431-1 et R. 431-13 du Code de justice administrative, faute que Me Philippe Pierre ait été convoqué à l'audience, doit être écarté. » (CE 27 juin 2016 M Marcinek req n°384759)

Le grief est écarté quand le conseil du requérant qui est inscrit dans l'application Télérecours a accusé réception de l'avis de convocation à l'audience (CE 12 novembre 2015 M Schmidt n°383554 ; CE 6 mai 2016 M WIASTHERSHEIM n°391151)

Il arrive qu'il y ait néanmoins des doutes sur la réalité de la convocation à l'audience ; ainsi le Conseil d'État a jugé que même si la mention du jugement selon laquelle les parties ont été régulièrement averties du jour de l'audience fait foi jusqu'à preuve contraire, il ressort du dossier de la cour administrative d'appel, notamment d'une mention manuscrite apposée par un agent du greffe, que l'avis d'audience, qui n'a pas été adressé au mandataire de la commune de

Saint-Jean-Trolimon par le moyen de l'application informatique mentionnée à l'article R. 414-1, n'a pas été notifié au mandataire de la commune en raison d'un " problème de mécanisation " de la Poste et dès lors, la commune de Saint-Jean-Trolimon est fondée à soutenir que l'arrêt qu'elle attaque a été rendu au terme d'une procédure irrégulière et à en demander, pour ce motif, l'annulation». (CE 30 janvier 2017 Commune de Saint-Jean-Trolimon req n°396165)

Dans une autre affaire, la procédure de convocation a été jugée irrégulière dans la mesure où : « il ressort des pièces du dossier que, par avis avec accusé de réception du 27 avril 2015 adressé par la voie de l'application informatique Télérecours prévue par l'article R. 414-1 précité du CJA, les parties ont été averties que leur affaire serait appelée à l'audience du 28 mai 2015. Par un nouvel avis adressé aux parties selon les mêmes modalités le 21 mai 2015, ces dernières ont été averties de ce que l'affaire était reportée à une date ultérieure.

Cet avis précisait : " Un avis d'audience vous sera adressé dès que la nouvelle date sera fixée ". L'audience de la cour s'est néanmoins tenue à la date initialement prévue, soit le 28 mai 2015, en l'absence de M. B...et de son conseil et sans que ce dernier n'ait reçu de nouvel avis d'audience. En s'abstenant d'adresser un nouvel avis d'audience aux parties, alors que le premier avis était privé de portée en raison du report d'audience annoncé, et alors même que l'arrêt porte la mention "Les parties ont été régulièrement averties du jour de l'audience ", la cour a méconnu les exigences qui découlent des dispositions précitées de l'article R. 711-2 du Code de justice administrative. Par suite, M. B...est fondé à soutenir que l'arrêt est intervenu à la suite d'une procédure irrégulière (CE 25 octobre 2017 M Margolle n° 392578).

Dans un cas, l'absence d'accusé de réception délivré par l'application informatique " Télérecours " et le fait que la garde des Sceaux, ministre de la Justice, n'était pas représentée à l'audience publique qui s'était tenue la veille, laisse à penser qu'elle n'a pas été informée de la décision du 17 avril 2014 par laquelle le juge des référés du tribunal administratif de Limoges a décidé de différer au même jour à 17 heures la clôture de l'instruction (CE 23 juillet 2014 garde des Sceaux n°**379602).**

L'affirmation selon laquelle l'ordonnance d'un juge des référés est irrégulière dans la mesure où, ayant été rendue le 3 mars 2015, elle ne pouvait valablement viser une note en délibéré qu'une association avait produite avant que l'ordonnance ne soit rendue, mais qui n'a été enregistrée, dans l'application Télérecours, que le 4 mars 2015, n'a pas été accueillie. Le juge des référés n'est pas tenu de viser cette note.

Dès lors, la circonstance qu'elle ait été enregistrée le lendemain du jour où l'ordonnance a été rendue est, en tout état de cause, sans incidence sur la régularité de cette dernière. En effet, contrairement aux dispositions de l'article R. 741-2 du CJA relatives à la mention des notes en délibéré, celles de l'article R. 742-2, seules applicables aux mentions que doivent comporter les ordonnances de référé en ce qui concerne les productions des parties, ne prescrivent pas au juge des référés de viser celles de ces productions qui interviennent après la clôture de l'instruction. (CE 27 juillet 2015 Association Promouvoir req. n°**388931).**

L'utilisation de Télérecours conduit aussi à une veille scrupuleuse pour l'exercice des voies de recours lorsqu'il s'agit de contester une décision juridictionnelle.

Aux termes du premier alinéa de l'article R. 751-8 du Code de justice administrative : " Lorsque la notification d'une décision du tribunal administratif ou de la cour administrative d'appel doit être faite à l'État, l'expédition est adressée au ministre dont relève l'administration intéressée au litige (...) " ; si , en vertu de l'article R. 751-4-1 du même Code, la décision peut être notifiée aux administrations de l'État par le moyen de Télérecours, ces administrations étant réputées avoir reçu la notification à la date de première consultation de la décision, ces dispositions sont sans influence sur l'application de la règle posée à l'article R. 751-8.

Le délai de recours ouvert contre un jugement du 11 février 2016 ne pouvait courir contre l'État qu'à compter de la notification de ce jugement au ministre chargé des installations classées pour la protection de l'environnement, qui avait seule qualité, en tant que ministre intéressé, pour former ce pourvoi ; il ressort des pièces de la procédure que le jugement du tribunal administratif n'a pas été notifié à ce ministre par le greffe du tribunal administratif et, par suite, c'est au prix d'une erreur de droit que la cour a rejeté le recours du ministre comme tardif (CE 28 décembre 2016 ministre de l'environnement, de l'énergie et de la mer, chargée des relations internationales sur le climat, n°400333).

De même, le pourvoi en cassation du ministre de l'Intérieur qui était inscrit dans l'application Télérecours n'était pas tardif ; l'arrêt du 1er avril 2014 a été mis à disposition dans l'application le 9 avril 2014, ce dont le ministre a été informé le même jour par un message électronique. Le ministre n'a pas consulté l'application dans un délai de huit jours à compter du 9 avril 2014 et, par suite, conformément aux dispositions du CJA, il est réputé avoir reçu notification de l'arrêt à l'expiration de ce délai, soit le 17 avril 2014.

Est dépourvue d'incidence à cet égard la circonstance que la lettre de notification enregistrée dans l'application mentionnait par erreur un envoi par courrier recommandé avec demande d'avis de réception.

Le pourvoi du ministre enregistré au secrétariat du contentieux du Conseil d'État le 18 juin 2014, était bien parvenu avant l'expiration du délai franc de deux mois imparti pour saisir le juge de cassation (CE 17 février 2016 ministre de l'Intérieur n°381429).

Le Conseil d'État a rendu enfin une intéressante décision relative à la mise en œuvre des dispositions des 1° à 4° de l'article R. 822-5 du CJA qui permettent à un président de chambre de refuser par ordonnance l'admission de certains pourvois en cassation, ainsi que le prescrit l'article R. 822-5-1, le requérant ou son mandataire doit avoir été avisé dix jours au moins avant la date de l'ordonnance de l'éventualité de l'intervention d'une telle ordonnance.

Un délai d'au moins dix jours doit ainsi séparer la date de signature de l'ordonnance de la date à laquelle l'avis a été reçu par le requérant ou son mandataire, que cet avis ait été expédié par voie postale ou par voie électronique.

Dans le cas où cet avis est adressé, par voie électronique, au moyen de l'application Télérecours, le requérant ou son mandataire sont réputés avoir reçu l'avis conformément à ce que prévoient les dispositions du troisième alinéa de l'article R. 611-8-2 c'est-à-dire à la date de première consultation du document qui leur a été ainsi adressé, certifiée par l'accusé de réception délivré par l'application informatique, ou à défaut de consultation dans un délai de huit jours à compter de la date de mise à disposition du document dans l'application, à l'issue de ce délai.

Une décision rendue sans que soit respecté le délai d'au moins dix jours prescrit par l'article R. 822-5-1 est entachée d'une erreur matérielle justifiant qu'elle soit déclarée nulle et non avenue (CE 23 mars 2015 Mme Sek Rec T p 842).

Indiscutablement, Télérecours constitue une avancée majeure pour une justice du XXIe siècle.

Mais les utilisateurs doivent être vigilants comme le montre cette recension des difficultés suscitées par cette application. Comme le soulignait Mme Helminger[402], l'application informatique permet aux parties de distinguer les documents qu'elles versent à titre de mémoire ou à titre de pièces encore

[402] Op précité

qu'imparfaitement compte tenu de l'existence de rubriques types limitées en nombre. Il est exact que des conséquences juridiques sont susceptibles d'être tirées du choix ainsi opéré et il ne faut pas faire une confusion en produisant un mémoire dans l'onglet pièce ou inversement.

Ainsi, la communication par le défendeur de la décision de retrait de l'acte attaqué, sous la rubrique « pièces » ne peut être analysée, même si elle est assortie d'un commentaire, comme des conclusions à fin de non-lieu (CAA Lyon, 1re ch., 28 juin 2016,Préfet de la Drôme n° 16LY00999).

Télérecours peut se révéler à ce moment-là comme la langue d'Esope la pire ou la meilleure des choses.

La spécificité du rôle des chambres régionales des comptes saisies d'une demande d'inscription d'une dépense obligatoire et ses conséquences sur les pouvoirs du juge administratif à la lumière d'un cas emblématique

Par Maud Child

Magistrat honoraire à la Cour des comptes
Avocate

Les missions des chambres régionales des comptes (CRC) s'exercent le plus souvent de manière rétrospective : ainsi, le jugement des comptes des comptables publics (article L. 211-1 du Code des juridictions financières CJF) porte sur des *exercices clos* ; de même, malgré de réels efforts pour placer le contrôle des comptes et de la gestion (articles L. 211-3 à L. 211-10 du CJF) dans une perspective financière à moyen terme, ce contrôle analyse prioritairement l'efficacité et la régularité de l'administration *passée* du dirigeant de l'organisme public ou privé concerné.

En revanche, dans le domaine budgétaire (article L. 211-11 du CJF), le législateur a confié, aux chambres régionales des comptes, une intervention plus contemporaine. Il s'agit de pallier l'absence de vote du budget dans les délais légaux, de corriger le déséquilibre du budget ou de proposer des mesures de redressement des comptes présentant un déficit significatif. Dans ces trois hypothèses, la chambre prépare des décisions du représentant de l'État dans le département, les avis budgétaires n'encourant la censure du juge administratif que lorsqu'ils ont pour effet de clore la procédure.

S'agissant de saisines budgétaires pour défaut d'inscription d'une dépense obligatoire (quatrième hypothèse de saisine prévue à l'article L. 1612-15 du Code général des collectivités territoriales (CGCT), les cas de contestation des avis devant le juge administratif sont beaucoup plus fréquents, car l'avis de la CRC fait notamment grief au créancier dont la requête est rejetée[403] constitue une décision susceptible d'un recours en excès de pouvoir.

En la matière, la procédure budgétaire devant la CRC est un préalable obligatoire à tout contentieux devant le juge administratif. Le Conseil d'État a en effet jugé que le juge administratif devait déclarer sa saisine irrecevable si le juge financier n'avait pas été préalablement saisi de la question (CE, 13 mars 1989, Commune de Gardonne, *Rec.*, p. 90 ; CE 12 mai 1997 préfet Hérault, req. N°157625). Après rejet de sa requête par la CRC, le créancier est en revanche admis à former un recours devant le juge de l'excès de pouvoir.

Mais, quelle est la portée de l'intervention du juge administratif dans ce type de contentieux ? De quel pouvoir d'injonction dispose-t-il sur la CRC ? Tel était l'enjeu de l'affaire dans laquelle la CRC Provence-Alpes-Côte d'Azur avait été saisie de la créance que réclamait la société gestionnaire du casino de Briançon à la commune.

Cette affaire était née d'annulations de délibérations de la commune de Briançon, confiant l'exploitation du casino de jeux en délégation de service public (DSP) à la société SETB (**1**). Cette dernière avait demandé à la CRC de Provence-Alpes-Côte d'Azur (PACA), de constater le caractère obligatoire des dépenses d'indemnisation prévues par un protocole d'accord censé résoudre les conséquences de l'annulation de la DSP initiale. La CRC avait refusé cette demande et déclaré la dépense non obligatoire (**2**). La société avait alors formé un recours en excès de pouvoir devant le tribunal administratif de Marseille qui avait annulé l'avis de la CRC et prononcé à son encontre une injonction de mettre en demeure la commune d'inscrire ces dépenses à son budget (**3**). Au regard du caractère inédit et contestable de ce type d'injonction contre une décision collégiale émanant d'une juridiction, et des enjeux juridiques et financiers qui en découlaient, l'État a interjeté appel de cette décision devant la Cour administrative d'appel (CAA) de Marseille, qui a infirmé le jugement du tribunal administratif et donné raison à la CRC, sans toutefois se prononcer explicitement sur l'injonction (**4**).

1. Les circonstances et la naissance du litige :

La créance revendiquée par la société SETB avait pour origine un protocole d'accord du 9 septembre 2008, conclu entre la commune et la SETB

[403] Les autres cas où l'avis interrompt la procédure de contrôle budgétaire : quand la liquidation du montant de la dépense est inexacte (CE, 23 mars 1984, Organisme de gestion des écoles de Couëron, CE 23 mars 1984, Société Barchetta. CE 4 novembre 1997, Ville de Caen), ou si la CRC se déclare incompétente ou la saisine irrecevable.

en exécution de l'arrêt de la CAA de Marseille du 26 mars 2007 annulant la délibération du 24 juillet 2001 autorisant la délégation du service public du casino de jeux. Ce protocole d'accord avait notamment pour objet la résolution amiable de la délégation de service public et l'indemnisation du délégataire. Il prévoyait à titre d'indemnisation de ce dernier, le versement par la commune d'une somme de 9 330 000 €, majorée de la TVA à reverser au Trésor, selon les modalités de calcul jointes en annexe.

À la suite d'une alternance électorale, la municipalité a contesté le bien-fondé de cette créance qui sur un plan strictement financier était effectivement d'un montant très élevé par rapport aux capacités de la commune.

La société qui exploitait le casino depuis 2004 a cependant continué *sans interruption* de le faire sur le fondement d'une convention de gestion provisoire reconduite jusqu'à fin septembre 2010.

En 2010, après une première procédure déclarée infructueuse, la commune de Briançon a, par délibération du 15 septembre 2010, décidé de signer avec la SETB, seul candidat, un nouveau contrat de délégation de service public du casino municipal pour une durée de 20 ans, à compter du 1er octobre 2010.

Entre-temps, le 26 mai 2010, la SETB avait toutefois saisi la CRC de PACA sur le fondement de l'article L. 1612-15 du CGCT, et sur la base du protocole du 9 septembre 2008 « *d'une demande d'inscription d'office au budget de la commune de Briançon de la somme de 9 330 000 €, majorée de la TVA à reverser au Trésor Public, s'agissant de la valeur nette comptable des biens remis à la ville de Briançon* ».

Par décision du 6 juillet 2010, la CRC a cependant estimé que cette dépense ne présentait pas le caractère d'une dépense obligatoire. Le 20 septembre 2010, soit cinq jours après l'attribution de la nouvelle délégation de service public à son profit, la SETB sollicitait du tribunal administratif (TA) de Marseille l'annulation de la décision de la CRC.

La requête de la société visait également, à ce qu'il soit enjoint à la CRC « *de mettre en demeure la Ville de Briançon d'inscrire d'office à son budget la somme de 9 330 000 euros majorée de la TVA à reverser au Trésor Public, dans un délai d'un mois à compter de la notification du jugement et, à défaut d'exécution de la ville dans un délai d'un mois, lui enjoindre de demander au représentant de l'État d'inscrire au budget de la Ville ladite somme* ».

2. La procédure devant le juge financier :

Article L. 1612-15 du Code général des collectivités territoriales

« *Ne sont obligatoires pour les collectivités territoriales que les dépenses nécessaires à l'acquittement des dettes exigibles et les dépenses pour lesquelles la loi l'a expressément décidé.*

La chambre régionale des comptes saisie, soit par le représentant de l'État dans le département, soit par le comptable public concerné, soit par toute personne y ayant intérêt, constate qu'une dépense obligatoire n'a pas été inscrite au budget ou l'a été pour une somme insuffisante. Elle opère cette constatation dans le délai d'un mois à partir de sa saisine et adresse une mise en demeure à la collectivité territoriale concernée. (…) »

En vertu d'une jurisprudence constante du Conseil d'État, « *la chambre régionale des comptes ne peut constater qu'une dépense est obligatoire pour une commune et mettre celle-ci en demeure de l'inscrire à son budget qu'en ce qui concerne les dettes échues, certaines, liquides, non sérieusement contestées dans leur principe et dans leur montant, découlant de la loi, d'un contrat, d'un délit ou d'un quasi-délit ou de toute autre source d'obligations* ». (CE, 18 septembre 1998, n° 171087, CCI de Dunkerque, aux Tables).

En outre, « *lorsqu'une chambre régionale des comptes est saisie d'une demande d'inscription d'office, au budget d'une collectivité territoriale, d'une somme correspondant à une dette qui fait l'objet, de la part de la collectivité, d'une contestation sérieuse dans son principe ou dans son montant, elle ne peut que rejeter cette demande, sans qu'il y ait lieu pour elle de s'interroger sur le bien-fondé de la contestation* ». (CE, 21 mars 2007, n° 275167, Commune de Plestin les Grèves).

Dans son avis n° 2010-0208 du 6 juillet 2010, la CRC de PACA, a refusé de reconnaître le caractère de dépense obligatoire à la créance de 9,33 M€ au motif que la créance de la SETB ne présentait pas de caractère exigible et certain, qu'elle n'était pas liquide et qu'elle était sérieusement contestée par la commune de Briançon.

La chambre a contesté le caractère certain et exigible de la créance

La CRC PACA a considéré que plusieurs circonstances s'opposaient à la reconnaissance du caractère certain et exigible de la créance pour laquelle elle était saisie. La chambre a ainsi pointé l'absence d'inventaire et de remise, pourtant prévue par le protocole, des biens de retour devant revenir à la commune. Or, le montant de l'indemnité, objet du litige, était assis pour partie[404] sur la valeur nette comptable des biens immobiliers et mobiliers de retour et *sur eux seuls*. Dès lors que la consistance des biens de reprise était inconnue, il était, selon la chambre, impossible de procéder à l'évaluation de leur valeur et de faire le lien avec celle faite par un expert et qui avait servi de base à la détermination du montant de l'indemnité fixée au protocole.

Incomplet, en l'absence d'un élément substantiel, le protocole ne pouvait donc être appliqué. Dans ces conditions, la dette de la commune de Briançon à l'égard de la SETB ne présentait pas aux yeux de la chambre un caractère certain. Elle ne pouvait davantage et pour les mêmes raisons être qualifiée d'exigible.

La chambre a contesté le caractère liquide de la créance

La SETB avait demandé à la commune, préalablement à son recours, le versement de l'indemnité au moyen de plusieurs factures dont les montants respectifs y figurant ne correspondaient, dans aucune de leurs composantes, à ceux figurant en annexe du protocole d'accord, lequel n'avait, au demeurant, pas prévu une telle possibilité de modulation des composantes de l'indemnité. En particulier, la valeur nette comptable (VNC) du bâtiment avait été réduite, celle des équipements avait été majorée, le montant total hors TVA ayant été pour sa part réduit de 34 584,89 €. En parallèle, et de manière inexplicable, le montant de TVA facturé avait, lui, augmenté de 22 095,13 €, alors que ce montant était déterminé par la VNC des immobilisations qui avait pourtant diminué. Enfin, le montant des pertes d'exploitation avait été augmenté de 34 584,89 euros.

La chambre a donc constaté plusieurs divergences entre la somme figurant dans le protocole d'accord et celle objet de la saisine, divergences qui s'opposaient à la reconnaissance du caractère liquide de la créance en litige.

La chambre a estimé enfin que la créance était sérieusement contestée

La commune a développé auprès de la chambre des arguments tendant à démontrer que payer la somme demandée reviendrait à consentir une libéralité à son cocontractant, celui-ci ayant, dans les faits, poursuivi l'exploitation du casino dans le cadre de plusieurs conventions de gestion provisoires, puis dans celui d'une nouvelle délégation de service public. Il n'avait donc en définitive, aux yeux de la commune, subi en réalité aucun préjudice du fait de la résolution amiable du contrat initial.

---

[404] Hors l'indemnisation du déficit normal d'exploitation

Or, la jurisprudence Mergui (CE, Section, 19 mars 1971, n° 79962, au Recueil) s'oppose à ce qu'une collectivité publique s'acquitte d'une somme qu'elle ne doit pas.

La commune soulignait d'ailleurs le contexte particulier dans lequel avait été signé l'accord. En effet, à la date de la signature du protocole, la commune avait prévu de compenser la charge représentée par l'indemnité, par la mise en place d'un droit d'entrée d'un montant strictement identique (9 330 000 €) dans le cadre de la nouvelle délégation lancée par l'ancienne municipalité début 2009.

La commune avait d'ailleurs fait figurer ce droit d'entrée de 9 330 000 € dans l'avis d'appel à candidatures publié le 6 janvier 2009, sur la base duquel la SETB avait candidaté, en étant la seule à le faire, avant de renoncer finalement à déposer une offre au motif qu'elle ne pouvait financer un tel droit d'entrée. La commune a alors été dans l'obligation, faute d'offre, de déclarer la procédure infructueuse et d'en relancer une nouvelle. Dans le cadre de la nouvelle procédure d'attribution, en 2010, la SETB a été la seule candidate à déposer une offre et s'est bien gardée de proposer le moindre droit d'entrée. La commune estimait donc en substance que l'indemnité était gagée par le droit d'entrée et que, dès lors, la disparition du droit d'entrée ne pouvait pas être sans conséquence sur l'indemnité.

Ces circonstances ajoutées à l'absence de préjudice de la SETB avaient donc conduit la commune à mettre en cause la validité même du protocole d'accord de 2008.

La CRC en a conclu qu'elle était en présence d'une contestation sérieuse, ce qui lui imposait, en application de la jurisprudence citée ci-dessus, de déclarer la dépense non obligatoire.

3. L'annulation de l'avis budgétaire par le tribunal administratif

Les arguments sur lesquels était fondé l'avis de la CRC ont été rejetés par le TA

Pour la CRC, ainsi que développé ci-dessus, aucun des caractères d'une dépense obligatoire n'était réuni par la créance de la société SETB qui n'était ni certaine, ni liquide, ni exigible et en outre sérieusement contestée, appréciations non partagées par le TA.

Sur le caractère ni certain ni exigible, le TA a considéré que l'absence avérée d'inventaire et de remise des biens par le casinotier à la commune, étaient sans incidence sur l'indemnité due au casinotier en l'absence de condition suspensive expresse relative à la remise des biens dans le protocole d'accord.

Sur le caractère liquide de la créance, le TA a affirmé étonnamment que « *dans sa saisine* (la SETB) *a demandé à la* (CRC) *la somme de 9 330 000 € correspondant exactement à l'indemnité prévue par l'article 3 du protocole* » alors que cet article 3, qui mentionne expressément la TVA à reverser comme faisant partie de l'indemnité, renvoie à une annexe dans laquelle le montant total de l'indemnité, TVA incluse, s'élève à 9 726 000,13 €.

De surcroît, la somme globale, TVA incluse, facturée par la SETB à la commune, était égale à la somme de 9 748 095,13 €. Le TA a toutefois estimé sur ce point que le protocole d'accord ne nécessitait pas l'émission de telles factures et que si la SETB avait saisi la CRC de la somme de 9 330 000 € majorée de la TVA, il ne ressortait pas « *des pièces du dossier que la saisine portait sur un montant différent de celui du protocole d'accord* ». Pourtant la saisine de la CRC était bien appuyée des factures émises, en particulier de celle dans laquelle figurait un montant de TVA différent de celui mentionné en annexe du protocole.

Enfin, le tribunal pour affirmer qu'il n'était pas en présence d'une contestation sérieuse de la créance a qualifié le protocole de « transaction » au motif qu'il y aurait eu des concessions réciproques, et en particulier de la SETB, alors que la réduction par la société du montant de l'indemnité s'imposait pour des raisons fiscales et ne pouvait donc être regardée comme une concession.

Le tribunal de Marseille a donc, par un jugement n° 1005964 du 2 octobre 2002, « *considéré que la dette de 9 330 000 euros* (était) *certaine, exigible, liquide et* (n'était) *pas sérieusement contestée ; que par la suite, elle constitu*(ait) *une dépense obligatoire au sens des dispositions de l'article L. 1612-15 du CGCT* (et) *que dans ces conditions* (la SETB était) *fondée à demander l'annulation de la décision en date du 6 juillet 2010 par laquelle la chambre régionale des comptes de Provence-Alpes-Côte d'Azur n'a pas constaté le caractère obligatoire de la dépense de 9 330 000 euros* ».

Il a par ailleurs assorti son jugement d'une décision pour le moins inédite puisqu'il était « *enjoint* » à la CRC « *de mettre en demeure, dans un délai d'un mois à compter de la notification du présent jugement, la commune de Briançon d'inscrire à son budget la somme de 9 330 000 €* ».

L'affirmation du caractère obligatoire de la créance par le TA

Sans revenir sur les éléments de fond évoqués ci-dessus, il est remarquable que le TA, saisi d'un recours pour excès de pouvoir dirigé contre un avis de la CRC ne se soit pas contenté d'annuler l'avis de la CRC, mais ait cru également nécessaire, dans ce cadre précis, au-delà de l'examen de la légalité de cet avis, et sans au demeurant que les requérants ne le lui demandent expressément, de statuer lui-même sur le caractère obligatoire ou non d'une dépense, rôle dévolu aux CRC dans le cadre de la procédure prévue à l'article L. 1612-15 du CGCT, laquelle est pourtant exclusive de tout autre recours pour excès de pouvoir dirigé contre une décision de la collectivité refusant d'inscrire la dépense à son budget (CE, 30 janvier 1995, n° 124676, Préfet des Côtes-d'Armor).

Ce n'est en effet que dans le cadre d'un recours de plein contentieux qu'un tiers peut demander directement au juge administratif de condamner une personne publique à lui verser une somme dont elle s'estime créancière (CE, 6 avril 2007, n° 284544, Syndicat intercommunal d'adduction d'eau et d'assainissement d'eau de la vallée de la Béthune, au Recueil), ce qui amène alors le juge administratif à se prononcer sur le bien-fondé de cette créance.

Le fondement de l'injonction prononcée par le jugement :

Cette injonction est motivée comme suit : « *Considérant que le présent jugement, qui annule la décision de la Chambre régionale des comptes de Provence-Alpes-Côte d'Azur et constate que l'indemnité de 9 330 000 euros prévue par le protocole d'accord du 9 septembre 2008 a le caractère de dépense obligatoire pour la commune de Briançon, implique nécessairement que la chambre précitée mette en demeure la collectivité précitée d'inscrire cette somme à son budget ; que, dès lors, il y a lieu d'enjoindre à la Chambre régionale des comptes de Provence-Alpes-Côte d'Azur de mettre en demeure, dans le délai d'un mois à compter de la notification du présent jugement, la commune de Briançon (....) d'inscrire à son budget la dépense précitée* » ;

Cette injonction de prendre une décision dans un sens déterminé est fondée sur l'article L. 911-1 du Code de justice administrative (CJA).

Article L. 911-1 du CJA

« *Lorsque sa décision implique nécessairement qu'une personne morale de droit public ou un organisme de droit privé chargé de la gestion d'un service public prenne une mesure d'exécution dans un sens déterminé, la juridiction, saisie de conclusions en ce sens, prescrit, par la même décision, cette mesure assortie, le cas échéant, d'un délai d'exécution* ».

Or, s'il est probablement possible, sur le plan des principes, qu'une injonction soit prononcée à l'encontre d'une CRC dès lors qu'en matière de contrôle budgétaire elle agit en tant qu'autorité administrative et non en qualité de juridiction, en revanche, les conditions permettant le prononcé d'une injonction sur le fondement de l'article L. 911-1 du livre IX du Code justice administrative, chapitre « l'exécution des décisions » n'apparaissaient pas réunies. En effet, pour qu'une telle injonction soit prononcée, il est nécessaire que l'autorité administrative se trouve en situation de compétence liée de prendre la décision prescrite. Autrement dit, que l'instance collégiale composée de magistrats, n'ait aucune marge de manœuvre dans sa décision, ce qui revenait à lui nier tout pouvoir d'appréciation dans l'exercice d'une compétence qui lui est pourtant expressément confiée par le législateur et à titre exclusif.

Par ailleurs, dans le cadre de l'injonction, le juge administratif se trouve en situation de plein contentieux : il se prononce au jour du jugement, en fonction de la situation et de fait et de droit existant à cette date. C'est la raison pour laquelle une mesure d'instruction peut parfois être nécessaire pour vérifier, justement, quelle est cette situation. En effet, si la situation du requérant à la date de la demande justifiait une prise de décision dans un sens déterminé, tel n'est plus nécessairement le cas à la date où le juge statue. (Voir les arrêts de principe sur l'injonction : CE, 4 juillet 1997, n° 156298, Bourezak, et Leveau, n°161105, au Recueil. Voir également CE, 28 juillet 2006, n° 280235, Département des Yvelines c/ Mme Senlis, aux Tables).

Dans son intervention le 5 septembre 2014 sur le thème de l'injonction, devant la conférence des présidents des juridictions administratives, le Vice-président du Conseil d'État soulignait d'ailleurs que « *L'office du juge de l'exécution a été clarifié, afin de bien le distinguer de celui du juge de l'excès de pouvoir saisi à titre principal. Cet office se décompose en deux temps : le juge s'assure d'abord que l'annulation prononcée au fond nécessite, toutes choses étant égales par ailleurs, une mesure d'exécution dans un sens déterminé - en l'espèce*[405]*, la délivrance d'un visa d'entrée*[406] *-, puis, le cas échéant, qu'aucune circonstance de droit et de fait existant à la date à laquelle il statue n'y fasse pas obstacle. Le même raisonnement est suivi en matière d'actes réglementaires : lorsqu'il estime nécessaire d'enjoindre au Premier ministre d'édicter des mesures réglementaires d'application d'une loi, le juge vérifie ainsi qu'à la date à laquelle il statue, les dispositions législatives en cause n'ont pas été abrogées*[407]. »

405 CE 4 juillet 1997, *Bourezak*, n°156298.
406 L'article L. 911-1-1 prévoit la réintégration d'un agent licencié.
407 CE, Sect., 26 juillet 1996, *Association lyonnaise de protection des locataires*, n°160515.

Or de telles mesures d'instruction préalables étaient bien nécessaires dans ce type de saisine budgétaire.

Il ressort en effet des dispositions réglementaires du CGCT relatives à la procédure en matière d'inscription d'une dépense obligatoire que :

- la saisine de la CRC doit être « *appuyée de toutes justifications utiles, et notamment du budget voté et, le cas échéant, des décisions qui l'ont modifié* » (article R. 1612-32), la chambre pouvant se les faire communiquer par le préfet lorsque l'auteur de la demande n'a pu les obtenir (article R. 1612-33),

- la CRC se prononce sur le caractère obligatoire de la dépense, mais vérifie également l'absence ou l'insuffisance des crédits nécessaires à sa couverture : ce n'est que si ces deux conditions sont réunies qu'elle met en demeure la collectivité publique concernée d'ouvrir lesdits crédits par une décision modificative au budget (article R. 1612-35).

Au cas particulier, la CRC avait été saisie par la SETB pour une inscription de la dépense au budget 2010 de la commune. Or, le jugement du TA a été rendu en 2012. Entre-temps, les budgets 2010 et 2011 de la commune de Briançon avaient été exécutés et surtout la CRC ne disposait pas du budget 2012, duquel elle n'avait pas été saisie et sur lequel portait pourtant l'injonction du TA. Le changement d'exercice budgétaire intervenu entre l'avis du 6 juillet 2010 et le jugement du TA démontrait à lui seul un changement dans la situation de fait.

Mais surtout, les crédits permettant la couverture de la dépense obligatoire, ou au moins une partie d'entre eux, pouvaient déjà être inscrites au budget 2012 de la commune de Briançon. Dans une telle hypothèse, il n'y avait plus lieu de mettre en demeure cette dernière d'inscrire la somme ou au moins une partie de cette somme.

Il aurait donc à tout le moins été nécessaire que le TA procède à une mesure d'instruction en vue de s'assurer que les conditions d'une mise en demeure d'inscrire la dépense par la CRC étaient toujours remplies au 2 octobre 2012. Il ne ressort pas des termes du jugement qu'une telle mesure ait été mise en œuvre.

De surcroît, la procédure d'inscription d'une dépense obligatoire prévue par l'article L. 1612-15 du CGCT précité fait intervenir la CRC, mais également le préfet, qui est l'autorité qui pourra être amenée à inscrire, le cas échéant, la dépense au budget de la collectivité. Or le préfet n'est pas lié par l'avis de la chambre, la loi lui ayant expressément accordé la faculté de s'écarter des préconisations de la CRC, à condition de motiver sa position (CE, 10 février 1988, n° 78230-78805-78806, Commune de Brives-Charensac, au Recueil). L'injonction du TA faisait donc fi de ces subtilités dans la répartition des rôles entre la CRC et le préfet.

Au final, et dès lors que l'affirmation du caractère obligatoire de la dépense n'était pas le seul critère exigé par la procédure fixée à l'article L. 1612-15 du CGCT pour qu'une mise en demeure soit prononcée par la CRC et que la situation budgétaire de la commune avait pu évoluer entre 2010 et 2012, le jugement du TA annulant l'avis de la CRC n'impliquait pas *nécessairement* que celle-ci prenne une décision dans un sens déterminé.

Ce jugement impliquait seulement que la chambre délibère à nouveau, soit sur injonction du TA, fondée sur l'article L. 911-2 du CJA, soit après une nouvelle saisine de la société.

Article L.911-2 du CJA

« Lorsque sa décision implique nécessairement qu'une personne morale de droit public ou un organisme de droit privé chargé de la gestion d'un service public prenne à nouveau une décision après une nouvelle instruction, la juridiction, saisie de conclusions en ce sens, prescrit, par la même décision juridictionnelle, que cette nouvelle décision doit intervenir dans un délai déterminé. »

Dans ce cas, la CRC n'aurait pu reprendre les arguments ou positions jugés illégaux par le juge administratif, en raison du principe de l'autorité de la chose jugée. (CE 2 octobre 1992, Commune de la Chapelle-en-Serval)

Il convient de noter l'absence totale de précédent en la matière puisqu'aucun jugement de TA n'a fait droit à une demande d'injonction fondée sur l'article L. 911-1 du CJA d'inscrire une dépense après annulation d'une décision de CRC constatant son caractère non obligatoire. Les juges administratifs de premier degré ont au contraire toujours considéré qu'une telle annulation n'impliquait pas cette mesure ou seulement, et dans des cas eux-mêmes exceptionnels, un simple réexamen par la CRC, étant précisé que de manière générale, les requérants dirigent leur demande d'injonction contre la collectivité elle-même ou contre le préfet, mais rarement contre la CRC elle-même[408].

[408] Voir en ce sens : TA Nancy, 28 mars 2000, n° 981619, Commune de Pagny-sur-Moselle (demande d'injonction à l'encontre de la commune) ; TA Bordeaux, juin 2002, Société AGF, n° 01648 (demande d'injonction dirigée contre le préfet) ; TA Grenoble, 29 juin 2005, n° 0201160, Société Payant (demande d'injonction à l'encontre de la commune) ; TA Rouen, 8

Le jugement du tribunal d'administratif de Châlons-en-Champagne, 8 février 2007, n° 0401597, SDIS de la Marne (demande d'injonction dirigée contre le préfet) affirme ainsi : « *Considérant que la décision par laquelle une chambre régionale des comptes statue sur le caractère obligatoire d'une dépense en application de l'article L. 1612-15 du Code général des collectivités territoriales constitue seulement la première étape d'une procédure pouvant conduire soit à l'inscription d'office, soit au mandatement d'office, lequel incombe au préfet ; que dans le cas d'une inscription d'office, applicable en l'espèce, la décision de la chambre régionale des comptes est notamment assortie de mesures d'accompagnement destinées à assurer le financement de la dépense ; que le préfet peut s'écarter de l'avis de la chambre sur les modalités de financement ; Considérant, par ces motifs, qu'il n'appartient pas au juge de l'excès de pouvoir d'enjoindre au préfet d'inscrire d'office la dépense litigieuse au budget de la commune de Soulanges ; qu'il y a lieu, par suite, de rejeter les conclusions à fin d'injonction* (...) »

La CAA de Bordeaux, dans un arrêt du 14 octobre 2008 (n° 07BX00252), a précisé, s'agissant de l'injonction, « *qu'il résulte des dispositions précitées de l'article L. 1612-15 du Code général des collectivités territoriales que seul le représentant de l'État est compétent, à la demande de la chambre régionale des comptes, pour inscrire une dépense au budget d'une commune ;* ».

L'injonction prononcée par le TA de Marseille était donc inédite, et apparaissait à bien des égards comme n'ayant pas pris toute la mesure des spécificités juridiques de cette compétence confiée aux CRC en matière de dépenses obligatoires.

Un délai matériellement irréalisable

Au surplus, il convient de relever le très faible délai (un mois) qui avait été accordé à la CRC pour mettre en demeure la commune de Briançon d'inscrire la somme de 9 330 000 € à son budget.

En effet, la mise en demeure de la commune de Briançon impliquait nécessairement une nouvelle instruction, sur la base du budget en cours d'exécution, la CRC ne pouvant se borner à formellement mettre en demeure la collectivité sans avoir procédé au réexamen du dossier, au minimum pour vérifier l'existence ou non, au budget 2012, des crédits suffisants pour couvrir tout ou partie de la dépense. En effet, en cas de réponse positive, il n'y aurait, en tout état de cause, pas eu lieu à mise en demeure.

---

février 2007, n° 0601762, syndicat d'aménagement du nord-ouest de l'Eure S.A.N.O. (demande d'injonction à l'encontre de la commune)

La procédure budgétaire suppose en effet que la CRC apprécie successivement le caractère obligatoire de la dépense puis le caractère suffisant des crédits. Ce n'est que lorsque les crédits s'avèrent être insuffisants pour couvrir la dépense reconnue obligatoire, que la CRC met en demeure la collectivité d'inscrire à son budget les crédits nécessaires (voir *à contrario* caractère obligatoire reconnu, mais crédits suffisants, absence de mise en demeure Payeur départemental des Bouches du Rhône c/Ville de Marseille 25 octobre 2011). D'autres éléments peuvent empêcher une CRC, malgré le constat du caractère obligatoire de la dépense, de mettre en demeure la collectivité débitrice : tel est le cas lorsque la dépense a été finalement payée avant la fin de la procédure de saisine budgétaire (Avis CRC de PACA mai 2014 Sté Konica c/ commune de Bauduen ou préfet du département des Alpes-Maritimes c/communauté d'agglomération du Pays de Grasse), ou lorsque le budget n'est pas encore adopté (préfet du Puy-de-Dôme c/ commune de Présailles 4 mars 2010 ; commune de Mazayes c/ CNFPT 1er mars 2007) ou enfin, lorsqu'une procédure plus globale de déséquilibre budgétaire est en cours qui sera le support de l'inscription des dépenses obligatoires.

La CRC n'étant pas en possession du budget 2012, la question était en outre posée, suite au jugement du TA, de savoir de quelle manière elle l'aurait obtenu.

En pratique, il semblait donc manifestement irréaliste d'imaginer que, dans le délai d'un mois, la CRC puisse obtenir communication du budget, procéder à son instruction et organiser un nouveau délibéré.

4. L'annulation du jugement par l'arrêt de la CAA de Marseille du 28 mars 2013

Le juge de l'excès de pouvoir était-il fondé à annuler l'avis de la CRC, pouvait-il déclarer la dépense obligatoire et pouvait-il enfin formuler l'injonction ainsi qu'elle figure dans sa décision ? Eu égard aux enjeux d'une telle décision, aux problèmes de principe qu'elle posait et à son caractère difficilement applicable, l'État, seul compétent pour le faire (CE 10 janvier 1986, CRC Île-de-France, req n°70253) décidait de faire appel du jugement du TA.

L'État contestait les arguments de fond ayant conduit à l'annulation de l'avis de la chambre. Mais surtout, il soutenait que le tribunal administratif, saisi de l'illégalité de l'avis, avait commis une erreur de droit en déclarant lui-même la dépense obligatoire et en prononçant cette injonction sans vérifier que, dans les faits, l'ensemble des conditions de l'article L. 1612-15 était satisfait en 2012, la chambre s'étant prononcée sur l'exercice 2010. Pour les auteurs de l'appel, l'annulation de l'avis de la chambre ne pouvait être accompagnée au mieux, que d'une injonction de statuer à nouveau sur la demande du casino de Briançon après une nouvelle instruction et un nouveau délibéré de la CRC.

Une décision qui tranche sur le fond :

La CAA par son arrêt n°12MA04341 du 28 mars 2013 infirme le jugement du TA et affirme que le caractère de dépense obligatoire ne peut être établi. Si elle écarte certains arguments de la CRC, elle rappelle aussi clairement que :

- le cocontractant de l'administration, dont le contrat devient nul, peut prétendre, sur un terrain quasi-contractuel, au remboursement de celles de ses dépenses qui ont été utiles à la collectivité envers laquelle il s'était engagé ; qu'il peut notamment, s'agissant d'une délégation de service public, demander le remboursement des dépenses d'investissement qu'il a effectuées et relatives aux biens nécessaires ou indispensables à l'exploitation du service, à leur valeur non amortie et évaluée à la date à laquelle ces biens font retour à la personne publique ; qu'il peut également demander le remboursement du déficit d'exploitation qu'il a éventuellement supporté sur la période et du coût de financement de ce déficit à deux conditions : d'une part ce déficit devait être effectivement nécessaire, dans le cadre d'une gestion normale, à la bonne exécution du service public, d'autre part le coût de financement de ce déficit devait être équivalent à celui qu'aurait supporté ou fait supporter aux usagers le délégant ;

- comme énoncé dans la décision du Conseil d'État n° 342788 du 21 décembre 2012, le délégataire est fondé à demander l'indemnisation du préjudice qu'il subit à raison du retour anticipé des biens à titre gratuit dans le patrimoine de la collectivité publique dès lors qu'ils n'ont pu être totalement amortis ; l'indemnité mise à la charge de la personne publique au titre de ces biens ne saurait en toute hypothèse excéder le montant calculé selon les modalités précisées ci-dessus.

Autrement dit le montant auquel a droit le titulaire d'une délégation de service annulée ne peut pas être déterminé de manière arbitraire, même dans le cadre d'un protocole initialement validé par la commune ; il doit au contraire respecter un certain nombre de principes et de règles définies par la jurisprudence.

La CAA, au cas particulier, constate l'absence de procès-verbal de remise des biens, nécessaire au calcul des valeurs comptables nettes prévues par le protocole d'accord de résolution amiable du 9 septembre 2008 et, en tout état de cause, en application des principes posés par la décision du Conseil d'État du 21 décembre 2012. Elle rappelle que l'indemnisation n'a pas distingué précisément ces biens de retour des biens de reprise, lesquels sont la propriété du casinotier et ne sont pas indispensables à l'exploitation du service public. N'ont pas davantage été identifiés les biens propres du délégataire ni les équipements de jeux que, conformément à la réglementation des jeux, le casinotier ne peut céder[409].

La CAA constate également les anomalies contenues dans les diverses factures et relève que le déficit d'exploitation qui a varié et n'est pas justifié a été finalement calculé par différence entre les valeurs nettes comptables, lesquelles ont également varié.

Constatant au final que la dépense était sérieusement contestée et non liquide, la CAA annule le jugement du TA sans se prononcer sur l'injonction formulée.

La société décida alors de se pourvoir en cassation, pourvoi rejeté par une décision du 24 mars 2014, le Conseil d'État, mettant ainsi un terme définitif à cette procédure contestant l'avis budgétaire de la CRC.

CONCLUSION

Des alternatives à la procédure d'inscription d'une dépense obligatoire s'offrent au créancier débouté par la CRC.

La procédure de saisine budgétaire en constat du caractère obligatoire d'une dépense, quand elle est satisfaite, est particulièrement favorable au créancier : gratuite, mais surtout très rapide. En quelques semaines, le litige peut être réglé. Si la CRC avait constaté le caractère obligatoire de la créance revendiquée par le casinotier, la société aurait ainsi pu avoir satisfaction en quelques semaines dès 2010.

Le créancier qui entend obtenir, sur un fondement contractuel, la condamnation par le juge administratif de la collectivité publique débitrice doit, à cette fin, saisir en plein contentieux, le juge du contrat dans le cadre d'une autre instance ne concernant pas la chambre régionale des comptes ainsi que le rappelle la CAA de Marseille dans son arrêt.

Au cas particulier, la SETB a saisi, sur ce fondement, le TA de Marseille en qualité de juge du contrat du 9 septembre 2008. C'était sans doute la voie vers laquelle l'invitait l'arrêt de la CAA : *« Considérant que, dans le cadre d'un recours dirigé contre l'avis par lequel la chambre régionale des comptes refuse de considérer une dépense comme étant obligatoire au sens de l'article L. 1612-15 (...), <u>sous le contrôle du juge administratif de l'excès de pouvoir,</u>*

[409] Dans son mémoire, l'État relevait que l'inventaire des biens à rembourser comportait des matériels de jeux exclus des biens de retour.

le créancier qui entend obtenir, à titre subsidiaire, sur un fondement contractuel, la condamnation par le juge administratif de la collectivité publique débitrice doit, à cette fin, saisir le juge du contrat dans le cadre d'une autre instance ne concernant ni la chambre régionale des comptes, (...) »

Par un jugement n° 1101645 du 17 mars 2015, le juge du contrat du TA de Marseille, a condamné la commune à payer 4 518 080,46 €. Ce jugement a cependant été annulé par Cour administrative d'appel de Marseille le 29 mai 2017. La CAA[410] admet notamment l'argument de la commune sur l'influence de la poursuite de l'exploitation par le délégataire d'un contrat annulé dans le calcul de l'indemnisation du cocontractant. Surtout, elle considère que les protocoles de 2007 et 2008 sont illégaux les privant au cas d'espèce, d'effet juridique, et donc du caractère certain, ainsi que les juges financiers l'avaient affirmé dans leur avis de 2010.

Les magistrats administratifs reconnaissent également le caractère non exigible et non liquide de la créance initialement revendiquée ce qui n'est pas sans conséquence : alors que le tribunal administratif, statuant en contentieux de l'excès de pouvoir, avait enjoint en 2012 à la chambre régionale des comptes de déclarer la dépense obligatoire à hauteur de 9,33 M€, la CAA n'ordonne que le remboursement au casinotier des loyers facturés par la commune depuis 2002, soit une somme que se chiffre, non plus en millions d'euros, mais en centaines de milliers d'euros seulement.

[410] N° 15MA01775

Les difficultés de l'institutionnalisation de l'évaluation

Par Gérard Lenoir

Ex- Vice-Président du CESER AURA
(Collège 2- Délégation CFDT).
Président de la commission 10 (2016-2017)
« Évaluation et suivi des Politiques Publiques »

L'évaluation est considérée aujourd'hui comme un élément essentiel de la maîtrise et de l'amélioration des politiques publiques. Comme l'écrivent deux auteures, A. BARTOLI et C. BLATRIX (Management dans les organisations politiques, Dunod 4e Edition, page 148 et suivantes), elle est même aujourd'hui l'un des maîtres mots de la modernisation administrative française. Comme l'indique le décret du 12 janvier 1990, il s'agit « de rechercher si les moyens juridiques, administratifs ou financiers mis en œuvre permettent de produire les effets attendus de cette politique et d'atteindre les objectifs qui leur sont assignés ».

Il n'est dès lors pas étonnant que l'article 32 de la loi NOTRe du 7 août 2015 donne mission aux Conseils Économiques, Sociaux et Environnementaux Régionaux (CESER) de contribuer au suivi et à l'évolution des politiques publiques.

Un rappel nécessaire de l'évaluation au niveau mondial puis national permettra de dresser l'historique de cette politique (partie 1 : historique). Ensuite, sera évoquée l'expérience particulière des politiques publiques au conseil régional Auvergne-Rhône-Alpes (partie 2 : évaluation en région AURA).

I. Rappel historique :

Dans son ouvrage « l'évaluation des politiques publiques » (La Découverte, 3e Edition, pages 53 et suivantes), Bernard PERRET présente l'historique de l'évolution des pratiques au niveau mondial puis français.

I.1 L'évaluation au niveau mondial

Les États-Unis sont la première nation à recourir dès 1912 à l'évaluation scientifique des politiques publiques (Formation de professeurs de mathématiques) puis en 1932 (Efficience pédagogique des programmes scolaires).

En 1967, le Congrès charge le Général Accounting Office (GAO) d'examiner les programmes de lutte contre la pauvreté pour évaluer leur efficience.

Après la Seconde Guerre mondiale, cette pratique de l'évaluation des programmes s'est étendue à l'ensemble du monde anglo-saxon et de l'Europe du Nord.

L'Union européenne a joué un rôle essentiel pour imposer l'évaluation dans les procédures de montage des dossiers d'aide aux régions défavorisées.

I.2 L'évaluation en France

Elle apparaît beaucoup plus tardivement. L'institutionnalisation de l'évaluation a été très difficile. L'État français centralisé, investi par les corps des grandes écoles, des ingénieurs et des inspecteurs, se considère porteur de l'intérêt général. À ce titre, il n'a pas à justifier de ses interventions. D'ailleurs, le débat public porte davantage sur les recettes fiscales que sur les dépenses publiques.

Il faudra attendre 1970 pour trouver une première approche d'évaluation, la Rationalisation des Choix Budgétaires (RCB) qui restructure le budget sous forme de programmes d'action avec une prévision « ex ante » de leur impact socio-économique.

Le gouvernement Rocard (1989-1990) introduira l'évaluation « ex post » sur la loi sur le Revenu Minimum d'Insertion (RMI). Il créera également le Comité Interministériel de l'évaluation (CIME).

La loi du 28 juin 2001 relative aux lois de finances (LOLF) institutionnalise l'évaluation avec le contrôle par le Parlement des dépenses publiques, mais les indicateurs de résultats ne renseigneront ni la pertinence ni l'efficacité des actions.

En 2009, la Révision Générale des Politiques Publiques est plus un cadre qu'une évaluation.

Ce n'est qu'en 2012 qu'une relance plus ambitieuse de l'évaluation est engagée avec la Modernisation de l'Action Publique (MAP).

Il faut aussi citer les évaluations ex post de la Cour des Comptes et des Cours Régionales.

Par comparaison aux autres pays, l'évaluation des politiques publiques en France a longtemps joué un rôle faible dans l'éclairage des dépenses publiques et l'allocation des ressources. La diffusion de la culture de l'évaluation reste très lente, ce qui se répercute sur la dimension régionale.

I.3 L'évaluation des politiques régionales

La loi NOTRe formellement donne mission au CESER de « contribuer à des évaluations et au suivi des politiques régionales ». Le législateur conforte ainsi le principe d'une évaluation des politiques publiques des nouvelles grandes régions. C'est un enjeu démocratique territorial essentiel en particulier dans un contexte politique perturbé.

En 2015, Pierre Rosanvallon publie « Le bon gouvernement » (Éditions du Seuil, page9). De manière prémonitoire, il écrit : « nos régimes sont considérés comme démocratiques au sens où le pouvoir sort des urnes à l'issue d'une compétition ouverte et où nous vivons dans un état de droit qui reconnaît et protège les libertés individuelles...L'action des gouvernants n'obéit pas à des règles de transparence, d'exercice de la responsabilité, de réactivité ou d'écoute des citoyens, clairement établies ». « Trois éléments essentiels au bon fonctionnement d'une démocratie sont en crise : la dimension représentative, la confiance liant les gouvernants et les gouvernés et la légitimité des décisions prises » (Pierre Rosanvallon « Gouverner aujourd'hui c'est séduire » Libération 22 août 2015). Ce constat exige une réponse aux exigences démocratiques en associant les citoyens aux décisions et à leur sens. Une meilleure compréhension de l'action publique s'effectue par une information sur les décisions prises et une transparence pour la mise en œuvre. La Déclaration des droits de l'Homme le rappelle : « la société a le droit de demander des comptes à tout agent public de son administration » La Société Française de l'Évaluation (SFE), créée en 1999, contribue à apporter une réponse à ces constats et défis avec sa définition : « L'évaluation vise à produire des connaissances sur les actions publiques, notamment quant à leurs effets, dans le double but de permettre aux citoyens d'en apprécier la valeur et d'aider les décideurs à en améliorer la pertinence, l'efficacité, l'efficience, la cohérence et les impacts ».

Ainsi, une véritable évaluation à tous les niveaux est bien un enjeu démocratique indispensable.

II. L'évaluation des politiques publiques en Auvergne-Rhône-Alpes

II.1 Un engagement volontariste de longue date pour instaurer l'évaluation

1991-1992 : le conseil régional Rhône-Alpes instaure une première procédure d'évaluation.

Il choisit des sujets d'évaluation. Un cabinet extérieur réalise l'évaluation sur la base d'un cahier des charges. Un comité scientifique est créé. Des groupes ad doc assurent le suivi avec des représentants du CESER. Celui-ci est consulté pour avis sur le rapport. Un débat sans vote est alors organisé en séance plénière du conseil régional.

2005 : Évolution du dispositif d'évaluation vers un pilotage stratégique de la collectivité.

Un conseiller régional est en charge de l'évaluation. Il représente la Région pour les programmes européens (FEDER, FSE, FEADER) et les contrats de projets État-Région.
L'évaluation est définie comme n'étant « ni un audit, ni un bilan, ni un contrôle », mais elle apprécie « l'efficacité, l'efficience, l'utilité, la pertinence et la cohérence » des politiques régionales selon la définition de la SFE.

2012 : Nouvelle délibération : « Dynamique d'évaluation des politiques régionales »
Création d'un « Comité de Suivi de la Dynamique d'Évaluation de Politique » (CSDEP).

Externalisation des travaux d'évaluation et association d'experts avec un cadre méthodologique. Volonté de transparence et de diffusion de la culture d'évaluation. Programme des évaluations adopté en plénière et débat annuel sur les résultats d'évaluation.

Le CESER donne un avis.

Ainsi, le conseil régional Rhône-Alpes a anticipé la loi NOTRe en mettant en place des procédures publiques et des structures ad hoc.

En 2015, une nouvelle majorité est élue au conseil régional. Le président Wauquiez ne reconduit pas la politique d'évaluation élaborée par les prédécesseurs sans même l'évaluer !

II.2 La déclinaison de l'article 32 de la loi NOTRe en Auvergne Rhône Alpes.

II.2.1 Création d'une commission : « évaluation et suivi des politiques publiques et des contributions du CESER »

La création de cette commission est liée à la fusion des régions Auvergne et Rhône-Alpes. En 2015, la réflexion préalable à la mise en place du CESER Auvergne Rhône Alpes a abouti à choisir le fonctionnement et la structure de Rhône-Alpes et à créer deux nouvelles commissions « Ruralité » et « Évaluation » dont les présidences sont attribuées à des représentants de l'ex-Auvergne.

II.2.2 Mission de la commission 10

Cette commission a pour mission de préciser les conditions de réalisation de la contribution à l'évaluation. Pour cela, la commission a cerné le sujet, défini l'évaluation et élaboré une méthodologie claire et efficiente. Ce travail a été réalisé par la commission n°10 de 44 membres qui s'est réunie 6 journées entre 2016 et 2017 pour organiser des auditions en particulier, mais aussi des groupes de travail. Le bureau de 10 personnes a piloté efficacement la commission. Plusieurs intervenants de divers organismes sont venus présenter leurs travaux et leurs expériences dans ce domaine : Nasser MANSOURI (CESE), Nadège RIOTTE et S. MASTENAK (conseil régional), Laurent RIEUTORD (IADT), Philippe HUSSER (Michelin), Hélène CLOT (Métropole Grenoble). Leurs témoignages ont nourri les travaux de la commission.

Le président de la commission 10 et Michel RUFFIN, chargé de mission, ont représenté le CESER AURA et activement participé au groupe de travail national CESER de France pour élaborer « Le livre blanc de la contribution du CESER à l'évaluation des politiques publiques régionales ». Ce document est conçu à l'attention des conseils régionaux pour leur rappeler les termes de la loi NOTRe et pour les informer des réflexions et propositions des CESER pour contribuer à l'évaluation.

La commission 10 a reçu une délégation chinoise de la ville de QINGDAO pour présenter nos travaux d'évaluation aux membres du conseil de développement de cette grande ville alors que le conseil régional ignorait totalement le CESER.

Cette procédure d'évaluation sur la base des recommandations de la SFE est opérationnelle. Elle prévoit un cadrage des politiques à évaluer. Elle exige une évaluation avec trois phases : ex ante, in itinere et ex post. Elle doit donner lieu à une communication publique comme le préconise le livre blanc de CESER DE France.

II.2.3 Les difficultés

L'article 32 dans sa formulation invite de facto les conseils régionaux à évaluer leurs politiques publiques en donnant mission aux CESERS d'y contribuer.

En Auvergne Rhône Alpes, le CESER par la voix et la plume de la présidente Sybille Desclozeaux a, à plusieurs reprises, sollicité le président du conseil régional pour lui demander de mettre en place une procédure d'évaluation et permettre au CESER d'y contribuer en application de la mission précisée par l'article 32 de la loi NOTRe.

Le vice-président du conseil régional, Etienne BLANC a participé à une réunion de la commission le 16 septembre 2016.Il a écouté avec attention et bienveillance les réflexions et propositions du CESER, mais le dossier n'a pas pour autant avancé ensuite avec ses services.

Le CESER a même voté à l'unanimité un vœu le 11 juillet 2017 pour formaliser notre demande, à nouveau, en présence de Etienne BLANC. Au-delà des bonnes paroles de ce dernier à la tribune, ce vœu n'a jamais donné lieu au moindre début de concrétisation de travaux communs avec les responsables en charge du dossier au conseil régional.

En 2019, la nouvelle assemblée du CESER AURA, a voté un règlement intérieur présenté par la gouvernance supprimant purement et simplement la commission n°10 « Évaluation des politiques publiques » pour la remplacer par un simple groupe de travail chargé d'études diverses d'actualité et, accessoirement, de l'évaluation. Un tel choix donne finalement raison au conseil régional dans sa décision de ne pas donner suite aux propositions du CESER de réaliser une véritable évaluation des politiques publiques telle que conçue par le législateur.

Les procédures d'évaluation élaborées par la commission n°10 conservent tout leur intérêt et leur actualité.

Les membres de la commission qui ont bénéficié de cette expérience ont pour certains réinvesti les compétences acquises dans leurs propres engagements sociétaux.

Conclusion :

Trois enseignements peuvent être tirés de cette expérience :

- Le législateur a fait un pas en avant sur l'évaluation en donnant « mission au CESER », mais il doit à présent donner le cadrage institutionnel et les moyens d'atteindre cet objectif, s'il veut instituer une véritable politique régionale de l'évaluation pour répondre à la demande des citoyens et tenter de restaurer leur confiance.
- Les propos prémonitoires de Pierre Rosanvallon sur la défiance de citoyens vis-à-vis des pouvoirs publics et des élus politiques sont malheureusement confirmés par de nombreux événements récents en France. Le refus du conseil régional de la région AURA de mettre en place une évaluation de politiques publiques est en ce sens un très mauvais signal et ne fait que renforcer la défiance des citoyens vis-à-vis des élus politiques et des pouvoirs publics.

- L'État français doit promouvoir à l'instar des autres pays une véritable politique de l'évaluation pour assurer la maîtrise et l'amélioration des politiques publiques dans le respect des valeurs démocratiques pour tenter de rétablir la confiance des citoyens.

Le contrôle administratif de l'exportation des œuvres d'art

Par Jacques Moreau †

Professeur émérite à l'Université de Paris II

1. Il faut l'avouer sans nulle précaution : le sujet traité ici n'a aucun rapport avec les thèmes de prédilection de l'œuvre de Claude Devès.
On voit mal en effet une société d'économie mixte locale se proposer comme objet statutaire l'exportation des œuvres d'art.

Mais au fond, peu importe.
Ce qui compte, c'est l'amitié qui relie chaque contributeur au dédicataire de ce volume de Mélanges.

2. Comme les textes successifs sur l'objet de cette étude sont multiples et parfois passablement embrouillés, il importe de délimiter le sujet en proposant une définition aussi simple et claire que possible de ses principaux termes.

3. Ainsi en est-il d'abord du mot "exportation", car le Code du patrimoine (C. patr.), dans sa rédaction actuelle, ne retient comme titre de son premier chapitre que la "circulation des biens culturels".

L'exportation n'est qu'un comportement de la circulation. Elle exclut sans discussion la restitution des œuvres d'art (C. patr.art. L.112-1 à 8 – art. R.112-1 à 26), mais aussi à l'évidence l'importation que la récente loi n°2016-925 du 7 juillet 2016, relative à la liberté de création, à l'architecture et au patrimoine, vient encore d'alourdir (C.patr. art/ L/111-8 à L.111-11).

4. Même si l'on tient à l'exportation proprement dite - soit la sortie de biens culturels hors du territoire douanier français – deux précisions

supplémentaires doivent être effectuées pour donner à l'étude une nécessaire homogénéité.

D'abord, doivent être exclus des développements qui suivent – puisque soumises à un régime spécifique et plus libéral – les sorties temporaires pour cause de restauration, expertise, participation à des expositions (autorisation de sortie C. patr. art. L.111-13 à R.111-16).

5. Ensuite et pour les mêmes raisons, doit être réservé le cas où le bien litigieux a été importé, à titre temporaire, et a fait l'objet d'une déclaration spéciale en vue d'une exportation postérieure. Ce cas a soulevé un contentieux fort célèbre, que l'on retrouvera par la suite[411].

6. Un second terme mérite attention, puisque son adoption a pour conséquence de restreindre le champ d'analyse.

L'expression "œuvre d'art" est trop large, comme celle de "bien culturel", et on dit lui préférer l'expression "trésor national", - formule d'origine européenne, mais adoptée par la législation française depuis 1992.

Selon l'article L.111-1 C. patr., pour ceux qui appartiennent à des particuliers, deux catégories de trésors nationaux doivent être cités :
- les biens classés à titre de monument historique [412]
- les autres biens présentant un intérêt majeur pour le patrimoine national du point de vue de l'histoire, de l'art et de l'archéologie.

Notons que dans le passé, une définition très voisine était fournie par les textes français, par exemple l'article 1er de la loi du 23 juin 1941.

7. À été très tôt posée au Conseil d'État la question de savoir si ces œuvres d'art ainsi interdites d'exportation devaient être françaises ou pouvaient être d'origine étrangère.

La réponse ne fait pas de doute : un "trésor national" peut avoir pour auteur un artiste étranger. Le point a été jugé implicitement pour des tapisseries flamandes du XVe siècle (CE 4 juin 1948, de Sèze: Lebon p.250) et formellement confirmé par la suite. Ainsi, dans l'affaire Talleyrand- Périgord précitée, le commissaire du gouvernement J. Kahn pouvait dire "*Rien ne s'oppose en principe à ce que des œuvres d'art d'origine étrangère soient regardées comme présentant un intérêt national d'a ou d'histoire*".

---

[411] V. infra les arrêts cités note 6.
[412] V. chron. AJDA 1987, p.720 préc.

D'autres décisions du juge administratif statuent dans le même sens[413].

8. Pour certains auteurs, la notion de "trésor national" est plus restrictive que celle d'"œuvre présentant un intérêt national d'art et d'histoire", mais la délimitation serait bien subjective et délicate à opérer puisque ce sont les données propres à chaque espèce qui restent déterminantes.

En revanche, un point paraît sûr : on ne doit pas inclure dans le champ d'investigation le cas des archives et celui des trésors archéologiques puisque ces deux catégories de biens culturels font l'objet d'une codification à part (C. patr. Livre II : archives. Livre V : trésors archéologiques) qui vient de renforcer la loi précitée du 7 juillet 2016[414]. La doctrine dominante consacrait au surplus à elles deux des développements particuliers[415].

9. Une fois cette laborieuse délimitation réalisée, le problème central à exposer n'est pas très original, puisque le droit – ici le droit administratif – doit réussir à concilier le respect de la propriété privée (propriétaire du trésor national) et la sauvegarde de l'intérêt général (restriction ou interdiction des exportations), avec pour conséquence obligatoire le règlement équilibré des questions d'indemnisation (compétence judiciaire, avec quelques aspects de droit public).

I. La pureté des procédures de contrôle :

10. Pour faire obstacle à l'exportation des trésors nationaux, le ministère de la Culture dispose de trois techniques : le classement comme monument historique, le droit de préemption, et la rétention. Leur différence conduit à une étude successive (B). Mais il faut logiquement commencer par l'analyse de leurs traits communs (A).

---

[413] Par exemple CE 7 oct. 1987, min. Culture c/ Cts Genty : Lebon p.304 ; AJDA 1987, p.720, chron. Azibert et de Boisdeffre. CE 31 juill. 1992, Walter : Lebon p.313 : JCP 1993, éd. G. 22044, note R. Brichet : D. 1994 JP 17, note . Thomas – CE sect. 18 déc. 2015, Broere et Etablissement public du musée du Quai Branly : Lebon p.472.

[414] Pour les archives, art. 60 à 65 – pour l'archéologie, art. 70 et 71, qui opèrent de très nombreuses modifications.

[415] Ainsi : A.-H. Mesnard, Droit et politique de la culture : PUF 1990. L'archéologie est analysée p.447 s.; la protection du patrimoine mobilier et des œuvres d'art, dans une autre section, p.455 s. la même remarque peut être faite pour l'ouvrage de P.L Frier, Droit du patrimoine culturel : PUF 1997. Les archives font l'objet d'un chapitre distinct o.456 s., et les trésors nationaux d'un autre titre, p.483 s., et pour l'exportation, p.473 s.
Sur l'ensemble du sujet traité ici, la bibliographie est très fournie. V. par ex. F. Allaire, "Les trésors nationaux, le propriétaire et l'État" : AJDA 2004, p.1368 – R. Goy, le régime administratif de l'exportation des œuvres d'art, Mélanges G. Péquignot CERAM 1984, tome 1, p.341 s. J. M. Pontier, Le contentieux culturel devant le juge administratif : RDP 1989, p.1607. F. Chatelain et P. Taugourdeau, Œuvres d'art et objets de collections en droit français Lexis-Nexis.

A. Traits communs aux procédures de contrôle

11. Les trois procédures de contrôle sont aujourd'hui consignées dans le Code du patrimoine, mais leur évolution historique a été propre à chacune. C'est donc bien dans la jurisprudence que l'on peut dégager ces traits communs.

12. Le premier est certainement le caractère législatif des matières traitées. Cette caractéristique évidente, conforme à la pratique, s'explique par les atteintes que les techniques étudiées portent au droit de propriété. L'usage du règlement, et non de la loi, est donc prohibé[416] et les conclusions du commissaire du gouvernement Kahn font le point sur cette question.

13. Le second élément important à souligner est la conformité des textes nationaux actuels aux stipulations des traités européens et à la jurisprudence de la CEDH. La question se posait puisque les techniques de contrôle des exportations auraient pu sembler des entraves à la liberté de circulation, mais, pour les différentes juridictions administratives, ce problème de conformité doit recevoir une réponse positive, CE sect. 18 déc. 2015, Broere et Établissement public du musée du Quai Branly : Lebon p.472; AJDA 2015, p.2467[417].

14. Enfin, une pure question de procédure a créé un contentieux relativement abondant, qui a toujours été résolu dans le même sens : le ministère de la Culture peut déléguer valablement ses compétences au directeur des musées de France ou au directeur du patrimoine[418].

Ces divers points sont rappelés, il convient de procéder à la description successive de trois procédures de contrôle.

B. Procédures de contrôle

---

[416] CE Ass.12 déc. 1969, Talleyrand-Périgord : Lebon p.574; AJDA 1970, p.34, concl. Kahn – CE 5 oct. 1977, Secr. d'État à la culture c/ Sté Eldo World Corporation: Lebon tables p.726 : AJDA 1978, p.106 : du décret du 7 nov. 1958, modifiant l'article 3 de la loi du 23 juin 1941.

[417] V. aussi TA Paris 30 juin 1999, Mme Chaisemartin : L.P.A n°223, p.15, note G. Pelissier. CAA Paris 4 juill. 2000, Mme Chaisemartin : L.P.A n°254, p.27, concl. S. Brotons. CAA Paris 31 juill. 2012, M.Broere : AJDA 2012, p.2049, obs. M. Sirinelli.

[418] Par exemple : CE 3 avril 1987, Cts Heugel : Lebon p.119 ; AJDA 1987, p.534, concl. S. Hubac. CE sect. 30 nov. 1990, V. d'Orléans et min. Culture c/ Woodner : Lebon p.339 ; JCP 1991 éd. G. 21778, note J. Chatelain ; RFDA 1991, p.772, concl. Montgolfier – CE 24 janv. 1990, Amon : Lebon p.13 ; L.P.A 26 févr. 1992, p.27, note H. Robert. CE 31 juill. 1992, Walter : Lebon p.313 ; JCP 1993, ed. G. 22044, note R. Brichet ; D. 1994 JP. 17, note D. Thomas.

15. Le classement comme monument historique.

C'est la procédure la plus ancienne puisqu'elle remonte à la loi du 31 décembre 1913 (art. 14 à 24), qui a été modifiée à plusieurs reprises (lois du 31 déc. 1921 et du 23 déc.1970) et finalement abrogée (L. 31 déc. 1992 et ord. N.2005-1128 du 8 septembre 2005). Actuellement, cette procédure est intégrée dans le Code du patrimoine (art. L.622-1 s, surtout art. L.622-4 et 51 art. R.622-1 s).

Pour que l'œuvre d'art puisse faire l'objet d'un classement, il faut qu'elle présente un intérêt national d'art ou d'histoire, qu'elle se trouve sur le territoire français au moment du classement et qu'elle n'ait pas été introduite en France sous le régime de la suspension de droits.

16. La jurisprudence a apporté des précisions intéressantes. C'est une procédure limitative du droit de propriété (CE 8 juill. 2009 Valette et a. : Lebon tables : p.844). Si le propriétaire a donné son consentement à l'opération, il est irrévocable (CE 4 juin 1948de Sèze: Lebon p.250).

La décision doit être notifiée ce qui soulève des difficultés si le propriétaire est de mauvaise foi (CE 31 juill. 1992, Walter: Lebon p.313). En cas d'urgence, les droits de la défense peuvent ne pas être respectés (CE 21 janv. 1990 Amon : Lebon p.13: AJDA 1990, p.421, concl. De Saint Pulgent). La décision de classement a un effet immédiat : mettre fin au régime provisoire (CE 27 mars 1981 Schlumpf : Lebon p.168) et le ministre de la Culture peut prendre une décision de classement même si la demande de certificat d'exportation aurait dû être considérée comme accordée (CE 21 juin 2002 Hottinguer : Lebon tables p.623: AJDA 2002, p.862, note S. Brondel).

En résumé, ces diverses décisions montrent que le juge applique les textes avec souplesse dans un sens favorable à l'administration.

17. Le droit de préemption

Il est aujourd'hui régi par l'article L.123-1 (c. patr. et art. R. 123-1 à 7); après avoir été créé par les articles 36 et 37 de la loi du 31 décembre 1921. Il est mis en œuvre après une vente d'œuvres d'art aux enchères publiques. C'est une procédure distincte des autres (CE 30 nov. 1990, V. d'Orléans préc.) d'autant que la vente est un contrat de droit privé, relevant de la compétence des tribunaux judiciaires, mais la décision de préemption, si sa régularité est contestée, est jugée par la juridiction administrative (T. confl. 2 juin 1975, Epx

Saint Arroman: Lebon p.795). De plus, le transfert de propriété du bien préempté ne prive pas le vendeur d'un intérêt à agir[419].

18. Ici à nouveau, la jurisprudence éclaire certains aspects de cette technique de contrôle. Les difficultés rencontrées par le juge administratif n'ont pas porté sur son domaine d'application. Ainsi jugé positivement dans le cas d'une voiture automobile devenue très rare (CE sect. 18 févr. 1966, Bickens: Lebon p.123) ou d'une jarre en porcelaine chinoise d'époque Yuan (CE 7 oct. 1987, min. Culture c/ Cts Genty: Lebon p.304: AJDA 1987 p.720, chron Azibert Boisdeffre).

Mais le Conseil d'État se montre intransigeant sur le respect des délais (quinze jours après la vente, selon le dernier alinéa de l'article L.123-I), et la sanction ne peut être que la nullité de la décision de préemption en cas de dépassement des délais, car il s'agit d'une garantie pour le vendeur comme pour l'acquéreur (CE 30 juill. 2003, mon. Culture c/ Sté Solow Managment Corporation : Lebon p.351), l'arrêt précisant que la règle vaut non seulement pour la décision prise, mais encore pour sa notification au commissaire-priseur chargé de la vente.

19. Le droit de rétention

La rétention de l'œuvre d'art, après refus du certificat d'exportation, est évidemment la technique la plus simple à la disposition du ministre de la Culture pour conserver le "trésor national" sur le territoire français. Son histoire a été assez compliquée : création par la loi du 31 août 1920, abrogée par la loi de finances du 31 décembre 1921 ; répartition du fait de la loi du 23 juin 1941, dont l'effet a été prolongé par le décret du 30 novembre 1944 relatif aux avis aux exportateurs, puis abrogation par la loi n°92-1477 du 31 décembre 1992, modifiée notamment par la loi n°2000-643 du 10 juillet 2000.

Cette évolution a été fort bien décrite par les spécialistes[420], il est donc inutile de s'y appesantir, sauf à relever le très grand désordre des textes actuels (c. patr. art. L.III-2, L.III.4, L.III-6 et 7 – art. R.III-I à R.III-12 et annexe I qui énumère œuvres d'art et objets d'antiquité et fixe le seuil en euros).

20. À propos de ce droit de rétention, la jurisprudence offre matière à quatre observations.

D'abord, les dispositions de l'article 2 de la loi du 23 juin 1941 ont été jugées contraires à la Constitution en raison de la méconnaissance de l'article

[419] CE 23 mai 2008, Cne de Houilles : Lebon tables p.847/961 ; AJDA 2008, p.1030.
[420] notamment les ouvrages de A.-H. Mesnard et P.-L. Frier, précités note 5.

17 de la Déclaration de 1789 et en l'absence de "nécessité publique" (Cons. Constit. 14 nov. 2014, n°2014-426 QPC : AJDA 2014 p.2214). Cette censure, même tardive, n'est pas dépourvue de conséquence (CE 2 mai 2016 min. Culture et Communication c/ Le Pelletier de Rosambo, n°393059).

Ensuite, dans ce domaine, comme dans d'autres, la décision ministérielle doit être motivée et correctement motivée, sinon, l'annulation est de droit (CE 17 juin 1985 Dauberville: Lebon p.184. – CE 23 oct. 1996, Le Pelletier de Rosambo: Lebon tables p.731).

En revanche, n'est pas un motif d'annulation le fait que l'État acquis le bien culturel pour un prix très inférieur à sa valeur réelle. La décision est légale, comme conforme au prix fixé par le vendeur exportateur (II).

Enfin, le contentieux a précisé la portée de la décision de retrait du vendeur qui renonce donc à demander une licence d'exportation alors que l'administration instruit le dossier. En l'absence d'une décision explicite de refus d'exportation lors du retrait, ce dernier est sans effet et la décision de rétention est légale. Au contraire, si la décision de rétention intervient alors que l'administration est prévenue de la renonciation de l'intéressé, l'œuvre d'art ne peut pas être considérée comme "proposée à l'exportation" et la rétention sera donc illégale[421].

21. Conclusion partielle :

Il est évident que pour apprécier les avantages et les défauts de ces trois techniques de contrôle des exportations d'œuvres d'art, manque jusqu'alors une donnée fondamentale : l'éventuelle compensation financière obtenue par le propriétaire-exportateur. Il faut donc examiner dans une seconde partie le droit positif en la matière.

II. Les conséquences indemnitaires des procédures de contrôle :

22. C'est donc cette fois sous l'angle du propriétaire candidat-exportateur de l'œuvre d'art qu'il faut se placer pour mesurer les conséquences indemnitaires qu'il subit du fait des interventions du ministère de la Culture.

Comme dans la partie précédente, il convient de cadrer le problème à étudier en indiquant très brièvement les données communes aux conséquences des différentes techniques de contrôle (A). Après seulement, il sera possible d'examiner chacun des trois cas à analyser.

---

[421] CE Sect. 30 nov. 1990, min. Culture et Communication et V. d'Orléans c/ Woodner et min. Culture et Communication c/ Sté Alex Wengraf Lmd : Lebon p.339 et 341 ; JCP 1991, ed. G. 21778, note J. Chatelain ; RFDA 1991, p.118, chron. Honorat et Schwart.

A. Données communes aux conséquences indemnitaires

23. La première à rappeler touche la compétence juridictionnelle. Les problèmes d'indemnisation relèvent ici, comme dans d'autres chapitres, du droit administratif, de la compétence de principe du juge judiciaire. Certes la juridiction administrative est compétente pour intervenir en cas de faute de l'administration. Mais c'est une rareté que l'on aura l'occasion de signaler (v. infra n°28).

24. La deuxième donnée à recenser est qu'il s'agit certes de vérifier comment des préjudices peuvent être occasionnés et réparés – par conséquent domaine du plan contentieux – mais il faut se garder d'examiner ce problème comme exemple de responsabilité administrative. Le ministère de la Culture peut commettre des fautes, mais la mise en œuvre des procédures de contrôle crée des préjudices sans que ceux-ci aient une origine fautive. Au surplus, il y a presque trente ans, le Conseil d'État écartait toute application de la responsabilité sans faute.

Donc l'examen de la jurisprudence, comme on va le voir, n'est pas inutile.

B. Conséquences indemnitaires des procédures de contrôle

25. La décision de classement

Le premier arrêt à citer est l'arrêt Schlumpf (CE 27 mars 1981 : Lebon p.168) qui concerne une importante collection de voitures rares "témoignage exceptionnel de la technologie du XXe siècle". Il fournit deux précisions intéressantes. D'abord, l'indemnité représentative du préjudice créé par l'application de la servitude de classement ne peut être versée qu'à la suite d'une demande présentée par le propriétaire ; elle sera donc postérieure au classement, et non comme le prétendaient les requérants, la condition préalable de cette décision (après paiement d'une juste et préalable indemnité). Quant aux juges judiciaires, la 1ère chambre civile (Cass. 28 sept. 1991 : JCP 1992 ed. G. 21864, note Pollet) casse l'arrêt de la cour d'appel de Colmar en décidant que l'État français ne doit aucune réparation aux syndics de la liquidation des biens de MM Schlumpf. Contrairement à la cour d'appel qui avait alloué 12 millions de francs pour l'importante moins-value due à la privation du marché étranger résultant du classement, la Cour de cassation juge que cette décision n'a créé qu'un préjudice "incertain" donc indemnisable.

26. Cette solution fut abandonnée quelques années plus tard (Cass. 1ère Civ. 20 févr. 1996, Agent judiciaire du Trésor c/ Walter : D. 1996 JP 511, note Edelmann ; AJDA 1996, p.459, note P.L Frier).

Désormais l'interdiction d'exportation née de la servitude de classement peut créer un préjudice réparable consistant en la comparaison entre le prix de vente de l'œuvre d'art en France et ceux d'œuvres comparables vendues à l'époque du classement sur le marché international.

Mais il a été jugé postérieurement[422] que si après classement, deux offres successives de l'État à valeur internationale ont été refusées, le propriétaire n'est pas obligé de vendre à l'État, mais il n'a subi aucun préjudice.

L'évolution ainsi retracée est un juste retour aux dispositions de la loi de 1913, et probablement une prise en compte par la Cour de cassation du nouveau droit positif créé par la loi du 31 décembre 1992.

27. L'exercice du droit de préemption

A priori, on voit mal quelles difficultés pourrait créer le droit de préemption, puisque le "trésor national" est en ce cas acquis par l'État au prix fixé par la convention privée initiale. La conséquence indemnitaire de l'exercice de cette prérogative de puissance publique ne semble pas devoir être à l'origine d'un quelconque préjudice. Pour le vendeur, c'est seulement l'acheteur qui a changé.

28. Cependant un contentieux est né devant le juge administratif. Le directeur des musées de France avait fait savoir aux commissaires-priseurs chargés de la vente (jarre chinoise d'époque Yuan) que l'administration n'envisageait pas d'accorder l'autorisation d'exportation dans le dessein d'informer les acquéreurs éventuels (CE 7 oct.1987 min. Culture c/ Cts Genty : Lebon p.304; AJDA 1987, p.768; L.P.A 1987, n°151, p.4, note F. Moderne).

Le TA de Paris avait estimé que ce faisant, le directeur avait faussé le jeu normal des enchères puisque du fait de son initiative, certains acheteurs avaient retiré leurs offres d'achat et d'autres avaient renoncé à participer aux enchères. Le Conseil d'État juge au contraire que le directeur avait agi dans un but d'intérêt général et qu'il n'avait donc pas commis de faute.

Mais l'intérêt principal de l'arrêt est d'affirmer que, dans le domaine considéré (régi à l'époque par la loi du 23 juin 1941), les décisions de l'administration n'ouvrent droit à indemnisation que si elles sont entachées

---

[422] Cass. 1ère civ. 8 mars 2005, agent judiciaire du Trésor c/ Hottiguer : AJDA 2006, p.1848, note Poli.

d'illégalité et l'arrêt écarte toute possibilité d'invoquer le fondement de la violation du principe de l'égalité des citoyens devant les charges publiques[423]

29. Le droit de rétention

Selon l'article 2 de la loi du 23 juin – déclaré inconstitutionnel (V. supra n°20) la rétention par l'État devait s'effectuer "au prix fixé par l'exportateur". Mais le refus de l'autorisation de sortie n'ouvrait droit à aucune indemnité. Peut-être une recherche approfondie de la jurisprudence judiciaire apporterait-elle ici quelques illustrations concrètes, mais, devant le juge administratif, une seule affaire est significative : CE 3 avril 1987, Heugel (préc. Note II) dans laquelle le Conseil d'État décide d'une acquisition par l'État au prix fixé par le vendeur-exportateur, mais à un montant très inférieur à sa valeur réelle, n'est pas pour autant irrégulière. Aujourd'hui, comme la disposition précitée est inconstitutionnelle, le juge administratif annule la décision de rétention et la compétence pour ordonner la restitution des biens retenus (ensemble de meubles estampillés) CE 2 mai 2016, min. Culture et Communication c/ Le Pelletier de Rosambo, n°393059).

30. Les textes en vigueur sont peu clairs : l'article L.111-4 c. patr. dispose : "Le certificat ne peut être refusé qu'aux biens culturels présentant le caractère de trésor national. Aucune indemnité n'est due du fait du refus de délivrance du certificat". Quant à l'article L.121-1, qui règle surtout des problèmes de procédure (délai et modalités de déroulement de l'expertise en cas de divergences sur le montant du prix du bien), deux hypothèses doivent être distinguées selon que le propriétaire accepte ou refuse l'offre d'achat : intervention du paiement dans les six mois à compter de l'accord du propriétaire à peine de résolution de la vente dans le premier cas, aucune indemnité n'est due dans le second cas. Le refus de délivrance du certificat peut être renouvelé, la procédure d'offre d'achat et d'expertise demeure applicable.

Il est certain que l'on peut se montrer curieux de connaître la pratique et l'éventuel contentieux qu'elle pourrait susciter.

31. Conclusion

L'étude qui précède montre donc qu'en droit administratif contemporain les initiatives de la puissance publique en matière d'exportation de trésors

---

[423] Dans la chronique sous l'arrêt précité (AJDA 1987, p.720 s.), MM Asibert et de Boisdeffre expriment leur réticence face à la solution retenue par le Conseil d'État puisqu'ils estiment qu'en l'espèce existait un "préjudice spécial"

nationaux sont plus étroitement canalisées que dans le passé. L'influence du droit européen n'a pas été négligeable en cette matière ; mais la divergence des pratiques nationales en Europe a laissé une grande marge de liberté à chaque pays.

Les incidences de la protection des espèces en matière d'aménagement

Par Jean-Marc Février

Professeur de droit public à l'Université de Perpignan-Via Domitia, Avocat au Barreau de Narbonne

La diversité biologique fait partie du patrimoine commun de la Nation : sa protection est d'intérêt général et concourt à l'objectif de développement durable (L. 110-1 c. env.). Elle trouve en droit national une traduction particulière s'agissant de la protection des espèces. Dans la droite ligne des articles 12 et suivants de la directive communautaire du 21 mai 1992, l'article L. 411-1 C. env. prévoit que, lorsqu'un intérêt scientifique particulier ou les nécessités de la préservation du patrimoine naturel justifient la conservation d'espèces ou de leurs habitats, sont interdites pour certaines espèces animales et végétales : « *1°) la destruction ou l'enlèvement des œufs ou des nids, la mutilation, la destruction, la capture ou l'enlèvement, la perturbation intentionnelle, la naturalisation d'animaux de ces espèces ou, qu'ils soient vivants ou morts, leur transport, leur colportage, leur utilisation, leur mise en vente ou leur achat..., 3°) la destruction, l'altération ou la dégradation de ces habitats naturels ou de ces habitats d'espèces* ». En vertu de l'article L. 415-3 du Code de l'environnement, la protection des espèces et de leurs habitats naturels protégés est pénalement sanctionnée par une peine maximale de deux ans de prison et de 15 000 euros d'amende, sans compter les sanctions complémentaires (L. 415-4 c. env.). La tentative est punie des mêmes peines.

L'article R. 411-1-I du Code de l'environnement prévoit l'établissement par arrêtés interministériels de listes d'espèces animales non domestiques ou d'espèces végétales non cultivées qui sont protégées au titre de l'article L. 411-1 du Code de l'environnement. Ces arrêtés sont, au niveau national, notamment ceux du 29 octobre 2009 fixant la liste des oiseaux protégés sur l'ensemble du territoire et les modalités de leur protection, l'arrêté du 23 avril 2007 pour les insectes et les mollusques, l'arrêté du 19 novembre 2007 pour les amphibiens et des reptiles, l'arrêté du 8 décembre 1988 pour les poissons… Des arrêtés ministériels peuvent également prévoir des protections locales. Ces textes fixent les interdictions applicables aux espèces en cause ainsi que, le cas échéant, les périodes ou durées d'interdiction ainsi que les parties du territoire concernées.

Les protections instituées par ces arrêtés sont à la fois une protection directe des espèces protégées et une protection indirecte, par la préservation des biotopes qui sont nécessaires à leur conservation (cette interdiction doit être proportionnée aux exigences de protection des espèces, voir C.E., 13 juillet 2006, « Fédération nationale des syndicats de propriétaires sylviculteurs », n° 281812, note P. Trouilly, Environnement, 2006, n° 97, note P. Billet, R. Droit rural, 2006, n° 355 : « *Considérant que des règles relatives à la protection du milieu particulier des espèces protégées sont au nombre des mesures que les ministres compétents peuvent, en application des dispositions législatives et réglementaires précitées, édicter afin de poursuivre l'objectif général de conservation des espèces affirmé par la loi ; que ces règles ne peuvent toutefois légalement consister en une interdiction générale et absolue de modifier le milieu où vivent ces différentes espèces, mais doivent au contraire être adaptées aux nécessités que la protection de certaines espèces impose en certains lieux ; que, dès lors, les arrêtés attaqués, qui interdisent de manière générale la destruction, l'altération ou la dégradation du milieu particulier de chacune des espèces protégées et prévoient que cette interdiction s'applique sur tout le territoire national et en tout temps, sont entachés d'excès de pouvoir* ; », voir également C.E., 9 juin 2016, « Syndicat mixte du Piémont des Vosges et a. », n° 363638).

Ainsi, en vertu de l'article 3-II de l'arrêté du 29 octobre 2009 (mais on trouve des dispositions similaires dans les autres arrêtés nationaux), « *sont interdites sur les parties du territoire métropolitain où l'espèce est présente ainsi que dans l'aire de déplacement naturel des noyaux de populations existants, la destruction, l'altération ou la dégradation des sites de reproduction et des aires de repos des animaux. Ces interdictions s'appliquent aux éléments physiques ou biologiques réputés nécessaires à la reproduction ou au repos de l'espèce considérée, aussi longtemps qu'ils sont effectivement utilisés ou utilisables au cours des cycles successifs de reproduction ou de repos de cette espèce et pour autant que la destruction, l'altération ou la dégradation remette en cause le bon accomplissement de ces cycles biologiques* ».

Cette protection n'interdit donc pas systématiquement l'altération des milieux physiques où évolue une espèce protégée. Le régime de protection d'un tel milieu est soumis à deux conditions cumulatives. La première tient à la qualification du site comme site de reproduction ou de repos de l'espèce.

La seconde tient aux conséquences de l'altération du milieu physique, qui doit remettre en cause le bon accomplissement de ces cycles biologiques de repos ou de reproduction. Malgré une doctrine administrative contraire, la seule observation sur le site d'espèces protégées n'est pas en soi génératrice d'une protection réglementaire pour l'habitat, y compris s'il s'agit d'une aire de repos ou de reproduction.

Cette protection des espèces n'est d'ailleurs pas absolue, dans la mesure où l'article L. 411-2 C. env. permet la délivrance d'autorisations dérogeant à la protection des espèces et de leurs habitats. Ces dérogations sont en principe accordées par le préfet, après avis du Conseil national de la protection de la nature, sauf cas particulier de compétence ministérielle (articles R. 411-7 et R. 411-8 C. env.). Si la dérogation est accordée dans le cadre d'une autorisation environnementale, elle prend la forme de cette dernière.

Dans le domaine de l'aménagement du territoire, la protection des espèces s'affirme comme un enjeu crucial, de par la conjonction de deux facteurs. Le premier est la sensibilité nouvelle des services étatiques au respect de cette protection, avec tout ce qu'implique la ferveur parfois excessive des nouveaux convertis. Le second, paradoxal, est l'omniprésence des espèces protégées, qui ne sont pas nécessairement des espèces rares ou exclusives des zones soumises à l'urbanisation. Invité à chercher avec soin les espèces protégées susceptibles d'être affectées par son projet, l'aménageur en trouve nécessairement et se heurte à l'interdiction de leur porter atteinte, sauf à demander une dérogation dont la sécurité juridique n'est pas assurée. Sa situation est donc à bien des égards inconfortable qui résulte tant des incidences de la protection des espèces (I) que de la fragilité des dérogations (II) qui y sont relatives.

I. Sans prétendre dresser un panorama exhaustif des conséquences de la protection des espèces, on peut tout d'abord noter que la rédaction de l'article L. 411-1 C. env. est particulièrement stricte dans la mesure où elle vise l'interdiction d'atteinte aux animaux ou végétaux des espèces protégées. Cette rédaction exclut a priori la mise en balance avec d'autres intérêts ou une analyse, pourtant fréquemment menée, y compris devant les juridictions administratives, de l'atteinte à l'état de l'espèce dans une perspective plus globale. On s'écarte ici des dispositions valant pour la protection du réseau écologique européen Natura 2000 où prévaut la prise en compte des effets significatifs ou de l'état de conservation favorable des habitats et des populations (L. 414-1-V C. env.).

Dans le cadre de l'élaboration des documents d'urbanisme, de plus en plus soumis à l'obligation d'évaluation environnementale, l'inventaire des espèces protégées et des enjeux pour leur pérennité doit être correctement mené. Le rapport de présentation d'un document local d'urbanisme n'a pas à être aussi exhaustif qu'une étude d'impact (C.A.A. Paris, 9 février 2012, « ARNASSEN », n° 10PA03987). Il n'a pas non plus à faire la démonstration de l'absence d'espèce protégée sur un site ouvert à l'urbanisation (C.A.A. Bordeaux, 16 mai 2011, « Association pour la protection du littoral rochelais », n° 10BX01652).

La présence d'espèces protégées permet également au besoin de qualifier certains espaces, comme les espaces remarquables du littoral (C.A.A. Bordeaux, 7 septembre 2009, n° 08BX01772, C.A.A. Nantes, 10 décembre 2010, « Commune de Fontenay-sur-Mer », n° 09NT02090).

Au titre de l'examen du projet faisant l'objet d'une déclaration d'utilité publique avec mise en compatibilité du document local d'urbanisme, le juge administratif apprécie le caractère significatif de l'impact du projet pour l'espèce, au vu des mesures compensatoires ou préventives (C.A.A. Bordeaux, 4 avril 2010, n° 09BX02248, C.E., 7 mai 2008, n° 309285, C.E., 10 octobre 2007, n° 309286). Dans un cas déterminé, mais spécifique, une modification de plan local d'urbanisme a été validée malgré l'atteinte à des espèces protégées, sans destruction définitive de l'habitat de ces dernières, s'agissant d'un zonage Ns destiné à la pratique du ski (C.A.A. Bordeaux, 25 novembre 2008, requête n° 07BX00821). Cette préoccupation, qui peut s'entendre pour l'examen de documents de planification n'ayant pas par eux-mêmes d'effet sur les espèces, est plus difficile à comprendre, au vu des textes, lorsqu'il s'agit d'une décision ayant pour objet ou pour effet d'autoriser des travaux.

S'agissant de déclaration d'utilité publique, on rappellera que les protections accordées aux espèces « *n'ont pas pour objet et ne sauraient avoir pour effet d'interdire la réalisation de travaux ou d'opérations présentant un caractère d'utilité publique même si elles sont susceptibles de porter atteinte à des espèces protégées, dès lors que ces travaux ou opérations interviennent au terme d'une procédure régulière d'autorisation* » (voir en ce sens, C.E., 9 mai 2001, n° 218263, C.E., 14 avril 1999, « Commune de la Petite Marche », n° 185935). Le moyen tiré de la méconnaissance de la protection des espèces est donc inopérant à l'encontre d'une déclaration d'utilité publique, C.E., 13 juillet 2011, « Chambre d'agriculture du Rhône », n° 333718).

Lorsque le projet est soumis à une étude d'impact, le caractère suffisant de cette dernière suppose à minima qu'elle prend en compte l'ensemble des données disponibles sur les espèces les plus remarquables (C.E., 17 mars 2010, « Association Alsace Nature », n° 314114) et décrit les mesures d'accompagnement du projet (réduction et/ou compensation). L'identification des espèces comme juridiquement protégées et l'évaluation des impacts du projet est ouvertement une condition de régularité de l'étude d'impact

(« *Considérant, en deuxième lieu, que lorsque, eu égard à l'importance de l'installation projetée et de ses effets sur l'environnement, les mesures de protection, prises en application de dispositions législatives ou réglementaires, applicables au site, au paysage ou à certaines espèces animales ou végétales constituent un élément substantiel de l'analyse de l'état initial du site et de son environnement, la mention de ces mesures présente dans cette hypothèse un caractère obligatoire et doit ainsi figurer dans l'étude d'impact* », C.A.A. Lyon, 5 juillet 2012, n° 10LY02682). L'étude d'impact doit faire état des mesures appropriées en vue de réduire l'impact de l'installation sur les espèces (C.A.A. Bordeaux, 2 novembre 2010, n° 09BX01286) et doit décrire avec une précision suffisante les mesures de réduction et de compensation des atteintes aux espèces protégées (C.A.A. Lyon, 24 avril 2012, « SNC de l'Ardèche », n° 10LY02293. L'obtention d'une dérogation au titre de l'article L. 411-2 du Code de l'environnement ne peut pas suppléer l'insuffisance de l'étude d'impact en ce qui concerne l'examen des incidences sur les espèces protégées, C.A.A. Nantes, 13 juin 2014, n° 13NT01147). Mais, paradoxalement, l'insuffisance de l'étude d'impact n'est pas suffisante pour obtenir l'annulation de la décision subséquente, encore faut-il que si elle a pu avoir pour effet de nuire à l'information complète de la population ou si elle a été de nature à exercer une influence sur la décision de l'autorité administrative (C.E., 28 décembre 2017, n° 402362).

La prise en compte des espèces est également nécessaire au niveau de la délivrance des autorisations d'urbanisme (sur le fondement de l'actuel article R. 111-15 C. urb. ou de l'ancien article R. 111-14-2 C. urb., C.A.A. Bordeaux, 2 novembre 2009, « Office 64 de l'Habitat », n° 09BX00040) ou de la décision de création d'une zone d'aménagement concerté (absence d'erreur manifeste d'appréciation en présence d'atteintes à des habitats naturels et à des habitats d'espèces protégées, C.A.A. Nancy, 12 juin 2014, n° 13NC00244).

S'agissant spécifiquement d'une installation classée, le moyen tiré de la méconnaissance des protections découlant de l'article L. 411-1 du Code de l'environnement est bien un moyen opérant (C.A.A. Lyon, 25 septembre 2012, requête n° 11LY02847), moyen qui peut conduire à l'obligation de refuser une autorisation au titre des installations classées (refus de l'autorisation d'exploiter une carrière sur un site abritant des espèces végétales protégées, voir C.A.A. Lyon, 9 mai 2000, requête n° 98LY01114).

L'aménagement du territoire suppose également souvent des formalités au titre de la loi sur l'eau. Désormais, la dérogation à la protection des espèces peut être délivrée dans le cadre de l'autorisation environnementale, comme en matière d'installations classées d'ailleurs. Dans ce cadre, il ne saurait y avoir d'indépendance des législations entre loi sur l'eau et protection des espèces, le défaut d'une dérogation nécessaire justifiant l'annulation de l'autorisation environnementale (C.A.A. Marseille, 8 février 2019, « Communauté d'agglomération du Carcassonnais », n° 18MA02603). La décision du Conseil d'État rendue antérieurement dans cette affaire précise que l'autorité chargée de la délivrance de l'autorisation au titre de la loi sur l'eau ne peut subordonner cette autorisation à l'obtention d'une dérogation au titre de l'article L. 411-2 du Code de l'environnement (C.E., 5 mai 2018, n° 405785). Plus généralement, on peut s'interroger sur ce cloisonnement hors du cas de l'autorisation environnementale, dans la mesure où la protection de la diversité biologique, fondement de la protection des espèces, est un impératif transversal du droit de l'environnement (L. 110-1 c. env.) et du droit de l'eau en particulier, à travers la notion de gestion équilibrée (L. 211-1 II c. env.).

Sur un autre plan de l'aménagement du territoire, la protection des espèces trouve sa place dans l'examen de la légalité des décisions d'urbanisme commercial, cette protection participant des exigences de protection de l'environnement au titre de l'article L. 750-1 du Code de commerce (voir, justifiant un refus d'autorisation, C.E., 23 décembre 2013, « SCI Elodimel », n° 353821, l'impact limité sur les espèces protégées n'interdisant pas la délivrance de l'autorisation, C.E., 23 décembre 2013, « Société SADEF », n° 367356, C.E., 14 novembre 2018, n° 408952).

Sous ces réserves, l'atteinte à des espèces protégées ou à des habitats de ces espèces peut affecter la légalité de la décision ou du plan, même si certaines décisions assez peu explicites semblent admettre des destructions d'habitats naturels, en faisant valoir qu'au regard de l'habitat potentiel de l'espèce sur le site, la réalisation du projet n'aura qu'une incidence mineure (voir en ce sens, s'agissant toutefois d'une exploitation temporaire, C.A.A. Bordeaux, 17 février 2000, n° 96BX01806, voir également C.A.A. Bordeaux, 19 juin 1997, n° 95BX01785, voir s'agissant d'une modification d'un plan local d'urbanisme n'ayant pas par elle-même pour effet d'altérer l'habitat d'une espèce protégée, C.A.A. Bordeaux, 2 novembre 2009, n° 09BX00019, note D. Gillig, Environnement, 2010, n° 23. La rareté de l'espèce et l'existence d'autorisations de dérogation à sa protection semblent également de nature à infléchir la position du juge administratif, voir C.A.A. Nantes, 4 mai 2010, n° 09NT01343). Il y a là une pratique tant administrative que juridictionnelle, qui, au-delà des textes, permet de ne pas imposer systématiquement le recours au mécanisme de dérogation, dont la sécurité juridique n'est pas assurée.

II. En pratique, sauf à ne pas vraiment les chercher, toute ou presque toute opération d'aménagement significative affecte des espèces protégées ou leurs habitats. Dès lors que cet impact est analysé par le pétitionnaire, les services étatiques semblent avoir adopté une position de principe qui consiste, dès que le territoire concerné par une opération d'aménagement accueille à titre permanent des espèces protégées (y compris lorsqu'il ne s'agit pas d'aires de repos ou de reproduction) et que son impact leur paraît significatif (la jurisprudence évoquant les incidences perturbatrices, C.A.A. Marseille, 8 février 2016, n° 13MA03307), à imposer au pétitionnaire de solliciter une autorisation dérogatoire sur le fondement de l'article L. 411-2 du Code de l'environnement. Cette position est parfois discutable en ce qu'elle semble assimiler habitat protégé et habitat où l'espèce est présente. Et ce alors que les règlements ne protègent les habitats naturels que pour autant qu'ils constituent des sites de repos ou de reproduction utilisés ou utilisables et que leur destruction, altération ou dégradation remettraient en cause l'accomplissement de ces cycles biologiques (ce qui pose également une question sur l'échelle à laquelle s'apprécie cette atteinte aux cycles biologiques).

En sollicitant une telle dérogation, le demandeur reconnaît implicitement, mais nécessairement que son activité est de nature à altérer un habitat protégé au titre de l'article L. 411-1-I-3° du Code de l'environnement ou à détruire une espèce protégée, ce qui n'est pas toujours nécessairement établi. De ce fait, en cas de refus de la dérogation, il lui sera difficile de poursuivre son projet, puisque ce dernier a été considéré, de son propre aveu, comme attentant aux protections instaurées dans l'intérêt de la biodiversité. Même si elles sont parfois discutables juridiquement, il est très difficile de s'opposer aux exigences des services étatiques, pour des raisons tenant à la bonne conduite de l'instruction des demandes d'autorisation. Ce faisant, le pétitionnaire se place dans une position potentiellement délicate.

S'il sollicite une dérogation au titre de l'article L. 411-2 C. env., il doit établir qu'il remplit plusieurs conditions, dont deux générales et, a minima, une particulière.

La première est qu'il n'existe pas d'autre solution satisfaisante (voir par exemple, C.E., 13 juillet 2006, « Fédération départementale ovine des Hautes-Alpes », n° 273109).

La seconde est que la dérogation ne nuise pas au maintien, dans un état de conservation favorable, des populations des espèces concernées dans leur aire de répartition naturelle (sur cette condition, qui semble exclure l'appréciation au niveau du seul site bénéficiant de la dérogation, issue de l'article 16 de la directive du 21 mai 1992, voir C.J.C.E., 10 mai 2007, « Commission c/ Autriche », Aff. C-508-04, Rec. I-3787).

Viennent ensuite les motifs particuliers énumérés par l'article L. 411-2 du Code de l'environnement : « *a) Dans l'intérêt de la protection de la faune et de la flore sauvages et de la conservation des habitats naturels ; b) Pour prévenir des dommages importants notamment aux cultures, à l'élevage, aux forêts, aux pêcheries, aux eaux et à d'autres formes de propriété ; c) Dans l'intérêt de la santé et de la sécurité publiques ou pour d'autres raisons impératives d'intérêt public majeures, y compris de nature sociale ou économique, et pour des motifs qui comporteraient des conséquences bénéfiques primordiales pour l'environnement ; d) À des fins de recherche et d'éducation, de repeuplement et de réintroduction de ces espèces et pour des opérations de reproduction nécessaires à ces fins, y compris la propagation artificielle des plantes ; e) Pour permettre, dans des conditions strictement contrôlées, d'une manière sélective et dans une mesure limitée, la prise ou la détention d'un nombre limité et spécifié de certains spécimens* ».

La jurisprudence rappelle que les deux conditions générales et au moins l'une des conditions particulières sont cumulatives, faute de quoi la dérogation est irrégulière (C.E., 9 octobre 2013, « SEM Nièvre Aménagement », n° 366803. Voir P. Billet, E. Naïm-Gesbert, « *Les Grands Arrêts du Droit de l'Environnement* », 2017, p. 255. L'arrêt reconnaît par ailleurs une situation d'urgence au sens de l'article L. 521-1 du Code de justice administrative du fait de l'irréversibilité de l'atteinte à l'espèce protégée et de l'imminence des travaux attentatoires à l'espèce, ce qui sera le cas même si les travaux ont débuté et sans tenir compte des dépenses engagées par le maître d'ouvrage, C.E., 28 décembre 2018, n° 419918).

La condition relative à l'absence d'autre solution satisfaisante sera rarement remplie (sachant « qu'une solution alternative n'est satisfaisante au sens de ces dispositions que si elle permet d'assurer, au regard de l'objectif poursuivi par le projet en litige, un équilibre satisfaisant entre les intérêts publics en présence, en matière sociale et économique d'une part, de protection de l'environnement d'autre part », (C.A.A. Marseille, 12 juin 2015, n° 14MA03066).

La raison d'intérêt public majeur sera exceptionnellement reconnue (seul le c) de l'article L. 411-2 C. env. étant pertinente pour une opération d'aménagement. La nature publique ou privée du projet n'est pas déterminante pour la reconnaissance de son intérêt public majeur (C.E., 25 mai 2018, n° 413267, C.A.A. 15 octobre 2015, « Association Ecologie Le Havre », n° 14DA02064). Et un intérêt public n'est pas forcément un intérêt public majeur **(C.A.A. Marseille, 25 juin 2013, « SAS Sovatram », n° 10MA03936 et 10MA04568. Statuant dans la même affaire, le Conseil d'État rappelle qu'il appartient toutefois au juge administratif d'examiner la nature de l'intérêt public en cause, C.E., 31 décembre 2015, n° 371748**).

Enfin, le recours au procédé de la dérogation pose parfois en pratique d'autres difficultés lorsque cette dernière est délivrée à un interlocuteur unique alors que les opérations matérielles affectant l'habitat ou les espèces peuvent être menées par plusieurs maîtres d'ouvrage. Fort heureusement, cette autorisation est désormais cessible (R. 411-11 c. env.).

Si on garde à l'esprit que la présence d'espèces protégées est paradoxalement commune sur le territoire national, la protection instaurée au profit non de l'espèce, mais de chaque spécimen est incontestablement inadaptée, du fait de son caractère systématique et de l'absence de prise en compte des enjeux écologiques réels. Si la pratique administrative pallie cette rigueur excessive, elle n'offre pas un cadre juridique sécurisé pour les opérateurs. En effet, l'inadaptation et la grande rigueur des motifs de dérogation risquent donc d'aboutir à l'aveuglement au moment de l'inventaire préalable, à la paralysie, voire, parfois, à l'illégalité… Un assouplissement strictement encadré de ces conditions, dans un cadre communautaire adéquat, ne serait sans doute pas inutile, au moins lorsque sont en cause des espèces dont l'état de conservation n'est ni fragile ni menacé par la dérogation. Inversement, une protection plus strictement appréciée serait parfois nécessaire pour des espèces en voie d'extinction ou dont l'état de conservation est critique.

Pour conclure, c'est d'une autre espèce dont on parlera. Une espèce rare et à protéger à défaut de l'être déjà, celle des hommes de bien, des esprits libres dans un monde asservissant. Car, au-delà de ses qualités d'universitaire, Claude Devès rayonne par son humanité. Il n'est certes pas sans défaut, dont le moindre n'est pas de supporter une équipe dont la qualité rugbystique n'a d'égal que la fragilité psychologique à l'approche des phases finales. Mais il est surtout empreint d'une gentillesse et d'une attention dont il a su faire profiter un jeune agrégé qui découvrait, stupéfait, qu'il est des pays où il peut neiger en septembre. C'est une autre chaleur qu'il diffuse. Et, alors qu'on accuse souvent les Méridionaux d'exagérer, on peut témoigner ici qu'un célèbre poète sétois n'a pas loué pour rien les qualités d'un Auvergnat.

CHAPITRE 2 : LA DYNAMIQUE TERRITORIALE SOURCE D'INSPIRATION À TOUS LES NIVEAUX

La banque d'investissement : un outil performant au service de nos entreprises

Par Michèle André

Ancienne secrétaire d'État chargée des droits des femmes et de l'égalité des chances entre les hommes et les femmes
Ancienne Sénatrice du Puy-de-Dôme
Membre du Comité National d'Orientation de la BPI

Instrument innovant, la Banque Publique d'Investissement est un des piliers de la politique économique. L'idée est de relancer l'économie et la compétitivité en créant un pacte de confiance entre cette banque d'une nouvelle génération et les entrepreneurs.

I. La BPI : un outil visant à pallier les défaillances de marché :

La création de la BPI trouve son fondement, son origine profonde dans ce paradoxe : une relance de la compétitivité n'est pas envisageable sans un soutien et une confiance affichée aux entrepreneurs. Toutefois, enfermées dans une logique marchande et en temps de crise, les banques sont plus réticentes à prêter de l'argent. Dans un contexte de perte de compétitivité de nos entreprises due à l'ampleur de la crise financière et économique, il fallait une action forte capable de porter et stimuler nos entreprises et ainsi combler le manque de prise de risque de banques privées qui hésitent à prêter aux petites entreprises. Cette économie de marché aboutit insidieusement à un cercle vicieux dans lequel les banques classiques prêtent difficilement (ou à des taux élevés) aux PME et TPE, et de fait celles-ci ne peuvent pas faire face au ralentissement économique et aux difficultés quotidiennes de trésorerie. Impossible avec ce schéma de penser le redressement rapide du pays, d'où l'utilité de concevoir une banque dont le profit n'est pas le maître-mot.

La création de la BPI offre une alternative en proposant de financer les entreprises qui innovent, investissent sur le territoire et qui donc créent de l'emploi et de la croissance. La BPI est un groupe public au service du financement et du développement des entreprises, qui agit en interaction avec des politiques publiques conduites par l'État et les Régions. La BPI prêtera les fonds nécessaires à leurs activités. Elle a pour priorité d'offrir l'ensemble des instruments de soutien financier aux petites et moyennes entreprises.

De façon concrète, les entrepreneurs qui souhaitent porter des projets de création ou de reprise d'entreprises, de développement par l'innovation, ou de conquête de nouveaux marchés sur le territoire national ou à l'international seront aidés et soutenus par la BPI.

II. Un objectif ambitieux :

Si l'effet immédiat est bien de faire face à la crise, l'objectif lui est plus ambitieux. Il s'agit de doter le pays d'ETI (entreprises de taille intermédiaire) de taille suffisante pour innover et être présentes sur les marchés mondiaux. La BPI accompagnera donc les "filières d'avenir" afin de conquérir les marchés à l'export, gage du redressement économique du pays et de notre rayonnement à l'international. Pour ce faire, un service d'accompagnement et de soutien renforcé à l'innovation et à l'export est mis en place au sein de la BPI.

En quatre ans (2013-2017), près de 9,2 milliards d'euros seront directement investis dans le capital des entreprises françaises. Si c'est prioritairement les TPE et PME qui sont au cœur de l'action de la BPI, le champ d'action peut être plus vaste afin notamment de donner l'impulsion à des projets d'envergure et ainsi préparer l'avenir de notre industrie.

Il s'agit d'investir dans des secteurs stratégiques tels que la conversion numérique, l'écologie, l'économie sociale et solidaire. Gérer la crise est indispensable ; mais il faut pouvoir faire plus pour préparer notre pays et notre économie aux défis de demain. C'est toute la logique de la BPI.

L'économie n'est pas une simple opération mathématique : au contraire, il faut croire en nos entreprises, les promouvoir et leur donner les moyens de concrétiser leurs projets.

Les délocalisations internationales d'activité dans l'économie mondialisée française contemporaine : Y a-t-il des solutions ?

Par Pierre Pascallon

Professeur agrégé de Faculté (honoraire)

Le phénomène de « délocalisations internationales d'activité » - sous l'idée intuitive de « transfert », de « déplacement » spatial d'activité à l'étranger afin de bénéficier dans un monde ouvert et hétérogène d'avantages comparatifs par rapport à la localisation initiale, en termes de coût de production tout particulièrement - ne cesse d'accaparer tout le devant de la scène française dans le cadre de la mondialisation contemporaine. Cela est vrai dans l'Hexagone depuis les années 1970 et surtout depuis les années 1990 avec le capitalisme financier mondialisé qui s'installe alors à plein à la recherche de toujours plus de rentabilité. Quelques exemples de délocalisations qui ont marqué cette période : on pense au cas HOOVER, filiale du groupe américain MAYTAG Corporation qui décide en 1993 de « transférer » les activités de son établissement français de Côte-d'Or (LONGVIC près de DIJON) dans son usine écossaise de CAMBUSLANG ; et peut-être plus encore – cet exemple va frapper notre opinion publique - au « déplacement » par MAJORETTE de sa production de petites voitures en Thaïlande. En liaison avec ces cas, les rapports – on s'en souvient – vont se multiplier (J. ARTHUIS 1993…) pour dénoncer « l'horreur » des délocalisations, qui deviennent synonymes de restructurations, de licenciements, de pertes d'emplois, … Et simultanément vont fleurir les propositions de « solutions » face à ces méfaits des délocalisations qu'on n'entend pas accepter sans broncher.

C'est à l'examen des « solutions » que l'on a pressé les Pouvoirs Publics de mettre en œuvre qu'on voudrait consacrer cette réflexion. Pour montrer malheureusement que dans notre économie mondialisée contemporaine il y a <u>impossibilité</u> des politiques visant à <u>supprimer</u> les délocalisations internationales d'activité ; mais aussi prouver qu'il y a difficulté des politiques s'attachant à lutter contre ces délocalisations.

I. L'impossibilité dans notre économie mondialisée contemporaine des politiques visant à supprimer les délocalisations internationales d'activité :

Deux types de « solutions » semblent se proposer pour éliminer les délocalisations internationales d'activité : la solution « nationale », ou - à l'autre extrémité en quelque sorte -, la solution « mondiale ».

On a peu de peine à montrer l'impossibilité de supprimer les délocalisations internationales d'activité dans ces deux directions.

1) L'impossibilité dans notre économie mondialisée contemporaine des politiques pour tenter de supprimer les délocalisations avec une solution « nationale ».

L'espace international de notre économie mondialisée contemporaine n'est pas un espace « plat », « homogène »..., mais il est encore et aussi un espace différencié de Nations avec des écarts et des disparités – disparités de coût de production en particulier – qui offre des opportunités de délocalisations internationales à nos firmes.

Pour éliminer ces opportunités de délocalisations qui s'ouvrent à nos entreprises, il faut – on le perçoit sans difficulté – « cadenasser » en quelque sorte l'espace national. « Notre » espace national – par rapport au reste de l'espace international de telle sorte que devienne possible demain – avec et par ce repli national – la suppression à terme des délocalisations internationales d'activité.

• La présentation la plus complète de cette perspective de suppression à terme des délocalisations avec cette solution « nationale » est sans aucun doute fournie chez nous par le projet des « démondialistes » (A. MONTEBOURG)[424]. On a bien en effet avec ce projet des « démondialistes » la volonté d'éliminer les délocalisations en se « défaisant » de l'engrenage de la mondialisation libérale qui enfante ces délocalisations, et ceci tout à la fois par la « sortie de l'international et la construction du national ».

La « sortie de l'international » ? Il s'agit - pour les « démondialistes » - de se déconnecter au mieux de la mondialisation

---

[424] Cf. P. PASCALLON : Les démondialistes pourraient-ils demain nous sauver ? L'Harmattan 2012

libérale en ralentissant sinon en stoppant tout à la fois les flux internationaux « réels » et les flux externes « financiers », par utilisation de la taxation, du contrôle, de la protection – le protectionnisme est central dans cette perspective -, utilisés comme outils pertinents pour sortir de la tyrannie du libre-échange international.

La « construction du national » ? Dans le même temps où l'on se protège, il faut « fortifier » au mieux l'intérieur. Les « démondialistes » souhaitent remplacer en effet la logique externe du marché mondial, de la spécialisation et de la division internationale du travail par une logique de production interne : il faut bien pour cela s'attacher à « reterritorialiser » les productions, « relocaliser » les systèmes productifs.

- Au vrai, on a peu de peine à montrer le caractère pour beaucoup irréel de la tentative de supprimer à terme les délocalisations avec cette perspective « nationale »... tant est irréelle la « déconstruction » envisagée par les « démondialistes » au travers de la réduction sinon l'arrêt du flux externe ainsi qu'au travers le renforcement de l'auto centrage économique interne.

Insistons en particulier sur le caractère irréel de la sortie de l'international avec l'utilisation de la protection douanière face aux caractéristiques des systèmes productifs et du commerce international actuel. On a vu se développer en effet – on a parlé de délocalisation directe partielle – une « décomposition » des processus de production dans le cadre de la division internationale verticale du travail. Nos grands groupes industriels internationaux – en France et en Occident – ont été amenés à spécialiser leurs sites de productions sur l'ensemble de la planète et à multiplier les échanges internationaux entre eux – d'où l'essor du commerce international « intra-groupe », avec donc un segment de la fabrication du produit qui est délocalisé et non la totalité d'un cycle de production d'une marchandise. Ajoutons que la stratégie de recentrage des firmes sur leur métier de base à des fins de plus grande efficacité va amener les entreprises à « externaliser » de plus en plus depuis les années 1990 (celles, on l'a dit, du « capitalisme financier triomphant ») tout ou partie de leur activité, qu'il s'agisse de s'approvisionner à partir d'un fournisseur étranger ou (et) de s'approvisionner à partir d'un sous-traitant étranger (et on sera ici avec de la délocalisation indirecte des activités de productions dont on comprend vite l'intérêt par rapport au cas précédent puisqu'il n'y a pas nécessité d'un investissement direct à l'étranger de la part de la firme).

Bref, face à ces chaînes de production qui se sont de plus en plus délocalisées de façons directe et indirecte, on voit mal la possibilité pour un pays – fût-il le nôtre – de mettre en place une politique nationale de protection… (sans réaction des autres nations)… pour éliminer à terme les délocalisations. Il y a bien, oui, impossibilité à supprimer demain les délocalisations avec cette « solution nationale ».

2) L'impossibilité dans notre économie mondialisée contemporaine des politiques pour tenter de supprimer les délocalisations avec une solution « mondiale ».

Les auteurs, ici, sont toujours très conscients que l'économie mondialisée actuelle n'est pas encore une véritable économie mondialisée, unique, homogène. Et que c'est précisément cette fragmentation de la planète qui demeure – avec des écarts persistants – qui apporte à nos entreprises des opportunités de délocalisation dans ce monde ouvert.

D'où pour eux la nécessité pour éliminer les délocalisations porteuses de tant de maux : désindustrialisation, chômage… de mettre en place un État (Gouvernement) mondial unique assurant l'unification, l'homogénéisation de la planète.

- Deux voies sont proposées – elles ne sont pas exclusives l'une de l'autre – pour la mise en place demain d'un État (Gouvernement) mondial.

  - Il est pour certains indispensable – pour se doter au final d'un État mondial – de favoriser le prolongement, l'amplification et la transformation à terme de « blocs » régionaux existants homogènes en un seul « bloc » à l'échelle planétaire. On sait en effet que l'on a eu la construction, elle n'est pas terminée, de grands ensembles qui ont déjà représenté une première unification et homogénéisation de leur espace. Ainsi en va-t-il pour la construction européenne. Mais se sont multipliés aussi depuis la fin des années 1980 les ensembles régionaux en Amérique, dans le Pacifique, … qui contribuent chacun à leur niveau, pour et sur eux-mêmes, à accroître l'homogénéisation du monde.

Par « intégration » de tous ces blocs régionaux homogènes, par « union » de ces sous-ensembles à l'échelle de la Terre, on va ainsi tout « naturellement » parvenir à créer une sorte de grand ensemble économique planétaire, un gouvernement mondial unique fédéraliste.

- Une autre perspective va consister – seule ou en complément de la perspective précédente – à préparer l'éclosion d'un gouvernement mondial par développement et extension de l'architecture internationale actuelle.

On a – après la Seconde Guerre mondiale – des nations souveraines et indépendantes sur la scène internationale. Mais ces nations ont déjà reconnu leur interdépendance et cherché à organiser leur coopération. L'ONU et ses conférences, mais aussi le FMI, l'OMC... sont l'expression d'une volonté de « constructivisme » mondial que l'on ne va avoir de cesse d'améliorer pour exprimer toujours mieux « l'intérêt général de la planète ». La gouvernance mondiale et le nouvel ordre mondial vont encore se renforcer avec la création de nouvelles instances de régulation. Pourra ainsi « naître » à terme – les NTIC y aideront – un véritable État mondial, une véritable communauté politique mondiale dans l'esprit souhaité par exemple par Eva THELISSON : « Vers un État mondial via Internet »[425]

- On n'a que peu de mal à déceler le caractère irréaliste pour beaucoup de cette solution « mondiale » visant à supprimer les délocalisations en unifiant l'espace mondial actuel hétérogène avec à terme un État (gouvernement) mondial unique. Il n'y a pas en effet possibilité et réalité d'une progression inévitable, inéluctable vers un gouvernement (État) mondial, progression qui balaierait demain à terme les États-Nations.

On ne peut pas passer sans douleur, sans qu'on s'en « aperçoive » à un gouvernement (État) mondial auquel on arriverait ainsi dans un « fauteuil » après avoir congédié les Nations. Il restera toujours en effet la nécessité d'un « saut » final ; il y aura toujours des Nations – cette « donnée invincible et mystérieuse » dont aimait à parler MALRAUX – qui seront là à veiller à ne pas franchir ce pas et à ne pas faire ce « saut », trop heureuses en outre de pouvoir mettre en avant la potentielle « tyrannie » globale d'un « mammouth » étatique mondial entendant gouverner l'ensemble des peuples de la planète.

Observons que ce projet d'un État (Gouvernement) mondial unique bienveillant sur une planète homogène dont serait banni tout problème de concurrence, de divergence d'intérêts, se retrouve au final dans tous les grands courants de pensée, chez les fondateurs

[425] Cf. E. THELISSON : Vers un État mondial via Internet. PRU Découverte 2012

socialistes marxistes et non marxistes d'hier et d'aujourd'hui[426], et même – cela peut surprendre – chez Frédéric LIST, le théoricien du « système national d'économie politique »[427] qui croit possible à terme « l'association finale des peuples » dans une « confédération universelle de l'avenir ».

Mais on ne peut pas ne pas percevoir le caractère idyllique de tous ces projets avec au final un État (Gouvernement) mondial sur une planète unique, homogène, totalement et définitivement réconciliée. Il s'agit bien en effet le plus souvent, au vrai, de rêves ou d'utopies comme c'est le cas chez Ch. FOURIER, P.J. PROUDHON…

II. Les difficultés dans notre économie mondialisée contemporaine des politiques visant à lutter contre les délocalisations internationales d'activité :

On prend acte ici de l'impossibilité d'éliminer, de supprimer les délocalisations internationales d'activité (cf. le point précédent). Mais on n'entend pas pour autant accepter sans broncher les délocalisations avec leurs aspects négatifs : disparition d'emploi sur le territoire national… Pour ce faire, les Pouvoirs Publics vont s'attacher de longtemps maintenant, en France plus spécialement, à des politiques de lutte contre les délocalisations visant à freiner sinon à arrêter ces transferts pénalisant d'activité à l'étranger.

On peut montrer pourtant les difficultés de ces politiques publiques tant – on mesure la facilité et la fragilité de cette distinction – « directes » qu' « indirectes ».

1) Les difficultés dans notre économie mondialisée contemporaine des politiques « directes » de lutte contre les délocalisations internationales d'activité.

- On devine bien l'esprit des politiques directes de lutte contre les délocalisations internationales d'activité : il va s'agir pour les Pouvoirs Publics de tenter de « dissuader » au mieux directement – politiques « anti-délocalisations » - les chefs de firmes de se lancer dans des transferts d'activité à l'étranger alors qu'ils y auraient avantage en termes de coût de production… en leur apportant une aide de nature à compenser le « surcoût » qu'ils ont à garder leur activité sur le territoire national.

[426] On verra en ce sens J. ATTALI : Demain qui gouvernera le monde ? Pluriel 2010
[427] Cf. F. LIST : Système national d'économie politique – 1841 traduction française Gallimard 1998

- On aurait bien sûr à rappeler ici par le détail, dans l'esprit indiqué à l'instant ci-dessus, le contenu de ces politiques directes de lutte contre les délocalisations : on parle aussi volontiers de politiques « défensives » contre les délocalisations.

La mobilisation des Pouvoirs Publics contre les décisions potentielles de délocalisation des chefs de firme qu'on entend prévenir au mieux s'est d'abord faite dans le domaine industriel. On pense notamment et surtout pour illustrer cet effort public, à la politique fiscale ciblée mise en place dans le cadre de la loi de finances de 2005 : pour retenir les entreprises en France, inciter celles qui sont tentées par les délocalisations à rester sur le territoire national, il a été institué un crédit de taxe professionnelle de 1.000 € par an et par emploi préservé pour une durée de 3 ans. Pour rester compatible avec les règles de la concurrence européenne, le dispositif a été plafonné à 100.000 € par entreprise sur l'ensemble des trois années. Il conviendrait de mentionner ici également l'effort des Pouvoirs Publics pour préciser les « zones exposées à délocalisation » et l'aide à la ré-industrialisation... qui s'inscrit dans une logique de prévention des délocalisations, mise en place pour y parvenir.

Mais on a eu aussi des mesures pour amoindrir sinon empêcher les risques de délocalisation dans les services : face à la délocalisation massive des « centres d'appel » allant s'installer pour l'essentiel dans les régions et pays francophones (Maghreb...) à la recherche de salaires plus bas qu'en France, les Pouvoirs Publics ont proposé en décembre 2004 un « Plan d'action », bataille relancée en 2010-2012...

- Ces aides, ces mesures ont-elles été efficaces ? Les entreprises ont-elles été dissuadées de délocaliser ? Force est de reconnaître que les différents dispositifs qui ont été mis en place par les Pouvoirs Publics n'ont pas vraiment « accroché » et, en règle générale, n'ont pas pu faire obstacle à la « tentation » délocalisatrice de firmes que l'on voulait enraciner davantage sur leur territoire. Les raisons ? Les finances publiques n'étant pas extensibles autant qu'il apparaîtrait souhaitable, les aides et mesures mises en place ont été trop modestes et n'ont pas été de nature à changer grand-chose sinon à la marge aux décisions d'entrepreneurs de délocaliser ou non, compte tenu en particulier des écarts de coûts de production existant entre le territoire national et tel ou tel pays étranger pouvant accueillir avec « bonheur » l'industrie ou la composante industrielle de la firme en cause, ou tel ou tel centre d'appel.

2) Les difficultés dans notre économie mondialisée contemporaine des politiques « indirectes » de lutte contre les délocalisations internationales d'activité.

- Les Pouvoirs Publics ne cherchent plus ici directement – c'est le cas précédent – à dissuader le chef de firme de tel ou tel secteur, de telle ou telle zone qui envisage une délocalisation en lui apportant aide et mesures – politique « défensive anti-délocalisation » on l'a dit – de nature à le rendre plus compétitif sur place et à le persuader donc qu'il peut continuer son activité de façon valable – comprenons rentable – sur le territoire national.

Les Pouvoirs Publics vont au vrai, dans la perspective ici en vue, tenter de persuader l'ensemble des chefs d'entreprise de l'industrie et des services qu'ils n'ont plus besoin d'avoir recours de façon obligée à des transferts d'activité, à des délocalisations parce qu'ils ont en effet mis en place pour l'économie nationale une politique générale très active, très volontaire d'amélioration de la compétitivité « prix » et de la compétitivité « hors prix » (avec l'innovation) tel qu'il n'est plus ainsi pressant pour nos firmes de déplacer à l'étranger tout ou partie de leur activité de production ou d'approvisionnement pour y trouver des avantages significatifs.

La politique « indirecte, offensive, antidote aux délocalisations » est bien la politique industrielle très active mise en place par les Pouvoirs Publics français après la crise de 2007-2008, depuis le début des années 2010 (États généraux de l'industrie en mars 2010), la politique de réindustrialisation compétitive sur le modèle allemand. Le modèle allemand ? On le qualifie de « modèle industriel d'offre compétitive orientée vers les exportations ». On devrait bien sûr ici rappeler plus en détail ce modèle allemand initié par le Chancelier Gerhard SCHRÖDER en 2003-2005 qui fait pour nos voisins d'Outre Rhin le choix de la compétitivité à partir du territoire national, le choix d'un modèle d'industrie compétitive lancé à la conquête du monde extérieur par les exportations de produits haut de gamme et de qualité. Et on devrait montrer – le modèle allemand s'imposant à vous comme modèle de référence -, les efforts similaires, plus tardifs, trop tardifs, plus limités, trop limités sans doute entrepris par la France pour restaurer la compétitivité industrielle du « site » France (avec notamment le CICE, le Pacte de responsabilité...).

- Reste pourtant à bien marquer – on a maintenant ici à insister sur le volet « difficulté » de cette politique – que cette voie indirecte n'est pas la voie royale espérée de lutte contre les déplacements, les transferts internationaux d'activité qui sont le cœur et au cœur des délocalisations dans notre économie mondialisée contemporaine. Il faut bien voir en effet que l'Allemagne, citée en modèle, est devenue – redevenue compétitive dans les années 2000 en maîtrisant les coûts de production de son secteur manufacturier de deux façons :
  a) en ayant recours chez elle à une réelle modération salariale (il faudrait sans doute ajouter à cette politique de rigueur salariale une politique budgétaire restrictive) ;
  b) en ayant simultanément recours à la sous-traitance industrielle de proximité dans les pays de l'Est, avec, dans ces pays des coûts salariaux moindres.

Il est sûr que notre voisin a fait appel à la délocalisation, à la sous-traitance, à « l'outsourcing » des produits et des composantes de produits dont la fabrication, n'étaient pas compétitives sur son sol. L'Allemagne s'est tournée massivement pour ce faire vers les pays de l'Est de l'Europe, délocalisant une grande partie au vrai de son industrie en Europe centrale (République Tchèque, Slovaquie, Hongrie,...) et se contentant d'assembler sur son territoire. Ils ont bien conservé l'assemblage et la maîtrise technologique chez eux de ce qui est fabriqué chez leurs voisins, avec une économie très significative se faisant par les coûts de fabrication. L'Allemagne redevenue au centre du continent de la nouvelle géographie de l'Europe, a reconstitué son « hinterland » naturel, la « Mitteleuropa » d'autrefois (Europe du milieu, Europe centrale) avec un réseau d'entreprises sous-traitantes pour l'industrie allemande lui permettant de bénéficier d'une sous-traitance de proximité avec des coûts avantageux tout en gardant pour elle les fonctions d'assemblage, de recherche et de développement, de commercialisation sous le label prestigieux qui n'est plus au vrai « Made in Germany », mais plus exactement « Made by Germany »[428].

Il est clair que l'augmentation de la compétitivité de nos entreprises, grâce à des coûts de production allégés, passe aussi dans l'hexagone – à l'heure où la fabrication de nos produits est de plus en plus « Made in monde »[429] - par des délocalisations indirectes, des

[428] Désormais en effet, chaque produit "Made in Germany" contient en moyenne 60 % de valeur ajoutée produite par un sous-traitant à bas coût de l'Europe centrale.
[429] Cf S. BERGER : Made in monde. Les nouvelles frontières de l'économie mondiale. Seuil 2006

délocalisations « externalisées » par appel à des fournisseurs ou (et) des sous-traitants étrangers ; et les pays du Maghreb (Maroc...) sont un peu pour la France l'équivalent de ce que sont les pays d'Europe centrale et occidentale (les PECO) pour l'Allemagne.

Au total – on espère en avoir convaincu – les délocalisations « internationales » d'activité, consubstantielles à « l'internationalisation » de nos économies en étant tout à la fois un symptôme et un facteur, sont bien un phénomène pérenne, inéliminable et dans tous les cas difficilement maîtrisable dès lors que l'on est dans un monde hétérogène et ouvert, marqué par une très forte concurrence extérieure.

L'ingénierie territoriale et le droit

Par Jacques Fialaire

Professeur émérite de droit public à l'Université de Nantes
Droit et Changement Social UMR CNRS 6297

La notion d'ingénierie territoriale, très employée depuis les années 2000, ne possède pas une définition univoque qui serait reçue à la fois par la communauté académique et par les associations de praticiens. On ne peut l'appréhender en droit sans quelques filtres préalables. Qu'entendre par « territoire » ? De quelle « ingénierie » s'agit-il ?

D'une conception syncrétique du territoire (local)...

Différents courants de pensée ont forgé l'idée de développement territorial.

Des leçons de la science géographique, il se dégage que l'action sur un territoire local doit reposer sur un « projet de territoire », qui constitue *« un système complexe d'intervenants, de moyens et d'actions, constitué pour apporter une réponse à une demande élaborée pour satisfaire au besoin d'un maître d'ouvrage »*[430].

Des leçons de l'économie politique et de la science financière, il s'impose que des forces doivent être constituées à l'échelle des territoires de vie, articulant des *« réseaux financiers publics et privés »* (Michel Bouvier), en surmontant leurs différences de logiques.

Des leçons du management territorial, il transparaît que les territoires les plus dynamiques connaissant l'émergence d'un nouveau type de partenariat entre entreprises et collectivités publiques, des projets communs sont concevables, s'inscrivant dans des perspectives stratégiques partagées[431].

---

[430] Michel Casteigts, « Le management territorial stratégique », *in* Ali Sedjari (dir.), *Gouvernance et conduite de l'action publique au 21e siècle*, L'Harmattan – GRET, 2003, p.297.
[431] *Id.*.

Des leçons de la science politique et de la sociologie de l'action publique, il ressort qu'un enjeu essentiel du développement local consiste aujourd'hui à *« réinventer une gouvernance face à des projets complexes, impliquant de multiples partenaires »* et promouvant la participation des acteurs économiques et sociaux[432] .

Quel peut être à ce stade l'apport du droit ?

Selon une conception traditionnelle, le territoire est entendu selon un système dit « westphalien »[433], comme lieu borné par des frontières où s'exerce la souveraineté de l'État. Avec la décentralisation, le territoire commence à se démultiplier, s'entendant comme un ressort géographique valant aussi bien comme lieu d'exercice de la citoyenneté politique au plan national et au plan local. Charles Eisenmann lie la notion de territoire aux compétences exercées par les autorités étatiques et locales, qu'elles ressortent de la régulation ou de la délivrance de prestations de service public[434]. Cette approche juridique classique du terme « territoire » est aujourd'hui perturbée par un processus de réforme aboutissant à un droit positif « désordonné »[435], dont les coûts excessifs sont dénoncés[436].

Les juristes ont aussi réceptionné depuis les années 2000 la notion de « territorialisation du droit », qui reçoit plusieurs acceptations.

- Pour une partie de la doctrine, cette notion s'épanouirait naturellement dans l'action publique, par application d'une « loi d'Archimède de l'action publique locale ». C'est la position défendue par Jean-Bernard Auby[437]. Ladite territorialisation se rencontre alors aussi bien dans un cadre de déconcentration que de décentralisation. Constatant un déphasage entre un cadre constitutionnel français pauvre pour ce qui est du droit de la décentralisation et une réalité révélant l'exercice d'un pouvoir normatif local polymorphe, cet

[432] Voir : Gilles Pinson, *Le chantier de la recherche de la gouvernance urbaine et la question de la production des savoirs dans et pour l'action,* in : Claude Martin, Denis Saint-Martin, *Société des savoirs, gouvernance et démocratie,* Lien social et politiques, revue Université du Québec, 50 automne 2003, p.40.

[433] Les traités de Wesphalie conclus en 1648 ayant mis fin à la « guerre de Trente ans », ont fait de l'État la forme privilégiée d'organisation politique des sociétés, dont l'indépendance doit être respectée par le respect de ses frontières.

[434] C. Eisenmann, « Les fonctions des circonscriptions territoriales dans l'organisation de l'Administration », *Mélanges Marcel WALINE,* L.G.D.J. 1974, p. 415.

[435] Voir dans ce sens : Florence Crouzatier-Durand et Nicolas Kada, « Des concepts recomposés aux notions revisitées : Un droit désordonné », *in* Marie-Christine Steckel-Assouere (dir.), *Recomposition territoriale : la décentralisation entre enjeux et obstacles,* L'Harmattan, coll. GRALE, 2016.

[436] Robin Degron, Vers un nouvel ordre territorial français en Europe, Lextenso-LGDJ, coll. Système, 2014.

[437] Jean-Bernard Auby, *La décentralisation et le droit,* LGDJ, Systèmes, 2006, p.16.

auteur préconise une re-théorisation de la décentralisation en recourant à la notion de « pluralisme juridique ».

- Nous avons soutenu dans le passé une conception plus exigeante de la « territorialisation du droit ». Elle postule *« une différenciation des normes entre territoires locaux reposant sur des fondements permanents* [ce qui exclut la prise en compte des expérimentations locales à durée limitée], sur la base d'une dérogation légale, admettant que *« des règlements puissent déroger à la loi générale »*[438]. Mais cette voie se heurte à une caractéristique majeure de la « Constitution administrative » de la France qui doit être rappelée. *« N'admettant qu'une décentralisation administrative, respectueuse de la compétence exclusive de l'État unitaire dans l'exercice du pouvoir normatif initial, le système français ne dissocie pas ce qui relèverait d'une autonomie régionale spécifique, par rapport à une autonomie locale encadrée par le droit et les autorités étatiques »*[439]. La France reste rétive à toute avancée vers un « régionalisme institutionnel »[440].
- On peut aussi emprunter une voie médiane, et voir la « territorialisation du droit » se manifester à travers l'exercice par des autorités locales d'un pouvoir normatif propre, tel que l'entend Bertrand Faure[441]. Il peut servir d'instrument de mesure du degré d'autonomie locale de chaque collectivité territoriale.

... au concept d'ingénierie territoriale

D'une pluralité d'approches, nous retiendrons les orientations suivantes :

Le propos de « l'ingénierie » est avant tout de *« délivrer la matière de la confusion de ses apparences et de ses ancrages métaphysiques, pour l'analyser dans la clarté de rapports quantifiés »*[442]. De cette vocation scientifique des fonctions d'ingénierie, nous pouvons dégager à la fois que l'ingénierie territoriale englobe nécessairement une fonction de conception

---

[438] Jacques Fialaire (dir.), *Subsidiarité infranationale et territorialisation des normes – état des lieux et perspectives en droit interne et en droit comparé,* PUR, 2004, p.21.

[439] J. Fialaire, "Regionalism and Decentralization in France: Appeal and Limitations of Institutional Asymmetry", contribution au colloque international d'Innsbruck des 19-21 novembre 2013 sur *Regionalims : Lessons from Europe and America,* organisé par l'Institut universitaire français d'Innsbruck, *in* Gudrun M. Grabher, Ursula Mathis-Moser (éd.), *Regionalism(s) - A variety of Perspectives from Europe and the Americas,* Institut fur Foderalismus, 119 Schriftenreihe, New academic press, 2014, p.51.

[440] Voire : Claire Barthélémy, *Le régionalisme institutionnel en Europe,* L'Harmattan, Logiques juridiques, 2009.

[441] Bertrand Faure, *Droit des collectivités territoriales,* Dalloz, précis, 2e éd., 2011, pp.425, s.

[442] Jacques Guillerme, Hélène Vérin, notice « matière », *in Encyclopédie thématique « Sciences »,* Universalis, vol.3, 2004, p.2501.

(en lien avec les projets de territoire), ne pouvant se réduire à une fonction d'application et qu'elle possède une composante nécessaire : l'innovation.

Puisant dans des ressources pluridisciplinaires, incluant les sciences humaines et sociales, l'ingénierie territoriale doit conjuguer plusieurs méthodes de recherches, allant de la modélisation mathématique aux enquêtes sociologiques.

Du courant *new-welfariste*, on retirera que l'ingénierie territoriale a vocation à être employée pour garantir l'accès de tous à des biens collectifs.

Des sciences managériales appliquées au développement local, on retiendra que l'ingénierie territoriale doit s'appuyer sur un diagnostic technique et financier fiable, pouvant garantir une transparence financière dans l'évaluation des résultats.

De l'intégration dans le processus de décision locale, il s'impose que l'ingénierie territoriale dépasse le stade de l'expertise préalable pour apporter une aide à la prise de décision. Ainsi, sous le terme d'« ingénierie du développement territorial », est perçu *« l'ensemble des savoir-faire professionnels dont ont besoin les collectivités publiques et les acteurs locaux pour conduire le développement territorial ou l'aménagement durable des territoires »* (Codirdu, 2004).

En tentant de livrer un abord juridique de la notion d'ingénierie territoriale, nous nous efforcerons de la situer au regard des cadres-institutionnels et de montages juridiques existants, en nous cantonnant au domaine de l'action économique locale, discipline largement enrichie par le récipiendaire de ces lignes.

Il s'impose tout d'abord que les formes de l'ingénierie territoriale ont sensiblement changé depuis les années 1960. Aussi mesurerons-nous les effets produits par les mutations de l'action publique locale et les réformes territoriales intervenues depuis les années 1990 (I).

La complexification de l'action publique locale empêche que soit dégagé un modèle unique d'ingénierie territoriale. Différentes formes d'ingénieries spécialisées s'apprécient au regard des structures qui en sont porteuses et des missions exercées (II).

I. Les mutations de l'ingénierie territoriale :

Le panorama des acteurs de l'ingénierie territoriale s'est considérablement élargi ; on est passé :

- d'un système d'« économie administrée » (années 1950-1960) à une prégnance des marchés financiers, garantie par la soumission des opérateurs publics aux règles du droit de la concurrence.
- d'un quasi-monopole de quelques grands corps de l'État dont les représentants sont placés à la tête des filiales du réseau de la CDC (années 1950-1970) à un système concurrentiel incluant notamment les investisseurs privés et à des constructions différenciées partant du local, orientées par des « projets de territoire ».

A. La phase de domination de l'ingénierie publique d'État

Une donnée s'impose : l'ingénierie territoriale, si tant est que l'on puisse employer ce terme dans les années 1950-1960[443], se construit dans un cadre stato-centrique (1).

Un autre pilier conforte la fermeture de ce système : la relative stabilité de l'éventail des compétences publiques en jeu. (2).

1) La portée du « stato-centrisme »

Plusieurs traits caractéristiques en découlent :

- La hiérarchisation : une organisation pyramidale relie les services déconcentrés de l'État délivrant des prestations d'ingénierie publique aux collectivités territoriales aux ministères (Construction, puis Équipement et Agriculture), ainsi qu'une organisation en réseau fait de la Caisse des Dépôts et Consignations (CDC) un « holding d'État ». Le mouvement de décentralisation engagé en 1982 ne change pas cette donne, puisque le concours technique des services déconcentrés de l'État aux communes est spécialement régi par la loi du 7 janvier 1983 (art.12) et par la loi d'orientation ATR du 6 février 1992 (art.7)[444].
- La spécialisation. L'urbanisme en fournit un bon exemple. Il apparaît compartimenté entre un « urbanisme réglementaire », centré sur l'élaboration des schémas et plans d'urbanisme et la réglementation de l'usage des sols, et un « urbanisme opérationnel » empruntant des zonages établis. Ici opère l'ingénierie publique d'État (instruction des permis de construire, montage de dossiers techniques

[443] Un économiste comme Philippe Langevin préfère l'appellation « ingénierie des territoires » (voir en annexe 3 : Compte rendu du séminaire d'Aix du 3/10/2016).
[444] Voir : Franck Moderne, *Les conventions de prestation de services entre l'État et les collectivités locales*, EFE, 1996.

et financiers pour la réalisation de stations d'épuration, etc), là se déploie une ingénierie hautement qualifiée, reposant sur le concours de cadres et techniciens mis à disposition par les filiales de la CDC (conception de projets de ZAC, d'opérations de rénovation urbaine ;...).

Mais l'analyse juridique doit ici être complétée par les analyses de science administrative. Dominent durant cette période des situations quasi-monopolistiques, favorisées par un contexte d'économie largement administrée, plaçant en position de force des « grands corps de l'État ». Ceux des ingénieurs des Ponts et Chaussées[445], des Mines et du Génie rural connaissent des temps particulièrement fastes. Mais la Haute Fonction publique d'État issue de l'ENA n'est pas en reste, et trouvera maints débouchés à travers l'essor d'administrations de mission rayonnant sur les territoires locaux. Ainsi en a-t-il été des secrétariats généraux aux affaires régionales [SGAR] et de la Mission interministérielle d'aménagement du Languedoc-Roussillon). Leur vocation normale consiste à remplir *« une mission de conception et d'expertise pour de futures politiques publiques dont les administrations de gestion auront la charge de la mise en œuvre »*[446]

2) Une ingénierie territoriale bornée par des champs de compétences stables

L'agenda politique des années 1950-1960 privilégie la réforme administrative de l'État. Une ingénierie publique d'État se déploie, sous la houlette de la conférence administrative régionale (CAR), comprenant les préfets de départements et des hauts fonctionnaires. Pour ses missions regardant notamment la mise en œuvre de la planification, elle est encadrée, par la « mission régionale » (qui deviendra dans les années 1980 le secrétariat général pour les affaires régionales), formant auprès du préfet de région une équipe de chargés de mission recrutés dans les différents corps de l'administration.

Ce primat donné à la réforme de l'État, allié à l'échec du référendum lancé le 27 avril 1969 par le Général de Gaulle, Président de la République, impliquant le rejet d'un projet de loi relatif à la transformation des circonscriptions régionales en collectivités territoriales à part entière, ont débouché sur une certaine stabilité des compétences des autorités locales, ce qui produit un double effet :

---

[445] Voir : Jean-Claude Thoenig, *L'ère des technocrates. Le cas des Ponts et Chaussées*, L'Harmattan, 1973.

[446] Henri Oberdorff, Nicolas Kada, *Les institutions administratives,* Sirey, 8e éd., 2016, p.105.

- le besoin d'édifier une ingénierie territoriale « en interne », au sein des collectivités territoriales, ne se fait pas ou faiblement sentir, d'autant plus que celles-ci sont faiblement autonomes sur le plan financier,
- lorsque des ressources d'ingénierie territoriale doivent être mobilisées dans un éventail réduit de secteurs prioritaires, des filiales de la CDC s'affirment classiquement comme *« très présentes dans les sociétés d'économie mixte locale (SEML) pour assurer une offre immobilière sociale et la gestion d'équipements publics structurants ».*[447]

Une transformation de l'ingénierie territoriale est perceptible à partir des années 1990.

B. Vers une nouvelle donne de l'ingénierie territoriale

Quelques repères peuvent fixer cette évolution (1), avant que nous ne caractérisions l'ingénierie territoriale renouvelée (2).

1) Les grandes phases de l'évolution de l'ingénierie territoriale

Les années 1990 marquent un bouleversement important dans l'offre et dans les contours de l'ingénierie territoriale, qui va s'accélérer au tournant des années 1990-2000.

L'ingénierie territoriale se caractérise à la fois :

- par un champ d'activité de plus en plus vaste :

L'assistance à maîtrise d'ouvrage s'ouvre à des fonctions plus larges, s'assimilant à l'élaboration de stratégies globales d'action publique. Les régions ont largement contribué à cette évolution en se saisissant de leur compétence d'aménagement du territoire acquise à partir de 1982, par la pratique d'une contractualisation de leurs engagements financiers envers les entités infra-régionales, pour le soutien au développement local.

- par une diversification des acteurs :

À côté des collectivités territoriales, dont le champ de compétences et l'autonomie ont été renforcés par les réformes opérées à partir de 1982, *« toute une série d'acteurs locaux s'intéresse également au développement économique local »*[448]. On dénombre notamment : *« les SEM, dont celles du*

---

[447] Frédéric Thiveaud, *La Caisse des dépôts,* PUF, 2015, p.64. Voir aussi : Raphaël Frétigny, *Financer la cité – La Caisse des dépôts et les politiques de développement urbain en France*, thèse IEP Lyon, 2015, p.133 ; recherche ayant obtenu le 1er prix de thèse du GRALE (édition 2016).

[448] Dominique Lorrain, « La montée en puissance des villes », *Economie et humanisme, n°305,* janv.-fév.1989, pp.6-21.

réseau de la CDC, les CCI, les organismes spécialisés dans le conseil ou la création d'entreprise (par ex. le réseau « Boutiques de gestion »), les associations, les centres culturels, les organismes publics ANPE, DDE, préfectures, agences de développement rassemblant différents partenaires, comités de bassin d'emploi, agences d'urbanisme, syndicats, promoteurs immobiliers, groupes spécialisés dans les services urbains, spécialistes de l'immobilier d'entreprise, consultants, etc. ».[449] Forgée progressivement, la notion d'ingénierie territoriale s'entend comme une catégorie générique.

À côté des effets produits par les réformes de décentralisation engagées à partir de 1982, l'explosion de l'offre d'ingénierie territoriale est favorisée par un autre facteur : la pression du droit européen. Dans ce contexte, *« l'ancien réseau du développement économique local, celui des CCI, des comités d'expansion, des SEM, du réseau CDC, des SDR, de la DATAR et de ses antennes, se retrouve en concurrence avec d'autres acteurs locaux »* à statut privé (bureaux d'études, consultants,...).[450]

Dans les années 2010, plusieurs tendances s'imposent :

- Un mouvement de restructuration de l'ingénierie publique.

Des ressources d'ingénierie se déploient, en gestion directe ou déléguée, suivant les choix d'organisation retenus par les autorités locales, tandis que l'ingénierie d'État devient subsidiaire.

Dans un souci de compatibilité avec le droit européen des marchés publics, la loi n° 2001-1168 du 11 décembre 2001, dite loi MURCEF[451], modifie le régime des prestations publiques d'ingénierie technique en les soumettant aux dispositions du Code des marchés publics. Seule, l'assistance technique fournie au profit des communes et des groupements ne disposant pas de moyens financiers et humains nécessaires à l'exercice de leurs compétences pour des raisons de solidarité et d'aménagement du territoire (ATESAT) échappe au droit européen de la concurrence, et opère dans les domaines de la voirie, l'aménagement et l'habitat. Elle remplace alors l'ancienne « aide technique à la gestion communale ».

On estimait qu'en 2003-2004, les missions d'ATESAT représentaient l'équivalent temps plein de 1.735 agents »[452].

La contrainte budgétaire a eu ensuite raison de ce schéma d'organisation, fondé sur la subsidiarité. *« En 2011, dans le cadre de la révision générale des*

---

449 S. Wachter (dir.), *op. cit.*, p.135-136.
450 S. Wachter (dir.), *id.*, p.151.
451 Mesures urgentes de réformes à caractère économique et financier.
452 Mathieu Lhériteau, « L'ingénierie de l'État au profit des collectivités territoriales : de l'ATESAT au CEREMA », *Cahiers de la fonction publique*, n°352, fév.2015, p.58.

politiques publiques (RGPP), il a été décidé d'abandonner les prestations d'ingénierie étatique dans le secteur concurrentiel. Puis, l'article 123 de la loi de finances pour 2014 a également supprimé, à compter du 1er janvier 2014, l'intervention de l'État pour des raisons de solidarité et d'aménagement du territoire »[453].

En dépit du désengagement partiel de l'État, on a estimé qu'entre 2001 et 2011, les effectifs de l'ingénierie publique ou parapublique ont augmenté de 36% (source INET 2014).

2) Les référentiels communs de l'ingénierie territoriale renouvelée

Plusieurs traits dominants contribuent à façonner l'offre contemporaine.

La soumission au droit de la concurrence

Le principe est désormais, depuis la loi MURCEF du 11 décembre 2001, d'une mise en concurrence de l'ingénierie, par soumission au Code des marchés publics, l'ATESAT constituée en 2002 étant présentée comme une exception à ce régime.

L'immersion dans le champ du droit de la concurrence s'accompagne de :

- Certaines réorganisations, passant par la « réinternalisation » d'organismes au sein de l'appareil d'État ou de la CDC. Ainsi des filiales de la CDC dans les secteurs du climat, du numérique et des infrastructures sont absorbées dans la nouvelle direction des investissements et du développement local créée en février 2015.
- L'extension de la gestion commerciale. Tous les organismes offrant des prestations d'IT veillent désormais à facturer leurs prestations intervenant dans un champ concurrentiel.

La transversalité à l'heure du développement durable

La pénétration des objectifs du développement durable dans plusieurs branches du droit, à commencer par le droit de l'urbanisme, produit un impact, non seulement sur les instruments de planification, mais aussi sur les structures et les métiers relevant de l'ingénierie territoriale. À côté des administrations de l'État et des collectivités territoriales, sont aussi employeurs des cabinets d'étude et de grands groupes industriels (Bouygues, Veolia,…). En outre, on enregistre une plus grande mobilité dans les parcours professionnels.

---

[453] Nadine Dantonel-Cor, « les prestations techniques d'ingénierie publique au service des collectivités territoriales », *in Mélanges en l'honneur du professeur Marcou,* IRJS éds., déc.2017, pp.179-194.

La variabilité des périmètres des compétences locales

Une montée en puissance de ressources d'ingénierie territoriale s'observe, surtout là où les champs de compétences gagnent en substance. Ainsi en va-t-il de l'urbanisme. Désormais, la loi ALUR du 24 mars 2014, en généralisant le PLUi, promeut l'échelon intercommunal comme le niveau stratégique pour la planification urbaine.

La mobilité de la substance de certaines missions

Des acteurs de l'ingénierie territoriale peuvent émerger au fil du temps à la faveur :

- d'une large délégation de missions donnée à une agence par la collectivité-mère. Ainsi en va-t-il des comités régionaux du tourisme, lorsque les conseils régionaux leur confient l'éventail maximal des missions légales pouvant leur revenir (C. tourisme, art. L.131-8).
- d'un cadre normatif souple laissant une grande marge d'adaptabilité des procédés d'aménagement à l'innovation technique et organisationnelle. Il en va ainsi dans des domaines tels que l'aménagement numérique des territoires et la transition écologique et énergétique.

II. Les figures contemporaines de l'ingénierie territoriale :

S'imposent désormais la diversité des supports institutionnels de l'ingénierie territoriale (A), et l'extension du champ des missions dans lesquelles elle intervient (B).

A. Les structures supports de l'ingénierie territoriale

L'ingénierie territoriale est d'abord déterminée par les choix de gestion opérés par les autorités locales (1). On est conduit à une nouvelle lecture des interventions du groupe CDC (2). Il reste alors à appréhender la place laissée à l'ingénierie publique d'État au service des collectivités territoriales (3).

1) Structures de gestion des services publics locaux et ressources d'ingénierie territoriale

L'essor des ressources d'ingénierie territoriale va résulter surtout du développement des groupements d'intérêt public (GIP), des sociétés d'économie mixte locale (SEML) et des sociétés d'économie mixte à opération unique (SEMOP), des sociétés publiques locales, ainsi que des agences de développement.

Les GIP

Ils sont une forme de *« partenariat institutionnel offert aux personnes publiques dans le cadre de leur action économique »*[454].

Notons que l'expérience des GIP d'aménagement et développement du territoire (Loi n°2005-157 du 23 février 2005 relative au développement des territoires ruraux, art.236) a pu générer la constitution de ressources spécifiques d'ingénierie territoriale dans la contribution à l'étude, à la recherche et à la formation ainsi qu'à l'animation d'actions spécifiques d'aménagement du territoire, de prospection des investissements étrangers et de développement des massifs de montagnes.

SEML et SEMOP

Parmi les différentes formes d'entreprises publiques locales, les SEML *« représentent plus de 90% » du chiffre d'affaires global. Elles opèrent dans 7 domaines principaux d'activité : développement économique, tourisme, renouvellement urbain, transports, immobilier, production et distribution d'énergie et services environnementaux »*[455]. Elles sont soumises au respect du droit interne des marchés publics et du droit européen de la concurrence.

De création récente, ayant été instituée par la loi n°2014-744 du 1er juillet 2014, la SEMOP présente une double face :

- D'un côté, elle est par nature dédiée exclusivement à l'exécution d'un contrat unique, selon une structure simplifiée (deux actionnaires au minimum, dont une entreprise privée) ;
- D'un autre côté, il apparaît que *« son objet peut être plus large que celui d'une SEML »,* pouvant couvrir des opérations intégrées de construction et développement de logements.

La doctrine y a vu la possibilité de *« constituer des partenariats public-privé institutionnalisés »*[456]. L'essor de ce type de structure permet de dégager des ressources d'ingénierie territoriale en interne, « à l'abri » des procédures de mise en concurrence. En effet, comme pour les SPL (voir infra), cette réforme est conçue en phase avec les possibilités offertes par la jurisprudence communautaire d'écarter le droit européen de la concurrence (CJCE, 10 sept.2009, *Sea Srl c/ Cne de Ponte Nossa, aff. C-357/07*). Ce mouvement est conforté par les ordonnances du 23 juillet 2015 sur les marchés publics et du 29 janvier 2016 sur les contrats de concessions, transcrivant les directives européennes marchés et concessions, étendant les exclusions du champ

---

[454] Conseil d'État, L'action économique des personnes publiques, étude annuelle 2015, DF.
[455] Fédération des entreprises publiques locales, *EPL Scope 2015, Le baromètre des entreprises publiques locales,* www.lesepl.fr
[456] Bénédicte Delaunay, *op.cit.*, p.729.

d'application du régime des marchés publics aux relations internes au secteur public et donnant une nouvelle définition du « in house » ou de la « quasi-régie ».

Par contre, tout comme une SPL, la SEMOP devient un « pouvoir adjudicateur » soumis au droit des marchés publics, lorsqu'elle effectue des achats.

On peut en déduire qu'en pratique, le montage de ces nouvelles SEMOP requiert :

- dans le cadrage de la relation partenariale entre les collectivités actionnaires et la société : une forte expertise juridique ;

- dans la gouvernance de la société : une forte expertise financière de la part de représentants des collectivités actionnaires.

- dans le suivi de l'exploitation des activités de service public : un besoin d'expertise technique accru se fait sentir au regard de l'extension du champ de ces activités. Ce dernier besoin transparaît au regard du mouvement récent de « création de plusieurs SEMOP dans les domaines de l'eau et de l'assainissement »[457].

Les SPL

Malgré la « déception » exprimée par une partie de la doctrine juridique vis-à-vis de l'emploi du procédé contemporain de la SPL[458], l'accroissement des SPL, témoigne d'une faveur croissante pour ce procédé ; ainsi dans le secteur du développement touristique, les collectivités territoriales ont transformé nombre de SEML en SPL[459]. Une cohérence accrue de l'action touristique est ainsi recherchée.

Deux types de contraintes sont à prendre en compte :

- Celles liées au statut de SPL : « *ces sociétés exercent leurs activités exclusivement pour le compte de leurs actionnaires et sur le territoire des collectivités territoriales et des groupements de collectivités territoriales qui en sont membres* » (CGCT, art. L.1531-1 al.3). Cette limite peut être dépassée par la création d'une SEM « sœur » de la SPL et d'un groupement d'intérêt économique (GIE) abritant des moyens humains mutualisés.

---

457 source : newsletter ADCF 29/01/2016.

458 Voir le dossier : *RDP n°3/2011.*

459 Selon la fédération des entreprises publiques locales, 13% des EPL de tourisme sont désormais des SPL (rapport, oct.2013).

- Celles découlant du droit des marchés publics : Si par application de la théorie jurisprudentielle des relations « in house », les SPL échappent dans leurs relations avec la puissance publique aux règles de publicité et de mise en concurrence du droit européen des marchés publics, la mise en concurrence s'impose dès lors que la SPL passe des contrats pour exécuter ses missions. Cette situation est comparable à celle des SEMOP.

Les agences de développement

Ces structures de droit privé apparaissent comme des 'satellites' d'intercommunalités, de départements et de régions. Elles sont fortement ébranlées par le processus récent de réforme territoriale. En limitant la possibilité pour les départements de participer aux financements d'organismes concourant au développement économique de leur territoire, la loi NOTRe du 7 août 2015 semble emporter logiquement la suppression des agences de développement économique départementales, à l'image de la disposition prévoyant l'obligation de cession de la « trentaine d'EPL départementales » (art.133 §VII de la loi). Mais la thèse du maintien des agences départementales est défendable, en s'appuyant à la fois :

- sur la règle de principe, donnant au département une fonction de « chef de file » pour « l'exercice des compétences relatives à la solidarité des territoires » (CGCT, art. L.1111-9, §III, issu de la loi MAPTAM du 27 janvier 2014) ;

- sur la norme spéciale selon laquelle, « du CGCT dispose que *« le département met à la disposition des communes ou des établissements publics de coopération intercommunale qui ne bénéficient pas de moyens suffisants pour l'exercice de leurs compétences dans le domaine de l'assainissement, de la protection de la ressource en eau, de la restauration et de l'entretien des milieux aquatiques, de la voirie, de l'aménagement et de l'habitat, une assistance technique dans des conditions déterminées par convention »* (CGCT, art. L 3232-1-1). Il est relevé que *« pour bénéficier de l'assistance technique mise à disposition par les départements, les communes doivent entrer dans la catégorie des communes rurales et les intercommunalités doivent comporter moins de 15 000 habitants ainsi que plus de la moitié de la population totale provenant de communes rurales »*[460].On retrouve ici des missions exercées jusqu'en 2015 par les services de l'État à travers l'ATESAT.

---

[460] Voir : Nadine Dantonel-Cor, « les prestations techniques d'ingénierie publique au service des collectivités territoriales », *in Mélanges en l'honneur du professeur Marcou,* Eds IRJS, 2017 op.cit. Pour les conditions exactes, voir article R3232-1 CGCT et R3232-1-2 CGCT.

Dans les faits, le transfert des missions économiques des départements aux régions tarde à s'opérer, la loi NOTRe n'ayant pas prévu de compensation de charges au bénéfice de celles-ci, alors que les départements « consacraient en 2011 1,6 milliard d'€ aux dépenses d'interventions économiques »[461].

2) *Les interactions entre le groupe CDC et les aménageurs publics locaux :*

On détecte une évolution de ces rapports, dont l'interprétation est sujette à débat.

La thèse du resserrement, voire du retrait du groupe CDC, et à travers lui de l'État, est défendue à la fois :

- Sur la base d'études dogmatico-doctrinales : Pour Jacqueline Domenach, la création de la SPL par la loi du 28 mai 2010 renvoie à une « intention cachée », consistant à combler le *« désengagement de l'État-Nation vis-à-vis des services publics »*[462]. Une critique comparable est exposée par Laurent Davezies, qui estime qu'il y a un *« déficit d'expertise de l'État »*[463].

- Sur la base d'analyses pratiques tirées d'études de cas : Pour Raphaël Frétigny, *« le rôle de la SCET se limite peu à peu à une double fonction. La première renvoie à son organisation en réseau : elle permet au directeur de recevoir des informations et d'en échanger avec ses collègues. La deuxième relève de son expertise, la SCET prodiguant des conseils ponctuels, notamment en droit de l'aménagement. En revanche, la tenue des comptes et de la trésorerie est internalisée par la SEM. L'activité de contrôle de gestion est quant à elle progressivement reprise par la collectivité locale, désormais dotée de moyens techniques importants ».*[464].

Plus que d'un desserrement des liens entre la CDC et les aménageurs publics, il semble que de nouvelles formes de rapports s'installent. En 2015 a été créée « l'Agence France entrepreneur », dont sont membres l'Association des Régions de France (ARF), la Caisse des dépôts, le Conseil de l'ordre des experts-comptables et les organisations consulaires (CCI France et

[461] Jurgensen, Demael, Queyranne, *Pour des aides simples et efficaces au service de la compétitivité,* 2013, cité *in* dossier « Développement économique : à chacun son rôle ! » *La Gazette des communes…,* 10 oct.2016, p.54.
[462] Actes colloque sur les SPL, Paris 2, *RDP n°3/2011,* pp.717, s.
[463] Laurent Davezies, *La crise qui vient – la nouvelle fracture territoriale,* Seuil, 2012.
[464] Raphaël Frétigny, *Financer la cité. La Caisse des dépôts et les politiques de développement urbain en France*, thèse de science politique, IEP de Lyon, p.396.

l'Assemblée permanente des chambres des métiers et de l'artisanat). Elle est dédiée au soutien *« des territoires économiquement fragiles »*[465]. Elle est donc amenée à produire des ressources d'ingénierie territoriale.

Par ailleurs, on trouve des analyses organiques plus neutres quant à la doctrine interventionniste de l'État : pour Philippe Cossalter, la présence ou non de l'État à travers le groupe CDC n'est pas en cause, le développement des SPL s'intégrant dans *« un mouvement européen de transformation des EPL en sociétés »*[466].

3) Les vestiges de l'ingénierie publique d'État au service des collectivités territoriales

Parallèlement au retrait de l'État d'une des missions de l'ATESAT, constituée par « l'application du droit des sols », reprise par les intercommunalités et certains syndicats mixtes, une restructuration des services s'est opérée avec la création en janvier 2014 du Centre d'études et d'expertise sur les risques, l'environnement, la mobilité et l'aménagement (CEREMA). Cet établissement public regroupe les 8 centres d'études techniques de l'équipement, le centre d'étude sur les réseaux, les transports, l'urbanisme et les constructions (CERTU), le centre d'études techniques maritimes et fluviales et le service d'étude sur les transports, les routes et leurs aménagements.

B. Les missions contemporaines de l'ingénierie territoriale

Deux types de missions peuvent être cernées au regard de critères juridiques. D'autres, que nous laisserons de côté, s'appréhendent en se référant à des référentiels extra-juridiques (telles les actions d'assistance aux entreprises et celles de promotion et de communication).

1) Les actions de planification

La réforme territoriale entraîne un perfectionnement des outils de planification régionale.

Le Schéma régional de développement économique, d'innovation et d'internationalisation (SRDEII) :

La loi NOTRe du 7 août 2015 consacre la région en tant que *« collectivité territoriale responsable, sur son territoire, de la définition des orientations en matière de développement économique »* (article L. 4251-12 du CGCT)

---

[465] Voir : dossier « Développement économique : à chacun son rôle ! » *La Gazette des communes…*, 10 oct.2016, p.53.

[466] Ph. Cossalter, « La SPL : un outil répandu en Europe », *in* dossier : *RDP n°3/2011*, p.730.

Territoriales). Pour cela, elle se dote d'un schéma régional de développement économique, d'innovation et d'internationalisation (SRDEII) considéré comme un outil de prospective stratégique, à échéance du 1er janvier 2017.

Selon l'article L. 4251-15 du CGCT, les orientations du schéma applicables aux métropoles, à la métropole d'Aix-Marseille Provence et à la métropole de Lyon sont *« élaborées et adoptées conjointement par le conseil de la métropole concerné et le conseil régional ».* À défaut d'accord, la métropole adopte son propre document d'orientations stratégiques. Dès lors, ce document se substitue au SRDEII dans le périmètre de la métropole.

Sur cette base, des risques de concurrence sont pointés entre régions et métropoles. Pour Claude Devès, *« les règles d'élaboration du SRDEII permettent aux métropoles de faire échec au leadership régional »*[467]. Hélène Pauliat souligne également que le Conseil d'État, dans son rapport de 2015[468], *« élude la question délicate de l'articulation entre ces différents documents, dont la profusion risque de rendre totalement illisible la démarche prospective »*[469]. D'autres observateurs avancent des analyses plus optimistes. Pierre Cohen, ancien maire de Toulouse, auteur d'un rapport au gouvernement sur les rapports entre régions et métropoles, soutient que *« le législateur aurait fait « le pari de l'intelligence des collectivités, de l'intelligence des territoires », d'une « intelligence collective »*[470]. En d'autres termes, cette nouvelle organisation territoriale reposerait sur « un dialogue constructif entre les différentes collectivités », et *a fortiori* sur la qualité des relations entre la métropole et la région. Ce rapport propose la mise en place d'instruments de coopération pour renforcer le dialogue et la coopération entre les régions et les métropoles. Par exemple, à l'instar du Contrat de Plan État-Région (CPER), le rapport propose le Contrat de Coopération Région-Métropole.

On peut dès lors valablement estimer que des ressources d'ingénierie territoriale, allant au-delà de l'analyse financière, sont nécessaires pour surmonter les frottements, voire les conflits pouvant apparaître pendant le processus de concertation précédant l'adoption de ces schémas.

---

467 Claude Devès, « Les interventions économiques des collectivités territoriales », *Encyclopédie des collectivités territoriales*, juin 2016, §173, n°89.
468 Conseil d'État, L'action économique des personnes publiques, étude annuelle 2015, DF
469 Hélène Pauliat, « L'action économique des personnes publiques - Une capacité d'agir sous-estimée et mal connue », DA n° 11, novembre 2015, étude 13.
470 Pierre Cohen, rapport à Marylise LEBRANCHU, ministre de la décentralisation et de la fonction publique, « La relation entre les régions et les métropoles dans la nouvelle organisation territoriale de la république », 23 juin 2015.

Schéma régional d'aménagement, de développement durable et d'égalité des territoires (SRADDET) :

La loi NOTRe prévoit également (CGCT, art. L.4251) que la région élabore un schéma régional d'aménagement, de développement durable et d'égalité des territoires (SRADDET), qui *« fixe les objectifs de moyen et long termes sur le territoire de la région en matière d'équilibre et d'égalité des territoires et d'implantation des différentes infrastructures d'intérêt régional ».*

La région étant tenue d'associer différents acteurs publics à ce processus, celui-ci génère un besoin d'ingénierie territoriale chez ces organisations associées, qui comptent les départements, les métropoles et les EPCI à fiscalité propre.

2) L'ingénierie financière

La classification juridique de l'action économique des collectivités territoriales révèle une distinction classique entre « les aides des collectivités aux entreprises *stricto sensu* » et « le recours ou la participation à des dispositifs d'ingénierie financière », découpage encore rappelé par une circulaire ministérielle en date du 22 décembre 2015, prise en application de la loi NOTRe du 7 août 2015 ; ce découpage est à la base de deux régimes distincts[471]. Plus précisément, la circulaire ministérielle n°5568/SG datée du 5 janvier 2012 indique que *« les dispositifs d'ingénierie financière recouvrent des mécanismes qui n'interviennent pas en faveur des entreprises sous forme de subvention ou d'exonérations, mais qui participent au financement de leurs projets »*[472].

La loi NOTRe vient ici renforcer le rôle des régions, en leur permettant notamment d'intervenir au sein des fonds communs de placement à risques à vocation régionale ou interrégionale (pour l'apport de fonds propres à des entreprises) et de financer des fonds d'investissement de proximité (bénéficiant à des PME). En outre, la loi NOTRe met fin au principe d'interdiction de participations directes des collectivités au sein des sociétés

[471] Instruction gouvernementale relative à la nouvelle répartition des compétences en matière d'interventions économiques des collectivités territoriales et de leurs groupements, issue de l'application de la loi n°2015-991 du 7 août 2015 portant nouvelle organisation territoriale de la République (NOTRe), 22 décembre 2015, NOR INTB1531125J, http://circulaire.legifrance.gouv.fr/pdf/2015/12/cir_40359.pdf. Voir : Eva Chartier, *Les aides des collectivités territoriales aux entreprises,* mémoire de master 2 droit public approfondi, Université de Nantes, sept.2016, p.17.

[472] Circulaire ministérielle n°5568/SG, 5 janvier 2012, p.1.

commerciales[473] et encadre ces nouvelles participations désormais ouvertes à la Région[474].

Il est aussi des champs de l'ingénierie financière relevant de compétences partagées. Ainsi, « les prises de participation indirecte dans le capital de société (sont visées les sociétés de garantie, les sociétés d'investissement, les sociétés de financement régionales ou inter-régionales, SEM, SATT) sont une compétence régionale et métropolitaine.

La compétence économique de la Région ne fait donc pas disparaître le besoin de ressources d'ingénierie financière à d'autres échelles locales.

Au final, on peut s'accorder sur un cadrage d'ensemble de l'ingénierie territoriale, si l'on retient une perception « technico-administrative », plus familière en droit. Il convient alors de faire le choix d'une vision finaliste de cette ingénierie. Cette orientation a des répercussions sur les missions, conduisant à décomposer une ingénierie de projet et une ingénierie de stratégie opérationnelle[475].

Mais la notion reste en débat si on dépasse cette approche selon un regard socio-politique. Suivant l'issue des luttes de pouvoir auxquelles sont confrontées les organisations publiques locales, les ressources d'ingénierie territoriale pourraient être à l'avenir :

- Soit accaparées par des intercommunalités de plus en plus puissantes et intégrées. Va dans ce sens une recommandation issue d'un rapport commun à l'AdCF et à la CDC, appelant à *« renforcer les compétences opérationnelles des intercommunalités pour en faire l'interlocuteur de proximité sur les besoins des entreprises »*[476]

- Soit diffusées de manière à compenser les inégalités territoriales. D'où cette option préconisée dans un rapport

[473] La loi NOTRe introduit le 8° bis de l'article L. 4211-1 du CGCT.
[474] Cette prise de participation est encadrée par le décret n°2016-807 du 16 juin 2016, entré en vigueur le 19 juin 2016, qui en précise les 111 conditions et limites.
[475] Exprimée lors du séminaire d'Aix du 3 octobre 2016, cette perception rejoint la position exprimée par Michel-François Delannoy, expert Projets territoriaux complexes auprès de la Direction du réseau et des territoires de la CDC, lors de la réunion du comité de pilotage de la recherche tenue le 14 octobre 2016.
[476] AdCF et CDC, *Territoires et entreprises : initiatives pour des bassins d'emploi mieux organisés*, rapport 2016, Objectif 4, www.adcf.org

sénatorial[477], estimant que le bon fonctionnement de l'ingénierie repose sur une « chaîne d'ingénieries complémentaires » ; *« les intercommunalités doivent constituer l'échelon de base de l'ingénierie et les départements doivent pouvoir intervenir dans les zones rurales »*. Nous plaiderons dans ce sens en estimant qu'à la dissymétrie structurelle, doit correspondre une dissymétrie fonctionnelle. L'avenir des territoires ruraux, cause à laquelle Claude Devès est si sensible, serait mieux assuré.

477 Sénat, *Les collectivités territoriales et l'ingénierie en matière d'urbanisme,* Rapport d'information au nom de la délégation aux collectivités territoriales et à la décentralisation présenté par Pierre Jarlier, session 2011-2012, n°654

Réflexions sur les monnaies locales complémentaires

Par Christian Lavialle

Professeur émérite de l'Université Toulouse1-Capitole
Institut Maurice Hauriou

L'économie qui prend forme et vie dans les transactions interpersonnelles est dépendante de l'institution d'un intermédiaire permettant d'évaluer ce qui est échangé et d'en assurer le financement immédiat ou différé. Depuis la plus haute antiquité, la monnaie[478] a assuré cette fonction que les gouvernants ont vite cherché à contrôler en préemptant l'émission de cet instrument capital dans le fonctionnement des sociétés placées sous leur souveraineté et, de surcroît, source de profits. Le seigneuriage est effectivement une des prérogatives attachées à la puissance publique.

En raison de ce monopole, la possibilité de développement d'une monnaie locale ne peut exister que dans des circonstances particulières de temps et de lieu où justement l'État peine à assurer le bon fonctionnement économique de la société, soit qu'il y ait pénurie physique de monnaie, soit qu'une crise rende l'accès à la monnaie difficile pour une partie de la population. Les monnaies locales ont émergé dans un tel contexte étant entendu qu'actuellement- et cet aspect sera ici particulièrement étudié- c'est la seconde cause qui explique la réapparition de ce que le législateur le 31 juillet 2014 a dénommé « les monnaies locales complémentaires », expression qui suggère à la fois l'ancrage dans la relation de proximité de cet instrument et sa dépendance par rapport à la monnaie principale qui a cours sur tout le territoire.

La mondialisation des activités économiques et financières[479] a tendance à exclure du marché certains consommateurs et producteurs mal adaptés aux

---

[478] Le troc, forme primitive de l'échange mais qui connaît aujourd'hui une résurgence à travers les systèmes d'échanges locaux (SEL), a un registre fonctionnel plus limité.

[479] Ce phénomène est lui-même d'ailleurs porteur d'une monnaie virtuelle universelle, *le bitcoin*, qui a vocation à échapper aux États et à rogner leur pouvoir sur la création monétaire.

conditions qu'elle crée qu'il s'agisse des délocalisations, de la précarité des emplois et de l'accroissement du chômage afférent. Aussi l'idée de retisser localement des liens sociaux entre personnes désireuses que la production et la distribution soient orientées par des critères non immédiatement marchands, comme l'équité des transactions ainsi que leur faible impact environnemental, a surgi en même temps que les soubresauts contemporains de l'économie de marché et en réplique d'expériences lancées, dans des circonstances comparables, lors des années trente. Le recours à la monnaie est apparu naturellement comme pouvant favoriser cette politique dès lors que celle-ci, lorsqu'elle est à vocation locale, est conçue et utilisée différemment des devises nationales dans la mesure où elle a l'échange comme fonction essentielle et la recherche d'une certaine justice sociale comme finalité. La résilience que ces monnaies locales dites complémentaires confèrent aux territoires qu'elles irriguent et leur redynamisation suscitent l'intérêt de l'État[480] et des collectivités locales qui ont vocation à soutenir ces projets d'intérêt privé en créant ainsi une forme originale de mixité territoriale chère au dédicataire de ces Mélanges.

Pour la présenter, il conviendra successivement d'examiner d'abord la dualité initiale des monnaies locales (I), puis d'approfondir la spécificité des monnaies locales complémentaires (II) et enfin de s'interroger sur leur condition juridique (III).

I. Dualité des monnaies locales :

Le phénomène de création locale de monnaie a, même si des liens existent entre ces deux manifestations, deux sources distinctes, d'une part la pénurie physique de monnaie (A), d'autre part la volonté des agents économiques et autorités locales de s'appuyer, par l'intermédiaire d'une monnaie qui leur est propre, sur une solidarité de proximité (B).

À / Historiquement, la création de monnaies locales a d'abord eu pour origine des circonstances exceptionnelles entraînant une disparition de la « petite monnaie »[481] nécessaire aux transactions quotidiennes. Un déficit quantitatif qui grippait les échanges. Deux précédents peuvent être cités. Le premier concerne la période révolutionnaire où de graves désordres financiers se sont produits, en partie consécutifs à la dette publique laissée par l'Ancien Régime et en partie liée à un recours mal maîtrisé au papier-monnaie avec un lancement incessant de nouveaux billets et une inflation galopante[482]

[480] En ce sens voir l'avis du Conseil économique, social et environnemental (CESE) du 15 avril 2015 : « Nouvelles monnaies : Les enjeux macro-économiques, financiers et sociétaux », Rapporteur P-A. Gailly.

[481] M.P. Sigogne, « La théorie juridique de la petite monnaie », thèse, Paris, 1942, p.5.

[482] Cf. F. Aftalion, « L'économie de la Révolution française », Hachette, Coll. Pluriel, 1987.

conduisant à une situation de quasi-banqueroute sous le Directoire[483]. Ce n'est, en ce domaine comme dans bien d'autres, que la remise en ordre par Napoléon Bonaparte à partir de 1800, avec la création de la Banque de France puis du franc germinal[484], qui rétablit l'équilibre.

Deux facteurs expliquent l'émergence, à côté de la monnaie émise par la nation, à savoir essentiellement les assignats, de billets créés localement par les municipalités, départements ou autres organismes locaux comme les caisses patriotiques ou de secours. Un tenait à la trop forte valeur faciale des assignats, conséquence du souci des émetteurs de ne pas trop les déprécier[485], l'autre au manque de pièces d'argent et d'or qui, en ces temps de forte instabilité monétaire, étaient, de par la valeur du métal, thésaurisées. S'ajoutait à cela le mauvais souvenir laissé par l'expérience de la monnaie papier développée sous la Régence par J. Law. La célèbre loi de Gresham[486] trouvait alors une illustration exemplaire : le papier-monnaie chassait la monnaie métallique.

Confrontées à cette situation, les autorités locales imprimèrent spontanément des billets dits de confiance ou de secours de faible valeur 50 centimes, un franc et 2 francs afin de faciliter les transactions des habitants et d'éviter le recours au troc[487]. Ces émissions de nécessité non réglementées étaient, en principe, gagées sur des assignats déposés en garantie destinés à permettre le remboursement de ces coupures locales. Dans un premier temps elles furent fort utiles, mais assez rapidement vont fleurir des scandales liés à des couvertures insuffisantes qui entraînèrent, comme dans le système de Law, des faillites retentissantes lorsque, faute de confiance, les usagers voulurent convertir ces coupures en assignats[488]. Une autre faille de cette monnaie locale complémentaire était qu'elle n'avait cours que dans la circonscription d'émission ce qui stérilisait une part de cette masse monétaire. Cet inconvénient, notons- le, n'en est plus un lorsque, comme c'est le cas aujourd'hui, la raison de l'institution d'une telle monnaie n'est pas la pénurie physique d'espèces. Quoi qu'il en soit ces difficultés conduisirent les pouvoirs publics nationaux à interdire ces émissions locales par un décret du 8

---

483 Le 30 septembre 1797 fut votée une loi annulant les deux tiers de la dette publique (banqueroute dite des deux tiers).

484 Car créé par la loi du 7 germinal an XI (27 mars 1803). Il était défini par son poids en argent.

485 Voir G. Corvol, « L'émission de bons de monnaie par les chambres de commerce », thèse, Paris, 1930, p. 15.

486 Thomas Gresham, financier anglais (1519-1579), avait conjecturé dans une situation de bimétallisme que la mauvaise monnaie chasse la bonne.

487 Une illustration singulière de ces émissions liées à des circonstances de temps et de lieu est fournie par les monnaies dites de siège comme les billets imprimés à Lyon lors de l'insurrection de cette ville en 1793 contre la Convention.

488 Le scandale le plus retentissant fut celui de la Maison de secours à Paris où pour une émission de 17 600 000 livres l'encaisse de la couverture n'était que de 5 062 000 assignats, G. Corvol, op. cit., p.22.

novembre 1792 et à créer des assignats de faible valeur pour pallier cette disparition.

Le second exemple de monnaies locales auquel il convient de se référer fut l'émission, durant la Première Guerre mondiale, de papier-monnaie par les chambres de commerce suite en premier lieu à l'absence de billets de faible valeur de la Banque de France et à son refus d'en créer pour ne pas affaiblir la valeur de ses billets et ne pas nationaliser et pérenniser une situation estimée passagère[489], en second lieu à la thésaurisation, pour les mêmes raisons que sous la Révolution, des pièces d'or et argent. L'État, par ailleurs engagé dans l'Union monétaire latine, ne pouvait intervenir librement sur le volume de la masse monétaire. Aussi confia- t-il aux chambres de commerce la mission de fournir à la population la petite monnaie indispensable à la vie quotidienne. Leur proximité avec les acteurs économiques et leur statut d'établissements publics les mettaient en bonne situation pour assurer au mieux cette fonction.

Sans autorisation expresse du ministère, mais avec une simple approbation implicite, chaque chambre a émis du papier-monnaie de faible valeur (0,50, 1, 5 francs) moyennant le versement de l'équivalent en billets Banque de France dans les écritures de celles-ci d'abord, puis dans les caisses du Trésor public. Ce dépôt ne générait pas, en principe[490], au départ d'intérêts. Lorsqu'il fut fait auprès du Trésor afin que celui-ci l'utilise plutôt que d'emprunter par des émissions de bons, producteurs eux d'intérêts, les chambres obtinrent l'allocation d'un intérêt de 2% pour les frais d'émission qu'elles supportaient. Cette expérience rendit les services attendus, mais dans la durée la mauvaise qualité de ces coupures causa des difficultés en raison de leur état dégradé qui n'inspirait pas confiance et posait aussi des problèmes de salubrité publique. De surcroît, le localisme de ce papier-monnaie le limitait dans son effectivité puisqu'il n'avait valeur libératoire et n'était de fait convertible que dans la circonscription de la chambre émettrice. Aussi, la situation se pérennisant au-delà même de la guerre, il fallut revenir à une solution nationale et une monnaie métallique non thésaurisable en raison de sa faible valeur réelle[491].

À partir de 1921[492] le gouvernement décida donc de faire fabriquer dans ses ateliers par le Trésor public des pièces nominalement au nom de l'ensemble des chambres de commerce pour ne pas sembler déroger aux

---

[489] Cf la lettre du Gouverneur de la Banque au ministre des Finances de novembre 1915 citée par G. Corvol, op. cit., p.108.

[490] Les chambres obtinrent le droit de convertir en bons de la Défense nationale une part de leur dépôt et de percevoir un intérêt attaché à ces bons Cf M-P. Sigogne, op. cit., p.38.

[491] Les pièces étaient en alliage de cuivre (91,5%) et aluminium (8,5%) et de même valeur nominale que les billets des chambres de commerce.

[492] Le papier-monnaie local continua à circuler mais de plus en plus faiblement. La loi du 12 janvier 1926 imposa le retrait de ces billets avec un délai de trois mois pour en obtenir le remboursement. La non présentation constitua un bénéfice non négligeable pour les chambres de commerce.

obligations de l'Union latine, mais en réalité pour le compte de l'État qui, à ce titre d'ailleurs, versait la contre-valeur dans les caisses du trésor. Ces pièces convertibles rencontrèrent un grand succès auprès du public par leur facilité d'usage et la confiance qu'elles inspiraient en raison de leur caractère national. À la différence des billets des chambres de commerce que peu d'auteurs ont qualifiés de monnaie, ces pièces émises par l'État, ayant cours légal[493] sur tout le territoire, ont été qualifiées généralement, à juste titre, de monnaie[494]. Elles ne portaient pas, à la différence des billets, de date de péremption et ne se distinguaient pas dans l'esprit des utilisateurs des pièces ordinaires.

Ces pièces en revanche ne peuvent être considérées comme une monnaie locale alors que les billets au contraire l'étaient. Leur dimension locale et leur infinie variété ont constitué une entrave d'ailleurs à leur circulation et a donc nui à leur efficacité lorsqu'il est apparu que la crise n'était pas passagère. Les pouvoirs publics ont dès lors entrepris une politique d'unification en leur substituant des pièces émises nationalement par l'État, soi-disant au nom du groupement des chambres de commerce pour ne pas heurter l'Union latine. Lorsque la monnaie complémentaire locale n'est qu'un remède à la pénurie physique de petite monnaie, elle ne peut bien fonctionner dans la durée. Il en va sans doute différemment des monnaies locales dites complémentaires qui ont une autre finalité, à savoir développer, dans une conjoncture difficile, les activités économiques en s'appuyant sur la solidarité communautaire et les liens de proximité entre consommateurs et opérateurs.

B/ C'est la crise de 1929 qui va, dans un tout autre contexte, faire réapparaître les monnaies locales pour traiter de façon complémentaire et par l'instrument monétaire les problèmes liés à la réduction de la croissance, aux fermetures d'entreprises et au chômage. Deux expériences sont généralement citées comme pionnières en la matière. Elles résultent de la mise en œuvre des idées originales sur la monnaie d'un commerçant et théoricien autodidacte allemand Silvio Gesell. Dans son ouvrage publié en 1916 « L'ordre économique naturel », il considère que la monnaie n'a qu'une fonction d'échange. Comme il l'écrit de manière imagée « la monnaie ne sert comme un véhicule que lorsqu'elle se déplace, lorsqu'elle change de propriétaire ... lorsqu'elle circule »[495]. Elle ne doit pas avoir une fonction de conservation de la valeur de sorte que cette monnaie, qu'il appelle « franche », est une monnaie « fondante » qui perd dans chaque intervalle de temps défini une fraction de sa valeur. Son détenteur a donc intérêt à l'utiliser et non à la thésauriser ce qui accroît la demande de biens ou services et relance l'offre et la production. La monnaie ne constitue pour lui qu'un instrument au service de l'économie par les transactions qu'elle facilite et pour cela doit être dotée

---

493 Crim., 25 juin 1927 : D.H. 1927. 435.

494 En ce sens G. Corvol, op. cit., p. 218.

495 « L'ordre public naturel », édition de 1948, traduction F. Swinne, p.163.

d'une grande vitesse de circulation pour les multiplier. Elle n'est plus une fin en soi, ce qui conduit à écarter toute tentation de la capitaliser. « Le but de la monnaie franche, affirme- t-il, est de supprimer le privilège de la monnaie »[496]. Son approche est révolutionnaire en ce qu'elle change fondamentalement la conception usuelle que l'on a de la monnaie dans la mesure où il estime que sa valeur non seulement n'est pas pérenne, mais qu'elle ne tient que dans son mouvement. D'une certaine façon, contrairement à la pile électrique, elle ne s'use que si l'on ne s'en sert pas. Aussi n'est-il pas étonnant que ce soient des circonstances exceptionnelles comme la grande dépression économique occidentale suivant le krach financier de la bourse américaine en octobre 1929 qui ont conduit à mettre en œuvre une monnaie de ce type.

Une des premières expériences[497] a été réalisée dans le Tyrol autrichien à Wörgl. Confrontée, comme beaucoup d'autres communes, à des fermetures d'entreprises et à un fort taux de chômage, la municipalité de Wörgl a émis de bons convertibles en monnaie nationale en raison du dépôt d'une contre-valeur dans une caisse publique locale. Ces titres ont servi à payer les ouvriers et les fournisseurs des entreprises réalisant un programme de travaux publics sur le territoire communal destinés à entretenir et à créer des équipements publics. Ils étaient ensuite utilisés par leurs détenteurs pour régler leurs achats et impôts locaux. Ils circulaient vite puisqu'ils perdaient 1% de leur valeur par mois. L'économie locale, avec le développement de la consommation, est effectivement repartie de par les dépenses encouragées par la nature de cette monnaie. Un recul du chômage de 25% fut atteint en une année alors qu'il augmentait de 20% en Autriche durant la même période[498]. Le fonctionnement de ce système était assuré par la décote mensuelle de 1% prélevée sur ces bons et une taxe de 2% perçue en cas de change en monnaie nationale. Ce succès bâti, dans des conditions qui remettaient directement en cause la logique monétaire commune, fut alors perçu, d'autant qu'il avait tendance à s'étendre à d'autres communes, comme un danger par la Banque Nationale et les établissements bancaires qui obtinrent du gouvernement l'arrêt de cette expérience. Cette réaction témoigne de l'hétérodoxie de la monnaie fondante locale et de la volonté des instances tant étatiques que bancaires, de l'écarter ou au moins de la contrôler.

Une seconde expérience de monnaie solidaire à la même époque doit être signalée bien qu'elle présente des différences non négligeables ce qui lui a permis d'être tolérée par les autorités et de subsister jusqu'à aujourd'hui dans un pays, la Suisse, qui pourtant a une devise forte, une économie solide et des banques puissantes. Les années trente y ont été toutefois aussi dures

---

[496] Op. cit., p. 213.

[497] En Bavière aussi, dans la commune de Schwanenkirchen, à la même époque, a été expérimenté un tel système autour de l'exploitation d'une mine.

[498] Cf Claude Bourdet, l'Illustration, 1933, n° 4723.

qu'ailleurs de sorte qu'en 1934 des petites entreprises de Zurich confrontées à des difficultés pour obtenir des prêts bancaires et à une demande en chute libre ont imaginé une monnaie complémentaire au franc suisse, le wir, pour améliorer les paiements des transactions entre ceux qui acceptaient d'utiliser cette monnaie. La communauté ici ne fut pas locale, mais élargie à tous ceux qui, sur l'ensemble du territoire, adhérèrent à ce système de règlement. Une cotisation minime suffisait et suffit toujours pour en devenir membre. Ensuite les wirs demeurent acquis par achat au cours d'un franc pour un wir. Cette monnaie n'est pas fondante, mais non plus convertible de sorte qu'elle n'est dédiée qu'à des transactions entre adhérents et utilisables qu'à cette fin. Les wirs ne produisant pas d'intérêts, les détenteurs avaient et ont donc intérêt à les remettre dans le circuit c'est-à-dire à les dépenser. Leur acquisition est réalisée par achat, mais aussi, ce qui a été un élément décisif du succès de cet instrument, par l'obtention d'un crédit à faible taux d'intérêt[499].

Comme les précédents évoqués, le wir ne sert qu'à réaliser des échanges et ne constitue pas une réserve de valeur. Sa vitesse de circulation est très élevée, ce qui permet d'une part d'augmenter les transactions et donc la production, d'autre part d'apporter à l'institution gestionnaire, la banque Wir qui a son siège à Bâle, les moyens de financer son fonctionnement dans la mesure où chaque transaction supporte une taxe de 0,6% en moyenne. Cet instrument monétaire favorise le jeu du marché sans accumulation capitaliste et sans porter atteinte au franc suisse et aux prérogatives de la banque fédérale. Il est un complément du système qu'il rend plus fluide. Il s'ensuit que le wir non seulement a survécu, mais qu'il s'est développé et occupe une place importante dans les relations entre les PME[500], en particulier dans le secteur du bâtiment qui représenterait pratiquement le tiers des opérations[501].

Wir signifie Nous (We) et renvoie ainsi par son étymologie au collectif, à une économie solidaire et non pas individualiste. C'est dans cet esprit qu'ont ressurgi, notamment en France, des monnaies locales complémentaires après la crise financière des subprimes de 2008[502] afin de venir en aide à ceux qui, sur un territoire donné, sont les plus affectés par la rareté des ressources[503].

---

[499] La baisse actuelle des taux, inversement, rend le wir moins intéressant.

[500] Une sur cinq utilise le wir ce qui correspond à 60 000 entreprises pour un chiffre d'affaires en wirs équivalent à 1,6 milliards de francs suisses en 2010 (bilan 2015 Sol violette).

[501] Le tout nouveau gouvernement italien issu des élections de mars 2018 vient d'évoquer sans autre précision l'idée, pour mettre en œuvre sa politique hétérodoxe par rapport aux critères européens, de créer, à côté de l'euro, une seconde monnaie nationale.

[502] Voir C. Lavialle, « La crise financière des subprimes », Mélanges Philippe Godfrin, Mare et Martin, 2014, p. 287.

[503] C'est en Argentine, au moment de la grave crise financière qui a affecté ce pays suite à l'effondrement de la devise nationale, au début des années 2000 que des monnaies locales complémentaires sont réapparues. En Grèce aussi à partir de 2009, pour faire face à la

II. Spécificité des monnaies locales complémentaires :

Ce phénomène monétaire fait partie de ce que l'on appelle l'économie sociale et solidaire (A) et repose principalement sur une conception fondante de la monnaie dont la fonction est dédiée essentiellement à l'échange (B).

A/ Les monnaies locales complémentaires se sont développées dans le cadre de l'économie sociale et solidaire officiellement reconnue en France en 1988 sous le gouvernement de Michel Rocard qui a, pour la première fois, compté un secrétaire d'État à l'économie sociale. En complément ou en marge du marché, a depuis lors existé ce mode d'entreprendre dont l'objectif est d'agir avec une gouvernance démocratique sur le terrain économique dans un but autre que le seul partage de bénéfices et concourant à l'utilité sociale. La loi n° 2014-856 du 31 juillet 2014 relative à l'économie sociale et solidaire en ce sens précise que sont considérées comme poursuivant un tel objectif les entreprises qui apportent un soutien à des personnes en situation de fragilité, contribuent à la lutte contre les exclusions et les inégalités ainsi qu'au développement durable dans ses dimensions économique, sociale, environnementale et participative.

Le recours à une monnaie inscrite dans un territoire, à l'image des expériences rappelées des années trente, est naturellement apparu comme pouvant utilement appuyer cette approche solidaire de l'activité économique[504]. Cette conception de la monnaie où celle-ci n'est considérée que comme un instrument d'échange est en phase avec la philosophie de l'économie non capitaliste. Aussi est-ce spontanément que la crise financière de l'automne 2008 a vu refleurir, à l'initiative des acteurs de terrains, privés essentiellement, des expériences locales d'usage de titres monétaires au service de populations et de territoires en grande difficulté et susceptibles par la manière dont elles sont conçues de créer des solidarités favorisant une amélioration de leur situation. Le législateur a reconnu leur utilité puisque la loi précitée du 31 juillet 2014 les reconnaît expressément pour les réglementer en disposant, d'une part que « les titres de monnaies locales complémentaires peuvent être émis » par les organismes privés de portage d'un tel projet, « dont c'est l'unique objet social », s'ils ont une gouvernance démocratique et que leur but est autre que le partage de bénéfices, d'autre part en soumettant l'émission et la gestion de ces titres au contrôle de l'autorité administrative indépendante chargée de surveiller, sur le fondement du Code monétaire et financier[505], les services bancaires et de paiement, y compris l'émission de

raréfaction de l'euro et à la baisse des ressources, des monnaies, dites là-bas parallèles, ont fleuri.

[504] Ces monnaies locales complémentaires se retrouvent aussi ailleurs, en particulier au Royaume uni, en Allemagne ou Espagne. Des projets existent en Belgique (Namur) et Norvège.

[505] Titres 1 et 2 du livre 5 du Code monétaire et financier.

monnaie électronique[506]. Ainsi ces organismes privés doivent-ils être notamment agréés par l'Autorité de contrôle prudentiel et de résolution.

Cette inscription territoriale a conduit un certain nombre de collectivités locales[507] à soutenir ce processus d'origine privé en phase avec les missions d'intérêt général qui leur ont été confiées. Ainsi, ont-elles concouru au lancement de tels projets, aidé à les formuler et apporté un concours financier à leur mise en œuvre sans toutefois en assurer la gestion, car l'article 1° de la loi du 31 juillet 2014 fait de l'économie sociale et solidaire une activité relevant de l'initiative privée de type associatif. Ce n'est en effet pas aux collectivités locales de prendre en charge directement ces monnaies qui doivent, comme dans les expériences des années trente, être le fait des intéressés et portées par eux d'où l'article 16 de ladite loi qui leur ouvre la faculté d'émettre des titres monétaires. Cette opération n'est pas publique, mais collective[508]. Elle est entreprise par des personnes qui ont décidé ensemble d'affronter les difficultés financières auxquelles elles sont confrontées en créant une monnaie alternative qui leur est dédiée pour échanger des biens et services selon une charte de fonctionnement agréée par toutes les parties prenantes. C'est la raison pour laquelle le recours à cette monnaie locale n'est pas ouvert à tous, mais réservée aux adhérents du système qui, à certains égards, fonctionne, on a pu le dire, comme un club. Ainsi, pour prendre l'exemple du Sol violette toulousain, créé en 2011, qui servira dans cette étude de modèle[509], on ne peut acheter des billets ou devenir prestataires et donc entrer dans le système qu'en adhérant préalablement à l'association qui en est l'opérateur technique en payant à l'association

---

506 Si ces monnaies locales étaient à l'origine exclusivement sur support papier, l'on observe aujourd'hui l'émergence du recours à la carte bancaire, par exemple à Nantes ou, à un moindre degré, à Toulouse.

507 Les monnaies locales sont surtout communales comme le *Sol-Violette* à Toulouse, l'*Abeille* à Villeneuve-sur-Lot (la première créée semble- t-il), la *Mesure* à Romans, la *Gonette* à Lyon, la *Sardine* à Concarneau, le *SoNantes* à Nantes, le *Stûk* à Strasbourg, le *Nissart* à Nice ou la *Gabare* à Tours mais l'on en trouve aussi de départementales. Ainsi le *Galléco* (Ille et Vilaine), l'*Eusko* (Pays basque), le *Kwak* (Guyane) ou la *Roue* (Vaucluse). Voire de pays tel le *Méreau* en Gâtinais (septembre 2016). En 2018 une monnaie complémentaire locale, *La Pêche*, issue de Montreuil, a vu le jour à Paris.

508 L'avis du CESE précité note en ce sens qu'« elles sont issues de décisions collectives », p. 25.

509 Les diverses monnaies locales ont des particularités liées justement au contexte dans lesquelles elles sont apparues mais leurs principes structurants sont analogues. Cette similitude s'explique aussi car ces instruments complémentaires de paiement s'inscrivent par ailleurs dans un projet plus large EQUAL soutenu par la Commission européenne désireuse de favoriser des expériences pour développer l'emploi et lutter contre les inégalités. Ces expériences bénéficient d'aides du Fonds social européen (FSE).
Nous tenons à remercier G. Amans, A. Aguilera et B. de Menna pour les informations pratiques qu'ils nous ont communiquées sur le Sol violette.

gestionnaire une somme variable de 5, 15 ou 25 euros selon les moyens de l'intéressé[510] ou plus pour les prestataires[511].

L'association bénéficie d'aides diverses. D'abord de la commune de Toulouse qui joue un rôle important d'accompagnement de cette opération. Ainsi a-t-elle financé les opérations de lancement de cette expérience et a décidé en lien avec la philosophie de ce projet de verser pendant six mois à quatre-vingt-dix familles en difficulté 30 Sols violette par mois. Elle a bien compris que ce système pouvait aider à réinsérer des populations défavorisées tout en développant en parallèle des activités économiques locales aptes à faire des offres adaptées à cette demande. En orientant « la production suivant des critères écologiques et sociaux (les monnaies locales) favorisent la résilience du territoire » qu'elles irriguent par le soutien apporté à ceux qui y sont confrontés[512]. Ces monnaies créent un lien fort entre prestataires et consommateurs et les réconcilient d'une certaine façon en jouant sur des solidarités de petites échelles : un territoire délimité, un réseau approprié par ses membres, un circuit court aussi bien pour les acheteurs que pour les vendeurs. Les collectivités locales ne pouvaient rester indifférentes à de telles initiatives. D'autres institutions y ont été associées et prêtent ou ont prêté de diverses façons leur concours : des fondations (Vinci, MACIF, Fondation de France), le Fonds social européen, la région, la Caisse des Dépôts et Consignations.

Cette démarche recoupe les idées du courant distributiste anglais, illustré au début du XX° siècle par G. K. Chesterton et H. Belloc,[513] qui voulait une économie à taille humaine porteuse de collaboration, où la propriété serait petite et distribuée et où le local serait la base à partir de laquelle des échanges élargis pourraient, dans un second temps, se développer. Dans le même ordre d'idées, E. Schumacher a vanté les mérites du localisme, car ce n'est qu'à cette échelle qu'une croissance harmonieuse est possible[514]. Les monnaies locales de par leur caractère complémentaire, en l'occurrence à l'euro, permettent de donner un particularisme aux territoires où elles circulent parce qu'elles sont l'émanation d'un système construit par les différents acteurs constitués en réseau dans ces espaces afin de satisfaire leurs propres besoins. Vecteurs d'une économie incarnée dans un territoire, un bassin de vie, elles contribuent, par la solidarité qu'elles y créent entre ceux qui les utilisent, à sa durabilité et sont

---

[510] En 2018 on dénombrait 1500 utilisateurs et 50.000 billets en circulation depuis 2011 cf La Dép^che.fr 12 septembre 2018.

[511] À la même date on comptait 20O prestataires environ.

[512] D. Dupré, P-Y. Lougaretti et J-M. Servet, « Fonctions, valeurs et leviers d'une monnaie alternative » https://Hal.archives ouvertes.fr/hal-01163553v2.

[513] Voir C. Lavialle, « De la propriété et sa distribution selon G.K. Chesterton », *in* Actes du colloque de Montauban, *Suum cuique tribuere*, (Dir. C. Mengès-Le Pape), Presses de l'Université Toulouse1-Capitole, 2017.

[514] Cf son célèbre essai : « *Small is beautiful* », 1973 (1979 pour l'édition française), Seuil.

donc un levier possible d'action original pour les collectivités locales soucieuses d'assurer le développement économique et social de leurs circonscriptions.

B/ Les monnaies locales complémentaires font partie des monnaies fondantes ou franches imaginées pas Silvio Gesell, monnaies dédiées uniquement à l'échange, aux relations sociales et non à l'accaparement et à la patrimonialisation. Ainsi, pour continuer sur le cas du Sol violette de Toulouse, qui, par son importance, est la deuxième monnaie locale complémentaire, celui-ci a, dans sa valeur initiale, une durée de vie de trois mois maximum. Au-delà, il perd 2% par trimestre d'où un taux de rotation de plus de 6,8 fois par an pour 2,4 pour l'euro[515]. Cette fonte entraîne un accroissement des échanges et des achats de produits locaux ainsi qu'une redistribution utile de cette monnaie[516].

À l'origine, en 2011, l'apport de fonds de l'ordre de l'équivalent de 25 000 sols[517] a été réalisé par la mairie à travers l'aide précitée aux quatre-vingt-dix familles et par les achats de sols par les membres du réseau, usagers et prestataires notamment, à raison de 21 sols pour 20 euros[518]. Les sols sont convertibles en euros, mais avec une perte de valeur, une décote de 5%[519]. Le Crédit municipal et le Crédit coopératif assurent l'émission des sols en activant les puces électroniques dont ils sont équipés et le change. La ville, ces deux établissements et les fondations partenaires contribuent ensemble au financement de l'exploitation du système.

Cette gestion a été assurée jusqu'en 2015 par l' « association Formation locale et internationale à l'économie sociale » (FOLIE) qui exerçait des fonctions en ce domaine, notamment de formation. Elle comprend quatre emplois permanents, trois volontaires du service civique et une trentaine de bénévoles. Dans la mesure où la loi du 31 juillet 2014 imposait que la gestion et l'émission des titres de monnaie locales relèvent d'un organisme privé ayant un objet social unique, c'est désormais depuis janvier 2016 une autre

---

515 Bilan Sol Violette 31 décembre 2015. Au dos de chaque sol des cases permettent de faire figurer en les tamponnant la date où s'opère la fonte puis les dates successives des échanges. À chaque échange le délai de trois mois est réouvert.

516 60.000 sols- violette génèrent environ 300.000 euros de transactions selon une note de Frédéric Bosqué un des principaux initiateurs de cette monnaie locale complémentaire.

517 En 2016, 52 000 sols étaient activés.

518 Il existe actuellement six coupures : 1, 2, 5, 10, 20 et 50 sols. Chacune comprend une puce permettant en la scannant de la rendre active et de connaître sa vitesse de circulation. Sur chaque sol est représentée la place du Capitole pour asseoir leur ancrage local. À l'automne 2018 de nouveaux billets de la monnaie locale toulousaine ont été imprimés. Des mots occitans y apparaissent.

519 Cette décote permet d'équilibrer le change favorable sols/euros. On relève, en raison du caractère fondant de cette monnaie, des périodes dites de fuites vers l'euro de la part des prestataires, notamment au début de l'été (Bilan précité).

association, le Comité local d'agrément du Sol violette (CLAS), qui a pris le relais. Il est composé des représentants de tous les acteurs qu'ils soient acheteurs (les solistes), prestataires, élus locaux ou partenaires comme les fondations, les maisons de chômeurs… Trois personnes y sont salariées à plein temps. Les dépôts qui garantissent cette monnaie locale sont en euros et placés dans des livrets d'épargne solidaires. Il n'y a donc pas création monétaire, mais simple substitution d'espèces monétaires. Les euros nantis servent à financer des microcrédits accordés à des personnes qui ne pourraient accéder à des prêts bancaires classiques ou à des entreprises, prioritairement locales[520] respectant les hommes et l'environnement ainsi que des opérations de développement de cette monnaie complémentaire, par exemple le passage à un sol électronique.

Adhèrent aussi les prestataires de services ou de produits, ceux qui souhaitent s'engager pour une part de leur activité dans cette économie solidaire. Pour être admis, ils devront être agréés par le Comité local d'agrément, et pour cela s'engager à respecter dans leur activité une éthique de développement durable, à promouvoir une production locale et à créer des liens pas seulement marchands avec les clients (fidélisation, prix, labels…), conditions inscrites dans une charte ou cahier des charges[521]. 206 étaient ainsi agréés au 31 décembre 2015[522]. Les principaux opérateurs sont des coopératives alimentaires vendant des produits bio ou issus du commerce équitable, des boutiques de vêtements, des gîtes, des services aux particuliers (garages, plomberies, activités de restauration, de bien-être…).

La présence d'une monnaie locale dans un territoire crée, cela a été démontré à partir d'une expérience brésilienne menée à Las Palmas, une incitation à une consommation de biens et services locaux[523]. L'adhérent consommateur est en effet conduit à privilégier ses achats dans le réseau qui est, compte tenu du processus d'agrément, constitué principalement d'offres d'entreprises locales. Un circuit court est mis en place qui génère une activité économique significative sur le territoire concerné[524]. La rencontre de l'offre et de la demande ne se passe pas véritablement sur un marché ouvert, mais résulte d'un accord préalable sur des principes communs de solidarité, de confiance personnelle et d'égalité alors que nombre de ces personnes sur le marché normal peuvent apparaître déclassées. La monnaie complémentaire permet en conséquence de les réinsérer dans le jeu social alors qu'elles en

---

[520] Lorsque la hausse des revenus des bénéficiaires est réalisée dans une monnaie locale complémentaire, elle ne se traduit pas par des achats de produits importés.

[521] Ces conditions classées en 5 catégories n'ont pas à être toutes remplies mais seulement une part d'entre elles (9/25).

[522] Source : Bilan précité.

[523] Cf. « Fonctions, valeurs et leviers d'une monnaie alternative », op. cit., p.19.

[524] Pour le Sol Violette elle a été de 287.130 euros/sols en 2015 (Bilan Sol violette décembre 2015). C'est en quelque sorte l'équivalent du PIB.

semblaient exclues, de leur donner un sentiment d'appartenance à un groupe. En rendant une dignité à ces acteurs, elle consolide le tissu social et renforce le territoire local. Elle confère une meilleure assise, légitimité à la collectivité locale qui le promeut. La monnaie locale agit ainsi comme un auxiliaire utile de la décentralisation. Comment s'insère-t-elle dans l'euro et l'État, c'est ce qu'il convient maintenant d'examiner.

III. La condition juridique des monnaies locales complémentaires :

Ces instruments de paiement ne sont pas des monnaies publiques ayant cours légal. Elles n'ont cours qu'entre les partenaires d'un échange inscrit dans un système économique collaboratif particulier défini par la charte ou cahier des charges de l'association porteuse du projet. Elles ont donc un statut juridique particulier. De surcroît, leur autonomie est limitée, car ces émissions monétaires sont soumises à l'ordre juridique étatique.

A/ Si l'on considère un instrument de paiement comme une monnaie, il est clair que les billets à usage local tels les divers sols[525] sont des monnaies dans la mesure où ils assurent le règlement de créances. Pourtant, dans la pensée monétaire de l'âge classique à nos jours[526], la monnaie, pour la majorité de la doctrine, n'est pas considérée comme une marchandise[527], a fortiori depuis qu'elle n'est plus tributaire de la valeur d'un métal[528] et qu'elle a donc cours forcé. Elle est analysée comme une création soit conventionnelle, artificielle et en pratique étatique, soit institutionnelle, une production du social[529]. Elle constitue une des principales manifestations de la souveraineté politique exercée par un pouvoir institué sur un territoire donné[530]. L'État dispose normalement du privilège d'émission de la monnaie ayant cours légal qu'il peut toutefois, rognant sur ce point sa souveraineté, transférer par un traité à une instance publique supranationale. Ainsi, un certain nombre d'États de l'Union européenne, dont la France, ont-ils délégué, en ratifiant le Traité de Maastricht en 1992, à la future Banque centrale européenne (BCE) le monopole d'émission de la monnaie dénommée Euro.

---

[525] Nous utiliserons le terme générique de sols pour désigner ces monnaies locales solidaires complémentaires qui peuvent porter des noms autres.
[526] Pour reprendre l'intitulé de l'anthologie présentée par Chr. Tutin, Le Monde/Flammarion, 2010.
[527] Position de certains auteurs comme Turgot.
[528] La convertibilité en or du franc suisse, qui était la seule subsistante après l'instauration du cours forcé du dollar le 15 août 1971, a été supprimée le 1° janvier 2000.
[529] Cf. M. Aglietta et A. Orléan, « Violence de la monnaie », PUF, 1982, ouvrage qui utilise notamment les travaux de René Girard sur le désir mimétique.
[530] Cf. A. Desrameaux, « Recherches sur le concept juridique de souveraineté », thèse, Paris II, 2006 ; J-P. Dubois, « L'exercice de la puissance publique monétaire, le cas français » in *Droit et monnaie* (Dir. P. Kahn), Litec, 1988.

De ce point de vue, la monnaie s'analyse juridiquement comme un instrument monétaire ayant pouvoir libératoire immédiat et cours légal sur un territoire étatique qui entraîne en conséquence l'obligation pour les créanciers de l'accepter pour leur règlement[531]. Ainsi, l'article 105 A du Traité de Maastricht dispose que la BCE est seule habilitée à autoriser l'émission de billets de banque dans les États de la zone euro. Celle-là et les banques centrales peuvent émettre de tels billets... (qui) sont les seuls à avoir cours légal dans ladite zone. La monnaie peut dès lors être qualifiée de bien public. Public en tant que bien social par nature que l'État a récupéré pour asseoir son autorité. Bien public non appropriable par la circulation et la volatilité qui le caractérise et à ce titre justement non référencé par le Code général de la propriété des personnes publiques[532].

Dans ce cadre juridique, les émissions de monnaies locales complémentaires ne peuvent être considérées comme de véritables émissions monétaires puisque les titres émis ne bénéficient pas du cours légal. Les espèces créées ne valent qu'entre les membres adhérents au système à l'intérieur duquel elles circulent, système qui a donc de ce fait un fondement purement conventionnel. Les autorités monétaires imposent d'ailleurs cette contrainte qui conditionne l'agrément. Les prestataires de services agréés ont accepté de recevoir ces instruments monétaires, les usagers ont choisi de s'en servir alors que ni le franc hier, ni l'euro aujourd'hui ne font l'objet d'une adhésion individuelle[533]. Les gestionnaires du système de leur côté les cèdent et les remboursent selon la surcote ou décote prévue. La monnaie locale apparaît donc comme une monnaie privée, un bien privé et non public. L'émetteur et les acteurs ont souscrit à un contrat fixant la valeur de ces espèces monétaires et les conditions de leur utilisation, contrat en l'occurrence d'association. Ce n'est que dans le cadre associatif que les sols ou autres billets complémentaires ont cours et pouvoir libératoire. Là, ils jouent matériellement certes une fonction monétaire, mais, comme leur dénomination le suggère, accessoire car circonscrite à un cercle limité de personnes[534]. Fonction collective, mais non publique[535]. S'ensuit une limite à leur efficacité et même un inconvénient sur le plan de leur rationalité tenant justement à la

---

[531] Voir F. Grua (actualisé par N. Cayrol), Jurisclasseur civil, Monnaie fasc. 10 (art. 1235 à 1270).

[532] C. Lavialle, « La condition juridique de la monnaie fiduciaire », RFDA 2009, p. 669.

[533] Le choix évoqué ici est individuel car la monnaie souveraine est aussi conventionnelle et en régime démocratique acceptée par le peuple ou ses représentants.

[534] Toutes proportions gardées la même fonction est conférée aux billets du Monopoly qui ne valent qu'entre les joueurs et que conformément à la règle de ce jeu.

[535] Ce qui rendra difficile la reconnaissance désirée de la convertibilité entre les différentes monnaies locales complémentaires. En effet un processus de concurrence avec la monnaie publique, l'euro, serait dans ce cas enclenché.

compartimentation, au morcellement qu'elles induisent tant géographique[536] que communautaire.

En raison de ce particularisme, ces titres peuvent être comparés à d'autres instruments de paiement originaux. D'abord, tout en s'en distinguant, aux titres restaurants dans la mesure où ceux-ci constituent des avantages en nature consentis en partie[537] par les employeurs à leurs salariés. Ils sont à usage unique, car l'entreprise qui les reçoit ne peut que se les faire rembourser sans les réutiliser[538]. Ensuite et surtout, ces monnaies locales sont plus directement à rapprocher des systèmes d'échanges locaux (SEL) dans lesquels les adhérents, lorsqu'ils rendent bénévolement un service à d'autres, reçoivent en échange le droit de bénéficier d'un autre service des autres membres du réseau[539]. Là aussi, le système est fondé sur le contrat, mais sans intermédiation monétaire directe puisqu'un service rendu en paie un autre[540]. Il n'y a pas création de monnaie. Cependant, comme une comptabilité est tenue pour établir les droits de chacun, indirectement, par le biais de la compensation, des avoirs et dettes existent. Le solde constitue un instrument de paiement, sorte d'équivalent à un dépôt bancaire, qui permet d'identifier dans celui de chaque membre une monnaie scripturale locale complémentaire, autre variante de la monnaie fiduciaire complémentaire locale.

B/ Sols et SEL témoignent, chacun à leur manière, d'une remise en cause de l'État. Son impuissance à remédier seul à la crise économique et au-delà sociale a conduit certains à mettre en place une économie collaborative où, rejoignant des idées émises entre les deux guerres, une amélioration de la

---

536 On note une tendance pour conforter leur implantation des gestionnaires de ces monnaies de chercher à élargir aux habitants ou aux fournisseurs des communes avoisinantes l'adhésion au système. Pour l'instant, les autorités monétaires n'imposent pas de condition territoriale à l'adhésion d'où la régularité de cette prospection. On note en ce sens aussi la récente création d'une monnaie nationale complémentaire numérique, le *Coopek*, à l'initiative d'une société coopérative d'intérêt collectif tarnaise pour les acteurs de l'économie solidaire et réservée aux adhérents de celle-ci. Système à base conventionnelle qui s'exerce dans un ressort territorial national et qui, de ce point de vue, rappelle l'expérience suisse du *Wir* (cf supra 1° partie). Si l'Italie mettait en œuvre son projet de monnaie nationale complémentaire (note 24), un nouveau pas dans l'élargissement serait franchi et se poserait alors la question de la régularité de cette extension au regard du statut de l'euro.

537 Ils sont financés en moyenne à hauteur de 60% par les employeurs, le reste par les salariés. Ils sont exonérés des cotisations sociales et fiscales patronales et salariales.

538 On peut aussi évoquer, quoiqu'ils obéissent à un régime spécifique, les bons d'achat ou les *miles* offerts par les entreprises pour fidéliser leurs clients.

539 Sus les SEL voir F. Grua (actualisé par N. Cayrol), Monnaie, Jurisclasseur civil, fasc.12 (art. 1235 à 1270).

540 Ce système non marchand fondé sur le bénévolat n'est pas assujetti à la TVA ni aux cotisations sociales. Cf T. Aubert-Monpeyssen, « La prestation de services dans le cadre des systèmes d'échanges locaux (SEL) : activité socialement utile ou travail illégal ? », JCP E 1999.I.807.

situation est recherchée dans une coopération entre demandeurs et entrepreneurs à partir d'un support juridique associatif et d'un projet dans lequel les acteurs de l'échange se reconnaissent et définissent dans une charte un intérêt qui leur est commun, un intérêt collectif. Cette économie, qui repose sur l'idée d'un échange équitable et se rattache à l'économie sociale et solidaire, contribue à faire émerger localement des structures collectives autonomes, en phase souvent avec les collectivités décentralisées dont elles partagent l'enracinement et avec lesquelles elles nouent des partenariats, structures qui échappent un peu en revanche à la logique de l'action étatique centralisée et uniforme.

L'émergence de tels systèmes apparaît ainsi comme une limite à la souveraineté monétaire en ce qu'elle crée une économie parallèle soumise à son propre circuit financier qui est potentiellement susceptible d'éviter dans les transactions l'usage de la monnaie publique ayant cours légal. Elle relève des phénomènes de réseau en voie de multiplication, en particulier, mais pas seulement dans le monde de l'internet, qui de plus en plus tendent à se substituer à l'État dans des fonctions qui, jusqu'alors, lui appartenaient. En l'espèce toutefois, l'adjectif complémentaire qui sert à qualifier une monnaie locale montre que, pour l'instant, cet instrument de paiement demeure contrôlé par lui.

L'État dans un premier temps, en raison de son utilité, a toléré ce modèle économique alternatif, basé sur la solidarité et la réciprocité, où l'on a recours à une monnaie locale, puis il l'a officiellement reconnu dans la loi du 31 juillet 2014 relative à l'économie sociale et solidaire. Cette reconnaissance s'imposait face à des créations spontanées dans beaucoup de terroirs de telles monnaies locales complémentaires[541] afin d'abord de les légitimer et ensuite et surtout de leur donner un cadre, en particulier en les soumettant comme instruments de paiement au Code monétaire et financier. Les pouvoirs publics ne pouvaient laisser hors contrôle une telle émission monétaire menaçant une de leurs prérogatives régaliennes d'où l'obligation pour les organes d'émission, nous l'avons vu, de se faire agréer et d'avoir un unique objet social. La Banque de France exerce sur place en pratique la surveillance du fonctionnement de ces monnaies. Une garantie, au nom de l'ordre public, de la sécurité des utilisateurs, devait être instituée pour tous ceux qui allaient échanger leurs euros contre celles-ci. Il conviendra en ce sens d'aller sans doute plus loin en élaborant un véritable statut juridique de ces titres de

[541] Au 31 décembre 2015 32 étaient en circulation en France et une vingtaine de projets en cours d'études. Une cinquantaine actuellement, avec des succès divers, sont en place. En 2019 de nouvelles monnaies locales seront lancées comme La Chouette à Dijon ou le Gwada pour la Guadeloupe. Certaines en revanche ont disparu telles La Mesure à Romans ou La Sardine à Concarneau.

monnaies locales complémentaires pour mieux en contrôler l'usage, car, comme tous les instruments monétaires, ils présentent des risques[542].

Ce système prend donc place dans le champ étatique, à côté de l'euro qui « est la monnaie de la France »[543]. C'est dire que les sols doivent être cantonnés dans des relations privées d'échange puisqu'ils ne sont pas eux reconnus comme monnaie nationale. Ces transactions étant en revanche normalement marchandes, elles sont enregistrées dans le compte de résultat de l'entreprise et sont soumises à la législation sociale et à la TVA[544]. Si l'existence des monnaies locales complémentaires est ainsi reconnue, elle l'est hors du marché public ou ouvert dans un cadre privé collectif, celui de l'association porteuse. Ce point au passage confirme que le collectif n'est pas le public et que Maurice Hauriou n'avait pas de ce point de vue tort de critiquer l'arrêt Canal de Gignac où des associations syndicales autorisées de propriétaires étaient qualifiées d'établissements publics[545].

Cet encadrement, qui fait de ces monnaies locales un relais de l'action publique locale et même nationale, n'a pas, semble- t-il, soulevé d'objections au regard du droit européen de la concurrence en ce qu'il pourrait s'analyser comme la mise en place d'un mécanisme d'aides publiques à un système monétaire privé qui sont, en principe, prohibées. En réalité, on peut considérer qu'elles entrent dans le champ d'application de l'article 87 §2 du Traité de l'Union européenne qui prévoit que les aides à caractère social accordées aux consommateurs individuels dérogent de plein droit à l'interdiction[546]. Ce système est en effet, notamment par la qualité de ceux qui y adhèrent, destiné à des personnes en difficulté et à des entreprises à vocation sociale qui sont sélectionnées, nous l'avons vu, sur des critères éthiques et environnementaux. Par ailleurs, l'idée de concurrence déloyale, qui pourrait être avancée compte tenu d'une part des faibles volumes concernés et d'autre part du caractère, en définitive, assez souple[547] des conditions d'agrément des prestataires qui peuvent être des filiales locales d'un groupe plus large[548], ne devrait pas, sauf accroissement conséquent du poids de ces monnaies, prospérer. Ces dernières gagneraient dans la perspective européenne d'ailleurs à être qualifiées de subsidiaires dans la mesure où elles se substituent à l'euro en définitive parce

---

542 Voir sur ce point l'avis du CESE, p. 33, op. cit.

543 Article L. 111.1 du Code monétaire et financier.

544 Le calcul et le paiement de la TVA, en raison de la quasi parité de la conversion des euros en sols, ne créent pas de difficultés comptables, les sommes en sols s'agrégeant aux sommes en euros. Il y a là une raison supplémentaire, semble- t-il, à la fixation d'une parité (ou presque) euro/ monnaie complémentaire locale.

545 T confl., 9 décembre 1899, Syndicat du Canal de Gignac : Lebon 731 ; S. 1900. III ; 49, note M. Hauriou.
Ce faisant, s'écriait-il, « on nous change notre État ».

546 Ces aides sont aussi en dessous du seuil de déclaration (règle dite du *de minimis*).

547 Voir note 42.

548 Par exemple les Biocoop.

que la situation économique dans laquelle elles sont mises en œuvre fait que ce cadre solidaire apparaît comme le plus approprié pour agir. Elles constituent d'une certaine façon une manifestation singulière du principe de subsidiarité qui commande la répartition des compétences dans l'Union européenne.

Les monnaies locales complémentaires apparaissent quoi qu'il en soit comme une modalité nouvelle d'intervention portée par des personnes privées[549] et soutenues par les collectivités locales. Elles inaugurent en ce sens à leur façon une forme originale d'économie mixte locale que le professeur Claude Devès a particulièrement bien contribué à illustrer par ses écrits.

549 A été créée une plateforme nationale qui coordonne ces initiatives locales.

Les principes constitutionnels ne prospèrent pas à l'encontre du régime rémanent des cultes en Guyane

Par Florence Faberon

Professeure de droit public à l'Université de Guyane, membre du laboratoire MINEA (EA 7485) et membre associé du Centre Michel de l'Hospital de l'Université Clermont Auvergne (EA4232)

Nb : Le terme « rémanent » (du latin *remanere* qui signifie durer) se dit d'un phénomène qui persiste alors que ses causes ont disparu. À propos du régime des cultes en Guyane, le rapporteur public Mme Aurélie Bretonneau parle d' « une rémanence du statut colonial de la Guyane » (conclusions sur CE, 3 mars 2017, *Collectivité territoriale de la Guyane,* n° 405823, p. 4).
Cette communication reprend une publication en hommage au professeur Claude Devès publiée dans la Revue *Sociétés, cultures et politiques. Les cahiers des débats de l'Université*, Clermont-Ferrand, RCS, 2020, p. 143-152.

Introduction

« Rendez à César ce qui est à César et à Dieu ce qui est à Dieu »[550]. Cette affirmation, d'une simplicité « biblique », évoque les très anciennes origines du principe de séparation des Églises et de l'État, c'est-à-dire de la laïcité. Si le régime, en France, en a été fixé par la loi du 9 décembre 1905 (« clé de voûte de la laïcité » pour le Conseil d'État[551]), celle-ci n'établit pas en elle-même les limites de la laïcité. Le principe d'égalité et celui de laïcité qui en constitue une application essentielle sont, dans leur généralité universaliste, des fondements de la République. Ils sont constitutionnels. Le Conseil constitutionnel cependant, tout en rappelant ces principes n'omet pas d'en affirmer les possibles exceptions. Il étend cette méthode aussi aux principes de libre administration des collectivités et de compensation financière des charges transférées aux collectivités territoriales.

---

550 Luc 20 : 24 ; Marc 12 : 17 ; Matthieu 22 : 21.

551 Conseil d'État, *Un siècle de laïcité*, Paris, La documentation française, 2004, 479 p.

La République française est une, mais elle n'est pas uniforme. La Guyane constitue une situation exceptionnelle avec l'application d'une ordonnance royale du 12 novembre 1828 du temps où la Constitution française proclamait le catholicisme religion d'État[552] et où s'appliquait une rémunération publique des ministres du Culte réservée à la seule religion catholique[553], il est vrai alors pratiquement la seule ayant cours dans la colonie.

Conformément à la Charte constitutionnelle du 4 juin 1814, « les colonies sont régies par des lois et règlements particuliers ». En 1854, le sénatus-consulte du 3 mai place la Guyane dans une situation tout à fait particulière en la soumettant aux ordonnances royales. Quant au Concordat de 1801, il ne s'applique pas par lui-même aux colonies, pas plus que la loi du 9 décembre 1905. Si le Concordat est introduit par décrets aux Antilles, à la Réunion[554] ,il ne l'est pas en Guyane. Quant à la loi de 1905, elle prévoyait des règlements d'administration publique devant déterminer « les conditions dans lesquelles [la loi] sera applicable à l'Algérie et aux colonies ». Ces règlements sont bien pris pour la Guadeloupe, la Martinique ou la Réunion, mais pas pour la Guyane. La départementalisation de la Guyane en 1946 n'a pas changé cette situation. Il faut dire que l'Évêque de Guyane n'y était pas favorable et avait fait une demande expresse en ce sens auprès du ministre de l'Intérieur. C'est ainsi toujours l'ordonnance du 27 août 1828 qui s'applique comme l'a rappelé le juge administratif le 9 octobre 1981[555] et seuls les prêtres catholiques sont rémunérés hier par l'État puis par le département[556] et aujourd'hui par la collectivité territoriale de Guyane[557], jusqu'à leur soixante-cinquième année[558].

---

[552] « La religion catholique, apostolique et romaine est la religion d'État » (article 6 de la Charte constitutionnelle du 4 juin 1814).

[553] Voir Maude Elfort, « Le régime particulier du culte en Guyane française », in Jacques Fialaire (dir.), *Liberté de culte, laïcité et collectivités territoriales*, Paris, Litec, 2007, p. 189-197 ; voir aussi Émile Poulat, « La Guyane et son régime religieux dans le système français », in Jean Baubérot et Jean-Marc Regnault (dir.), *Relations Églises et autorités outre-mer de 1945 à nos jours*, Paris, Les Indes savantes, 2007, p. 27-30.

[554] Décrets du 18 décembre 1850 et du 3 février 1851.

[555] CE, 9 octobre 1981, *Beherec*, n° 18649 ; voir aussi CE, 8 novembre 1963, *Leb.*, p. 533 ; CE, 19 juin 2006, *Association de la mission du plein évangile*, *Revue de droit fiscal*, novembre 2007, p. 30-31.

[556] Voir la loi du 13 avril 1900 portant fixation du budget général des dépenses et recettes de l'exercice 1900 et le décret du 21 août 1900 relatif à l'article 33 de la loi de finances du 13 avril 1900.

[557] Pour un rappel du contexte historique de la Guyane en matière administrative et religieuse, voir le commentaire de la décision n° 2017-633 QPC du 2 juin 2017, *Collectivité territoriale de la Guyane* : https://www.conseil-constitutionnel.fr/sites/default/files/as/root/bank_mm/decisions/2017633qpc/2017633qpc_ccc.pdf. Sur cette décision voir *JCP A*, 11 septembre 2017, p. 16-19, note M. Verpeaux ; *AJDA*, 2017, p. 1779-1784, note L. Fermaud

[558] La limite de 65 ans a été fixée en 1996.

Cette histoire et la réalité présente d'un régime des cultes aussi original nous interrogent sur ses fondements juridiques. Or, un contentieux récent a permis de fixer la relation de ce régime des cultes aux principes constitutionnels[559]. Au cœur de ce contentieux, qui a impliqué différents ordres de juridiction, se trouvent des enjeux financiers liés à la rémunération des prêtres catholiques par la collectivité de Guyane. La puissance publique privilégie-t-elle un culte en rémunérant les représentants du culte catholique : qu'en est-il dans cet ensemble du principe de laïcité dont Jean Rivero disait en 1949 qu'il sent la poudre ?[560] La décision du Conseil constitutionnel n° 2017-633 QPC du 2 juin 2017 se livre à un exercice remarquable. Relative à la conformité aux droits et libertés que la Constitution garantit de l'article 36 de l'ordonnance royale du 27 août 1828[561] et de l'article 33 de la loi du 13 avril 1900[562], elle affirme l'application des principes constitutionnels concernés en Guyane et dans un même mouvement elle écarte le régime des cultes découlant de ces textes.

Le droit est fixé ainsi : le régime des cultes en Guyane (en 1828 il ne pouvait s'agir que du régime du culte catholique) ne remet pas en cause les principes constitutionnels, ni le principe de laïcité ni davantage les principes d'égalité, de libre administration ou de compensation financière des charges transférées aux collectivités territoriales. Si chacun de ces principes s'applique sur le territoire de la République donc en Guyane, aucun d'entre eux n'est transgressé au sein de la collectivité territoriale de Guyane en raison de sa situation particulière, de son histoire, des éléments financiers considérés. Tous ces éléments lui permettent de contourner les principes sans les remettre en cause. Le droit local des cultes en Guyane n'est pas une atteinte aux principes constitutionnels, mais une exception à ces principes : il les contourne.

---

[559] En 2014, le conseil général de la Guyane (devenu depuis, par fusion avec le conseil régional, collectivité territoriale de la Guyane) a décidé de mettre fin à la rémunération de 26 prêtres catholiques par arrêtés qui ont été annulés par le tribunal administratif de la Guyane. Le préfet a procédé à un mandatement d'office pour une somme de plus d'un million d'euros. Une instance indemnitaire a été alors introduite à l'encontre de l'État et une question prioritaire de constitutionnalité a été déposée et finalement renvoyée au Conseil constitutionnel par le Conseil d'État par une décision du 3 mars 2017. Sur le recours indemnitaire, voir TA de la Guyane, 27 décembre 2018, *Collectivité territoriale de la Guyane*, n° 1500357 (absence du caractère anormal du préjudice en raison de la faible importance des sommes considérées par rapport au budget de la collectivité ; le rapporteur public dans ses conclusions parle d'un préjudice relativement grave et non pas d'anormalement grave – souligné par le rapporteur) ; sur la question prioritaire de constitutionnalité, voir CC, n° 2017-633 QPC du 2 juin 2017, *Collectivité territoriale de la Guyane*, précité.

[560] « La notion juridique de laïcité », *Dalloz*, 1949, chron. XXXIII, p. 147.

[561] « Le gouverneur veille au libre exercice et à la police extérieur du culte, et pourvoir à ce qu'il soit entouré de la dignité convenable » (souligné par nous). L'article 90 prévoir que [les attributions de l'officier de l'administration de la marine, remplissant les fonctions d'ordonnateur] comprennent [...] le paiement des ministres du culte » (souligné par nous).

[562] La loi portant fixation du budget général des dépenses et recettes de l'exercice 1900 inclut, dans les dépenses supportées par les budgets des colonies, toutes les dépenses civiles.

I. Le principe de laïcité coexiste avec des « îlots de non-laïcité »[563]

Le principe de laïcité s'applique sur tout le territoire de la République, y compris par exemple en Nouvelle-Calédonie, où elle y est parfois qualifiée de « laïcité d'importation »[564]. Comme le note Émile Poulat, « notre laïcité française serait une forêt dont il faut découvrir les chemins »[565], la laïcité ne se vit pas tout à fait de manière identique sur tout le territoire de la République jusqu'à pouvoir identifier de véritables « îlots de non-laïcité » qui existent sans même contrevenir au principe constitutionnellement consacré. La laïcité n'est pas une, elle est différenciée[566]. Nous vivons en France une laïcité singulière revendiquant la neutralité et autorisant dans certaines circonstances les financements publics des cultes[567], voire la rémunération publique des représentants des cultes. Un droit local des cultes est compatible avec la laïcité au point de déconcerter certains auteurs[568].

---

[563] Voir Frédéric Dieu, « Convictions religieuses et ajustements de la norme commune : raideur théorique et souplesse jurisprudentielle », *Revue du droit des religions*, 2019-7, n° 61.

[564] Voir François Garde, « La laïcité dans le Pacifique francophone », in Frédéric Angleviel (dir.), *Religion et sacré en Océanie*, Paris, L'Harmattan, 2000, p. 119.

[565] « La Guyane et son régime religieux dans le système français », in Jean Baubérot et Jean-Marc Regnault (dir.), *Relations Églises et autorités outre-mer de 1945 à nos jours*, *op. cit.*, p. 27.

[566] Voir Christophe de Saint-Pern, « Le Conseil constitutionnel face au 'droit local des cultes', Association IDPA, 2017, p. 3 (https://association-idpa.com/blog-articles/2017/11/24/le-conseil-constitutionnel-face-au-droit-local-des-cultes-).

[567] Sont visés les financements qui répondent à intérêt public et dont l'objet n'est pas directement cultuel (voir CE, Ass., 19 juillet 2011, *Commune de Trélazé,* n° 308544, *Leb*., p. 370 ; CE, Ass., 19 juillet 2011, *Fédération de la libre-pensée et de l'action sociale du Rhône et Picquier,* n° 308817, *Leb*., p. 392 ; CE, Ass., 19 juillet 2011, *Communauté urbaine du Mans, Le Mans métropole*, n° 309161, *Leb*. p. 394 ; CE, Ass., 19 juillet 2011, *Commune de Montpellier,* n° 320796, *Leb*., p. 395 : sur ces arrêts, voir *AJDA*, 2014, p. 124-125, obs. S. Hubac ; voir aussi JCP G, 24 octobre 2011, p. 1938-1941, obs. A. Chaminade ; de manière générale, sur le financement des cultes, voir Émilie Bokdam-Tognetti, « Le financement des cultes dans la jurisprudence du Conseil d'État », *Les nouveaux cahiers du Conseil constitutionnel*, 2016, p. 33-52). Dès avant 2011, des subventions aux associations cultuelles sont possibles, dans le respect des lois en vigueur, quand la loi de 1905 ne s'applique pas (CE, 16 mars 2005, *Ministre de l'Outre-mer c/ Gouvernement de la Polynésie française*, *RFDC*, 2005/3, p. 631-638, obs. O. Guillaumont : malgré le principe de neutralité, les subventions autorisées en cas d'intérêt général ; avec cet arrêt, le principe de laïcité est reconnu comme ayant rang constitutionnel sans référence aux principes fondamentaux reconnus par les lois de la République ; voir aussi sur la même affaire CAA de Paris, 31 décembre 2003, *Haut-commissaire de la République en Polynésie française*, *AJDA*, 2004, p. 774-777, note B. Folscheid).

[568] Elsa Forey se disait déconcertée et inquiète par la décision du Conseil constitutionnel de 2013 relative au régime des cultes en Alsace-Moselle (voir « Le Conseil constitutionnel au secours du droit local des cultes », *AJDA*, 2013, p. 109 et 112). Elle ne peut que l'être davantage encore par celle de 2017 relative au régime des cultes en Guyane alors même qu'il n'y a pas de commune mesure entre l'histoire subie des relations de la France avec l'Allemagne et l'histoire du régime de la Restauration et l'existence d'une Religion d'État.

A. La Guyane soumise au principe de laïcité

La République française est laïque et, dans cet ensemble, la liberté religieuse est tout à la fois garantie et encadrée. La laïcité ne remet pas en cause la liberté de croire, de vivre sa foi, y compris collectivement. Pas davantage, elle ne saurait remettre en cause le droit de convaincre. Toutefois, la liberté religieuse ne saurait aller jusqu'à remettre en cause l'ordre établi. Partie liée à la liberté religieuse, la laïcité n'est ni une négation ni un dénigrement du religieux. « Elle n'est pas l'ignorance du fait religieux », mais la forme française du principe de liberté religieuse »[569]. Cependant, il existe plusieurs conceptions de la laïcité, fermées ou ouvertes comme en Italie où la laïcité admet la présence de crucifix en classes[570]. En France, la laïcité s'entend d'une neutralisation du religieux dans l'espace public, d'autant plus à l'heure de la substantialisation de l'ordre public. Pourtant, particulièrement outre-mer, les religions s'affichent et démontrent une forme d'émancipation des règles de la laïcité. Un droit local des cultes, mais aussi un état de fait local des cultes donne à la laïcité des couleurs bigarrées ou du moins exprime des réalités différenciées. La laïcité s'adapte dans un contexte généralement apaisé, la religion pouvant, dans certains des outre-mer, aller jusqu'à irriguer la vie publique comme en Océanie[571]. Et évidemment, il faut compter avec les fortes singularités de l'Alsace-Moselle[572] dont la situation est si remarquable.

---

[569] Voir Jean-Marc Sauvé, « Audition par l'Observatoire de la laïcité », 10 avril 2018 (https://www.conseil-État.fr/actualites/discours-et-interventions/audition-par-l-observatoire-de-la-laicite) où il affirme en quoi « le Conseil d'État a joué un rôle important, marqué par une volonté de conciliation et d'apaisement ». Il est question d'un véritable « équilibre des relations voulu entre l'État et les Églises ».

[570] Pour le Conseil d'État italien (13 février 2006), des crucifix peuvent être installés dans les salles de classes des écoles publiques : ils peuvent « dans un horizon laïc » exprimer « de façon symbolique mais adéquate, l'origine religieuse des valeurs de tolérance, de respect réciproque, de valorisation de la personne, d'affirmation de ses droits, de respect pour sa liberté, d'autonomie de la conscience morale à l'égard de l'autorité, de solidarité humaine, de refus de toute discrimination qui caractérisent la civilisation italienne ». Si, le 3 novembre 2009, la CEDH avait sanctionné l'Italie en ce que le symbole du crucifix a une pluralité de significations parmi lesquelles la signification religieuse est prédominante et avait considéré que l'exposition obligatoire de ce symbole était contraire à la Convention européenne de sauvegarde des droits de l'homme et des libertés fondamentales, finalement la CEDH considèrera que la présence du crucifix dans les salles de classe italiennes ne viole aucune stipulation de la Convention (CEDH, 18 mars 2011, *Lausti c/ Italie* : « Le choix de la présence de crucifix dans les salles de classe des écoles publiques relève en principe de la marge d'appréciation de l'État défendeur »).

[571] Voir Florence Faberon et Jean-Yves Faberon, *Religion et société en Nouvelle-Calédonie et en Océanie*, Clermont-Ferrand, Les éditions du Centre Michel de l'Hospital-LGDJ-Lextenso éditions, 2013, 484 p.

[572] Voir par exemple Francis Mesner, « Le régime spécifique de l'Alsace-Moselle », in Florence Faberon (dir.), *Liberté religieuse et cohésion sociale*, Aix-en-Provence, Presses universitaires d'Aix-Marseille, 2015, p. 511-525 ; voir aussi Francis Messner, Pierre-Henri Prélot et Jean-Marie Woehrling (dir.), *Traités, Droit français des religions*, Paris, LexisNexis, 2013, 2001 p. ; CC, n° 2011-157 QPC, *Société Somodia*, *RFDA*, 2012, note J.-M. Woehrilng ; CC, n° 2012-297 QPC du 21 février 2013, *Association pour la promotion et l'expansion de la laïcité, Les*

La laïcité constitutionnalisée n'est pas sans limites et nous interroge d'autant plus fortement alors que l'on assiste aujourd'hui à une reviviscence spécifique de l'expression religieuse et plus encore à un accroissement des formes de violence se revendiquant de pratiques religieuses. Il arrive que la religion soit érigée en combat politique, ce qui questionne d'autant plus sur la compatibilité du fait religieux avec la République laïque. Pourtant, au-delà des individus ou des factions qui peuvent toujours représenter un danger social, la religion est capable de relier dans le respect de la laïcité. Mais de quelle laïcité parlons-nous ? Une laïcité libérale, ouverte, mais ferme quant aux principes républicains ; une laïcité respectueuse du pluralisme religieux et vigilante eu égard aux risques de communautarismes ; une laïcité d'apaisement et non de combat[573]. Comme le rappelle Jean-Marc Sauvé « le Conseil d'État a participé, aux côtés du constituant et du législateur, à la construction des fondements de la laïcité et à son affirmation progressive, tout en veillant particulièrement au respect des libertés, qui sont à la fois le socle et la limite de ce principe »[574] : neutralité, sonnerie des cloches, convois funéraires, financements, crèches de Noël, port du burkini, port des signes religieux dans les espaces publics, édification sur une place publique d'une statue du Pape Jean-Paul II…

Le principe constitutionnel de laïcité s'exerce évidemment en Guyane comme sur l'ensemble du territoire de la République française[575], contrairement à la loi de 1905 pour laquelle nous avons vu précédemment que les textes n'ont jamais été pris pour assurer son extension[576]. La décision du Conseil constitutionnel du 2 juin 2017 le rappelle explicitement au sujet du régime des cultes en Guyane tout en appliquant à la Guyane un raisonnement déjà fixé pour l'Alsace-Moselle, pourtant l'historicité du régime applicable en Guyane est de nature bien différente, encore plus spécifique, et une survivance de la colonisation. Souvenons-nous que l'ordonnance royale de 1828 est maintenue en 1948 parce que la Guyane est toujours considérée alors comme

---

Annales de droit, 2013, obs. H. Bouillon, p. 9-31; *GP*, octobre 2013, p. 20, chr. M.-A. Granger ; voir aussi le commentaire du Conseil constitutionnel.

[573] Voir Florence Faberon (dir.), *Laïcité et pluralisme religieux*, Aix-en-Provence, Presses universitaires d'Aix-Marseille, 2018, 294 p.

[574] Voir l'intervention de Jean-Marc Sauvé, vice-président du Conseil d'État, lors du dîner annuel de la Grande Loge de France, « La France est une République laïque », 21 septembre 2013 (https://www.conseil-État.fr/actualites/discours-et-interventions/la-france-est-une-republique-laique).

[575] Voir CC, n° 2012-297 du 21 février 2013, *Association pour la promotion et l'expansion de la laïcité*, et CE, 16 mars 2005, *ministre de l'Outre-mer c/ Gouvernement de la Polynésie française*, précités.

[576] Pour une application du principe de laïcité en-dehors de la loi de 1905, voir CE, 6 avril 2011, *SNES*, n°s 219379, 221699, 221700 et l'affirmation du principe de laïcité et du maintien du droit local des cultes comme des principes fondamentaux reconnus par les lois de la République.

un « pays de missions parmi les infidèles »[577]. On doit observer cette situation très particulière d'un seul culte concerné que l'on ne retrouve pas en Alsace-Moselle. L'égalité des religions entre elles se trouve interrogée.

B. Le principe de laïcité contourné par les dispositions particulières du régime des cultes en Guyane

L'article 1er de la Constitution affirme que « La France est une République [...] laïque. [...] Elle respecte toutes les croyances ». En application de l'article 10 de la Déclaration des droits de l'homme et du citoyen de 1789 : « Nul ne doit être inquiété pour ses opinions, même religieuses, pourvu que leur manifestation ne trouble pas l'ordre public établi par la loi ». La liberté religieuse est un droit constitutionnellement garanti et protégé dont l'expression doit se concilier avec le principe de laïcité.

Dans la France des outre-mer[578] (le pluriel nous paraît essentiel tant la France ultramarine est diverse sur tous les continents de notre planète), les situations au regard des cultes sont variées avec en deçà et au-delà des océans soit l'application de la loi de 1905 soit l'application des décrets Mandel de 1939 et de leurs missions religieuses, soit une non-prise en charge publique de la rémunération des ministres du Culte ou au contraire cette prise en charge.

La collectivité territoriale de Guyane soutient que se trouve méconnu le principe de laïcité en raison de la rémunération qui lui est imposée des ministres du Culte catholique. Si la République est laïque, le Conseil constitutionnel rappelle tant en 2013 (décision relative à l'Alsace-Moselle n° 2012-297 QPC du 21 février 2013) qu'en 2017 que « le principe de laïcité impose notamment le respect de toutes les croyances, l'égalité de tous les citoyens devant la loi sans distinction de religion et que la République garantisse le libre exercice des cultes ». Si, comme poursuit le Conseil constitutionnel « il implique que celle-ci ne salarie aucun culte », ceci n'exclut pas la rémunération publique de ministres du Culte à l'instar de la rémunération des pasteurs des églises protestantes en Alsace et en Moselle sans qu'il ne soit pour autant contrevenu au principe de laïcité : « il ressort tant des travaux préparatoires du projet de la Constitution du 27 octobre 1946 [...] que de ceux du projet de de la Constitution du 4 octobre 1958 [...] qu'en proclamant que la France est une 'République laïque', [elle] n'a pas

---

[577] Jules Moch, ministre de la Marine, cité par Aurélie Bretonneau, conclusions sur CE, 3 mars 2017, Collectivité territoriale de Guyane, précité, p. 4.

[578] Voir par exemple Clément Benelbaz, « La diversité des régimes des cultes dans les outre-mers français », in Florence Faberon (dir.), *Liberté religieuse et cohésion sociale*, *op. cit.*, p. 527-538 ; voir aussi, Olivier Gohin, « Religion, personnels et adaptation du droit dans les outre-mers français », in Florence Faberon (dir.), *Liberté religieuse et cohésion sociale*, *ibid.*, p. 539-552.

pour autant entendu remettre en cause les dispositions législatives ou réglementaires particulières applicables dans plusieurs parties du territoire de la République lors de l'entrée en vigueur de la Constitution et relatives à l'organisation de certains cultes et, notamment la rémunération de ministres du Culte ». Fort de ce principe, acquis en 2013, le Conseil constitutionnel a décidé de le transposer pour la Guyane. Le Conseil constitutionnel reprend à l'identique le considérant précité.

C'est ici une rédaction « remarquable » et « englobante » pour reprendre les termes du rapporteur Aurélie Bretonneau[579]. Cette dernière parle aussi à propos du principe de laïcité d'une « mise en musique du principe d'égalité ». Les principes sont en partie liés. Ils s'appuient mutuellement les uns les autres. L'exclusion de l'un nourrit l'exclusion des autres et inversement.

II. Les principes d'égalité, de libre administration des collectivités territoriales et de compensation financière des charges transférées aux collectivités territoriales sont contournés par le caractère particulier, marginal et préexistant des financements en cause en Guyane :

Plusieurs principes ont été invoqués par les requérants. La religion questionne le droit à tous les niveaux de sa hiérarchie sans omettre la source des sources, la « norme mère » : la Constitution. L'égalité est au cœur de la demande, mais aussi la libre administration des collectivités territoriales qui revendique une véritable autonomie financière. La décentralisation n'est rien sans moyens. Jusqu'où est-il possible de demander à une collectivité territoriale d'assumer des dépenses de nature religieuse ? Une collectivité peut-elle être la seule à assumer une telle charge sans contrevenir au principe d'égalité ? L'État doit-il compenser cette charge et dans quelle mesure ? Le juge constitutionnel rappelle ici une jurisprudence désormais traditionnelle : il est possible de traiter différemment des situations différentes. Par ailleurs, la liberté n'est pas remise en cause par la mise à la charge d'une collectivité de dépenses suffisamment précises et de faible impact financier. Quant à la compensation financière, nouvelle invitée dans la Constitution, elle ne peut être invoquée à l'encontre de dispositions antérieures à son article 72-2 nouveau.

---

[579] Sur CE, 3 mars 2017, *Collectivité territoriale de Guyane*, n° 405823, p. 4.

A. Quand traiter différemment des cultes n'est pas contraire au principe d'égalité

Le principe d'égalité est invoqué sous deux aspects dans l'affaire qui nous intéresse : d'une part la rupture d'égalité entre les cultes et d'autre part la rupture d'égalité entre les collectivités territoriales. Alors que le Conseil constitutionnel dans sa décision de 2013 n'a pas traité expressément de la question de l'égalité entre les cultes, en 2017 après avoir rappelé son considérant de principe en matière d'égalité[580], il examine successivement les deux aspects du principe d'égalité dont il est question ; il en déduit l'existence d'une différence de situation justifiant une différence de traitement.

S'agissant du principe d'égalité entre les cultes : « la différence de traitement entre le culte catholique et les autres cultes exercés en Guyane résultant des dispositions contestées » n'est pas contraire à la Constitution. Pour le Conseil constitutionnel, la différence de traitement tient à une différence de situation. Relativement à l'égalité entre les collectivités territoriales, nulle autre collectivité sur le territoire de la République ne supporte une charge équivalente pas même en Alsace-Moselle où la charge incombe à l'État. La rémunération des ministres du Culte est prise en charge par la collectivité territoriale de Guyane et un seul culte est ici concerné. Dans d'autres territoires où la loi de 1905 ne s'applique pas, ce n'est pas la collectivité qui assume cette charge, mais les missions religieuses (Mayotte, Saint-Pierre-et-Miquelon, Wallis-et-Futuna, Polynésie française, Nouvelle-Calédonie, Terre australe et antarctique française). S'il existe une exception notable, avec l'Alsace-Moselle, la rémunération y est le fait de l'État et elle ne concerne pas qu'une seule religion sans les prendre en considération toutes. La religion musulmane est toujours exclue du dispositif. La Guyane connaît en matière de culte une spécificité toute particulière, plus particulière encore qu'en Alsace-Moselle. Or, le Conseil constitutionnel identifie ici des situations différentes en rapport avec l'objet de la loi qui permet de justifier un traitement différent.

B. Quand marginalité et préexistence des financements concernés justifient un contournement de principes constitutionnels

Libre administration et autonomie financière des collectivités territoriales sont au cœur du processus de décentralisation, l'autonomie financière étant

[580] « Le principe d'égalité ne s'oppose ni à ce que le législateur règle de façon différente des situations différentes ni à ce qu'il déroge à l'égalité pour des raisons d'intérêt général, pourvu que, dans l'un et l'autre cas, la différence de traitement qui en résulte soit en rapport direct avec l'objet de la loi qui l'établit ».

reconnue comme un élément de la libre administration[581]. La décentralisation se gagne avec des moyens humains et financiers. À cet égard, l'article 72 de la Constitution affirme un principe de libre administration[582], au demeurant opérant en QPC[583], qui s'exerce dans le cadre de la loi, et l'article 72-2 de la Constitution décline les éléments d'une autonomie financière : est ainsi reconnue la faculté aux collectivités de recevoir tout ou partie des impositions de toute nature. Les recettes fiscales et l'ensemble des ressources propres des collectivités doivent constituer une part déterminante de l'ensemble de leurs ressources. Une loi organique du 29 juillet 2004 garantit notamment le maintien de la part des ressources propres à un niveau équivalent au minimum à celui de 2003. Se trouve inscrit dans la Constitution un dispositif de péréquation entre collectivités. Mais encore les collectivités se voient reconnaître un principe de juste compensation en ce que chaque transfert de compétences doit donner lieu à un transfert financier équivalent, à la date du transfert avec les conséquences et les risques que nous connaissons en matière d'effets ciseaux. Ce principe de juste compensation ne vaut que pour les transferts de compétences et non pour les créations ou les extensions (l'obligation est ici celle d'un accompagnement par des ressources déterminées par la loi et uniquement pour les dépenses obligatoires)[584].

Cette libre administration, qui ne saurait être entravée[585], est-elle remise en question lorsque l'État met à la charge d'une collectivité territoriale la rémunération de représentants du ministère du Culte catholique ? Cette charge, qui en l'espèce, représentait en 2015, 0,3 % des dépenses de fonctionnement de la collectivité départementale de Guyane est-elle contraire à la Constitution ? Est-elle suffisamment délimitée, répond-elle à un motif d'intérêt général ? Les dépenses obligatoires mises ainsi à la charge de la collectivité territoriale sont-elles suffisamment précises ? Si le législateur peut mettre à la charge des collectivités des catégories de dépenses, il convient de définir les obligations ainsi considérées de manière précise (objet, portée)[586].

---

[581] Voir CC, n° 2004-500 DC du 29 juillet 2004, *Loi organique relative à l'autonomie financière des collectivités territoriales* ; voir aussi CC, n° 90-277 DC du 25 juillet 1990, *Loi relative à la révision générale des évaluations des immeubles retenus pour la détermination des bases des impôts directs locaux*.

[582] Pour une consécration constitutionnelle du principe, voir CC, n° 79-104 du 23 mai 1979, *Loi modifiant les modes d'élection de l'Assemblée territoriale et du Conseil de gouvernement du territoire de la Nouvelle-Calédonie et dépendances et définissant les règles générales de l'aide technique et financière contractuelle de l'État*.

[583] Voir CC, n° 2010-12 QPC du 2 juillet 2010, *Commune de Dunkerque* et n° 2010-29/37 QPC du 22 septembre 2010, *Commune de Besançon et autres*.

[584] CC, n° 2004-509 DC du 13 janvier 2005, *Loi de programmation pour la cohésion sociale*.

[585] Par exemple : CC, n° 91-298 DC du 24 juillet 1991, *Loi portant diverses dispositions d'ordre économique et financier* ; n° 2000-432 DC du 12 juillet 2000, *Loi de finances rectificative pour 2000* ; n° 2000-436 DC du 7 décembre 2000, *Loi relative à la solidarité et au renouvellement urbains*.

[586] Voir CC, n° 90-274 DC du 29 mai 1990, *Loi visant à la mise en œuvre du droit au logement*.

Obligations ou interdictions doivent encore répondre à des fins d'intérêt général[587]. En l'espèce, le juge constitutionnel considère que les obligations déterminées à la charge de la collectivité territoriale sont suffisamment précises. Plus encore, la faible importance de ces dépenses au regard du budget de la collectivité territoriale ne permet pas de considérer que soit remis en cause le principe de libre administration constitutionnellement garanti. Quant au principe de compensation financière, il est considéré comme inopérant dès lors que le transfert concerné est antérieur à l'entrée en vigueur de la loi constitutionnelle du 28 mars 2003[588].

Conclusion

La France est une terre de liberté, de religions et de laïcité[589]. Les principes constitutionnels de laïcité et d'égalité tout comme ceux de libre administration des collectivités territoriales et de compensation financière des charges transférées à ces collectivités n'empêchent pas qu'en Guyane le régime local du culte perdure parce qu'il est spécifique, ancien et de faible impact financier. La République française est indivisible, mais elle est plurielle[590]. Elle repose d'ailleurs de plus en plus sur un principe de différenciation territoriale pour que vivent les identités propres des collectivités et des populations sans remettre en cause une identité nationale exprimant des valeurs partagées et la volonté d'un destin commun.

L'outre-mer guyanais, si spécifique comparé à tous les archipels ultra-marins français, nous donne, sur le sujet ici traité, une construction subtile et ferme, témoin d'un État de droit capable d'assumer la diversité de notre République. Le droit est dit, ce qui n'interdit pas des évolutions politiques. L'autorité judiciaire exerce sa régulation en disant le droit à charge le cas échéant pour le politique de déterminer une tout autre politique dans le respect des droits et procédures. Le droit peut être modifié, dans le respect de nos engagements internationaux et européens, en vue d'accompagner le pouvoir politique et sa volonté politique dans tous ses domaines et donc notamment en matière religieuse.

Voilà qui devrait satisfaire le dédicataire de ces Mélanges, le professeur Claude Devès si intéressé par les subtilités de notre droit national et la richesse

---

[587] CC, n° 2011-146 QPC du 8 juillet 2011, *Département des Landes*.

[588] Voir dans le même sens CC, n° 2011-143 QPC du 30 juin 2011, *Départements de la Seine-Saint-Denis et de l'Hérault*.

[589] Voir Florence Faberon (dir.), *Liberté religieuse et cohésion sociale*, *op. cit.*

[590] Jean-Marc Sauvé dit : « La laïcité de notre République apparaît comme une idiosyncrasie française, produit de son histoire, et comme un élément constitutif de l'identité nationale ». Il ajoute qu'« il faut reconnaître le pluralisme religieux sans ouvrir la porte au communautarisme » (voir l'intervention de Jean-Marc Sauvé, vice-président du Conseil d'État, lors du dîner annuel de la Grande Loge de France, *op. cit.*).

de ses statuts différenciés, à l'instar de la Corse, qu'on observe d'ailleurs avec grand intérêt du côté de la collectivité territoriale de Guyane.

Réformer l'État : un vœu pieu ? Les vicissitudes du régionalisme différencié en Italie : « Il faut que tout change pour que rien ne change »

Par Jean-Jacques Pardini

Agrégé des Facultés de droit
Doyen honoraire de la Faculté de droit de Toulon
Directeur adjoint du CDPC Jean-Claude Escarras,
UMR CNRS 7318.

Lorsque Claude Devès, en 2002, m'accueillit à la faculté de droit de Clermont-Ferrand, le jeune (sic) agrégé que j'étais fut immédiatement et résolument séduit. Certes, les paysages exceptionnels qu'offre la chaîne des Puys ne pouvaient laisser insensible quiconque, un tant soit peu kantien, a le goût du beau. Mais l'inclination favorable qui était la mienne ne s'expliquait pas seulement par des jugements esthétiques. Elle tenait aussi et surtout à la personnalité de celui qui m'accueillait dont je remarquai d'emblée la sympathie et un sens aigu de la chose publique et de son administration. Partant, et tout naturellement, les discussions allaient rapidement porter sur ce qui semblait être, chez lui, comme chez moi – et chez beaucoup d'autres d'ailleurs – une préoccupation assurément alimentée par un contexte et par nombre d'écrits dont la production était, déjà à elle seule, significative. Le thème du « déclin de l'État » – objet de cette préoccupation – donnait lieu (et donne encore lieu) à des débats stimulants et il n'est donc pas surprenant que, d'emblée, l'idée ait germé dans nos esprits d'organiser une manifestation scientifique dont la vocation était de susciter la réflexion sur d'éventuelles réformes. C'est ainsi que, après de nombreuses conversations, se tint à Toulon, après mon retour au bercail, un colloque international sur « La réforme de l'État » dont les Actes furent publiés cher Bruylant[591].

[591] J.-J. Pardini, C. Devès (sous la dir. de), *La réforme de l'État*, Bruxelles, Bruylant, 2006.

« Changer en mieux la personne publique État », lit-on dans la quatrième de couverture de l'ouvrage. Certes, mais comment, selon quelles modalités, avec quels moyens et dans quels délais ? Autant de questions qui ne pouvaient être résolues avec pour seul bagage une ferme et sincère volonté. Car enfin, comme on le lit encore dans la quatrième de couverture, « la simplicité de l'expression (...) tranche avec les multiples conséquences juridiques, économiques et sociales qu'une telle action implique, sans encore parler des changements de mentalités qu'elle suppose ». Un des thèmes choisis par Claude Devès et moi-même, pour alimenter les discussions, était lié à la dialectique réforme de l'État/décentralisation. Approche pertinente s'il en est, les évolutions de la forme de l'État étant généralement pensées – du moins en théorie – comme objet de politiques publiques propres à le réformer, donc, pour faire court, à améliorer l'efficacité de son action. À l'évidence, les questions liées à la décentralisation sont intimement corrélées au thème en discussion (la réforme de l'État) au point que, encore récemment, un ministère était chargé de la préparation et de la mise en œuvre de leur politique respective[592]. Sauf que l'on sait bien que, écrivant ce que l'on écrit, l'on se situe dans le « meilleur des mondes » et que, de fait, les évolutions liées à la forme de l'État ne sont pas toujours marquées par un caractère idyllique[593]. Il n'y a, d'ailleurs, à cet égard, qu'à renvoyer aux propos de Claude Devès qui, en juin 2014, émettait les plus vives réserves face à la fusion des Régions françaises (et particulièrement face au mariage « forcé » Auvergne-Rhône-Alpes)[594]. On lit notamment, sous une plume aussi stimulante qu'acide, que « la réforme régionale n'est pas une question de périmètre, mais d'unité, de cohésion sociale. En Allemagne, les Länder sont fondés sur un héritage historique. Il y a des grands et des petits Länder, des riches et des moins riches. Ils ont surtout des moyens que n'auront pas les régions françaises nouvelles, sinon il faut passer à l'État régional ou à l'État fédéral ».

Passer à l'État régional ! Quel heureux passage (pardon pour la répétition) de témoin pour indiquer que le débat sur la réduction du nombre de Régions

---

[592]Décret n° 2014-410 du 16 avril 2014 relatif aux attributions du ministre de la décentralisation, de la réforme de l'État et de la fonction publique. Au moment où l'on écrit ces lignes, c'est le secrétariat d'État à la réforme de l'État et à la simplification qui doit assurer et mettre en œuvre une « transformation de l'État ». Il est écrit, de manière quelque peu redondante, sur le site du secrétariat d'État que « L'État doit se transformer pour retrouver sa force d'impulsion dans la modernisation de notre pays, contribuer à la compétitivité et l'attractivité de l'économie française, et garantir la cohésion sociale et territoriale de notre pays et l'égalité des droits et des chances pour nos concitoyens. Il s'agit de faire évoluer ses missions, ses politiques publiques, son organisation et ses modes d'action en mobilisant notamment toutes les ressources offertes par le numérique et en soutenant l'innovation publique ».

[593]Les inconvénients de la décentralisation sont assez connus : complexité, coût, risque de « féodalités » locales, arrière-pensées politiques...

[594]*La Montagne*, 3 juin 2014.

n'est pas propre au système français. En Italie[595], on sait peut-être que, pour des raisons liées à certains dysfonctionnements constatés, une proposition de loi a été déposée en ce sens en décembre 2014[596]. Si le processus, au moins sur cet aspect, est en panne, c'est évidemment parce que, au moment où l'on écrit ces lignes, d'autres questions – et non des moindres – sont au centre des préoccupations des pouvoirs publics. On veut évidemment parler de la Réforme Renzi-Boschi qui, en modifiant quarante-cinq articles de la Constitution (sur cent trente-neuf), n'en finit pas d'agiter les esprits[597] et qui

---

[595]On sait que le système italien renvoie à la catégorie de la régionalisation politique (ou régionalisme institutionnel) telle qu'elle était identifiée par Gérard Marcou qui la distinguait de quatre autres catégories : la régionalisation administrative, la régionalisation par les collectivités locales existantes, la décentralisation régionale et la régionalisation par les autorités fédérées, *in La régionalisation en Europe*, rapport présenté au Parlement européen, GRALE, novembre 1999, PE, 168.498, 18, 170 p. Comme l'observe T. Groppi, « En Italie, l'option en faveur d'une forme d'État décentralisé n'a pas été motivée – si l'on met à part certaines expériences de zones périphériques du pays – par l'exigence de faire cohabiter, dans une seule structure étatique, des communautés caractérisées par des éléments de type identitaire, pouvant traduire l'idée de "nation-ethnos" (...). Le choix de la décentralisation a surtout été lié à deux éléments pouvant être ramenés aux paroles-clés de l'efficience (administrative) et de la démocratie (entendue en termes de responsabilité, de participation et de séparation des pouvoirs), qui ont inspiré les trois phases que révèle l'évolution de la forme de l'État italien sous l'ère républicaine », *in* « Lo Stato regionale italiano nel XXI secolo, tra globalizzazione e crisi economica », www.federalismi.it., 21/2014, pp. 5-6.

[596]Proposition de loi déposée à la Chambre des députés par Roberto Morassut et Raffaele Ranucci le 16 décembre 2014, visant à réviser l'article 131 de la Constitution pour réduire à douze (au lieu de vingt) le nombre des Régions italiennes : 1. Région Alpina (regroupant les Régions Val d'Aoste, Piémont et Ligurie). 2. Région Lombardie (qui reste telle quelle). 3. Région Emilie-Romagne (regroupant la région Emilie-Romagne et la Province de Pesaro). 4. Région Triveneto (regroupant les Régions Vénétie, Frioul-Vénétie Julienne et la Province de Trente). 5. Région Appenninica (regroupant les Régions Toscane, Ombrie et la Province de Viterbo). 6. Région Adriatica (regroupant la région Abruzze et les Provinces de Macerata, Ancona, Rieti, Ascoli e Isernia. 7. Région de Rome Capitale (regroupant la Province de Rome). 8. Région Tirrenica (regroupant la région Campanie et les Provinces de Latina et Frosinone). 9. Région du Levant (regroupant la région Pouilles et les Provinces de Matera et Campobasso). 10. Région du Ponant (regroupant la région Calabre et la Province de Potenza). 11. Région Sicile (qui reste telle quelle). 12. Région Sardaigne (qui reste telle quelle). Cette proposition s'inspire clairement des travaux de la Fondation Agnelli ; voir « Nuove Regioni e riforma dello Stato », *XXI Secolo, Studi e ricerche della Fondazione Giovanni Agnelli*, 1er juin 1993.

[597]La réforme Renzi-Boschi s'est traduite par le dépôt du projet de loi constitutionnelle portant « Dispositions pour le dépassement du bicaméralisme égalitaire, la réduction du nombre de parlementaires, la maîtrise des coûts de fonctionnement des institutions, la suppression du Conseil national de l'économie et du travail (CNEL) et la révision du Titre V de la deuxième partie de la Constitution ». Selon F. Palermo, il s'agit de la réforme « la plus ample et la plus ambitieuse de l'histoire républicaine », *in* « Diagnosi errata e terapia inefficace. Le Regione nella riforma costituzionale », www.forumcostituzionale.it. Le fil rouge de la réforme réside dans la simplification du processus décisionnel à travers une réduction des organes et instances impliqués et une concentration du pouvoir final de décision entre les mains du tandem gouvernement/chambre des députés. On consultera le texte sur le site www.referendumcostituzionale.online. Pour une synthèse de la réforme, voir www.governo.it. Pour une présentation synthétique efficace des points forts de la réforme, lire R. Louvin, « Des

vient de connaître le dénouement que l'on sait[598]. Parmi ces préoccupations, figure en bonne place la question du « régionalisme différencié » au sein d'une République qui, rappelons-le, est « une et indivisible »[599]. Si l'on évoque ce thème, c'est parce que le choix du traitement de la différence relève sans contredit d'une volonté de réformer l'État[600] – et donc d'agir sur sa forme – avec pour finalité de prendre en compte et de valoriser les spécificités économiques, culturelles et identitaires des territoires régionaux. Il s'agit, pour le dire autrement, de mettre en œuvre et d'organiser « la différenciation régionale dans le régionalisme différencié »[601] avec pour objectif premier l'harmonie dans la coexistence des différences pour une meilleure efficacité de l'action publique[602]. Loin d'être un « mariage forcé », il est question, au

causes et des effets de la réforme constitutionnelle de 2016 », *La lettre d'Italie*, sous la dir. de M. Bardin, n° 9, octobre 2016, p. 3 et s.

598Les Italiens, lors du référendum du 4 décembre 2016, ont massivement rejeté la réforme (près de 60% de non). Le Président du Conseil, Matteo Renzi, a estimé, conformément à ce qu'il avait annoncé, que son expérience de chef de gouvernement s'arrêtait là. Il a remis sa démission au Président de la République, Sergio Mattarella, le 8 décembre 2016.

599Article 5 de la Constitution italienne : « La République, une et indivisible, reconnaît et favorise les autonomies locales ; réalise dans les services qui dépendent de l'État la plus large décentralisation administrative ; adapte les principes et les méthodes de sa législation aux exigences de l'autonomie et de la décentralisation ». On sait que le Constituant de 1947 a souhaité renverser la logique antérieure de concentration du pouvoir au niveau central qui prévalait depuis 1861, année de l'unité italienne, que le régime fasciste avait accentuée à partir de 1922. Sur la construction de l'unité italienne, voir G. Pécout, *Naissance de l'Italie contemporaine*, 1770-1922, Paris, Armand Colin, 2004.

600Sur cette liaison intime, voir F. Pizzetti (sous la dir. de), *Federalismo, regionalismo e riforma dello Stato*, Turin, Giappichelli, 1996. À la fin des années 60, le slogan « les Régions pour la réforme de l'État » traduisait la volonté d'améliorer l'efficience de l'administration publique : voir, à cet égard, AA.VV, *Le regioni per la riforma dello Stato*, Bologne, Il Mulino, 1976. Le succès ne fut cependant pas au rendez-vous. Après l'institution très tardive, en 1970 (!), des Régions ordinaires, c'est un double échec qui fut constaté : « d'une part, l'échec de la réforme administrative, car non seulement les Régions n'ont pas permis d'assurer la réforme attendue de l'État, mais encore elles ont constitué un troisième niveau de bureaucratie qui s'est superposé aux deux autres (central et local, communes et Provinces) qui existaient déjà ; d'autre part, l'échec du régionalisme politique car les Régions n'ont pas été en mesure de mener à bien leur politique pour une série de raisons : a) les compétences législatives limitées qui leur étaient reconnues par la Constitution ; b) l'envahissement de l'État central au nom de l'intérêt national ; c) la jurisprudence constitutionnelle qui a justifié la législation de l'État en s'appuyant sur la clause de l'intérêt national », T. Groppi, « Lo Stato regionale italiano nel XXI secolo, tra globalizzazione e crisi economica », www.federalismi.it., *op. cit.*, pp. 10-11.

601Selon l'expression de T.-E. Frosini, « La differenziazione regionale nel regionalismo differenziato », www.archivio.rivistaaic.it.

602Pour certains, « la "différenciation" de l'autonomie régionale (…) est nécessairement liée au "principe dispositif" (Gianfrancesco) qui impose la participation de la collectivité directement intéressée au processus de reconnaissance d'une plus grande autonomie au moins en tant que protagoniste indispensable ; avec le "principe identitaire" de chaque communauté régionale (chacune dotée de la possibilité de "faire mieux" que toutes les autres) dont devrait résulter une inévitable dimension "compétitive" entre les Régions (Demuro) ; avec le "principe de subsidiarité" (Giuffrè) et, en définitive, avec le "principe démocratique", eu égard au rapprochement opéré entre les citoyens et leurs besoins concrets et la distribution des pouvoirs contraire, de « contrats de mariage » à effets variables conclus entre le centre et les périphéries. En somme, le pari est fait de relier deux préoccupations auparavant distinctes : « décentraliser pour unir » et « différencier pour agir »[603].

Comme on le vérifiera, la Constitution actuellement en vigueur envisage, à l'article 116, trois niveaux d'autonomie régionale : la spécialité historique (les Régions à statut spécial) ; l'autonomie ordinaire ou de droit commun (pour les Régions qui n'ont pas su, pu ou voulu recourir à la différenciation) ; l'autonomie différenciée au bénéfice des seules Régions ordinaires. Le champ des possibles ainsi offert aux Régions par le Constituant semble donc permettre *prima facie* que soit garantie la dialectique unité/diversité/différenciation. Pour autant, la réalité est moins belle – beaucoup moins même – et l'on se doit de dire que le fond du tableau régional est plutôt sombre. On verra en effet que, s'agissant de l'autonomie spéciale (la spécialité historique), l'occasion a été gâchée (**I**) et que, s'agissant des Régions ordinaires, elle a été manquée (**II**). Reste à savoir si le projet de réforme constitutionnelle Renzi/Boschi, par les innovations qu'il prévoyait, était une occasion à saisir (**III**).

I. Autonomie spéciale et différenciation : une occasion gâchée :

Depuis 1948, l'Italie est un État régional ou, du moins, « une Italie des Régions »[604], marqué (e) par l'asymétrie, la Constitution italienne prévoyant, *ab initio*, une autonomie différenciée en distinguant des Régions à statut

---

publics entre les niveaux territoriaux, y compris à l'intérieur d'un même niveau (…) ». Ainsi, M. Cecchetti, « Differenziazione e specialità regionale nell'unità e indivisibilità della Repubblica », www.italianieuropei.it.

603Sur la distinction évoquée, T. Groppi, « Lo Stato regionale italiano nel XXI secolo, tra globalizzazione e crisi economica », www.federalismi.it., *op. cit.*, p. 5, note n° 4. Comme il a été dit, c'est « le pluralisme régional qui impose que les différentes politiques soient "calibrées aux spécificités locales" et concrétisent la compétition entre les Régions tout en donnant vie à un dynamisme institutionnel réel », *in Approfondimento in merito all'art. 116 terzo comma, cost. a seguito de la riforma,* sous la dir. de Giuliano Banterle Staff « Thématiques institutionnelles, rapports sur l'état de la législation et banque de données législatives » – Service Assistance Législative et Commissions. Ce document a été réalisé à l'occasion du séminaire « Le Regioni nella riforma costituzionale : tra autonomia differenziata e spazio politico europeo » tenu à Milan le 24 juin 2016 et organisé par le conseil régional de Lombardie et la Conférence des Présidents des Assemblées législatives des Régions et des Provinces, www.sipotra.it.

604Selon le mot de J.-C. Escarras, « l'Italie un État régional ? », *in L'État autonomique : forme nouvelle ou transitoire en Europe ?*, C. Bidégaray (sous la dir. de), Paris, Economica, 1994, p. 87 (c'est l'auteur qui souligne).

spécial, d'inspiration ibérique, et des Régions à statut ordinaire[605]. L'asymétrie dont il s'agit – ayant vocation à assurer le « vivre ensemble » des différences – est même « génétique » si l'on considère que, pour la Sicile et la Sardaigne, l'octroi de l'autonomie spéciale a précédé la promulgation de la Constitution[606]. Ce régionalisme « différencié » ou « asymétrique »[607] trouve ainsi son expression initiale[608] à l'article 116 de la Constitution qui, selon la formule de l'époque, prévoyait que « Des formes et des conditions particulières d'autonomie sont attribuées, en vertu de statuts spéciaux adoptés par des lois constitutionnelles, à la Sicile, à la Sardaigne, au Trentin-Haut Adige, au Frioul-Vénétie Julienne et au Val d'Aoste »[609].

---

[605]Sur les modèles institutionnels qui, en se référant aux règles de la distribution territoriale du pouvoir politique, ont le plus influencé le travail de l'Assemblée constituante et les processus de réforme constitutionnelle développés plus tard jusqu'à la révision du Titre V de la Constitution par les lois constitutionnelles n° 1 de 1999 et n° 2 et 3 de 2001, voir A. d'Atena, « Le régionalisme italien et ses racines culturelles », *Civistas Europa*, 2013/1, n° 30, p. 41 et s. L'auteur observe que dans la Constitution, remodelée par les lois constitutionnelles n° 1 de 1999 et n° 3 de 2001, le passage du principe d'unité consacré par l'article 5 au principe de subsidiarité est devenu l'originalité du modèle italien (n° 14). Le principe de subsidiarité a été constitutionnalisé par la loi constitutionnelle n° 3 du 18 octobre 2001 (*infra*) et figure à l'article 118 de la Constitution.

[606]Ainsi, S. Gerotto, « La protection des minorités linguistiques en Italie : de l'asymétrie à l'homogénéisation ? », socialsciences@uottawa.ca.crfpp, p. 2. Sur l'histoire du régionalisme italien, voir notamment E. Santarelli, *Il Regionalismo nell'Italia unita : storia dell'idea regionalista fino alla Repubblica*, Florence, Bulgarini, 1973.

[607]Les deux expressions sont indistinctement employées par la doctrine et la jurisprudence italiennes et renvoient à une même réalité. En première analyse, un État régional différencié ou asymétrique est un État « au sein duquel les collectivités sub-étatiques n'exercent pas les mêmes compétences. La différenciation se traduit soit dans la circonstance que les Régions ont formellement des pouvoirs différents, soit dans le fait qu'elles se distinguent en utilisant différemment l'autonomie dont elles sont dotées ». Ainsi, E. Lanza, « Asimmetria, differenziazione et specialità regionale : modello generale e casi particolari a confronto », *RGDC,* 18 (2014), www.academia.edu., p. 2.

[608]Sur le fait, cependant, que la spécialité doit être distinguée de la différenciation, A. Poggi, « Le Régioni speciali nel attuale disegno di revisione costituzionale », piemonteautonomie.cr.piemonte.it., n° 3/2015.

[609]Il faut cependant bien voir que, par ailleurs, c'est le choix de l'uniformité qui avait été fait par les Constituants. E. Lanza explique bien que « la première réalisation du régionalisme italien a été caractérisée par une approche "uniforme " tendant à considérer une grande partie des Régions – *rectius* les Régions à statut ordinaire – comme un bloc unitaire au sein duquel les compétences législatives et administratives étaient "tombées du ciel". Le choix a été fait d'une uniformité consolidée dans une forme de régionalisme coopératif "à l'italienne" où les marges de différenciation étaient plutôt étroites. Selon une telle perspective, prévalait un esprit contraire à la différenciation, fondé tant sur des raisons politico-idéologiques que sur une lecture constitutionnelle de type garantiste selon laquelle l'égalitarisme l'emporte sur l'égalité ». L'auteur note, cependant, que « ce modèle de régionalisme de l'uniformité n'a pas atténué la différenciation persistante et endémique des réalités régionales sur les plans juridique et socio-économique qui, de fait, interdisent la réalisation d'une situation d'uniformité substantielle par le biais de l'autonomie régionale. La profonde hétérogénéité des Régions italiennes a conduit au souhait d'une asymétrie et d'une différenciation propres à permettre une adaptation normative aux particularités des réalités régionales », *in* « Asimmetria... », *op. cit*., pp. 3-4.

Il est assez connu que l'institution des Régions à statut spécial en Italie – « les plus espagnoles des régions italiennes »[610] – s'explique par la prise en considération des spécificités historiques, géographiques, culturelles et linguistiques de certains espaces territoriaux de la Péninsule. En ce sens, les cinq Régions concernées traduisent une logique différenciée au sein même d'un régionalisme qui, quoique « minoritaire et ultra-élitiste »[611], trouve ses origines au XIXe siècle. Cette autonomie différenciée a été exprimée par des Statuts approuvés par des lois constitutionnelles[612] dont le caractère hétérogène n'est plus à rappeler[613] ,mais qui, formellement au moins, prévoient des compétences plus larges au profit des autorités régionales ainsi que des ressources plus importantes et certains privilèges fiscaux.

C'est par la loi constitutionnelle n°2 du 31 janvier 2001[614] qu'ont ensuite été étendues aux Régions à statut spécial les dispositions de la loi

---

610A. d'Atena, « Le régionalisme italien et ses racines culturelles », *op. cit.*, n° 15.

611Ainsi A. Mastropaolo, « La question régionale en Italie », *in L'État autonomique... op. cit.*, p. 38 et s.

612Loi constitutionnelle n° 2 du 26 février 1948 pour la Sicile (reprenant le décret royal n° 455 du 15 mai 1946) ; loi constitutionnelle n° 3 du 26 février 1948 pour la Sardaigne ; loi constitutionnelle n° 4 du 26 février 1948 pour le Val d'Aoste ; loi constitutionnelle n° 5 du 26 février 1948 pour le Tentin-Haut Adige ; loi constitutionnelle n° 1 du 31 janvier 1963 pour le Frioul-Vénétie Julienne (ce caractère tardif s'explique par la nécessité de définir la situation internationale du territoire de Trieste. Sur cette question, voir E. Di Nolfo, *Storia delle relazioni internazionale : II. Gli anni della guerra fredda, 1946-1990, www.*books.google.fr).

613Sur ce point, J.-C. Escarras, « L'Italie un État régional ? », *op. cit.*, p. 88. Pour autant, le Doyen Escarras estimait, arguments à l'appui, que la diversité n'excluait pas la monotonie

614La loi constitutionnelle n° 2 du 31 janvier 2001 (*G.U.* n° 26 du 1er février 2001) a innové en modifiant la procédure de révision des lois constitutionnelles d'adoption des statuts spéciaux et en introduisant la catégorie des « lois statutaires ». Sur le premier point, l'avis de l'organe législatif de la Région est, depuis lors, obligatoirement requis en cas de projet de modification statutaire d'initiative gouvernementale ou parlementaire et le recours au référendum national de l'article 138 de la Constitution est supprimé. Sur le second point, chaque statut spécial a été modifié en ce sens que les Régions et les Provinces autonomes de Trente et de Bolzano peuvent adopter des lois statutaires ayant pour objet de déterminer la forme de gouvernement, comme le prévoit l'article 123 de la Constitution pour les Régions à statut ordinaire, et le système d'élection des organes fondamentaux. Ces lois statutaires sont approuvées à la majorité absolue des membres de l'organe législatif régional ou provincial, peuvent être soumises à référendum populaire sur demande d'une fraction du corps électoral ou des membres de l'Assemblée (seulement, dans cette dernière hypothèse, si la loi n'a pas été approuvée à une majorité des 2/3) et faire l'objet, à l'initiative du gouvernement, d'une saisine de la Cour constitutionnelle, dans un délai de trente jours à compter de leur publication, aux fins d'un contrôle de constitutionnalité. Voir respectivement : pour le premier point, article 41-ter alinéas 3 et 4 du statut de la région Sicile ; article 50 alinéas 3 et 4 du statut de la région Val d'Aoste ; article 54 alinéas 2 et 4 du statut de la Région Sardaigne (voir aussi les alinéas 1 et 3 du même article qui établissent un pouvoir spécial d'initiative pour une fraction du corps électoral d'au moins vingt mille électeurs et le pouvoir du Président de la Région de fixer, entre la première et la seconde délibération des Chambres, un référendum consultatif) ; article 103 alinéas 3 et 4 du statut de la région Trentin-Haut Adige ; article 63 alinéas 3 et 4 du statut de la région Frioul-Vénétie Julienne. Pour le second point, articles 3, 8 bis, 9, 10, 13 bis, 17 bis et 41 bis du statut de la constitutionnelle n° 1 du 22 novembre 1999 portant « Dispositions relatives à l'élection directe du Président de la Commission régionale et à l'autonomie statutaire des Régions »[615]. La loi constitutionnelle n° 3 de 2001[616] prévoyait enfin, en son article 10, que « jusqu'à l'adaptation des différents statuts respectifs, les dispositions de la présente loi constitutionnelle s'appliquent également aux Régions à statut spécial et aux Provinces autonomes de Trente et de Bolzano dans les parties où elles prévoient des formes d'autonomie plus étendues au regard de celles déjà attribuées ». Cette norme transitoire – sans modifier la Constitution – a donc, en attente des choix statutaires, introduit une clause « d'adaptation automatique » – ou « clause de faveur » – des régions spéciales à « une autonomie plus étendue » reconnue aux régions

---

région Sicile ; article 15 du statut de la région Val d'Aoste ; article 15 du statut de la région Sardaigne ; article 47 du statut de la région Trentin-Haut Adige ; article 12 du statut de la région Frioul-Vénétie Julienne. C'est donc désormais la loi régionale – communément appelée loi statutaire – qui, dans le respect des dispositions du statut spécial et conformément à la Constitution et aux principes de l'ordonnancement juridique de la République, détermine la forme du gouvernement régional. Une telle procédure se rapproche de celle prévue pour les Régions à statut ordinaire – définie à l'article 123 de la Constitution – la seule différence tenant au fait que pour les Régions spéciales la double délibération pour l'approbation du statut-loi régionale n'est pas exigée. En introduisant la loi statutaire, le législateur constitutionnel a donc « déconstitutionnalisé » la réglementation de la forme de gouvernement (auparavant, une telle réglementation était établie par une loi constitutionnelle en vertu de l'article 116 de la Constitution). On doit noter que, avant même cette modification, certains statuts différenciés avaient explicitement prévu le recours à la procédure de l'article 123 de la Constitution, propre aux Régions ordinaires (Sardaigne, article 54 alinéa 5 et Val d'Aoste, article 50 alinéa 4). Pour des précisions sur les lois statutaires, M. Cecchetti, « La legge statutaria come strumento di affermazione dell'autonomia e de
ll'identità delle regioni speciali », www.federalismi.it.

[615] *G.U.* n° 299 du 22 décembre 1999.

[616] Loi constitutionnelle n° 3 du 18 octobre 2001 portant modifications au Titre V de la deuxième partie de la Constitution, *G.U.*, n° 248, du 24 octobre 2001. Cette réforme « a réécrit dans un sens "quasi fédéral" les normes constitutionnelles sur les autonomies territoriales » selon T. Groppi, « Lo Stato regionale italiano nel XXI secolo, tra globalizzazione e crisi economica », www.federalismi.it., *op. cit.*, p. 3. Sur cette réforme, B. Caravita, « La Costituzione dopo la Riforma del Titolo V e differenziazione delle Regioni di diritto commune », 2002, www.federalismi.it ; voir, en langue française, M.-P. Elie, « L'Italie, un État fédéral ? À propos des lois constitutionnelles n° 1 du 22 novembre 1999 et n° 3 du 18 octobre 2001 », *RFDC*, 4/2002, p. 749 et s. ; J. Fougerouse, « La révision constitutionnelle du 18 octobre 2001 : l'évolution incertaine de l'Italie vers le fédéralisme », *RIDC*, 4/2003, p. 923 et s. En substance, la réforme constitutionnelle de 2001 accroît l'autonomie régionale d'un double point de vue : d'une part, en élargissant le domaine d'intervention de la loi régionale, notamment par l'inversion du principe de répartition des compétences au profit des Régions (article 117 de la Constitution) ; d'autre part, en assurant une meilleure protection du domaine de la loi régionale par la substitution d'un contrôle *a posteriori* à un contrôle *a priori* et la facilitation du recours régional direct. Avant même la réforme constitutionnelle de 2001, le principe de différenciation avait été consacré par les lois n° 142 du 8 juin 1990 relative à l'organisation des autonomies locales et n° 59 du 15 mars 1997 portant délégation au gouvernement pour l'attribution de fonctions et devoirs aux Régions et aux collectivités locales, pour la réforme de l'administration publique et pour la simplification administrative. S'agissant de la loi de 1990, on consultera la décision de la Cour constitutionnelle n° 343 du 11 juillet 1991, *Giur. cost.*, 1991, p. 2732.

ordinaires[617]. Dit autrement, la clause prévoit que lorsque les dispositions du Titre V sont plus favorables que les dispositions statutaires, les premières doivent prévaloir sur les secondes. Une telle prévision se justifiait clairement dans la mesure où « les Régions différenciées auraient couru le risque de se trouver dans une situation nettement infériorisée, du point de vue des compétences, par rapport aux Régions ordinaires »[618]. En somme, la « clause de faveur » attribue aux Régions spéciales « tout ce qui est nouveau dans la réforme constitutionnelle »[619].

De fait, la volonté du législateur constitutionnel était de donner un nouveau souffle aux statuts afin qu'ils réalisent les conditions d'une « meilleure » autonomie différenciée en résolvant la « crise de la spécialité »[620]. Il s'agissait, pour le dire autrement, « de favoriser (...) l'expression, par les choix statutaires des Régions spéciales, d'une identité propre et renouvelée permettant de proposer de nouvelles justifications à la spécialité »[621]. Si donc, la réforme du Titre V a abouti à « une sorte d'homogénéisation des instruments juridiques entre Régions spéciales et Régions ordinaires, rendant les "Régions spéciales moins spéciales" », elle a également offert à ces dernières « de larges espaces, outils et possibilités afin qu'elles démontrent plus librement et plus clairement les raisons de leur différence dans un contexte interne et international profondément modifié depuis la période constituante »[622]. Las, le résultat n'a pas été à la hauteur des

---

[617]Cette « clause de faveur », parfois qualifiée de « clause de meilleure faveur », a une double fonction : *a)* maintenir en vigueur les listes de matières attribuées à la compétence régionale contenues dans les statuts spéciaux ; *b)* étendre aux Régions à statut spécial la compétence législative, concurrente ou exclusive (résiduelle), attribuée par l'article 117 de la Constitution aux Régions ordinaires (pour les aspects non prévus par les statuts spéciaux). On observera que cet article ne semble pas exiger, comme le fait l'article 116 de la Constitution, le respect des principes de caractère fiscal, ni la consultation des collectivités locales, ni, d'ailleurs, l'initiative ou l'accord de la Région à autonomie différenciée. Sur les difficultés liées à l'interprétation de la « clause de faveur », lire S. Pajno, « L'"adeguamento automatico" degli statuti speciali », www.federalismi.it., 3 décembre 2008.

[618]A. D'Atena, « Le Regioni speciali ed i "loro" enti locali, dopo la riforma del Titolo V », www.issirfa.cnr.it (2.).

[619]G. Demuro, « Regioni ordinarie e regioni speciali », *in* T. Groppi, M. Olivetti (sous la dir. de), *La Repubblica delle autonomie*, *op. cit.*, p. 47.

[620]Sur cette crise, A. Poggi, « Le Régioni speciali nel attuale disegno di revisione costituzionale », piemonteautonomie.cr.piemonte.it., *op. cit.*, qui cite, en note n° 19, l'importante bibliographie concernant ce thème. On lira aussi avec profit la contribution de G.-F. Ferrari, « Il futuro della specialità regionale », www.giuseppefrancoferrari.it, 20 mars 2014.

[621]F. Clementi, « L'esperienza degli statuti regionali », www.treccani.it, qui observe, en substance, que les raisons de la spécialité qui ont caractérisé les cinq Régions concernées se sont, avec le temps, progressivement émoussées. En ce sens, T.-E. Frosini, « La differenziazione regionale nel regionalismo differenziato », *op. cit.*, qui observe que « leur naissance était liée à des facteurs et à des raisons – de caractère politique et géographique – jugés aujourd'hui suffisamment dépasssés par l'évolution historico-politique et constitutionnelle italienne ».

[622]F. Clementi, *Ibid.*

espérances ! Le moins que l'on puisse dire est que le constat est sévère sous la plume des observateurs qui considèrent que « les Régions spéciales ont été incapables, à travers leurs statuts, de confirmer que les raisons de leurs différences étaient encore valides aujourd'hui ». En sorte que « cette inadaptation politico-culturelle a montré que l'autonomie était davantage vécue comme une garantie passive de non-assimilation avec les autres Régions, que comme un instrument actif de promotion de développement et de différence (...) »[623]. De fait, « l'introduction de la "clause de meilleure faveur" (...) : n'a pas résolu les problèmes des Régions spéciales ; n'a pas assuré la transition vers les révisions statutaires ; a élargi la distance entre les Régions ordinaires et spéciales et a rendu encore plus critique la défense de la spécialité »[624].

La réforme constitutionnelle de 2001 a donc été une occasion gâchée pour les Régions à statut spécial. Elle n'aura pas permis un *brainstorming* propre à renouveler une spécialité dont on considère de manière quasi unanime qu'elle est à bout de souffle et source de gaspillages. Mais la réforme constitutionnelle de 2001, alors pourtant qu'elle innove en matière de différenciation, a aussi – et peut-être surtout – été une occasion manquée pour les Régions ordinaires.

II. Autonomie ordinaire et différenciation : une occasion manquée :

Le régionalisme différencié a en effet été renouvelé et renforcé par la réforme constitutionnelle de 2001 modifiant le Titre V de la deuxième partie de la Constitution qui, outre un toilettage et certaines innovations[625], a

[623]*Ibid.* T.-E. Frosini observe, à cet égard, qu'au lendemain de la réforme du Titre V et de l'introduction d'un système de régionalisme différencié, plusieurs voix se sont élevées pour souligner l'inutilité de la persistance des spécialités régionales, *in* « La differenziazione regionale nel regionalismo differenziato », *op. cit.*

[624]Pour des précisions sur cet échec, A. Poggi, « Le Regioni speciali nel attuale disegno di revisione costituzionale », piemonteautonomie.cr.piemonte.it., *op. cit.* L'auteur écrit que « si les motifs de son élaboration [celle de la "clause de faveur"] étaient fondés sur l'idée de revitaliser les autonomies spéciales, ils ont failli ; comme aussi a failli l'objectif des révisions statutaires. Plus encore, l'échec d'un tel objectif a ouvert la voie à une situation extrêmement chaotique de sources atypiques, qui interviennent à la place des révisions statutaires et des normes de mise en œuvre, ce qui a contribué à étendre l'écart entre Régions ordinaires (qui continuent d'obéir à des normes uniformes) et Régions spéciales qui contractent avec l'État pour obtenir des conditions de "faveur" et non des conditions d'autonomie particulière sur la base de l'article 116 de la Constitution ».

[625]Les Régions sont désormais énumérées dans l'ordre alphabétique ; celles des Régions qui se caractérisent par le bilinguisme sont citées en retenant la double appellation ; la reconnaissance de la spécialité est formulée de manière plus directe quant à la source de l'autonomie (la formule "sono attribuite" – sont attribuées – est remplacée par la formule "dispongono" – disposent) ; est insérée dans la Constitution la disposition selon laquelle la Région Trentin-Haut Adige/Südtirol est constituée des Provinces autonomes de Trente et de Bolzano.

introduit un alinéa 3 à l'article 116 – dite « clause d'asymétrie » – permettant, sous certaines conditions et dans certaines limites, de conférer aux Régions à statut ordinaire d'autres formes d'autonomie spéciale qui, jusque-là, ne concernaient que les cinq Régions différenciées. Après moult discussions lors des débats parlementaires et évolutions dans les choix[626], le texte finalement adopté prévoyait la possibilité de l'attribution, aux Régions ordinaires, de formes et de conditions particulières d'autonomie selon les contraintes suivantes[627] : *a)* l'extension de l'autonomie ne peut concerner que certaines matières : celles relevant de la législation concurrente[628], l'organisation de la justice de paix, les règles générales sur l'instruction, la protection de l'environnement, de l'écosystème et des biens culturels, ces trois domaines étant de la compétence exclusive du législateur national[629] ; *b)* la loi de l'État qui peut conférer les « formes et conditions particulières d'autonomie » est soumise, pour son adoption, à des conditions procédurales révélant un processus assez complexe : l'initiative revient à la Région intéressée, une consultation des collectivités locales doit être organisée, les Chambres doivent approuver le projet à la majorité absolue de leurs membres, une « entente » entre l'État et la Région concernée doit être conclue ; *c)* enfin, les principes fixés à l'article 119 de la Constitution, relatifs au « fédéralisme fiscal », doivent être nécessairement respectés[630].

626Initialement, l'article 57 alinéa 4 du texte de la Commission bicamérale se limitait à prévoir cette hypothèse en la subordonnant, néanmoins, à l'édiction d'une loi constitutionnelle. Après modifications, le texte approuvé par les Chambres prévoyait les caractéristiques suivantes : a) était circonscrit le cadre des matières dans lequel les Régions ordinaires pouvaient obtenir un statut d'autonomie spéciale ; b) étaient introduits, comme limite générale à l'autonomie spéciale, les principes du fédéralisme fiscal ; c) était abaissé le niveau hiérarchique de la source nécessaire pour attribuer l'autonomie spéciale (de la loi constitutionnelle à la loi étatique renforcée), un référendum étant toutefois prévu.

627Aux termes de l'article 116 alinéa 3 de la Constitution italienne, « Des formes et des conditions particulières d'autonomie concernant les matières visées au troisième alinéa de l'article 117 et les matières visées au deuxième alinéa dudit article aux lettres l), pour ce qui est de l'organisation de la justice de paix, n) et s), peuvent être attribuées, par la loi de l'État, à d'autres Régions, sur l'initiative de la Région intéressée, après avoir reçu l'avis des collectivités locales, dans le respect des principes fixés par l'article 119. Ladite loi est adoptée par les Chambres à la majorité absolue de leurs membres, sur la base d'une entente entre l'État et la Région intéressée ».

628C'est l'article 117 alinéa 3 de la Constitution qui énumère ces matières relevant de la législation concurrente.

629Ce sont respectivement les lettres *l), n)*, et *s)* de l'article 117 alinéa 2 de la Constitution qui visent ces matières relevant de la compétence législative exclusive de l'État. La lettre *l)* renvoie également aux juridictions et normes processuelles, à l'organisation juridictionnelle civile et pénale et à la justice administrative.

630En substance, et l'on comprendra aisément le propos, l'autonomie ne peut être viable que si elle repose sur un système de ressources financières cohérent et responsable. Sur l'article 119 de la Constitution, A. Mammoliti, « Linee evolutive dell'art. 119 cost. in materia di autonomia finanziaria », www.diritto.it.

L'article 116 alinéa 3, issu de la réforme du Titre V de la Constitution, a donc introduit, en Italie, le régionalisme différencié au bénéfice des Régions ordinaires. Malgré l'intérêt porté à l'idée de Régions « à la carte » – certains précédents en attestent[631] – force est de constater que, comme l'observe la doctrine italienne, l'article 116 alinéa 3 a été la disposition de la réforme « la moins étudiée et, surtout, la moins valorisée en termes de concrétisation »[632]. Il faut dire que le choix fait par le législateur constitutionnel en 2001 n'a sans doute pas offert une clé de lecture dénuée de toute ambiguïté.

Cette ambiguïté se constate d'abord sur le plan sémantique, de nombreuses formules – donnant lieu à un embrouillamini – étant utilisées par la doctrine pour qualifier le système. Si certains auteurs parlent simplement de « régionalisme différencié »[633], d'autres évoquent volontiers un régionalisme, voire un fédéralisme « asymétrique »[634], un « régionalisme à double vitesse »[635], un régionalisme à « géométrie variable »[636], un « modèle

---

[631]C'est la région Lombardie qui a proposé le premier projet de réforme constitutionnelle en ce sens avec la proposition de la loi de révision constitutionnelle approuvée le 9 novembre 1993 à la fin des travaux de la Bicamérale De Mita-Jotti. Elle a ensuite été déposée lors de la XIIe législature (A.S. n° 274 du 16 mai 1994). Ce texte, qui se proposait d'aller au-delà de la distinction Régions spéciales/Régions ordinaires, était ainsi formulé : « Le Parlement approuve par une loi constitutionnelle la proposition de la Région qui définit et réglemente, selon les principes constitutionnels, les domaines et les formes spécifiques de l'autonomie ». Il ne fut finalement pas adopté.

[632]A. Morrone, « Il regionalismo differenziato. Commento all'art. 116, comma 3 della Costituzione », www.campus.unibo.it, p. 139. L'auteur fait cependant part de quelques initiatives de certaines Régions du Nord (Toscane, Vénétie, Lombardie et Piémont), p. 142, note n° 8. Toutes ces tentatives, concrétisées entre 2003 et 2008, ont échoué pendant la phase de négociation avec le gouvernement. Par la suite, certaines Régions ont cherché à sortir de l'impasse en recourant au référendum consultatif. Sur ce point, il faut noter que la Cour constitutionnelle, dans son arrêt n° 118 du 29 avril 2015 (cortecostituzionale.it), a jugé non fondée la question de constitutionnalité portant sur l'article 2 alinéa 1, n° 1 de la loi de la région Vénétie n° 15 du 19 juin 2014 posant la question suivante : « *Voulez-vous que soient attribuées à la région Vénétie d'autres formes et conditions particulières d'autonomie ?* ». La Cour observe en substance que la consultation référendaire s'analyse comme un acte préliminaire et externe par rapport à celui prévu par l'article 116 de la Constitution (voir le cons. en droit n° 8.3 de l'arrêt précisément). Par la suite, la région Lombardie a pris la même initiative. Pour des précisions sur ce point, voir *Prospettive del regionalismo italiano alla luce della riforma costituzionale. Il regionalismo differenziato nel nuovo art. 116 comma terzo della Costituzione*, Rapport intermédiaire, juin 2016, p. 6.

[633]Entre autres, L. Antonini, *Il regionalismo differenziato*, Milan, Giuffrè, 2000.

[634]Ainsi, F. Palermo, « Federalismo asimmetrico e riforma della Costituzione italiana », *Le Regioni*, 1997, p. 291 et s.

[635]D. Galliani, « All'interno del titolo V : le "ulterori forme e condizioni particolari di autonomia" di cui all'art. 116.3 Cost. riguardano anche le regioni a statuto speciale ? », *Le Regioni*, 2003, p. 421.

[636]C. Calveri, *Stato regionale in trasformazione : il modello autonomistico italiano*, Turin, Giappichelli, 2002, p. 127.

néofédéraliste à structure réticulaire »[637], une « spécialité diffuse »[638], de « nouvelles formes de spécialité »[639], une « spécialité spéciale des régions ordinaires »[640], des « régions moins ordinaires que d'autres »[641], un « sous-type de régions ordinaires spécialisées »[642]. Par ailleurs, et malgré certaines racines culturelles clairement identifiées[643], le droit comparé n'offre guère de références permettant de qualifier de manière définitive le régionalisme italien. Si le modèle espagnol est le plus souvent mobilisé à ce titre, il n'est pas rare que les expériences allemande, anglaise et autrichienne soient également évoquées avec, cependant, un succès relatif[644].

Quoi qu'il en soit, et sans entrer ici dans le débat sur la supposée incompatibilité de la procédure prévue par l'article 116 alinéa 3 de la Constitution – porteur d'une « norme sur la production normative »[645] – avec les principes fondamentaux de la Constitution[646], l'on observera que le régionalisme différencié italien décline l'autonomie des Régions ordinaires en se référant à plusieurs sources normatives : les lois d'autonomie visées par l'article 116 alinéa 3 d'abord, la référence à l'article 117 de la Constitution en ce qui concerne les attributions législatives de ces Régions et, enfin, les statuts régionaux malgré le fait – démenti en pratique – que de tels statuts devraient

[637] S. Agosta, « L'infanzia "difficile" (…ed un'incerta adolescenza ?) del nuovo art. 116, comma 3, Cost., tra proposte (sempre più pressanti) di revisione costituzionale ed esigenze (sempre più sentite) di partecipazione regionale alla riscrittura del quadro costituzionale delle competenze », *in* F. Bettinelli- F. Rigano (sous la dir. de), *La riforma del titolo V della costituzione e la giurisprudenza costituzionale*, Turin, Giappichelli, 2004, p. 321.

[638] G. Demuro, « Regioni ordinarie e regioni speciali », *in* T. Groppi-M. Olivetti (sous la dir. de), *La Repubblica delle autonomie*, *op. cit.*, p. 47; A. Ruggeri-C. Salazar, « La specialità regionale dopo la riforma del Titolo V. Ovvero : dal "lungo addio" al regionalismo del passato verso il "grande sonno" del regionalismo "asimmetrico" » ?, *Rassegna parlamentare*, 2003, p. 69 ; T. Martines-A. Ruggeri-C. Salazar, *Lineamenti di diritto regionale*, Milan, Giuffrè, 2002, p. 21.

[639] P. Caretti- G. Tarli Barbieri, *Diritto regionale*, Turin, Giappichelli, 2007, p. 32.

[640] G. Falcon, « Il nuovo titolo V della parte seconda della Costituzione », *Le Regioni*, 2001, p. 11.

[641] F. Palermo, « Il regionalismo differenziato », *in* T. Groppi-M. Olivetti (sous la dir. de), *La Repubblica..., op. cit.*, p. 55.

[642] A. Ruggeri-C. Salazar, « La specialità regionale dopo la riforma del Titolo V... », *op. cit.*, p. 59.

[643] A. d'Atena, « Le régionalisme italien et ses racines culturelles », *op. cit.*, p. 41 et s.

[644] Sur les précautions à prendre à cet égard, A. Morrone, « Il regionalismo differenziato... », *op. cit.*, p. 145.

[645] M. Cecchetti, « Attuazione della riforma costituzionale del titolo V e differenziazione delle regione di diritto commune », www.federalismi.it., p. 7.

[646] Sur cet aspect problématique, L. Elia, « Indagine conoscitiva sugli effetti nell'ordinamento delle revisioni del titolo V della parte II della Costituzione », Sénat de la République, 23 octobre 2001, *in* T. Groppi, M. Olivetti (sous la dir. de), *La Repubblica... op. cit.*, pp. 18-19.

être limités à une fonction d'organisation au regard de l'article 123 de la Constitution et ne pas contenir d'attributions fonctionnelles[647].

Cette « prolifération de sources »[648] – que l'on ne retrouve pas dans le modèle espagnol pourtant considéré comme le plus proche du modèle italien – n'est pas sans poser de sérieux problèmes en termes de définition de frontières propres à délimiter les espaces d'interventions des collectivités territoriales avec pour conséquence d'inévitables conflits d'attributions. De manière générale, on peut donc être d'accord sur le constat selon lequel « la déclinaison constitutionnelle particulière des principes de spécialité et de différenciation aboutit à un modèle d'État régional au sein duquel la certitude des sphères d'attributions, présupposé essentiel à l'existence d'une autonomie équilibrée, est assurée à travers une fragmentation peu rationnelle des sources de réglementation »[649].

Mais d'autres difficultés, au-delà de celles déjà évoquées, ont été identifiées relativement aux dispositions de l'article 116 alinéa 3 de la Constitution. Si l'on met à part celles tenant à la nature des sources de l'autonomie différenciée et celles tenant à leur efficacité ainsi qu'à celle des normes dont elles prévoient la production[650], la question s'est posée de savoir si la procédure complexe prévue par cet article se suffisait à elle-même. De fait, l'application immédiate et directe de l'article 116 alinéa 3 de la Constitution – sans loi d'intermédiation – ne va pas de soi dans la mesure où l'*iter* lié à la formation des lois d'autonomie n'est que peu explicité par la disposition constitutionnelle. Aux nombreuses questions qui ont pu se poser à ce propos – relatives, notamment, à l'initiative et à l'organisation de la consultation des collectivités locales par les Régions, à la force de l'avis émis par celles-ci, au fait de savoir si le corps électoral régional pouvait être concerné par la procédure[651] – les réponses apportées par la doctrine n'ont pas permis, c'est le moins que l'on puisse dire, d'aboutir à une cohérence d'ensemble. Si certains ont considéré que l'on ne pouvait raisonnablement exclure l'intervention du législateur étatique ou régional ou du seul législateur étatique, d'autres, à l'inverse, ont pu estimer qu'une telle intervention n'était pas nécessaire en se fondant sur la nécessaire souplesse dont devraient

---

[647]En ce sens, A. Morrone, *Statuti regionali e chimere federali*, Bologne, Il Mulino, 2005, 2, p. 229 et. Du même auteur, « Lo statuto regionale dopo la riforma », www.forumcostituzionale.it., p. 41 et s. qui évoque la question du statut en tant que source de la production du droit.
[648]A. Morrone, « Il regionalismo differenziato. Commento all'art. 116, comma 3 della Costituzione », *op. cit.*, p. 149.
[649]*Ibid.*
[650]Sur tous ces points, mais aussi sur celui des garanties constitutionnelles du régionalisme différencié, on lira avec intérêt A. Morrone, « Il regionalismo differenziato... », *op. cit.*, p. 179 et s. et p. 186 et s.
[651]Cf. *infra*.

bénéficier les acteurs concernés. Toujours est-il que, comme l'observe A. Morrone, « le législateur n'a été d'aucune aide ni au niveau de l'État ni au niveau régional » et que « tous les statuts régionaux approuvés après la loi constitutionnelle n° 1 de 1999 ont totalement négligé ce thème »[652].

La réflexion a également porté sur la nature et l'efficacité juridiques de l'entente (*intesa*)[653] entre la Région intéressée et l'État dont on rappelle qu'elle est un préalable nécessaire à l'adoption de la loi de l'État qui attribue, à cette Région, les formes et conditions particulières d'autonomie. Évoquant l'idée de « loyale collaboration » qui a fait florès au-delà des Alpes[654], le concept d'entente ne se prête toutefois pas à une lecture uniforme, renvoyant, au contraire, à des formes de participation aux processus décisionnels étatiques aux contenus et aux objets variables. À ce propos, une partie de la doctrine italienne a cru pouvoir établir un parallèle avec l'hypothèse visée à l'article 8 alinéa 3 de la Constitution renvoyant aux ententes avec les confessions religieuses autres que la confession catholique, partant à une « forme de négociation politique du contenu de la loi »[655]. Ainsi, les lois concordataires, comme la modification ou l'abrogation de ces lois, adoptées en l'absence d'ententes ou non conformes à celles-ci seraient nécessairement viciées du point de vue procédural. Loin d'être seulement dotées d'une valeur politique[656], les ententes emporteraient, selon ce point de vue, des effets juridiques incontestables. En réalité, la validité du parallèle établi ne peut être vérifiée sans que soit résolue, au préalable, la question des relations qu'entretiennent les deux actes dans le cas qui nous intéresse. Comme le précise A. Morrone, « entente et loi, dans l'économie de la norme, sont les parties d'un même processus de production normative. La validité et l'efficacité de chaque acte ne doivent pas être appréciées *in se*, mais dans leurs relations réciproques, à

---

[652]A. Morrone, « Il regionalismo... », *op. cit.*, p. 154, qui cite l'exemple, significatif par son laconisme, de l'article 59 alinéa 1 du statut de la région Calabre aux termes duquel « La Région peut demander, en vertu de l'article 116 alinéa 3 de la Constitution, l'attribution d'autres formes et conditions particulières d'autonomie ».

[653]On précisera que le terme « entente » se retrouve à trois autres reprises dans la Constitution : à l'article 8 alinéa 3 relatif aux rapports entre l'État et les confessions religieuses autres que la confession catholique ; à l'article 117 alinéas 8 et 9 visant les relations interrégionales et les rapports internationaux ou de politique extérieure régionale ; à l'article 118 alinéa 3 qui prévoit des formes d'entente et de coordination en matière de biens culturels entre l'État et les régions.

[654]Ce principe est régulièrement mobilisé par la Cour constitutionnelle lorsqu'elle aborde la question des rapports entre l'État et les Régions. R . Bin considère que la première consécration de ce principe se trouve dans l'arrêt n° 219 du 13 juillet 1984, *in* « La leale collaborazione nel nuovo titolo V della Costituzione », www.roberto.bin.it, 12 mars 2008, p. 1. Que la consécration d'un tel principe ne donne pas lieu à un modèle de « régionalisme coopératif » était vigoureusement défendu, arguments à l'appui, par J.-C. Escarras, « l'Italie un État régional ? », *op. cit.*, p. 108 et s.

[655]N. Colaianni, *Confessioni religiose e intese*, Bari, Cacucci, 1990, p. 148.

[656]Comme le soutient S. Landolfi, *L'intesa tra Stato e culto acattolico : contributo alla teoria delle fonti del diritto ecclesiastico italiano*, Naples, Jovene, 1962, p. 95 et s.

savoir en considérant l'acte final comme la résultante de deux actes particuliers »[657]. Dans cette logique, l'essentiel est de déterminer si la loi adoptée par les Chambres ne fait qu'approuver *sic et s'impliciter* l'entente sans pouvoir s'en écarter ou si, à l'inverse, le législateur, dépassant le simple enregistrement, peut la modifier. La thèse de la « compétence liée » du législateur a été soutenue par ceux qui voient dans la loi de l'État « l'enveloppe formelle »[658] qui ne contient pas plus (ni moins) que le contenu de l'accord préalablement conclu entre la Région et le niveau central et faisant corps avec elle. Là encore, la question semble ne pas être définitivement résolue, la doctrine ayant simplement une « intuition » en se référant à l'ancien article 123 de la Constitution qui prévoyait que les statuts régionaux étaient adoptés par les Conseils régionaux et approuvés par une loi de la République[659]. À cet égard, deux thèses – contradictoires entre elles – étaient défendues, l'une, minoritaire, qui voyait dans la délibération régionale un acte préparatoire de la loi parlementaire, l'autre, majoritaire, qui qualifiait le statut régional d'« acte parfait » et qui, partant, estimait que la loi nationale d'approbation n'avait d'autres effets que ceux de procéder à un contrôle de sa régularité et d'intégrer son efficacité juridique. Or, il semblerait que la logique de la thèse minoritaire ait les faveurs de ceux qui considèrent que les dispositions de l'article 116 alinéa 3 renvoient à la liberté législative[660]. La loi d'autonomie négociée serait donc le produit de la fusion de deux actes, l'entente – dont l'existence est naturellement nécessaire – et la loi adoptée par les Chambres sur la base de cette entente, tous deux participant à l'élaboration des formes et conditions particulières d'autonomie. Reste, cependant, une fois admise cette opinion, à déterminer le sort à réserver aux prétentions de la Région qui s'opposerait aux éventuelles modifications apportées par les Chambres.

Comme évoqué plus haut, l'incertitude concerne également la procédure conduisant à l'adoption de la loi d'autonomie négociée. On rappelle que quatre étapes sont nécessaires et composent le processus conduisant à la reconnaissance de l'autonomie différenciée : l'initiative de la Région intéressée, la participation des collectivités locales qui doivent être « entendues », l'entente entre l'État et la Région intéressée, la loi du Parlement national adoptée à la majorité absolue sur la base de l'entente. Outre la difficulté liée à la question de savoir quel organe régional – Conseil ou Commission – peut prendre l'initiative, au sein de la Région intéressée, de la procédure, ce sont les modalités afférentes à la participation des collectivités locales qui ont posé de sérieux problèmes. De fait, le texte de l'article 116

---

[657]A. Morrone, « Il regionalismo... », *op. cit.*, p. 162.

[658]N. Zanon, « Per un regionalismo differenziato : linee di sviluppo a Costituzione invariata e prospettiva alla luce della revisione del Titolo V », *in* AA.VV, *Problemi del Federalismo*, Milan, Giuffrè, 2001, p. 57.

[659]Ce qui n'est plus le cas depuis la loi constitutionnelle n° 1 du 22 novembre 1999 précitée.

[660]Ainsi, A. Morrone, « Il regionalismo... », *op. cit.*, p. 163 et s.

alinéa 3 ne fournit aucune indication relativement « au *quomodo*, au moment et (...) aux effets de la consultation des autonomies »[661]. L'incertitude dans l'interprétation du texte transparaît clairement dans le nombre de réponses doctrinales qui ont été proposées, chaque auteur émettant, sur ces points durs, un avis qui n'est pas en correspondance avec celui défendu par un autre. S'agissant de la forme que peut revêtir la consultation, certains considèrent que l'avis peut être sollicité auprès de chaque collectivité, quand d'autres, à l'inverse, estiment qu'une délibération du Conseil des autonomies locales[662] est nécessaire. Une autre partie de la doctrine n'a pas exclu l'idée de recourir à des formes de participation populaire s'agissant, à tout le moins, d'une question d'intérêt régional[663]. Les interrogations portent aussi sur le fait de savoir si la consultation des collectivités locales doit précéder ou suivre l'entente entre l'État et la Région (quoique, en toute logique, la première branche de l'alternative semble préférable). Le texte de l'article 116 alinéa 3 ne précise pas davantage la nature de l'avis recueilli, par la Région intéressée, auprès des collectivités locales. S'il ne fait aucun doute que la consultation des collectivités est une obligation, la question se pose néanmoins de savoir, en cas d'avis défavorable, le sort que pourrait réserver la Région à cette expression négative. Là encore, les réponses apportées par la doctrine ne permettent pas de trancher clairement la question dans un sens ou dans un autre, certains auteurs oscillant, selon le « poids » du processus délibératif, entre simple avis et codécision[664]. On observera enfin que, s'agissant de la dernière phase du processus – l'approbation par les Chambres – le débat porte sur la possibilité ou la non-possibilité de recourir à la délégation législative.

D'autres interrogations concernent l'encadrement du régionalisme différencié tel qu'il est organisé par les normes constitutionnelles. La première manifestation de cet encadrement se trouve dans la liste – sans doute exhaustive – des matières pouvant faire l'objet des lois d'autonomie négociée. Sans entrer dans le détail des origines expliquant la délimitation retenue par le législateur constitutionnel, certaines curiosités méritent d'être relevées. Si l'on considère d'abord le domaine incluant les « normes générales en matière

[661] *Ibid.*, p. 169. L'auteur estime en revanche – est-ce ironique ? – que l'identification des collectivités locales concernées ne pose aucune difficulté. Il s'agit des collectivités visées à l'article 114 alinéa 1 de la Constitution : les communes, les Provinces et les cités métropolitaines.

[662] Aux termes de l'article 123 dernier alinéa de la Constitution, le Conseil des autonomies locales est l'organe de consultation entre la Région et les collectivités locales.

[663] En ce sens, l'hypothèse d'un référendum consultatif a été proposée notamment par N. Zanon, « Per un regionalismo differenziato : linee di sviluppo a Costituzione invariata e prospettiva alla luce della revisione del Titolo V », *in* AA.VV, *Problemi del Federalismo*, *op. cit.*, p. 56.

[664] En ce sens, F. Palermo, « Il regionalismo differenziato », *in* T. Groppi, M. Olivetti (sous la dir. de), *La Repubblica delle autonomie... op. cit.*, p. 53.

d'instruction », on pourra être frappé par l'apparente contradiction qui résulte de la confrontation entre les articles 116 alinéa 3 et 33 alinéa 2 de la Constitution, ce dernier article prévoyant que « La République fixe les règles générales concernant l'instruction et crée des écoles publiques pour tous les ordres et tous les degrés ». La fixation, par l'État, de règles générales ayant donc vocation à être appliquées sur l'entier territoire national réduit, à tout le moins, les marges de manœuvre de l'autonomie négociée[665]. La référence à la protection de l'environnement, de l'écosystème et des biens culturels soulève sans doute les mêmes problèmes ; là encore, en effet, il semble délicat d'envisager une autonomie différenciée alors que, selon la Cour constitutionnelle, l'environnement et les biens culturels sont des « valeurs constitutionnelles »[666]. Et que dire de l'organisation de la justice de paix dont on a pu se demander ce à quoi elle pouvait renvoyer précisément[667].

En réalité, la question essentielle qu'il convient de poser est celle de savoir jusqu'où, dans les matières retenues, peut aller la loi d'autonomie négociée. Il est bien évident, toutefois, que la liberté autorisée ne peut qu'être une liberté limitée. L'entente entre le législateur et la Région intéressée ne peut passer outre les contraintes textuelles de l'article 117 de la Constitution et les frontières patiemment tracées par la Cour constitutionnelle entre le centre et les périphéries. Le degré de « pénétration » de l'autonomie ne peut assurément se déprendre des critères consacrés par la jurisprudence constitutionnelle afin d'identifier les espaces, plus ou moins bordés, dans lesquels peut et pourra se mouvoir le régionalisme différencié. Mais il y a plus lorsqu'on évoque les « autres » formes et conditions particulières d'autonomie au bénéfice des Régions ordinaires qui, partant, se distinguent de celles attribuées aux Régions spéciales. Là encore, l'incertitude est de mise quant à la manière de concevoir ces « autres » formes et conditions, certains ne pouvant se résoudre à envisager une moindre autonomie, alors que d'autres, en revanche, l'admettent aisément[668]. La question est de taille si l'on considère que de la réponse qui

---

[665]Sur cette contradiction, A. Morrone, « Appunti sulle "norme generali" (dopo il progetto di "riforma della riforma") », *Le istituzioni del federalismo*, 2003, p. 145 et s.

[666]Parmi les nombreux écrits sur ce thème, C. De Benetti, « L'ambiente nella giurisprudenza della Corte costituzionale : della leale collaborazione alla sussidiarietà », www.dirittoambiente.net.

[667]Ainsi, S. Mangiamelli, « Le regioni e l'organizzazione della giustizia di pace », www.forumcostituzionale.it, 2004.

[668]M. Cecchetti, par exemple, n'envisage que des formes et conditions plus étendues par rapport au régime des compétences des Régions ordinaires, *in* « Attuazione della riforma costituzionale del titolo V e differenziazione delle regioni di diritto comune », *op. cit.*, p. 3. En revanche, A. Morrone, dès l'entrée en vigueur de la réforme du Titre V, avait envisagé la possibilité d'une réduction de l'autonomie, *in* « L'istruzione nella revisione del titolo V della Costituzione », *in* G. Cimbalo (sous la dir. de), *Europa delle regioni e confessioni religiose,* Turin, Giappichelli, 2001, p. 277 et s., spéc. p. 289.

peut lui être donnée découlera l'existence d'un véritable régionalisme asymétrique[669].

On comprendra donc que du fait des nombreuses incertitudes qui affectent les dispositions de l'article 116 alinéa 3 de la Constitution (sans même évoquer les obstacles procéduraux prévus par celles-ci et les inévitages et blocages qui s'ensuivent), le régionalisme différencié n'ait pas été concrétisé à ce jour. Cette « occasion manquée », par les Régions ordinaires, de construire un régionalisme asymétrique se conjugue ainsi avec l'« occasion gâchée » par les Régions spéciales de renouveler les raisons de leur spécialité. Dès lors, et plus que jamais, la « somme des différences »[670] que constitue l'Italie depuis l'unité nationale doit être analysée à l'aune des changements intervenus dans la logique régionaliste depuis 1948 et des échecs constatés. À ce titre, la question se pose de savoir si le projet de réforme constitutionnelle Renzi-Boschi pouvait être une « occasion à saisir ».

III. La réforme Renzi/Boschi : une occasion à saisir ?

Un des aspects les plus discutés de la réforme Renzi-Boschi concernait la modification des critères touchant à l'exercice des fonctions législatives de l'État et des Régions. L'article 117 de la Constitution, fruit de la réforme de 2001, était entièrement réécrit[671], avec pour objectif très clair d'opérer une réduction générale du pouvoir normatif des Régions à statut ordinaire et, corrélativement, un accroissement substantiel des pouvoirs de l'État. Cette nouvelle direction se traduisait, dans le projet de réforme, par la disparition de la compétence concurrente, par un périmètre renouvelé de la compétence exclusive résiduelle des Régions et par une importante augmentation des compétences exclusives de l'État. Par ailleurs, et de manière sans doute spectaculaire, le projet prévoyait un redoutable mécanisme, dénommé « clause de suprématie »[672], propre, à tout le moins, à éroder

---

[669]Là encore, A. Morrone résume bien les données du problème lorsqu'il observe que « (...) la différenciation devrait permettre, dans les limites objectives prévues par la norme constitutionnelle, tant l'accroissement que la réduction de la sphère d'autonomie régionale, avec pour conséquence la restriction ou la remise en vigueur de la compétence étatique correspondante. Une telle hypothèse est entièrement cohérente avec le principe de différenciation. Elle autorise la garantie (...) du maintien d'un régionalisme asymétrique en opposition à un régionalisme de l'uniformité qui est l'objectif naturel auquel tendent tous les ordonnancements fédéraux ou régionaux dans lesquels la demande continue d'une autonomie plus grande, lorsqu'elle ne conduit pas à la dissolution de l'unité de l'État, fait naître un processus d'émulation qui réduit puis annule toute différence ». L'auteur considère d'ailleurs que cette conception permettrait tout autant d'obvier aux difficultés plus haut citées, liées à certaines compétences justifiant l'intervention de l'État, *in* « Il regionalismo... », *op. cit.*, pp. 177-178.

[670]Selon l'expression de E. Lanza, « Asimmetria... », *op. cit.*, p. 14.

[671]Article 31 du projet de réforme.

[672]R. Louvin observe que l'on parle également, en Italie, de « clause vampire » selon l'expression d'A. d'Atena, « Des causes et des effets de la réforme constitutionnelle de 2016 », *op. cit.*, p. 5.

l'autonomie régionale en autorisant, selon une procédure spéciale incluant certes une participation renforcée du Sénat[673], une reconcentration des pouvoirs entre les mains de l'État afin d'assurer la protection de l'unité juridique ou économique de la République ou de l'intérêt national.

Cette volonté de « recentralisation »[674] du constituant semblait, *prima facie*, être en rupture avec la logique même du régionalisme – en tout cas, elle réduisait considérablement l'autonomie régionale indifférenciée – et, sans doute aussi, avec celle d'un régionalisme différencié[675]. Certes, ce mouvement, cette inversion de route, ne concernait pas les Régions à statut spécial, lesquelles conservaient toutes les compétences reconnues par leurs statuts respectifs. Le nouveau Titre V, en effet, ne leur était pas applicable aux termes d'une disposition transitoire – l'article 39 alinéa 13 – qui, outre le fait de consacrer le principe nouveau et réclamé depuis de nombreuses années de

[673]Organe de représentation des collectivités territoriales qui devenait, avec le projet de réforme, un « Sénat des Régions » encore qualifié de « Chambre des autonomies ».

[674]R. Louvin explique que la nouvelle répartition des compétences « qui réduit l'espace réservé aux Régions (ordinaires) a été sensiblement influencée par les considérations formulées par la jurisprudence de la Cour constitutionnelle. Littéralement submergé par la masse des recours croisés de l' État et des Régions, le juge des lois a encouragé, dans les faits, une lourde recentralisation des pouvoirs législatifs dans les mains de l'État, au détriment des Régions qui ne bénéficieront que d'une très modeste compensation, et uniquement si elles sont "vertueuses", du point de vue de la régularité de leurs comptes, compensation qui consiste dans l'attribution éventuelle de certaines compétences supplémentaires, notamment en matière d'instruction et de formation professionnelle », *in* « Des causes et des effets de la réforme constitutionnelle de 2016 », *op. cit.* p. 5.

[675]Il faut noter que le texte du projet de loi qui avait été présenté au gouvernement prévoyait l'abrogation du régionalisme différencié (cf. A.S. 1429, XVIIe législature, art. 25). Pour autant, le gouvernement, lors des débats parlementaires, indiquait que la « valorisation » du régionalisme différencié (le mécanisme sera finalement réintroduit, cf. *infra*) apparaissait comme un « contrepoids » face à la clause de suprématie « selon un modèle de subsidiarité non seulement ascendante, mais également descendante » (Chambre des députés, séance du 3 novembre 2015).

l'entente préalable[676], contenait une « clause de sauvegarde »[677], assez complexe au demeurant, renvoyant à la logique de la différenciation.

Cette clause de sauvegarde s'articulait autour de trois propositions. Par la première, il était précisé que les modifications prévues ne s'appliquaient pas aux Régions à statut spécial et aux Provinces autonomes de Trente et de Bolzano jusqu'à la révision[678] de leurs statuts respectifs sur la base d'ententes avec les collectivités territoriales. La seconde proposition prévoyait qu'à compter de la date d'entrée en vigueur de la loi constitutionnelle et jusqu'à la révision des statuts, l'article 116, alinéa 3 de la Constitution, dans sa rédaction actuelle, était applicable aux Régions à statut spécial et aux Provinces autonomes. Était ainsi prévue – nouveauté importante – la possibilité, pour les collectivités spéciales, d'accéder au régionalisme différencié renvoyant à « d'autres formes et conditions d'autonomie » dans des matières déterminées[679]. Enfin, la troisième proposition, particulièrement intéressante, indiquait que, postérieurement à la révision des statuts, était étendu aux

[676]Ce principe de l'entente préalable, qui aurait ainsi été constitutionnalisé, renvoie à l'obligation, dans le cadre de la procédure de révision des statuts, de la conclusion d'un accord initial entre l'État et les Régions autonomes relativement aux contenus des modifications envisagées dans les statuts spéciaux. A l'heure actuelle, toute modification apportée aux statuts spéciaux – approuvée, on le sait, par une loi constitutionnelle – doit être doublement confirmée par les deux Chambres du Parlement. Le rôle des Conseils régionaux, à cet égard, se limite à l'expression d'un avis dans le cas où les modifications ne résultent pas de leur initiative. Le Parlement n'est, cependant, pas lié par les indications de la Région, ce qui signifie que cette dernière ne dispose d'aucun instrument efficace pour éviter que les Chambres puissent approuver de manière unilatérale des modifications non partagées par elle qui, le cas échéant, pourraient bouleverser les contenus de l'autonomie spéciale. D'où l'intérêt de cette nouvelle procédure qui était très sollicitée et attendue par les représentants des Régions spéciales (pour des précédents, toutefois, voir F. Palermo, « Diagnosi errata... », *op. cit.*, spéc. p. 12, note n° 41). Cependant, une fois de plus, des questions auraient encore dû être résolues s'agissant de la forme que pouvait prendre l'entente et de sa mise en œuvre. Il aurait notamment fallu identifier l'organe compétent pour conclure l'entente (Commission ou Conseil) et décider de la force de cette entente (la Région aurait-t-elle eu le dernier mot sur le texte voté par le Parlement ?).

[677]Après quelques hésitations, l'insertion de la « clause de sauvegarde » a été décidée sous pression politique des Régions spéciales du Nord. Selon F. Palermo, que l'on lira sur ce point pour plus de précisions, l'existence de cette « clause de sauvegarde » s'explique donc seulement par des raisons contigentes liées à la nécessité politique de l'accepter en échange de la possibilité de mener à bien la réforme dans son ensemble (alors même que, durant les débats, les autonomies spéciales ont été jugées coûteuses et anachroniques), F. Palermo, « Diagnosi errata... », *op. cit..*, pp. 10-11.

[678]La formule initiale était « adaptation » (au lieu de « révision »), ce qui pouvait laisser penser que les dispositions du nouveau Titre V devaient faire l'objet d'une transposition automatique.

[679]A l'exclusion de celles visées à l'article 117 alinéa 3 de la Constitution actuellement en vigueur renvoyant aux compétences concurrentes. Par ailleurs, le texte indiquait que restait applicable la réglementation, prévue par les statuts spéciaux et par leurs normes d'application, relative au pouvoir de substitution du gouvernement à l'égard des collectivités territoriales et à la détermination des cas d'exclusion de l'exercice des fonctions par les titulaires des organes régionaux et locaux en cas de danger grave pour les finances (article 120 de la Constitution).

Régions spéciales le mécanisme du régionalisme différencié, dans la version issue du nouvel article 116 alinéa 3 de la Constitution.

C'est que, en effet, le projet de réforme modifiait de manière assez substantielle le mécanisme mis en place en 2001. Outre les modifications tenant à la procédure[680] et à l'adjonction de l'exigence de l'équilibre budgétaire des Régions[681], ce qui attirait l'attention était la réduction du périmètre au sein duquel elles pouvaient désormais bénéficier de marges étendues (ou pas ?) d'autonomie. La référence aux compétences concurrentes étant supprimée, ce sont d'autres matières – visées à l'article 117 alinéa 2 de la Constitution – qui étaient énumérées par le projet de réforme. Aux termes de la formulation retenue par les auteurs du projet, était d'abord confirmée la possibilité, pour les Régions ordinaires, d'acquérir des formes et conditions particulières d'autonomie dans les matières suivantes : organisation de la justice de paix, instruction, organisation scolaire, programmation stratégique de la recherche scientifique et technologique, commerce extérieur, protection et valorisation des biens culturels et paysagistiques, environnement et écosystème, organisation sportive, dispositions générales et communes relatives aux activités culturelles et dispositions générales et communes relatives au gouvernement du territoire. D'autres matières étaient ensuite ajoutées par le projet de réforme, comme pouvant donner lieu à une autonomie différenciée : dispositions générales et communes relatives aux politiques sociales, à l'enseignement universitaire, les politiques actives du travail, les dispositions générales et communes relatives à l'instruction, à la formation professionnelle et au tourisme. Enfin, toutes les autres matières – relevant précédemment des compétences concurrentes – ne pouvaient plus désormais donner lieu à des formes et conditions particulières d'autonomie[682].

---

[680]L'initiative législative n'était plus réservée à la Région, l'État pouvant impulser la procédure. Par ailleurs, le projet de réforme supprimait la condition de la majorité absolue des membres des Chambres pour l'approbation de la loi de différenciation, la majorité simple étant prescrite (ce qui devait faciliter la conversion en loi de l'entente).

[681]On observera que cette exigence était sans doute déjà impliquée par la référence antérieure de l'article 116 alinéa 3 de la Constitution à l'article 119 du Prescrit constitutionnel (*supra*). Quoi qu'il en soit, il s'agit, à tout le moins, d'une exigence élémentaire liée aux prescriptions de l'article 81 de la Constitution modifié par la loi constitutionnelle n° 1 du 20 avril 2012 introduisant le principe de l'équilibre du budget dans la Constitution (*G.U.*, n° 95 du 23 avril 2012). Exigence élémentaire, disions-nous, car l'on aurait du mal à imaginer l'extension de compétences en faveur d'une Région qui se trouverait en situation de déficit pour la gestion de ses compétences ordinaires.

[682]Il s'agissait des matières suivantes : relations internationales et avec l'Union européenne, protection et sécurité du travail (n'entrant pas dans les politiques actives du travail), professions, soutien à l'innovation pour les secteurs productifs, protection de la santé, alimentation, protection civile, ports et aéroports civils, grands réseaux de transport et de navigation, système des communications, production, transport et distribution nationale de l'énergie, prévoyance sociale complémentaire, coordination des finances publiques et du système fiscal, caisses

Un tel schéma, disons-le d'emblée, ne brillait pas par sa simplicité – sans compter les interrogations pouvant concerner le redécoupage ainsi proposé – et offrait « un casse-tête de normes superposées »[683] qui n'aurait résolu en rien et aurait même renforcé les ambiguïtés plus haut relevées. Car enfin, par l'effet de la « clause de sauvegarde », les Régions à statut spécial et les Provinces autonomes, jusqu'à la renégociation des formes et conditions particulières d'autonomie dont elles jouissent aujourd'hui, échappaient à l'application des règles nouvelles plus restrictives du Titre V qui, à l'inverse, auraient concerné *in toto* les autres Régions. Elles conservaient dès lors toutes les compétences législatives qui leur sont actuellement attribuées par la Constitution et les statuts spéciaux, y compris celles relevant du catalogue des matières concurrentes (pour lesquelles, en revanche, elles ne pouvaient bénéficier du régionalisme différencié) et du moins temporairement, n'étaient pas concernées par l'éventuelle activation de la clause de suprématie par le gouvernement. Par ailleurs, et afin de sortir de la « crise » de la spécialité, la réforme les autorisait à se prévaloir des dispositions relatives au régionalisme différencié de l'article 116 alinéa 3 de la Constitution dans sa version actuellement en vigueur – mais hors compétences concurrentes – en attendant la révision, *sine die*, de leurs statuts.

On se souvient que la réforme de 2001 avait assuré une position renforcée aux Régions spéciales au moyen de la « clause de faveur » afin qu'elles ne fassent pas l'objet d'un traitement moins favorable au regard de celui accordé aux Régions ordinaires. Dans la mesure où le projet de réforme « aggravait » la situation de ces dernières, la clause – qualifiée de « clause-parachute »[684] – tendait cette fois à éviter que le traitement moins favorable puisse aboutir à brutaliser les autonomies spéciales par une volonté réformatrice trop abrupte. Cependant, à trop vouloir « bricoler » le traitement de la différence entre Régions spéciales et Régions ordinaires, le risque était grand que ce traitement différencié frise l'illisible. Si l'on ne prend que cet exemple, comment sérieusement envisager que l'État, du fait de la suppression des compétences concurrentes et en attendant la révision (hypothétique ?[685]) des statuts des

---

d'épargne, caisses rurales, établissements bancaires à caractère régional, établissements de crédit foncier et agricole à caractère régional.

[683]Selon l'expression utilisée *in Riforma costituzionale 2016. Per una comunità informata.* Publication sous la direction de la Structure affaires législatives, études et documentation du conseil régional du Val d'Aoste, rédaction des textes Anny Fontanazzi e Sandro Schincaglia avec la contribution scientifique de R. Louvin, www.dircredito.info, mai 2016, p. 37.

[684]*Ibid.*

[685]Le projet de réforme ne précisait en rien ce qu'il serait advenu dans l'hypothèse où les statuts spéciaux n'auraient pas été révisés. R. Louvin observe que lors des débats parlementaires, des propositions ont été avancées selon lesquelles, à l'expiration d'un délai donné, c'est l'application automatique de la réforme qui aurait dû être retenue à titre de sanction à l'égard de la Région en cause, *in* « Des causes et des effets de la réforme constitutionnelle de 2016 », *op. cit.*, p. 6.

Régions spéciales, n'adopte de lois-cadre – *i.e.* de lois fixant des principes fondamentaux au sens de l'article 117 alinéa 3 *in fine* de la Constitution – que pour ces dernières ?

Mais au-delà de cet inconvénient déjà sérieux, d'autres difficultés – tenant à l'architecture d'ensemble nouvelle des rapports État/régions – semblaient devoir être relevées qui, disons-le uniment, accroissaient encore l'obscurité des mécanismes retenus par le projet de réforme et en brouillaient les clés de lecture. La première difficulté était liée à la « clause de suprématie » qui, sur la base de critères assez vagues, permettait au niveau central de s'immiscer dans les matières relevant, par principe, de la compétence des Régions. Pour autant qu'il l'aurait jugé opportun, l'État aurait donc pu altérer l'équilibre résultant d'une éventuelle autonomie différenciée durement et chèrement acquise par les Régions (ordinaires ou spéciales). En outre, si, on l'a vu, les compétences concurrentes disparaissaient avec le projet de réforme, l'on pouvait néanmoins s'interroger sur le fait de savoir si, en creux, elles ne réapparaissaient pas à travers la formule des « dispositions générales et communes » qui, pour certaines matières, semblaient renvoyer à une forme de co-législation[686]. Enfin, l'ambiguïté se relevait également dans la présentation retenue par le projet de réforme relative à la compétence résiduelle des Régions qui subsistait. De fait, alors que, habituellement, la compétence résiduelle des Régions est constituée par toute matière non expressément réservée à la compétence exclusive de l'État [687], s'y ajoutait, par l'effet de la réforme, une liste de « nouvelles matières » explicitement énumérées par l'article 117 alinéa 3 nouveau de la Constitution[688]. Si le choix de certaines de ces « nouvelles matières » trouvait certes son inspiration dans la jurisprudence de la Cour constitutionnelle, la référence à certaines autres relevait d'un choix purement discrétionnaire du législateur constitutionnel[689] ce qui, déjà, était source d'interrogations. Mais l'essentiel était ailleurs et tenait au fait qu'en

---

[686]D'autres formules, employées dans le cadre des matières relevant de la compétence exclusive de l'État, pouvaient également le faire penser comme : « dispositions de principe », « normes (...) propres à assurer une uniformité sur le territoire national », « aspects d'organisation généraux ».

[687]Article 117 alinéa 4 de la Constitution actuellement en vigueur.

[688]Représentation des minorités linguistiques ; planification du territoire régional et mobilité en son sein ; dotation infrastructurelle ; programmation et organisation des services sanitaires et sociaux ; promotion du développement économique local et organisation dans le cadre régional des services aux entreprises et de la formation professionnelle ; promotion du droit à l'enseignement, y compris universitaire, dans le respect de l'autonomie des institutions et services scolaires ; réglementation d'intérêt régional des activités culturelles, de la promotion des biens environnementaux, culturels et paysagistiques ; valorisation et organisation régionale du tourisme ; régulation, sur la base d'ententes conclues dans le cadre régional, des relations financières entre les collectivités territoriales de la Région pour le respect des objectifs des programmes régionaux et locaux de finance publique.

[689]L'opinion est exprimée par Q. Camerlengo, *Riforma costituzionale*, www.economia.unipv.it,, p. 13.

adoptant la formulation en cause, les auteurs du projet faisaient courir le risque de nouveaux conflits de compétence en laissant à « l'imagination » la détermination de certaines matières alors que d'autres étaient clairement précisées[690].

Point donc n'est besoin d'insister davantage pour constater les nouvelles incertitudes qui affectaient les mécanismes envisagés par le projet de réforme. Avant même que le peuple italien rejette largement ce projet, l'on pouvait douter que l'occasion fût saisie d'en mettre en œuvre sereinement la substance relativement au traitement de la différence. La question ne s'est donc pas posée et le *statu quo*, on peut le regretter, est à nouveau maintenu.

« *Se vogliamo che tutto rimanga come è, bisogna che tutto cambi* ». La célèbre phrase de Tancrède trouve une fois de plus, dans les propos qui précèdent, une éclatante illustration au point – on l'espère – qu'on excusera qu'on la mobilise à nouveau. Sans doute, le cynisme qui consiste à changer les apparences pour préserver et consolider une chère réalité n'a-t-il pas inspiré celles et ceux qui, en Italie, ont œuvré pour réformer l'État. Quel que soit le sens de la réforme (tendance fédéraliste en 2001, recentralisation en 2016), quel que soit le sort de celle-ci (entrée en vigueur en 2001, rejetée en 2016) et malgré, on l'a vu, des processus et des dispositions alambiquées, la volonté de mettre en place un régionalisme différencié propre à renouveler l'architecture des rapports État/Régions et des Régions entre elles a été indubitablement marquée par une forme de sincérité. Pour autant, les faits semblent être têtus si l'on considère que ces tentatives se sont heurtées à l'irréductibilité du réel. Évoquer les causes (nombreuses) de ces échecs, autres que celles plus haut précisées, mériterait sans doute une analyse fouillée qui ne peut être menée ici. À vrai dire, et pour livrer mon sentiment, on peut craindre que si rien ne change, ce soit parce que... rien ne change. En concluant à regret cette modeste étude, je ne peux m'empêcher de penser à ce qu'exprimait, avec sagesse, le dédicataire de ces lignes : « la réforme régionale [est une question] d'unité et de cohésion sociale »[691]. Une évidence ? Sans doute ! Mais, en Italie comme ailleurs, les temps sont durs !

---

690 Même s'il est vrai que la Cour constitutionnelle s'était déjà prononcée sur certaines matières qui, selon elle, relèvent de la compétence résiduelle (bâtiments publics, commerce, industrie, artisanat, agriculture) et qui ne figurent pas dans la liste des « nouvelles matières » énumérées par le projet de réforme.

691 Article *La Montagne* précité.

Entre communauté de droit et pluralisme juridique : note sur un héritage romain pour l'Union européenne

Par Jean-Pierre Coriat

Professeur honoraire des Universités Panthéon Assas Paris II

Partout où les noms de César, de Gaius, de Trajan et de Virgile, partout où les noms de Moïse et de saint Paul, partout où les noms d'Aristote, de Platon et d'Euclide ont eu une signification et une autorité simultanées, là est l'Europe. Toute race et toute terre qui a été successivement romanisée, christianisée et soumise, quant à l'esprit, à la discipline des Grecs, est absolument européenne.

Paul Valéry, *La crise de l'esprit* (1924), Paris, Gallimard, Bibliothèque de la Pléiade, t. I, p. 1013.

Dans la célèbre note à « La crise de l'esprit », P. Valéry résume en quelques lignes l'essence même de la culture européenne et, en plaçant Rome à côté d'Athènes et de Jérusalem, il atteste de ce que l'Europe doit à ses origines romaines.

De fait, l'édification délicate d'un ordre juridique européen, thème fort débattu dans la communauté des juristes, redonne depuis quelques années une actualité au droit romain qui, pendant des siècles, fut conçu comme un droit commun. Cette note voudrait envisager la romanité de l'Europe en devenir du point de vue qui est celui où se joue la relation dialectique entre unité et diversité juridiques, entre communauté de droit et pluralisme juridique. Deux exemples paraissent illustrer un tel point de vue et constituer des références historiques complémentaires, utiles et nécessaires : l'Empire romain des trois premiers siècles de notre ère et le *ius* commune de la tradition romanistique.

I. L'Empire romain et le principe d'un pluralisme juridique :

« Partout où l'Empire a été l'objet de crainte, d'admiration et d'envie ; partout où le poids du glaive romain s'est fait sentir, partout où la majesté des institutions et des lois, où l'appareil et la dignité de la magistrature ont été reconnus, copiés, parfois même bizarrement singés, là est quelque chose d'européen. Rome est le modèle éternel de la puissance organisée et stable ». Cette affirmation de l'auteur de *La crise de l'esprit*, qui suit de peu le passage reproduit en exergue, résume le caractère de la conquête romaine. « Puissance organisée et stable », le régime impérial qui l'a été par la politique pragmatique, souple et tolérante qu'il a adoptée à l'égard des peuples qu'il a soumis à son autorité.

Loin d'offrir l'image d'un ensemble uniformisé, l'Empire se présente sous l'aspect d'une mosaïque diversifiée des statuts juridiques. Ces statuts sont autant de degrés dans un processus d'intégration, c'est-à-dire de « romanisation », concept discuté dans l'historiographie récente, mais qui, replacé dans chaque contexte régional, permet d'exprimer l'appartenance à la romanité : par le droit, avec l'accès à la citoyenneté et l'adoption d'institutions imitées des institutions romaines ; sur le plan culturel, par l'adhésion aux manifestations variées de la culture de Rome, en particulier dans l'Orient hellénophone par l'attachement au culte impérial signe de fidélité politique.

Dans les provinces occidentales, la diffusion du droit latin a été un moyen essentiel d'assurer l'organisation de la vie locale, dans la perspective d'une romanisation juridique, sous diverses formules : communautés pérégrines transformées en colonies latines en Gaule Cisalpine, en cités latines en Gaule Chevelue, en *oppida latina* puis érigées en municipes de droit latin dans les provinces africaines, en Hispanie, dans les Germanies. Le municipe de droit latin a été le principal instrument d'intégration des communautés pérégrines en les familiarisant avec les institutions romaines et a suscité l'adhésion de leurs élites en les récompensant par l'octroi de la citoyenneté romaine soit dès l'accès au décurionat local (droit latin majeur), soit après celui-ci et la gestion d'une magistrature municipale (droit latin mineur), selon la distinction rappelée par Gaius (I, 95-96), qui devrait être attribuée à Hadrien.

Dans l'Orient hellénisé, dont la civilisation urbaine est très ancienne, nombre de cités, en Thrace, dans les régions syriennes, deviennent des colonies romaines, savoir des colonies honoraires dont la « déduction » ne s'accompagna pas de la venue d'anciens colons et dont les institutions devaient correspondre au modèle romain, tandis que les cités d'Achaïe ou d'Asie proconsulaire, revendiquaient avec succès auprès du prince leur statut de cités libres, leur *éleutheria, atéleia* (immunité fiscale) et leur *autonomia* (l'usage de leurs propres lois).

À cette diversité des statuts des collectivités est liée celle des statuts individuels. Avant l'extension massive de la citoyenneté au début du troisième siècle, ce sont d'abord les élites municipales qui bénéficient de l'intégration par l'obtention du titre de citoyens romains pouvant jouir du droit de Rome. Tous les autres habitants, avec le statut de pérégrins, restent en dehors de cette intégration juridique à la cité romaine et continuent de vivre sous le régime de leurs droits respectifs : droits des cités grecques ; droits des communautés grecques d'Egypte ou loi dite « des Egyptiens », « qui n'est égyptienne que par son nom et qui est en fait du droit grec, celui des notables helléphones de la *chôra*, descendants des Hellènes du temps des Lagides et Egyptiens hellénisés, classés dans la catégorie juridique des *Aegypti* avec les paysans indigènes, mais distincts de ceux-ci par la langue, la mentalité, la culture sinon par le statut fiscal » (J. Mélèze-Modrzejewski), « loi des Egyptiens » distincte donc du droit égyptien proprement dit, loi des populations indigènes ; droit de la Thora pour les Juifs.

Et si la généralisation de la citoyenneté en 212 par la constitution antonienne a renforcé l'unité de l'empire par une uniformisation des conditions juridiques de tous les habitants libres, cette uniformisation ne fut jamais autoritaire et contraignante. Le pouvoir romain sut concilier l'unification juridique de l'Empire par la diffusion du droit romain et le respect des cultures des peuples conquis en maintenant un pluralisme juridique à la connaissance duquel nombre de travaux récents, en particulier ceux de J. Mélèze-Modrzejewski, ont apporté une contribution décisive. Mieux encore, dans certains cas, les constitutions impériales intégrèrent dans le droit officiel des règles juridiques locales : ainsi en est-il de la *longi temporis praescriptio* et de l'hypothèque tacite du fisc. Ce pluralisme juridique apparaît comme une donnée de fait à laquelle la législation impériale confère une reconnaissance officielle : elle n'impose pas aux provinciaux une application systématique du droit romain. Elle permet, au contraire, aux traditions pérégrines de se perpétuer, en les adaptant, le cas échéant, au droit officiel par un artifice, et en écartant comme illicites que celles qui sont inconciliables avec la morale et l'ordre public. Application ou rejet du droit local, recours à ce droit commun de l'Empire qu'est le « Reichsrecht » de Rome ou seulement référence à celui-ci, les solutions adoptées expriment une politique juridique qui fut celle des empereurs jusqu'à la deuxième moitié du troisième siècle : souci de sauvegarder les intérêts de l'Empire, respect des traditions autochtones, esprit de tolérance. La rencontre du « Reichsrecht » et des « Volksrechte » révèle ainsi un phénomène d'acculturation juridique qui, considéré dans son processus et ses résultats, se répand à la fin du Principat et auquel l'édit de Caracalla donne toute son acuité.

II. Le droit romain et l'idée d'une culture juridique européenne : le *ius commune*

Un deuxième thème sur l'héritage romain dans le contexte actuel de l'Europe est la perspective de l'élaboration d'un droit privé commun européen. L'Europe, en effet, est non seulement une entité politique dont l'armure institutionnelle connaît une construction lente et soumise aux aléas de la politique internationale et de la vie politique intérieure de chacun des États membres de l'Union ; elle est aussi la civilisation du droit civil, selon l'heureuse formule de P. Legendre, l'expression d'une culture juridique commune dont le droit romain représente la matrice originelle. Et il est, dès lors, légitime de se demander si celui-ci peut être encore, aujourd'hui comme hier, une source et un instrument de réflexion et de méthode, voire d'harmonisation, dans la construction d'un ordre juridique à l'échelle d'un continent.

Un droit commun a bien existé dans l'histoire juridique occidentale, enraciné dans le droit romain transmis par les compilations de Justinien et redécouvert en Italie à la fin du XI[è] siècle, un droit qui a inspiré tout au long du Moyen Âge et encore au début de l'époque moderne nombre de décisions judiciaires, des réformes de coutumes, avant d'être évincé par la législation unitaire des principautés et des monarchies et surtout des codifications des États-nations du XVIII[è] et du début du XIX[è] siècles, même s'il a pu encore inspirer certaines de leurs dispositions. De nombreux travaux devenus classiques, ont été consacrés à ce *ius commune*, surtout en Italie (par E. Besta, P. del Giudice, F. Calasso, A. Cavanna, E. Cortese entre autres) et certains (comme M. Bellomo), plus récemment, ont voulu montrer que ce droit, preuve de l'existence d'une civilisation unique en Europe, était un exemple pour l'avenir du droit européen. Et, en France, les réflexions récentes d'un groupe de travail, animé en particulier par Madame M. Delmas-Marty sur le thème *Variations autour d'un droit commun*, auquel ont été associés des historiens du droit (R. Schulze, J.-L. Halperin), ont permis d'aborder ce sujet et de présenter un premier état des publications de tout un courant de l'historiographie juridique depuis quelques années, en Allemagne à titre principal, qui étudie le *ius commune* dans une perspective historique à vocation européenne se prolongeant jusqu'à l'époque actuelle.

Dans le prolongement des travaux de H. Coing, il s'agit d'intégrer l'histoire du droit européen dans une prospective pratique de la science juridique, dans le développement du droit positif. Certains considèrent que, pour atteindre ce but, il suffit de partir à la redécouverte du *ius commune* historique et d'adopter la démarche qui fut celle représentant, hollandais et allemands, de l'*usus modernus pandectarum* au XVII[è] et XVIII[è] et de Savigny au XIX[è], pour forger les concepts et les solutions à retenir pour reconstruire l'authentique droit commun, enfoui sous les « gravats » des législations nationales des XIXe et XXe siècles (R. Zimmermann) ; ce qui aboutit à ériger cet ancien droit en droit intemporel, en un droit naturel positif. Pour d'autres plus nuancés (R. Schulze, R. Knütel), on ne saurait ignorer l'apport des droits nationaux au développement du droit en Europe. Mail il n'en est pas moins vrai que la leçon du *ius commune* ancien est que les juristes peuvent avoir une science juridique commune par-delà les frontières politiques : il existe un fonds commun de notions et de principes dans la doctrine et la jurisprudence des divers pays de l'Europe, y compris dans la *common law* dont l'originalité sinon isolationnisme relèverait d'un mythe. L'ancien droit commun apparaît donc comme une condition nécessaire, mais non point suffisante à coup sûr, pour contribuer à imaginer un nouveau droit commun adapté aux réalités du monde actuel, en servant de réservoir d'idées, de « boîte à outils ». Le droit commun contemporain, de ce point de vue, doit être fondé sur la recherche des éléments communs aux droits existants, éléments qui souvent trouvent leur origine dans les règles énoncées par le droit romain et la tradition romanistique, ce qui se vérifie tout particulièrement dans le droit des contrats (cf. R-M. Rampelberg).

Sans entrer ici dans la dispute qui agite la communauté des historiens du droit et des civilistes (A. Wijffels ; cf. par exemple les objections de J-L. Halpérin, d'Y. Lequette), la redécouverte de cette réalité juridique du passé, qui a laissé en héritage un langage, des concepts, des principes généraux de droit, est l'occasion de poser une problématique qui paraît essentielle aujourd'hui quand il s'agit de concevoir ce que pourrait être un droit privé commun européen. Plutôt que de vouloir unifier à tout prix en procédant à une uniformisation autoritaire comparable à celle qui est survenue dans un État national, celle de la codification, sans doute conviendrait-il d'envisager une démarche qui, faisant la part de ce qui doit revenir au général et au particulier, se soucierait à la fois du pluralisme juridique et de la communauté de droit, pour rechercher des solutions qui permettraient de rapprocher dans l'avenir, par la voie de l'harmonisation, les divers droits positifs. En s'inspirant du modèle historique et prestigieux qu'est le droit romain, il est à souhaiter que les juristes comparatistes s'attachent à concevoir et à construire ce que Madame M. Delmas-Marty qualifie heureusement un « pluralisme ordonné » : pour éviter la fragmentation et l'incohérence en organisant le pluralisme autour de notions communes, et en laissant se superposer des ensembles normatifs, dont aucun ne puisse entraîner la disparition des précédents. Construire un ordre juridique européen qui ne supplanterait pas les systèmes juridiques nationaux, mais qui coexisterait avec ceux-ci et qui permettrait de régler différemment les situations juridiques entre les ressortissants des divers États par rapport aux solutions prévues par les systèmes nationaux. Et, de ce point de vue, le précédent de l'Empire romain montre qu'une telle démarche peut être exploitée.

Je pose donc comme thèse : *L'Europe n'est pas seulement grecque, ni seulement hébraïque, ni même gréco-hébraïque*. Elle est tout aussi décidément romaine. « Athènes et Jérusalem », certes, mais aussi Rome. Je ne veux pas asséner par-là, une fois de plus, cette évidence banale de la présence, à côté d'autres sources de notre culture, d'une influence romaine.

Il faut ainsi trois ingrédients pour faire l'Europe : Rome, la Grèce, le christianisme – auquel Valéry n'oublie pas d'ajouter son soubassement dans l'Ancien Testament. Je ne veux pas ici privilégier l'élément romain, ni non plus suggérer qu'il constituerait comme la synthèse des deux autres. Je prétends, plus radicalement, que *nous ne sommes et ne pouvons être « grecs » et « juifs » que parce que nous sommes d'abord « romains »*.

Rémi Brague, *Europe, la voie romaine,* 3è éd., Paris, Gallimard (coll. Folio/essais), 1999 p. 40-41.

En écho aux lignes désormais célèbres de Paul Valéry, R. Brague définit l'identité de l'Europe en la reportant à une triple origine, grecque, juive et romaine, mais en ajoutant que le propre de l'Europe est une appropriation de ce qui lui est étranger. À partir d'emprunts à d'autres civilisations, la voie romaine a opéré une synthèse fondatrice de cette première unité culturelle et juridique qui fut le premier espace européen.

Ce que cette note synthétique a voulu très modestement signifier à l'aide des deux thèmes retenus, l'ordre juridique impérial romain et le *ius commune* de la tradition romanistique, rejoint et prolonge la réflexion du philosophe de la voie romaine, sans autre prétention que de souligner la richesse d'un cosmopolitisme européen, auquel le destinataire de ces lignes devrait être sensible.

Indications bibliographiques

Ces indications n'ont d'autre but que d'offrir quelques références à des ouvrages et des articles, la plupart récents, qui développent avec ampleur les thèmes que cette note aborde pour présenter une petite synthèse sur l'Empire romain et sur la tradition romanistique comme modèles culturels et juridiques pour une Union européenne en construction.

I. Le modèle impérial romain

Ando C., « Pluralisme juridique et intégration de l'Empire », dans *Intégration in Rome and in the Roman World,* (Impact of Empire, vol. 17), Leyde – Boston, 2014, p.5-19.

Aron R., « Une citoyenneté multinationale est-elle possible ? », *Commentaire* 56, 1991, p. 695-704.

Buraselis K., « Divine donation ». *Studies on the Policy of the Severans and the Constitutio Antoniniana*, Athènes, 1989.

Casanova J.-C, « Sur le patriotisme européen », *Commentaire* 57, 1992, p.5-16.

Gaudemet J., « Réflexions sur l'Empire de Rome », dans son recueil d'études, *Les gouvernants à Rome. Essais de droit public romain*, Naples (coll. Antiqua 31), 1985, p. 119-131.

Jacques F., Scheid J., *Rome et l'intégration de l'Empire (44 av. J.C.- 260 apr. J.C.)*. Tome 1. *Les structures de l'Empire romain*, Paris 1990.

Inglebert H., « Citoyenneté romaine, romanités et identités romaines », dans *Idéologies et valeurs civiques dans le monde romain. Hommage à C. Lepelley*, Paris, 2002, p. 241-260.

- *Histoire de la civilisation romaine*, Paris 2005.

Lepelley C., « Le nivellement juridique du monde romain à partie du IIIe siècle et la marginalisation des droits locaux », dans *État romain, État moderne* : la place du droit (Rencontre « Volterra » de Rome, 16-17 décembre 1999), MEFRM 113, 2001, p. 839-856.

Le Roux P., « La romanisation en question », *Annales, HSS* 59 (n°2), mars-avril 2004, p.287-311.

Mélèze-Modrzejewski J., « La règle de droit dans l'Egypte romaine. État des questions et perspectives des recherches », dans *Proceedings of the XIIth Intern. Congr. of Papyrology* (Ann Arbor, Mich, 1968), New Haven-Toronto 1970, p. 317-377.

- *Droit impérial et traditions locales dans l'Egypte romaine*, Aldershot, 1990.

- *Loi et coutume dans l'Egypte grecque et romaine*, Varsovie 2014 (c.r. C. Rodriguez, *RHD* 93, 2015, p. 115-119).

Millar F., « The roman *Coloniae* of the Near East : a Study of Cultural Relations », dans H. Solin, M. Kajava éd., *Roman Eastern Policy and Other Studies in Roman History*, Helsinki, 1990, p. 7-58.

The Emperor in the Roman World, Londres 1977 rééd. 1992.

Sartre M., « L'Empire romain comme modèle », *Commentaire* 57, printemps 1992, p. 27-35.

- « Les colonies romaines dans le monde grec. Essai de synthèse », *Electrum*, 2001, p. 111-152.

Schnapper D., « Construire la citoyenneté politique en Europe », dans *Europe Hier-Aujourd'hui-Demain*, Paris (Fondation Robert Schuman-Association Jean Monnet) 2001, p. 139-149.

Veyne P., *L'Empire gréco-romain*, Paris 2005.

Villani U., *La cittadinanza dell'Unione europea*, Bari 1995.

II. La tradition romanistique : le ius commune

Sur le droit romain et la tradition romanistique, comme références culturelles et méthodologiques dans la réflexion actuelle des romanistes et des historiens du droit sur l'élaboration d'un nouveau droit commun européen, on se reportera déjà au complément bibliographique que nous avons apporté à l'article de R. Knütel, « l'unité de l'Europe et le droit romain », *Revue d'histoire des facultés de droit et de la science juridique* 19, 1998, p. 166-169, et à la rubrique relative à ce thème dans notre chronique de droit romain, dans *RHD* 77, 1999, p. 613-617. Peuvent être consultées, en outre, les publications suivantes :

Capogrossi Colognesi L., « Riflessioni su « i fondamenti del diritto euopeo » : una occasione de non sprecare », *Iura* 51, 2000 (2003), p. 1-27.

- « I fondamenti storici di un ditritto comune europeo », *Index* 30, 2002, p. 163-182.

Delmas-Marty M., *Pour un droit commun*, Paris 1994.

- « Avant-propos : Droit commun et droit comparé », dans *Variations autour d'un droit commun. Travaux préparatoires*, Paris (Société de législation comparée) 2001, p. 7-14.

- *Les forces imaginantes du droit*. II- *Le pluralisme ordonné*, Paris 2006.

Fauvarque-Cosson B., Mazeaud D. éd., *Pensée juridique française et harmonisation européenne du droit*, Paris (Société de législation comparée) 2003.

Ferreti P., « Fondamenti del diritto europeo (Ferrara, 27 febbraio 2004) », *Ann. Univ. Ferrara – Sc. giur.* (n.s.) 18, 2004, p.171-176.

Gaudemet J., « Les persistances du droit romain dans les traditions juridiques occidentales », dans *Excerptiones iuris. Studies A. Gouron*, Berkeley 2000, p. 227-260.

« Du *ius commune* au droit communautaire », dans *Clés pour le siècle*, Paris (Université Panthéon-Assas Paris II) 2000, p. 1013-1028.

Gimenez-Candela T. « Recht im Wandel : Europaïsche Rechtsvereinheitlichung », *Festschrift R. Knütel*, Heidelberg 2009, p. 373-385.

Halperin J.-L., « L'approche historique et la problématique du droit commun » dans *Variations autour d'un droit commun* (cité ci-dessus), p. 17-30, et dans *Pensée juridique française et harmonisation européenne du droit* (cité ci-dessus), p.25-38.

Herrera Bravo R., « Fundamentos romanisticos del derecho communario europeo », *Estudios juridicos A. Calonge* I, Salamanque 2002, p. 531-548.

Legendre P., *Sur la question dogmatique en Occident*, Paris 1999.

Lequette Y., « Vers un Code civil européen ? », *Pouvoirs* 107, 2003, p. 97-124.

Los Mozos J. L. de, « El derecho común y el nacimiento de Europa », *Revista critica de derecho immobiliario* 613, 1992, p. 2523-2534.

Padoa Schioppa A. *Storia del diritto europeo dal medioevo all'età contemporanea*, Bologne 2007 (c.r. J. Hilaire, *RHD* 89, 2011, p. 263-271).

Rampelberg R.-M., *Repères romains pour le droit européen des contrats*, Paris 2005.

Schulze R., « La renaissance de l'idée de *jus commune* », dans *Variations autour d'un droit commun. Premières rencontres de l'UMR de droit comparé de Paris*, Paris (Société de législation comparée) 2002, p. 182-193, et commentaires de J.-L. Halperin, p. 193-194.

Solidoro Maruotti L., *La tradizione romanistica nel diritto europeo*, 2 vol., Turin, 2001 et 2003.

Stein P. *Le droit romain et l'Europe. Essai d'interprétation historique*, 2è éd., Bruxelles-Bâle, 2004.

Thireau J.-L., « Droit commun », dans Allan D., Rials S. éd., *Dictionnaire de la culture juridique*, Paris 2003, p. 445-448 (édition de poche).

Tomas Y Valiente F., « El *ius comune europaeum* de ayer et de hoy », *Glossae. Rev. de Hist. de Derecho europeo* 5-6, 1993-1994, p. 9-16 = *Obras completas* V, p. 4709-4715.

Van Hoeck M., Ost F. éd., *The Harmonisation of European Private Law*, Oxford-Portland, 2000.

Van Caenegem R.C., *European Law in the Past and in the Future : Unity and Diversity over Two Millenia*, Cambridge 2002.

Wijffels A., « Un *ius commune* britannique ? Le débat sur une codification des droits anglais et écossais au lendemain de l'accession de Jacques VI/Ier au trône d'Angleterre », *TR* 68, 2000, p. 357-392.

- « Qu'est-ce que le *ius commune* ? », dans A. Supiot éd., *Tisser le lien social. Florilège de dix conférences à la Maison des sciences de l'homme* Agnès-Guèpin, Paris 2004, p. 131-147, repris dans A. Wijffels éd., *Code Civil et droit privé commun européen*, Bruxelles 2005, cf. conclusions.

Zimmermann R., *Roman Law, Contemporary Law. The Civilian Tradition Today*, Oxford 2001.

- « Europa und das römisches Recht », *Archiv für die civlistische Praxis* 202, 2002, p. 243-316.

En conclusion : clin d'œil juridique : collectivités territoriales et identité territoriale insolite.

Par Christèle EYRAUD

Maître de conférences à l'Université Clermont-Auvergne
Avocat

Tout aussi regrettable que ce soit, le droit a mauvaise réputation. Rigidité, complexité, par cœur, les clichés vont bon train. Et pourtant, certaines dispositions législatives étonnent, déroutent. Elles sont peu nombreuses, mal connues, mais ne laissent pas indifférentes, d'autant que pour une part, bien qu'obsolètes, elles sont toujours en vigueur[692].

Tout le monde doit avoir une botte de foin chez soi, au cas où le roi viendrait à passer à cheval...

Si l'une de vos poules s'échappe de votre poulailler et fuit jusqu'à celui de votre voisin, ce dernier en devient le propriétaire. Les œufs pondus à partir de ce moment lui appartiendront, à moins que vous ne prouviez que l'animal a été attiré par une manœuvre frauduleuse et malhonnête.

À Paris, une poubelle est considérée comme une arme mortelle. Il en va de même d'un cendrier.

Depuis le 31 janvier 2013, les Parisiennes peuvent porter un pantalon sans méconnaître la loi. Jusqu'à cette date, une ordonnance de la préfecture de police, datant du 17 novembre 1799, leur interdisait cette tenue. Dire que nombre d'entre nous ont pendant plusieurs années été en infraction permanente. Certes en toute bonne foi, même si d'un autre côté nul n'est censé ignorer la loi !

[692] HILMAN Marc, Le best of des lois les plus bizarres dans le monde, ed. Librio

L'humour qui transparaît de certaines règles nationales reste cependant à relativiser. Il est plutôt le fait d'un manque de diligence du législateur à actualiser le droit dans le temps. Il en a d'ailleurs pleinement conscience, la loi du 11 décembre 2019 tendant à améliorer la lisibilité du droit par l'abrogation des lois obsolètes le démontre[693]. Cette loi s'inscrit dans le cadre d'une mission lancée au Sénat, le Bureau d'abrogation des lois anciennes inutiles, dites "mission BALAI." Cette mission a été chargée d'identifier les textes devenus sans intérêt, qui contribuent à la complexité du droit et à la "sédimentation des normes", cause d'insécurité juridique.

Au plan local l'approche est différente. Avec subtilité, les élus locaux en usent sans en abuser pour communiquer de façon percutante. Grâce à un discours décalé, une plume osée, des petites communes se retrouvent sur le devant de la scène. La façon de procéder est habile, difficilement contestable juridiquement puisque la démarche est toujours en lien plus ou moins direct avec l'intérêt public territorial.

Constitution et législateur le leur permettent. « Dans les conditions prévues par la loi (les) collectivités s'administrent librement par des conseils élus et disposent d'un pouvoir réglementaire pour l'exercice de leurs compétences. »[694]

Le droit insolite est avant tout un droit de proximité, une façon d'alerter sur les difficultés rencontrées localement : incohérence des lois, vides juridiques, manque de moyens suscitant quelques tensions avec les administrés.

Le rire n'est-il pas après tout l'une des composantes de la liberté d'expression ? La cour d'appel de Paris a eu l'occasion de préciser que « la parodie est l'un des aspects du principe à valeur constitutionnelle de la liberté d'expression. »[695] Et pour la Cour européenne des droits de l'homme, l'article 11 de la Déclaration des droits de l'homme et du citoyen protège aussi bien l'auteur du message risible que ses destinataires.

[693] https ://www vie-publique.fr
[694] article 72 de la Constitution de 1958
[695] CA Paris 28/02/1995 Légipresse 1995

I. L’usage inattendu par les élus du nom de leur commune pour parfaire l’identité territoriale.

Le nom d’une commune revêt une importance majeure.
Il est symbole d’identité des administrés et grandit avec eux. Combien de fois nous a-t-on demandé de quelle ville étions-nous originaires ? Quitter sa ville natale revient en quelque sorte à « quitter ses attaches familiales » ou à tout le moins s’en éloigner.

La commune est à la base du vivre ensemble.

Son patronyme met en avant ses caractéristiques : (population, lieu géographique, climat...), et donne ainsi une idée de l’humeur ambiante au quotidien. Selon une étude réalisée à partir de 150 villes dans le monde et relayée par « Nice Matin », Bordeaux est la sixième ville la moins stressante au monde et la première de France[696]. Quant à Lyon, elle arrive en tête du classement des villes françaises où il fait bon étudier[697].

Sous l’impulsion du législateur, le nombre des communes françaises est en diminution permanente essentiellement en raison de la possibilité offerte aux communes de fusionner. Depuis 2015, le nombre des communes françaises est passé de 36 658 à un peu moins de 35 000. Cette volonté d’en réduire le nombre n’est pas récente. La loi Marcellin du 16 juillet 1971 invitait déjà les communes à se rassembler.

Il n’en reste pas moins que le nom des communes nouvelles est un sujet hautement sensible[698].
À chaque création la question du nom fait systématiquement débat. Au sens de la loi du 16 mars 2015 relative à l’amélioration du régime de la commune nouvelle, les conseillers municipaux des communes qui se regroupent doivent s’accorder à l’unanimité et transmettre leur décision en préfecture. À défaut, le préfet propose un nom et les conseillers municipaux disposent d’un mois pour donner leur avis sur la proposition ainsi faite, sachant qu’en cas de silence gardé le choix du préfet l’emporte.

Le nom d’une commune fait au fond partie du patrimoine local et il est regrettable que la procédure précitée ne prévoie pas de recueillir systématiquement l’avis des administrés par référendum. Il y a d’ailleurs fort à penser que le taux de participation serait élevé.

---

[696] LE POINT : https ://www.le point. fr 27. 09. 2017
[697] LE POINT : https ://www.le point. fr 06. 09. 2017
[698] https ://www.la gazette des communes.com 12. 01. 2017

Une chose est sûre, Paris restera Paris ! Porteuse de l'identité par excellence de la France, la capitale est intouchable. Dans le même sens, difficile d'imaginer la disparition de Cannes ou Saint-Tropez.

La question de l'appropriation à tort ou à raison du nom des villes en tant que marque permet d'en mesurer toute la portée. Nombre de marques utilisent le nom d'une ville comme nom principal. Les cosmétiques de Vichy en sont une parfaite illustration.

Les collectivités territoriales bénéficient d'outils juridiques revenant à protéger leur nom et à s'opposer à une exploitation commerciale abusive sur le fondement de l'article L.711-4 (h) du code de la propriété intellectuelle, lequel dispose que « ... ne peut être adopté comme marque un signe portant atteinte à des droits antérieurs et notamment : (…) au nom, à l'image ou à la renommée d'une collectivité territoriale. »

Les collectivités territoriales ont ainsi à disposition une procédure habituellement réservée aux titulaires de marques antérieures pour s'opposer à des dépôts à titre commercial en inadéquation avec leur image et identité.

L'État vient même certaines fois leur prêter main forte. Restons dans l'Allier en prenant pour référence la position de la Cour de cassation à propos d'un litige faisant intervenir l'État français, titulaire de la marque Vichy Célestins désignant des eaux minérales, des eaux de source et aux de tables de la compagnie fermière de l'établissement thermal de Vichy.

Le tribunal de grande instance de Paris avait condamné pour contrefaçon la société Iberco exploitant une source espagnole portant le nom de Vichy Catalan et commercialisant ses eaux en bouteille plus particulièrement en France. La cour d'appel de Versailles n'a pas été du même avis considérant que « ... *le terme Vichy, dénomination d'une ville réputée pour les eaux minérales qui y ont leur source, n'est pas appropriable à titre de marque pour désigner de tels produits* » et que le consommateur portait ainsi son attention sur le seul terme « Célestins ». Estimant que les termes « Célestins » et « catalan » ne pouvaient se confondre, tant d'un point de vue visuel, que phonétique et intellectuel, la cour d'appel rejetait l'action en contrefaçon.[699] La Cour de cassation, quant à elle, a fait sienne l'appréciation de première instance au motif : *« ...qu'en se déterminant ainsi au vu des seules similitudes et différences relevées entre les signes, sans procéder à une appréciation globale fondée sur l'impression d'ensemble produite par les signes en présence dont ces éléments n'étaient que des facteurs parmi d'autres,*

---

[699] Léonard Pirastru, contrefaçon par imitation de marque : une argumentation qui coule de source, VoxPI, Actualité du droit de la propriété intellectuelle et du numérique.

notamment sans rechercher si la faible similitude entre les signes n'était pas compensée par l'identité ou la similitude des produits désignés, ni s'il existait un risque de confusion possible entre les marques en litige auprès du public, la Cour d'appel n'a pas donné de base légale à sa décision.[700] »

Dans l'Aveyron, après une saga judiciaire de près d'une vingtaine d'années, la commune de Laguiole a définitivement obtenu satisfaction contre un entrepreneur du Val-de-Marne, Gilbert Szajner, qui avait déposé la marque Laguiole pour désigner des couteaux, grande tradition locale, mais aussi du linge de maison, des vêtements, pire, des engrais et barbecues. Contre redevance, il accordait des licences à des entreprises françaises et étrangères aux fins de commercialiser sous le nom Laguiole. La commune, connue internationalement pour ses couteaux aux manches siglés d'une abeille dorée fabriqués depuis le XIXe siècle, avait porté l'affaire au contentieux. Le tribunal de grande instance de Paris l'avait débouté en 2012. Le jugement fut confirmé par la cour d'appel de Paris deux ans plus tard, jugement qui en 2016 a été cassé en partie par la Cour de cassation. Au sens de la haute juridiction, il y avait un risque manifeste « ...d'induire en erreur le consommateur (...) en lui faisant croire que ces produits étaient originaires de ladite commune. »[701]. L'affaire est donc revenue devant la cour d'appel de Paris qui cette fois a annulé 20 marques « Laguiole » déposées par l'entrepreneur, retenant une stratégie constitutive de fraude revenant à priver la commune et ses administrés de l'usage du nom Laguiole.

Offrir un couteau, paraît-il, porte malheur. Superstition la plus répandue dans le milieu de la coutellerie, et tout particulièrement dans la tradition auvergnate, un couteau ne s'offre pas, il s'achète. La jurisprudence se montre manifestement beaucoup plus stricte en partant du principe que se servir du nom d'une commune à mauvais escient mérite réparation pécuniaire. L'entrepreneur, son fils et la société Laguiole ont été condamnés à verser solidairement à la commune 50 000 € au titre de son préjudice moral et 20 000 € chacun au titre des frais de justice !

Preuve que les élus ne sont pas dénués d'humour, certains n'hésitent pas à s'amuser avec le nom de leur commune, justement pour se faire un nom ! Par extraordinaire, une cinquantaine de communes françaises ont hérité de noms insolites. Dans un souci de bienséance, les noms à connotation quelque peu « grivoise » seront écartés !

Certains patronymes de communes méritent cependant d'être cités.

---

[700] C.Cass. ch.com. 16/11/2004 pourvoi Q/2002/13246 Cie fermière de l'établissement thermal de Vichy, État français c/ IBB EURL, Vichy Célestins SA (Espagne) et Iberco SA.
[701] C.cass. Civ. Ch.com. 04/10/2016 n° 14-22-45

- Arnac la Poste, en Haute-Vienne, dont le nom est issu du personnage gaulois Arnos. En 1700, le complément la Poste a été ajouté en raison du relais de poste qui s'y trouvait.
- Bidon, dans le sud de l'Ardèche, compte 251 bidons et bidonnaises. Son nom provient du patois « lou bidon » qui signifie au choix réservoir ou endroit où il y a de l'eau, le village étant le seul endroit où l'on trouve une eau en permanence sur ce plateau calcaire.
- Bouzillé, cité par Rabelais dans Gargantua. Il s'est amusé à trouver une origine gargantuesque à ce nom de village. L'histoire raconte que le géant, séjournant dans la région, eut à départager les habitants de Liré et du Marillais qui pensaient être chacun à mi-chemin entre Nantes et Angers. Afin de délimiter ces deux villages le plus précisément possible, Gargantua mit le pied gauche sur Nantes, le pied droit sur Angers et se soulagea. Tout le monde cria alors "Bouse y est !"**...** et la commune était née.

Regrouper ces communes aux noms insolites était une évidence. Ce fut chose faite en 2003 avec la création de l'association des communes de France aux noms burlesques et chantants qui en compte aujourd'hui une quarantaine. Patrick Lasseube maire à cette époque de Saint-Lys entre Gascogne et Languedoc, qui en est à l'origine, était convaincu qu'à l'heure de l'intercommunalité, il n'y avait pas de raison de ne pas prendre au sérieux le regroupement volontaire de communes qui ont pour point commun des noms qui prêtent à sourire. S'ajoute à ce point commun atypique une caractéristique qui n'est pas dénuée d'intérêt puisque ces [702]communes pour la plupart en milieu rural sont riches de produits des terroirs de qualité et d'un patrimoine architectural et culturel diversifié. Comme le note Patrick Lasseube, autant d'ingrédients nécessaires pour proposer un cocktail détonant, qui invite à la découverte d'un « Tour de France » de la bonne humeur. Ici, ce sont les maires qui tiennent la barre et qui ont décidé de prendre en main la destinée de leur commune. Et à leurs détracteurs ils adressent la phrase d'Alphonse Allais : « Les gens qui ne rient pas ne sont pas des gens sérieux ».

II. L'exécutif local donne le ton pour faire connaître de façon originale sa collectivité.

Le maire est un élu à multiples casquettes si l'on s'en tient à une approche juridique, alors que pour les administrés au quotidien il incarne à lui seul la commune. Comme si, doté de « super pouvoirs », il avait les moyens de résoudre les problèmes de toute nature.

---

[702] https://www.communes aux noms burlesques.com

Le maire doit être en quelque sorte l'homme « du tout est possible ».

Pourtant, juridiquement, le maire est avant tout l'exécutant de son conseil municipal. Suivant les articles L. 2122- 18, L. 2122- 21, L. 2122- 22 du code général des collectivités territoriales : (CGCT), il a en charge d'administrer la commune, d'exécuter les décisions du conseil municipal et d'exercer par délégation les attributions qui reviennent à ce dernier. S'il est fait mention également des pouvoirs de police administrative et judiciaire, il n'est pas indiqué expressément que le maire en fait usage de façon discrétionnaire sous réserve du respect de l'intérêt public territorial.

Le conseil municipal ne saurait valablement se substituer, imposer ou encore influencer les décisions du maire dans l'exercice de son pouvoir de police administrative.

État social à un instant donné, l'ordre public revient à préserver et assurer la tranquillité publique, la sécurité civile, la sécurité publique ainsi que la salubrité publique en application de l'article L. 2122- deux du CGCT. En sus, l'ordre public a ouvert la porte à d'autres valeurs qui méritent protection : moralité publique et bonnes mœurs : (CE section 18/12/1959 société les films Lutétia), respect de la dignité humaine : (CE 9/10/1996 Association Ici et Maintenant, CE 30/08/2006 association Free Dom).

Cela étant, la liberté reste le principe, la restriction l'exception. La proportionnalité d'une mesure de police administrative est en théorie un impératif de sa légalité. En pratique, il en est parfois autrement sans que la potentielle irrégularité emporte annulation.

Il semblerait en effet que le contenu ubuesque de certaines écarte d'office toute appréciation de leur légalité. Rien de surprenant au fond. Ne dit-on pas que l'humour adoucit les mœurs ?

Se pose alors la question de l'intérêt de tels arrêtés. À lire leur contenu, on note la poursuite d'un double objectif : diffuser un message en lien plus ou moins direct avec la préservation de l'ordre public au bénéfice de l'intérêt public territorial d'une part, s'en servir comme moyen imparable de communication vis-à-vis du grand public d'autre part. Peu importe la teneur, la médiatisation est immédiate, amuse et fait gagner une notoriété inimaginable en d'autres circonstances, d'autant que les communes osant prendre ce type d'initiatives sont jusqu'à présent des communes de petite taille.

Le sujet « animalier » revient régulièrement, oscillant entre sécurité et tranquillité publiques. Dans l'Oise, un arrêté municipal de 2019 pris par le maire de la commune de Feuquières interdit aux chiens d'aboyer trop fort. À défaut, leur propriétaire s'expose à 68 € d'amende. Une pétition de riverains présentée au maire pour l'interpeller sur la situation en est la raison. L'arrêté interdit plus précisément à un propriétaire de chien de laisser son animal de compagnie dans son enclos sans qu'il puisse à tout moment mettre un terme aux aboiements intempestifs, prolongés ou répétés. Jour et nuit le maître a obligation de tenir enfermé son chien si son comportement trouble le repos du voisinage. Comme s'en est défendu le maire, Jean Pierre Estienne, pour l'anecdote réélue largement aux dernières élections municipales, il ne s'agit pas d'une interdiction générale et absolue. Cet arrêté n'interdit pas à un chien d'aboyer, il impose à son propriétaire de faire le nécessaire pour qu'il ne trouble pas la tranquillité publique lorsqu'il aboie !

Nombre d'arrêtés municipaux imposent de tenir en laisse les chiens, tout au moins en ville et dans certains lieux publics fréquentés. Rien de surprenant puisque cette mesure se fonde sur une obligation légale. L'article 213 du code rural interdit la divagation des chiens et donne aux maires un pouvoir de prévention à cet effet. Le maire de Nogent- sur-Marne est allé beaucoup plus loin en réglementant par arrêté la longueur des laisses. La cause remonte au 11 août 2018 suite à un affrontement entre un bichon maltais sauvagement attaqué par un staffondshire bull terrier tenu avec une laisse enrouleur et que sa propriétaire n'a pas pu maîtriser. Le maire a alors prohibé l'usage de ce type de laisses. Les chiens circulant sur le territoire communal doivent être dorénavant tenus en laisse d'une longueur maximale d'1m50 dans le souci de ne pas troubler la sécurité publique.

Les gallinacés sont également à l'origine de nombreux arrêtés municipaux originaux. À Saint Sylvestre en Haute-Savoie, depuis 2019, ils sont autorisés officiellement par arrêté à chanter dans la commune. Sont notamment concernés les coqs bien connus des tribunaux. Un administré de Saint-Sylvestre a d'ailleurs été condamné pour troubles anormaux de voisinage à 3000 € de dommages-intérêts[703]. Selon le maire de l'époque, cet arrêté[704] a vocation à respecter le bien vivre ensemble incitant les administrés au respect mutuel, à l'acceptation des modes de vie de chacun dans le respect des libertés individuelles.

La réputation internationale du coq mérite d'être soulignée. Le coq Maurice en est l'image médiatique par excellence. Les voisins gênés par les champs du gallinacé ont décidé de porter plainte et se sont vus déboutés par le tribunal correctionnel de Rochefort[705].

---

703 https://www.ladépêche.fr, 15/06/2021
704 Toujours en vigueur
705 TC Rochefort 05/09/2019 n° 11- 19- 000233

À son sens, « … il n'est pas contesté que le coq (…) chante ; que tel est généralement d'ailleurs le propre d'un coq », reconnaissant que le chant du coq plus ou moins mélodieux est effectivement un bruit[706].

Il retient à l'appui d'un constat d'huissier que l'animal en l'espèce ne chante que de 6h30 à 7h, de manière intermittente et que, de surcroît, son chant est de faible intensité. Il se fonde par ailleurs sur le fait que la zone urbaine concernée se trouve à l'intérieur d'une petite commune rurale et que le coq chante à une distance raisonnable du centre-ville. Fort de ces considérations, le Tribunal, tout en retenant que le trouble était établi, ne l'a pas qualifié d'excessif[707].

L'affaire a été reprise dans les colonnes du New York Times qui a relaté les difficultés de cohabitation entre autochtones et nouveaux arrivants, s'interrogeant sur l'appréciation que l'on pouvait faire de la tranquillité du voisinage en France.

Ce raisonnement n'est pas sans rappeler la position de la cour d'appel de Riom dans le Puy-de-Dôme qui avait répondu aux requérants se plaignant du bruit causé sur la parcelle voisine de la sienne par un poulailler, « que la poule est un animal anodin et stupide, au point que nul n'est encore parvenu à le dresser, pas même un cirque chinois ; que son voisinage comporte beaucoup de silence, quelques tendres gloussements, et des caquètements qui vont du joyeux (ponte d'œuf) au serein (dégustation d'un ver de terre) en passant par l'affolé (vue d'un renard) ; ce paisible voisinage n'a jamais incommodé que ceux qui, pour d'autres motifs, nourrissent du courroux à l'égard des propriétaires de ces gallinacés »[708] .

La loi n° 2021-85 du 29/01/2021 qui vient définir et protéger le patrimoine sensoriel des campagnes françaises sonne le glas de ces querelles « animalières ».

Ce texte modifie le code de l'environnement pour intégrer à la notion de *« patrimoine commun de la nation »* les sons et les odeurs de la campagne. Jusqu'alors, l'article L.110-1 incluait dans ce patrimoine commun de la nation « *les espaces, ressources et milieux naturels terrestres et marins* ». Viennent s'ajouter : « *les sons et les odeurs qui les caractérisent* ». Cette loi/répulsif à contentieux pour troubles de voisinage, tout aussi surprenante qu'elle soit, ne manquera pas d'efficacité.

---

[706] Civ.2ème 14/12/2017 n° 16-22509 Dalloz 2018

[707] Kilgus Nicolas, le coq Maurice à l'île d'Oléron : libre de chanter, Dalloz civil 12/09/2019

[708] CA Riom 07/09/1995 n° XRIOM07995X

Il arrive que des arrêtés municipaux se démarquent au rythme des saisons, les maires démunis face à des situations pour lesquelles ils n'ont pas de solutions, font le choix de répondre par la dérision. La pluie est interdite à Challans en Vendée. Un arrêté municipal déclare obligatoire l'ensoleillement toute la journée du lundi au dimanche et de pluie trois nuits par semaine. Le premier magistrat de la commune pour s'en justifier sur les réseaux sociaux a déclaré que l'état de santé des agents et citoyens challandais dépendait du taux d'ensoleillement.

Dans le Maine-et-Loire, le maire d'une commune de 3000 habitants, Briollay, suite aux critiques incessantes de ses administrés a pris un arrêté début juillet 2018 interdisant l'entrée dans sa commune aux moustiques ! Dans ce même département, le maire de Sainte-Gemmes-sur-Loire en réaction à la rigidité législative a autorisé les rennes du père Noël à paître gratuitement dans un pré propriété communale. Le contrôle de légalité fut favorable et l'arrêté est toujours en vigueur.

En adéquation avec le contexte sanitaire, le maire de Riotord en Haute-Loire a donné la possibilité au père Noël de survoler la commune en traîneau avec six lutins maximum. L'arrêté municipal précise que le père Noël, son traîneau et six lutins sont autorisés à survoler et à se poser dans la commune pour déposer les cadeaux au pied du sapin riotordois à partir du 24 décembre 12 h jusqu'au 25 décembre 12 h. Il va même jusqu'à prévoir une piste d'atterrissage aménagée sur le terrain de football de la commune. En toute logique, le port du masque est de rigueur pour la distribution des paquets, l'utilisation de gel hydroalcoolique systématique et la vaccination des rennes indispensables. Le maire de Riotord part du principe qu'il est d'ordre public d'assurer la bonne humeur dans sa commune. : « C'est une petite folie de fin d'année qui va permettre de redonner le sourire à tous nos petits-enfants. ».[709]

Force est de constater que le droit de proximité a son jardin de drôleries. Il appartient aux élus locaux d'en faire bon usage.

---

[709] Interview LCI du maire de Riotord, Guy Peyrard,24/12/2020

LISTE DES AUTEURS

ANDRÉ Michèle
Ancienne secrétaire d'État chargée des droits des femmes et de l'égalité des chances entre les hommes et les femmes,
ancienne sénatrice, Membre du Comité Nationale d'Orientation de la BPI

La Banque Publique d'Investissement (BPI) : un outil performant au service de nos entreprises.

BARTHÉLÉMY Jacques
Avocat honoraire - Conseil en droit social,
Ancien professeur associé à la Faculté de droit de Montpellier,
Fondateur en 1965 du cabinet EPONYME

Retraites : confrontation des approches publicistes et privatistes.

BIZET Jean-François
Avocat honoraire,
Ancien professeur associé à l'Université d'Auvergne

Les entreprises publiques locales mal aimées des pouvoirs publics.

BONNET Olivier
Historien,
Professeur agrégé en classes préparatoires des grandes écoles

La loi de 1838 sur les aliénés dans le Puy-de-Dôme :
Une mission de service public assurée par un établissement privé.

CHILD Maud
Magistrate honoraire à la Cour des comptes,
Avocat

La spécificité du rôle des chambres régionales des comptes saisies d'une demande d'inscription d'une dépense obligatoire et ses conséquences sur les pouvoirs du juge administratif à la lumière d'un cas emblématique.

CORIAT Jean-Pierre
Professeur honoraire des Universités Panthéon Assas Paris II

Entre communauté de droit et pluralisme juridique : note sur un héritage romain pour l'Union européenne.

DEBARD Thierry
Professeur à l'Université Jean Moulin Lyon 3

Le processus de création de la métropole de Lyon et du département du « nouveau Rhône ».

DEGOFFE Michel
Professeur de droit public à l'Université Paris-Descartes
(Centre Maurice Hauriou, EA 1515)

La compétence des départements pour accueillir les mineurs étrangers isolés.

DUBREUIL Henri
Président honoraire de tribunal administratif

De l'administrateur-juge au juge-administrateur. Quelques réflexions sur le principe « juger l'administration c'est encore administrer »

EYRAUD Christèle
Maître de conférences à l'Université Clermont-Auvergne
Avocat

Clin d'œil juridique : Collectivités territoriales et identité territoriale insolite.

FABERON Florence
Professeure de droit public à l'Université de Guyane,
Membre du laboratoire MINEA (EA 7485) ,
Membre associé du Centre Michel de l'Hospital de l'Université Clermont-Auvergne (EA 4232)

Les principes constitutionnels ne prospèrent pas à l'encontre du régime rémanent des cultes en Guyane.

FEVRIER Jean-Marc
Professeur de droit public à l'Université de Perpignan – Via Domitia, Avocat au barreau de Narbonne

Les incidences de la protection des espèces en matière d'aménagement.

FIALAIRE Jacques
Professeur émérite de droit public à l'Université de Nantes, Droit et Changement Social UMR CNRS 6297

L'ingénierie territoriale et le droit.

GAZAGNES Philippe
Référent national médiation pour les juridictions administratives, Président du tribunal administratif de Clermont-Ferrand

La médiation administrative.

GOUTTEBEL Jean-Yves
Docteur ès sciences économiques
Président du Conseil Départemental du Puy-de-Dôme,
Vice-Président de l'Assemblée des Départements de France

L'Aménagement du territoire une ambition pour tous les territoires.

LACHAL Christian
Psychiatre, pédopsychiatre et psychanalyste à Clermont-Ferrand,
ex-consultant international pour MSF,
Chargé de cours à l'Université Paris XIII,
attaché à l'hôpital Avicienne, Bobigny,

Membre du comité de rédaction de la revue L'autre

Questions d'identité.

LAVIALLE Christian
Professeur émérite de l'Université Toulouse 1 – Capitole
Institut Maurice Hauriou

Réflexions sur les monnaies locales complémentaires

LENOIR Gérard
Ex-vice-Président du CESER AURA (collège 2 – délégation CFDT), Président de la commission 10 (2016 – 2017) : « évaluation et suivi des Politiques Publiques »

Les difficultés de l'institutionnalisation de l'évaluation.

KARPENSCHIF Michaël
Professeur de droit public,
Avocat associé Fiducial Legal By Lamy

Loi Pacte : quelles évolutions pour les entreprises publiques ?

MACHELON Jean-Pierre
Professeur émérite et doyen honoraire de la Faculté de droit de l'université Paris Descartes
Ancien membre du Conseil supérieur de la magistrature
Président d'honneur de l'Association française de droit constitutionnel

Préface pour les mélanges offerts au Professeur Claude Devès.

MORAND Michel
Avocat, Conseil en droit social,
Co-fondateur et associé du cabinet SAS HDV AVOCATS

La conventionnalisation du droit de la fonction publique.

MOREAU Jacques †
Professeur émérite à l'université de Paris II

Le contrôle administratif de l'exportation des œuvres d'art.

PARDINI Jean-Jacques
Agrégé des Facultés de droit,
Professeur de droit à l'Université de Toulon

Réformer l'État : un vœu pieux ? Les vicissitudes du régionalisme différencié en Italie : « il faut que tout change pour que rien ne change »

PASCALLON Pierre
Professeur agrégé de la Faculté (honoraire)

Les délocalisations internationales d'activité dans l'économie mondialisée française contemporaine :
Y a-t-il des solutions ?

PIASTRA Raphaël
Maître de conférences,
Habilité à diriger des recherches en droit public
à l'Université de Clermont-Auvergne

Quelques considérations sur la décentralisation.

PIRES-BEAUNE Christine
Députée de la 2e circonscription du Puy-de-Dôme

Sécurisation de l'actionnariat des sociétés d'économie mixte locales et des sociétés publiques locales.

POUJADE Bernard
Professeur agrégé des Facultés de droit à l'Université Paris Descartes
Avocat au barreau de Paris
Directeur du bulletin juridique des collectivités locales

Le contentieux administratif saisi par la dématérialisation : Télérecours dans la jurisprudence du Conseil d'État.

RIEUTORT Laurent
Professeur de géographie à l'Université Clermont-Auvergne,
Directeur de l'Institut d'Auvergne du Développement des Territoires,
UMR Territoires

Métropoles et espaces ruraux : Réinventer la mixité territoriale ? L'exemple clermontois.

TURPIN Dominique
Président honoraire de l'Université d'Auvergne,
Doyen honoraire de la Faculté de droit de Clermont-Ferrand,
Membre associé du Centre de recherches Michel de l'Hospital,
EA 4232 Université Clermont-Auvergne

Le français est-il encore la "langue de la République" ?

VIGUIER Jacques
Professeur Université Toulouse 1 – Capitole, IDETCOM

Un retour à la laïcité-combat est-il nécessaire ?

LISTE DES TRAVAUX

Editions Lefebvre Dalloz

Actualité Juridique Droit Administratif (AJDA)

- « Nouveau départ pour l'économie mixte locale ? » AJDA, novembre 1983, pp. 596-600.

- « Les conventions d'aménagement touristique » ; Communication au Salon d'Aménagement de la Montagne, avril 1986, Grenoble, parue à L'Actualité Juridique Droit administratif, novembre 1986, pp. 607-621.

- « Les nouvelles modalités du conventionnement en matière de remontées mécaniques ». Chronique la revue "Pour la Montagne" (ANEM), et AJDA 1989, p.379.

- Note sous Conseil d'État, 21 février 1990, Trani, AJDA, 1990, p.560. Élections municipales. Inéligibilité du maire sortant, administrateur et salarié d'une SEM.

- Note sous C.A.A. Lyon, 26 juin 1990 et C.A.A. Paris, 7 nov. 1989 sur le régime juridique des ateliers relais, AJDA., 1991, p.375.

- Note sous C.E., 11 juillet 1991 sur le régime des aides des collectivités locales, AJDA, 1991, p.822.

- Note sous C.A.A. Lyon, 9 avril 1991, résiliation d'un contrat de concession, AJDA, 1991, p.570.

- Note sous C.E. 18 novembre 1991 relative au régime des aides des collectivités locales, AJDA, 1992, p.231.

• « Les organes locaux de la politique urbaine », numéro mai 1993 AJDA, spécial urbanisme.

• « Faut-il réformer la loi du 7 juillet 1983 », AJDA, 20 septembre 1993. Numéro spécial Économie mixte locale.

• Note sous C.E., 17 janvier 1994, Commune d'Allos à propos du refinancement d'une S.E.M. par une commune, AJDA, 1994, p.740.

• C.E., 10 octobre 1994, Préfet de la région Lorraine : S.E.M. et activités d'intérêt général, AJDA, 1995, p.237.

• « Les droits d'entrée dans les contrats de délégation de service public », AJDA, septembre 1996.

• C.E., 13 septembre 1995, Département des Alpes-Maritimes, 6 novembre 1995, Commune de Villenave d'Ornon, AJDA, 1996 : les relations financières SEM/Collectivités locales.

• « La modernisation du statut des S.E.M., la loi du 2 janvier 2002 », AJDA, 2002, p.139.

• « La recapitalisation d'une société d'économie mixte », AJDA, 2003, p.235.

• Commentaire de l'arrêt du Conseil d'État du 10 décembre 2012, M. Auclair c/ Commune de Bagneux, n°354044, AJDA, 27 mai 2013, n°18/2013 : Société d'économie mixte locale et conseiller intéressé à l'affaire.

• Commentaire de l'arrêt de la Cour administrative d'appel de Lyon du 18 avril 2013, M. B., n°12LY01547, AJDA, 14 octobre 2013, n°34/2013 : Une convention d'objectifs n'est pas une délégation contractuelle de service public.

Actualité juridique collectivités territoriales (AJCT)

• « Loi Montagne et protection du patrimoine naturel montagnard », AJCT, 4 février 2013, n°6.

• « De la difficulté de concilier les compétences des collectivités territoriales avec l'actionnariat d'une SPL », AJCT, 2013, p.573.

• « Stop aux sociétés publiques invasives », AJCT, 2014, 16 décembre 2014, p.611.

• « Les mystères des SPL », AJCT, 2015, p.274.

• « Quelle correspondance entre la ou les compétences d'une collectivité territoriale ou d'un groupement de collectivités et le champ d'intervention d'une SPL ? », AJCT, 2017, p.42, janvier 2017.

• « L'aménagement de la montagne après la loi du 28 décembre 2016 de modernisation, de développement et de protection des territoires de montagne », AJCT, 2017, p.202, avril 2017.

Revue française de droit administratif (RFDA)

• « De la société d'économie mixte locale à la société publique locale, similitudes ou grand écart », RFDA, 2012, p.1082.

Juristourisme

• « L'office de tourisme entre association Loi 1901 et EPIC : quoi de neuf », Juristourisme, février 2013, n°150, page 20.

• « La Société Publique Locale, la nouvelle tendance ? », Juristourisme, avril 2013, n°152, page 38

• « Une commune peut-elle tout tenter pour sauver un bar-restaurant », Commentaire CAA Marseille, 30 juillet 2013, Commune d'Uchaux c. Association Demain c'est Aujourd'hui, req. n°12MA02394 et req. n°12MA04828, Juristourisme, décembre 2013, n°159, pages 45-47.

• « La sem contrat au service du tourisme », Juristourisme, mai 2014, n°164, pages 36-40.

• « Loi NOTRe et tourisme : quel compromis ? », Juristourisme, 10 février 2016, n°183, p.3.

• « L'économie collaborative : chance ou cauchemar pour le tourisme ? », Juristourisme, 10 mars 2016, n°184, p.3.

• « Tourisme & territoire - Commande publique - Que peut attendre le tourisme de la réforme du droit des concessions ? », Juristourisme, 10 octobre 2016, n°190, p.36.

• « Tourisme & territoire - Conflit de juridictions - La contribution du tourisme à la formation du droit administratif », Juristourisme, 10 novembre 2016, n°191, p.40.

• « 2017 : année de tous les changements ou année de tous les dangers ? », Juristourisme, 15 janvier 2017, n°193, p.3.

• « Commande publique - Délégation de service public - Attention à la durée de la concession de service public », Juristourisme, 15 janvier 2017, n°193, p.16.

• « Tourisme & territoire - Concessions - Tourisme et délégation de service public « multi-activités » », Juristourisme, 15 janvier 2017, n°193, p.38.

• « Délégation de service public - Choix du candidat - Murol II : suite et fin ? », Juristourisme, 15 février 2017, n°194, p.12.

• « Mai 2017 », Juristourisme, 15 mai 2017, n°197, p.3.

• « Délégation de service public - Choix du candidat - Murol III : quand tout se termine par une amende pour recours abusif... », Juristourisme, 15 mai 2017, n°197, p.14.

• « Europe - Concurrence - Les aides aux entreprises et le droit européen de la concurrence », Juristourisme, 15 juin 2017, n°198, p.8.
• « Délégation de service public - Choix du candidat - Murol IV et V », Juristourisme, 15 juin 2017, n°198, p.13.

• « Accroissement du tourisme insulaire et aides d'État », Juristourisme, 15 juillet 2017, n°199, p.30.

• « Loi Littoral : avis de tempête ? », Juristourisme, 15 septembre 2017, n°200, p.3.

• « Terrorisme, cataclysmes et tourisme », Juristourisme, 15 octobre 2017, n°201, p.3.

• « Les collectivités territoriales partenaires de l'économie sociale et solidaire », Juristourisme, 15 janvier 2018, n°204, p.24.

• « Notre-Dame-des-Landes et après ? », Juristourisme, 15 février 2018, n°205, p.3.

• « Freiner le recul du trait de côte : nouveau défi de la loi Littoral ? », Juristourisme, 15 mars 2018, n°206, p.3.

• « Cour des comptes - Les stations de ski des Alpes du Nord face au réchauffement climatique », Juristourisme, 15 mars 2018, n°206, p.8.

• « Tourisme & territoire - Entreprises publiques locales - Tourisme et insuffisances du cadre juridique et comptable des EPL », Juristourisme, 15 avril 2018, n°207, p.36.

• « Sur les ponts de mai, on y danse, on y danse, pas toujours en rond ! », Juristourisme, 15 mai 2018, n°208, p.3.

• « Commande publique - Fake news et délégation de service public », Juristourisme, 15 mai 2018, n°208, p.12.

• « Pacte girondin ou jacobin ? », Juristourisme, 15 juin 2018, n°209, p.3.

• « Activités nautiques - Le kitesurf tiraillé entre deux fédérations sportives », Juristourisme, 15 juillet 2018, n°210, p.11.

• « Commande publique - Des précisions apportées par le Conseil d'État sur la notion de biens de retour », Juristourisme, 15 septembre 2018, n°211, p.10.

• « Canoë-kayak - Attention aux nuisances pour les riverains ! », Juristourisme, 15 septembre 2018, n°211, p.12.

• « Réglementation - Camping et urbanisation en continuité sur le littoral », Juristourisme, 15 octobre 2018, n°212, p.9.

• « 2018 : la France, championne du monde du tourisme ? », Juristourisme, 15 novembre 2018, n°213, p.3.

• « Urbanisme - L'affectation à l'usage du public : le critère de qualification du chemin rural », Juristourisme, 15 décembre 2018, n°214, p.12.

• « Collectivités territoriales - Sociétés publiques locales : l'impasse », Juristourisme, 15 décembre 2018, n°214, p.13.

• « Commande publique - L'insuffisance de la concurrence permet de renoncer à conclure une concession », Juristourisme, 15 décembre 2018, n°214, p.13.

• « Libertés fondamentales - Pieds nus, uniquement sur les pelouses ! », Juristourisme, 15 décembre 2018, n°214, p.14.

• « Stationnement - Le camping-car, le mal-aimé du tourisme ? », Juristourisme, 15 février 2019, n°216, p.10.

• « Tourisme & territoire - Urbanisme - La loi Littoral malmenée ou préservée ? », Juristourisme, 15 février 2019, n°216, p.34.

• « Activité touristique - L'exploitation d'un casino dans la logique du service public », Juristourisme, 15 mars 2019, n°217, p.9.

• « Sauvons les sociétés publiques locales ! », Juristourisme, 15 avril 2019, n°218, p.3.

• « Loi Montagne - Piqûre de rappel », Juristourisme, 15 mai 2019, n°219, p.9.

• « Tourisme & territoire - Environnement - Aménager un golf : un parcours semé d'embûches », Juristourisme, 15 avril 2019, n°218, p.35.

• « Les sociétés d'économie mixte et entreprises publiques locales sur la sellette », Juristourisme, 15 juillet 2019, n°221, p.3.

• « Collectivité territoriale - Une voie verte fait partie du domaine public routier », Juristourisme, 15 juillet 2019, n°221, p.11.

• « Occupation du domaine public - Photographies depuis l'Arc de Triomphe », Juristourisme, 15 octobre 2019, n°223, p.11.

• « Accident de baignade - Absence de responsabilité de la commune », Juristourisme, 15 janvier 2020, n°226, p.12.

• « Qu'est-ce qu'une entreprise publique locale ? », Juristourisme, 15 janvier 2020, n°226, p.18.

• « Tourisme & territoire - Accidents de baignade - Le maire face à ses responsabilités », Juristourisme, 15 juin 2020, n°231, p.35.

• « Hébergement - La chambre d'hôtes chez l'habitant : précisions », Juristourisme, 15 septembre 2020, n°233, p.10.

• « Littoral - Défense de la servitude de passage sur le littoral ! », Juristourisme, 15 septembre 2020, n°233, p.12.

• « Délégation de service public - Quand l'exigence de loyauté des relations contractuelles prend le dessus... », Juristourisme, 15 octobre 2020, n°234, p.13.

• « Urbanisme - Ne pas confondre zone de montagne et zones agricoles défavorisées en montagne », Juristourisme, 15 octobre 2020, n°234, p.14.

• « Littoral - Aménagements légers : pas d'atteinte au principe de non-régression de la protection de l'environnement », Juristourisme, 15 octobre 2020, n°234, p.14.

• « Marque touristique - Emploi de la langue française : What else ? », Juristourisme, 15 novembre 2020, n°235, p.9.

• « Littoral - Le « retour » du SCOT », Juristourisme, 15 novembre 2020, n°235, p.13.

• « Obligation d'information - La concession, régime allégé », Juristourisme, 15 décembre 2020, n°236, p.12.

• « À la une – Crise sanitaire – Stop Covid ! », Juristourisme, 15 janvier 2021, n°237, p.11.

• « Crise sanitaire - La culture toujours à l'arrêt », Juristourisme, 15 janvier 2021, n°237, p.12.

• « Durée du travail – Droit de repos des salariés en période de Covid-19 », Juristourisme, 15 février 2021, n°238, p.13.

• « Ouverture des commerces le dimanche : quand le contexte change, le juge s'adapte », Juristourisme, 15 mars 2021, n°239, p.12.

• « Taxe de séjour : Commune ou EPCI ? », Juristourisme, 15 mars 2021, n°239, p.13.

• « La montagne à un tournant ? », Juristourisme, 15 avril 2021, n°240, p.3.

• « Le préfet, pas plus que le juge, n'est garant de la viabilité économique du projet d'UTN », Juristourisme, 15 mai 2021, n°241, p.13.

• « Tourisme & territoire - Accidents de baignade - Le maire face à ses responsabilités », Juristourisme, 15 juin 2020, n°231, p.35.

• « Demarketing » : qu'es-aco ? », Juristourisme, 15 juin 2021, n°242, p.3.

• « Plusieurs unités touristiques nouvelles structurantes suspendues par le juge des référés », Juristourisme, 15 juin 2021, n°242, p.13.

• « L'accueil des camping-cars par les communes : terrains de camping ou aires de camping-cars ? », Juristourisme, 15 juin 2021, n°242, p.30.

Tourisme et droit

• « Remontées mécaniques sur la piste de la sécurité », Tourisme et droit, Dalloz, 2008, n°54.

• « Urbanisme et environnement : des préoccupations surtout pour la station classée de tourisme », Tourisme et Droit, Dalloz, 2009, n°107.

Juris associations

• « Économie sociale et solidaire - Titre de paiement - Peut-on payer des dépenses publiques en monnaie locale ? », Juris associations, 15 juillet 2018, n°583, p.11.

Encyclopédies - Fascicules

• Chapitre 2 (folio n°4315) - Compétences des collectivités territoriales : aides publiques à l'économie – sources et répartition, Encyclopédie collectivités locales, 2019-3.

• Chapitre 3 (folio n°4317) - Compétences des collectivités territoriales : aides publiques à l'économie - modalités et contrôles, Encyclopédie collectivités locales, 2019-4.

• Chapitre 5 (folio n°1690) - Département : compétences, Encyclopédie collectivités locales, 2020-3.

Autres

• Dictionnaire juridique du sport (Dalloz) mots-clés : « S.E.M. d'équipement sportif, remontées mécaniques, pistes de ski », 1990.

• Participation à l'ouvrage collectif Sport et collectivités locales (Dalloz) préparé par le Centre de droit et d'économie du sport de Limoges (associé au CNRS) rubrique : les SEM d'équipement sportif.

• « Intérêt général et service public », note sous C.E. 5 octobre 2007 UGC Ciné Cité, Droit et tourisme, Dalloz, avril 2008.

• « Le comité Balladur et la réforme des collectivités territoriales. Pouvait-on mieux faire ? », Blog Dalloz, mars 2009.

• Mémento du Maire, éditions Francis Lefebvre / Dalloz, deux chapitres : 1/ les services publics de proximité ; 2/ les aides économiques des communes.

Lexis Nexis

La semaine juridique administrations et collectivités territoriales (JCPA)

• Commentaire de l'arrêt de la C.A.A. de Bordeaux du 9 novembre 2004, Sogedis relatif aux règles de passation des conventions d'aménagement, JCPA, 7-14 février 2005, n°1070.

• Commentaire de la loi de juillet 2005 relative aux concessions d'aménagement, JCP Administrations et collectivités territoriales, n°1342, 17 octobre 2005.

• « Les sociétés publiques locales d'aménagement : Impasse juridique ou ballon d'essai ? » JCPA, 25 septembre 2006, n°1219.

• « La concession d'aménagement au crible de la jurisprudence communautaire : l'arrêt Commune de Roanne », JCPA, 12 février 2007, n°2028.

• « La qualification de la concession d'aménagement devant le juge national : dénouement ou simple péripétie ? » JCPA, 21 mai 2007 n°2129,

• « Bien distinguer la délégation de service public du contrat d'occupation du domaine », note sous TA Paris, 31 mars 2009, Sté Paris Tennis, JCPA, 25 mai 2009, n°2131.

• « Avancées jurisprudentielles des contrats in house », note sous C.E. 4 mars 2009, Syndicat national des industries d'information de santé, JCPA, 8 juin 2009, n°2145.

• Commentaire de l'arrêt de la cour de Justice des Communautés Européennes du 10 septembre 2009, Commune Di Ponte Nossa, C-573/07, JCPA, 19 octobre 2009, n°2242.

• Commentaire de l'arrêt de la Cour de Justice des Communautés Européennes du 15 octobre 2009, ACOSET SPA c/ Province de RAGUSE, aff. C-196/08, JCPA, 14 décembre 2009, n°2299.

• Commentaire de l'arrêt du Conseil d'État du 13 janvier 2010, Association Paris Jean Bouin, n°329576, JCPA, 15 février 2010, n°2069.

• Commentaire de la loi n°2010-559 du 28 mai 2010 relative au développement des sociétés publiques locales, JCPA, 12 juillet 2010, n°2229.

• Commentaire de l'arrêt du Conseil d'État du 3 décembre 2010, Ville de Paris, assoc. Paris stade Jean Bouin, n°338272, JCPA, 31 janvier 2011, n°2043.

• Commentaire de l'arrêt du Conseil d'État du 11 mars 2011, Communauté d'agglomération du Grand Toulouse et SEM de Colomiers c/ SEBA Méditerranée, n°330722, JCPA, 6 juin 2011, n°2205.

• « Quand l'intervention publique économique locale hésite entre droit public et droit privé… », JCPA, 17 mars 2014, n°11-12, 2073.

• « Gouvernance éducative et collectivités territoriales », JCPA, 19 mai 2014, n°20, 2157.

• « La loi n°2014-747 du 1er juillet 2014 permettant la création de sociétés d'économie mixte à opération unique : innovation ou fuite en avant ? », JCPA, septembre 2014, n°38-39, 2266.

• « Les écoles de commerce et de gestion ont enfin un statut ! », JCPA, mars 2015, n°9, 2065.

• « Les sociétés publiques locales interdites d'activités accessoires ? », JCPA, octobre 2016, n°39, 2246.

• « Société publique locale et quasi-régie sont-elles si incompatibles que cela ? », JCPA, 2017, n°24, juin 2017, 2152.

• « Les sociétés publiques locales (SPL) au pied du mur des compétences », JCPA, 2019, n°4, janvier 2019, 2020.

• « Sociétés publiques locales et sociétés d'économie mixte : va-t-on rejouer « En attendant Godot » ?», JCPA, 2019, n°16, avril 2019, act. 264.

• « In Memoriam Jacques Moreau (1931–2019) », JCPA, 2019, n°26, juillet 2019, act. 438.

• « Le livre blanc sur l'économie mixte locale : des progrès, mais peut mieux faire », JCPA, 2019, n°46, novembre 2020, 2320.

• « La société d'économie mixte in house condamnée ? », JCPA, 2020, n°6, février 2020, act. 79.

• « Sociétés publiques locales : quand le soufflé retombe », JCPA, 2020, n°6, février 2020, 2038.

• « Pas d'attribution ou de renouvellement en catimini d'une délégation de service public au profit d'une société publique locale », JCPA, 2020, n°14, avril 2020, act. 217.

• « Les entreprises publiques locales au défi de l'arrêt Teckal », JCPA, 2020, n°28, juillet 2020, 2208.

• « L'Acte IV de la décentralisation reste à écrire... », JCPA, 2020, n°49, décembre 2020, 2317.

Droit administratif

• Droit administratif - décembre 1991 : "De la difficulté de concilier au sein des SEM - Les règles du droit commercial et celles du droit administratif" (en collaboration avec J.F. Bizet et M.A. Dupuis) rédaction complète par mes soins du I, rédaction en commun avec J.F. Bizet du II).

• Droit administratif - juillet 1992 : "Les personnes publiques françaises peuvent-elles adhérer à un groupement européen d'intérêt économique ?"

• C.E. 30 septembre 1996, Sté Stéphanoise des eaux, « Le prix du service public de l'eau », Droit administratif, déc. 1996, p.15.

• T.A. Grenoble, 7 août 1998, Betto, Le contentieux de l'eau potable à Grenoble, Droit administratif, 1998, n°303.

• C.E. 19 juillet 1998, Syndicat mixte des transports en commun de l'agglomération clermontoise, l'article L 22 et la délégation de service public, Droit administratif, 1998, n°302.

Droit rural

• « Les sociétés d'économie mixte et le développement de la Montagne », Colloque Collectivités locales, sociétés d'économie mixte, développement de la Montagne, Paris, 22 octobre 1985, Revue Droit Rural, mai 1986, n°144, pp. 189-197.

• « Territoires ruraux et nouvelles compétences des collectivités territoriales depuis l'Acte III de la décentralisation », Droit Rural n°453, mai 2017, étude 18.

Mélanges Machelon

• « Sociétés publiques locales et sociétés d'économie mixte à opération unique : quand le "socialisme municipal" cède le pas aux techniques de l'économie de marché », Mélanges Machelon, LexisNexis, 2015, pp.315-331.

Jurisclasseurs

• Fascicule « Sociétés publiques locales (SPL) et Sociétés publiques locales d'aménagement (SPLA) », JC Collectivités territoriales fasc. 694-5, octobre 2011.

• Fascicule « Société d'économie mixte à opération unique », JC Collectivités territoriales fasc. 481, 2019.

• Fascicule « Sociétés publiques locales (SPL) et Sociétés publiques locales d'aménagement (SPLA) », JC Collectivités territoriales fasc. 486, 2019.

• Fascicule « Sociétés publiques locales (SPL) et Sociétés publiques locales d'aménagement (SPLA) », JC Administratif fasc. 163, 24 juillet 2019.

• Interventions économiques des collectivités territoriales, JC Collectivités territoriales, synthèse n°80, 2020.

Semaine juridique, édition Générale ou édition Entreprise (JCP)

• Commentaire de la décision n°80-115 DC du Conseil Constitutionnel relative à la loi d'orientation agricole du 4 juillet 1980, JCP, 21 janvier 1981, n°19497.

• « La transformation d'une régie de distribution d'électricité et de gaz en société d'économie mixte locale ». Note sous tribunal administratif, Grenoble, 12 février 1986, JCP, Les Cahiers de Droit de l'Entreprise, n°16, 16 avril 1987, n°14923.

• « Les risques inhérents aux interventions des communes sur l'immobilier d'entreprise ». Notes sous T.A. Clermont, 18 juin 1987 et septembre 1987, éd. Entreprise, 19 mai 1988, n°15195.

• « L'annulation, pour atteinte à la liberté du commerce et de l'industrie, de la délibération d'une commune accordant sa garantie d'emprunt à une société d'économie mixte », JCP, édition G, JCP, 1989, n°21265.

Colloques – Séminaires

• « La coopération intercommunale ». Conférence prononcée à l'occasion d'un séminaire de formation d'inspecteurs principaux du Trésor : La Revue du Trésor, octobre 1981.

• « Les interventions économiques des départements ». Communication le 3 mai 1985 au cours du colloque sur la décentralisation, CRERAL, Clermont-Ferrand, Les Cahiers du Droit Public, décembre 1985, pp. 567-600.

• « Que reste-t-il du dispositif d'aides aux entreprises de janvier/septembre 1982 ? » Colloque I.E.R.S.O. sur l'efficacité des politiques régionales, Université de Bordeaux 1, 13 et 14 septembre 1987, Doc. dactyl., 34 p. (en collaboration avec J.-Y. Gouttebel). Revue d'économie régionale et urbaine, 1988, n°2.

• « Les sociétés d'économie mixte sportives ». Colloque C.F.P.C., 26 et 27 novembre 1987, sur les politiques municipales des sports, Angers, ENACT, Les Cahiers du CNFPT, n°24, février 1988, p.35.

• Présidence de la Commission « Déconcentration, décentralisation, politique de la Montagne », avril 1987, Journées « Politique de la Montagne », DATAR/Université de Grenoble III et rédaction du rapport de synthèse.

• « La coopération transfrontalière » (Colloque franco-suisse, Clermont-Ferrand, 16 et 17 mars 1989). Annales de la Faculté de droit de Clermont-Ferrand, 1989, p.139.

• Colloque international organisé en hommage au professeur A. Fel par le Centre d'étude et de recherches sur le Massif Central (CERAMAC) de l'Université Blaise Pascal (Clermont-Ferrand II) sur le thème "des régions paysannes aux espaces fragiles".
• Communication et publication dans les actes du Colloque d'un article sur "Loi Montagne et aménagement touristique du Massif Central" (p. 559). Annales de la Faculté de droit de Clermont-Ferrand : année 1989.

• Colloque international : "La Suisse et l'échéance européenne de 1992, article sur les collectivités territoriales françaises et la coopération transfrontalière", p.139.

• Colloque Institut de droit des affaires Aix-en-Provence, 12 mars 1993, « L'actualité des sociétés d'économie mixte locales ».

• « Fonction et droit de la délégation de service public », Colloque Politique et management publics, Montréal, novembre 1994.

• « Intercommunalité, perspectives d'avenir ». Colloque Aurillac, 19-20 janvier 1995 : rapport de synthèse.

• « Entreprises publiques locales et droit communautaire ». Colloque Aix, 10 mai 1996, Publication des actes du Colloque, avril 1997, Économica.

• « Société d'économie mixte et délégation de service public », Colloque Marseille, 25 avril 1997, CDC/Conseil régional PACA, Droit administratif, juillet-août 1997.

• « L'immobilier d'entreprise », Colloque d'Orléans, 29 mai 1997, L'encadrement juridique des interventions économiques des collectivités locales, la Semaine juridique, édition entreprise, janvier 1998, numéro spécial.

• « L'évolution récente du secteur public français ». Cologne, mai 1998, séminaire franco-allemand. (non publié).

• « Collectivités locales et principes de la concurrence », Colloque Pau, 25 juin 1999, Dalloz, 2000.

• « La délégation de service public dans le secteur sanitaire et social », Colloque Clermont-Ferrand, 21-22 septembre 2000, RGCT, 2001, n°15, p. 596.

• « Les régions, chef de file de l'action économique ? », Colloque La Grande Motte, octobre 2001, R.G.C.T. 2001, p.1042.

• « L'avenir des entreprises publiques », colloque Toulon, sept. 2004, Bruylant (Bruxelles), pp. 201-228.

• « Le droit du patrimoine des collectivités territoriales, avril 2005 », conférence préparatoire, convention nationale Marseille, oct. 2005, J.C.P.A. 2005, n°1332 et 1348, 10 et 24 octobre 2005.

• Colloque Clermont-Ferrand : Conseil Général du Puy de Dôme « L'intercommunalité en question » - 13 octobre 2006, rapport sur Le financement de l'intercommunalité.

• Colloque Clermont-Ferrand : Direction Régionale du Tourisme sur le thème « Droit et tourisme » - « L'externalisation des investissements des collectivités locales en matière de tourisme » - 23 novembre 2006.

• « Code du tourisme et collectivités territoriales », Colloque « Le Code du Tourisme mode d'emploi », Grand amphithéâtre de la Sorbonne, 23 février 2007.

• « L'évaluation des politiques publiques locales », Colloque Clermont-Ferrand : 25e anniversaire des Chambres Régionales des Comptes, mai 2007, publication sur http://www.droit.u-clermont1.fr/.

• Colloque Grenoble sur l'intérêt public local : « Le juge administratif et le contrôle de l'intérêt économique local » (Presses Universitaires de Grenoble, juin 2009).

Autres publications

• « Les Sociétés d'aménagement régional. Entreprises publiques locales ou démembrements fonctionnels de l'État ? » Travaux et recherche de la Faculté de Droit et de Science politique de l'Université de Clermont 1, 1977, 403 pages.

• « La renaissance régionaliste en France, le mouvement nationalitaire (1962-1975) ». Annales de la Faculté de Droit et de Science politique de l'Université de Clermont 1, fasc. 12, 1975, pp. 237-317.

• Recueil de données socio-économiques sur la région Auvergne. DATAR, préparation du IXe Plan, décembre 1982, Direction de l'étude et rédaction en collaboration, 357 pages, annexes.

• « Aides publiques à l'industrie et mutation technologique de l'appareil productif ». L'Auvergne économique, numéro spécial, décembre 1983.

• « À quoi sert l'économie mixte ?" » Communication pour le Colloque International de Lyon de la Revue Politique et Management Public, décembre 1986, publiée avec complément dans la Revue Française d'Administration Publique, avril juin 1987, n°42, pp. 229-249.

• Chroniques dans la Revue « Pour la Montagne » de l'Association nationale des élus de la montagne : « Les conventions d'aménagement touristique » (avril 1987), « La responsabilité des communes du fait des accidents survenant sur une piste de ski » (juillet 1987).

• Les Sociétés d'économie mixte locales, Collec. Collectivités territoriales, Economica, février 1991, 300 pages (en collaboration avec J.-F. Bizet).

• « Les bâtiments relais entre droit public et droit privé ». Journées nationales d'études Villes/entreprises, Ville de Clermont, ESC Clermont-Ferrand, avril 1990.

• « Les SEM et le projet de loi anticorruption », Revue française de comptabilité, décembre 1992.

• Note sous arrêt de la Cour d'appel de Versailles relative à la notion d'entreprise publique, Bulletin Joly, décembre 1992.

• Note sous arrêt C.E. 15 mai 1992, Le régime des U.T.N., revue Pour la Montagne, 1er trimestre 1993.

• « Les opérations publiques d'aménagement », ADSEM, novembre 1993, 12 pages dactylographiées.

• Rapporteur régional sur projet de loi relatif à l'aménagement du territoire, novembre 93, SGAR Auvergne.

• « SEM et aménagement du territoire » : Revue française de comptabilité, février 1995.

• « Faut-il encore constituer des S.E.M.L. ? » Les cahiers du CNFPT, mars 1996.

• Commentaire de l'ordonnance du T.A. de Clermont-Ferrand suspendant l'octroi de la concession du tramway à Clermont-Ferrand, Gazette du Palais, juillet 1998.

• C.A, Caen 24 septembre 1998, « La responsabilité civile personnelle des dirigeants de SEM », RGCT n°2, 1998, p.132.

• C.E, 6 avril 1998 Soderly, « Le bail emphytéotique et les aides aux entreprises », RGCT n°3, 1999, p.33.

• « La SEM, pouvoir adjudicateur, entité adjudicatrice », R.G.C.T. n°4, 1999.

• C. Cass., 15 novembre 1999, Lourel, RGCT 2000, « La banqueroute frauduleuse appliquée à un élu dirigeant de SEM ».

• « La S.E.M. pouvoir adjudicateur », Mélanges Stoufflet, mars 2001.

• « Les contrats publics d'aménagement », Mélanges Moreau, Economica, 2002, p.95.

• « Les instruments de gestion des sites Natura 2000, entre réglementation et contractualisation, colloque le réseau écologique européen », Natura 2000, Litec 2004, Carré Droit, p.93.

• Ouvrage collectif sur la gestion des aéroports « La concession de l'aéroport d'Aulnat / Clermont-Ferrand – Auvergne », note pour colloque GRALE, octobre 2009, publié à l'Harmattan Editeur en 2010.

• « Le "in house" toujours en chantier », Contrats et marchés publics, n°4, avril 2013, pp.7-12.

• SPL et in house, les difficultés d'un couple, Mélanges Mescheriakoff, Bruyllant Editeur Bruxelles, juin 2013.
• Sous la direction de C. Devès, « Vivre et travailler dans les espaces de faible densité », 2015, L'Harmattan, rapport de synthèse, 268 pages.

• « Les entreprises publiques locales en débat : les réformer ou faire évoluer le modèle », Revue du Gestionnaire Public (RGP), 2018, n°1, pp.44-53.

• « Forces et faiblesses des SCIC comme outil du développement économique local in L'ingénierie territoriale, quels prolongements à la réforme territoriale », 2019, L'Harmattan Grale, pp.189-207.

• « Collectivités territoriales : acte IV de la décentralisation, profonds changements ou quasi statu quo ? », 2020, Manager à l'heure des recompositions territoriales, Presses de l'EHESP, pp.113-123.

LISTE DES SOUSCRIPTEURS

- **AGUILERA Frédéric,**
Maire de Vichy,
Président de Vichy Communauté.

- **ALEDO Marcel,**
Maire de Royat.

- **ALTEROCHE (d') Bernard,**
Professeur d'histoire du droit à l'Université Paris II Panthéon Assas,
Président du département de droit romain et d'histoire du droit.

- **ANCEL Marie-Elodie,**
Professeur de droit à l'Université Paris II Panthéon Assas.

- **ARSAC Henri,**
Avocat groupe ALTAJURIS,
Ancien Professeur associé à l'Université Clermont Auvergne.

- **AUBERT Claude,**
Expert-comptable, GESTION 4 CONSEIL,
Adjoint au maire de Chamalières.

- **BARDIN Valérie,**
Avocat associé HDV avocats.

- **BARTHELEMY avocats à Clermont-Ferrand.**

- **BATTUT Laurent,**
Directeur général des services de la ville de Royat,
Maire adjoint de Villossanges,
Président du SICTOM de Pontaumur.

- **BEAUGHON Jean-Luc,**

Expert-comptable, cabinet EXCO.

- **BELKACEMI Nassira,**

Magistrat au tribunal judiciaire de Clermont-Ferrand.

- **BENTZ Daniel,**

Directeur retraité de l'Etablissement Public Foncier d'Auvergne.

- **BERGER Bruno,**

Ancien directeur du Centre de Gestion de la Fonction Publique Territoriale du Puy-de-Dôme.

- **BERTRAND Christine,**

Doyen honoraire de l'Ecole de Droit de l'Université Clermont Auvergne,
Directrice de l'Institut Droit Economie Management à l'Université Clermont Auvergne.

- **BOBIER Sophie,**

Directrice des ressources humaines, SEMERAP.

- **BONNICHON Anne,**

Expert-comptable, Commissaire aux comptes, cabinet EXCO.

- **BRERAT Nathalie,**

Directrice du CMPR de Bagnoles de l'Orne et des centres de santé de l'association Pierre Noal.

- **Centre Michel de l'Hospital** (CMH-EA 4232).

- **CHALLET Vincent,**

Maire de Sauxillanges.

- **CHAMBON Louis,**

Maire de Le Falgoux.

- **CHENEVOY Maurice,**
Professeur de droit public en retraite à l'Université Clermont Auvergne.

- **CLAVERY Yann,**
Commissaire aux comptes, cabinet EXCO.

- **COMPTE Pierre,**
Ingénieur retraité du ministère de l'Équipement,
Ancien directeur des études de l'architecture de Clermont-Ferrand,
ancien vice-président de la Commission des Titres d'Ingénieur,
ancien trésorier de la Fédération FCTE-CFDT.

- **COUDERT Joëllc,**
Secrétaire juridique retraitée, cabinet EXCO.

- **COUETTE-JOURDAIN Grégoire,**
Diplômé d'histoire de l'art,
Metteur en scène.

- **COUSIN Hervé,**
Gérant de la galerie AA à Clermont-Ferrand.

- **COUTURIER Alain,**
Avocat honoraire,
Ancien Président du Conseil National des Barreaux : CNB.

- **DELAIR Stéphane,**
Comptable, cabinet EXCO.

- **DELPUECH Michel,**
Ancien Préfet de Région,
Ancien Préfet de Police,
Conseiller d'État (SE).

- **DESCOEUR Christine,**
Architecte honoraire.

- **DESCOEUR François,**
Architecte honoraire,

Maire d'Anglards de Salers,
Président du syndicat des eaux de Mauriac.

- **DESVIGNES Valérie,**

Attaché territorial principal,
Directrice générale des services de la ville de Lezoux.

- **DEVÈS Bernard,**

Professeur de ski.

- **DEVÈS Frédéric,**

Directeur commercial.

- **DEVÈS Matthieu,**

Médecin gériatre.

- **DEVÈS Rémi,**

Dentiste.

- **DUBOUIS Louis,**

Professeur émérite à Aix-Marseille Université.

- **DUMONT Marie,**

Juriste à la ville de Royat.

- **DURANTHON Céline,**

Juriste.

- **E.D.P.L. Equipe de Droit Public –**

Université Jean Moulin LYON 3, responsable ROUX Christophe, Professeur.

- **EYZAT Florence,**

Avocat.

- **FAFOURNOUX Yves,**

Maire honoraire de Veyre-Monton.

- **FAIDY Eric,**
Cadre Michelin,
Élu municipal et métropolitain.

- **FAURE Bruno,**
Président du Conseil Départemental du Cantal,
Conseiller régional responsable de la région Auvergne.

- **FERREIRA Antonio,**
Expert-comptable, cabinet EXCO.

- **GAINETON Jean-Luc,**
Ancien Bâtonnier,
Avocat aux barreaux de Clermont-Ferrand et Barcelone,
Président de la Société Internationale d'Histoire de la Profession d'Avocat : S.I.H.P.A.

- **GISCARD d'ESTAING Louis,**
Maire de Chamalières,
Vice-Président de Clermont Auvergne Métropole,
Conseiller régional d'Auvergne-Rhône-Alpes,
Président de l'Association des Villes Marraines des Forces Armées,
Président de la Fondation Valérie Giscard d'Estaing,
Ancien Vice-Président de l'Assemblée nationale.

- **GOUTTEBEL Sébastien,**
Maire de Murol,
Président de l'Association des Maires Ruraux du Puy-de-Dôme,
Président de Territoire Energie du Puy-de-Dôme (SIEG 63), syndicat d'électrification.

- **GUERIAUD Marie,**
Maître de Conférences à l'Université Clermont Auvergne.

- **HERGAT-GRUAU Marie,**
Chargée de mission au ministère de l'Agriculture.

- **HORTEFEUX Pascal,**
Professeur, Groupe ESC Clermont BS,

Conseiller municipal à Chamalières.

- **HUGONET Catherine,**

Médecin dermatologue retraitée.

- **I.A.D.T. : Institut d'Auvergne des Développement des Territoires.**

- **JAUTZY Olivier,**

Ingénieur des Routes, Eaux et Forêts.

- **JAVALOYES Stéphane,**

Responsable service juridique, commande publique et partenariats régie T2C,
Maître de Conférences associé à l'Université Clermont Auvergne.

- **KHEMI Mohammed,**

Maire de Vallon-en-Sully,
Président de la communauté de communes du Val de Cher.

- **LABONNE Robert,**

Avocat, cabinet ADSUM.

- **LACROIX Michel,**

Ancien Bâtonnier,
Avocat, Président du cabinet Les Juristes associés du Centre,
Adjoint au maire de Chamalières.

- **LEROUX Julie,**

Secrétaire générale EPLE de Haute-Corrèze.

- **LOISEAU Fabienne,**

Avocat.

- **LUNOT Jean-Pierre,**

Premier adjoint au maire à Royat,
Conseiller départemental du Puy-de-Dôme.

- **MAGNOL Claudine,**

Greffière retraitée du tribunal administratif de Clermont-Ferrand.

- **MAISONNEUVE Chloé,**

Avocat.

- **MALLOT Jean,**

Ancien député de l'Allier.

- **MARCHIS Marie-Anne,**

Adjointe au maire de Chamalières,
Conseillère départementale du Puy-de-Dôme.

- **MARION Anne,**

Avocat.

- **MARQUET Monique,**

Directrice des ressources humaines retraitée à l'Office Public de l'Habitat et de l'Immobilier Social du Puy-de-Dôme.

- **MAYET Estelle,**

Avocat.

- **MEUNIER Benjamin,**

Docteur en droit public à l'Université Clermont Auvergne,
Avocat.

- **MICHEL Alain,**

Commissaire-enquêteur.

- **MONTGROUX Paul,**

Maître assistant retraité en droit public à l'Université Clermont Auvergne.

- **MOUSSA Asskani,**

Avocat.

- **OLIÉ Aline,**

Première vice-procureur du parquet de Paris,

Section Presse et Libertés Publiques.

- **ORCEYRE Pierre-Jean,**

Expert-comptable, Commissaire aux comptes, cabinet EXCO.

- **PELLETIER Xavier,**

Directeur général des services de la ville de Gerzat.

- **POUYET Jean-Claude,**

Expert-comptable retraité, cabinet EXCO.

- **POUYET Thierry,**

Expert-comptable, cabinet EXCO.

- **RAUZIER Laurent,**

Avocat et Bâtonnier de l'ordre des avocats du barreau de Clermont-Ferrand.

- **RAVEL Hervé,**

Directeur général adjoint de la ville de Soissons et de Grand Soissons Agglomération.

- **RAYNAUD Benoît,**

Avocat,
Maître de Conférences à l'Université Clermont Auvergne,

- **REGNOUX Marc,**

Expert-comptable,
Maire de Mozac,
Professeur associé à l'Université Clermont Auvergne.

- **RIFFARD Jean-François,**

Doyen de l'Ecole de Droit de l'Université Clermont Auvergne,
Professeur de droit privé.

- **RIQUIER Alexandre,**

Avocat associé,

- **SIGNÉ Bertrand,**

Directeur Exécutif Coordination et Action Territoriale Réseau de Transport d'Electricité.

- **TOUPIN Mélanie,**

Avocat.

- **TRIBUNAL ADMINISTRATIF de Clermont-Ferrand.**

- **VALETTE Didier,**

Directeur du Master droit et fiscalité de l'entreprise : GEFIRE, Ecole de Droit, Université Clermont Auvergne.

- **VENDRAND-VOYER Jacqueline,**

Professeur émérite d'histoire du droit à l'Université Clermont Auvergne.

- **VERDIER François,**

Commissaire aux comptes, cabinet EXCO.

- **ZANCHI Edwige,**

Médecin généraliste.

Mon cher Claude,

Ce liber amicorum touche à sa fin.
J'espère que sa lecture vous aura tout autant ému que ravi intellectuellement.

Juridiquement et affectueusement vôtre

Christèle

Structures éditoriales du groupe L'Harmattan

L'Harmattan Italie
Via degli Artisti, 15
10124 Torino
harmattan.italia@gmail.com

L'Harmattan Hongrie
Kossuth l. u. 14-16.
1053 Budapest
harmattan@harmattan.hu

L'Harmattan Sénégal
10 VDN en face Mermoz
BP 45034 Dakar-Fann
senharmattan@gmail.com

L'Harmattan Cameroun
TSINGA/FECAFOOT
BP 11486 Yaoundé
inkoukam@gmail.com

L'Harmattan Burkina Faso
Achille Somé – tengnule@hotmail.fr

L'Harmattan Guinée
Almamya, rue KA 028 OKB Agency
BP 3470 Conakry
harmattanguinee@yahoo.fr

L'Harmattan RDC
185, avenue Nyangwe
Commune de Lingwala – Kinshasa
matangilamusadila@yahoo.fr

L'Harmattan Congo
67, boulevard Denis-Sassou-N'Guesso
BP 2874 Brazzaville
harmattan.congo@yahoo.fr

L'Harmattan Mali
ACI 2000 - Immeuble Mgr Jean Marie Cisse
Bureau 10
BP 145 Bamako-Mali
mali@harmattan.fr

L'Harmattan Togo
Djidjole – Lomé
Maison Amela
face EPP BATOME
ddamela@aol.com

L'Harmattan Côte d'Ivoire
Résidence Karl – Cité des Arts
Abidjan-Cocody
03 BP 1588 Abidjan
espace_harmattan.ci@hotmail.fr

Nos librairies en France

Librairie internationale
16, rue des Écoles
75005 Paris
librairie.internationale@harmattan.fr
01 40 46 79 11
www.librairieharmattan.com

Librairie des savoirs
21, rue des Écoles
75005 Paris
librairie.sh@harmattan.fr
01 46 34 13 71
www.librairieharmattansh.com

Librairie Le Lucernaire
53, rue Notre-Dame-des-Champs
75006 Paris
librairie@lucernaire.fr
01 42 22 67 13

www.ingramcontent.com/pod-product-compliance
Lightning Source LLC
LaVergne TN
LVHW050053061026
849532LV00001BA/119